宋代東萊呂氏
家族年譜長編

（上）／ 姚 紅◎著

—— 全國高等院校古籍整理研究工作委員會資助項目 ——

浙江工商大學出版社 | 杭州

圖書在版編目(CIP)數據

宋代東萊呂氏家族年譜長編 / 姚紅著. —杭州：
浙江工商大學出版社，2021.3
　　ISBN 978-7-5178-4434-1

　　Ⅰ.①宋… Ⅱ.①姚… Ⅲ.①家族－年譜－龍口－宋
代 Ⅳ.①K820.9

中國版本圖書館 CIP 數據核字(2021)第 064513 號

宋代東萊呂氏家族年譜長編
SONGDAI DONGLAI LVSHI JIAZU NIANPU CHANGBIAN

姚　紅 著

責任編輯	張晶晶
責任校對	熊静文
封面設計	沈　婷
責任印製	包建輝
出版發行	浙江工商大學出版社
	(杭州市教工路 198 號　郵政編碼 310012)
	(E-mail：zjgsupress@163.com)
	(網址：http://www.zjgsupress.com)
	電話：0571 - 88904970,88831806(傳真)
排　　版	杭州朝曦圖文設計有限公司
印　　刷	杭州宏雅印刷有限公司
開　　本	710mm×1000mm　1/16
印　　張	53.5
字　　數	820 千
版 印 次	2021 年 3 月第 1 版　2021 年 3 月第 1 次印刷
書　　號	ISBN 978-7-5178-4434-1
定　　價	188.00 元(全三冊)

全國高等院校古籍整理研究工作委員會資助項目
(項目編號:1757)
浙江財經大學中國語言文學學科資助項目

目　録

下　編

附　録

前　言

宋代東萊呂氏家族，這是中國歷史上最令人矚目的世家大族之一。東萊呂氏，世代簪纓，一門七執政，學術上代有才俊，對北宋政治及文化產生了深遠影響，是我們研究宋代政治與文化的絕好典型。本書試圖通過年譜長編的形式，考察其在宋代政權建設與文化建設等領域的主要成就和歷史性貢獻，旁及呂氏家族的姻親及主要交游關係，對宋代東萊呂氏家族作一整體觀照，並藉以窺視宋代的政治生態與文化生態。

一、主要内容

本書分上中下三編：崛起；政治頂峰；文化復興。

上編：崛起。上編自後梁太祖開平元年(907)，朱溫建後梁始，至真宗咸平二年(999)，呂夷簡壽州應舉。據各類"家譜"記載，宋代東萊呂氏是中唐呂溫的後代，然遍檢各類史料，缺乏足夠的證據支撐，故可信始祖亦只追溯到五代時期呂夢奇。是編詳述呂蒙正及其兄弟輩的事迹，呂蒙正是宋代東萊呂氏家族真正意義的奠基者，他於太宗太平興國二年(977)擢進士第一，仕太宗、真宗兩朝，三度拜相，權重一時。呂氏家族自呂蒙正開始了真正意義上的崛起。

本編涉及的主要家族成員有：第一代呂夢奇，他曾任後唐户部侍郎，留有《招討使李存進墓碑》等珍貴文字。第二代呂龜圖和呂龜祥兄弟，呂龜圖爲呂蒙正父親；呂龜祥於太平興國二年進士及第，知壽州，爲呂夷簡祖父。第三代呂蒙正及其兄弟呂蒙叟、呂蒙莊、呂蒙休，從兄弟呂蒙亨、呂蒙巽、呂蒙周等。呂蒙正是宋初"以德治國"的積極推動者，以誠實厚樸之風爲表率，對北宋政治產生了極大的影響。他亦能文，富弼在"神道碑"中稱他有《文集》二十卷行於世，惜漸散佚，明代焦竑在《國史·經籍志》中著録僅十卷，後亡佚。現《全宋詩》著録其詩僅五首，《全宋文》著録其文僅二篇。

　　本編還涉及呂蒙正的姻親長安京兆宋氏、河南洛陽趙氏、恩州清河丁氏，如京西提點刑獄宋沆、監察御史宋濤、樞密副使宋湜、尚書右丞趙安仁、尚書右丞丁度等。

　　中編：政治頂峰。中編自咸平三年(1000)呂夷簡登進士第始，至元祐八年(1093)高太后崩。呂夷簡於仁宗朝三入中書，前後執政時間長達十三年，直接影響北宋政壇二十餘年，是宋朝立國以來任相時間僅次於趙普的宰相。他於咸平三年進士及第，補絳州軍事推官，從此踏入仕途，故中編自此年始。本編詳述呂夷簡和呂公著兄弟事迹，呂夷簡奠定了呂氏家族特殊的政治地位，呂公著兄弟等人把呂氏家族推向了輝煌鼎盛，北宋王朝也走向全盛。

　　本編涉及的主要家族成員有：第四代呂夷簡和兄弟呂宗簡，從兄弟呂師簡、呂居簡、呂務簡、呂惟簡、呂知簡、呂從簡等。呂夷簡竭力協調二宮，保護和培養年少的仁宗，使宋仁宗成為有宋一代綜合素質最高的皇帝，也使仁宗朝在北面強敵虎視眈眈之下，經濟文化仍能高速發展，保持了當時中國在世界的領先地位。呂夷簡敏學多聞，精識強記，屬辭雄贍，長於理道，朝廷典册多出其手。據《宋史·藝文志》記載，呂夷簡參與編撰之書有《新修國史》150卷，《三朝寶訓》30卷，《五朝寶訓》60卷，《三朝太平寶訓》20卷，《一司一務敕》30卷，《天聖編敕》12卷，《三朝訓鑒圖》10卷(此書當是托名而作)，《天聖令文》30卷，《景祐新修法寶錄》21卷。《宋史》本傳稱其有"文集"二十卷，亦漸漸散佚，陳振孫《直齋書錄解題》中著錄五卷，並云："文靖不以文鳴，而其詩清潤和雅，未易及也。"《全宋詩》著錄其詩僅十一首，《全宋文》亦僅著錄其文二十篇(條)。

　　第五代呂公著和兄弟呂公綽、呂公弼、呂公孺，從兄弟呂公雅等。呂公著是元祐宰相，主張穩健的改革，是北宋政壇上又一個極大影響歷史進程的人物，其識慮深敏，量閎而學粹，能以精識約言服人，他參與編撰《英宗實錄》30卷，《神宗實錄》200卷。《文獻通考》著錄其有《呂正獻公集》二十卷，惜不傳，現《全宋詩》著錄其詩十八首，《全宋文》著錄其文九十一篇(條)。呂公綽曾權知開封府，其通敏有才，有"文集"二十卷藏於家，惜不傳，編撰《郊祀總儀》，參與編撰《太常新禮》40卷及《崇文總目》，現《全宋文》著錄其文七篇(條)。呂公弼為樞密使，《全宋詩》著錄其詩三首，《全宋文》著錄其文十三篇(條)。呂公雅曾知蘇州,《全宋文》著録其文三篇(條)。

本編還涉及部分姻親,如吕夷簡岳父太子少保馬亮,吕公綽親家太師中書令程琳、權發遣開封府李中師,吕公弼岳父宰相王旦,吕公弼親家宰相韓琦、太子太師趙概,吕公著岳父參知政事魯宗道,吕公孺岳父宰相張士遜,等等。

下編:文化復興。 下編自宋哲宗紹聖元年(1094)親政始,至宋理宗景定二年(1261),吕祖謙追封開封伯,從祀孔廟。宋神宗在熙寧、元豐年間推行新法,神宗逝世,年幼的哲宗嗣立,改元元祐,由祖母太皇太后高氏垂簾聽政,高太后盡廢新法。高太后崩,哲宗親政,任用奸臣,改元紹聖,意謂紹述熙寧、元豐新政,盡復高太后臨朝時所廢新法,對元祐大臣進行殘酷打擊和清洗,朝廷逐漸滑入萬劫不復的深淵,直至欽宗朝最後被金人所滅,吕氏家族在政治上亦受到重創,其家族在政治上的盛衰几乎與北宋王朝同步。由於政治前途渺茫,他們把越來越多的注意力轉向了文學、學術領域,家族性質發生了根本性的變化,位高權重的政治家族逐漸轉變成儒雅名顯的學術家族,至南宋吕祖謙終成大家。紹聖元年是關鍵轉折點,故下編自紹聖元年始。本編詳述吕氏家族之文化復興。

本編涉及的主要家族成員有:第六代吕希哲及其兄弟吕希績和吕希純,從兄弟吕希傑、吕希道、吕希亞、吕希彦等。吕希哲少從焦千之、孫復、石介、胡瑗學,後又從張載、程頤、程顥、王安石等游,其不名一師,學術思想對吕氏家學産生了深遠的影響。他著有《吕氏雜記》《發明義理》《酬酢事變》《吕氏家塾記》《五臣解孟子》《大學解》等,惜大多不傳,惟《吕氏雜記》有"四庫本"和"指海本"流傳於今。現《全宋詩》著録其詩六首,《全宋文》著録其文二篇(條)。第七代吕好問及其兄弟吕切問、吕疑問,從兄弟吕欽問、吕聰問、吕應問、吕廣問、吕嘉問等。這一代吕氏大多有靖康之難、國破家亡的慘痛經歷,吕好問在高宗危難時刻曾助其一臂之力,被任命爲尚書右丞。第八代吕本中及其兄弟吕揆中、吕彌中、吕用中、吕忱中,從兄弟吕稽中、吕堅中、吕求中、吕企中、吕安中等。吕本中作《江西詩社宗派圖》,使"江西詩派"得以正名,他傳中原文獻之學,著有《春秋解》《官箴》《東萊詩集》《東萊先生文集》《紫微詞》《紫微詩話》《江西詩社宗派圖》《江西詩派集》《童蒙訓》《師友雜志》等,《全宋詩》著録其詩二十四卷,《全宋文》著録其文二十篇(條),王兆鵬著有《呂本中年譜》。第九代呂大器及其兄弟或從兄弟呂大倫、呂大猷、呂大同、呂大麟、呂大虯等。第十代呂祖謙及其兄弟從兄弟呂祖儉、呂祖平、呂祖泰、呂祖仁等。呂祖謙是南宋著名的思想家、文學家、史學家及教育家,黄靈庚整理出版的《呂祖謙全集》有 900 萬字,杜海軍著有《呂祖謙年譜》,呂祖謙是呂氏家族文化的集大成者,仿佛是整個家族開出的最絢麗的花朵,呂祖謙之後,呂氏家族逐漸衰落,故本年譜止於南宋中期的呂祖謙及其兄弟。

本編也涉及部分姻親,如呂大器的岳父曾幾,呂祖謙的岳父韓元吉、芮燁等。

《宋元學案》立"范呂諸儒學案"述呂公著及學術源流,立"滎陽學案"述呂希哲及其學術源流,立"紫微學案"述呂本中及學術源流,立"東萊學案"述呂祖謙及學術源流,呂氏家族登《宋元學案》者達七世二十二人之多,家族傳承,文獻上代有才俊,在兩宋學術史上影響深遠。呂氏在學術文化上的貢獻,與其政治業績,仿佛車之二輪,鳥之雙翼,使其家族事業在宋代得以順利地前行和飛騰。

二、主要觀點

東萊呂氏家族在宋代綿延二百餘年而門風不墜,通過年譜長編的形式,可以清晰地探究其家族的生存環境、發展演變及其歷史性貢獻,主要觀點分以下三個方面:

1.結合北宋政治、文化發展的復雜歷史背景,較爲全面、客觀地展示東萊呂氏家族的卓越貢獻。本年譜把朝廷中的重大政治事件納入其中,呂氏家族的日常政治和文化活動,不是孤立的個體的行爲,而必須放在北宋社會政治文化的大背景下加以考察。

2.追求史料的真實與豐滿,將東萊呂氏家族的得失成敗還原到鮮活生動的細節狀態。本年譜力圖充分展示家族成員興衰演變的發展歷程,從每一個細節上準確把握作爲名門子孫的才幹、學識等,這種凸顯細節真實的研究,使本年譜有著較爲厚重的歷史感以及獨特的韻致。

3.從呂氏家族的婚姻和交游關係中,具體考察東萊呂氏賴以興盛的社會基礎,並由此窺視兩宋望族之間以師友和婚姻爲基本紐帶的精神互動和文化傳承。本年譜把吕氏家族的姻親和重要交游關係納入其中,吕氏家族與諸多宋學大家交往密切。通過師友和婚姻關係的考察,展示朋黨與學派之間的紛爭,以及吕氏家族由科第仕宦型家族向文化型家族或多元化家族轉型的演變軌迹。

三、研究方法

本書通過年譜長編的形式,爲研究吕氏家族的行迹、婚姻等提供了較爲完備的資料體系和編年材料;亦把對吕氏家族學術思想和文學等價值的探索貫穿在年譜編纂之中,爲學術界的進一步研究提供較爲完整的資料體系。具體研究方法如下:

文獻研究法:有關吕氏家族的事迹、著作等,大量地散落在各種歷史典籍、文集、詩集、地方文獻、年譜,甚至石刻文獻和出土文獻中,本成果盡可能挖掘和整理第一手文獻資料,並充分吸收近年來最新出版的有影響力的研究成果。

史料考辨法:本書認真查閱原始史料,采用史料互證考辨方法,在盡可能廣泛搜集文獻的基礎上,對其去僞存真、比照參證,提煉出具有學術價值的材料,力爭最大限度地還原其家族真實面貌,爲人們瞭解這個"簪纓"世家和"巾箱"世家提供可靠的資料。

綜合研究法:現有成果或是對吕氏家族宏觀的研究,文學的、學術的、交游的等等,或是對個體家族成員的研究,並未從整體上考察吕氏家族的興衰演變。本書梳理了宋代東萊吕氏的發展歷程,以編年的形式,揭示其發展演變的具體軌迹,並折射出宋代政治、文化的時代變遷,這進一步拓展了家族與文學的研究方法。

四、學術創新

1. 體例上的創新。第一次以年譜的形式對宋代東萊吕氏家族的事迹作了較爲系統的梳理,成果分上中下三編,每編分若干卷,每卷分若干年,藉此揭示吕氏家族發展演變的具體軌迹,以及與其他盛世家族千絲萬縷的關係,編年提供了許多準確而鮮活的細節性依據,突破了家族研究的傳統形式,亦爲文學研究提供了新的視角和方法。

2. 通過考證還原宋代一些歷史真相。本書不僅對宋代東萊吕氏家族做一個編年,還旁及宋代文史研究中的一些事,清晰地勾勒出呂氏家族及其社會關係對於宋代政治和文化的影響,如呂夷簡與范仲淹的矛盾;章獻太后薨,呂夷簡是否保護了晏殊;陳世儒案件中新舊黨之間的激烈爭鬥,等等。細部考證如呂蒙正的享年;呂夷簡的生年;蘇易簡是否是"五鳳齊飛入翰林"中的一鳳? 以及對各種文獻中時間、人物、史實的糾錯等。

五、學術價值

1.豐富了呂氏家族研究。本書梳理了宋代東萊呂氏的發展歷程,以編年的形式,揭示呂氏家族在宋代發展演變的具體軌迹,亦折射出宋代政治、文化的時代變遷。

2.豐富了宋代文史研究。對宋代東萊呂氏家族的發展演變作出編年,豐富了宋代文史研究,亦有利於我們對宋代士人的生活道路、思維習慣和心理狀態作歷史的分析,重現當時的政治氛圍和文化風貌,從歷史事實中提煉出具有學術價值的觀點。

3.豐富了中國古代家族家風家學研究。家風和家學是中國古代家族研究的主要内容,也是當下中國傳統文化復興戰略中社會關注的熱點。呂氏家族家風嚴正,忠孝傳家,服膺儒學,浸染佛學,本書可提供呂氏家族家風家學的諸多細節。

總之,對宋代東萊呂氏家族作年譜長編有著較爲重要的學術價值。但由於本人才疏學淺,研究過程中存在諸多錯訛不當之處,敬請專家學者們批評指正。

凡　例

一、本《宋代東萊呂氏家族年譜長編》按年、月、日次序編排，力求詳盡確實，並以期呈現重大歷史事件中呂氏家族成員的重要作用。

二、本年譜體例，約舉如下：1. 紀年一律居中以宋體三號字排，用宋紀元，配以西曆年份，並系呂氏家族主要成員年歲。2. 紀事一律頂格以四號字排，以宋紀元月日，按時間順序編排。3. 引録史料以宋體小四號字排，首行空兩格。史料排列順序，視敘述之需要。如無確切時間又無從考證者，則系於某年或某月之尾。4. 遇有應評論或解釋或考辨處，即加案語。案語首行空兩格。

三、本年譜取材：1. 盡可能以第一手史料爲主，以當時人記載爲主要依據。2. 各條史料均詳細注明出處。3. 史料力求保持原貌，按行文所需，或全文引録，或摘引。4. 王兆鵬著《呂本中年譜》，杜海軍著《呂祖謙年譜》，有關呂本中、呂祖謙的事迹，王譜和杜譜中已述部分，本年譜中從略。

四、本年譜編年内容分上編、中編與下編三個部分，以時間爲順序。1. 上編自後梁太祖開平元年（907），朱温建後梁始，至真宗咸平二年（999），呂夷簡壽州應舉。詳述呂蒙正及其兄弟輩的事迹，蒙正是宋代東萊呂氏家族真正意義的奠基者。2. 中編自咸平三年（1000）呂夷簡登進士第始，至元祐八年（1093）高太后崩。詳述呂夷簡和呂公著兄弟事迹，呂夷簡奠定了呂氏家族特殊的政治地位，呂公著兄弟等人把呂氏家族推向了輝煌鼎盛，北宋王朝也走向全盛。3. 下編自宋哲宗紹聖元年（1094）親政始，至宋理宗景定二年（1261），呂祖謙追封開封伯，從祀孔廟。詳述呂氏家族之文化復興。舉凡家族成員行實、交游、著作等，皆予以收録。

五、本年譜引用前人相關成果時，不敢掠人之美，皆標明某書或某文等字樣。

六、鑒於呂氏家族成員位高權重，與當時代政治經濟文化等重大事件密切相關,本年譜也對國家大事加以系年,對交游的重要歷史人物,有所簡介或考述,以期相互參證。

　　七、本年譜頻繁引用的數種著述,概用簡稱。李燾《續資治通鑑長編》,簡稱《長編》;黃以周等《續資治通鑑長編拾補》,簡稱《長編拾補》;徐乾學《資治通鑑後編》,簡稱《後編》;杜大珪《名臣碑傳琬琰之集》,簡稱《琬琰集》;李心傳《建炎以來繫年要録》,簡稱《繫年要録》;呂本中《東萊呂紫微師友雜志》,簡稱《師友雜志》;呂祖謙《呂氏家塾讀詩記》,簡稱《讀詩記》;鄭嘉勵《明招山出土的南宋呂祖謙家族墓志》,簡稱《家族墓志》等。

上　编

卷　一

五　代

後梁太祖開平元年丁卯(907)

是年,朱温建後梁

《資治通鑑》卷二六六《後梁紀一》:"(三月)甲辰,唐昭宣帝降御札禪位於梁。"

《資治通鑑》卷二六六《後梁紀一》:"(四月)甲子,張文蔚、楊涉乘輅自上源驛從册寶,諸司各備儀衛鹵簿前導,百官從其後,至金祥殿前陳之。王被衮冕,即皇帝位……乙丑,命有司告天地、宗廟、社稷。丁卯,遣使宣諭州、鎮。戊辰,大赦,改元,改元開平。國號大梁。奉唐昭宣帝爲濟陰王,皆如前代故事,唐中外舊臣官爵並如故。"

案:後梁於907年建立,923年被後唐莊宗所滅。後梁時期疆界不穩,戰亂頻繁,中國歷史進入五代十國時期。

後唐莊宗同光元年癸未(923)

四月

李存勖建後唐

《資治通鑑》卷二七二《後唐紀一》:"(同光元年)晉王築壇於魏州牙城之南,夏,四月,己巳,升壇,祭告上帝,遂即皇帝位,國號大唐,大赦,改元。因唐國號,改天祐年號爲同光。"

案:唐末河東節度使李克用封晉王,割據河東。908 年,其子李存勖即晉王位,923 年,李存勖建唐,國號同光。936 年,石敬瑭借遼兵攻入洛陽,後唐滅亡。後唐是五代十國時期統治疆域最廣的朝代。

後唐莊宗同光二年甲申(924)

是年,呂夢奇撰寫《招討使李存進墓碑》,體現忠君愛民思想

呂夢奇《招討使李存進墓碑》:

原夫古先哲王,必有良輔。時清則論至道以經邦,和陰陽而均造化。柱石王室,使不顛不危。世亂則運沈機而料敵,廓煙塵而掃蕪穢。蕃屛皇家,俾可遠可大。故有書汗簡,勒金石,皆紀其功德,及於社稷生靈者。公諱存進,字光嗣,本姓孫氏,樂安人也。武子之後,歷世守職邊土,因以家焉。曾祖岩,振武節度都押衙銀青光禄大夫檢校右散騎常侍兼御史大夫。祖金紫光禄大夫守勝州刺史檢校刑部尚書兼御史大夫。父佺,振武節度都押衙左校練使銀青光禄大夫檢校左散騎常侍兼御史大夫上柱國。公業紹箕裘,力便弓馬。入蛟橋而振譽,探虎穴以知名。氣直如弦,心堅比鐵。獻祖文皇帝龍潛朔野,豹隱雲中,常以麈虜爲心,平戎是務。以公早精劍術,素熟兵機。肘腋之間,爪牙爲任。時或手持雙戟,腰屬兩鞭。營開而紫塞風清,戰罷而金浪耀日。太祖武皇帝嗣承丕構,致力中原。屬以天步多艱,王室如燬。枕戈求敵,奮劍遄征。平大寇而復九重,戮叛臣而清三輔。以公生知武略,早立戰功。委以轄鈐,頗著勞勳。尋補節度押衙左廂衙隊威雄第一院副兵馬使,奏受銀青光禄大夫檢校太子賓客兼監察御史上柱國。大順元年,遷殿中侍御史。景福二年五月,太祖武皇帝以公性稟淳和,言無矯飾。勇能排難,忠不病國。錫以姓名,同之骨肉。榮連戚屬,光生將門。永依磐石之安,終賴維城之固。尋補充右廂義兒第一院軍使,除授銀青光禄大夫檢校國子祭酒兼御史大夫。乾寧二年十月,除授檢校左散騎常侍。光化二年二月,授右廂行營馬步虞候。三年正月,兼授鴈門以北都知兵馬使永安軍使兼守禦都指揮使。五月,權知汾州軍州事守禦都指揮使。四年四月,轉充右廂衙隊都知兵馬使。公以累立戰

勛,繼承天澤。勤王在念,報主爲心。夙夜在公,風雨如晦。至天復元年四月,除授金紫光禄大夫檢校刑部尚書兼御史大夫上柱國。二年三月,除授檢校兵部尚書。十月,加授檢校尚書、左僕射。三年八月,轉左廂衙隊都知兵馬使兼左廂行營馬步都虞候。天復三年正月,奉命權知石州軍州事。時以慈隰州未歸,西南爲患。委之守郡,志在安邊。公乃和以養兵,仁而撫俗。輕其徭役,勸以耕農。惸嫠者遂生,逋竄者復業。遠來近悅,老安少懷。五穀有年,一方無事。百姓以爲召父復出,杜母再生。泊今光孝皇帝初受顧命之年,以公舊臣先老,委以腹心。送往事居,慎終如始。尋以家仇未雪,國患已深。四方每協於經營,中土尚稽於平定。知公謀堪出將相有封侯,必當多難之秋,能立盡忠之節。五年正月,制授檢校司空使持節石州諸軍事,守石州刺史。十年十月,轉充右廂步軍都指揮使。八年十二月,轉授權行營蕃漢馬步都虞候。尋以僞梁大舉凶鋒,僭據深冀。正定告倒懸之急,並汾興仗順之師。主上以公久戰多謀,雄名制敵。俾之扈從,同救險危。十萬凶徒,一陣席捲。九年正月,奉命再知汾州軍州事。四月,制加光禄大夫檢校司徒。十二月,授西南行營招討都指揮使。十一年三月,收下慈州,秋毫不犯。百姓復業,三農以時,制授慈州刺史。民歌其化,如離石焉。十二月,奉命權知沁州軍州事。五月正授諸道行營蕃漢馬步使。時以魏人久厭僞庭,咸思真主。烽煙相屬,星使交馳。迎我鸞輿,以救塗炭。泊主上駐蹕在鄴,以編部未肅,都人未安親征,常令預備。將委權略,罕得其人。以公夙著廉勤,素有威望,九月,補天雄軍都部署巡檢使行營蕃漢馬步使仍舊。公稟命益恭,守法益謹。嚴以理下,檢以約身。犯者必誅,惡者自息。強豪貴勢,聞之凜然。僞將劉鄩在莘縣,日與主上對壘經年。時公在都城,每協嚴備,有日私謂人曰:"此賊固險不戰,必有多謀。俾於南門多排弓弩以待之。"其夜果有劉鄩賊黨偏攻都城南門,弓弩齊發,死傷者甚衆。遂令單騎潛報。聖上初收陽留鎮,以爲將取中原,先通古渡,防邊固圉,非公不可,尋留公在鎮守禦。公以岸闊舟遲,城孤兵少。強敵在近,奔衝是虞。乃浚彼壕隍,增其樓堞力。未罷,果有大寇攻城,内備既堅,群盜尋退。十五年冬,隨駕至胡柳陂,大破汴寇回。十六年三月,制授單于安北都護御史大夫、充振武節度麟勝朔等州觀察處置營田押蕃漢等使。時駕幸德勝寨,上以大寇未平,黃河是阻。貔貅往復,舟楫爲勞。一出義師,數日方濟。公乃埋大木於兩岸,貫輕舟於中河。建作浮橋,以過銳旅。力排巨浪,斷截洪流。扼彼咽喉,壯我襟帶。遂使六軍萬馬,朝出暮還。動若疾雷,履如平地。十七年二月,主上賞公之功,就加特進檢校太保,仍賜御衣鞍馬金銀器物綾羅錦彩等。三月,授天雄軍馬步都指揮使行營蕃漢馬步使仍舊。十九年正月,主上以契丹犯境,鑾駕親征。以公計出萬全,謀深九拒。留公河次,以禦奸凶。果僞將段某領兵攻打德勝寨,公乃夜警晨出關內備,三軍戮力,萬人一心。泊主凱還,寇孽夜遁。二月,以公之功加特進檢校太傅隴西郡開國男,食邑三百户。當年鎮州有不令之臣張文禮,弒其主而擄其位,潛通梁苑,默搆契丹。背我聖恩,恣彼凶德。主上以北門猶梗,中國未寧。憤爲患於腹心,志先平其巢穴。王師繼發,廟算頻施。殺戮雖多,攻取未下。以公聞風料敵,嗅土知兵。尋付睿謀,俾就攻討。四月,授北面行營都招討使,公奉辭伐罪,固敵是求。乃仗鉞而行,鑿門而出。戈矛雪瑩,甲騎雲飛。發振地之威聲,勁踰漳水;布連天之殺氣,直渡滏川。增其嚴營,對彼孤壘。料於旬日,以下危城。無何,伏雞搏狸,乳犬噬虎。我師未列,彼陣先成。公乃獨領親軍,迎鋒力戰,王師捷,唯公乘勝深入,爲流矢所中,身終於陣,享年六十八。於戲!功已垂成,命不相待。陳安既往,遠傳國士之名;卞壼不回,永盡忠臣之節。扶傾柱折,濟險舟沈。天子聞之輟朝,百姓聞之罷市。夫生受國恩,殁於王事,大丈夫之終也。同光二年冬十月,贈大尉。以十一月八日葬於太原縣大夏鄉鄭村東原禮也。

夫人彭城劉氏,聞師立德,約禮成規。夫人渤海金氏,素稟全儀,生知懿范,柔順同符乎坤道,賢和共垂於家風。有子七人:長曰漢韶,河東節度押衙都牢城使兼右廂五院指揮使金紫光禄大夫檢校兵部尚書兼御史大夫上柱國。久讀兵書,頗精師律。謙恭接下,廉謹立身。戰勝而口不言功,任重而心益爲懼。仁孝既聞於鄉里,忠勤復表於旂常。蘊兹全才,以固都邑。次曰漢威,河東節度押衙安國軍馬步軍副指揮使都牢城使銀青光禄大夫檢校工部尚書兼御史大夫上柱國。玉堂演術,金櫃傳符。亟揚破敵之功,深得將兵之妙。次曰漢殷,前振武節度押衙沿河五陣都知兵馬使銀青光禄大夫檢校左散騎常侍兼御史大夫。素蘊直誠,早抱雄節。飾身以文武之道,交人以忠信之心。次曰漢郇,河東節度隨衙兵馬使銀青光禄大夫檢校左散騎常侍兼御史大夫。孝敬因心,忠直成性。交游不雜,言行相符。次曰漢筠,前振武節度單于安北都護府司馬。器度縱橫,識略孤遠。躭書求道,處約持謙。樂勝廊廟,先人後己。次曰祿兒,語多穎悟,似有神通。適當懷橘之年,自立成人之智。次曰歡兒,神彩疏通,骨氣清秀。對日之年未逮,摩天之勢已高。可謂荀氏八龍,賈生三虎,並生於德門者也。

夢奇舊忝故總管令公幕下十五年,常在征行,與公同處營寨,熟公之知眷,見公之行事。諸子弟不以虛薄,請染柔毫。敢竭荒蕪,實敘銘勒。庶比夫燕然立碣,峴首豐碑。復旌上將之勛,再墮行人之淚。其銘曰:

五嶽降靈,四瀆騰精。雄才英傑,爲師爲生。舟以濟險,柱以扶傾。手撥禍亂,力致升平。(其一)

婉畫頻施,嘉謀屢協。德懋九歌,寵深三接。續派天潢,連芳玉葉。出則奉辭,入必獻德。(其二)

量深謀遠,才高器孤。強皇義勇,倜儻雄圖。臂上繁弱,腰間轆轤。聲馳絕塞,勢懾群胡。(其三)

經以斯文,緯以我武。柔亦不茹,剛亦不吐。名高若盧,力大如虎。鐵石一心,魚水三主。(其四)

離石作牧,西南之戍。威以風行,惠以雲布。直者必舉,枉者必措。俗稱二天,人歌五袴。(其五)

化行四郡,恩被百姓。吏守公平,獄無冤橫。冰壺之瑩,水鏡之净。善人爲邦,室家相慶。(其六)

得位爲大,守之爲難。經巡務重,制斷事繁。威而不猛,嚴而不殘。奸邪氣懾,豪右心寒。(其七)

楊留初下,渡口是防。百樓備險,九拒謀長。城高如金,壕浚如湯。摧敵叛寇,拓土開疆。(其八)

天子恩深,將軍戰苦。仗節擁麾,分茅列土。作鎮單于,以扼窮虜。晝錦而行,不獨前古。(其九)

九曲連天,隔彼寇黨。白浪崩騰,洪流滉瀁。造舟爲梁,誰云河廣。謀而後行,利有攸往。(其十)

闕五句。煙塵未滅。力戰酬恩,歿而後已。(其十一)

桓桓上將,弼我元后。馮坐大樹,周居細柳。忠不負名,勇不期壽。天長地長,勳庸不朽。(其十二)

案:此文收錄在《山西通志》卷一九四《藝文》內,這是目前我能查閱到的唯一的呂夢奇傳世文字,寫於後唐莊宗同光二年,全文近 3000 字。此文雖是對李存進評價的文字,也在一定程度上透露了呂夢奇自己的思想傾向,表現其儒家傳統道德觀念和忠君愛民思想。在"臣弑其君,子弑其父,而搢紳之士安其禄而立其朝,充然無復廉恥之色者皆是也"(歐陽修《新五代史》卷三四《一行傳·序》)的五代時期,是極其難能可貴的。

又案:據《中華呂氏通譜》卷一《世系篇·聯宗第五宗支·第六十九世》:呂夢奇,字嘉兆,山東萊州人,生於咸通辛卯年(871)(按:"通譜"謂咸通丁卯年,咸通無丁卯年,似辛卯之誤),卒於長興癸巳年(933)。妣狄氏、陳氏。生子二,龜圖、龜祥。呂夢奇爲中唐政治家、文學家呂溫四世孫,溫生鎮,鎮生頊,頊生韜,韜生夢奇。《舊五代史》卷八九《劉昫傳》記載,天祐年間,身處亂世中的呂夢奇和劉昫、張麟結庵共處,以吟誦自娛。後劉昫任後唐、後晉宰相,也是著名的史學家,曾領修《舊唐書》。呂夢奇父親呂韜,唐末莫州莫縣主簿,此出自於《呂文穆公蒙正神道碑》,其他皆不詳。

後唐莊宗同光三年乙酉(925)

十一月

後唐滅前蜀

《資治通鑑》卷二七四《後唐紀三》:"(十一月丙辰)李嚴引蜀主及百官儀衛出降於升遷橋,蜀主白衣、銜璧、牽羊,草繩縶首,百官衰絰、徒跣、輿櫬,號哭俟命。"

後唐莊宗同光四年(明宗天成元年)丙戌(926)

三月

後唐大將李嗣源兵變

《資治通鑑》卷二七四《後唐紀三》:"(三月壬午)帝至萬勝鎮,聞嗣源已據大梁,諸軍離叛,神色沮喪,登高歎曰:'吾不濟矣!'即命旋師。"

四月

丁亥,後唐莊宗李存勗倉皇抵禦,中流矢而死

《資治通鑑》卷二七五《後唐紀四》:"(四月丁亥)亂兵焚興教門,緣城而入……俄而帝爲流矢所中……須臾,帝殂。"

丙午,李嗣源即位,爲後唐明宗

《資治通鑑》卷二七五《後唐紀四》:"(四月)丙午,監國自興聖宮赴西宮,服斬衰,於柩前即位。"

甲寅,改元,同光四年爲天成元年

《資治通鑑》卷二七五《後唐紀四》:"(四月)甲寅,大赦,改元。始改元天成。"

六月

呂夢奇由幽州節度判官升任右諫議大夫

《舊五代史》卷三六《明宗紀第二》:"(六月己巳)前幽州節度判官呂夢奇爲右諫議大夫。"

後唐天成三年戊子(928)

七月
吕夢奇由左諫議大夫升爲御史中丞

《舊五代史》卷三九《明宗紀第五》："(七月己巳)以左諫議大夫吕夢奇爲御史中丞。"

後唐天成四年己丑(929)

七月
吕夢奇受毛璋案牽連,由御史中丞責授爲太子右贊善大夫

《舊五代史》卷四〇《明宗紀第六》："(秋七月)壬申,貶前左金吾上將軍毛璋爲儒州長流百姓,尋賜自盡,以其在藩鎮陰蓄奸謀故也。甲戌,御史中丞吕夢奇責授太子右贊善大夫,坐曾借毛璋馬故也。"

後唐明宗長興三年壬辰(932)

春正月
吕夢奇由北京副留守升任爲户部侍郎

《舊五代史》卷四三《明宗紀第九》："(春正月)庚寅,以前北京副留守吕夢奇爲户部侍郎。"

後晉高祖天福元年丙申(936)

十一月

石敬瑭建後晉

《資治通鑑》卷二七五《後唐紀四》:"(天福元年十一月)契丹主謂石敬瑭曰:'吾三千里赴難,必有成功。觀汝器貌識量,真中原之主也。吾欲立汝爲天子。'敬瑭辭讓者數四,將吏復勸進,乃許之。契丹主作册書,命敬瑭爲大晉皇帝,自解衣冠授之,築壇於柳林,是日,即皇帝位。割幽、薊、瀛、莫、涿、檀、順、新、嬀、儒、武、雲、應、寰、朔、蔚十六州以與契丹,仍許歲輸帛三十萬匹。己亥,制改長興七年爲天福元年,大赦,敕命法制,皆遵明宗之舊。"

案:936年,石敬瑭借契丹兵攻入洛陽,滅後唐,建國號晉。947年,後晉被契丹所滅。

後晉出帝開運三年丙午(946),呂蒙正一歲

是年,呂蒙正生

杜大珪《名臣碑傳琬琰之集》上編卷一五《呂文穆公蒙正神道碑》稱:"大中祥符四年四月十九日,遂不起,年六十六。"以此上推,當生於本年。(全稱《名臣碑傳琬琰之集》,以下簡稱《琬琰集》)

案:據拙文《關於宋代呂蒙正家族的几個問題》考證,呂蒙正壽享當爲六十六歲,《宋史·呂蒙正傳》記載六十八歲似有誤。拙文發表於《文獻》2007年第2期。

又案:呂蒙正字聖功,呂龜圖子,呂夢奇孫,宋初著名宰相。宋代東萊呂氏家族崛起,首自宋初呂蒙正。

後漢高祖天福十二年丁未(947)，呂蒙正二歲

正月
後晉亡於契丹

《資治通鑑》卷二八六《後漢紀一》："春，正月，丁亥朔，百官遙辭晉主於城北，乃易素服紗帽，迎契丹主，伏路側請罪。"

二月
河東節度使劉知遠即位，建後漢

《資治通鑑》卷二八六《後漢紀一》："(二月)辛未，劉知遠即皇帝位。自言未忍改晉，又惡開運之名，乃更稱天福十二年。"

案:947年，河東節度使劉知遠在太原稱帝，建國號漢。951年，後漢被大將郭威所滅。

後周太祖廣順元年辛亥(951)，呂蒙正六歲

正月
大將郭威即位，建後周

《資治通鑑》卷二九〇《後周紀一》："春，正月，丁卯，漢太后下誥，授監國符寶，即皇帝位。監國自皋門入宮，即位於崇元殿，制曰:'朕周室之裔，虢叔之後，國號宜曰周。'改元，大赦。"

案:951年，大將郭威滅後漢建周，定都東京開封府。960年，殿前都點檢趙匡胤陳橋兵變建立北宋，後周滅亡。

卷 二

宋 代

宋太祖建隆元年庚申（960），吕蒙正十五歲

春正月

趙匡胤陳橋兵變，建立宋

《長編》卷一太祖建隆元年春正月乙巳條："（太祖詣崇元殿行禪代禮）乙巳，詔因所領節度州名，定有天下之號曰宋。改元，大赦，常赦所不原者咸赦除之。"（全稱《續資治通鑑長編》，以下簡稱《長編》）

開寶元年戊辰（968），吕蒙正二十三歲

是年，吕蒙正到龍門山利涉院石龕居住，刻苦攻讀，一住九年

《避暑録話》卷下："吕文穆公父龜圖，與其母不相能，並文穆逐出之，羈旅於外，衣食殆不給。龍門山利涉院僧識其爲貴人，延致寺中，爲鑿山岩爲龕居之。文穆處其間，九年乃出，從秋試，一舉爲廷試第一。"

《邵氏聞見録》卷七："吕文穆公諱蒙正，微時於洛陽之龍門利涉院土室中，與温仲舒讀書，其室中今有畫像。有詩云：'八灘風急浪花飛，手把魚竿傍釣磯。自是釣頭香餌別，此心終待得魚歸。'又云：'怪得池塘春水滿，夜來雷雨起南山。'後狀元及第，位至宰相。"

案：吕蒙正在僧院苦讀九年，秋試一舉奪魁。"八灘風急浪花飛"一詩，《全宋詩》卷四七録入，引自《錦繡萬花谷》前集卷二二，題目爲《讀書龍門山土

室作》。"怪得池塘春水滿"句,題西京龍門利涉院,《全宋詩》卷四七録入,引自《苕溪漁隱叢話》後集卷三五。蒙正感恩寺僧,崇信佛教,據《武林梵志》卷八云:"吕蒙正……少時寄食僧房,得以安意書史。後執政十年,郊祀俸給皆不請,帝問其故,對以'私恩未報',帝詰之,以實對。帝曰:'僧中有若人耶?'賜紫袍加號以旌之。於是恩俸悉推之寺僧,以酬夙德。公嘗晨興禮佛,祝曰:'不信三寶者,願勿生我家。願子孫世世食禄,護持佛法。'"龍門山利涉院石龕對於吕氏家族有著特殊意義,《避暑録話》卷下還記載,其後吕蒙正諸子就石龕爲祠堂,名曰"肄業",富弼曾爲之作記。因傳奇等通俗文學有"破窰之説",人們但記窰而不知有龕,並龍門寺僧亦湮没不聞。

又案:《宋史·吕蒙正傳》記載,吕蒙正父親吕龜圖,因多内寵,與妻劉氏不睦,遂黜妻並棄蒙正。據《中華吕氏通譜》卷一《世系篇·聯宗第五宗支·第七十世》:吕蒙正爲吕龜圖次子。吕龜圖生子六:元明,蒙正,蒙吉,蒙叟,蒙莊,蒙休。吕蒙正刻苦攻讀,侍親至孝,《吕文穆公蒙正神道碑》云及:"公每感歎憤懣,絶迹於龍門山,躬事薪汲,力奉慈養,而且痛自刻責以爲業,晝夜漏相接,未始少懈,嘗泣淚滿所讀書,而怳怳日若無以爲生者。如是數年,學益富,文益奇,聲動天下,士友益附……公掌誥時,會令君朝京師,公跪而泣於令君、徐國,且告曰:'大人母氏皆老矣,不肖子不忍見兹睽忤不偶,願復故好,敢以死請。'語訖,又伏於前,泣下不止。令君、徐國不得已,憐而從之,然終異堂而處。公晨暮交走,咸盡色養。人於是始知公之純孝大行於其家也。"

開寶六年癸酉(973),吕蒙正二十八歲

是歲,吕龜祥知壽州,遂家焉

《宋史·吕蒙正傳》:"父龜圖,起居郎……龜圖弟龜祥,殿中丞,知壽州。"《宋史·吕夷簡傳》:"吕夷簡字坦夫,先世萊州人。祖龜祥知壽州,子孫遂爲壽州人。"

案:李之亮《宋兩淮大郡守臣易替考·壽州》考證:從太祖開寶六年始,至太宗太平興國二年,吕龜祥知壽州。明嘉靖《壽州志》卷七記載:"吕龜祥,其

先河南人,父夢奇,户部侍郎,生二子,長龜圖,次龜祥。宋太平興國二年,龜祥登進士及第,爲殿中丞,知壽州,有惠政及民,民愛留之,不忍舍去,遂家焉。長子蒙亨,舉進士;次子蒙巽,虞部員外郎;三子蒙周,進士及第。其後子孫皆至顯官。"故壽州亦成爲呂氏家族的祖籍地。(引自楊松水《兩宋壽州呂氏家族著述研究》)

開寶八年乙亥(975),呂蒙正三十歲

四月

太祖不許伶官衛德仁領郡。呂夷簡贊太祖存天下之公,抑親幸之私

《宋史全文》卷二《宋太祖二》開寶八年夏四月條:"教坊使衛德仁以老求外官,且援同光故事求領郡。上曰:'用伶人爲刺史,此莊宗失政,豈可效之耶?'宰相擬上州司馬,上曰:'上佐乃士人所處,資望甚優,亦不可輕授此輩,但當於樂部遷轉耳。'乃命爲太常寺太樂署令。"

同條下有富弼、呂夷簡評論。呂夷簡曰:"帝王尊異后族,恩寵戚里,優厚親幸,以金帛富之可也,賞賜厚之可也,惟不使求官爵、親政事、撓刑法。我太祖不許衛德仁領郡,則曰:'用伶人爲刺史,此亂世之事。'不與王繼恩樞密使,則曰:'内官不可使居權要職。'太宗不許戚里於秦隴市木,則曰:'恐壞天下法制。'真宗不許趙自化領遙郡刺史,則曰:'非朝廷舊典。'抑秦國之請,則曰:'州縣之任,系國家之公議。'違保吉之奏,則曰:'有司自有常典。'斯可謂存天下之公,抑親幸之私,非聰明聖智之主,孰能行之? 三聖之德,於是超禹湯而齊堯舜也。"

十一月

宋大將曹彬攻陷金陵,南唐滅

《長編》卷一六太祖開寶八年十一月乙未條:"城陷……彬整軍成列,至於宮城,國主乃奉表納降,與其群臣迎拜於門。"

十二月

呂龜祥詣金陵，籍李煜所藏圖書送闕下

《長編》卷一六太祖開寶八年十二月辛丑條："又詔不得侵犯李煜父祖邱壟，令太子洗馬河東呂龜祥詣金陵，籍李煜所藏圖書送闕下。"

案：據《宋會要輯稿》崇儒四之一五記載，開寶九年，江南平，太子洗馬呂龜祥就金陵，籍其圖書，得二萬餘卷，送史館。吳、蜀多聚典籍，而南唐典籍頗精，亦多修述。

卷 三

太祖開寶九年(太宗太平興國元年)丙子(976)，
吕蒙正三十一歲

十月
癸丑，太祖崩於萬歲殿

《長編》卷一七太祖開寶九年十月癸丑條："上崩於萬歲殿。"

甲寅，太宗即位

《長編》卷一七太祖開寶九年十月甲寅條："太宗即位，群臣謁見萬歲殿之東楹，帝號慟殞絶。"

十二月
太宗大赦天下，改元太平興國元年

《長編》卷一七太宗太平興國元年十二月甲寅條："上御乾元殿受朝，懸而不樂。大赦，改元。文班常參官衣緋緑及二十年者，有司上其名，京官見釐務職滿者，仍給俸料。群臣上壽大明殿，上以親政踰月，特與天下更始，非故事也。"

案：據何忠禮先生研究，宋太宗繼位合法性存在疑問。他在《宋代政治史》中云，趙光義之所以能繼承皇位，向有三説：一是太祖屬意説，二是"金匱之盟"説，三是"燭影斧聲"説。何先生對這三種説法一一進行分析，否定太祖屬意説和"金匱之盟"説，雖不能斷定太宗是否真正弑兄繼位，但其嫌疑易見。

太平興國二年丁丑(977)，呂蒙正三十二歲

春正月
呂蒙正首拔進士第

《宋史·呂蒙正傳》載："蒙正，太平興國二年擢進士第一"。

案：據富弼《呂文穆公蒙正神道碑》記載："公諱蒙正，字聖功，太宗太平興國三年春首拔進士第。"《隆平集》卷四《宰臣》亦云："呂蒙正，字聖功，河南人。太平興國三年登進士甲科，歷官一紀，遂至相位。"而《宋史》却載："蒙正，太平興國二年擢進士第一"。考《長編》卷一八太宗太平興國二年春正月戊辰條云："戊辰，上御講武殿……得河南呂蒙正以下一百九人。"《宋會要輯稿》選舉七之二云："太宗太平興國二年正月七日，帝御講武殿試禮部奏名進士，內出《訓兵練將賦》《主聖臣賢詩》題，得呂蒙正已下一百九人，並賜及第。"《宋會要輯稿》選舉二之一又云："太宗太平興國二年正月八日，宴新及第進士呂蒙正等於開寶寺，仍賜御詩二首以寵之。"《浙江通志》卷一二三："太平興國二年丁丑，呂蒙正榜。"《福建通志》卷三三："太平興國二年丁丑呂蒙正榜。"民國十五年的《呂氏宗譜》，亦爲"太平興國二年狀元及第"。以上可以佐證王瑞來在《隆平集校證》中的結論：呂蒙正於太平興國二年進士及第。故《呂文穆公蒙正神道碑》相關記載有誤。另《河南通志》卷四五："呂蒙正，洛陽人，太平興國三年狀元，位宰相。"《石林燕語》卷六："國初天下始定，更崇文士。自殿試親放榜，狀元往往遂見峻用。呂文穆公太平興國七年登科，八年已爲參知政事。"上引呂蒙正及第時間亦有誤，一並糾正。

呂龜祥亦同年登進士第

明嘉靖《壽州志》卷七："呂龜祥，其先河南人，父夢奇，户部侍郎，生二子，長龜圖，次龜祥。宋太平興國二年，龜祥登進士及第，爲殿中丞，知壽州，有惠政及民，民愛留之，不忍舍去，遂家焉。"（引自楊松水《兩宋壽州呂氏家族著述研究》）

案:龜祥爲呂蒙正叔父、呂夷簡祖父。《宋登科記考》卷二亦記載呂龜祥於太宗太平興國二年進士及第。

宋泌同年擢進士第

《宋史·宋湜傳》:"(宋泌)太平興國二年進士,至起居郎、直史館、越王府記室參軍。"

案:宋泌是呂蒙正妻之從兄弟,爲呂蒙正同年進士,極可能呂蒙正進士及第後結爲姻親。

太平興國二年殿試題目爲《訓兵練將賦》《主聖臣賢詩》等

《宋會要輯稿》選舉七之二:"太宗太平興國二年正月七日,帝御講武殿試禮部奏名進士,内出《訓兵練將賦》《主聖臣賢詩》題,得呂蒙正以下一百九人,並賜及第。"

案:網上流行的呂蒙正《破窰賦》非他殿試時所寫。

呂蒙正辭既雄麗,容貌偉然,太宗一眼相中

《避暑録話》卷下:"(呂文穆公)從秋試,一舉爲廷試第一。是時,太宗初與趙韓王議,欲廣致天下士,以興文治,而志在幽燕,試《訓練將士賦》。文穆辭既雄麗,唱名復見容貌偉然。帝曰:'吾得人矣。'"

案:呂蒙正得太宗賞識,一舉爲廷試第一,升遷迅速,十年作相。無怪乎民間流傳呂蒙正祥瑞之事,孔平仲在《談苑》卷四中云:"呂蒙正方應舉,就舍建隆觀。沿幹入洛,鎖室而去,自冬涉春方回。啟户視之,床前槐枝叢生,高二三尺,蒙茸合抱。是年登科,十年作相。"

賜詩、賜宴自呂蒙正榜始

《澠水燕談録》卷六《貢舉》:"進士之舉至今,本朝尤盛,而沿革不一……賜詩自興國二年呂蒙正榜始……賜宴自呂蒙正榜始……"

《東原録》:"其(太宗)賜呂蒙正詩有云:'帝澤雖寬異,官榮莫忘貧。'"

三月

吕蒙正得將作監丞,通判升州

《文獻通考》卷三〇《選舉考三》:"(太平興國二年)第一、第二等進士及九經授將作監丞、大理評事,通判諸州,其餘皆優等注擬,寵章殊異,歷代未有也。"

案:據《宋史·吕蒙正傳》記載,吕蒙正於太平興國二年進士及第,授將作監丞,通判升州。

吕蒙正臨行前,率衆進士與太宗告别

《長編》卷一八太宗太平興國二年春正月庚午條:"及蒙正等辭,特召令升殿,諭之曰:'到治所,事有不便於民者,疾置以聞。'仍賜裝錢,人二十萬。"

案:太宗即位之初,方欲興文教,抑武事,對這一榜尤寄厚望,寵章殊異,歷代所未有也。據《長編》是條注釋,注官在三月戊子。

又案:本年,登進士第一百九人。吕蒙正、吕龜祥、宋泌、王化基、王沔、吕祐之、李至、陳恕、張齊賢、温仲舒等。

太平興國三年戊寅(978),吕蒙正三十三歲

九月

胡旦首拔進士

《長編》卷一九太宗太平興國三年九月甲申條:"上御講武殿,覆試合格人,進士加論一首,自是常以三題爲准。得渤海胡旦以下七十四人。"

案:《談苑》卷三記載一段科舉佳話:"吕文穆薄游一縣,胡旦隨父宰邑,客有譽吕,舉其詩云:'挑盡寒燈夢不成。'胡笑曰:'乃是一渴睡漢耳!'吕明年中甲,寄聲胡曰:'渴睡漢狀元及第矣。'胡答曰:'待我明年第二人及第,輸君一籌。'次榜果中首選。"

又案:本年,登進士第七十四人。除胡旦,尚有田錫、趙昌言、李及、李昌齡、馮拯等。

太平興國四年己卯(979),呂蒙正三十四歲,呂夷簡一歲

二月

宋太宗親征太原

《長編》卷二〇太宗太平興國四年二月甲子條:"車駕發京師。"

三月

呂蒙正遷著作郎、直史館,旋加右拾遺

《琬琰集》上卷一五《呂文穆公蒙正神道碑》:"(太平興國)四年,代還,會帝征太原劉氏,朝於行在,道受著作郎、直史館,旋加右拾遺,服銀緋。"

案:呂蒙正朝於行在,三月或四月,姑系於此。直史館職位自呂蒙正等始,據《青箱雜記》卷三:"……則本朝直史館、史館修撰、史館編修、史館校勘、史館檢討,自趙鄰幾、呂蒙正、李若拙、楊文舉、宋湜、郭延澤、董元亨等始也。"

五月

劉繼元降宋,北漢滅亡

《長編》卷二〇太宗太平興國四年五月甲申條:"遲明,劉繼元率其官屬素服紗帽待罪台下。詔釋之,召升臺勞問。"

七月

與遼高粱河之戰,宋軍大敗

《宋史·太宗本紀》:"(太平興國四年)六月甲寅,以將伐幽薊,遣發京東、河北諸州軍儲赴北面行營。庚申,帝復自將伐契丹……(秋七月癸未)帝督諸軍及契丹大戰於高粱河,敗績。"

案:高粱河之戰是宋遼關係重要轉折點,造成宋日後連戰連敗,直至澶淵之盟,宋完全處於下風。

是歲,呂夷簡生

《長編》卷一五二仁宗慶曆四年九月戊辰條:"鄭州言太尉致仕許國公呂夷簡卒。"又《琬琰集》下卷八《呂文靖公夷簡傳》:"(夷簡)以太尉致仕,卒,年六十六",以此上推,當生於本年。

案:呂夷簡(979—1044),字坦夫,呂蒙亨子,呂龜祥孫,呂夢奇曾孫。仁宗朝著名宰相,三入中書,前後執政十三年之久,爲宋代東萊呂氏家族發展關鍵人物。百度中呂夷簡生卒年(978 年—1044 年 10 月 3 日),生年疑有誤。李成學碩士論文《呂夷簡評傳》中,推算呂夷簡生年 978 亦同樣疑有誤。

太平興國五年庚辰(980),呂蒙正三十五歲,呂夷簡二歲

閏三月

宋湜、宋沆登進士第

《宋史·宋湜傳》:"(宋湜)太平興國五年進士,釋褐將作監丞、通判梓州榷鹽院,就遷右贊善大夫……(宋沆)太平興國五年進士,歷左正言、京西轉運使、度支判官。"

案:宋沆是呂蒙正妻舅。宋湜是沆之從兄弟。呂蒙正岳父宋溫舒,溫舒有子沆、瀨、濤。兄溫故,溫故後晉天福進士及第,仕至左補闕,有時名,子湜、泌。宋沆仕至京西提點刑獄。宋湜仕至樞密副使,卒贈吏部侍郎加贈刑部尚書,諡忠定,有"文集"二十卷。

馬亮登進士第

據《宋登科記考》,馬亮於宋太宗太平興國五年進士及第。

案:據晏殊《馬忠肅公亮墓志銘》,馬亮爲呂夷簡和呂居簡岳父,仕至工部尚書、知江寧府,以太子少保致仕,卒贈尚書右僕射,諡忠肅。

王旦登進士第

《宋史·王旦傳》："（王旦）太平興國五年，進士及第，爲大理評事、知平江縣。"

案：後王旦與吕夷簡結爲姻親，吕夷簡女嫁王旦長子王雍，是繼娶夫人，王雍初娶夫人大理卿李湘女。王旦，北宋著名賢相，其岳父是樞密副使趙昌言。王旦四婿：長婿參知政事韓億；二婿工部郎中蘇耆，翰林學士承旨蘇易簡子；三婿右正言范令孫，系宋初宰相范質之孫；四婿樞密使吕公弼，宰相吕夷簡子。王雍有二子，長王恪娶宰相向敏中之孫、龍圖閣直學士向傳式女；次王整娶慕憲王趙元佐之孫、筠州團練使安陸侯宗訥女。

又案：太平興國五年這一榜，被稱爲"龍虎榜"，出宰相四人（王旦、李沆、寇準、向敏中）及大批名臣，如蘇易簡、晁迥、馬亮、張詠等。

吕蒙正轉左補闕、知制誥

《琬琰集》上卷一五《吕文穆公蒙正神道碑》："（太平興國）五年，轉左補闕，知制誥，服金紫。"

案：本年登進士第一百二十一人。除吕蒙正妻舅宋沆、宋湜兄弟，尚有王旦、馬亮、蘇易簡、向敏中、李沆、晁迥、寇準、張詠等。

太平興國七年壬午(982)，吕蒙正三十七歲，吕夷簡四歲

九月

吕蒙正參與修《文苑英華》

《玉海藝文校證》卷二〇《總集文章·雍熙文苑英華》："《會要》：兼《寶訓》。太平興國七年九月，帝以諸家文集其數至繁，各擅所長，蓁蕪相間，乃命翰林學士承旨李昉、學士扈蒙、直院徐鉉、中書舍人宋白、知制誥賈黃中、吕蒙正、李至、司封員外郎李穆、庫部員外郎楊徽之、監察御史李范、秘書監丞楊礪、著作佐郎吴淑、吕文仲、胡汀、戴貽慶、國子監丞杜鎬、將作監丞舒雅，凡十七人，以

徽之尤精風雅,特命編詩爲百八十卷。閱前代文章,撮其精要,以類分之,爲千卷,目錄五十卷。雍熙三年十二月壬寅書成,號曰《文苑英華》。"

太平興國八年癸未(983),呂蒙正三十八歲,呂夷簡五歲

春正月
呂蒙正權同知貢舉

《宋會要輯稿》選舉一之二:"(太平興國)八年正月七日,以中書舍人宋白權知貢舉,知制誥賈黃中、呂蒙正、李至,直史館王沔、韓丕、宋准,司封員外郎李穆,監察御史李范,秘書丞楊礪權同知貢舉。"

五月
五鳳齊飛入翰林

《歸田錄》卷一:"太宗時宋白、賈黃中、李至、呂蒙正、蘇易簡五人同時拜翰林學士,承旨扈蒙贈之以詩云:'五鳳齊飛入翰林。'其後呂蒙正爲宰相,賈黃中、李至、蘇易簡皆至參知政事,宋白官至尚書,老於承旨,皆爲名臣。"

案:孔平仲《談苑》卷三亦有記載。《舊聞證誤》卷一云此事發生在太平興國八年五月,出處在歐陽修《歸田錄》。同時指出五鳳不包括蘇易簡而是李文恭穆。"實李文恭穆與宋、賈、呂、李五公同入翰林,後二年,蘇易簡始爲學士。"

十月
呂蒙正撰《大宋重修兗州文宣王廟碑銘並序》

《山東通志》卷一一之七:"宋碑一,呂蒙正撰,白崇矩書,太平興國八年十月建。"此碑文見《金石萃編》卷一二五、《山左金石志》卷一五、萬曆《兗州府志》卷五、乾隆《兗州府志》卷二六、乾隆《曲阜縣志》卷二四。

呂蒙正《大宋重修兗州文宣王廟碑銘並序》太平興國八年十月:

聖人之興也,能成天下之務,能通天下之志,然亦不能免窮通否泰之數。是故有其位則聖人之道泰,無其位則聖人之道否。大哉,夫堯、舜、禹、湯,其

有位之聖人乎！我先師夫子，其無位之聖人歟！昔者大道既隱，真風漸漓。有爲之迹雖彰，禪代之風未替。繇是堯、舜、禹、湯，苞至聖之德，有其位，故德澤及於兆民。逮乎周室衰微，諸侯強盛，干戈靡戢，黔首疇依。繇是仲尼有至聖之德，無其位，所以道屈於季、孟。嗚呼！夫子以天生之德，智足以周乎萬物，道足以濟於天下，而棲遑列國，卒不見用，得非其道至大，而天下莫能容乎？復乃當時之生民不幸乎？向使有其位，用其道，又何止夾谷之會，沮彼齊侯，兩觀之下，誅其正卯，墳羊辨土木之妖，楛矢驗蠻夷之貢？必將恢聖人之道，功濟乎宇宙，澤及於黎庶矣，奚一中都宰、大司寇，可伸其聖道哉？嗟夫！文王没而斯文未喪，時命屯而吾道不行，可爲長太息矣。洎乎《河圖》不出，鳳德云衰，爰困蔡以厄陳，遂自衛以返魯。於是删《詩》《書》，贊《易》象，因史記作《春秋》。大旨尊王者而黜霸道，威亂臣而懼賊子。然後損益三代之禮樂，褒貶百王之善惡。蕪而穢者芟而夷之，紊而亂者綱而紀之。建末俗之郛郭，垂萬祀之楷則。遂使君臣父子咸知揖讓之儀，貴賤親疏皆識等夷之數。功均造物，德被生人。昭昭焉，蕩蕩焉，與日月高懸、天壤不朽者，夫子之道乎！故曰“自生民以來未有如夫子者也”。非夫道尊德貴，惟几不測，敦能與於此乎！故天下奉其教，尊其像，祠廟相望者豈徒然哉！自唐季而下，晉漢以還，中原俶擾，宇縣分裂。四郊多壘，鞠爲戰鬥之場；五嶽飛塵，競以干戈爲務。周雖經營四方，日不暇給。故我素王之道，將墜於地；光闡儒風，屬在昌運。我宋應運統天睿文英武大聖至明廣孝皇帝之纘寶位也，以徇齊之德，兼睿哲之明。總攬英雄之心，苞括夷夏之地。皇明有赫，聖政日新。解綱泣辠，示至仁於天下；侮亡取亂，清大憝於域中。復浙右之土疆，真王匍匐而聽命；伐並汾之堅壘，凶豎倒戈而系頭。戎車一駕，掃千里之祅氛；泰壇再陟，展三代之縟禮。拯亂則吊伐，非所以佳兵也；懲惡則止殺，蓋所以遵法也。然後修禮以檢民迹，播樂以和民心。禮修樂舉，刑清俗阜，尚猶日慎一日，躬決萬機。近甸絕禽荒之娛，後庭無游宴之溺。遂得群生矗矗，但樂於天時；萬匯熙熙，不知乎帝力。信可以高視千古，躪轢百王。謂皇道既以平，華戎又以寧，爾乃凝神太素，端拱穆清。闡希夷之風，詮真如之理。間則披皇墳而稽帝典，奮睿藻以抒宸章，哲王之能事備矣，太平之鴻業成矣。居一日，乃御便殿，謂侍臣曰：“朕嗣位以來，咸秩無文，遍修群祀。金田之列刹崇矣，神仙之靈宇修矣，惟魯之

夫子廟堂未加營葺，闕孰甚焉。況像設庫而不度，堂廡陋而毀頹。觸目荒涼，
荊榛勿剪。階序有妨於函丈，屋壁不可以藏書。既非大壯之規，但有巋然之
勢。傾圮寖久，民何所觀？"上乃鼎新規，革舊制，遣使星而蕆事，募梓匠以倲
功。經之營之，厥功告就。觀夫繚垣雲矗，飛簷翼張。重門呀其洞開，層闕鬱
其特起。綺疏瞰野，朱檻淩虛。眈眈之遂宇來風，鑞鑞之雕甍拂漢。回廊復
殿，一變惟新。升其堂，則藻火黼黻，昭其度也；登其筵，則豆籩簠簋，潔其器
也。春秋二仲，上丁佳辰，牢醴在庭，金石在列。佚佚衆賢，以配以侑。凜然
生氣，瞻之如在。時或龜山雨霽，岱嶽雲斂，則重櫨疊拱，丹青晃日月之光；龍
桷雲楣，金碧焜煙霞之色。輪奐之制，振古莫儔；營繕之功，於今爲盛。繇是
公卿庶尹，鴻儒碩生，相與而言曰：凡明君之作事也，不爲無益害有益，必乃除
千古之患，興萬世之利，然後納華夷於軌物，致黔首於仁壽。夫子無位，立教
化人，以文行忠信敦俗，以冠婚喪祭爲民立防，與世垂范。是以上達君，下至
民，用之則昌，不用則亡。我君膺千年而出震，奄六合以爲家。一之日、二之
日，訪蒸黎之疾苦；三之日、四之日，辨官材之淑慝。爾乃修武備，崇文教，輕
徭薄賦，興廢繼絕。於是睠我先師，嚴其廟像，棟宇宏壯，僅罕倫比。遂使槐
市杏壇之子，競鼓篋以知歸；褒衣博帶之儒，識橫經之有所。矧乃不蠹民財，
不耗民力，時以農隙，人以悦使。向謂興萬世之利者，斯之謂歟！與夫秦修阿
房，唯矜土木之麗，楚築章華，但營耳目之玩，可同年而語耶？將勒貞瑉，合資
鴻筆。臣詞慚體要，學謝大成。彤庭猥廁於英翹，內署謬司於綸誥。頌聖君
之德業，雖效游揚；仰夫子之文章，誠慚狂簡。恭承睿旨，謹抒銘曰：

　　周室衰微兮諸侯擅權，魯道有蕩兮禮樂缺然。神降尼丘兮德鍾於天，挺
生夫子兮喪亂之年。秀帝堯之姿兮類子產之肩，苞聖人之德兮凜生知之賢。
删《詩》定《禮》兮糾謬繩愆，智冥造化兮功被陶甄。下學上達兮仁命罕言，將
聖多能兮名事正焉。道比四瀆兮日月高懸，仰之彌高兮鑽之彌堅。歷聘諸國
兮陳蔡之間，時不用兮吾道迍邅。麟見非應兮反袂漣漣，梁木其壞兮歎彼逝
川。王爵疏封兮袞冕聯翩，百世嗣襲兮慶及賞延。明明我后兮化浹無邊，崇
彼廟貌兮其功曲全。高門有閈兮虛堂八筵，吉日釋菜兮陳彼豆籩。雕甍畫拱
兮旦暮含煙，海日一照兮金翠相鮮。帝將東封兮求福上玄，千乘萬騎兮轟轟
闐闐。謁我新廟兮周覽蹁躚，肆覿群后兮岱宗之前。

太平興國八年歲次癸未,十月癸未朔,十六日戊戌建。鐫字塞厚。(引自《全宋文》卷一〇六呂蒙正《大宋重修兗州文宣王廟碑銘並序》)

十一月

呂蒙正擢左諫議大夫、參知政事

《長編》卷二四太宗太平興國八年十一月壬申條:"以翰林學士李穆、呂蒙正、李至並爲左諫議大夫、參知政事,樞密直學士張齊賢、王沔並爲右諫議大夫、同簽署樞密院事。"

案:《宋宰輔編年錄校補》卷二太宗太平興國八年十一月壬申條記載,李穆、呂蒙正、李至並參知政事,李穆自翰林學士遷左諫議大夫,呂蒙正自翰林學士、都官員外郎除,李至自翰林學士、都官郎中、知制誥除。《長編》記載三人不僅並參知政事,又並左諫議大夫,未知何據? 呂蒙正寬容有雅度,《涑水記聞》卷二《呂蒙正不喜記人過》云:"呂蒙正相公不喜記人過。初參知政事,入朝堂,有朝士於簾內指之曰:'是小子亦參政邪?'蒙正佯爲不聞而過之。其同列怒之,令詰其官位姓名,蒙正遽止之。罷朝,同列猶不能平,悔不窮問,蒙正曰:'若一知其姓名,則終身不能復忘,固不如毋知也。且不問之,何損?'時皆服其量。"人稱宰相度量。

十二月

呂蒙正獲賜麗景門宅

《玉海》卷一七五《宮室·建隆賜宅》:"(太平興國)八年十二月庚戌,(太宗)賜參政呂蒙正麗景門宅,簽樞張齊賢宜秋門宅。"

案:麗景門宅似應在都城開封。據《事實類苑》卷二五《官職儀制·真宗幸呂文穆宅》載,呂蒙正在洛陽亦有宅邸:"文穆有大第在洛中,真宗祠汾時,嘗駕幸正廳,其後人不敢復坐。圍以欄楯,設御榻焉。即今張文孝公宅是也。"又據李格非《洛陽名園記》,在伊水上流,有呂文穆園。

又案:本年,宋白權知貢舉,呂蒙正等權同知貢舉,得進士二百二十九人,始分三甲。王禹偁、劉昌言等是本年進士。

雍熙二年乙酉(985)，吕蒙正四十歲，吕夷簡七歲

三月
吕蒙正從弟蒙亨舉進士高等，以蒙正居中書報罷

《長編》卷二六太宗雍熙二年三月己未條："上御崇政殿，覆試禮部貢舉人，得進士須城梁顥等百七十九人……宰相李昉之子宗諤、參知政事吕蒙正之從弟蒙亨、鹽鐵使王明之子扶、度支使許仲宣之子待問，舉進士試皆入等。上曰：'此並勢家，與孤寒競進，縱以藝升，人亦謂朕爲有私也！'皆罷之。"

案：此舉謂罷勢家子弟科名。《文獻通考》卷三〇亦載："(雍熙二年)李昉、吕蒙正之子皆入等，上以勢家不宜與孤寒競進，罷之。"考《長編》卷二六和《太平治迹統類》卷二八，當是蒙正從弟蒙亨，非蒙正子，《文獻通考》卷三〇似有誤。

又案：據《宋史·吕蒙正傳》，吕蒙亨後歷下蔡、武平主簿。下蔡置壽州，《太平寰宇記》卷一一有記載。《江南通志》卷二八："下蔡鎮，鳳臺縣北三十里，即漢下蔡縣，宋爲壽州治。"蒙亨回到家鄉爲官。蒙亨亦曾在福建爲官，據《福建通志》卷二記載，武平縣隸屬於福建汀州。又據《中華吕氏通譜》卷一《世系篇·聯宗第五宗支·第七十一世》：吕蒙亨娶王氏，金部侍郎王焕女，生子三，夷簡，宗簡，堯簡，堯簡早逝。

趙安仁進士及第

《宋史·趙安仁傳》："(趙安仁)雍熙二年，登進士第，補梓州榷鹽院判官，以親老弗果往。"

案：趙安仁(958—1018)，字樂道，河南洛陽人，爲吕蒙正二女婿，仕至尚書右丞。操履純正，寬恕謙和，嗜讀書，家藏豐富，善爲文，有集五十卷，卒贈吏部尚書，謚文定。安仁曾祖武唐，虢州刺史。父孚，周顯德初舉進士，宋太宗時，仕至殿中侍御史，太宗呼其"名士也"。

又案：本年，進士及第者凡二百五十五人，除趙安仁，尚有梁顥、錢若水、任中正、陳彭年等。

雍熙三年丙戌(986),呂蒙正四十一歲,呂夷簡八歲

二月

柳開撰《上參政呂給事書》

柳開《上參政呂給事書》:"二月十一日,將仕郎、守蔡州上蔡縣令柳開,謹獻書於執事。人之罪莫大於不忠不孝,開今有之,得以言於執事,執事必聽而信矣,哀而憐矣……開昨獲罪,實甚非常。開今仰望於執事者,望執事以非常之善言聞於上,乞行非常之恩。況以執事當此非常之時,有非常之便,可以行非常之惠,救非常之辜於開也……"

案:《全宋文》卷一二三《柳開五》予以收録。柳開另有《與河北都轉運樊諫議書》:"至雍熙二年,開爲殿中侍御史,春正月,因同職者以王事忿爭,開追削朝籍,得上蔡縣令"(引自《全宋文》)。根據《宋人年譜叢刊》第一册《柳開年譜》記載,雍熙二年正月柳開被貶爲上蔡縣令,雍熙三年二月上書呂蒙正,仰蒙正救之,後柳開復原職。

卷 四

端拱元年戊子(988)，吕蒙正四十三歲，吕夷簡十歲

二月

趙普與吕蒙正並拜相。蒙正寬簡敢言得太宗贊許和同僚肯定

《宋宰輔編年録校補》卷二太宗端拱元年二月庚子條：“李昉罷相……同日，趙普、吕蒙正並拜相。普自檢校太師兼侍中、山南東道節度使除太保兼侍中、昭文館大學士，三入相。蒙正自給事中、參知政事除中書侍郎兼户部尚書、監修國史、並同中書門下平章事。”

《宋宰輔編年録校補》卷二同條，蒙正拜相《制》曰：“天道無私，日月星辰助其照；皇王不宰，股肱輔弼代其功。所以端拱仰成，垂衣致治。建千年之昌運，追三代之令猷。其有業茂經綸，才推謹厚。參大政而再罷寒暑，秉純誠而無替初終。宜推爰立之恩，式副至公之選。具官吕蒙正四氣均和，五行鐘秀。蘊濟時之明略，輔之以温恭；挺命代之宏材，守之以淵默。凡膺歷試，早振芳猷。公忠推社稷之臣，凝重見廟堂之器。眷兹大體，久鬱具瞻。爰資作礪之功，用正秉鈞之任。崇階馭貴，列爵增封。兼修太史之書，載踐地官之秩。爾宜周旋庶政，右右眇躬。緩兹宵旰之憂，翊我隆平之運。同底於道，豈不美歟！”

《宋宰輔編年録校補》卷二同條：“蒙正質厚寬簡，有重望，不結黨與，遇事敢言，每論政有未允者，必固稱不可。上嘉其無隱，故與普俱命，藉舊德爲之表率也。蒙正晚輩，與普同位，普甚推許之。”

三月

王世昌登進士第

《歐陽修全集》卷六二《都官郎中王公墓志銘》："公諱世昌，字次仲。少屬文，舉進士，端拱元年登科第……女四人……次適光禄寺丞呂昌齡。"

案：王世昌端拱元年進士及第，仕至三品都官郎中知絳州，其幼女嫁與呂昌齡。

五月

呂蒙正廉潔自律，長子呂從簡止授將作監丞

《長編》卷二九太宗端拱元年閏五月己丑條："近制，宰相子起家即授水部員外郎，加朝散階，呂蒙正固讓，止授六品京官，自是爲例。此事見富弼作《蒙正神道碑》，云蒙正長子從簡當得水部員外郎，蒙正懇辭，止授將作監丞，因以爲著例，至今不易。"

《宋宰輔編年録校補》卷二太宗端拱元年二月庚子條："近制：宰相子起家即授水部員外郎，加朝散階。先是，盧多遜爲相，其子雍即授此官，後遂以爲常。呂蒙正固讓，止授九品京官將作監丞，因以爲定制。"

同條注釋云："《長編》宰相子止授九品京官，自呂蒙正始。"

《玉壺清話》卷三："呂中令蒙正，國朝三入中書，惟公與趙韓王爾，未嘗爲姻戚徼寵澤。子從簡當奏補，時公爲揆門相，舊制，宰相奏子，起家即授水部員外郎，加朝階。案《宋史》，起於盧多遜之子雍，後遂以爲常。公奏曰：'臣昔忝甲科及第，釋褐止授九品京官。一作'六品'者誤。況天下才能老於巖穴，不能沾寸禄者無限。今臣男從簡一無'從簡'二字。始離繈褓，一物不知，膺此寵命，恐罹陰譴，止乞以臣釋褐日所授官補之。'固讓方允，止授九品京官，自爾爲制。公生於洛中祖第正寢，至易簀，亦在其寢。其子集賢貳卿居簡，平日親與文瑩語此事云。"

案：呂蒙正子授六品京官，亦或是九品京官？以上各家並不一致。根據龔延明先生《宋代官制辭典》，"將作監丞"爲從六品下，而非九品。從簡止授將作監丞，爲六品京官，《宋宰輔編年録校補》卷二和《玉壺清話》卷三似有誤。

又案：吕蒙正廉潔自律，並常常以此教育子孫，據《吕穆公蒙正神道碑》云：他居洛陽時，常召諸子於庭下教誨，“吾觀舊史，見唐中葉後至周末亂離，相繼不絶，卿相往往不得其死，而無歸全之所。吾幸生盛時，碩茂尊顯，今又奉身至此，知夫免矣。矧若曹皆得爲王官，其無爲世胄子弟之爲者，以自蹈不淑且重汙吾，而將以累吾家。”由是諸子夙夜相警勵，不忘詔教，持身謹敕，咸稱善人。他亦嚴格要求子弟親戚，《事實類苑》卷八《名臣事迹·吕文穆》有云：“吕文穆公蒙正以寬厚爲宰相，太宗尤所眷遇。有一朝士家藏古鑒，自言能照二百里，欲因公弟獻以求知。其弟因間從容言之，公笑曰：‘吾面不過鏡子大，安用照二百里？’其弟遂不敢言。”聞者嘆服。

是年，太宗詔吕蒙正起復

《宋大詔令集》卷五一《吕蒙正起復製》：“門下：移孝資忠，蓋格言之攸著；節哀順變，亦人子之大端。朕撫禦中區，司牧黎庶，宵衣旰食，雖切於憂勤；一日萬機，良系於輔弼。豈顧曾顔之細行，尚隳稷卨之殊庸。眷我臺臣，遽鐘艱疚。爰舉奪情之典，克遵以義之文。揚於明庭，告爾有位。具官吕蒙正，陽秋稟氣，金玉含貞，負經濟之材，守之以道；懷挺持之操，保之以和。燮調而元化不愆，邁種而芳猷益茂。文學早光於訓誥，重輕無爽於權衡。適隆注意之懷，俄迫茹荼之痛。得不舉兹綸綍，起自苫廬？抑絶獎純至之情，副當寧倚毗之旨。勉從王事，以代天工。苟盡瘁之誠，竭於奉上，則罔極之報，豈廢因心？宜體急賢，勉祇成命。可。”

吕蒙正辭起復

王禹偁《代吕相公辭起復第二表》：“草土臣某言：臣方處哀摧，忽聞恩命，泣血負罪，號天自陳，詔旨未從，荒迷殆絶。中謝。伏念臣燮調無狀，侍養乖方，於國於家，非忠非孝。不自殞滅，招此鞠凶，敢期苫塊之間，更被絲綸之命。伏蒙尊號皇帝陛下，曲行恩例，過念遭逢，雖荷寵榮，恐傷風教。況古人重及親之禄，君子有終身之喪。臣雖不才，粗聞斯義，必將負一抔之土，封五尺之墳，慰泉下之幽魂，赴天下之達禮。固非飾詐，乃是常情。伏望陛下少抑恩私，姑全大體，寢兹成命，俾執通喪，免令不孝之名，有辱具瞻之地。臣無任叫天叩地、哀號殞絕之至。"

案:此辭起復第二表由王禹偁代寫,在《小畜集》卷二四,此文亦收錄於《全宋文》卷一四八《王禹偁八》。據徐規《王禹偁事迹著作編年》,此文收錄在淳化四年,未知何據? 按:呂蒙正丁内艱起復,當在本年。

又案:本年,進士及第者凡一百六十人。除王世昌,尚有陳堯佐等。

端拱二年己丑(989),呂蒙正四十四歲,呂夷簡十一歲

三月

宋濤進士及第

《宋史·宋湜傳》:"(宋濤)端拱二年進士,歷殿中丞、知襄城縣,以政績聞,賜緋魚。歷鹽鐵判官,累遷監察御史、知虢州。"

案:宋濤爲呂蒙正妻舅。

八月

太宗與呂蒙正討論君子小人事宜

《長編》卷三〇太宗端拱二年八月丙子條:"上謂宰相曰:'爲君爲臣,作一惡事,簡册所載,萬祀不泯,可不戒耶。自古未嘗不欲進君子,退小人。然君子常少,小人常多。'呂蒙正曰:'此系時運盛衰。國家興隆,則君子道長,其晦迹丘園,蓋畏小人用事爾。有國家者,尤宜早辨。'上深然之。"

《宋史全文》卷二三下高宗紹興三十二年九月甲辰條:"侍讀洪遵進讀《三朝寶訓》,至太宗問'君子少小人多何也?'呂蒙正曰:'此系時運盛衰。'上曰:'朕以爲不然,正在人君如何。'"

案:呂蒙正謂君子小人多少,系時運盛衰,太宗深以爲然。然南宋孝宗以爲不然,而是人君如何作爲。紹興三十二年六月,宋高宗傳位於趙昚,是爲孝宗。

范仲淹生

《范文正公年譜》:"諱仲淹,字希文。端拱二年己丑八月癸酉二日丁丑,以辛丑時生。"(見《宋人年譜叢刊》)

十月

吕蒙正等勸慰太宗,並把歲旱歸咎於己

《長編》卷三〇太宗端拱二年十月壬申條:"蒙正等詣長春殿謝曰:'陛下臨御以來,躬親萬機,勤恤民隱,未嘗有纖微之失。蓋臣等調燮無狀,致此愆尤。漢制,水旱策免三公,臣等實任其責,願上印綬,避賢者路。'上慰勉之。"

案:太宗因歲旱,下罪己詔賜宰相趙普,時普被疾請告,即以授吕蒙正等。蒙正把歲旱歸咎於己,願引咎辭職。

十二月

吕蒙正等上奏,太宗宜恢復尊號

《長編》卷三〇太宗端拱二年十二月:"庚申,詔曰:'古先哲王,托居人上,蓋務求於至治,豈有尚於虛名……自今四方所上表,宜只稱皇帝。'辛酉,吕蒙正等奏曰:'陛下功德茂盛,但可增益尊名,今忽省去,群情莫不震駭。'上曰:'皇帝二字,亦不可兼稱。蓋起秦始皇,後代因之不改。朕比欲止稱王,屬以諸子封王,爲不便耳。朕志已定,卿等毋勞再奏。'甲子,趙普率百官上表,請復尊號,表凡再上,皆不許。戊辰,又上'法天崇道文武'六字,詔去'文武'二字,餘許之。"

太宗與吕蒙正再次討論君子小人善惡之別

《長編》卷三〇太宗端拱二年十二月戊辰條:"(上)因言:'爲人臣者,治平之代,功效難見。若亂世則止用其才,不顧其行,如陳平、韓信頃刻能立勛業,當治平即無所施其謀略。故孔子四科,以德行爲長。'又言:'下位卑秩,不可謂無良士。大凡君子含章守道,難進易退,不求聞達,故常患其不能知也。'吕蒙正曰:'迭試事任,則能否洞分。'上曰:'性之善惡,何由知之?'蒙正曰:'人

之爲善,終不能揜,久則彌著,至於爲惡亦然。苟暫聞善惡,或涉愛憎,恐悞任使,必久而察之,則賞罰無濫。'上善其言。"

　　案:本年,進士及第者凡一百八十六人。除宋濤,尚有陳堯叟、梅詢、盛度、張知白等。

淳化元年庚寅(990),呂蒙正四十五歲,呂夷簡十二歲

二月

呂蒙正等後苑宴飲,獲太宗賦一章

　　《玉海》卷七五《禮儀·淳化後苑習射賦詩》:"淳化元年二月己未,宴近臣於後苑,習射張樂飲酒,詔群臣賦詩,上亦賦一章,賜宰相呂蒙正等。"

四月

呂蒙正爲上相,以寬簡居相位

　　《長編》卷三一太宗淳化元年四月甲寅條:"自趙普罷,呂蒙正以寬簡居相位,辛仲甫從容其間,政事多決於王沔。沔聰察敏辯,善敷奏,有適時材用。然性苛刻,不以至誠待人,群官謁見,必甘言以啖之,皆喜過望,既而進退非允,人胥怨矣。"

九月

呂蒙叟爲鄆城縣主簿,蒙莊楚丘縣主簿,蒙巽沈丘縣主簿

　　《長編》卷三一太宗淳化元年九月戊寅條:"以鄉貢進士呂蒙叟爲鄆城縣主簿,蒙莊楚丘縣主簿,蒙巽沈丘縣主簿,皆宰相蒙正諸弟,從其請而命之。初,蒙正父龜圖多内寵,與妻劉氏不睦,並蒙正出之,頗淪躓窘乏,劉亦誓志不嫁。及蒙正始仕,乃迎二親同居異室,奉養並至云。"

　　案:據《中華呂氏通譜》卷一《世系篇·聯宗第五宗支·第七十一世》:蒙叟、蒙莊爲呂龜圖第四、第五子,是呂蒙正親弟。蒙巽爲呂龜祥次子,爲呂蒙正從弟。

是年,吕蒙正等與太宗討論親王官職問題

《隆平集校證》卷三《典故》:"淳化元年,益王元傑授揚潤大都督府長史。學士張洎言,唐以揚、益、潞、幽、荆五郡爲大都督府,置長史,司馬爲上佐。其大都督,非親王不授。或親王遙領,別命大臣領郡,除長史副大使節度事。今益王正大都督之任,復爲長史,乃是自爲上佐也。吕蒙正以爲襄王、越王皆領長史矣,今吴王獨領大都督非便。上曰:'業已差誤,俟別除授,並正之。'"

是年,吕夷簡初識馬亮,後娶馬亮女

《宋史·馬亮傳》:"吕夷簡少時,從其父蒙亨爲縣福州,亮見而奇之,妻以女。妻劉恚曰:'嫁女當與縣令兒邪?'亮曰:'非爾所知也。'"

案:《北宋經撫年表南宋制撫年表》福州路知州條記載:"989 年,許驤;990年,馬亮知福州,蘇易簡薦,召還;990 年 10 月,李偉知福州。"吕夷簡初識馬亮當於本年。

淳化二年辛卯(991),吕蒙正四十六歲,吕夷簡十三歲

春正月

太宗與吕蒙正等討論,防范武臣之利弊

《長編》卷三二太宗淳化二年春正月乙酉條:"上嘗與近臣論將帥,因言:'前代武臣,難爲防制,苟欲移徙,必先發兵備禦,然後降詔。若恩澤姑息,稍似未遍,則四方藩鎮,如群犬交吠。周世宗時,安審琦自襄陽來朝,喜不自勝,親幸其第。今且無此事也。'吕蒙正曰:'上之制下,如臂使指,乃爲合宜。倘尾大不掉,何由致理!'……"

三月

因旱蝗災,太宗下詔罪己,吕蒙正等惶恐謝罪,匿詔書

《長編》卷三二太宗淳化二年三月己巳條:"上以歲旱蝗,手詔吕蒙正等

曰:'元元何罪!天譴如是,蓋朕不德之所致也。卿等當於文德殿前築一臺,朕將暴露其上,三日不雨,卿等共焚朕以答天譴。'蒙正等惶恐謝罪,匿詔書。翌日而雨,蝗盡死。"

九月

呂蒙正因妻舅宋沆輕率請立太子,罷爲吏部尚書奉朝請

《琬琰集》上卷一五《呂文穆公蒙正神道碑》:"淳化二年,罷爲吏部尚書奉朝請。"

《宋宰輔編年録校補》卷二太宗淳化二年九月:"丁酉,王沔、陳恕並罷參知政事……乙亥,呂蒙正罷相。自户部尚書罷爲吏部尚書。"

《宋宰輔編年録校補》卷二同條,《制》曰:"宰相之任,所以代天工,執闕柄,内以平章百姓,外以鎮撫四夷。華夏具瞻,安危攸系。其有籲謨獻納,蔑聞苦口之言。朋黨比回,深失蒼生之望。宜行策免,以肅朝經。具官呂蒙正擢自單平,累遷清要。驟登三事,於兹九年。所宜盡瘁公家,屬精庶政。任當補衮,而曷嘗有聞。知在掣鈃,而曾無所守。但務引援於親昵,寧思澄汰於品流。竊禄偷安,莫斯爲甚。匿瑕藏垢,誠合自知。倘更倚於弼諧,是自貽於蒙蔽。政之有闕,悔不可追。用全進退之宜,式表始終之分。尚居會府,俾領天官。允謂優隆,勿忘循省。"

《宋宰輔編年録校補》卷二同條:"蒙正自端拱元年二月與趙普同拜相,至是年九月罷,凡四年。"

案:《長編》卷三二太宗淳化二年九月己亥條對此有詳述:"左正言、度支判官宋沆等五人伏閣上書,請立許王元僖爲皇太子,詞意狂率,上怒甚,將加竄殛,以懲躁妄。而沆又宰相呂蒙正之妻族,蒙正所擢用,己亥,制詞責蒙正以援引親昵,竊禄偷安,罷爲吏部尚書。"王瑞來在"宋宰輔編年録"中校證:淳化二年九月無乙亥日,當是己亥之誤。故《長編》此條應無誤。

呂蒙正等罷與星占亦有關

《文獻通考》卷二八九《象緯考一二》:"(淳化)二年正月丙戌,熒惑犯房第一星,占曰:'大臣憂'。其年,宰相呂蒙正,樞密使王顯,參政王沔、陳恕罷。"

淳化三年壬辰(992)，呂蒙正四十七歲，呂夷簡十四歲

三月

呂蒙周進士及第

據《宋登科記考》，呂蒙周進士及第於宋太宗淳化三年。

《宋史·呂蒙正傳》亦有記載。

案：據《中華呂氏通譜》卷一《世系篇·聯宗第五宗支·第七十一世》：呂蒙周爲呂龜祥三子，姚韓氏、何氏，生子三，沖簡，延壽，延世。

張士遜進士及第

據《宋登科記考》，張士遜進士及第於宋太宗淳化三年。

案：張士遜(964—1049)，字順之，襄州陰城(今河北老河口)人，爲呂公孺岳父。太宗淳化三年進士及第，歷仕數縣，薦爲監察御史，累遷太子詹事兼知審刑院、判史館。天禧末，除樞密副使。仁宗天聖六年，拜同中書門下平章事。明道初再入相。寶元元年復入相。後封鄧國公致仕，卒謚文懿，《宋史》卷三一一有傳。張士遜第三女嫁於呂公孺，第四女嫁於王旦子王素。

九月

呂蒙正亦贊同太宗重文政策

《麟臺故事校證》卷一《儲藏》："(淳化三年九月)他日，(太宗)又詔侍臣曰：'邇來武人子孫，頗有習儒學者，蓋由人所好耳。'呂蒙正曰：'國家襃待文士，爵禄非輕，故人人自勸，乃聖化所及。'"

案：本年進士及第者凡三百五十三人。除呂蒙周、張士遜，尚有丁謂、王欽若、薛奎等。

淳化四年癸巳(993)，呂蒙正四十八歲，呂夷簡十五歲

二月

王小波李順始起義。呂蒙正謂太宗宜懼天戒

《宋朝事實》卷一七《削平僭偽》："太宗聞蜀賊起，顧侍臣曰：'蜀土之民，近歲日益繁盛，但習俗囂浮，多事邀賞，物極必反。今小寇驚動，豈天意抑其浮華耶？'呂蒙正曰：'昔楚莊小國之君，常懼無災，今升平之代，遠方忽有狂寇，亦恐天垂警戒。'呂端曰：'蒙正之言，望陛下留意。'上深納之。"

五月

呂蒙亨授光禄寺丞

《長編》卷三四太宗淳化四年五月丁未條注曰："呂蒙亨引對，上謂判銓王旦曰：'此人於兄弟中最優，蒙正何以不言？'旦曰：'蒙亨，文學政事，俱其所長。'即授光禄寺丞。"

案：《長編》中附注於此。《宋史·呂蒙正傳》以爲是在至道初，俟考。

十月

呂蒙正再次入相

《宋宰輔編年録校補》卷二太宗淳化四年十月辛未條："李昉罷相……賈黃中、李沆罷參知政事……温仲舒罷同知樞密院事……同日，呂蒙正再入相。自吏部尚書守本官同中書門下平章事。"

《宋宰輔編年録校補》卷二同條，《制》曰："昔者虞舜之時，優游於巖廊之上。周武王垂拱而天下理，此無他術，蓋得人而委之以政也。因念萬機之務，屬在中樞。民具爾瞻，朕所注意。是用疇咨庶尹，對越上玄。敷求良材，付以兹任。具官呂蒙正卷懷經濟，蹈泳中和。而自踐歷華資，弼諧庶政。識謨明之大體，罄勤瘁之小心。出領天官，坐鎮雅俗。炎涼載貿，望實彌優。方今百度將隆，兆民思泰。朕勵精更始，昭德塞違。載詢廟廊之籲謨，用建朝廷之經

濟。若涉大水，浩無津涯。爰資髦碩之賢，再踐公臺之位。秉國鈞而建皇極，允人望而代天工。汝其薦藥石之讜言，輔兹不逮；贊金玉之王度，致於無爲。弼予一人，永底於道。”

《宋宰輔編年録校補》卷二同條：“蒙正以端拱元年二月拜相，至淳化二年以吏部尚書罷，是年十月再入相。先是，淳化二年吕蒙正罷爲吏部尚書，復相李昉。是年昉罷，蒙正復入相。”

《長編》卷三四太宗淳化四年十月辛未條：“是日，以吏部尚書吕蒙正守本官、平章事。蒙正初爲相時，金部員外郎張紳知蔡州，坐贓免，或言於上曰：‘紳，洛中豪家，安肯受賕？乃蒙正未第時，匃索於紳，不能如意，文致其罪耳。’上即命復紳官。蒙正終不自辨，未几罷相，會考課院得紳舊事實狀，乃黜之。於是，蒙正復爲相，上謂曰：‘張紳果實犯贓。’蒙正亦不謝。”

案：吕蒙正爲官持重厚道，得太宗信任。

太宗與吕蒙正探討，選人當以德行爲先

《長編》卷三四太宗淳化四年十月癸未條：“翰林學士張洎知吏部選事，嘗引對選人，上顧之，謂近臣曰：‘張洎富有詞藻，至今尚苦心讀書，江東士人中首出也。然搢紳當以德行爲先，苟空恃文學，亦無所取。’吕蒙正曰：‘裴行儉不取楊、王、盧、駱，正爲其無德行耳。德行爲先，誠如聖諭。’”

案：張洎字師黯，南唐進士，中書舍人，清輝殿學士，爲李煜所恩寵。歸宋以後，累遷給事中、參知政事。然作爲貳臣，顯然不爲太宗信任。

閏十月
太宗與吕蒙正等探討治國之道

《長編》卷三四太宗淳化四年閏十月丙午條：“上曰：‘清静致治，黄、老之深旨也。夫萬務自有爲以至於無爲，無爲之道，朕當力行之。至如汲黯卧治淮陽，宓子賤彈琴治單父，此皆行黄、老之道也。’參知政事吕端等對曰：‘國家若行黄、老之道，以致升平，其效甚速。’宰臣吕蒙正曰：‘老子稱‘治大國若烹小鮮’。夫魚撓之則潰，民撓之則亂，今之上封事議制置者甚多，陛下漸行清静之化以鎮之。’”

案:此時太宗欲力行黃老之道。呂蒙正、呂端等極稱是。

十一月

太宗與呂蒙正探討"慎用兵"事

《長編》卷三四太宗淳化四年十一月己未條:"上謂侍臣曰:'朕自即位以來,用師討伐,蓋救民於塗炭,若好張惶誇耀,窮極威武,則天下之民几乎磨滅矣!'宰相呂蒙正對曰:'前代征遼,人不堪命。隋煬帝全軍陷没,唐太宗躬率群臣運土填塹,身先士卒,終無所濟。'上曰:'煬帝昏暗,誠不足語。唐太宗猶如此,何失策之甚也。且治國在乎修德爾,四夷當置之度外。朕往歲既克并、汾,觀兵薊北,方年少氣鋭,至桑乾河,絶流而過,不由橋梁。往則奮鋭居先,還乃勒兵殿后,静而思之,亦可爲戒。'蒙正曰:'兵者傷人匱財,不可屢動。漢武帝及唐太宗俱英主,然用兵皆不免於悔,爲後世非笑。陛下及其未有悔也,而早辯之,較二王豈不遠哉。'上曰:'朕每議興兵,皆不得已,古所謂王師如時雨,蓋其義也。今亭障無事,但常修德以懷遠,此則清静致治之道也。'蒙正曰:'古者以簡易治國者,享祚長久。陛下崇尚清静,實宗社無疆之休也。'"

十二月

太宗與呂蒙正討論人品重要性

《長編》卷三四太宗淳化四年十二月壬辰條:

上謂宰相曰:"周太祖爲人多任權詐,以胥吏之行,圖帝王之位,安能享國長久。如史肇出於行伍,專事殺害,復更稔之爲非。將赴大名,乃謂肇曰:'兄處於內,余處於外,則朝廷安如泰山矣。'朝廷密議,肇一一錄報,以此窺伺漢室,可謂奸雄。"呂蒙正曰:"昔陳平佐漢之功雖高,然以多用陰謀,自亦悔之。隋文帝陰以賄遺人,尋發其罪,則知居心陰忍,不保其後。故平則嗣絶,隋亦祚促。"上然之。

案:呂蒙正以爲,君聖臣賢,國運長久,反之,則不然。《宋朝事實》卷三《詔書》中有此記載:"呂蒙正曰:'晉、漢之世,君臣疑間,封疆狹隘,民苦殘暴。史弘肇輩非理殺戮,都市之內橫尸流血。當時議者曰:'如是爲國,其能久乎?'果運祚短促,奸臣窺伺。清净爲理,誠如聖旨。'"

淳化五年甲午(994)，呂蒙正四十九歲，呂夷簡十六歲

春正月
呂蒙正以國事爲重，知人善任，直言極諫

《長編》卷三五太宗淳化五年春正月甲子條："上語蒙正曰：'夫否極則泰來，物之常理。晉、漢兵亂，生靈凋喪殆盡。周祖自鄴南歸，京城士庶，皆罹掠奪，下則火光，上則彗孛，觀者恐栗，當時謂無復太平日矣。朕躬覽庶政，萬事粗理，每念上天之眷，致此繁盛，乃知理亂在人。'蒙正避席曰：'乘輿所在，士庶走集，故繁盛如此。臣常見都城外不數里，饑寒而死者甚衆，未必盡然。願陛下視近以及遠，蒼生之幸也。'上變色不言。蒙正侃然復位，同列咸多其亢直。

他日，上欲遣人使朔方，諭中書選才而可責以事者。蒙正退，以名上，上不許。他日又問，復以前所選對，上亦不許。他日又問益急，蒙正終不肯易其人。上怒，投其手奏於地曰：'何太執耶！必爲我易之。'蒙正徐對曰：'臣非執，蓋陛下未諒爾。'因固稱：'其人可使，餘不及。臣不欲用媚道妄隨人主意以害國事。'同府皆惕息不敢動，蒙正摺笏俛而拾其書，徐懷之而下。上退，謂親信曰：'是翁氣量我不如。'既而卒用蒙正所選，復命，大稱旨。上於是益知蒙正能任人，而嘉其有不可奪之志。"

案：呂蒙正知人善任，夾袋册子知名當世。薦人使朔方，太宗問之，蒙正以剛正不阿的精神，三問三不易。每四方人謁見，必問其有何人才，隨即書之，故朝廷求賢，取之囊中而已。

李順建大蜀政權

《長編》卷三五太宗淳化五年春正月己巳條："李順入據成都，僭號大蜀王，改元曰應運，遣兵四出侵掠，北抵劍關，南距巫峽，郡邑皆被其害焉。"

案：太宗震恐，遣王繼恩率禁軍進討，五月，成都城破，李順陣亡(一說下落不明)。

二月

太宗與呂蒙正探討"水至清則無魚，人至察則無徒"

《長編》卷三五太宗淳化五年二月己酉條："上謂宰相曰：'倖門如鼠穴，何可塞之！但去其甚者，斯可矣。近來綱運之上，舟人水工有少販鬻，但不妨公，一切不問，却須官物至京無侵損爾。'呂蒙正對曰：'水至清則無魚，人至察則無徒。小人情偽，君子豈不知？蓋以大度容之，則庶事俱濟。昔曹參以獄市爲寄，政恐奸人無所容也。陛下如此宣諭，深合黄、老之道。'"

太宗信任益王僚屬姚坦，呂夷簡謂太宗有堯舜之聰明

《宋史全文》卷四《宋太宗二》淳化五年二月條下有呂夷簡評論："呂夷簡曰：愛憎之不察，爲害深矣。妹喜惡鄂侯，讒於桀而脯之。妲己惡比干，讒於紂而剖之。驪姬惡申生，讒於獻公而殺之。靳尚惡屈原，讒於楚而逐之。絳、灌惡賈誼，讒於文帝而疏之。甚者李林甫讒殺太子，二王及其朝臣韋堅、李邕輩又逐太子妃韋氏、良娣杜氏。嗚呼！愛憎之不察，爲害如此。且小人之心險如山川，毒如豺虎，微失其意，則無所不至。人君不能明之，則讒人得行，善人罹患，可爲痛惜者也。太宗明宮人之詐計，知姚坦之見憎，雖堯舜之聰明，殆不過是。"

案：宋太宗選考功郎中姚坦爲益王府翊善，坦好直諫，益王及以下皆不喜，但坦深得太宗信任。呂夷簡感慨太宗有堯舜之聰明。

四月

呂蒙正亦謂宜廢夏州故城

《長編》卷三五太宗淳化五年四月乙酉條："上以夏州深在沙漠，本奸雄竊據之地，欲隳其城，遷民於銀、綏間，因問宰相夏州建置之始。呂蒙正對曰：'昔赫連勃勃，後魏道武末，僭稱大夏天王。自云徽赫與天連，又號其支庶爲'鐵伐氏'，云剛銳如鐵，可以伐人。蒸土築城，號曰'統萬'，言其統領衆多也。自赫連築城以來，頗與關右爲患，若遂廢毀，萬世之利也。'乙酉，詔隳夏州故城，遷其民於綏、銀等州，分官地給之，長吏倍加安撫。"

五月

呂蒙正感念太宗躬決萬機

《長編》卷三六太宗淳化五年五月戊寅條："上語近臣曰：'朕雖德愧前王，然於政事，靡敢怠惰。天下事急若奔馳，日日聽斷，尚恐有照燭不至者。而況唐末帝王，深處九重，民間疾苦，何嘗得知！每一思之，誠可警畏。'呂蒙正曰："中書、樞密院，自來難處之地。唐末帝王，專委臣下，致多闕失，兼家族罕有保全。今陛下躬決萬機，臣下止於奉行聖旨，臣嘗與同列等言，實知榮幸。'因再拜三呼萬歲。"

十一月

呂蒙正與蘇易簡爭太宗書法作品

《玉海》卷三〇《聖文·淳化賜詩四體書》："（太宗）又出四體書，前所賦詩一幅，草書者尤絕妙。蘇易簡頓首告上，乞之。呂蒙正亦欲得焉，易簡前奏曰：'臣先請。'蒙正已不及矣。上笑而賜之。"

太宗與呂蒙正等探討選人問題。蒙正獲太宗所賜《孫叔敖故事》一幅

《長編》卷三六太宗淳化五年十一月丁卯條："大雨雪，近臣稱賀。上因言：'多士滿朝，朕試令索班簿閱之，周行之人，魚貫櫛比，不勝其衆。比於其中求一材中轉運使、三司判官者，了不可得，雖多，亦奚以爲？'宰相呂蒙正對曰：'臣等職在辯論官材，總領衆職，而使陛下孜孜勞於求賢，臣等之罪也。'上曰：'人心不同如其面。'遂詔蒙正以下至知制誥，各舉有器業可任以事者一人。蒙正奏曰：'臣備位宰相，可以進退百官，今獨舉一二人，是示天下不廣也。'上曰：'前代亦合有宰相舉官故事，可令史官檢討之。'既而有司具以歷代故事來上，上復召蒙正等謂曰：'虞邱子舉孫叔敖，崔祐甫舉吏八百，狄仁傑自舉其子光嗣，何謂無也？'因書優孟對楚王録孫叔敖之嗣故事爲一幅，以賜蒙正，蒙正等退而各舉所知以聞。"

案：《宋會要輯稿》選舉二七之六云，時太宗詔宰相呂蒙正、參知政事蘇易

簡、呂端、寇准,知樞密院事劉昌言、向敏中,至兩省給諫、知制誥已上,各舉有器業可任以事者一人。

至道元年乙未(995),呂蒙正五十歲,呂夷簡十七歲

四月

呂蒙正罷相,以右僕射出判河南府兼西京留守。呂端拜相

《宋宰輔編年錄校補》卷二太宗至道元年夏四月癸未條:"呂蒙正罷相。自吏部尚書罷爲尚書右僕射出判河南府。"

《宋宰輔編年錄校補》卷二同條,《制》曰:"邦國政治,蓋出於中樞;朝廷紀綱,盡歸於會府。矧乃端揆之任,聿居師長之崇。苟非臺鉉之賢,曷慰搢紳之望。具官呂蒙正挺生英氣,符合昌期。自光夢卜之求,遂荷鹽梅之寄。謨明匡懈,亮直不渝。爰自天官,再持政柄。洎和鼎實,時維老成。朕欽若丕圖,建用皇極,雖彌綸大體,固未協於康哉;而勵翼小心,亦備觀於勤止。頗鬱隆平之望,宜均勞逸之功。長是中臺,式茲百辟。地高務簡,足以養頤。勉服寵光,往踐乃位。"

《宋宰輔編年錄校補》卷二同條:"蒙正自淳化四年十月復相,至是年四月罷,再入相逾一年。蒙正既罷政,入謝,太宗曰:'僕射,師表百僚,朝廷重臣,朕以中書政事煩多,俾均勞逸。'蒙正頓首謝。"

《長編》卷三七太宗至道元年夏四月癸未條:"吏部尚書、平章事呂蒙正罷爲右僕射,參知政事呂端爲户部侍郎、平章事。上謂蒙正曰:'僕射,師長百僚,朕以中書多務,與卿均勞逸爾。'又謂端曰:'廟堂之上,固無虛授,但能進賢退不肖,便爲稱職矣,卿宜勉之。'先是,上作《釣魚詩》,斷章云:'欲餌金鉤深未達,磻溪須問釣魚人。'意以屬端也。後數日,遂罷蒙正而相端。"

呂蒙正讓右僕射

《小畜集》卷二四,有《代呂相公讓右僕射表》。

案:此表由王禹偁代寫。又《呂文穆公蒙正神道碑》云:"至道元年,除授

左僕射判河南府兼西京留守。”“神道碑”又云：“真宗紹位，就加左僕射。”由此可知，至道元年應授右僕射，疑“神道碑”筆誤。

呂蒙正此次罷相似乎亦與星占有關

《文獻通考》卷二八五《象緯考八·月食月變》：“（淳化）五年六月乙未，食九分。占云‘后妃、臣下災’。明年，孝章皇后崩。十二月癸巳，既。占曰：‘大臣災’。明年春，同知樞密院事劉昌言罷，夏，宰相呂蒙正、參知政事蘇易簡罷。”

案：呂蒙正絕非貪求官祿之輩。據《長編》卷四一真宗至道三年六月甲辰條記載，蒙正罷相後，太宗以爲其目穿望復位，錢若水對曰：“蒙正雖登顯貴，然其風望亦不爲忝冒。僕射師長百僚，資品崇重，又非寂寞之地也。且蒙正固未嘗以退罷鬱悒。當今岩穴高士，不求榮爵者甚多，如臣等輩，但苟貪官祿，誠不足以自重。”《宋名臣言行錄》前集卷二亦有此記載，然對話之人非錢若水，而是劉昌言。呂蒙正罷相時，劉昌言在襄州，似無與宋太宗對話之可能，疑“言行錄”此條誤筆。

呂蒙正榮歸故里，寫下詩《尹洛日作》

《尹洛日作》：“昔作儒生謁貢闈，今提相印出黄扉。九重駕鷺醉中別，萬里煙霄達了歸。鄰叟盡垂新鶴髮，故人猶著舊麻衣。洛陽謾道多才子，自歎遭逢似我稀。”（《全宋詩》卷四七）

至道三年丁酉（997），呂蒙正五十二歲，呂夷簡十九歲

三月

太宗崩，真宗即位

《長編》卷四一太宗至道三年三月癸巳條：“（太宗）崩於萬歲殿。參知政事溫仲舒宣遺制，真宗即位於柩前。”

四月

真宗即位之初，措置得當。呂夷簡謂真宗英斷神武

《宋史全文》卷四《宋太宗二》至道三年四月條下有呂夷簡評論："呂夷簡曰：剛健中正，乾之體也。尊嚴用威，君之道也。苟乾不能制坤，君不能使臣，則上下亂矣。壯哉太祖之貶趙逢，真宗之遣郭贄，信乎其英斷矣！"

案：據《宋史全文》此條記載，真宗即位，即命宰相呂端加右僕射，太子賓客李至爲工部尚書，李沆爲户部侍郎，並參知政事。工部侍郎郭贄出知大名府，贄懇辭，真宗以爲"朕初嗣位，命贄治大藩而不行，則何以使人！"卒遣之。呂夷簡高度評價真宗懂得君臣之道。

卷　五

真宗咸平元年戊戌(998)，呂蒙正五十三歲，呂夷簡二十歲

二月
呂蒙休進士及第

《宋登科記考·附録》："（呂蒙休）咸平間登進士第。"

《攻媿集》卷七三《跋金花帖子綾本小録》："咸平元年，知舉四人：楊給事礪、李舍人若拙、梁司諫灝、朱秘丞台符，盛公帖子花押乃此四人也。太宗以至道三年上賓，咸平改元，真宗諒暗，遂不廷試，而敕下禮部放榜。《登科記》亦稱省試，故猶得以帖子報中選者，非以不臨軒策試而廢兹制也……呂蒙休三代俱贈師傅，父龜圖，母劉氏，徐國太夫人，文穆公蒙正之弟也。"

案：從樓鑰《攻媿集》可知，呂蒙休乃咸平元年進士及第，可補《宋登科記考》之不足。也據諸葛憶兵《〈宋登科記考〉補正（北宋篇）》，載《齊魯學刊》2015年第3期。又據《中華呂氏通譜》卷一《世系篇·聯宗第五宗支·第七十一世》：呂蒙休娶郭氏，生子二，昭簡，詮簡。

又案：本年進士及第者凡五十一人。有孫僅、李若谷、盛京、劉筠等。

咸平二年己亥(999)，呂蒙正五十四歲，
呂夷簡二十一歲，呂居簡一歲，呂公綽一歲

正月
禮部貢院始封印卷首

《長編》卷四四真宗咸平二年春正月乙丑條："禮部貢院封印卷首自此始。"

三月
孫暨進士第一

《宋會要輯稿》選舉二之三："(真宗咸平)二年五月九日，詔禮部新及第進士孫暨等特免選注官。"

案：孫暨爲呂蒙正長婿，真宗咸平二年進士第一，仕至光禄寺丞，直集賢院。

魯宗道進士及第

《琬琰集》下卷八《魯肅簡公宗道》："咸平二年，登進士第。"

案：魯宗道(966—1029)，字貫之，亳州人，真宗咸平二年進士及第，仕至參知政事，卒贈兵部尚書，諡肅簡，《宋史》卷二八六有傳。按《琬琰集》，魯宗道卒於天聖七年(1029)，年六十四，那麼，咸平二年(999)進士及第，時爲 34 歲。王得臣《麈史》卷下《盛事》篇中云，魯宗道娶呂蒙亨之女。後魯宗道之女嫁呂夷簡之子呂公著。

是年，呂夷簡壽州應舉

《文獻通考》卷二三四《經籍考六一》："《呂文靖試卷》一卷。陳氏曰：丞相許國文靖公壽春呂夷簡坦夫撰。咸平二年，壽州應舉，此其程文也。真本藏太史氏，前有家狀，大略與今同。其所習曰《春秋何論大義》，'何論'者，當是

何晏《論語》也。其所問各十條，皆非深義，逐條所答才數句，或止一言，或直稱未審。考官二人，花書其上，並批通不。又《禮行於郊賦》《建侯置守執優論》。其所習又稱雜文、時務策，則不復存。此可以見國初場屋事體，文法簡寬，士習純茂，得人之盛，後世反不能及。文盛則實衰，世變蓋可睹矣。"

《文獻通考》卷三〇《選舉考三》："按：自唐以來，所謂明經者，不過帖書、墨義而已。愚嘗見東陽麗澤呂氏家塾，有刊本呂許公夷簡應本州鄉舉試卷，因知墨義之式蓋十餘條，有云：'作者七人矣。請以七人之名對。'則對云：'七人，某某也。謹對。'有云：'見有禮於其君者，如孝子之養父母也。請以下文對。'則對云：'下文曰：'見無禮於其君者，如鷹鸇之逐鳥雀也。'謹對。'有云：'請以注疏對'者，則對云：'注疏曰云云。謹對。'有不能記憶者，則只云：'對未審。'蓋既禁其挾書，則思索不獲者不容臆說故也。其上則具考官批鑿，如所對善，則批一'通'字；所對誤及未審者，則批一'不'字。大概如兒童挑誦之狀……"

案：王之望在《跋閬州呂守文靖公手軸》中感慨："名卿巨公文章字畫傳寶於世者多矣，至於場屋程文，未嘗睹其真迹。文靖公應鄉試詩賦卷至今尚存。明堂之棟，此其萌芽也，豈不重可寶哉！一代宗臣，典刑未泯，雖有神物護持，抑可以見其後昆傳家之懿矣。"（王之望《漢濱集》卷一五）

又案：呂夷簡由壽州應舉，乃壽州人氏。《文靖呂公神道碑銘》云，呂夷簡祖父呂龜祥，爲殿中丞，從八品官，因出知壽州有善政，故舉家遷至壽州（張方平《樂全集》卷三六）。

是年，呂居簡生

《長編》卷二一八神宗熙寧三年十二月丙子條："龍圖閣直學士呂居簡卒。"

案：《宋史·呂蒙正傳》附傳云，呂居簡年七十二卒。以此上推，呂居簡當生於本年。

是年，呂公綽生

《琬琰集》中卷一五《呂諫議公綽墓志銘》："翰林侍讀學士東平呂公諱公綽，丞相文靖許國公長子也……至和二年十月遷右司郎中，未拜命，疾革，是月十四日以訃聞。賜其諡於家,年五十七,特贈左諫議大夫,録孤,賻物加等。"

案:吕公綽卒於至和二年,年五十七,以此上推,知其生於本年。吕公綽爲吕夷簡長子,字仲裕,通敏有才,仕至翰林侍讀學士,左諫議大夫,有"文集"二十卷,藏於家。

又案:本年進士及第者凡七十一人。除孫暨、魯宗道,尚有錢易等。

中　編

卷 六

咸平三年庚子（1000），呂蒙正五十五歲，呂夷簡二十二歲，呂居簡二歲，呂公綽二歲

三月

呂夷簡登進士第，解褐絳州推官

《琬琰集》下卷八《呂文靖公夷簡》："咸平三年，夷簡登進士第。"

《宋史·呂夷簡傳》："夷簡進士及第，補絳州軍事推官，稍遷大理寺丞。"

案：據《宋會要輯稿》選舉一之七，本年省試考官：翰林學士王旦權知貢舉，知制誥王欽若、直集賢院趙安仁權同知貢舉。後因王旦知樞密院事，復命史館洪湛爲權知貢舉官。又據《宋會要輯稿》選舉七之五至六，殿試題目：《觀人文以化成天下賦》《崇德報功詩》《爲政寬猛先後論》；殿試考官分兩列，東閣：翰林學士承旨宋白，侍讀學士夏侯嶠、呂文仲，工部尚書張宏，給事中董儼，右諫議大夫李若拙，知制誥梁周翰、師頏、朱昂，知雜御史馮拯；西閣：直昭文館安德裕、句中正，直史館姚鉉、孫何、曾致堯，秘閣校理舒雅，諸王府翊善張蔚、楊澈、郭成范，三司判官施護。國子博士雷説、著作佐郎梅詢於殿后封印卷首。趙安仁權同知貢舉，爲呂蒙正女婿。梅詢日後與呂夷簡交情深厚。

又案：同年登進士第者，尚有陳堯咨。堯咨兄長堯叟，按晏殊《馬忠肅公亮墓志銘》記載，堯叟娶馬亮女，爲呂夷簡連襟，太宗端拱二年進士第一，累拜同中書門下平章事、樞密使，終右僕射。

十月

吕蒙正受詔歸

　　《長編》卷四七真宗咸平三年十月庚戌條:"西京留守、左僕射吕蒙正來朝,召之也。蒙正在洛陽,多引故人賓客,歡飲振恤之。政尚寬静,委府事於僚佐,總大綱而已。嘗有内臣之貴者將命而至,蒙正接之不逾常禮,時人重焉。"

　　案:本年進士及第者凡四百十四人。除吕夷簡,尚有陳堯咨、周起、任布、范雍、崔立、富言等。陳堯咨與吕夷簡同年。

咸平四年辛丑(1001),吕蒙正五十六歲,
吕夷簡二十三歲,吕居簡三歲,吕公綽三歲

三月

吕蒙正與向敏中並相。吕中評論蒙正未嘗爲子弟求恩澤

　　《宋宰輔編年録校補》卷三真宗咸平四年:"三月庚寅,吕蒙正、向敏中並相。蒙正自行尚書左僕射除同中書門下平章事充昭文館大學士,三入相……"

　　《宋宰輔編年録校補》卷三同條,蒙正拜昭文相《制》曰:"外撫四夷,内親百姓,壹統類,調陰陽。時惟弼臣,兼總其職。具官吕蒙正綽有文行,冠於群倫。粤在先朝,已更大用。久勞於外,民具爾瞻。宜復鼎司,再持國論。祗若前憲,毗予一人。"

　　《宋宰輔編年録校補》卷三同條:"蒙正以端拱元年一月拜相,淳化二年九月罷,四年十一月復入相,至道元年四月罷,判河南府,至是年三月復入相,凡三拜相。在國朝以來,凡三居相位,唯趙普與吕蒙正。五年十一月南郊畢,除守司空兼門下侍郎。"

　　《宋史全文》卷五《宋真宗一》咸平四年三月條下有吕中評論:"吕中曰:宋朝國初至是三入相者,惟趙普及吕蒙正焉,皆未嘗爲子弟求恩澤。"

案：呂蒙正質厚寬簡，廉潔自律，不爲黨比，遇事敢言，使朝廷形成渾厚質實之風，殊難能可貴。

真宗與呂蒙正等探討中書事宜

《長編》卷四八真宗咸平四年三月丁酉條："上謂宰相呂蒙正等曰：'中書事無不總，賴卿等宿望，副朕意焉。凡事無固必，惟擇善而行，以漸蘇天下之民，最爲急務也。'呂蒙正等言：'備邊經費，計臣之責，近者但委轉運使，至於出入盈虛之數，計臣或不能周知，此甚無謂也。'乃下詔申警三司，令舉其職，倘聞闕誤，必正典刑。"

八月

呂蒙正認爲貿易實邊最爲上策

《長編》卷四九真宗咸平四年八月戊申條："上出環慶、清遠軍至靈州地圖，指示輔臣曰：'一昨戎人所掠部族，邊臣奏不以實。'又指靈州西榆林、大定曰：'戎人多據此路，憑高以瞰王師，蓋恃复遠，難於追襲。'復指天澗路曰：'楊瓊嘗言此路往靈州，險而有水，可保無患，然將帥顧方略如何耳。'又曰：'邊臣奏糧儲芻粟大有備。'呂蒙正曰：'國家貿易商貨以實邊，農人不擾，而西鄙足用，蓋上策也。'"

呂蒙正陪真宗觀稼北郊，謂真宗務行仁恤，中外感悦

《長編》卷四九真宗咸平四年八月壬子條："上觀稼北郊，宴射於含芳園，都人望見乘輿，忭躍稱萬歲。呂蒙正曰：'車駕游幸，百姓歡呼如此，物情不可強致，蓋陛下臨御五年，務行仁恤，所以中外感悦。'上曰：'下民但不擾之，自然快樂。'蒙正又曰：'今秋大稔，太平有象，時和年豐，即爲上瑞。'上曰：'朕以邊事未寧，勞民供饋，蓋不獲已也，苟能選將練兵，驅攘戎寇，使不敢侵掠，則近邊之民亦獲安泰矣。'"

呂蒙正贊成真宗意見，認爲浦洛河不適合建城爲軍

《長編》卷四九真宗咸平四年八月丁卯條："是月，陝西轉運使劉綜請於浦

洛河建城爲軍,上曰:‘比亦有獻此議者,然既立城郭,又須屯兵,屯兵不多,寇來不可出戰,止於閉壁自守,則軍城之立未見其利也。’宰臣吕蒙正曰:‘聖慮所及,深得理要,願罷其請。’從之。”

十月

真宗與吕蒙正等探討選拔人才事宜

《長編》卷四九真宗咸平四年十月己亥條:“上謂吕蒙正等曰:‘選衆求材,誠非易事,朕常孜孜詢訪,冀有所得。向來於軍校中超擢八九人,委以方面,其間王能、魏能頗甚宣力,陳興、張禹珪亦稱有聞。’蒙正等曰:‘才難求備,今拔十得五,有以見陛下知臣之明也。’”

案:吕蒙正重視人才,備人才册子,朱熹云:“吕公蒙正嘗問諸子曰:‘我爲相,外議如何?’諸子云:‘大人爲相,四方無事,蠻夷賓服,甚善。但人言無能爲,事權多爲同列所爭。’公曰:‘我誠無能,但有一能,善用人耳,此真宰相之事也。’公夾袋中有册子,每四方人替罷謁見,必問其有何人才,客去隨即疏之,悉分門類。或有一人而數人稱之者,必賢也,朝廷求賢,取之囊中。故公爲相,文武百官各稱職者,以此”(《五朝名臣言行録》卷一之六《丞相許國吕文穆公》)。魏了翁在《跋羅文恭公薦士稿》中云:“予嘗以吕正獻公《掌記》、司馬文正《薦士編》、陳密學《章稿》、范正獻《手記》、李邦直《舉官記》,及近世虞忠肅公《翹材館録》輯成一書,刻之潼川漕司,惟吕文穆公夾袋小册、韓忠獻甲乙丙丁集、曾宣靖《雌黄公議》未得全本”(《鶴山先生大全文集》卷六三)。南宋魏了翁時,吕公著《掌記》尚在。“吕文穆公夾袋小册”惜已散佚,不得全本。

十一月

真宗與吕蒙正議威虜功狀

《長編》卷五〇真宗咸平四年十一月戊寅條:“宰相率百官稱賀。捷奏以初九日到,群臣後兩日乃稱賀,當由旬假,故稍遲一日耳。上與宰相議威虜功狀,吕蒙正曰:‘昨日止前陣與前鋒血戰而退。始陛下廟算防秋,於前陣之後,排先鋒策先鋒,乃布大陣,犄角而進。苟邊臣偵候無差,遵守成算,則王師克敵,必倍往古。屬大陣猶在中山,前陣先鋒已至威虜,秦翰等聞寇在西山,勇於先登,率兵而出,遇戎首偕來,殺戮雖多,然違陛下本旨。臣等眾議,望未行賞典。'上曰:'見寇不俟大陣,前驅陷敵,亦可賞也。'詔北面陣亡軍士,官爲收瘞,仍厚恤其家。'"

十二月
呂蒙正等議在綏州建城屯兵事宜

《長編》卷五〇真宗咸平四年十二月丁未條:"先是,邊臣請城綏州,大屯兵積穀,以遏黨項,朝臣互執利害,久而未決。詔中書、樞密院會議,而呂蒙正、王旦、王欽若以爲修之不便;李沆言修之便,但恐勞民;向敏中、周瑩、王繼英、馮拯、陳堯叟皆曰修之便。上以境土遐邈,不可遙度其事,乃命比部員外郎、直史館洪湛,侍禁、閤門祇候程順奇同往按視焉。"

咸平五年壬寅(1002),呂蒙正五十七歲,
呂夷簡二十四歲,呂居簡四歲,呂公綽四歲

四月
真宗與呂蒙正討論河朔置方田事宜

《長編》卷五一真宗咸平五年四月乙酉條:"上謂宰臣曰:'太宗朝,翰林天文官孫士龍嘗請於北邊置方田,及令民疏溝塍,可以隔礙胡馬,當時爲眾議所沮。近有殿直牛睿者,又言其事,於卿等意何如?'呂蒙正對曰:'太宗已命方田使副,而中外咸以爲動眾勞費,恐無所利。當時武臣輩亦恥於營葺,遂罷之。'上曰:'今若行此,亦制敵之長策,然河朔屢有差役,不可重勞,宜喻有司徐經度之。'"

五月
呂蒙正等謂應於河南諸州籍丁壯充邊

《長編》卷五二真宗咸平五年五月壬寅條:"詔集近京諸州丁壯選隸軍籍。

時西北邊臣屢請益兵，輔臣請以河北強壯充選。上曰：‘河北、河東之民，取而爲兵，其數已衆。前年初置強壯，嘗諭以永不充軍，一旦籍之，是失信也。’呂蒙正等曰：‘闕兵非取於民，不可得，請於河南諸州籍丁壯，量數抽取。’上曰：‘如此，必有騷動。然戍卒未充，衛士尚少，不得已也。’既而中書、樞密院列狀以聞，請從前議，乃可之。”

六月

呂蒙正等請令轉運使於保州、威虜靜戎順安軍預積芻粟

《長編》卷五二真宗咸平五年六月癸酉條：“先是，詔戍臣條上今歲防秋便宜。知威虜軍魏能、知靜戎軍王能、高陽關行營都監高素言，敵首若舉國自來，賊勢稍大，請會兵於保州北徐、曹河之間，列寨以禦之；若敵首不至，則止令三路兵犄角邀擊。高陽關副都部署劉用、定州鈐轄韓守英，請於沿邊州軍量益師徒，若敵首南侵，即選驍將銳旅自東路入攻賊界。皆圖其地形以獻。於是御苑東門對輔臣，內出二編，令詳閱之，曰：‘卿等前議布陣，亦指曹、徐河之間。今諸將之謀，盡在此矣。’呂蒙正等請令轉運使於保州、威虜靜戎順安軍預積芻粟，詔從之。”

呂蒙正又談及“慎用兵”事宜

《長編》卷五二真宗咸平五年六月戊寅條：“呂蒙正因對，言：‘唐太宗征高麗，親負土，不能克其城而旋。隋煬帝伐遼，致寇盜群起。前監不遠，唐太宗踵而行之，識者所不取也。’上深然其言。唐太宗踵隋帝之失，淳化四年，蒙正已因對及之，今復有是言，必非史官誤載也。”

呂蒙正等咸請精選將帥，毋勞真宗自行

《長編》卷五二真宗咸平五年六月甲申條：“上對輔臣於便殿，出河北東路地圖，指山川要害曰：‘北敵入抄，濱、棣之民，頗失農業。今冬若再來，朕必過邢、洺之北，驅逐出境，以安生聚。’呂蒙正等咸請精選將帥，責其成效，車駕毋勞自行。上曰：‘若此，卿等宜各畫必然之策以聞。’”

七月

吕蒙正等謂不宜深入討賊

《長編》卷五二真宗咸平五年七月乙巳條:"宰臣吕蒙正等因對言:'昨中山會兵,不深入討賊,蓋所全者大。'上曰:'民惟邦本,本固邦寧。朕熟計之,北鄙屯盛兵,止爲庇民耳。'"

十一月

吕蒙正尊重傳統,謂不能因省費影響郊祀

《長編》卷五三真宗咸平五年十一月壬寅條:"合祭天地於圜丘……初議南郊,三司使王嗣宗等以郊祀經費繁重,請止行謁廟之禮而推慶賜。宰相吕蒙正曰:'前代停郊謁廟,蓋因災沴。今無故罷祀,典禮無據。'上曰:'不惟典禮無據,郊壇一日之費,所省几何,殊非寅恭事天之意也。'因詔三司非禋祀所須,並可減省。於是省應奉雜物十萬六千,功九萬九千。"

左僕射、平章事吕蒙正加司空、門下侍郎、平章事

《長編》卷五三真宗咸平五年十一月庚戌條:"左僕射、平章事吕蒙正加司空、門下侍郎、平章事。李沆加右僕射。群臣咸以序加恩。"

十二月

宰臣吕蒙正與李沆並兼門下侍郎

《長編》卷五三真宗咸平五年十二月丁丑條:"以宰臣吕蒙正、李沆並兼門下侍郎。舊制,三司、三公、左右僕射平章事並兼兩省侍郎。"

案:這裏有一個小插曲,據《宋會要輯稿》職官一之七二記載:"學士宋白、梁周翰當草制之夕,忽遽遺忘其事。帝以問,白等不能對,但乞改正,更不降制,只帖麻用印,重寫誥身。許之。白等各罰俸一月。"宋代文人士大夫受處罰相對較輕。

吕蒙正謂洛陽南境可爲牧地

《長編》卷五三真宗咸平五年十二月丙戌條："是日，上謂宰臣曰：'御廚歲費羊數萬口，市於陝西，頗爲煩擾。近年北面榷場貿易頗多，尚慮失於蒭牧。'吕蒙正言洛陽南境有廣成川，地曠遠而水草美，可爲牧地，即遣使視之。"

案：本年進士及第者凡三十八人。有王曾、陳知微、王隨、章得象、韓億等。

咸平六年癸卯(1003)，吕蒙正五十八歲，吕夷簡二十五歲，吕居簡五歲，吕公綽五歲

春正月
吕蒙正支持梁鼎建議，認爲禁鹽可助邊費

《長編》卷五四真宗咸平六年春正月壬寅條："以度支使、右諫議大夫梁鼎爲陝西制置使；屯田郎中楊覃爲陝西轉運使……先是，鼎上言……詔以鼎狀下輔臣議，陳堯叟言鹽禁所利甚博，吕蒙正等言鼎憂職徇公，所言可助邊費，請從之。"

案：據《宋會要輯稿》食貨二三之二九記載，梁鼎至陝西，即禁止鹽商。既運鹽，公私大有煩費，上封者多言非便。後鼎請復舊通商，朝廷乃命太常博士林特乘傳與知永興軍張詠會議，咸請依舊通商。鼎因前議非當，五月，罷使職。

時吕夷簡任西溪鹽官

張方平《文靖吕公神道碑銘並序》："咸平三年，章聖始御便座，閱郡國貢士。公以進士擢第，解褐絳州推官，再調鹽城監判官將漕，以幹局聞，就遷大理丞，榷定鹽筴，度署西溪，大儲放利。會詔舉六科，以才識兼茂試。"（見《樂全集》卷三六）

案：吕夷簡早年爲官的經歷，文獻記載較少，從咸平三年(1000)進士及第，到大中祥符元年(1008)試材識兼茂，這八年時間，歷絳州推官，鹽城監判

官,大理丞兼西溪鹽官。從"神道碑"敍"遷大理丞,権定鹽筴,度署西溪,大儲放利",夷簡任西溪鹽官或在此時,姑系於此。據李成學《呂夷簡任西溪鹽官小考》,西溪在今江蘇東臺市西南西溪村,宋代屬泰州海陵縣,是海鹽産地。呂夷簡離任後,當地百姓在他種植牡丹的地方,建"牡丹亭",他官拜宰相以後,建"靖公堂"以示紀念。(東臺政府網 2018-11-29)

呂夷簡詩《西溪看牡丹》

呂夷簡《西溪看牡丹》:"異香秾豔厭群葩,何事栽培近海涯。開向東風應有恨,憑誰移入五侯家。"(《全宋詩》卷一四六)

案:此詩似呂夷簡西溪任職時所作,姑系於此。據《澠水燕談録》卷七《歌詠》云,海陵西溪鹽場,初,呂文靖曾官於此,手植牡丹一本,有詩刻石。後范文正公亦嘗臨蒞,復題一絶:"陽和不擇地,海角亦逢春。憶得上林色,相看如故人。"後人以二人詩筆故,題詠極多,而花亦爲人貴重,護以朱欄,不忍采折。歲久茂盛,枝覆數丈,每花開數百朵,爲海濱之奇觀。"

二月

真宗與呂蒙正討論潘啰支事

《長編》卷五四真宗咸平六年二月己卯條:"西涼府六谷首領潘啰支遣蕃官吳福聖臘等來貢,表言感朝廷恩信,憤繼遷倔強……啰支已集騎兵六萬,乞會王師收復靈州,願改一官,又量給衣甲。上與宰相議其事。呂蒙正言:'啰支今爲鹽州防禦使,請以觀察使授之。'上曰:'欲與靈州旌鉞,如何?頃者,契丹僞封繼遷爲西平王,雖戎狄之命不足此數,然遽加以王爵,蓋虛名也。朕常恐繼遷西協諸蕃,益煩備禦,於潘啰支亦何惜此虛名!'蒙正請如聖旨。"

三月

呂蒙正上言罷"期功之喪"之贈

《長編》卷五四真宗咸平六年三月乙卯條:"宰相呂蒙正上言:'近臣期功之喪,所給賻贈,乞令寢罷。'詔不許。"

五月

吕蒙正暴中風眩,表求罷相

《長編》卷五四真宗咸平六年五月丙申條:"先是,吕蒙正暴中風眩,上即臨問,賜白金五十兩。既逾浹旬,疾未愈,蒙正表求罷相,詔不許。"

吕蒙正再表求罷相

《長編》卷五四真宗咸平六年五月甲寅條:"吕蒙正再表求罷,詔不允,命李沆諭旨。翌日,蒙正復上書,優詔止之,遣内侍張景宗齎手札勞問,及以名藥,上尊酒賜焉。"

八月

吕蒙正請罷自五月以來俸,真宗詔續給之

《長編》卷五五真宗咸平六年八月己巳條:"宰相吕蒙正自五月即罷所請俸,詔三司續給之。"

九月

吕蒙正罷爲太子太師,封萊國公

《宋宰輔編年録校補》卷三真宗咸平六年:"九月甲辰,吕蒙正罷相。爲太子太師。"

《宋宰輔編年録校補》卷三同條,《制》曰:"國有承弼,時惟股肱。入既賴於告猷,退亦全其養素。具官吕蒙正文雅之行,簪紳所推。出入兩朝,揚踐三事。經百度之繁會,集九功之惟和。夙夜致勤,勝理生疾。願辭衡石,屢削疏封。重違至懷,式隆優命。"

《宋宰輔編年録校補》卷三同條:"蒙正自咸平四年三月三拜相,至是年九月罷,入相踰二年。蒙正以苦風眩,凡七上表求退,至是許之。封萊國公,後改封徐,又封許,景德二年春歸洛。"

案:《宋史·吕蒙正傳》:"(咸平)六年,授太子太師,封萊國公,改封徐,又封許。"考《長編》卷七〇真宗大中祥符元年十二月癸卯條,吕蒙正於是年進封

徐國公。《宋史·吕蒙正傳》又言:"許國之命甫下而卒,年六十八。"封許當在大中祥符四年左右。

景德二年乙巳(1005),吕蒙正六十歲,
吕夷簡二十七歲,吕居簡七歲,吕公綽七歲

二月

吕蒙正表請歸洛

《長編》卷五九真宗景德二年二月丁未條:"太子太師吕蒙正請歸西京養疾,詔許之。丁未,召見,聽肩輿至殿門外,命二子光禄寺丞從簡、校書郎知簡掖以升殿,勞問累刻,因言:'北戎請和,從古以爲上策。今先啓誠意,繼好息民,天下無事,惟願以百姓爲念。'上甚嘉賞之,其二子皆遷官。"

案:真宗遷吕從簡太子洗馬,吕知簡奉禮郎。《宋史·吕蒙正傳》:"景德二年春,表請歸洛。陛辭日,肩輿至東園門,命二子掖以升殿,因言:'遠人請和,弭兵省財,古今上策,惟願陛下以百姓爲念。'帝嘉納之,因遷從簡太子洗馬,知簡奉禮郎。"

又案:本年進士及第者凡三百九十三人。李迪是該榜進士第一人,晏殊試童子科賜同進士出身。

景德三年丙午(1006),吕蒙正六十一歲,
吕夷簡二十八歲,吕居簡八歲,吕公綽八歲

二月

寇准罷相,王旦拜相

《宋宰輔編年録校補》卷三真宗景德三年:"二月戊戌,寇准罷相。爲刑部尚

書……同日，王旦拜相。自尚書左丞、參知政事除工部尚書、同中書門下平章事。"

王欽若、陳堯叟並知樞密院事。趙安仁參知政事

《宋宰輔編年録校補》卷三真宗景德三年二月："己亥，王欽若、陳堯叟並知樞密院事。欽若自資政殿大學士、兵部侍郎遷尚書左丞除，堯叟自刑部侍郎、簽書樞密院事遷兵部侍郎除，仍兼群牧制置使。"

《宋宰輔編年録校補》卷三同條云："趙安仁參知政事。安仁自知制誥、翰林學士遷右諫議大夫除。"

案：前已述及，趙安仁爲呂蒙正二女婿。

十一月
真宗謂呂蒙正性淳厚

《長編》卷六四真宗景德三年十一月己未條：

上謂輔臣曰："執政之地，百僚具瞻，品藻擬倫，當務公共，輕諾寡信，怨是用長，不可不戒也。寇准之居相位，多致人言，豈不由此？"馮拯曰："呂蒙正嘗云：'准輕脱好取聲譽，不可不察。'"上因言："蒙正性淳厚。李沆温和寡言，嘗廷議政事，而向敏中獨無言，沆乃曰：'敏中素同此議，何得對上緘默？'亦足見沆之純誠也。"

景德四年丁未(1007)，呂蒙正六十二歲，

呂夷簡二十九歲，呂居簡九歲，呂公綽九歲，呂公弼一歲

二月
真宗到鞏縣，幸呂蒙正第探視

《長編》卷六五真宗景德四年二月壬午條："上之次鞏縣也，太子太師呂蒙正興疾來見，不能拜，命中使掖之以進，賜坐，勞問甚久。壬午，幸其第，賜襲衣、金帶、器幣、藥物、上尊酒，悉如宰相例。"

是歲,呂公弼生

《琬琰集》上卷二六《呂惠穆公公弼神道碑》:"熙寧六年三月辛亥,東平呂公薨於管城之第。訃聞,天子震悼,輟視朝二日,贈太尉,録其子孫有差……夫享年六十七。其年五月庚申,葬於懷忠里先公之塋。"

案:呂公弼薨於熙寧六年,享年六十七,以此上推,知其生於本年。據《談苑》卷四云,呂公弼生前有異象,其云:"呂公弼,申公之次子。始秦國妊娠而疾,將去之。醫工陳遜煮藥將熟,已三鼓,坐而假寐,忽然鼎覆,再煮,再覆。方就榻,夢神人被金甲持劍,叱曰:'在胞者本朝宰相,汝何人也,敢以毒加害。'遜懼而寤,以白相國。後生公弼,熙寧中位樞密使。"

大中祥符元年戊申(1008),呂蒙正六十三歲,呂夷簡三十歲,呂居簡十歲,呂公綽十歲,呂公弼二歲

四月

呂夷簡試中書賢良方正能直言極諫,優與親民差使

《長編》卷六八真宗大中祥符元年四月甲寅條:"中書試賢良方正能直言極諫,草澤劉若沖、周啓明才識兼茂,明於體用,大理寺丞呂夷簡、草澤許申皆中等。詔以申等雖敏贍可賞,而理道未精,不復召對;若沖、啓明、申並許應舉,仍免取解;夷簡優與親民差使。夷簡,蒙亨子。"

案:據《儒林公議》記載,時執政以爲封禪有期,將告成功於天下,不當復訪人以得失,於是報罷。呂夷簡特升職倅郡,周啓明免將來進士鄉薦。

十二月

太子太師、萊國公呂蒙正進封徐國公

《長編》卷七〇真宗大中祥符元年十二月癸卯條:"知樞密院事王欽若、參知政事馮拯、知樞密院事陳堯叟、參知政事趙安仁、簽署樞密院事馬知節並進

官一等，太子太師、萊國公呂蒙正進封徐國公，群臣並以次覃恩。"

案：本年進士及第者凡二百七人。有姚曄、祖士衡、杜衍、陳詁、馮元等。

大中祥符二年己酉（1009），呂蒙正六十四歲，呂夷簡三十一歲，呂居簡十一歲，呂公綽十一歲，呂公弼三歲

呂夷簡爲濠州推官，與梅詢交情深厚

《宋史·梅詢傳》："詢性卞急好進，而侈於奉養，至老不衰。然數爲朝廷言兵。在濠州，夢人告曰：'呂丞相至矣。'既而呂夷簡通判州事，故待之甚厚。其後，援詢於廢斥中，以至貴顯，夷簡力也。"

案：據《長編》卷七二記載，梅詢於大中祥符二年八月出知濠州。疑呂夷簡爲濠州推官在本年。

又案：據"許昌梅公年譜"（《宋人年譜叢刊》第一冊）云，梅詢（964—1041），字昌言，宣城（今屬安徽）人。端拱二年進士，卒諡文蕭。大中祥符三年條，敍梅詢出知濠州事，"先是，公扈從封禪，集禧宿齋宮。公嘗夙戒作詞，投泰山神祈夢，夜夢入一宮衙，廳宇明敞，前廷有三石牛。俄而吏白有宰相入謁，公迎至，則乃一美少年，姿儀豐偉，紫衣金魚，相與握手，如平生交。因喜極遂寤。"未几坐事被謫，時王文正公旦在相位，雅愛梅詢才，欲任以要地。梅詢預先得知，入請欲得濠州，王旦疑惑："濠僻在幽處，何欲往焉？"梅詢曰："正欲往彼溫故耳。"於是王旦挑選一位好伴讀於梅詢。未几，王旦以進士呂夷簡多才，故授以推官，令前往濠州。"既入濠，所見悉如夢中。三石牛者，古時以州有水患，故作此於廷以壓之。呂來佐州，乃專以講讀爲事，至今州治有梅、呂讀書臺遺址在。"

大中祥符四年辛亥①(1011)，呂蒙正六十六歲，呂夷簡三十三歲，呂居簡十三歲，呂公綽十三歲，呂公弼五歲

三月

呂蒙正善於識人，向真宗推薦其姪兒呂夷簡

《長編》卷七五真宗大中祥符四年三月甲申條："幸應天禪院，賜監修太祖神御殿官及工匠、將士衣服緡錢。又幸太子太師呂蒙正第，慰撫之，賜珍藥、御酒、衣帶、鞍馬、金幣。問蒙正諸子孰可用，對曰：'臣之子，豚犬耳。猶子夷簡，宰相才也。'"

案：呂蒙正善於識人，推薦呂夷簡，培養富弼，傳爲佳話。《邵氏聞見録》卷八云："呂文穆公既致政，居於洛，今南州坊張觀文宅是也。真宗祀汾陰，過洛，文穆尚能迎謁。至回鑾，已病，帝爲幸其宅"，真宗問曰："卿諸子孰可用？"呂蒙正對曰："臣諸子皆豚犬不足用，有姪夷簡，任潁川推官，宰相才也。"真宗記其語，後呂夷簡遂至大用。《邵氏聞見録》卷八還云，早年富弼父親十分貧困，客呂蒙正門下，一日與呂蒙正曰："某兒子十許歲，欲令入書院事廷評、太祝。"呂蒙正許之。一日相見，蒙正驚曰："此兒他日名位與吾相似。"亟令諸子同學，供給甚厚。邵伯温由此感慨："文穆兩入相，以司徒致仕，後韓公亦兩入相，以司徒致仕，文穆知人之術如此。"

又案：呂蒙正卒於大中祥符四年(1011)，時富弼八歲，《邵氏聞見録》中云"十許歲"疑誤，《宋史·呂蒙正傳》中亦誤。

四月

呂蒙正卒

《長編》卷七五真宗大中祥符四年四月條："是月，贈中書令、許國文穆公

---

① 大中祥符四年应为辛亥年，《长编》卷七五云庚戌年，误。

呂蒙正卒。"

《琬琰集》上卷一五《呂文穆公蒙正神道碑》道:"大中祥符四年四月十九日,遂不起,年六十六。"

《宋史·呂蒙正傳》:"許國之命甫下而卒,年六十八。贈中書令,諡曰文穆。"

案:有關呂蒙正的享年,《宋史》中的"傳"和"神道碑"不一致,孰是孰偽?我們看《揮塵錄》前錄卷二云:"本朝名公多厄於六十六,韓忠獻、歐陽文忠、王荊公、蘇翰林。而秦師垣復獲預其數,呂正惠、呂文穆亦然。"再看民國十五年的《呂氏宗譜》,其云:"祥符四年薨,享壽六十有六"。呂蒙正的享年似應六十六,疑《宋史》有誤。

又案:據《呂文穆公蒙正神道碑》,呂蒙正初娶宋溫舒女,再娶薛氏。男十人:從簡,駕部員外郎;知簡,大理寺丞;惟簡,庫部郎中;承簡,虞部郎中;行簡,比部郎中;次未名;次易簡,奉禮郎;務簡,光禄少卿;居簡,龍圖閣直學士、尚書兵部侍郎;師簡,司農少卿。女六人:長嫁光禄寺丞、直集賢院孫暨;次嫁刑部侍郎、參知政事趙安仁;次嫁太常博士周漸;次嫁觀文殿學士、尚書右丞丁度;次早夭;次嫁永州推官楊巽。孫二十五人。又據劉摯《清海軍推官呂君墓志銘》,呂務簡有子昌辰,終清海軍推官,知桂州修仁縣。

呂蒙正"淳德守正"碑,由神宗御賜

《春明退朝錄》卷上:"本朝太宗撰《中令趙公碑》。皇祐中,王侍郎子融守河中還,乃以唐明皇所題裴耀卿碑額上之,仁宗遂御篆賜沂公碑曰旌賢。其後踵之者,懷忠呂許公……英宗御篆忠規德范宋元憲。上御篆淳德守正呂文穆。大儒元老賈魏公。"

呂蒙正軼事

《默記》卷中:"呂文穆蒙正少時,嘗與張文定齊賢、王章惠隨、錢宣靖若水、劉龍圖燁同學賦於洛人郭延卿。延卿,洛中鄉先生。一日,同渡水謁道士王抱一求相……明日,遂見之。文穆對席,張、王次之,錢又次之,劉居下座。坐定,道士撫掌太息。眾問所以,道士曰:'吾嘗東至於海,西至流沙,南窮嶺

嶠,北抵大漠,四走天下,求所謂貴人,以驗吾術,了不可得,豈意今日貴人盡
在座中!'衆驚喜。徐曰:'呂君得解及第,無人可奉壓,不過十年作宰相,十二
年出判河南府,自是出將入相三十年,富貴壽考終始。張君後三十年作相,亦
皆富貴壽考終始。錢君可作執政,然無百日之久。劉君有執政之名,而無執
政之實。'語遍及諸弟子,而遺其師。郭君忿然,以爲謬妄,曰:'坐中有許多宰
相乎?'道士色不動,徐曰:'初不受饋,必欲聞之,請得徐告:後十二年,呂君出
判河南府,是時君可取解。次年,雖登科,然慎不可作京官。'延卿益怒,衆不
自安,乃散去。久之,詔下,文穆果魁多士,而延卿不預。明年,文穆廷試第
一。是所謂'得解及第,無人可壓'矣。後十年作相,十二年,有留鑰之命,悉
如所言。延卿連蹇場屋,至是預鄉薦。鹿鳴燕日,文穆命道士與席。賓散,獨
留二人者内閣,盡歡如平生。文穆矜歎,賦詩曰:'昔作儒生謁貢闈,今爲丞相
出黄扉。兩朝鴛鷺醉中別,萬里煙霄達了歸。羽客漸垂新鶴髮,故人猶著舊
麻衣。洛陽漫説多才子,從昔遭逢似我稀。'道士索紙札似若復章者,乃書偈
曰:'重日重月,榮華必別。笙歌前導,偃師著雪。'文穆心知其異,敬收之。其
後,錢貳樞府,未百日罷;張、王先後登庸;劉守蒲中,朝廷議除執政,命未及下
而卒;延卿以文穆極力推挽登第,未久改秩,後卒。無一差者。獨贈文穆之
偈,乃致仕薨於西京,以重陽日喪過偃師。是日,大寒微霰,笙歌乃敕葬鹵簿
鼓吹也。"

十一月

丁度、程琳舉服勤詞學經明行修進士

《宋會要輯稿》選舉七之一一:"(大中祥符)四年十一月七日,帝御崇政殿
試服勤詞學、經明行修舉人,内出《禮以承天道賦》《神以知來詩》《何以爲大道
之序論》題,得進士張師德已下三十一人,並賜及第、同出身。"

《宋會要輯稿》選舉二之五:"(大中祥符)四年十二月初一日,以新及第進
士第一人張師德爲將作監丞,第二人丁度、第三人陳寬爲大理評事、通判諸
州,餘授官如東封之例。"

《歐陽修全集》卷三一《鎮安軍節度使同中書門下平章事贈中書令謚文簡
程公墓志銘》:"公以大中祥符四年舉服勤詞學高第,爲泰寧軍節度掌書記

……"

案：丁度（990—1053），字公雅，開封人，爲吕蒙正四女婿，仕至尚書右丞，卒贈吏部尚書，謚文簡，《宋史》卷二九二有傳。善爲文，著有《邇英聖覽》十卷、《高抬貴手精義》三卷等多種著述。祖頲，家富藏書，寇准、馮拯游於門。父親逢吉，以醫術事真宗藩邸。程琳（988—1056），字天球，永寧軍博野人，後與吕公綽結爲姻親，吕公綽二女嫁於程琳三子程嗣恭。程琳仕至鎮安軍節度使，同平章事，卒贈太師中書令，封魏國公，謚文簡，《宋史》卷二八八有傳。程氏爲科宦大族，程琳長子嗣隆，於皇祐二年（1050）賜同進士出身，娶仁宗朝宰相龐籍三女，二子嗣弼娶仁宗朝宰相賈昌朝長女，一女嫁於參知政事韓億子綜。

又案：本年進士及第者凡三十一人。有張師德、丁度、程琳等。

大中祥符五年壬子（1012），吕夷簡三十四歲，吕居簡十四歲，吕公綽十四歲，吕公弼六歲

九月

向敏中拜相，陳堯叟和王欽若並拜樞密使，趙安仁罷參知政事

《宋宰輔編年録校補》卷三真宗大中祥符五年："四月戊申，向敏中拜相……九月戊子，王欽若、陳堯叟並拜樞密使……趙安仁罷參知政事。"

卷 七

大中祥符六年癸丑(1013),吕夷簡三十五歲,
吕居簡十五歲,吕公綽十五歲,吕公弼七歲

七月

吕夷簡因請免河北農器之税,又修築堤防,分導水勢,拔爲提點兩浙路刑獄。宰相王旦贊吕夷簡器識遠大

《長編》卷八一真宗大中祥符六年七月癸卯條:"初,知濱州吕夷簡上言,請免河北農器之税。上曰:'務穑勸耕,古之道也,豈獨河北哉!'癸卯,詔諸路勿税農器。尋命夷簡提點兩浙路刑獄。"

案:據范鎮《東齋記事》卷三云,吕夷簡免河北農器之税的奏請,引起王旦關注,王旦贊夷簡有宰相之才。魏泰《東軒筆録》卷三亦云,真宗知其可爲宰相,記名殿壁。值得注意的是,夷簡連襟陳堯叟此時已拜樞密使。

大中祥符八年乙卯(1015),吕夷簡三十七歲,
吕居簡十七歲,吕公綽十七歲,吕公弼九歲

三月

張呡之進士及第

《蔡襄集》卷四〇《光禄卿致仕張公墓志銘》:"公諱呡之,字景山……公少孤,知力學問,有名於時。大中祥符八年擢進士第。"

案：張昷之爲吕希哲岳父，大中祥符八年進士及第，仕至光禄卿。

八月

知陳州張詠臨終直諫。吕夷簡評善納諫可爲宗社萬世之安

《宋史全文》卷六《宋真宗二》大中祥符八年八月條："陳州言知州張詠卒。詠臨終奏疏言：'不當造宮觀，竭天下之財，傷生民之命。此皆賊臣丁謂誑惑陛下。乞斬謂頭置國門，以謝天下，然後斬詠頭，置丁氏之門以謝謂。'上亦不爲忤云。"

案：吕夷簡在此評論："天子有爭臣七人，雖無道，不失其天下。故古之人雖有雷霆之威，萬鈞之勢，及聞直言切諫，則假顏色以接之，厚金帛以酬之，加爵賞以貴之。面折其短，廷指其過，加誠愈納，不敢輒怒，蓋將以開言路而來諫臣也。我太祖、太宗、真宗皆有堯舜之資，禹湯之智，文武之德，而自建隆以來，未嘗怒一諫官，逐一御史，故直言聚於朝，忠言屬於耳。宗社有萬世之安，無一日之危，由此道也。"

又案：本年進士及第者凡二百三人。除張昷之，有蔡齊、王舉正、范仲淹、張泌、龐籍等。

大中祥符九年丙辰(1016)，吕夷簡三十八歲，

吕居簡十八歲，吕公綽十八歲，吕公弼十歲

十月

吕夷簡疏請緩役，擢刑部員外郎、侍御史知雜事，賜緋，真宗贊其有爲國愛民之心

《長編》卷八八真宗大中祥符九年十月壬辰條："初，祠部員外郎吕夷簡提點兩浙路刑獄，時京師大建宮觀，伐林木於南方，有司責期會峻急，工徒至有死者，則以亡命收系其妻子。夷簡疏請緩役，又言盛冬挽運艱難，宜須河流漸通，以兵卒番送。及代歸，上謂曰：'觀卿所奏，有爲國愛民之心矣。'乃擢刑部

員外郎、侍御史知雜事,賜緋。歲蝗旱,夷簡請責躬修政,嚴飭輔相,思所以共順天意,及奏彈李溥專利罔上。"

案:呂夷簡關心民瘼,興利除弊,真宗贊其有爲國愛民之心。

呂夷簡保護寇准

《長編》卷八八真宗大中祥符九年十月壬辰條:"寇准判永興,黥有罪者徙湖南,道由京師,上准事變,夷簡曰:'准治下急,是欲中傷准爾,宜勿問,益徙之遠方。'上從之。"

呂夷簡等與三司同議茶鹽等條制

《長編》卷八八真宗大中祥符九年十月丁酉條:"下詔曰:'朕思與蒸黔,共登富壽。山澤之禁,雖有舊章,措置之宜,慮傷厚斂。將期惠物,無憚從寬,專命朝臣,僉謀邦計,使共詳於通制,庶俯洽於群心。宜差翰林學士李迪、權御史中丞凌策、知雜御史呂夷簡與三司同共定奪……'"

案:茶鹽之利,要使國用贍足,民心和悦,並非易事,王旦欲選官與三司再行定奪。呂夷簡參與同議茶鹽條制。據《宋會要輯稿》食貨三〇之五云,本年十二月,因凌策病故,朝廷再命呂夷簡同定茶鹽。

十一月

呂夷簡審石普私藏天文案

《宋會要輯稿》職官六四之二三:"(大中祥符九年)十一月八日,河西軍節度、知許州石普除名爲民,配賀州,遣内侍縶送流所。先是,普上言九月下旬日食三,帝以普奏虛妄,召還,命知雜御史呂夷簡置院推劾,令入内押班周懷政監之。獄成,集司天官驗定,九月下旬日不蝕。又普言二十七日戊辰蝕,其日皇帝本命。普又引私藏《天文乙巳占》《太陰太陽日月占》,又意圖召遷,得逢郊禮恩賞。大理言私習天文罪當死,合從議責,文武百官尚書左丞趙安仁等獻議,請依斷處死。詔除名爲民,流配,子弟皆釐務外州,自餘一切不問。"

吕夷簡等與真宗觀書龍圖閣，即席賦詩

《長編》卷八八真宗大中祥符九年十一月癸亥條："召近臣觀書龍圖閣，秘書監楊億、知雜御史吕夷簡預焉。上作詩五章，分賜宰輔、宗室、兩制、諸帥、待制等，命儒臣即席皆賦。"

案：據《宋會要輯稿》崇儒七之四一記載，此次真宗所作五章爲七言詩。

天禧元年丁巳（1017），吕夷簡三十九歲，
吕居簡十九歲，吕公綽十九歲，吕公弼十一歲

五月
吕夷簡奏請限制官員舉本部官屬事宜

《長編》卷八九真宗天禧元年五月壬戌條："刑部員外郎、兼侍御史知雜事吕夷簡請自今止令轉運使副、提點刑獄官、知州、通判舉本部官屬，其監當物務、知縣京朝官及在京常參官勿使奏舉。"

案：據《宋會要輯稿》選舉二七之一六，因吕夷簡奏請，朝廷詔曰："因罪降充監當者，不得舉官，並知縣朝臣不得舉所統攝處幕職曹官，其餘並仍舊。所舉到幕職、州縣官，歷任及四考以上，並與勘會施行。"

十月
吕蒙正子從簡爲衛尉寺丞

《長編》卷九〇真宗天禧元年十月癸巳條："以吕蒙正子從簡爲衛尉寺丞。從簡前爲國子博士，監麴院，坐盜官物除名，至是表獻其父文集，故甄錄之。"

十一月
吕夷簡奏請，臺直所劾公事，同科同年及第者應回避

《長編》卷九〇真宗天禧元年十一月辛丑條："知雜御史吕夷簡言：'臺直

所劾公事,自來有同科同年及第者,多援詔文稱有違礙,望行條約。'詔自今回避。"

　　案:《宋會要輯稿》職官五五之六:"天禧元年十一月,知雜御史呂夷簡言:'臺直所劾公事,自來有同科同年及第者,多援詔文,稱有違礙。望行條約,勿復回避。'從之。"《宋會要輯稿》刑法三之五八亦作"詔自今勿復回避",存疑,待考。

呂夷簡辦案審慎,實奏"假李順"案

　　《長編》卷九〇真宗天禧元年十一月癸卯條:"廣州民李延志,黥面配安州本城。初,咸平中,王均作亂,延志寓益州,常事均裨將崔麻胡,賊平還家。至是,與本州懷勇卒許秀等飲,共道均及王小波逆狀。秀疑延志即賊首李順,因以聞州,又引營卒證其事。知州李應機械送赴闕,下御史獄,劾問得實,故以延志隸軍,秀等杖脊而遣之。先是,樞密院以真獲李順稱賀,及臺劾非是,賀者欲遂以爲順,趣具獄,知雜事呂夷簡曰:'是可欺朝廷乎?'卒以實奏,由是迕大臣意。"

　　案:呂夷簡秉公正之心,盡心盡責,不顧迕逆時任宰相的王欽若,《丞相許國呂文靖公》云:"嶺南獲賊,意以爲蜀盜李順者,獻闕下。王欽若在樞府,即稱慶。上以屬臺,公劾之無實,乃守臣利其功鍛成之,具以聞。欽若愧其前慶,欲遂致其罪,公執平無所變撓,上亦從之。"(《五朝名臣言行錄》卷六之一)

天禧二年戊午(1018),呂夷簡四十歲,呂居簡二十歲,呂公綽二十歲,呂公弼十二歲,呂公著一歲

四月

呂夷簡、王隨與三司詳定,減省諸路文狀

　　《長編》卷九一真宗天禧二年四月辛未條:"主判三司開拆司劉楚言天下申省及轉運司知委文狀頗爲重復,勞擾州縣,望令逐處減省,務從簡要。詔知

制誥王隨、知雜御史吕夷簡與三司詳定。三司所減省總九萬餘道三十四萬五千二百紙。又令諸路轉運司詳定諸州府可減省數白三司，三司覆定以聞。遂詔三司及諸路並依新減數，不得有增益。"

吕夷簡薦李紘

《宋史·李昌齡傳》(《李紘附傳》)："(李)紘，字仲綱。父克明，仕至提點廣東刑獄。紘，進士及第，試秘書省校書郎、知歙縣。地產黃金，民輸以代賦，後金竭，責其賦如故。紘奏罷之。歷知於潛、剡縣，治有惠愛。御史知雜吕夷簡薦之，改著作佐郎、監丹陽縣酒稅，知靈池縣。劉筠、蔡齊舉爲御史臺推直官，拜監察御史。"

案：李紘爲李昌齡從子。昌齡於太平興國三年舉進士，太宗朝曾任御史中丞、參知政事，大中祥符元年卒。

又案：五月，吕夷簡不再任御史知雜，當是一至四月時薦。

五月

吕夷簡因避嫌，守本官，同勾當通進、銀臺司、兼門下封駁事

《長編》卷九二真宗天禧二年五月壬戌條："刑部員外郎、兼侍御史知雜事吕夷簡守本官，同勾當通進銀臺司、兼門下封駁事。度支郎中杜夢楨兼侍御史知雜事。夷簡與中丞趙安仁近親，避嫌也。"

案：趙安仁爲吕蒙正女婿，吕夷簡與之近親。

六月

吕夷簡捕帽妖，使無冤者

《長編》卷九二真宗天禧二年六月乙巳條："是夕，京師民訛言帽妖至自西京，入民家食人，相傳恐駭，聚族環坐，達旦叫噪，軍營中尤甚。上慮因緣爲奸，詔立賞格，募人告爲妖者。既而得僧天賞、術士耿概張崗等，令起居舍人吕夷簡、入內押班周懷政鞫之，坐嘗爲邪法，並棄市，其連坐配流者數人。然訛言實無其狀。"

案：據《丞相許國吕文靖公》："公奏請取捕吏，使參考以防其枉。帝寤，遂

無冤者。"(《五朝名臣言行録》卷六之一)經呂夷簡推劾,果然大多不實。

九月

呂夷簡爲契丹國主生辰使

《長編》卷九二真宗天禧二年九月甲申條:"起居舍人呂夷簡爲契丹國主生辰使,供奉官、閤門祇候曹琮副之。工部郎中、直史館陳堯佐爲正旦使,侍禁、閤門祇候張君平副之。"

案:曹琮爲曹彬兒子,任呂夷簡副職,後夷簡力薦曹彬孫女曹氏爲仁宗皇后。

呂夷簡上《乞許配罪人父母妻子免同行奏》

《全宋文》卷三二一呂夷簡《乞許配罪人父母妻子免同行奏》天禧二年九月:"按《編敕》,配罪人,父母妻子不欲同行者亦聽。其有並一房家累部送赴闕者,未有著令,極有老幼馳走,以至夭殁。望自今當配送者,長吏召問,如不願同行者,聽。若不至強梁者,止決配近州。情重,與鄉里爲患,不可留者,部送京師。"

十月

呂公著生

《宋史·呂公著傳》記載:"明年(元祐四年)二月薨,年七十二……贈太師、申國公,謚曰正獻,御書碑首曰純誠厚德。"

案:呂公著元祐四年卒,年七十二,以此上推,當生於本年。又據蘇軾《賜宰相呂公著生日詔》(《蘇軾文集》卷四〇),此詔書作於元祐二年十月十八日,知呂公著當生於本年十月無疑。呂公著生有重牙,異於常人。《鐵圍山叢談》卷三云:"呂司空公著生重牙,亦異常人也。"

又案:呂公著(1018—1089),字晦叔,呂夷簡子,元祐宰相,是將呂氏家族事業推向鼎盛的又一關鍵人物。宋興以來,宰相以三公平章軍國重事者四人,呂公著與其父夷簡居其二,古所未有。

十一月

吕夷簡奏言出内藏錢買糧

《宋會要輯稿》食貨三九之九：“（天禧二年）十一月十七日，起居舍人吕夷簡言：‘澶、魏豐熟，望出内藏錢二十萬貫市芻糧。’從之。”

天禧三年己未（1019），吕夷簡四十一歲，吕居簡二十一歲，吕公綽二十一歲，吕公弼十三歲，吕公著二歲

三月

吕夷簡至亳州體量

《長編》卷九三真宗天禧三年三月辛酉條：“先是，亳州民訛言起兵，老幼千餘人夜奔陳州，已而自還。辛酉，判陳州張旻以聞，命監察御史章頻乘傳察視，仍往襄、鄧州安撫陝西流民。尋又命起居舍人吕夷簡至亳州體量，民各安堵如故，乃歸。京西轉運使、提點刑獄官並坐不察部内虛警，徙廣西、福建、夔州等路。”

吕夷簡與晏殊爲殿試參詳官

《宋會要輯稿》選舉七之一三：“（天禧三年三月十日）命翰林學士承旨晁迥，學士盛度，龍圖閣直學士陳堯咨，諫議大夫朱巽、張士遜、王隨，知制誥宋綬、張師德，直史館張復，直集賢院祖士衡爲考官；直史館崔遵度，兵部員外郎李若谷，都官員外郎張谷，屯田員外郎王言秘、鄭立，直史館麻温舒，右正言劉燁，太常博士郭弁，太常丞富言，著作郎張暐爲覆考官；知制誥晏殊、起居舍人吕夷簡爲參詳官；太常博士閭丘夢松、蕭賀爲封彌官；直史館陳堯佐、右正言陳執中爲編排官，設次於崇正殿之後。”

案：北宋試進士是在“崇政殿”，非“崇正殿”，疑《宋會要輯稿》此處有誤。

蘇紳登進士第

據《宋登科記考》,蘇紳於真宗天禧三年進士及第。

案:蘇紳(999—1046),字儀父,爲北宋名臣蘇頌父親,亦是呂昌緒岳父。天禧三年進士及第,歷官知制誥、翰林學士、尚書禮部郎中、權判尚書省等。以文學知名當世。

呂夷簡等審天禧三年科舉舞弊案

《長編》卷九三真宗天禧三年三月癸未條:“翰林學士錢惟演、樞密直學士王曙、工部侍郎楊億、知制誥李咨、直史館陳從易,並降一官。進士陳損、黃異等五人,並決杖配隸諸州,其連狀人並殿一舉。初,損、異等率衆伐登聞鼓,訴惟演等考校不公。命龍圖閣直學士陳堯咨、左諫議大夫朱巽、起居舍人呂夷簡於尚書省召損、異等,令具析所陳事,及閱視試卷以聞。堯咨等言惟演等貢院所送進士內五人文理稍次,從易別頭所送進士內三人文理荒繆,自餘合格,而損、異等所訟有虛妄,故並責焉。”

十月

呂夷簡奏言自今糾察刑獄司免鞠劾公事

《長編》卷九四真宗天禧三年十月辛亥條:“詔糾察刑獄司自今免鞠劾公事,如有定奪即仍舊。先是,糾察官呂夷簡言:‘本司累奉詔旨,勘鞠定奪公事,或止將公案詳閱,亦無妨礙。若勘鞠公事即動須追逮罪人,辨證詞理,顯是兼置刑獄,不便。’故令止之。”

案:本年進士及第者凡一百六十二人。除蘇紳,尚有王整、胥偃、孫沔、程戡等。

天禧四年庚申（1020），呂夷簡四十二歲，呂居簡二十二歲，呂公綽二十二歲，呂公弼十四歲，呂公著三歲

春正月

呂夷簡奏言諸路提點刑獄司宜常檢視宣敕

《長編》卷九五真宗天禧四年春正月乙丑條："知制誥呂夷簡言，諸州軍續降宣敕，多闕編録，望令諸路提點刑獄司常切檢視，從之。"

三月

呂夷簡爲益、梓州路安撫使

《長編》卷九五真宗天禧四年三月乙亥條："以益、梓州路物價翔踊，命知制誥呂夷簡、引進副使曹儀乘傳賑恤之。夷簡等請所至勞問官吏將校，仍取系囚與長吏等原情從輕決遣，民願出穀救饑民者，元詔第加酬獎，望給空名告敕付臣齎往，從之。"

呂夷簡上言，兩浙路縣鎮酒務，請聽仍舊買撲，量增課利

《宋會要輯稿》食貨二〇之六："（天禧四年）三月，知制誥呂夷簡言：'兩浙路縣鎮酒務，請聽仍舊買撲，量增課利。'從之。"

五月

呂夷簡上言，秦隴利等州饑民較多，望能充本城諸軍

《長編》卷九五真宗天禧四年五月己未條："益梓路安撫呂夷簡，言秦、隴、利等州饑民稍多，望令逐處募充本城諸軍，從之。"

六月

呂夷簡上言，蜀地重罪者分配潼關以東州府牢城

《長編》卷九五真宗天禧四年六月丙申條："呂夷簡言：'淳化末，蜀民或從草寇，刺面爲應運雄軍。今請擇其情罪重者，分配潼關已東州府牢城。'從之。"

七月

呂夷簡舉薦官員，言梓州路勸農使王礥等政績，當升遷

《長編》卷九六真宗天禧四年七月庚戌條："呂夷簡等還自東、西川，言梓州路勸農使王礥、知梓州蘇維甫、知邛州沈同、知蜀州錢昆、知昌州張用、通判益州狄棐劉隨、通判永興軍董希甫、知益州靈池縣李紘，堪充三司、臺省、轉運提調刑獄藩郡之職。詔有司記其姓名，代還日升陟任使。"

呂夷簡上言，請緩治河

《長編》卷九六真宗天禧四年七月辛酉條："知制誥呂夷簡言：'伏見河再決滑州，計功巨萬。以臣所見，未宜修塞，俟一二年間，漸收梢芟，然後興功。兼聞諸州有賤易莊田者，蓋慮不時科率，無從出辦。望降明詔，諭以河決未議修塞，仍令滑州規度所須梢芟，以軍士採伐，或於旁近秋稅折納。'從之。遂詔京東西、河北路經水災州軍，勿得科調丁夫。其守捍堤防役兵，仍令長吏並加存恤、番休之。"

益州官吏趙積等受嘉獎

《長編》卷九六真宗天禧四年七月丁卯條："詔獎益州官吏趙積等，以呂夷簡言其政績也。"

八月

呂夷簡上《乞制定沿邊刑名奏》

《全宋文》卷三二一呂夷簡《乞制定沿邊刑名奏》天禧四年八月："沿邊州軍寨倉、草場坊護糧草，如稍疏違，監管人吏，大理寺並斷斬刑及違制奏裁。望

別定沿邊刑名。"

　案:據《宋會要輯稿》食貨五四之三云,時吕夷簡爲兵部員外郎、知制誥,真宗詔法寺詳定以聞。

九月

吕夷簡爲刑部郎中、龍圖閣直學士、權知開封府

　《長編》卷九六真宗天禧四年九月己酉條:"以諫議大夫、兼太子右庶子、知開封府王隨爲給事中、知杭州,會靈觀判官、兵部員外郎、知制誥吕夷簡爲刑部郎中、龍圖閣直學士、權知開封府。隨嘗假周懷政白金五十兩,至是自言,故出之。夷簡治開封,嚴辦有聲,上識其姓名於屏風,意將大用之也。"

　案:開封府是北宋都城所在地,經濟繁榮,事務繁忙,各色人等聚集,實難管理,而吕夷簡游刃有餘,張方平贊其"公之爲理,雅得其術,威而不猛,寬而無犯,機芒不施,區囊自破,治政清净,府庭肅然。"(《吕夷簡神道碑》)

　又案:據《北宋京師及東西路大郡守臣考·開封府》,吕夷簡於天禧四年九月以龍圖閣直學士權知開封府,至乾興元年二月自龍圖閣直學士、知開封府參知政事。

吕夷簡等奉命舉文學優長、履行清素者二人

　《長編》同條又記載:"詔翰林侍讀學士張知白,玉清昭應宮副使林特,三司使李士衡,龍圖閣學士陳堯咨,樞密直學士薛映、李及、馬元方、張士遜,兵部侍郎馬亮,給事中李應機、王隨,右諫議大夫段曄,各舉常參官堪錢穀任使者二人。工部尚書晁迥,翰林學士楊億、劉筠、晏殊,龍圖閣直學士吕夷簡,户部侍郎李維,知制誥李咨、宋綬、張師德,各舉文學優長、履行清素者二人。給事中樂黄目、孫奭,右諫議大夫趙稹,龍圖閣待制李虛已、李行簡,少府監薛顏,太常少卿趙湘,各舉可守大藩者二人。知制誥祖士衡、錢易,知雜御史劉燁,直龍圖閣魯宗道、馮元,各舉堪御史者二人。諸路轉運使副、勸農使各舉幕職、州縣官堪京官知縣者二人,限十日内具名以聞。"

　案:晁迥、楊億、劉筠、晏殊等人,都以文學見長,時吕夷簡或也有文名。

　又案:《宋會要輯稿》選舉二七之一八云,除限十日内具名以聞,還明確所

舉須素無贓濫,如遷擢後犯贓,並當同罪;不如所舉,亦從連坐。

吕夷簡推薦梁適

《琬琰集》中卷二八《梁莊肅公適墓志銘》:"天聖初,(梁適)知開封府功曹
參軍,故宰相吕夷簡知府事,時器公材,以薦諸朝。"

案:此事姑附於此。言天聖初,疑誤,時夷簡已任參知政事。吕夷簡對梁
適有知遇之恩,日後兩家結爲秦晉之好,吕夷簡曾孫、吕公綽之孫吕延問娶梁
適之孫、梁彦回之女。

十月

吕夷簡因開封府獄空,受嘉獎

《長編》卷九六真宗天禧四年十月戊戌條:"開封府獄空,詔獎吕夷簡等。"

十二月

吕夷簡上《依法刺配賊人奏》

《全宋文》卷三二一吕夷簡《依法刺配賊人奏》天禧四年十二月:"請今後應
賊人竊盜持杖穿牆五貫以上,強盜滿三貫及持杖罪不至死者,更不許送赴闕,
只委逐處依法決脊杖二十。内身首強壯者,刺配五百里外牢城。兇惡難恕
者,刺配千里外遠惡州軍牢城。若老小疾病,久遠不堪充軍役者,依法施行。"

天禧五年辛酉(1021),吕夷簡四十三歲,吕居簡二十三歲, 吕公綽二十三歲,吕公弼十五歲,吕公著四歲,吕公孺一歲

春正月

吕夷簡等薦章得象直史館

《長編》卷九七真宗天禧五年春正月乙酉條:"司封員外郎章得象直史館,
秘書丞程琳直集賢院。前詔兩制舉詞學清素之士,翰林學士劉筠、龍圖閣直

學士吕夷簡、知制誥張師德等以得象等名聞,故召試而命焉。"

九月

吕夷簡因開封府獄空再受嘉獎

《長編》卷九七真宗天禧五年九月丙申條:"權知開封府吕夷簡言獄空,詔獎之。"

案:《明一統志》卷二六云,吕夷簡權知開封府,爲治嚴辨有聲。

是年,吕公孺生

《宋史·吕夷簡傳》(《吕公孺附傳》):"(公孺)卒,年七十。贈右光禄大夫。"

《長編》卷四三九哲宗元祐五年三月壬辰條:"龍圖閣直學士、正議大夫吕公孺卒。贈右光禄大夫。"

案:吕公孺,字稚卿,夷簡子,賜進士出身。元祐五年卒,年七十,贈右光禄大夫。以此上推,知其生於本年。

乾興元年壬戌(1022),吕夷簡四十四歲,吕居簡二十四歲,吕公綽二十四歲,吕公弼十六歲,吕公著五歲,吕公孺二歲

二月

真宗崩於延慶殿,仁宗即位

《長編》卷九八真宗乾興元年二月戊午條:"上崩於延慶殿。仁宗即皇帝位。"

四月

吕夷簡與魯宗道審雷允恭案,慎、嚴,殺雷允恭,丁謂罷相

《東軒筆錄》卷三:"真宗崩,丁晉公爲山陵大禮使,宦者雷允恭爲山陵都

監。及開皇堂,泉脈坌湧,丁私欲庇覆,遂更不聞奏,擅移數十丈。當時以爲移在絕地,於是朝論大喧。是時呂夷簡權知開封府,推鞫此獄,丁既久失天下之心,而衆咸目爲不軌,以至取彼頭顱,置之郊社云云。獄既起,丁猶秉政,許公雅知丁多智數,凡行移、推劾文字,及追證左右之人,一切止罪允恭,略無及丁之語。獄具,欲上聞,丁信以爲無疑,遂令許公奏對。公至上前方暴其絕地之事,謂竟以此投海外,許公遂參知政事矣。"

　　案:據《丞相許國呂文靖公》云,入內押班雷允恭擅移永定陵皇堂,實丁謂庇之,"朝廷命公與魯肅簡公乘傳按視,盡得其迹,及允恭等盜没方中金寶以萬計。狀聞,乃用按行故地,抵允恭罪,而罷謂相。"(《五朝名臣言行録》卷六之一)。"丁謂年譜"(《宋人年譜叢刊》)亦載此事。

七月

王曾拜相,呂夷簡爲給事中,魯宗道爲右諫議大夫,並參知政事

　　《宋宰輔編年録校補》卷四仁宗乾興元年:"七月辛未,王曾拜相……同日,呂夷簡、魯宗道並參知政事。夷簡自龍圖閣直學士、右諫議大夫、權知開封府遷給事中除。宗道自龍圖閣直學士、兼侍講、判流內銓遷右諫議大夫除。"

　　案:呂、魯並遷參知政事,《長編》亦有記載。宗道爲人剛正,不欺君,《宋宰輔編年録校補》卷四記載一件事情,某日,宗道與客人就酒家飲,偶真宗亟召,因之遲到,使者預先約曰:"即上怪公來遲,何以爲對?"宗道曰:"第以實對。"使者曰:"然則公當得罪。"曰:"飲者,人之常情;欺君,臣子之大罪也。"後真宗果然問起,使者具以宗道所言實對。呂夷簡與魯宗道共事。宗道娶呂蒙亨之女,故夷簡是他舅子。日後兩家親上加親,夷簡子公著娶宗道女。

呂夷簡、魯宗道初爲參知政事,二妻入謝章獻太后

　　《事實類苑》卷一二《名臣事迹·王文正十一》:"王文正公門庭未嘗接客。公薨,上諭近臣曰:'王某家不覺冷寂,緣當國日,亦門庭清肅。'呂文靖夷簡、魯簡肅宗道初參預政事,二人妻謝,章獻太后語之曰:'爾各歸語其夫,王某在政府多年,終始一節,先帝以此重之,宜爲師范也。'"

九月

呂夷簡等奏言天書從葬永定陵

《五朝名臣言行録》卷六之一《丞相許國呂文靖公》："祥符中，崇奉天書，設官置使，典司其事，儀衛物采甚盛矣。真宗崩，比將葬，文靖公判禮儀院，建議納天書於方中，而官司儀衛皆罷。天慶、天祺、先天、降聖等節，但存其名而已。凡公處事皆類此。《家塾記》"（見《朱子全書》第十二册）

案：天書從葬永定陵，《資治通鑑後編》載於卷三五乾興元年九月己卯條，並云用王曾、呂夷簡之議。呂夷簡此舉有重要意義，結束了真宗時期一國君臣如病狂然的祥瑞活動。（全稱《資治通鑑後編》，以下簡稱《後編》）

十月

真宗下葬，呂夷簡崇尚節儉，並請太后輔導仁宗，成就聖德

《長編》卷九九仁宗乾興元年十月己未條："祔真宗神主於太廟，廟樂曰'大名之舞'。以莊穆皇后配饗，仍詔立莊穆忌。初，太后欲具平生服玩如宮中，以銀罩覆神主。參知政事呂夷簡言：'此未足以報先帝也。今天下之政在兩宮，惟太后遠奸邪，獎忠直，輔導皇帝，成就聖德，則所以報先帝者宜莫若此。'"

案：《澠水燕談録》卷一《讜論》亦有此記載，呂夷簡以爲，惟太后遠奸邪，獎忠直，惜民財，拔擢時彦，使邊鄙寧静，人物富安，皇帝德業日茂，太后壽樂無憂，才是報先帝之大節。

呂夷簡保護年幼仁宗

《五朝名臣言行録》卷第六之一《丞相許國呂文靖公》："太后嘗欲進荆王爲皇太叔，公力爭以爲不可，遂止。又以荆王子養於宮中，既長而弗出。公因對言及，以爲不可。后曰：'無他，欲令與皇帝同讀書耳。'公言：'皇帝春秋方盛，自當親接儒臣，日聞典訓，今與童稚處，無益，乞早令就邸。'他日又極言。后曰：'何至如此！'公曰：'前代母后多利於幼稚，試披史籍，即可見，嫌疑之際，不可不謹。臣今只在中書聽旨。'后寤，即日遣令出宮。《行狀》"（見《朱子

全書》第十二冊）

《丞相許國呂文靖公》："太后初臨朝,宣諭二府:'深不欲行此禮,候皇帝長立,別有處分。'公即日編入《時政記》。后每言事,必引及之,以感動后意。又多稱引前代母后臨政所以致禍之道,以勸戒焉。《行狀》"（見《朱子全書》第十二冊）

案:據《龍川別志》卷上,呂夷簡卒,仁宗哭之甚慟,張安道奉敕撰"許公神道碑",於仁宗前探問和協兩宮事,仁宗曰:"明肅章獻嘗自言夢周王祐真宗長子,早夭。來告,將脫生荆王宮中。時允初始生,允初,荆王少子,所謂五相公者。太后欲取入宮養之,呂夷簡爭之,乃止。"仁宗即帝位時才十三歲,由劉太后權處分軍國重事。劉太后非仁宗生母,據《宋史》後妃傳記載,劉太后"性警悟,曉書史,聞朝廷事,能記其本末。"她在真宗晚年始預朝政,是有宋一代最具權術和懷有極強權利欲的后妃之一。在呂夷簡百般堅持之下,荆王子才被遣令出宮。這對於穩定仁宗帝位具有重要意義,避免了可能會出現的宮廷之變,維護了真宗朝向仁宗朝政治社會的平穩過渡。

又案:呂夷簡保護仁宗,勸戒章獻太后,深知仁宗非章獻所生,曲意告戒,以期感動太后。王稱客觀評價:"夷簡相仁宗,策功立名,有益於世……然其功最大者,乃在於處仁宗母子之際,使人無可乘之隙。消患於未萌,制治於未亂,朝廷以之安靜,公卿士大夫亦賴以無禍。此其所以有後也哉!"（《東都事略》卷五二）

呂夷簡輔助年輕仁宗

《五朝名臣言行錄》卷第六之一《丞相許國呂文靖公》:"公以主上方富春秋,宜導之典學,擢孫奭等居講席,以經義輔導。後又增置崇政說書、天章閣侍講之職,以廣聞見。"（見《朱子全書》第十二冊）

案:據《東都事略》卷五二記載,仁宗嘗問呂夷簡奏獄之事,夷簡曰:"凡奏獄必出於疑,疑則從輕可也。"仁宗深以爲然,終仁宗之世,疑獄一從於輕。

卷 八

仁宗天聖元年癸亥(1023),呂夷簡四十五歲, 呂居簡二十五歲,呂公綽二十五歲, 呂公弼十七歲,呂公著六歲,呂公孺三歲

春正月
皇太后詔改元

《長編》卷一〇〇仁宗天聖元年春正月丙寅條:"皇太后詔改元。上讀詔,號泣者久之,謂左右曰:'朕不忍遽更先帝之號也。'"

以樞密副使張士遜、參知政事呂夷簡、魯宗道總計置司

《長編》卷一〇〇仁宗天聖元年春正月丁亥條:"詔曰:'三路軍儲,出於山澤之利。比聞移用不足,二府大臣,其經度之。'……遂置計置司,以樞密副使張士遜、參知政事呂夷簡魯宗道總之。"

二月
詔參知政事呂夷簡等與三司共同詳定茶鹽課利

《宋會要輯稿》食貨三六之一七:"(天聖元年)二月,定奪所言:'取索前後茶鹽課利,比附到增虧數目。'詔樞密副使張士遜、參知政事呂夷簡、魯宗道與三司使、副等同共詳定。"

三月

命呂夷簡等詳定茶鹽法

《宋會要輯稿》食貨三〇之五:"仁宗天聖元年三月,詔:'據定奪茶鹽所上茶鹽課利,比附增虧數目,宜差樞密副使張士遜、參知政事呂夷簡、魯宗道與權三司使事李咨、御史中丞劉筠、入內內侍省副都知周文質、西上閤門使薛貽廓及三部副使同詳定經久利害聞奏。'"

案:呂夷簡與魯宗道既是關係密切的同僚,又是姻親關係,呂夷簡之妹嫁於魯宗道,呂夷簡之弟呂宗簡娶魯氏女。史稱魯宗道爲人剛正,嫉惡少容,遇事敢言,他與呂夷簡共事的七年中,有各種彈劾權要的記載,却找不到他彈劾呂夷簡的片言隻語。

天聖二年甲子(1024),呂夷簡四十六歲,呂居簡二十六歲,呂公綽二十六歲,呂公弼十八歲,呂公著七歲,呂公孺四歲

三月

傅求進士及第

據《宋登科記考》,傅求於宋仁宗天聖二年進士及第。

案:傅求(1003—1073),字命之,開封府考城縣(今河南民權)人,爲呂希俊岳父,天聖二年進士及第,任户部副使、龍圖閣學士權開封等職。

呂宗簡特賜進士及第

《長編》卷一〇二仁宗天聖二年三月壬子條:"賜鄉貢進士張環、太常寺太祝呂宗簡進士及第,仍附春牓。環,洎孫,宰臣王欽若女婿;宗簡,參知政事夷簡弟也。"

案:據《中華呂氏通譜》卷一《世系篇·聯宗第五宗支》:呂宗簡爲夷簡親弟,姒魯氏,太常博士魯驤女,生二子:公懃,公雅。

十一月

吕夷簡等辭南郊後遷官，後著爲式，僅加恩不進官

《長編》卷一○二仁宗天聖二年十一月辛亥條："王欽若封冀國公，曹利用改封魯國公，文武百官並加恩。故事，輔臣例遷官，參知政事吕夷簡與同列豫辭之，遂著爲式。宋敏求《春明退朝録》卷上云，建隆至天禧，每朝廷大禮，二府必進官。天聖二年南郊，吕夷簡懇請乃止。自是，加恩而已。按咸平初，孫何建議，已嘗釐革，敏求偶不記，《國史》因之。"

此清官王耿的悲劇。在知人任事上，吕夷簡似勝王曾一籌

《澠水燕談録》補遺："明肅太后臨朝，一日，問宰相曰：'福州陳絳贓汙狼藉，卿等聞否？'王沂公對曰：'亦頗聞之。'太后曰：'既聞而不劾，何也？'沂公曰：'外方之事，須本路監司發摘；不然，臺諫有言，中書方可施行。今事自中出，萬一傳聞不實，即所損尤大也。'太后曰：'速選有風力、更事任一人爲福建路轉運使。'二相稟旨而退，至中書，沂公曰：'陳絳，猾吏也，非王耿不足以擒之。'立命進熟。吕許公俛首曰：'王耿亦可惜也。'沂公不諭。時耿爲侍御史，遂以爲轉運使。耿拜命之次日，有福建路衙校拜於馬首，云：'押進奉荔枝到京。'耿偶問其道路山川風候，而其校應對詳明，動合意旨。耿遂密訪絳所爲，校輒泣曰：'福州之人以爲終世不見天日也，豈料端公賜問，然某尤爲絳所苦者也。'遂條陳數十事，皆不法之極。耿大喜，遂留校於行臺，俾之幹事。既置詔獄，事皆不實，而校遂首常納禁器於耿。事聞，太后大怒，下耿吏，獄具，謫耿淮南副使。皆如許公之料也。"

案：陳絳被貶爲天聖二年十一月。此事姑系於此。

又案：本年進士及第者凡二百七人。有宋庠、葉清臣、鄭戩、王洙、尹洙、余靖、宋祁、胡宿、高若訥、梅鼎臣、傅求、曾公亮等。吕宗簡、張環與上官融爲特賜進士第。

天聖三年乙丑(1025)，呂夷簡四十七歲，
呂居簡二十七歲，呂公綽二十七歲，
呂公弼十九歲，呂公著八歲，呂公孺五歲，呂希道一歲

十二月
參知政事呂夷簡加禮部侍郎

《長編》卷一〇三仁宗天聖三年十二月甲寅條："樞密副使張士遜加左丞，參知政事呂夷簡加禮部侍郎，魯宗道加給事中，樞密副使晏殊加刑部侍郎。"

是年，呂希道生

《蘇軾詩集》卷六《送呂希道知和州》：【施注】呂希道，字景純，河東人。丞相文靖公之孫，翰林侍讀學士公綽之子。慶曆六年，獻所爲文，召試，賜進士出身。入判登聞鼓院，歷知解、和、滁、汝、澶、湖、亳七州，河南監牧使，三司都勾院。景純性寬厚，沈靜端默。熙寧、元豐間，士急於進取，獨雍容其間，安分隨所適而樂，遇事有不可，必力爭。及元祐之初，吏治寬平，景純雅量自如，亦不改其故。爲郡，皆有惠政，去而人思之。

案：呂希道(1025—1091)，字景純，安徽壽州人。爲公綽子，夷簡孫，歷官知州，多惠政。元祐六年卒，享年六十七，以此上推，當生於本年。

天聖四年丙寅(1026)，呂夷簡四十八歲，

呂居簡二十八歲，呂公綽二十八歲，

呂公弼二十歲，呂公著九歲，呂公孺六歲，呂希道二歲

三月

參知政事呂夷簡魯宗道、樞密副使張士遜各罰一月俸

《長編》卷一〇四仁宗天聖四年三月甲辰條："前權三司使李咨落樞密直學士，前領計置司劉筠、王臻、范雍、蔡齊、俞獻可、姜遵、周文質各罰銅三十斤，樞密副使張士遜、參知政事呂夷簡魯宗道各罰一月俸。"

《長編》同條又記載："以士遜、夷簡、宗道嘗主變法之議，詔令分析。士遜因言措置更革，皆不出己。夷簡則言：'天聖初，環慶等數路奏芻糧不給，京師府藏常闕緡錢，吏兵月俸僅能取足。自變法以來，京師積錢多，邊計不聞告乏。中間番部作亂，調發兵馬，仰給有司，無不足之患。以此推之，頗有成效。惟是三司比視數目，差互不同，非執政所能親自較計。'而宗道所言，亦略類夷簡。竟坐不合以舉等狀施行，故及於罰。詳定所孫奭等特釋之。"

案：據《宋會要輯稿》職官六四之二八記載，呂夷簡等受罰，坐改更茶法，計置糧草前後異同故也。《宋會要輯稿》食貨三六之二〇亦有記載，除張士遜、呂夷簡、魯宗道各罰一月俸，劉筠以下各罰銅三十斤外，李咨落樞密直學士，依舊知洪州，侍講學士孫奭以下及干係官吏等並特放。三司勾覆官勾獻依法決刺配沙門島。

七月

因呂夷簡上言，兩川弓手自今不得雇人代役

《長編》卷一〇四仁宗天聖四年七月壬申條："詔兩川弓手自今不得雇人代役，犯者許鄰保糾告，重行科罰。時呂夷簡自益州安撫回，言川中豪民多雇

人以代役,多得惰農,每執兵仗,悉不堪用。故示約束。"

天聖五年丁卯(1027),呂夷簡四十九歲,

呂居簡二十九歲,呂公綽二十九歲,呂公弼二十一歲,

呂公著十歲,呂公孺七歲,呂希道三歲

二月

呂夷簡奉命參與修《真宗國史》

《長編》卷一〇五仁宗天聖五年二月癸酉條:"命參知政事呂夷簡、樞密副使夏竦修《真宗國史》,翰林學士宋綬、樞密直學士劉筠陳堯佐同修,宰臣王曾提舉。"

三月

韓琦舉進士甲科

《安陽集編年箋注》卷一《兩朝顧命定策元勛之碑》:"(公)少好學,夙智早成。天聖五年,公甫冠,擢進士甲科。"

案:韓琦(1008—1075),字稚圭,相州安陽人,仁宗天聖五年舉進士第二,北宋名相,兩朝顧命定策元勛功臣,追贈尚書令,謚號忠獻,配享英宗廟庭。為呂公弼親家,呂公弼長女和三女嫁韓琦長子韓忠彥。父親韓國華,仕至諫議大夫。韓琦娶工部侍郎崔立之女,崔立與呂夷簡系同年。

趙概舉進士甲科

據《宋登科記考》,趙概於宋仁宗天聖五年舉進士甲科。

案:趙概(995—1083),字叔平,應天府虞城縣人。仁宗天聖五年進士第三,仕至吏部尚書,以太子少師致仕,卒贈太子太師,謚康靖。後為呂公弼親家,公弼幼女嫁趙概第三子元緒。

五月

吕夷簡等奉命詳定編敕

《後編》卷三七天聖五年五月辛酉條:"命吕夷簡等詳定編敕。"

案:本年進士及第者凡三百七十七人。王堯臣、韓琦、趙概舉進士甲科。另有王素、文彦博、包拯、吴京、吴育等。

天聖六年戊辰(1028),吕夷簡五十歲,

吕居簡三十歲,吕公綽三十歲,吕公弼二十二歲,

吕公著十一歲,吕公孺八歲,吕希道四歲

二月

吕夷簡等盛贊仁宗處理民事之仁

《長編》卷一〇六仁宗天聖六年二月甲午條:"雄州言:'民妻張氏户絶,田産於法當給三分之一與其出嫁女,其二分雖有同居外甥,然其估爲緡錢萬餘,當奏聽裁。'上曰:'此皆編户朝夕自營者,毋利其没入,悉令均給之。'宰相王曾、參知政事吕夷簡魯宗道咸贊曰:'非至仁,何以得此也!'"

三月

吕夷簡讓賢於張士遜,加户部侍郎

《長編》卷一〇六仁宗天聖六年三月壬子條:"張知白既卒,上謀所以代之者。宰相王曾薦吕夷簡,樞密使曹利用薦張士遜,太后以士遜位居夷簡上,欲用之。曾言輔相當擇才,不當問位,太后許用夷簡。夷簡因奏事,言士遜事上於壽春府最舊,且有純懿之德,請先用之,太后嘉其能讓。壬子,樞密副使張士遜爲禮部尚書、平章事,從利用之言也。曾加吏部尚書;利用加保平節度使,進封鄆國公;張耆改泰寧節度使,封岐國公;參知政事吕夷簡加户部侍郎;

魯宗道加禮部侍郎;樞密副使夏竦加給事中。"

天聖七年己巳(1029),呂夷簡五十一歲,

呂居簡三十一歲,呂公綽三十一歲,呂公弼二十三歲,

呂公著十二歲,呂公孺九歲,呂希道五歲

春正月

曹利用敗,呂夷簡乞從寬宥

《五朝名臣言行録》卷第六之一《丞相許國呂文靖公》:"曹利用得罪,遣内侍押班江德明圍其第。公與王沂公列奏:'利用雖有罪,非至不軌,乞從寬宥。'遂止遠貶。《行狀》"(見《朱子全書》第十二册)

案:曹利用敗,得罪章獻太后,《長編》系於卷一〇七仁宗天聖七年春正月癸卯條。

二月

禮部侍郎、參知政事魯宗道卒

《宋宰輔編年録校補》卷四仁宗天聖七年:"二月庚申朔,禮部侍郎、參知政事魯宗道卒。宗道自乾興元年七月除參知政事,天聖六年三月除禮部侍郎、祥源觀使,是年二月卒,執政凡七年。"

案:魯宗道敢於直諫,剛直少容,沮劉氏七廟之議,裁抑僥倖,不以名器私人,世稱"魚頭參政"。年六十四卒,太后臨奠輟朝,贈禮部尚書,諡簡肅。後夷簡子公著娶宗道女。(注:《宋宰輔編年録校補》與《長編》卷一〇七仁宗天聖七年二月庚申條皆云,宗道諡"簡肅",而《宋史·魯宗道傳》云,宗道諡"肅簡",疑《宋史》本傳誤。)

張士遜罷相,呂夷簡拜相

《長編》卷一〇七仁宗天聖七年二月丙寅條:"户部侍郎、參知政事吕夷簡

以本官平章事。始，王曾薦夷簡可相，久不用。士遜將免，曾因對言：'太后不相夷簡，以臣度聖意，不欲其班樞密使張耆上爾。耆一赤脚健兒，豈容妨賢至此！'太后曰：'吾無此意，行用之矣。'於是，卒相夷簡，以代士遜。"

宋仁宗《呂夷簡拜集賢相制》天聖七年二月丙寅："王者之建宰職也，上法台象，以代天工；下裁物宜，以統萬類。熙衆志而敘彝倫，調四時而翊元化。允資名器，必契僉同。疇其貳政之能，寵以登庸之拜。金紫光禄大夫、行尚書户部侍郎、參知政事、修國史、充會靈觀使、上柱國、東平郡開國公、食邑二千三百户、食實封八百户呂夷簡，學探奧賾，器蘊宏深。夙推經世之才，動著首公之節。以懿文而潤謨訓，以精力而剸劇繁。譽滿朝端，績成官下。朕初臨邦統，尤渴時賢。擢佐鼎司，嘉聞國論。勵匪躬之道而無失守節，叶成務之宜而弗忘稽古。方今遵祖宗之憲度，致中外之治平，懷於永圖，繄乃良輔。已試之効，既彰於時，爰立之恩，素定於志。俾對司於衡軸，用正位於鈞臺。總職真宫，兼榮書殿。仍增命數，載峻寵章。於戲！自昔哲王，注懷重任，或營求方獲，或枚卜乃從，曷若閱於臣鄰，得此棟幹。既秺彌綸之業，更資翼亮之功。簪列辟之具瞻，繼宗門之茂躅。勤宣休聞，式荷至榮。可特授依前户部侍郎、同中書門下平章事、充景靈宫使、集賢殿大學士，加食邑一千户、食實封四百户，仍賜推忠協謀佐理功臣，散官、勛、封如故。"（引自《全宋文》卷九四八）

案：《宋宰輔編年録校補》卷四亦有記載。呂夷簡拜相，王曾大力也，後夷簡專決事，二人議論多不協。

三月
呂夷簡上《兩浙縣鎮酒務請仍舊買撲奏》

《全宋文》卷三二一呂夷簡《兩浙縣鎮酒務請仍舊買撲奏》天聖七年三月："兩浙路縣鎮酒務，請聽仍舊買撲，量增課利。"

呂夷簡妹夫陳詁治縣不力，樞密副使陳堯佐力保

《後編》卷三八天聖七年三月條："祠部員外郎、秘閣校理陳詁，知祥符縣，治嚴急，吏欲動朝廷以罪詁，乃空一縣逃去。太后果怒。而詁妻宰相呂夷簡妹也，執政以嫌不敢辨。事下樞密院，副使陳堯佐獨曰：'罪詁則奸吏得計，後

誰復繩吏者?'詰由是獲免,徙知開封縣。詰辭,乃命權判吏部南曹。"

案:陳詰是大中祥符元年(1008)進士,呂夷簡妹夫。陳詰案件,章獻太后震怒,執政不敢辨,樞密副使陳堯佐以爲罪在奸吏,由是陳詰不僅獲免,尚另命爲權判吏部南曹。後陳堯佐以給事中拜參知政事,呂夷簡曾兩次薦陳堯佐爲相。堯佐兄長堯叟與夷簡爲連襟,弟弟堯咨與夷簡爲同年。

五月

呂夷簡等參定"天聖新修令"文

《玉海》卷六六《詔令·天聖新修令編敕》:"(天聖)七年五月己巳詔,以新修令三十卷,又附令敕頒行……時令文尚依唐制,夷簡等據唐舊文斟酌衆條,益以新制,天聖十年行之。"

六月

呂夷簡等反對章獻太后修建玉清宮

《長編》卷一〇八仁宗天聖七年六月丁未條:"大雷雨,玉清昭應宮災。宮凡三千六百一十楹,獨長生崇壽殿存焉。翌日,太后對輔臣泣曰:'先帝力成此宮,一夕延燔殆盡,猶幸一二小殿存爾。'樞密副使范雍,度太后有再興葺意,乃抗言曰:'不若燔之盡也。'太后詰其故,雍曰:'先朝以此竭天下之力,遽爲灰燼,非出人意。如因其所存,又將葺之,則民不堪命,非所以祇天戒也。'宰相王曾、呂夷簡亦助雍言,夷簡又推《洪范》災異以諫,太后默然。"

七月

罷輔臣所領諸宮觀使,從呂夷簡等所請

《宋宰輔編年錄校補》卷四仁宗天聖七年:"七月,罷輔臣所領諸宮觀使名,從呂夷簡、張耆、夏竦之請也。罷輔臣宮觀使名。"

八月

呂夷簡加吏部侍郎、昭文館大學士

《宋宰輔編年錄校補》卷四仁宗天聖七年二月條:"八月己丑,(呂夷簡)除

吏部侍郎、同中書門下平章事、昭文館大學士、監修國史。"

《宋宰輔編年録校補》卷四同條,《制》曰:"統和庶工,運理群物。惟時元弼之重,以承上天之休。咨合僉謀,誕告列位。具官吕夷簡道通元本,學富經綸。勤勞兩朝,終始一節。惟寬厚足以鎮俗,惟忠嘉足以熙朝。文昌上相之司,以進恢於乾緯。天官塚卿之貳,以均治於邦彝。儒館秘扃,爰田多户。併加異數,用示注懷。於戲! 外鎮撫四夷,蓋自近始。内親附百姓,必以身先。汝惟欽哉,罔假多訓。"

吕夷簡與夏竦關係不協

《宋宰輔編年録校補》卷四仁宗天聖七年八月辛卯條:"夏竦復爲樞密副使……陳堯佐改參知政事……王曙參知政事……時,宰臣吕夷簡加吏部侍郎、昭文館大學士;參知政事夏竦加刑部侍郎,復爲樞密副使;陳堯佐加給事中改參知政事。竦與夷簡不相悦,故以堯佐易之。"

案:《宋宰輔編年録校補》卷四同條云,王曙字晦叔,河南人,寇准女婿。寇准被罪,王曙落職知汝州,責郢州團練副使,後入爲御史中丞。

九月

升入内都知押班班次,從宰相吕夷簡之請

《長編》卷一〇八仁宗天聖七年九月丙寅條:"詔閤門,自今入内都知押班,如昭宣使以上,即與客省使等爲一班;皇城使副以下,並在皇城使之前,别在一行。太祖朝,都知押班率供奉官爲之,内中祗應,裹頭巾,衣褐衫而已。宰相吕夷簡不考故事,輒升其班次,議者非之。"

十一月

范仲淹上書,請求劉太后還政於宋仁宗,被貶

《長編》卷一〇八仁宗天聖七年十一月癸亥條:"冬至,上率百官上皇太后壽於會慶殿,乃御天安殿受朝。秘閣校理范仲淹奏疏言:'天子有事親之道,無爲臣之禮;有南面之位,無北面之儀。若奉親於内,行家人禮可也;今顧與百官同列,虧君體,損主威,不可爲後世法。'疏入,不報……又奏疏請皇太后

還政,亦不報,遂乞補外。尋出爲河中府通判。"

案:王瑞來在《范吕解仇公案再探討》一文中指出,時吕夷簡獨相,故范仲淹此次被貶,當是經過吕夷簡之手。

天聖八年庚午(1030),吕夷簡五十二歲,
吕居簡三十二歲,吕公綽三十二歲,吕公弼二十四歲,
吕公著十三歲,吕公孺十歲,吕希道六歲

三月
王拱辰舉進士第一

《宋會要輯稿》選舉二之七:"(天聖)八年四月初二日,詔新及第進士第一人王拱辰爲將作監丞。"

案:王拱辰(1012—1085),字君貺,開封府咸平縣人。爲吕希亞岳父。天聖八年舉進士第一,仕至吏部尚書,哲宗立,加檢校太師,卒贈開府儀同三司,謚懿恪。夫人爲薛簡肅公奎之女,薛奎爲太宗淳化三年進士,扶佐仁宗,仕至參知政事,爲世名臣,另一女嫁歐陽修,王拱辰與歐陽修爲連襟。

五月
范仲淹致信吕夷簡,闡述救文之弊,似爲吕范通信之始

《范文正公文集》卷一〇《上時相議制舉書》:"天聖八年五月日,具位范某,再拜上書於昭文相公閣下……救文之弊,自相公之造也,當有吉甫輩頌吾君之德,吾相之功,登於金石,永於天地者矣。"(引自《范仲淹全集》)

案:天聖七年,范仲淹因上書要求劉太后還政仁宗而被貶河中府通判,時范仲淹在河中府通判任上。

六月

吕夷簡監修《真宗國史》成，親撰帝紀贊、論部分

　　《玉海藝文校證》卷一二《正史》："《天聖三朝國史》。祥符九年，監修國史王旦上《太祖太宗兩朝國史》，其修《真宗實録》未爲紀傳。天聖五年二月癸酉，仁宗詔曰：'先朝正史，久而未修，年祀寖遠，事或淪墜。宜令參政吕夷簡、副樞密夏竦修國史，宋綬、劉筠、陳堯佐同修。'仍命宰臣王曾監修。又命館閣王舉正、李淑、黃鑒、謝絳爲編修，復命馮元同修。初於宣徽院編纂，後移中書。命三司檢討食貨事件，三館共借書籍，擇司天官編綴《天文》《律曆志》。帝紀贊、論，吕夷簡奉詔撰。紀即夷簡、夏竦修撰，餘皆同編修分功撰録。六年八月，詔別修志傳，委綬看詳。其帝紀專委夷簡、竦。八年六月十一日癸巳，夷簡等詣崇政殿上進，賜宴，遷官，賜衣帶器幣。先是，太祖太宗紀六、志五十五、傳五十九、目録一，凡百二十卷。至是，修真宗史成，增紀爲十，志爲六十，傳爲八十，總百五十卷，此所謂《三朝國史》也。凡紀十卷，志增《道釋》《符瑞》爲六十卷，列傳八十卷，總一百五十五卷。甲午，夏竦等遷官，各賜襲衣、金犀帶、器幣有差，監修而下進秩，而夷簡辭之。"

　　案：《真宗國史》內，帝紀贊、論，吕夷簡奉詔撰。紀部分，吕夷簡、夏竦共同修撰。比之太祖太宗兩朝實録，增者大半，事核文贍，褒貶得宜。

十二月

吕夷簡充奉安御容禮儀使

　　《愧郯録》卷六："（天聖八年）十二月，命宰臣吕夷簡充奉安御容禮儀使。"

　　案：本年進士及第者凡二百四十九人。除王拱辰舉進士第一，尚有劉沆、孫抃、元絳、石介、田況、歐陽修、韓綜等。

天聖九年辛未(1031)，呂夷簡五十三歲，

呂居簡三十三歲，呂公綽三十三歲，呂公弼二十五歲，

呂公著十四歲，呂公孺十一歲，呂希道七歲

正月

呂夷簡薦晁宗慤任知制誥

《默記》卷上："呂申公爲相，有長者忠厚之行，故其福禄子孫，爲本朝冠族。嘗因知制誥有闕，進擬晁宗慤。仁宗曰：'無甚文名。'命別擬人。申公曰：'臣之所見或異於是。今内外之臣，文字在宗慤之上固多，但宗慤父迥年逾八十，受先朝尊禮。若使其生見子爲侍從，且父子世掌絲綸，尤爲盛事。迥必重感戴，足以惇聖朝孝悌之風。'上許之，即降旨召試……然則呂申公作相而恤人之老，真宰相器也，其有後宜哉！"

案：晁迥(951—1034)，字明遠，澶州清豐人。與馬亮同年，皆是太平興國五年進士。呂夷簡作爲馬亮女婿，十分尊敬晁迥，呂氏家族和晁氏家族世代友好，據呂本中在《東萊呂紫微師友雜志》中云，呂夷簡丈事晁迥，晁迥子晁宗慤丈事呂夷簡(以下簡稱《師友雜志》)，故夷簡極力推薦宗慤爲知制誥。康定元年，呂夷簡復相，晁宗慤即拜參知政事。

八月

呂夷簡岳父馬亮卒。馬亮善識人

《宋史·馬亮傳》："亮有智略，敏於政事，然其所至無廉稱。呂夷簡少時，從其父蒙亨爲縣福州，亮見而奇之，妻以女。妻劉惎曰：'嫁女當與縣令兒邪？'亮曰：'非爾所知也'……亮卒，時夷簡在相位，有司謚曰忠肅，人不以爲是也。"

案：據《後編》卷三九記載，馬亮卒於天聖九年八月。《東軒筆録》卷三和

《孫公談圃》卷下皆載馬亮善識人事，吕夷簡爲布衣時，馬亮一閲，知其必貴，以女妻之，後夷簡果爲宰相。另據"馬亮墓志銘"載，吕居簡亦爲馬亮女婿，夷簡居簡是從兄弟，亦是連襟。

閏十月

吕夷簡等獲仁宗賜大字四軸

《玉海》卷三四《聖文·乾興飛白書天聖賜飛白書》："（天聖）九年閏十月戊辰，知兖州孫奭辭，曲宴大清樓，召晁迥與會，賜飛白書人一軸，迥與吕夷簡、張耆及奭别賜大字四軸。"

十一月

吕夷簡奉表謝徙三館於崇文院

《長編》卷一一〇仁宗天聖九年十一月辛巳條："徙三館於崇文院。先是，三館、秘閣在左掖門内，左升龍門外。大中祥符八年，大内火，權寓右掖門外。至是，修崇文院成，復徙之。昭文館大學士吕夷簡奉表稱謝。"

卷 九

天聖十年(明道元年)壬申(1032),呂夷簡五十四歲, 呂居簡三十四歲,呂公綽三十四歲,呂公弼二十六歲, 呂公著十五歲,呂公孺十二歲,呂希道八歲

二月

呂夷簡上《三朝寶訓》三十卷

《長編》卷一一一仁宗明道元年二月癸卯條:"監修國史呂夷簡上《三朝寶訓》三十卷。賜編纂官直集賢院王舉正三品服、李淑五品服。"

呂夷簡加中書侍郎

《長編》卷一一一仁宗明道元年二月庚戌條:"知許州、定國節度使張士遜爲刑部尚書、平章事,呂夷簡加中書侍郎。初,授夷簡中書侍郎、兼兵部尚書,固辭兵部尚書,乃令學士院貼麻,仍遣內侍都知藍繼宗就閤門賜之。"

案:是年,韓琦丁憂。二月,他代兄作《昭文相公啓》,盛贊呂夷簡"茂德鎮時,純誠體國。負尊主安民之業,持秉鈞當軸之權"。(《安陽集編年箋注》卷三八)

學士院試呂公綽等,公綽充集賢校理

《宋會要輯稿》選舉三一之二八:"(天聖)十年二月十九日,學士院試大理寺丞、館閣對讀書籍呂公綽,賦稍優、詩稍堪,光祿寺丞、館閣對讀書籍張子思賦堪、詩低次。詔公綽充集賢校理,子思充秘閣校理。公綽、子思皆以在館二

年,特詔命試。"

吕夷簡爲宸妃李氏喪禮力諫

《長編》卷一一一仁宗明道元年二月丁卯條:"以真宗順容李氏爲宸妃。是日,宸妃薨。宸妃始生帝,皇太后即以爲己子,使皇太妃保視之。帝即位踰十年,宸妃默默處先朝嬪御中,未嘗自異,人畏太后,亦無敢言,終太后世,帝不自知宸妃所出也。疾革,乃進位,遽薨,年四十六。三宫發哀,成服苑中。贈妃曾祖應已及祖金華主簿延嗣爲光禄少卿,父左班殿直仁德爲崇州防禦使,母董氏爲高平郡太君。攢塗於嘉慶院,葬於洪福院之西北隅。始,宫中未治喪,宰相吕夷簡朝奏事,因曰:'聞有宫嬪亡者。'太后瞿然曰:'宰相亦預宫中事邪?'引帝偕起。有頃,獨出,曰:'卿何間我母子也!'夷簡曰:'太后他日不欲全劉氏乎?'太后意稍解。有司希太后旨,言歲月未利,夷簡黜其説,請發哀成服,備宫仗葬之。時有詔欲鑿宫城垣以出喪,夷簡遽求對,太后揣知其意,遣内侍羅崇勋問何事,夷簡言鑿垣非禮,喪宜自西華門出。太后復遣崇勋謂夷簡曰:'豈意卿亦如此也!'夷簡曰:'臣位宰相,朝廷大事,理當廷爭。太后不許,臣終不退。'崇勋三反,太后猶不許,夷簡正色謂崇勋曰:'宸妃誕育聖躬,而喪不成禮,異日必有受其罪者,莫謂夷簡今日不言也。'崇勋懼,馳告太后,乃許之。"

案:吕夷簡力諫,宸妃李氏得以體面禮葬,其救禦禍之未形時,使宋室宗廟得以安寧。

吕夷簡拒借兵與契丹伐高麗

《五朝名臣言行録》卷六之一《丞相許國吕文靖公》:"契丹遣使借兵伐高麗,明肅欲與之。文靖公堅執不可。后曰:'適已微許其使矣,不與恐生怨,奈何?'公曰:'但以臣不肯拒之。'既而后語其使曰:'意非不欲應,但吕相公堅不可耳。'使人無語而去。《家塾記》"

案:未知此事在何年,故系於此。

三月

程顥生

朱熹《伊川先生年譜》:"明道生於明道元年壬申,伊川生於明道二年癸酉。"(見《二程集·河南程氏遺書》附録)

五月

呂夷簡都大參詳《三寶贊》

《長編》卷一一一仁宗明道元年五月乙未條:"初,譯經潤文使夏竦請注釋御所制《三寶贊》及皇太后發願文,既許之,於是又請擇館職官同注釋,詔以命直集賢院李淑、集賢校理鄭戩,尋又詔宰臣呂夷簡都大參詳。"

八月

大内火,呂夷簡爲修葺大内使

《長編》卷一一一仁宗明道元年八月甲子條:"以宰相呂夷簡爲修葺大内使。"

大内火,仁宗御拱宸門,百官遥拜,獨呂夷簡"望清光"後再拜

《宋史全文》卷七上《宋仁宗一》明道元年八月條:"壬戌,大内火,延燔八殿。乙丑,詔群臣直言闕失。先是,百官晨朝而宮門不開,輔臣請對,帝御拱宸門,追班百官拜樓下,宰相呂夷簡獨不拜。帝使問其故,曰:'宮庭有變,群臣願一望清光。'帝舉簾見之,夷簡乃拜。"

案:此舉體現呂夷簡忠君思想。

十一月

詔改元

《長編》卷一一一仁宗明道元年十一月甲戌條:"上以修内成,恭謝天地於天安殿,遂謁太廟,大赦,改元。"

吕夷簡加門下侍郎兼吏部尚書

《長編》卷一一一仁宗明道元年十一月癸未條："宰臣吕夷簡加右僕射、兼門下侍郎,張士遜加中書侍郎、兼兵部尚書。夷簡固辭所加官,乃令翰林貼麻,改門下侍郎、兼吏部尚書。"

案:明道元年冬,韓琦把所爲詩文投獻於吕夷簡,在《獻所業上兩府啓》中,盛贊吕夷簡,並推薦自己,此事姑系於此。後韓琦得吕夷簡推薦,遷太子中允,改太常丞、直集賢院。

十二月
宰相吕夷簡爲恭謝太廟藉田大禮使

《長編》卷一一一仁宗明道元年十二月甲辰條："以宰相吕夷簡爲恭謝太廟藉田大禮使,張士遜爲禮儀使,樞密使張耆爲儀仗使、楊崇勛爲鹵簿使,樞密副使夏竦爲橋道頓遞使。"

明道二年癸酉(1033),吕夷簡五十五歲,
吕居簡三十五歲,吕公綽三十五歲,吕公弼二十七歲,
吕公著十六歲,吕公孺十三歲,吕希道九歲

春正月
吕夷簡等上所注御制《三寶贊》

《長編》卷一一二仁宗明道二年春正月己丑條："宰臣吕夷簡、樞密副使夏竦上所注御制《三寶贊》、皇太后發願文。以檢討注釋官、直集賢院李淑爲史館修撰,集賢校理鄭戩直史館。夷簡、竦各與一子改官。而夷簡請賜其子大理寺丞公弼進士出身,從之。"

案:吕夷簡信奉佛教,據《武林梵志》卷八："夷簡申國公,每遇元日,拜家

廟後即焚香,發廣慧璉公書一封,展禮之。"後夷簡子孫公著、好問、用中皆
如此。

二月

呂夷簡撰《上皇太后尊號册文》《睿聖文武體天法道仁明孝德皇帝册文》

呂夷簡《上皇太后尊號册文》明道二年二月:

嗣皇帝臣禎謹再拜稽首言:恭惟荷神器之重者,必能充其道;揩天下之治
者,乃可享其尊。雖復虔鞏大猷,抑畏先憲,用藏功表,迹隱言外。至於體乾
之健,則四德隨具;法坤之順,則萬物自光。乃知聖人施尊名,建顯號,有以答
四海之望,未始闕三神之歡。況夫有親之惡,有國之典,有億衆之勤請,有沖
人之奉承,則鴻徽景爍,揭無垠而耿千古,不得爲身專辭也。伏惟應元崇德仁
壽慈聖皇太后陛下,徇齊懿淑,欽明敦大,《葛覃》表乎成德,"倪天"表乎睿姿。
內輔先帝,布昭陰教,柔風仿佛,大和絪緼。惟深以鈞天下之志,彌簡而知天
下之阻。及真廟馮玉,綴衣在庭,遵揚審訓,參録庶務。時惟寡薄,嗣膺神統,
懼德弗類,惟天難諶,實荷寶慈,佐佑丕業。於是進耆哲,黜憸壬,鼓清風,阜
群品。蒸雲以濡之,揭日以照之。回霜收電,恤獄行之苦;金聲玉振,制條令
之當。不愛牲牷,以裕於神;不刲印劍,以寵其勳。好直而無翳陳,育材而善
多士。浣衣訓儉,程書戒勤。出入十年,上下一德。至乃師兵不試,方陲無
警。一介之使朝服,以至穹居;丈餘之組馳輣,而撫西夏。蕩然王德,無思不
服。遂能内外有謐,憲度具張。俗去奇衺,民復敦龐。簫勺之和極天而蟠乎
地,義慈之愛浹肌而淪於髓。被其癳疵,内之仁壽。百昌蕃蕪而競乎昏作,三
辰陽明而順乎發斂。使眇眇之質,托王公之上。無遺無愆,令重雍越成。於
緝熙,於光明。諒非諄誨,疇臻於此?此曩以崖略上德,形容丕稱,大功日新,
興議未愜。方今款謁廟祐,祇見祖宗。馨香升聞,休嘉震動。而廊廟文武,相
臣將臣,卿尹帥校,家陪耆艾,仙釋之浄衆,要荒之渠長,藹然咸造,以義固爭。
僉曰:備物不腆,無以貴天命;謝生不懷,無以綏萬國。況即舊典,創新制,則
因而易明;略小節,著大美,惟稱而後可。竊訂茂實,以增聖號。陛下方復允
恭克讓,勞謙終吉,連袂五請,始曰俞哉!夫高明資始,是之謂應元;思睿周
達,是之謂齊聖;鼓舞范圍,是之謂顯功;敷施邁種,是之謂崇德;睦族濟衆,是

之謂慈仁；祈年思永，是之謂保壽。臣不勝大願，謹遣攝太尉、太廟藉田大禮使、門下侍郎兼吏部尚書、同中書門下平章事、昭文館大學士、監修國史呂夷簡上尊號曰應元齊聖顯功崇德慈仁保壽皇太后。伏惟欽受洪冊，昭迪成功。揖道觀妙，授天比崇。邁任姒之踵武，襲黃老之淵宗。乂安鼎祚，以攄無窮。臣禎誠歡誠忭，頓首頓首。謹言。（引自《全宋文》卷三二一呂夷簡《上皇太后尊號冊文》）

呂夷簡《睿聖文武體天法道仁明孝德皇帝冊文》明道二年二月：

維明道二年歲次癸酉，二月丁酉朔，十一日丁未，攝太尉具官呂夷簡等上言曰：臣聞穹旻之垂景命，必資神睿之略，以庇於方夏；臣庶之沐利澤，必薦崇高之號，以歸於尊極。炎德初基，藝祖興運，造邦戡難，不憚濡足。神宗纂治，以聖繼聖。功德宏偉，充格天地。洎乎文考，內平外成，重明累洽，禮樂大備。莫不勉膺徽冊，俯循群請，度越乎前載，烜赫於無窮。洪惟尊號皇帝本神靈之系，憑積累之厚。享天下之富，而守以約；乘天下之安，而慮以危。以慈者道之寶，乃恤孤而賑窮；以儉者德之基，故浣衣而菲食。以天戒之可畏，間形責躬罪己之言；以人命之至重，每下欽刑慎罰之詔。乾乾翼翼，一紀於茲。故桀驁之俗，陶至化而面內；肖翹之類，被善氣以樂生。歲時大順，禾稼屢稔。乃詢輿議，刺舊聞，講希世之儀，舉盛德之事。仲春令序，土膏脈起，辟千畝之田，展三推之制。於是彤庭文武之烈，槁街夷裔之長，班白之老，緇黃之眾，屬陳盛禮，願進鴻名。中外一辭，封章五上。陛下矜其懇愨，始賜允俞。夫智迎事解，意發天合，不曰睿聖乎？興學招士，包戈遠服，不曰文武乎？居上凝命，御氣生物，不曰體天乎？執象觀妙，抱一無為，不曰法道乎？靡惠不孚，靡幽不燭，不曰仁明乎？竭恭致養，率禮范俗，不曰孝德乎？臣等不勝大願，謹奉玉冊玉寶上尊號曰睿聖文武體天法道仁明孝德皇帝。伏惟陛下因率籲之志，順歸報之隆，繄自天之祐極，用十世之延鴻，既壽而康，申錫無窮。（引自《全宋文》卷三二一呂夷簡《睿聖文武體天法道仁明孝德皇帝冊文》）

呂夷簡上《乞許父老鄉民觀望籍田禮奏》

《全宋文》卷三二一呂夷簡《乞許父老鄉民觀望籍田禮奏》明道二年二月："籍田禮希曠，為日已久。比聞修舉，內外翹屬；況親屈萬乘，勸本力農。伏請下有司,令遍諭密近村聚,俟御耕日,特許父老鄉民觀望盛禮,勿令呵止。"

呂夷簡等次韻和進仁宗《藉田禮畢詩》,並撰《藉田記》

《玉海》卷三〇《聖文·明道藉田詩》:"明道二年二月十六日辛亥,賜百官福酒,帝作《藉田禮畢詩》七言一首,賜宰相,呂夷簡等次韻和進。己未,命夷簡、殊撰《藉田記》。"

三月

皇太后劉氏崩,呂夷簡爲山陵使

《長編》卷一一二仁宗明道二年三月:"甲午,皇太后崩……乙未,帝御皇儀殿之東楹,號慟見輔臣,且曰:'太后疾不能言,而猶數引其衣,若有所屬,何也?'奎曰:'其在袞冕也!然服之,何以見先帝乎?'帝悟,以后服斂。即命呂夷簡爲山陵使。"

《宋史紀事本末》卷二四《明肅莊懿之事》:"(明道二年三月)甲午,皇太后崩……漕使劉綽還京西,言:'在庾有出剩糧千餘斛,乞付有司。'后問曰:'卿識王曾、張知白、呂夷簡、魯宗道乎? 此四人者豈因獻羨餘進哉!'"

案:在章獻太后心目中,呂夷簡實是忠臣。

呂夷簡以章獻遺令,擬册楊太妃爲皇太后,且復垂簾

《龍川別志》卷上:"章獻皇后崩,呂公以后遺令,册楊太妃爲皇太后,且復垂簾。士大夫多不悦。御史中丞蔡齊將留百官班爭之,乃止。許公歎曰:'蔡中丞不知吾心,吾豈樂爲此哉! 仁宗方年少,禁中事莫主張者。'其後盛美人等恣橫爭寵,無如之何,許公之意或在是矣。然人主既壯,而母后聽政,自非國家令典。雖或能整齊禁中,而垂簾之後,外家用事,亦何所不至? 古今母后臨朝,如宣仁后專奉帝室,不爲私計,蓋未有也。"

案:呂夷簡深有遠見,宮中有秩序,對青年仁宗殊爲重要。日後仁宗廢郭后,尚、楊二美人益有寵,每夕侍寢,仁宗體爲之弊,累日不進食,中外憂懼。呂夷簡贊成"太后參決軍國大事",實是保護仁宗之舉。

吕夷簡保護晏殊

《東都事略》卷五二:"先是章懿之葬,命晏殊撰志文。殊謂后無子,至是仁宗親政,殊爲參知政事。一日,内出志文以示夷簡曰:'先后誕育朕躬,殊爲侍從,安得不知?'夷簡曰:'宫省事秘,殊之不審,理容有之。然方章獻臨御,若明言先后實生聖躬,可乎?'仁宗默然。良久,命出殊守金陵,明日以爲遠,改守南都。夷簡輯睦二宫、保全大臣如此。"

案:蘇轍《龍川别志》卷上亦有此記載。然《舊聞證誤》卷二:"按《國史》,明道二年三月,章獻崩。四月乙未,宰相吕夷簡判澶州,執政晏殊等五人皆遷一官罷。恐非緣志文事也。是時,許公例罷去,安得救解元獻耶?"李心傳以爲時吕夷簡不可能保護晏殊。

四月
吕夷簡罷爲武勝軍節度使、同平章事、判澶州

《宋宰輔編年録校補》卷四仁宗明道二年四月己未條:"吕夷簡罷相。授檢校太傅、同平章事充武勝軍節度使判澶州。"

《宋宰輔編年録校補》卷四同條,《制》曰:"我國家欽崇寶命,撫育綿區。必求絶俗之才,以副經邦之寄。其有久居政府,夙冠臺司。著績用以滋多,執謙沖而愈甚。俾遂蕃宣之志,用均勞逸之宜。具官吕夷簡道本中和,行存端厚。早負經綸之業,每彰優裕之聲。尹正邦畿,繼聞善治。參裨宰府,屢進忠言。逮膺命相之求,彌顯致君之略。動遵舊典,静守常規。山甫保躬,不遺明哲。弱翁行事,罔失便宜。歲月逾深,謀猷益著。以至刊修詔令,裁成國書。營繕宸居,弼諧縟禮。事光簡策,名播華戎。何寵利之不居,惟恬和之是務。斯用升節旄於近鎮,視帝傅之崇資。並增采邑之封,仍改褒功之號。俾臨巨屏,用示優恩。於戲! 入輔出藩,盡賢人之美事。進禮退義,協聖典之格言。服我徽章,無忘勵翼。"

《宋宰輔編年録校補》卷四同條:"夷簡自天聖七年二月拜相,至是年四月罷,入相凡四年。"

《涑水記聞》卷五《吕夷簡罷相》條:"明道二年四月己未,吕夷簡罷爲武勝

軍節度使、同平章事、判陳州。或曰:莊獻初崩,上與呂夷簡謀,以夏竦等皆莊獻太后之黨,悉罷之。退告郭后,郭后曰:'夷簡獨不附太后邪?但多機巧、善應變耳。'由是並夷簡罷之。是日,夷簡押班,聞唱其名,大駭,不知其故。夷簡素與内侍副都知閻文應等相結,使爲中讻,久之,乃知事由郭后。夷簡由是惡郭后。"

案:呂夷簡罷相,《制》詞中仍高度贊揚。仁宗親政,章獻太后重用之臣多罷免,和呂夷簡一起罷免的有張耆、夏竦、陳堯佐、范雍、趙稹、晏殊等。

仁宗親政,呂夷簡手疏條陳八事,曰正朝綱、塞邪徑、禁賄賂、辨佞壬、絶女謁、疏近習、罷力役、節冗費

《長編》卷一一二仁宗明道二年四月己未條:"帝始親政事,夷簡手疏陳八事,曰正朝綱、塞邪徑、禁賄賂、辨佞壬、絶女謁、疏近習、罷力役、節冗費,其勸帝語甚切。"

案:這八事的具體内容,《全宋文》中無,然可見於《中華呂姓》第十三章《呂姓人物》中。呂夷簡云:

君臣之勢隔,則上下之情不通;上下之情通,庶國家之務不壅。且人君一日有萬几者,則有要焉,以爲之本。君國之政至煩庶也,所以御其煩者,則有八者以爲之樞,八者維何?一曰正朝綱,所以建國本。曰國本立,則内撫百姓,外攘夷狄,無不得其理。二曰塞邪徑,所以辟異端也。異端辟,則身修於上,政行於下,無邪慝之私。三曰禁賄賂,所以杜私謁之門。則公道日行,私門日塞,政令當於人心。四曰辨佞壬,所以止讒人之路。則嘉謨日進,讜言日聞,國家並受其福。五曰絶女謁,所以遠色也。女色遠,則君德日以精明,君身日以強固,所以勞心於國事者,不墮而無昏迷、怠惰之失。六曰疏近習,所以防奸也。謹防奸則君子之道日長,小人之道日消,所以行政令於天下者不壅,而無近侍嬖倖之惑。七曰罷力役,所以蘇民困也。民蘇於下,則國日強,非所謂民惟邦本、本固則邦寧耶?八曰節冗費,所以示節儉也。君儉於上,則國無妄費,非所謂足國足民、下無困疲者耶?爲人君者,誠能以八者心體而力行之,不挾己見,不徇私情,以衆智爲智,以衆心爲心,恒恐一夫不得其所,一事不得其理,孜孜訪問,惟善是求,誠堯舜公天下之心也,陛下欲致唐虞事業,

以成堯舜德化，願乞勿以草莽賤言，庸流淺論而日體行之，則可以臻登三咸之盛矣。

吕夷簡以自己的豐富從政經驗和深刻的洞察力，傳授治國理念於年輕的仁宗，從而使仁宗成爲有宋一代之明君。仁宗看了此奏，反復歎賞，親制"方正忠良"四字以爲扁額，詔賜其家。

四月與十月之間，吕夷簡曾判陳州

據李之亮《北宋京師及東西路大郡守臣考·陳州淮寧府》考證：明道二年四月張耆知陳州，後由吕夷簡接任，此年十月吕夷簡離開陳州，再次入相。

五月
吕公弼特賜進士出身

《宋會要輯稿》選舉九之八："（明道）二年五月九日，賜大理寺丞吕公弼進士出身。召試學士院，中等，命之。"

案：明道二年，特賜進士出身者有吕公弼、陳宗古，特賜同進士出身者，有李定。

詔吕夷簡起居立位在錢惟演之下，柴宗慶之上

《宋會要輯稿》儀制三之一五："（明道）二年五月十七日，詔新除武勝軍節度使、同中書門下平章事吕夷簡起居立位在泰寧軍節度使、同平章事錢惟演之下，彰德軍節度使、同平章事、駙馬都尉柴宗慶之上。"

十月
吕夷簡復相，爲門下侍郎、兼吏部尚書、同平章事、昭文大學士、監修國史

《宋宰輔編年録校補》卷四仁宗明道二年十月戊午條："張士遜罷相……楊崇勛罷樞密使……同日，吕夷簡再入相。自勝武軍節度使、檢校太傅、同平章事、判陳州授門下侍郎、兼吏部尚書、同平章事、昭文大學士、監修國史。"

《宋宰輔編年録校補》卷四同條，《制》曰："王者澄清化元，陶甄庶品。必

求茂宰,以付大鈞。其有碩望鎮時,雄才傑世。處阿衡之重任,久籍告猷。殿陪京之巨邦,彌深注意。再陟三階之上,庶符四海之瞻。允協至公,爰伸誕告。具官呂夷簡道包經濟,學富典彝。秉惠和肅哲之資,蘊輔相彌綸之業。被遇先聖,亟歷榮途。弼贊沖人,早登柄用。自預聞於機政,洎首冠於槐庭。敘皋陶之九功,總魏相之衆職。宣明國體,茂遂物宜。荷寵禄而屢辭,蹈謙光而不伐。萬事皆理,實賴胡公之賢。四國於蕃,暫勞申伯之政。思儀刑而是渴,在寤寐以寧忘。是用特舉徽章,入司魁軸。天官正秩,文館崇資。史職助名,並還舊貫。仍益爰田之賦,載加真食之封。蓋示優褒,式彰異數。於戲! 任能圖舊,既獲於正人。垂衣仰成,行臻於大治。繄乃耆德,豈煩訓辭。”

《宋宰輔編年錄校補》卷四同條:“夷簡自天聖七年二月拜相,至明道二年四月罷,爲相凡四年。出爲武勝軍節度使、同平章事、判陳州,期以半歲召還。是歲,上復思呂夷簡,遂復入相。景祐二年二月,除右僕射。十一月,進封申國公。”

案:據《長編》卷一一三記載,張士遜拜相後,力有所不能,又因與樞密使楊崇勛酗酒誤事,二人因之同時罷免。呂夷簡復相後,同時任命的有王曙、王德用、宋綬、蔡齊。又《宋史紀事本末》卷二五《郭后之廢》:“(明道二年)八月戊午,復以呂夷簡同平章事。”此呂夷簡復相時間不一致,待考。

十一月

大理評事劉渙爲左正言。劉渙曾請太后還政得罪,得呂夷簡保護

《長編》卷一一三仁宗明道二年十一月戊寅條:“大理評事劉渙爲左正言。初,渙上疏莊獻太后,請還政,太后怒,議黥面配白州,屬太后疾革,宰相呂夷簡爲稽,故不即行。至是,渙以前疏自言,夷簡請褒擢,上既用渙,顧謂夷簡曰:‘向者樞密院亟欲投竄,賴卿以免。’夷簡謝曰:‘渙疏外敢言,大臣或及此,則太后必疑風旨自陛下,使母子不相安矣。’上喜,以夷簡爲忠。”

案:呂夷簡防微杜漸,協調章獻和仁宗,使母子相安。朱熹贊云“若公者,苟利國家,雖舉世不知,弗與辨也。倘非聖主親發德音,人誰知之? 豈比夫賤丈夫,急己之毁譽,而緩國之休戚哉!”(《五朝名臣言行錄》卷六之一《丞相許國呂文靖公》)

十二月

仁宗與呂夷簡討論帝王品格

《長編》卷一一三仁宗明道二年十二月丙申條："上謂輔臣曰：'每退朝，凡天下之奏，必親覽之。'呂夷簡曰：'若小事皆關聽覽，恐非所以輔養聖神。'上曰：'朕承先帝之托，況以萬几之重，敢自泰乎！'又曰：'朕日膳不欲事珍美，衣服多以縑繒爲之，至屢經澣濯，而宮人或以爲笑。大官進膳，有蟲在食器中，朕掩而不言，恐罪及有司也。'夷簡曰：'陛下孝以奉先，儉以臨下，雖古盛德，何以加此。'上曰：'此偶與卿等言之，非欲聞於外，嫌其近名爾。'"

因呂夷簡上言，禁宰相除臺官

《長編》卷一一三仁宗明道二年十二月丁未條："出侍御史張沔知信州、殿中侍御史韓瀆知岳州。先是，宰相李迪除二人爲臺官，言者謂臺官必由中旨，乃祖宗法也。既數月，呂夷簡復入，因議其事於上前，上曰：'祖宗法不可壞也。宰相自用臺官，則宰相過失無敢言者矣。'迪等皆惶恐。遂出沔、瀆，仍詔自今臺官有闕，非中丞、知雜保薦者，毋得除授。"

案：宋初，強化了自唐代以來的臺諫制度，中央設置御史臺和諫院，臺官的主要職責之一就是監察彈劾，包括宰相在內的所有文武官員都在臺官的監察彈劾范圍之內，權責頗重。臺官的選任，是御史臺提名、由皇帝親自任命，宰相不得干預。宰相李迪私自除張沔爲御史臺侍御史、韓瀆爲殿中侍御史，顯然違制。呂夷簡認識到這種做法會給朝廷帶來極大的弊端，宰相自用臺官，無異於控制了臺官的監督權。宰相是百官之首，如果沒有行之有效的監督和制約，一旦坐大，就會對皇權產生極大的威脅。故夷簡上奏，使仁宗意識到問題的嚴重性。以後，終宋之世，臺官由御史臺薦舉、皇帝親自任命的制度不變，從而確保臺官對相權實施監督和制約。龔延明先生在《中國古代職官科舉研究》中云："只要御史彈劾宰相，不論虛實，宰相即須自行停職，居家待罪，等待調查與處分。"呂夷簡防患於未然，這是他在政權建設中的重要貢獻。《東軒筆錄》卷三記載這樣一件事情：寶元中，御史府久缺中丞。一天，李淑召對，仁宗偶問以憲長久虛之故。李奏曰："此乃呂夷簡欲用蘇紳，臣聞夷簡已許紳矣。"仁宗疑之。異時,因問呂夷簡曰:"何故久不除中丞?"呂奏曰:"中丞者,風憲之長,自宰相而下,皆得彈擊,其選用,當出聖意,臣等豈敢銓量之?"呂夷簡不僅提倡、而且也帶頭遵守朝廷規定的官員監督機制,忠誠地維護皇帝的絕對權威。(見拙作《北宋宰相呂夷簡奸臣説獻疑》)

呂夷簡支持仁宗出宫人

《長編》卷一一三仁宗明道二年十二月戊申條:"出宫人二百。上時屢出宫人,呂夷簡曰:'此聖朝美事。然民間物貴,恐出宫或有失所者,亦宜念之。'上因曰:'曩者太后臨朝,臣僚戚屬多進女口入宫,今已悉還其家矣。'"

呂夷簡支持仁宗廢郭後,范仲淹等伏閣請對

《長編》卷一一三仁宗明道二年十二月條:"初,郭皇后之立,非上意,寖見疏,而后挾莊獻勢,頗驕。後宫爲莊獻所禁遏,希得進。及莊獻崩,上稍自縱,宫人尚氏、楊氏驟有寵。后性妒,屢與忿爭,尚氏嘗於上前出不遜語,侵后,后不勝忿,起批其頰,上救之,后誤批上頸,上大怒,有廢后意。内侍副都知閻文應白上出爪痕示執政近臣與謀之。呂夷簡以前罷相故怨后,而范諷方與夷簡相結。諷乘間言后立九年無子當廢,夷簡贊其言。上意未決,外人籍籍,頗有聞者。右司諫范仲淹因對,極陳其不可,且曰:'宜早息此議,不可使聞於外也。'居久之,乃定議廢后。夷簡先敕有司無得受臺諫章疏。"

同條:"乙卯,詔稱皇后以無子願入道,特封爲净妃、玉京沖妙仙師,賜名清悟,別居長寧宫。臺諫章疏果不得入,仲淹即與權御史中丞孔道輔率知諫院孫祖德、侍御史蔣堂郭勸楊偕馬絳、殿中侍御史段少連、左正言宋郊、右正言劉渙詣垂拱殿門,伏奏皇后不當廢,願賜對以盡其言。護殿門者闔扉不爲通,道輔撫銅環大呼曰:'皇后被廢,奈何不聽臺諫入言。'尋詔宰相召臺諫諭以皇后當廢狀,道輔等悉詣中書,語夷簡曰:'人臣之於帝后,猶子事父母也。父母不和,固宜諫止,奈何順父出母乎!'衆譁然,爭致其説。夷簡曰:'廢后自有故事。'道輔及仲淹曰:'公不過引漢光武勸上耳,是乃光武失德,何足法也!自餘廢后,皆前世昏君所爲。上躬堯、舜之資,而公顧勸之效昏君所爲,可乎?'夷簡不能答,拱立曰:'諸君更自見上力陳之。'道輔與范仲淹等退,將以

明日留百官揖宰相廷爭。而夷簡即奏臺諫伏閤請對,非太平美事,乃議逐道輔等。"

同條:"丙辰旦,道輔等始至待漏院,詔道輔出知泰州,仲淹知睦州,祖德等各罰銅二十斤。故事,罷中丞,必有告辭。至是,直以敕除。道輔比還家,敕隨至,又遣使押道輔及范仲淹亟出城。仍詔諫官御史,自今並須密具章疏,毋得相率請對,駭動中外。絳,平陰人也。偕奏乞與道輔、仲淹俱貶,勸及少連、富弼再上疏,皆不報。"

案:廢后事件,是呂夷簡與范仲淹的第一次正面交鋒。郭皇后爲平盧軍節度使郭崇孫女,章獻太后所立,性格驕縱,素爲仁宗所不喜。廢后也是仁宗在章獻之後親政的一個重要舉措,呂夷簡支持仁宗廢后。史家以此目夷簡爲奸臣,以爲范仲淹剛直不阿,冒死極諫,是個英雄。本人以爲此事需具體分析,郭后嫉妒成性,心胸狹窄,行爲蠻橫,而且立后九年,依然無子。而呂夷簡所參與謀定的曹氏"性慈儉,重稼穡,常於禁苑種穀、親蠶,善飛帛書。"而且慶曆八年(1048)閏正月,宮中衛卒作亂,曹后英勇機智,保駕仁宗,平定叛亂。仁宗無子,引四歲的濮安懿王允讓子在禁中,由曹后親自撫養,是爲英宗。英宗即位,曹太后"權同處分軍國事",太后"頗涉經史,多援以決事。中外章奏日數十,一一能紀綱要。檢會曹氏及左右臣僕,毫分不以假借,宮省肅然。"神宗繼位,曹太皇太后年事已高,尚就軍國大事諮詢於她。呂夷簡棄郭后而定曹后,不僅符合仁宗要求,更爲重要的是符合國家利益,呂夷簡在這一點上功不可沒。(見拙作《北宋宰相呂夷簡奸臣説獻疑》)

又案:王瑞來在《范呂解仇公案再探討》中認爲,這是一場臺諫集體抗議行動,標志著北宋士大夫政治下臺諫力量的崛起。並且後來這群臺諫中的多數,在范仲淹的旗幟下集結起來,成爲慶曆新政時的重要力量。

呂居簡特賜同進士出身

《宋會要輯稿》選舉九之八:"(明道二年)十二月十六日,賜國子博士呂居簡同進士出身。召試學士院,中等,命之。"

是歲,呂公綽知鄭州

《宋史·呂夷簡傳》《〈呂公綽附傳〉》:"夷簡罷相,復爲直集賢院、同管勾國子監,出知鄭州。"

案:據《北宋京師及東西路大郡守臣考·鄭州》考證:明道二年始,至景祐三年,呂公綽知鄭州。據《宋史》本傳,他能問民間疾苦,知鄭州期間,他上奏朝廷,取消牛税,保證了農業生産。

是歲,程頤生

朱熹《伊川先生年譜》:"明道生於明道元年壬申,伊川生於明道二年癸酉。"(見《二程集·河南程氏遺書》附録)

案:清池生春、諸星杓《二程子年譜》亦未考證出程頤出生月份,姑系於此。

景祐元年甲戌(1034),呂夷簡五十六歲,呂居簡三十六歲,呂公綽三十六歲,呂公弼二十八歲,呂公著十七歲,呂公孺十四歲,呂希道十歲

三月

李中師登進士第

強至《祠部集》卷三四《龍圖閣直學士朝散大夫給事中充同群牧使兼知審官東院權發遣開封府事上柱國隴西郡開國侯食邑一千二百户食實封四百户賜紫金魚袋李公行狀》:"公幼孤,能自刻苦過成童,已與鄉貢。既冠,中景祐元年進士第。"

案:李中師(1015—1075),字君錫,開封人,爲呂公綽長婿,景祐元年進士及第。初仕集賢校理、提點開封府界,終至權發遣開封府。有管理能力,然爲政刻厲,厚結中人,爲人垢病。早年得到宰相陳執中提攜,後嫁女與陳執中子世儒。

六月

吕夷簡拔李迪子李柬之

《長編》卷一一四仁宗景祐元年六月乙卯條:"中書言太常博士李柬之,先於學士院試,賜同進士出身、館閣校勘,詔除直集賢院、知邢州。柬之,迪子也。"

案:李柬之處事精明,是父親李迪的重要謀士,柬之知邢州半年,李迪罷相。《龍川別志》以爲:時吕夷簡拔擢李柬之,或是夷簡排擠李迪的謀略。

范仲淹移知蘇州,欲治理水患,致信吕夷簡

《范文正公文集》卷一一《上吕相公並呈中丞咨目》:"某咨目,再拜上僕射相公:伏蒙回賜鈞翰,又訪以疏導積水之事,何岩廊之上而意及畎畝? 是伊尹恥一物不獲之心也,天下幸甚! ……然今之世,有所興作,橫議先至,非朝廷主之,則無功而有毁。守土之人,恐無建事之意矣……某已具此聞於相府,仰惟中丞有憂天下之心,爲亦留意於此焉。干冒威重,卑情不任惶懼之至。"(引自《范仲淹全集》)

案:范仲淹在蘇州治水成功,似得夷簡支持。

七月

范諷遭吕夷簡譴黜

《長編》卷一一五仁宗景祐元年七月乙未條:"翰林侍讀學士、兼龍圖閣學士、右諫議大夫范諷爲給事中,依前龍圖閣學士、知兗州。諷性倜儻,好奇節,不拘細行。雅善李迪。嘗與張士遜議事不合,諷曰:'世謂大事未易可議,小事不足爲,所爲終何事耶?'爲中丞,力擠士遜。援吕夷簡入相,又合謀廢郭后,欲夷簡引己置二府,然夷簡憚諷,終不敢薦也。諷建議朝廷當差擇能臣,留以代大臣之不稱職者,夷簡聞而惡之。權三司使僅半歲,以疾免,管勾祥源觀,又徙會靈觀。既久不得意,憤激求出。又在上前數毁短參知政事王隨,因奏:'外人謂臣逐隨,將取其位。願先出臣,臣爲陛下引奸邪去,而朝廷清矣。'及將行,復謂上曰:'陛下朝無忠臣,一旦紀綱大壞,然後召臣,將何益!'夷簡愈惡之,故尋被譴黜。"

八月

呂夷簡等上表請立皇后

《長編》卷一一五仁宗景祐元年八月甲子條："宰臣呂夷簡等上表請立皇后。"

九月

宋仁宗批答呂夷簡等所上表

宋仁宗《宰臣呂夷簡等上表批答》景祐元年九月六日壬辰："朕丕承祖宗之烈,司牧億兆之人。一紀於茲,萬邦咸乂,禮興樂舉,俗阜刑清。賴天地社稷之靈,成寬仁安靜之俗。至於臨御之久,敢忘旰昃之勤!今卿等體國誠深,致君道廣。且謂機事多暇,聲教誕敷。軍國之宜,率奉秉彝之訓;賞罰之制,並存畫一之規。而猶程衡便坐,乾道尚簡,豈若是乎?願以剛辰進臨於前殿,其餘日間御於臨軒。以王者親總懿綱,宣揚醲化,推心於人腹則易信,置器於平地則易安。是以勞於求賢,逸於任使。朕方守神明之位,任股肱之良,至於會朝之儀,詎專煩數之禮?求其折中,庶示悠長。且念侍從之班,職局有守,將校之列,營舍甚遙。夜未艾而夙興,星既明而旅進。亦云勞止,頗軫予衷。況大舜垂衣而為功,隋文傳飧而致誚。今覽所請,深協其宜。又以弼亮之臣,咨訪攸屬,其雙日內,如中書、樞密院有合奏公事,當詣便殿臨對,貴於閑宴,以納謀猷。緊爾具僚,體茲深意。所請宜允。"(引自《全宋文》卷九五七)

案:時君臣關係融洽,年輕的宋仁宗對呂夷簡諸大臣深有贊賞。

呂夷簡等相繼直諫,否茶商女陳氏為皇后

《長編》卷一一五仁宗景祐元年九月辛丑條："尚、楊二美人之出宮也,帝令參知政事宋綬面作詔,云'當求德門,以正內治。'既而,左右引壽州茶商陳氏女入宮,綬諫曰:'陛下乃欲以賤者正位中宮,不亦與前日詔語戾乎?'後數日,樞密使王曾入對,又奏引納陳氏為不可。上曰:'宋綬亦如此言。'宰相呂夷簡、樞密副使蔡齊相繼論諫,兼侍御史知雜事楊偕、同知諫院郭勸復上疏,卒罷陳氏。或曰陳氏父號陳子城者,始因楊太后納女宮中,太后嘗許以為后

矣。至掖庭，將進御，勾當御藥院閻士良聞之，遽見上，上方披《百葉圖》擇日，士良曰：'陛下閱此何爲?'上曰：'汝奚問?'士良曰：'臣聞陛下欲納陳氏女爲后，信否?'上曰：'然。'士良曰：'陛下知子城使何官?'上曰：'不知也。'士良曰：'子城使，大臣家奴僕官名也。陛下若納奴僕之女爲后，豈不愧公卿大夫耶。'上遽命出之。士良，文應子也。"

案：仁宗時期商人地位低下，家族聯姻以門當户對爲宜，皇家也不例外。

吕夷簡等諸大臣謀立贈尚書令、冀王彬之孫女曹氏爲后

《長編》卷一一五仁宗景祐元年九月甲辰條："詔立皇后曹氏，贈尚書令、冀王彬之孫女也。郭后廢，始聘后入宫。"

案：范祖禹《范太史集》卷二〇《論立后上太皇太后疏》云：昔慈聖光獻之立也，吕夷簡定其議，故其詔曰："覽上宰之敷言。"其策曰："宗公鼎臣，誦言於朝。"曹后之立，吕夷簡功不可没。

十一月
吕夷簡等奉命撰郊廟期間"樂章"

《長編》卷一一五仁宗景祐元年十一月己西條："詔親祠郊廟，乃用御所制樂章，其有司攝事樂章，令宰臣吕夷簡、李迪分撰之。"

案：本年進士及第者凡五百一人。除李中師，尚有張唐卿、楊察、丁寶臣、柳永、馬遵、陳升之、梁適、趙抃、蔡挺、蘇舜欽、龔鼎臣等。

景祐二年乙亥(1035),呂夷簡五十七歲,

呂居簡三十七歲,呂公綽三十七歲,呂公弼二十九歲,

呂公著十八歲,呂公孺十五歲,呂希道十一歲

二月

呂夷簡窮治范諷

《長編》卷一一六仁宗景祐二年二月丁卯條:"龍圖閣學士、給事中、知兗州范諷責授武昌行軍司馬,不簽書公事。新廣東轉運使、祠部員外郎龐籍降授太常博士、知臨江軍……先是,籍爲御史,數劾諷,宰相李迪右諷弗治,反左遷籍。籍既罷,益追劾諷不置,且言諷放縱不拘禮法,苟釋不治,則敗亂風俗,將如西晉之季,不可不察。會諷亦請辨,乃詔即南京置獄,遣淮南轉運使黃總、提點河北刑獄張嵩訊之。籍坐所劾諷有不如奏,法當免,諷當以贖論。諷不待論報,擅還兗州。呂夷簡疾諷詭激多妄言,且欲因諷以傾迪,故特寬籍而重貶諷。凡與諷善者皆黜削。延年嘗上書請莊獻太后還政,諷任中丞,欲引延年爲屬,延年力止之,竟坐免。人謂籍劾諷不置,實夷簡陰教之云。"

案:龐籍一女嫁與參知政事程琳之子程嗣隆,呂夷簡孫女、呂公綽一女嫁與程琳另一子程嗣恭,故呂夷簡與龐籍爲間接姻親關係。范諷與李迪亦爲姻親關係。

呂夷簡借范諷治迪,李迪由是罷相

《長編》卷一一六仁宗景祐二年二月戊辰條:"工部尚書、平章事李迪罷爲刑部尚書、知亳州。先是,上御延和殿,召宰臣呂夷簡、參知政事宋綬決范諷獄,以迪素黨諷,不召。迪惶恐還第,翌日遂罷相。制辭略曰:'姻聯之內,險詐相朋,靡先事而上言,頗爲臣而有隱。'然迪性純直,實不察諷之多誕也。"

王曾與呂夷簡加右僕射

《長編》卷一一六仁宗景祐二年二月戊辰條:"樞密使、吏部尚書、同平章事王曾爲右僕射、兼門下侍郎、平章事、集賢殿大學士,門下侍郎、兼吏部尚書、平章事呂夷簡加右僕射,户部侍郎、參知政事王隨爲吏部侍郎、知樞密院事,樞密副使、禮部侍郎李咨爲户部侍郎、知樞密院事,樞密副使、檢校太保王德用爲奉國留後、同知樞密院事,刑部侍郎、參知政事宋綬爲吏部侍郎,樞密副使、給事中蔡齊爲禮部侍郎、參知政事,翰林學士承旨、端明殿學士、兼翰林侍讀學士、禮部侍郎盛度爲參知政事,御史中丞韓億爲工部侍郎、同知樞密院事。"

李迪告呂夷簡,迪再貶

《長編》卷一一六仁宗景祐二年二月庚辰條:"降資政殿大學士、兼翰林侍讀學士、刑部尚書李迪爲太常卿、知密州。始,迪再入相,自以受不世之遇,盡心輔佐,知無不爲。及呂夷簡繼入中書,事頗專制,心忌迪,潛短之於上,迪性直而疏,不悟也。既坐范諷姻黨罷政,怨夷簡,因奏夷簡私交荆王元儼,嘗爲補門下僧惠清爲守闕鑒義。夷簡請辨,上遣知制誥胥偃、度支副使張傳即訊,乃迪在中書時所行,夷簡以齋祠不豫。迪慚懼待罪,故貶。然補惠清實夷簡意,迪但行文書,顧謂夷簡獨私荆王,蓋迪偶忘之。他日,語人曰:'吾自以爲宋璟,而以夷簡爲姚崇,不知其待我乃如是也。'"

案:據《宋會要輯稿》職官六四之三五記載,仁宗遣知制誥胥偃、三司副使張傳就李迪府邸鞫其狀,李迪詞窮待罪,故復降黜之。《長編》中"補惠清實夷簡意"蓋想像中語,實貶低呂夷簡。

三月

呂夷簡撰《乞殺餘哀表》

《全宋文》卷三二一呂夷簡《乞殺餘哀表》景祐二年三月:"禮本制中,聖賢不過其節;樂惟象德,人神乃通其和。若夫家國異容,古今殊軌,或當益而損,或應質而文,各趨所宜,用垂來法。矧報親之義已備,則戚與時遷;即吉之制有初,則情緣物變。必縶大合,以殺餘哀。恭惟皇帝陛下躬上聖之姿,擁乾元之

號,嗣守神器,光照前人,一紀於茲,萬方允若。自母闈厭代,椒極纏悲,陛下
孺慕自然,孝思罔極。悼徽音之永閟,銜荼毒以無容。泣奉仙輴,別啓雲陵之
兆;祔升虞主,大敞閟宮之庭。霜露凝懷,烝嘗結欷。雖外臨庶政,而實守通
喪。至於過密鏗鏘,簡廢游御,訖茲首頁,已涉三期。大祥而禪琴,終事之彝
制,行於匹庶,尚乃爲宜。況帝范皇猷,等威但絕,以日易月,義取從權之文
典。雖在哀疚,猶當自抑。況穀升燧改,數紀悉周。揆於今,則人無異辭;質
於往,則古有慚德。固當勉順至變,藉揚鴻徽。考金石之音,振羽萬之美。蕩
滌邪蘊,招來太和。因以舉誕辰之壽觴,納歡盟之戎賮。示惠於在位,飾喜於
當陽。襲既美又善之文,彌不爲將壞之歎。此臣等所以總輿議而上干聰謀者
也。伏望俯回天慈,旁徇人欲。俾工師肄業,物采旅儀,抃鳥獸於虞庭,震坑
谷於軒野。納之大順,不亦休哉!"

仁宗下詔,因章獻太后升遐,不允聽樂

　　宋仁宗《宰臣呂夷簡等上表請聽樂不允詔》嘉祐二年三月七日:"夫禮以順
變,蓋有達喪之期;樂以布和,誠爲治世之本。朕紹承丕構,務合大中。自慈
掖升遐,永懷罔極。隙駒迅度,燧火薦新。甫臨祥祭之辰,遽覽封章之請,敷
明大義,援據舊經,願因饗宴之時,將陳金石之奏。日月以易,雖勉徇於權宜;
霜露既濡,固彌增於感忾。未過禫安之制,難從率籲之心"。(引自《全宋文》
卷九五七)

四月
呂夷簡等奉命都大管勾鑄造大樂編鐘

　　《長編》卷一一六仁宗景祐二年四月戊辰條:"命宰臣呂夷簡、王曾都大管
勾鑄造大樂編鐘,參知政事宋綬、蔡齊、盛度同都大管勾,集賢校理李照、勾當
御藥院鄧保信專監鑄造,仍以入內都知閻文應提舉。"

　　案:據《文獻通考》卷一三〇《樂考三》記載,時天下承平久,仁宗留意禮樂
之事,命王曾、呂夷簡爲都大管勾,鑄造大樂編鐘;蔡齊同都大管勾,以入內都
知閻文應提舉。

吕公綽權判吏部南曹

《長編》卷一一六仁宗景祐二年四月庚辰條："太常丞、直集賢院吕公綽同判刑部，自言父夷簡爲宰相，而判刑部事多關中書，請徙避之。庚辰，命公綽權判吏部南曹。"

九月
吕夷簡重視制度建設，令宋綬編修《中書總例》

《長編》卷一一七仁宗景祐二年九月己酉條："參知政事宋綬上所編修《中書總例》四百一十九册，降詔褒諭，堂後官以下賜器幣有差。先是吕夷簡奏令綬爲此，既而謂人曰：'自吾有此例，使一庸夫執之，皆可爲宰相矣。'"

案：《中書總例》包含官員選任、考課和序遷方面規定，吕夷簡以磨勘之制爲官員升遷之主要依據。《中書總例》有其優點，但反面影響亦不容忽視，故鄧小南在《宋代文官選任制度諸層面》中云，一切循資用例，造成了宋代士大夫不求奮勵事功，但務墨守成規以保無過的精神狀態，助成了支配兩宋數百年的保守政風。

十一月
故后郭氏薨

《涑水記聞》卷五《郭后薨》條："十一月戊子，故后郭氏薨。后之獲罪也，上直以一時之忿，且爲吕夷簡、閻文應所譖，故廢之。既而悔之。后出居瑶華宫，章惠太后亦逐楊、尚二美人，而立曹后。久之，上游後園，見郭后故肩輿，淒然傷之，作《慶金枝》詞，遣小黄門賜之，且曰：'當復召汝。'夷簡、文應聞之，大懼。會后有小疾，文應使醫官故以藥發其疾。疾甚，未絶，文應以不救聞，遽以棺斂之。王伯庸時爲諫官，上言：'郭后未卒，數日先具棺器，請推按其起居狀。'上不從，但以后禮葬於佛舍而已。"

案：吕祖謙和吕祖儉兄弟以爲，《涑水記聞》非司馬光所編訂，故吕夷簡參與廢后致郭后死亡一説，宜存疑。陳振孫在《直齋書録解題》中云："司馬光撰此書行於世久矣。其間記吕文靖數事，吕氏子孫頗以爲諱，蓋嘗辨之，以爲非温公全書,而公之曾孫侍郎伋季思遂從而實之,上章乞毀板,識者以爲議。"余嘉錫在《四庫提要辨證》中云:朱熹在《五朝名臣言行録》卷九記孔道輔言行,曾引《記聞》一條,言呂夷簡廢郭后事。朱子自注曰:公孫中書舍人本中,嘗言《温公日録》《涑水記聞》,多洛中人家子弟增加之僞(此蓋指范沖)云云。所以爲其祖辯之甚力。朱熹在《朱子語類》卷一三〇又云:"《涑水記聞》,呂家子弟力辨,以爲非温公書。蓋其中有記呂文靖公數事,如殺郭后等。某嘗見范太史之孫某説,親收得温公手寫稿本,安得爲非温公書? 某編《八朝言行録》,呂伯恭兄弟亦來辨。爲子孫者只得分雪,然必欲天下之人從己,則不能也。"余嘉錫認爲此可與陳振孫之言互證。

呂夷簡言宗室詣中書受誓戒事

《長編》卷一一七仁宗景祐二年十一月己丑條:"南郊大禮使呂夷簡言,宗室詣中書受誓戒不至者六十餘人,詔勿以陪位。"

呂夷簡等奉詔分造樂章,參施群祀

《文獻通考》卷七一《郊社考四·郊》:"景祐二年十一月乙未,郊,三聖並侑……先是,上親制郊廟樂章二十一曲,財成頌體,告於神明,詔宰臣呂夷簡等分造樂章,參施群祀。"

呂夷簡《景祐體天法道欽文聰武聖神孝德皇帝册文》景祐二年十一月乙未

維景祐二年歲次乙亥,十一月辛巳朔,十五日乙未,攝太尉、南郊大禮使、推忠協謀同德守正佐理功臣、開府儀同三司、行尚書右僕射兼門下侍郎、同中書門下平章事、昭文館大學士、監修國史、東平郡開國公、食邑一萬一千户、食實封四千五百户呂夷簡率内外文武百官,諸軍將校,藩衛牧伯,蕃夷酋長,僧道耆壽等再拜稽首上言曰:臣等聞以至公御衆者,必有至公之議歸之;以盛德居上者,必有盛德之事尊之。歸之不可却其誠,尊之無能辭其美。亦猶雲蒸雨施,天地之相合也;宫動商應,律吕之相召也。推於至治,本乎自然。是以輝赫之儀,不戒而備;鴻懿之號,不謀而同。眇覿茫昧之初,逮乎繩契之際。司牧所曁,稱謂必昭。窺美大之迹,稽審諦之美,功由號顯,號以德隆。放勛重華,敷命甚美,其來尚矣。粵自炎德肇興,真人協應,傳繼之盛,復出百王。莫不憲古御今,詒謀垂後,乘熙洽之會,順愛戴之心,典册備物,爲萬世法。恭惟體天法道仁明孝德皇帝陛下紹累聖之緒，膺千齡之期。天贊慶靈，日躋浚哲。聲身律度，蹈伯禹之法；憯怛忠利，廣有虞之愛。若乃振舉廢墜，講求希闊，則躬執黛耜，修耕籍之儀；屏絶玩好，虔鞏祭祀，則精擇美璞，爲祼瓚之器。肇新鐘律，恭薦郊廟。鄙申韓之法，務蠲煩苛；宗黄老之言，尊高清浄。納忠堲讒，而辨邪正之分；念功忘過，而無喜愠之色。虚心應物，屈己從人。前疑後承，以熙夫庶績；左嘉右肺，以達於下情。間以蝱螟爲災，衆庶艱食，寅畏靈譴，抑損徽名。惟德動天，其應如答。尚執撝沖之旨，夙申敦諭之言。而中外震悚，官師怫鬱。今懿綱載肅，治具畢張。綿宇安寧，含生茂遂。諏升陽之穀旦，展肆類之上儀。懷柔百神，崇侑三后。繇是大庭紳冕之列，荒服鞮譯之人，麟趾茂親，虎賁雄帥，鮐背鯢齒之老，黄冠緇服之侣，咸謂美報方畢，繁祉具應。懇陳難奪之言，願復至尊之號。傾葵向日，雖極於輿情；鏤玉填金，未昭於丕矩。旅庭剡奏，五上一辭。陛下勉迪前尋，俯從衆欲。夫祗遹天命，修明憲度，皇猷無外，光被四表，欽文之謂也。講修鄰好，勘濟暴亂，睿知獨運，燭見萬里，聰武之謂也。知萬物之几，妙天下之用，周流不測，變化無窮，聖神之謂也。歲歷更號，天符薦休，事沿盛唐，以冠元首。臣等不勝大願，謹奉玉册玉寶，上尊號曰景祐體天法道欽文聰武聖神孝德皇帝。伏惟膺穹厚之眷，荷祖宗之祥，置神器於安静，納天民於阜康。惟億萬斯載，保邦祚之無疆。（引自《全宋文》卷三二一吕夷簡《景祐體天法道欽文聰武聖神孝德皇帝册文》）

吕夷簡封申國公

《長編》卷一一七仁宗景祐二年十一月乙巳條："封宰臣吕夷簡爲申國公，王曾爲沂國公。"

是歲，吕蒙巽知海州

《華陽集》卷五三《壽安縣太君吕氏墓志銘》："夫人姓吕氏，其先並州人。曾大父諱夢奇，贈太師尚書令。大父諱龜祥，贈太師中書令。父諱蒙巽，尚書虞部員外郎、知海州，贈太常少卿。"

案：吕蒙巽爲龜祥次子。據《宋兩淮大郡守臣易替考》考證：景祐二年始，至景祐四年，吕蒙巽知海州。

景祐三年丙子(1036)，呂夷簡五十八歲，

呂居簡三十八歲，呂公綽三十八歲，呂公弼三十歲，

呂公著十九歲，呂公孺十六歲，呂希道十二歲

二月

三司胥吏欲被淘汰，相率喧訴，呂夷簡予以嚴肅處理

《長編》卷一一八仁宗景祐三年二月乙卯條："三司後行朱正、周貴、李逢吉等數百人，輒相率詣宰相呂夷簡第喧訴，夷簡拒不見。又詣王曾第，曾以美言諭之，因使列狀自陳。既又詣衍第投瓦礫，且言因衍上言，致朝廷議欲揀汰，又各持料錢曆，欲自毀裂，肆丑言乃去。明日，衍對，請下有司推究，而曾具得其姓名。乙卯，正、貴杖脊，配沙門島，逢吉等二十二人決配遠惡州軍牢城，其爲從者皆勒停。"

案：景祐二年九月，仁宗曾因三司胥吏過多，或老疾不知書計，詔御史中丞杜衍、入内押班岑守素等差擇。

五月

呂夷簡連逐范仲淹、余靖、尹洙和歐陽修

《長編》卷一一八仁宗景祐三年五月丙戌條："天章閣待制、權知開封府范仲淹落職，知饒州。"

《長編》同條又記載："仲淹言事無所避，大臣權倖多忌惡之。時呂夷簡執政，進者往往出其門。仲淹言官人之法，人主當知其遲速、升降之序，其進退近臣，不宜全委宰相。又上《百官圖》，指其次第，曰：'如此爲序遷，如此爲不次，如此則公，如此則私，不可不察也。'夷簡滋不悅。"

《長編》同條還記載："帝嘗以遷都事訪諸夷簡，夷簡曰：'仲淹迂闊，務名無實。'仲淹聞之，爲四論以獻，一曰帝王好尚，二曰選賢任能，三曰近名，四曰

推委,大抵譏指時政。又言:'漢成帝信張禹,不疑舅家,故終有王莽之亂。臣恐今日朝廷亦有張禹壞陛下家法,以大爲小,以易爲難,以未成爲已成,以急務爲閑務者,不可不早辨也。'夷簡大怒,以仲淹語辨於帝前,且訴仲淹越職言事,薦引朋黨,離間君臣。仲淹亦交章對訴,辭愈切,由是降黜。侍御史韓瀆希夷簡意,請以仲淹朋黨牓朝堂,戒百官越職言事,從之。"

《長編》卷一一八仁宗景祐三年五月辛卯條:"范仲淹既貶,諫官御史莫敢言。秘書丞、集賢校理余靖言:'仲淹前所言事,在陛下母子夫婦之間,猶以其合典禮,故加優獎。今坐刺譏大臣,重加譴謫。倘其言未協聖慮,在陛下聽與不聽爾,安可以爲罪乎? 汲黯在廷,以平津爲多詐,張昭論將,以魯肅爲麁疏。漢皇、吳主,熟聞訾毁,兩用無猜,豈損盛德。陛下自專政以來,三逐言事者,恐非太平之政也。請追改前命。'壬辰,靖落職,監筠州酒税。"

《長編》卷一一八仁宗景祐三年五月乙未條:"貶太子中允、館閣校勘尹洙爲崇信軍節度掌書記,監郢州酒税。先是,洙上言:'臣常以范仲淹直諒不回,義兼師友,自其被罪,朝中多云臣亦被薦論,仲淹既以朋黨得罪,臣固當從坐。雖國恩寬貸,無所指名,臣内省於心,有靦面目。況余靖素與仲淹分疏,猶以朋黨得罪,臣不可幸於苟免。乞從降黜,以明典憲。'宰相怒,遂逐之。"

《長編》卷一一八仁宗景祐三年五月戊戌條:"貶鎮南節度掌書記、館閣校勘歐陽修爲夷陵縣令。初,右司諫高若訥言:'范仲淹貶職之後,臣諸處察訪端由,參驗所聞,與敕榜中意頗同,固不敢妄有營救。今歐陽修移書抵臣,言仲淹平生剛直,通古今,班行中無與比者。責臣不能辨仲淹非辜,猶能以面目見士大夫,出入朝中稱諫官,及謂臣不復知人間有羞恥事。仍言今日天子與宰臣以迁意逐賢人,責臣不得不言。臣謂賢人者,國家恃以爲治也。若陛下以迁意逐之,臣合諫;宰臣以迁意逐之,臣合爭。臣愚以爲范仲淹頃以論事切直,急加進用,今兹狂言,自取譴辱,豈得謂之非辜? 恐中外聞之,謂天子以迁意逐賢人,所損不細。請令有司召修戒諭,免惑衆聽。'因繳進修書。修坐是貶。西京留守推官仙游蔡襄作《四賢一不肖詩》,傳於時。四賢指仲淹、靖、洙、修,不肖斥若訥也。泗州通判陳恢尋上章,乞根究作詩者罪。左司諫韓琦劾恢越職希恩,宜重行貶黜,庶絶奸諛,不報,而襄事亦寢。"

案:《宋史紀事本末》卷二九《慶曆黨議》與《涑水記聞》附錄一《四賢一不

肖》等皆有記載。此爲呂夷簡與范仲淹第二次正面交鋒。范仲淹公開質疑呂夷簡的用人政策，呂夷簡大怒，説范仲淹"越職言事，薦引朋黨，離間君臣"，重貶范仲淹，引起軒然大波。余靖、尹洙、歐陽修等聲援范仲淹，亦遭貶逐。人們謂范仲淹光明磊落，敢於直言，呂夷簡挾私報復，我以爲並不如此簡單。仁宗曾道出范仲淹被貶的真實原因：向貶范仲淹，蓋以密請建立皇太弟姪，非但詆毀大臣。（《續資治通鑑》卷四一）

又案：李雲根在《以姻親關係爲紐帶的呂夷簡同僚集團探析》中認爲，高若訥之姐嫁給陳堯咨之子陳宗古爲妻，陳堯叟與呂夷簡是連襟，高若訥與呂夷簡是間接的姻親關係。另外，高若訥與呂夷簡之弟呂宗簡是同年，都是仁宗天聖二年進士。諫官高若訥極力支持宰相呂夷簡。

針對范仲淹等重貶事，蘇舜欽上言

《長編》卷一一八仁宗景祐三年五月丙午條：

"光祿寺主簿蘇舜欽上疏言：歷觀前代聖神之君，好聞讜議。蓋以四海至遠，民有隱匿，不可以遍照。故無間愚賤之言，擇而用之，然後朝無遺政，物無遁情，雖有佞臣，邪謀莫得而進也。

臣睹丁亥詔書，戒越職言事，播告四方，無不驚惑，往往竊議，恐非出於陛下之意。蓋陛下即位已來，屢詔群下，勤求直言，使百僚轉對，置匭函，設直言極諫科。今詔書頓異前事，豈非大臣壅蔽陛下聰明，杜塞忠良之口，不惟虧損朝政，實亦自取覆亡之道。夫納善進賢，宰相之事，蔽君自任，未或不亡。今諫官、御史，悉出其門，但希旨意，即獲美官。多士盈庭，噤不得語。陛下拱默，何由盡聞天下之事乎？

前孔道輔、范仲淹剛直不撓，致位臺諫，後雖改它官，不忘獻納。二臣者，非不知緘口數年，坐得卿輔。蓋不敢負陛下委注之意，而皆罹中傷，竄謫而去，使正臣奪氣，鯁士咋舌，目睹時弊，口不敢論。

昔晉侯問叔向曰：'國家之患，孰爲大？'對曰：'大臣持祿而不及諫，小臣畏罪而不敢言，下情不得上通，此患之大者。'故漢文感女子之説，而肉刑是除；武帝聽三老之議，而江充以族。肉刑古法，江充近臣，女子老人，愚氓疏隔之至也。蓋以義之所在，賤不可忽，二君從之，後世稱聖。況國家班設爵位，列陳豪英,故當責其公忠,安可教之循默!賞之使諫,尚恐不言,罪其敢言,孰肯獻納?物情閉塞,上位孤危。軫念於兹,可爲驚怛!覬望陛下發德音,寢前詔,懃於採納,下及芻蕘,可以常守隆平,保全近輔。若詔榜未削,欺罔成風,則不唯堂下遠於千里,竊恐指鹿爲馬之事,復見於朝廷矣。"

七月

呂夷簡請置大宗正司,以濮安懿王爲守

《涑水記聞》卷三《宗室換西班官》條:"又曰:呂申公當國,見上體不安,故擢允讓管勾宗正司,宗室聽換西班官,皆申公之策也。故時,自借職十遷至諸司副使,及換西班官,自率府副率四遷即爲遙郡刺史,俸禄十倍於舊,國用益廣,至今爲患。"

十二月

呂夷簡請編次《法音後集》

《玉海》卷二八《聖文·天禧御制》:"景祐三年十二月辛酉,呂夷簡請編次《法音後集》,從之。"

是歲,呂公綽守太常丞

《全宋文》卷四一九《河東路轉運使尚書兵部員外郎陳琰可尚書工部郎中殿中丞通判興元府李公謹可國子博士太子中允直集賢院知鄭州呂公綽可太常丞太子中舍知明州奉化縣陳世常可殿中丞制》:"敕具官陳琰等:夫冬部郎曹,胄筵師職,容臺之卿屬,盾省之監聯,並爲華階,以敘能吏。惟爾等懿文典學,完行幹材。或將曹使軺,或剖符寰郡,或倅丞於州事,或撫輯於縣封。並質歲成,克厭朝賞。宜就增於榮秩,且究懋於乃勞。成命罔私,余訓無忽。可。"制詞寫於景祐三年。

案:此文引自《元憲集》卷二三。據《北宋京師及東西路大郡守臣考》考證,制詞寫於景祐三年。

景祐四年丁丑（1037），呂夷簡五十九歲，

呂居簡三十九歲，呂公綽三十九歲，呂公弼三十一歲，

呂公著二十歲，呂公孺十七歲，呂希道十三歲

二月

呂夷簡薦文彥博遷殿中侍御史

《邵氏聞見錄》卷八："文潞公自兗州通判代歸，文靖一見奇之，問潞公曰：'有兗州墨攜以來。'明日，潞公進墨，文靖熟視久之，蓋欲相潞公手也。薦潞公爲殿中侍御史，爲從官，平貝州，出入將相五十年，以太師致仕，年踰九十。天下謂之文、富二公者，皆出呂氏之門。"

案：據申利《文彥博年譜》，呂夷簡推薦文彥博，當在是年二月。

四月

呂夷簡上所定《景祐法寶新錄》二十一卷

據《長編》卷一二○仁宗景祐四年四月乙巳條："譯經使呂夷簡上所定《景祐法寶新錄》二十一卷。"

案：據任繼愈主編《佛教大辭典》云，由呂夷簡、宋綬等奉敕編修的《景祐新修法寶錄》二十一卷，現殘存十四卷，書首有景祐三年宋仁宗序，主要收錄從大中祥符五年至景祐四年之間有關佛經傳譯方面的詔令和佛教事件。兩部書名不同，當是同一部書。

呂夷簡與王曾並罷相，夷簡判許州。宋綬、蔡齊並罷參知政事

《宋宰輔編年錄校補》卷四仁宗景祐四年四月甲子條："呂夷簡、王曾並罷相。夷簡授檢校太師、同平章事、充鎮安軍節度使、判許州。曾授尚書左僕射、充資政殿大學士、判鄆州。宰相罷政而帶職自曾始。宋綬、蔡齊並罷參知政事……"

《宋宰輔編年録校補》卷四同條,夷簡罷相判許州《制》曰:"持衡宰路,以裁萬化之宜。授節齋壇,以總元戎之略。豈出入之有異,蓋勞逸之是均。爰擇剛辰,誕告列位。具官吕夷簡黄中通理,明允篤誠。克肩一心,以廣庶績。佐時論道,十有六年。頃從價藩,還冠臺席。方兹倚賴,同底治平。而歲期之間,囊封十上。願解要劇,以圖安便。宜加將鉞之崇,兼視師垣之貴。褒功益賦,叢示寵休。於戲!中外迭居,莫如將相之重。終始一節,實契君臣之知。勉率訓詞,益宣令聞。"

《宋宰輔編年録校補》卷四同條:"夷簡自明道二年十月復相,至是年四月罷,入相踰三年。曾自景祐二年二月復相,至是年罷,入相凡二年……綬坐與夷簡善,齊坐與曾善,曾既罷,齊亦歸班云。"

案:《歸田録》佚文曾記載吕夷簡、王曾、宋綬、蔡齊並罷的原因:王曾素喜蔡齊,吕夷簡喜宋綬,惟盛度不得志。晚年王吕相失,交章奏退,一日,盛度在中書,仁宗召問曰:"王曾、吕夷簡乞出甚堅,其意安在?"盛度對曰:"二人腹心之事,臣亦不能知,但陛下各詢以誰可爲代者,即其情可察矣。"仁宗果然以此問王曾,王曾對以蔡齊。一日,仁宗又問吕夷簡,夷簡推薦宋綬。仁宗察其朋黨,於是四人者俱罷政事,而獨留盛度。《歸田録》此文獻引自於《皇宋類苑》卷一六。夷簡雅善宋綬,日後兩家結成姻親,夷簡孫、公著子希純娶宋綬孫女、宋敏求女。

吕夷簡與王曾矛盾深刻

《長編》卷一二〇仁宗景祐四年四月甲子條:"天聖中,曾爲首相,夷簡參知政事,事曾甚謹。曾力薦夷簡爲亞相,未几曾罷,夷簡爲首相,居五年罷,不半歲,復位。李迪爲次相,與夷簡不協,夷簡欲傾迪,乃援曾入使樞密。不半歲,迪罷,曾即代之。始曾久外,有復入意,綬實爲曾達意於夷簡,夷簡即奏召曾。及將以曾代迪,綬謂夷簡曰:'孝先於公,情契不薄,宜善待之,勿如復古也。'夷簡笑諾其言,綬曰:'公已位昭文,處孝先以集賢可也。'夷簡曰:'不然,吾雖少下之,何害?'遂請用曾爲首相,帝不可,乃爲亞相。既而夷簡專決,事不少讓,曾不能堪,論議多不合,曾數求去,夷簡亦屢匄罷。上疑焉,問曾曰:'卿亦有所不足耶?'曾言:'夷簡招權市恩。'時外傳夷簡納知秦州王繼明饋賂,曾因及之。帝詰夷簡,至交論帝前,夷簡乞置對,而曾言亦有失實者。帝不悅,綬素與夷簡善,齊議事間附曾,故並綬、齊皆罷。初命曾以左僕射知青州,既入謝。求改鄆州,乃下學士院貼麻,加資政殿大學士、判鄆州。蓋僕射典州,當云'判',不當云'知',翰林學士丁度失之也。"

案:《儒林公議》與《龍川別志》卷上等亦皆有記載,王曾與呂夷簡矛盾深刻。丁度爲呂蒙正之婿,與呂夷簡有姻親關係,他出任翰林學士及承旨多年。在呂夷簡與王曾矛盾深刻的當下,丁度誤寫"知"而非"判",降低王曾的地位,是否有意爲之?

同日,王隨、陳堯佐並拜相。呂夷簡曾密薦

《長編》卷一二○仁宗景祐四年四月甲子條:"吏部侍郎、知樞密院事王隨,户部侍郎、知鄭州陳堯佐,並爲平章事,隨加門下侍郎,堯佐守本官,呂夷簡嘗密薦二人可用故也。自薛居正後,初相無越遷門下侍郎者,丁度始誤草制,因不復改。"

《東都事略》卷四四:"呂夷簡請老,仁宗問之曰:'卿果退,以何人代卿?'夷簡曰:'知臣莫若君,惟陛下擇之。'仁宗再三問之,夷簡曰:'陛下欲用經綸之才,臣所不知;必欲圖任老成,鎮撫百度,周知天下之良苦,無如陳堯佐者。'仁宗深然之。景祐四年,召拜同中書門下平章事。"

《御選歷代詩餘》卷一一四:"皇祐中,呂夷簡致仕。仁宗問:'卿去,誰可代者?'夷簡薦陳堯佐,上遂召還,大拜。呂生日,陳攜酒過之,作《踏莎行》詞,曰:'二社良辰,千家庭院,翩翩又睹雙飛燕。鳳凰巢穩許爲鄰,瀟湘煙暝來何晚。亂入紅樓,低飛綠岸,畫梁輕拂歌塵轉。爲誰歸去爲誰來,主人恩重珠簾卷。'呂笑曰:'只恐卷簾人已老。'陳曰:'但得公老於廊廟,莫愁調鼎事無功。'二公相推,何等蘊藉。"(《詞苑》)

案:陳堯佐兄長堯叟與夷簡爲連襟。王隨是呂夷簡伯父呂蒙正故舊,據王銍《默記》卷中記載:"呂文穆蒙正少時,嘗與張文定齊賢、王章惠隨、錢宣靖若水、劉龍圖燁同學賦於洛人郭延卿。"丁度長年爲仁宗講解經史,是仁宗信任的親信大臣。作爲呂蒙正的女婿,與呂夷簡亦有姻親關係,此次又誤草制,王隨竟然超越十資拜相,不由使人展開聯想,李雲根《以姻親關係爲紐帶的呂

夷簡同僚集團探析》"這明擺是呂夷簡的授意,按丁度的才學,豈會誤書",或許是真的。王隨拜相後,政治上無所建樹,蘇舜欽劾其"昨王隨自吏部侍郎平章事,超越十資,復爲上相……而隨虛庸邪諂,非輔相之器,降麻之後,物論沸騰。故疾纏其身,災仍於國。"(《長編》卷一二一仁宗寶元元年春正月乙卯條)

又案:呂夷簡和陳堯佐皆慶曆四年(1044)卒,夷簡致仕在慶曆三年,堯佐致仕在康定元年(1040),故呂夷簡薦陳堯佐拜相當在景祐四年。《御選歷代詩餘》卷一一四記載時間有誤。

同日,盛度知樞密院事。韓億、程琳、石中立並參知政事

《宋宰輔編年錄校補》卷四仁宗景祐四年四月甲子條:"同日,盛度知樞密院事……韓億、程琳、石中立並參知政事……"

案:前已述及,程琳爲呂公綽姻親,呂公綽第二女嫁於程琳第三子程嗣恭。

呂夷簡再鎮許昌時,呂公綽判三司理欠司,遷太常博士

《琬琰集》中卷一五《呂諫議公綽墓志銘》:"文靖再鎮許昌,乃判三司理欠司,遷太常博士。"

卷 十

景祐五年(寶元元年)戊寅(1038),吕夷簡六十歲, 吕居簡四十歲,吕公綽四十歲,吕公弼三十二歲, 吕公著二十一歲,吕公孺十八歲,吕希道十四歲

三月

王隨、陳堯佐罷相

《長編》卷一二一仁宗寶元元年三月戊戌條:"門下侍郎、平章事王隨罷爲彰信節度使、同平章事,户部侍郎、平章事陳堯佐罷爲淮康節度使、同平章事、判鄭州,户部侍郎、參知政事韓億罷歸本班,禮部侍郎、參知政事石中立罷爲户部侍郎、資政殿學士。"

案:王巖叟在《韓魏公遺事録》中云,當時天下之望在王沂公、吕申公、杜祁公、范希文。另據《長編》同條記載,吕夷簡罷,曾密薦王隨與陳堯佐二人爲相,王隨信佛,且與堯佐意見相左,而堯佐年事已高,疾病在身,故事多不舉。世人謂夷簡意拔引非才,他日仁宗思而復相矣。我以爲此或是有意貶低吕夷簡之語。

張士遜、章得象拜相

《長編》同上條:"山南東道節度使、同平章事、判河南府張士遜爲門下侍郎、兼兵部尚書同平章事,户部侍郎、同知樞密院事章得象以本官同平章事。"

韓琦推薦呂夷簡等,或言呂夷簡密薦張士遜

《長編》同上條:"初,韓琦數言執政非才,上未即聽。琦又言曰:'豈陛下擇輔弼,未得其人故耶? 若杜衍、孔道輔、胥偃、宋郊、范仲淹,衆以爲忠正之臣,可備進擢。不然,嘗所用者王曾、呂夷簡、蔡齊、宋綬亦人所屬望,何不圖任也?'上雖聽琦罷王隨等,更命士遜及得象爲相。士遜猶以東宮舊恩,或言又夷簡密薦之。得象入謝,上謂曰:'往者太后臨朝,群臣邪正,朕皆嘿識。惟卿忠清無所附,且未嘗有干請,今日用卿,由此也。'"

案:呂夷簡與張士遜爲姻親,夷簡子公孫娶士遜女,未知何時? 待考。

吳充進士及第

據《宋登科記考》,吳充於仁宗寶元元年進士及第。

案:吳充(1021—1080),字沖卿,建州浦城(今屬福建)人。爲呂希績岳父,仁宗寶元元年進士及第,仕至樞密使,代王安石爲宰相。兄吳育(1004—1058),字春卿,仕至參知政事。吳氏系呂希績續娶。吳充有四個女兒,除二女兒嫁於呂希績,大女兒嫁與歐陽修之子歐陽發,三女兒嫁於光禄寺丞夏伯卿,小女兒嫁於文彦博之子文及甫,呂希績與歐陽發、文及甫爲連襟。吳充有一子娶王安石長女。

冬十月

詔戒百官朋黨

《長編》卷一二二仁宗寶元元年冬十月丙寅條:"詔戒百官朋黨。初,呂夷簡逐范仲淹等,既踰年,夷簡亦罷相,由是朋黨之論興。士大夫爲仲淹言者不已,於是内降札子曰:'向貶仲淹,蓋以密請建立皇太弟侄,非但詆毀大臣。今中外臣僚屢有稱薦仲淹者,事涉朋黨,宜戒諭之。'故復下此詔。參知政事李若谷建言:'近歲風俗薄惡,專以朋黨汙善良。蓋君子小人各有類,今一以朋黨目之,恐正臣無以自立。'帝然其言。"

十一月

詔改元

《長編》卷一二二仁宗寶元元年十一月庚戌條:"祀天地於圜丘,大赦,改元。"

十二月

呂夷簡徙判天雄軍,兼北京留守,留意民政

《長編》卷一二二仁宗寶元元年十二月戊寅條:"徙判許州呂夷簡判天雄軍。"

《明一統志》卷四:"呂夷簡以前宰相判天雄軍,兼北京留守,不以大臣自驕,而留意民政。"

呂公孺呂公著並屯田員外郎

《文恭集》卷一五《呂公孺呂公著並可屯田員外郎制》:"敕等某:朕褒優治民,詳慎課吏,均用一閫,參比眾功,治最必甄,節廉者起。爾等並舊相之子,濟名門之美,率縣科等之奮,咸服吏資之敏。耿純獲試郡之請,仲舉被題輿之招,悉上計文,交中褒典,在勞可紀,於法得遷。郎有墾屯之官,時謂拜除之美。謝去相絕,初得握蘭,足為競爽之榮,益敦清勵之志。"

案:前一年,呂夷簡罷相。此制姑系於此。

又案:本年進士及第者凡三百十人。有呂溱、祖無擇、石揚休、司馬光、呂誨、吳充、范鎮等。

寶元二年己卯(1039)，呂夷簡六十一歲，

呂居簡四十一歲，呂公綽四十一歲，呂公弼三十三歲，

呂公著二十二歲，呂公孺十九歲，呂希道十五歲

四月

宋敏求特賜進士出身

《宋會要輯稿》選舉九之九：“寶元二年四月二日，賜太常寺太祝宋敏求進士出身。敏求，參知政事綬之子，以恩陳乞，召試學士院，中等，命之。”

案：宋敏求(1019—1079)，字次道，趙州平棘（今河北省趙縣）人。爲呂希純岳父，寶元二年特賜進士出身，仕至知制誥、史館修撰等，卒贈禮部侍郎。宋敏求祖父宋皋，官至尚書度支員外郎、直集賢院，祖母爲楊徽之女，楊氏系華陰著姓。宋敏求父宋綬，仕至參知政事，知樞密院事，母系宰相畢士安孫女。

五月

呂夷簡薦刁約試學士院。詔充館閣校勘

《宋會要輯稿》選舉三一之三〇：“寶元二年五月十一日，學士院試大理寺丞刁約，賦三下、詩三上，詔充館閣校勘。以判天雄軍呂夷簡薦命試。”

六月

呂夷簡深憂朝廷對元昊政策

《呂氏家塾記》云：趙元昊反，有詔削奪在身官爵，募能生擒元昊若斬首者，即以爲節度使，仍賜錢萬萬。許公時在大名，聞之驚曰：“謀之誤矣。”立削奏曰：“前代方鎮叛命，如此詰誓，則有之矣，非所以禦外國也。萬一反有不遜之言，得無損國體乎！”朝廷方改之，已聞有指斥之詞矣。

案：此條文獻，《長編》系於卷一二三仁宗寶元二年六月壬午條中。

八月

梅詢知許州。呂夷簡力援梅詢

《長編》卷一二四仁宗寶元二年八月癸亥條:"翰林侍讀學士、給事中梅詢知許州。詢以足疾請外補也。故事,侍讀學士無出外者。天禧中,張知白罷參知政事,領此職,出知大名府。非歷二府而出者,自詢始。詢性卞急,好進取,而侈於奉養,至老不衰。然數爲朝廷言兵。初貶濠州,夢人告曰:'吕丞相至矣。'既而,呂夷簡通判州事,故詢待遇特厚。其後,援詢於廢斥中,以至貴顯,夷簡之力也。"

十一月

盛度罷知樞密院事,程琳罷參知政事。前太常博士直集賢院呂公綽、前太常博士呂公弼、王疇罰銅十斤

《長編》卷一二五仁宗寶元二年十一月丁酉條:

"降武寧節度使、知樞密院事盛度爲尚書右丞、知揚州,尚書左丞、參知政事程琳爲光禄卿、知潁州,御史中丞孔道輔爲給事中、知鄆州,刑部員外郎、天章閣待制龐籍知汝州,開封府判官、金部郎中李宗簡追一任官勒停,司封員外郎、直集賢院、同修起居注麻温其落職監當,司門員外郎張純堂後官,國子博士李備遠處監當,光禄寺丞程琰荆湖北路監當,前太常博士直集賢院呂公綽、前太常博士呂公弼、王疇罰銅十斤,奉禮郎丁諷罰銅四斤。

先是,權知開封府鄭戩按使院行首馮士元奸贓及私藏禁書事。而士元嘗爲度強取其鄰所賃官舍。故樞密副使張遜第在武城坊,其曾孫偕才七歲,宗室女所生也,貧不自給,乳媼擅出券鬻之。琳陰使士元諭以偕幼,宜得御寶許鬻乃售。其乳媼以宗室女故入宮見莊惠太后,既得御寶,琳即市取之,及令弟琰同士元市材木。籍與公綽、公弼皆嘗令士元雇女口。温其坐托士元賒買鹽,虚作還錢月日,而純與備亦坐托士元引致親戚爲軍巡、推司及府貼司,疇、諷並嘗以簡屬士元理通負。士元既杖脊,配沙門島,而宗簡輒私發公案欲營救之,開封府推官王逵具以白戩,遂奏移鞫御史臺,獄具,詔翰林學士柳植録問。是日旬休,上特御延和殿,召宰臣等議決之……

戩強敏善聽決，喜出不意，獨假貸細民，即豪宗大姓，繩治愈急。府白直陶信杖棰能輕重，爲民間所憚，戩按其罪，竄流之。治士元獄，朝議畏其覈核。公綽等既被罰，言者又奏父夷簡失義方之訓，夷簡時判天雄軍，上恐傷夷簡意，賜詔慰撫。公綽、公弼時丁母憂，王疇父博文去年四月卒，故皆稱前官。"戩傳"以爲辭連宰相呂夷簡者，誤也。夷簡時爲鎮安節度使、同平章事、判天雄軍，即不任中書。"

盛度、程琳罷。張士遜逐程琳、孔道輔

《宋宰輔編年錄校補》卷四仁宗寶元二年十一月丁酉條："初，張士遜素惡琳，而疾御史中丞孔道輔不附己，將並逐二人。察帝有不悅琳意，即給道輔：'上顧程公厚，今爲小人所誣，宜見上爲辨之。'時度乘高勢以侵佔民居，琳嘗尹京邑，以巧譎市第。道輔入對，言琳罪薄，不足深治。帝果怒，以道輔朋附大臣，特貶爲給事中知鄆州，道輔後知士遜賣己，憤而卒。然天下皆以遺直許之。"

是歲，呂公弼知廬州

《安徽通志》卷一一五："呂公弼，知廬州。"

案：據李之亮《宋兩淮大郡守臣易替考·廬州》考證：仁宗寶元二年始，至慶曆元年，呂公弼知廬州。但公弼在寶元二年丁母憂，未知几月知廬州。另據《燕翼詒謀録》卷五云，呂公弼年十九，以水部員外郎知廬州。公弼十九歲那一年，應是天聖三年，據李之亮考證，知廬州官員爲呂公弼外公馬亮，疑《燕翼詒謀録》此條有誤。

康定元年庚辰(1040),呂夷簡六十二歲,呂居簡四十二歲,呂公綽四十二歲,呂公弼三十四歲,呂公著二十三歲,呂公孺二十歲,呂希道十六歲,呂希哲一歲

正月

元昊發動三川口戰役,大敗宋軍

《長編》卷一二六仁宗康定元年正月條:"元昊乃盛兵攻保安軍……遂乘勝抵延州城下……(官軍援兵)至三川口,遇賊,時平地雪數寸……力戰拒賊……(環慶副都部署劉)平與(鄜延副都部署石)元孫巡陣東偏,賊沖陣分爲二,遂與元孫皆被執。"

案:是月,元昊集中十萬優勢兵力,發動山川口戰役,大敗宋軍。此後,宋仁宗積極應對,採取措施。

五月

呂夷簡復相

《宋宰輔編年録校補》卷四仁宗康定元年五月壬戌條:"宰相張士遜拜太傅、鄧國公致仕……同日,呂夷簡右僕射。自鎮安軍節度使、檢校太師、同平章事、判天雄軍授右僕射、兼門下侍郎、同平章事、昭文館大學士、監修國史,三入相。"

《宋宰輔編年録校補》卷四同條,《制》曰:"王者設丞疑之臣,同股肱之體。出宣風化,以偋價人之藩。入總機猷,以儀朝宰之位。載符枚卜,誕告明廷。具官呂夷簡體涵中和,性尚敦一。器更大用,勛著一時。内外必平,有魏絳之風烈。夙夜匪懈,維山甫之將明。國之老臣,世所標準。是宜解旌纛之權於外,專鼎蕭之職於中。榮還右揆之崇,峻兼左輔之重。屬我舊德,合於衆謀。於戲!代天之工,注意於相。眚祥屢見,則消復之是圖。疆場未寧,則攻守之是

計。爾其燮陰陽以導善氣，成威懷以鎮四夷。勉而忠勞，紓我宵旰。"

案：呂夷簡由判天雄軍入朝復相，李迪上書願守邊，代其知天雄軍。另據王銍《聞見近錄》云，呂夷簡復相，國事無所建明，悉取上旨，仁宗怪之，呂夷簡言："臣前日爲朝廷不避仇怨，身當國事，臣方罷去，而諸子即坐臺獄。臣死，望朝廷眷顧子孫，必無也。臣是以不敢當事。"仁宗積極鼓勵，夷簡乃推薦數十人物，一時桃李之盛，本朝無比。

呂夷簡智罷宦官監軍

《涑水記聞》附錄一《罷宦官監軍》條："景祐末，西鄙用兵，大將劉平死之。議者以朝廷委宦者監軍，主帥節制有不得專者，故平失利。詔誅監軍黃德和。或請罷諸帥監軍，仁宗以問宰臣呂文靖公，公曰：'不必罷，但擇謹厚者爲之。'仁宗委公擇之，對曰：'臣待罪宰相，不當與中貴私交，何由知其賢否？願詔都知、押班保舉，有不稱職者，與同罪。'仁宗從之。翊日，都知叩頭乞罷諸監軍宦官，士大夫嘉公之有謀。"

案：大將劉平被執在康定元年春正月。監軍黃德和被誅在此年四月。呂夷簡這一計謀當在康定元年。《涑水記聞》《東都事略》《事實類苑》等所記時間"景祐末"當有誤。

又案：呂夷簡智慮過人。據《涑水記聞》附錄一《得輔臣之體》條記載，慶曆初，仁宗病，久不視朝。一日，身體康復，思見執政。呂夷簡聞命，緩步見仁宗，仁宗不解爲何姍姍來遲？呂夷簡曰："陛下不豫，中外頗憂，一旦聞急召近臣，臣等若賓士以進，慮人心驚動耳。"仁宗謂夷簡深得輔臣之體。《邵氏聞見錄》卷八記一軼事：呂夷簡夫人內朝，皇后曰："上好食漕淮白魚。祖宗舊制，不得取食味於四方，無從可致。相公家壽州，當有之。"夫人歸，欲以十盒爲獻。呂夷簡見問之，夫人告以故，夷簡曰："兩盒可耳。"夫人曰："以備玉食，何惜也？"呂夷簡悵然曰："玉食所無之物，人臣之家安得有十盒也？"邵伯溫就此感慨："嗚呼，文靖公者，其智絕人類此。"

呂夷簡拔韓琦、范仲淹，並爲陝西經略安撫副使，同管勾都部署司事

《長編》卷一二七仁宗康定元年五月己卯條："以起居舍人、知制誥韓琦爲

樞密直學士,陝西都轉運使、吏部員外郎、天章閣待制范仲淹爲龍圖閣直學士,並爲陝西經略安撫副使,同管勾都部署司事。"

案:呂夷簡拔擢范仲淹,不失爲賢相。《涑水記聞》卷八《呂夷簡不念舊惡》條載:呂夷簡自大名復入相,言於仁宗曰:"范仲淹賢者,朝廷將用之,豈可但除舊職邪?"即除龍圖閣直學士、陝西經略安撫副使。仁宗以呂夷簡爲長者,天下亦皆以呂夷簡爲不念舊惡。范仲淹面謝曰:"曩以公事近犯相公,不意相公乃爾獎拔。"呂夷簡曰:"夷簡豈敢復以舊事爲念邪?"故呂中評論曰:"夷簡之罪,莫大於因私憾而預瑤華之議,因北事而忌富弼之能。夷簡之功,莫大於釋仲淹之宿怨,容孫沔之直言。君子論人功罪,不相掩可也"(《宋史全文》卷七下)。王十朋云:"臣又聞范仲淹初以言事,尤爲宰相呂夷簡所惡,斥逐於外。西方用兵,仁宗始思用仲淹,夷簡薦之亦力,仲淹果能成功,夷簡不失爲賢相。陛下當以仁宗之心爲心,大臣當以夷簡爲法,相與任用天下賢才,以爲排難解紛之計,天下幸甚! 社稷幸甚!"(《三朝北盟會編》卷二二五)

呂夷簡等推薦王洙爲天章閣侍講

《長編》卷一二七仁宗康定元年五月庚辰條:"太常博士、國子監直講林瑀,殿中丞、史館檢討、國子監直講王洙並爲天章閣侍講。"

《長編》同條記載:"景祐末,災異數起,上憂之,深自貶損。瑀言災異皆有常數,不足憂。又依《周易》推演五行陰陽之變,爲書上之。上素喜方術,觀瑀書異之,欲遷其官,參知政事程琳以爲不可,止賜章服。時瑀兼諸王宮教授,琳因言瑀所挾書,多圖緯之言,不宜與宗室游。罷其官職。上每讀瑀書,有不解者,輒令御藥院批問。瑀由御藥院益得關說於上,大抵皆諂諛之詞,緣飾以陰陽,上大好之。於是天章閣侍講闕,端明殿學士李淑等薦洙,事在中書未行,一旦內批用瑀,執政皆怒瑀。呂夷簡欲探上意堅否,乃曰:'瑀,上所用;洙,臣下所薦耳,不若並進二人,唯上所擇。'乃以洙、瑀名進。上問洙何如,夷簡言洙博學明經,上曰:'吾已用瑀矣。'夷簡請並用二人,上許之。既而右正言梁適劾瑀於內降除官,請治其罪。上令以適章示之,卒不罪瑀。"

案:《涑水記聞》卷四《林瑀以術數侍太宗》條亦有記載,然此應爲仁宗,《涑水記聞》卷四有誤。

呂夷簡與范仲淹不念舊惡，以國事爲重

《朱子語類》卷一二九："近得周益公書，論呂、范解仇事，曰：'初范公在朝，大臣多忌之。及爲開封府，又爲《百官圖》以獻。因指其遷進遲速次序曰：某爲超遷，某爲左遷，如是而爲公，如是而爲私，意頗在呂相，呂不樂，由是落職出知饒州。未几，呂亦罷相，後呂公再入，元昊方犯邊，乃以公經略西事，公亦樂爲之用。嘗奏記呂公云：'相公有汾陽之心之德，仲淹無臨淮之才之力。'後歐陽公爲《范公神道碑》，有'歡然相得，戮力平賊'之語，正謂是也。'公之子堯夫乃以爲不然，遂刊去此語，前書今集中亦不載，疑亦堯夫所删。他如《談叢》所記，説得更乖。某謂呂公方寸隱微，雖未可測，然其補過之功使天下實被其賜，則有不可得而掩者。范公平日胸襟豁達，毅然以天下國家爲己任。既爲呂公而出，豈復更有匿怨之意？況公嘗自謂平生無怨惡於一人，此言尤可驗。忠宣固是賢者，然其規模廣狹與乃翁不能無間。意謂前日既排申公，今日若與之解仇，前後似不相應，故諱言之。却不知乃翁心事，政不如此。歐陽公聞其刊去碑中數語，甚不樂也。'問：'後來正獻亦及識范公否？'曰：'正獻通判潁州時，歐陽公爲守。范公知青州，過潁，謁之。因語正獻曰：'太博近朱者赤，歐陽永叔在此，宜頻近筆硯。'異時同薦三人，則王荆公、司馬溫公及正獻公也。其知人如此。'又曰：'呂公所引，如張方平、王拱辰、李淑之徒多非端士，終是不樂范公。張安道過失更多，但以東坡父子懷其汲引之恩，文字中十分説他好，今人又好看蘇文，所以例皆稱之。介甫文字中有説他不好處，人既不看，看又不信。'《儒用》"（見《朱子全書》第十八册）

《東都事略》卷五九上："自仲淹坐呂夷簡貶，群士大夫各持二人曲直。夷簡患之，凡直仲淹者，皆指爲黨，或坐竄逐。及夷簡復相，仲淹再起被用，於是歡然相得，戮力平賊，天下兩賢之。"

《陳亮集》卷二三《書歐陽文粹後》："初，呂文靖公、范文正公以議論不合，黨與遂分，而公實與焉。其後西師既興，呂公首薦范、富、韓三公，以靖天下之難。文正以書自咎，歡然與呂公勠力，而富公獨念之不置。夫左右相仇，非國家之福；而內外相關而不相沮，蓋治道之基也。公與范公之意蓋如此。當是時，雖范忠宣猶有疑於其間，則其用心於聖賢之學而成祖宗致治之美者，所從

來遠矣。"

　　《五朝名臣言行録》卷六之一《丞相許國呂文靖公》："某公惡韓、富、范三公,欲廢之而不能。軍興,以韓、范爲西帥,遣富使北,名用仇而實間之。又不克軍罷而請老,盡用三公及宋莒公、夏英公於二府,皆其仇也。又以其黨賈文元、陳恭公間焉。猶欲因以傾之,譽范、富皆王佐,可致太平,於是天子再賜手詔,又開天章閣,而命之坐,出紙筆使疏時政所當因革,諸公皆推范、富,請退而具草。使二宦者更往督之,且命領西北邊事。既而各條上十數事,而易監司、按群吏、罷磨勘、減任子,衆不利而謗興。又使范公日獻二事以困之,及請城京師,人始笑之。初,某公每求去以候主意,常未厭而去,故能三入,及老,大事猶問。西北相攻,請出大臣行三邊。於是范公使河東、陝西,富公使河北。初,某既廷議,乃數出道者院宿焉,范公既奉使,宿道者院而某在焉。賓退,使人致問,范公往見之,某佯曰:'參政欲求去邪?'范公以對,某曰:'大臣豈可一日去君側,去則不復還矣! 今萬里奉使,故疑求去耳。'范公私笑之。久而覺報緩而請不獲,召堂吏而問曰:'吾爲西帥,每奏即下,而請輒得。今以執政奉使,而請報不迨,何也?'曰:'某別置司專行鄜、延事,故速而必得耳。'范公始以前言爲然,乃請守邊矣。而富公亦不還,韓又罷去,而賈、陳相矣。及某薨,范公自爲祭文,歸重而自訟云。《談叢》"

　　案:陳師道著《談叢》,雖文筆高妙,但所載宋代事多失於考究,如這則事關朝廷安危的呂夷簡與韓琦、富弼、范仲淹關係的描述,充滿了臆測。朱熹竟然引用至《五朝名臣言行録》中,可歎!

呂夷簡上《請募勇敢士分營永興奏》

　　《全宋文》卷三二一呂夷簡《請募勇敢士分營永興奏》康定元年:"自元昊反,被邊城砦各爲自守計。萬一賊有奔沖,即關輔驚擾。雖夏竦等屯永興,其實兵少。自永興距鄜延、環慶諸路,皆數百里,設有急緩,内外不能相救。請募勇敢士三萬,訓以武技,分置十隊,以有謀者三人將之,分營永興。西寇至,則舉烽相應,或乘勢討擊,進退不以地分,並受夏竦等節制。"

是歲,呂希哲生

案:呂希哲字原明,人稱滎陽先生,呂公著長子。根據拙文《關於宋代呂蒙正家族的几個問題》(發表於《文獻》第 2007 年第 2 期)考證:民國十五年續修的《呂氏宗譜》記載呂希哲"政和七年卒,享壽七十八",與《東都事略》卷八八中言其卒年七十八相合,以此上推,呂希哲當生於本年。

是歲,呂務簡知撫州

《撫州志》:"呂務簡,司門員外,康定年任。"《永樂大典》卷一〇九五〇《撫州府志》:"橫秋閣,宋朝康定二年,郡守呂公務簡重修。"

案:據《宋兩江郡守易替考》:呂務簡知撫州,始於仁宗康定元年,至慶曆二年。

康定二年(慶曆元年)辛巳(1041),呂夷簡六十三歲,呂居簡四十三歲,呂公綽四十三歲,呂公弼三十五歲,呂公著二十四歲,呂公孺二十一歲,呂希道十七歲,呂希哲二歲

二月

宋軍好水川慘敗,任福戰没

《宋史·仁宗三》:"二月……是月,元昊寇渭州,環慶路馬步軍副總管任福敗於好水川,福及將佐軍士死者六千餘人。"

案:《儒林公議》敘好水川戰役經過。好水川慘敗,關右震動,仁宗怒貶夏竦、韓琦、范仲淹。田況以爲宰相呂夷簡亦有責任。

三月

呂夷簡賞識張方平

《長編》卷一三一仁宗康定二年三月丁卯條:(與西夏的戰爭)"兵既交,天

下騷動,方平又獻平戎十策,大略以爲邊城千里,我分而賊專,雖屯兵數十萬,然賊至,常以一擊十,必敗之道也。既敗而圖之,則老師費財,不可爲已。宜及民力之完,屯重兵河東,示以形勢。賊入寇必自延、渭,而興州巢穴之守虚,我師自麟、府渡河,不十日可至,此所謂攻其所必救,形格勢禁之道也。宰相呂夷簡見之,謂參知政事宋綬曰:‘六科得人矣。’然不果用其策。於是召對,賜五品服,諭執政令試學士院,俄而曰:‘是再對制策者,復何試?’辛巳,除直集賢院。尋遷太常丞,知諫院。”

案:張方平(1007—1091),字安道,號樂全居士,官拜參知政事,卒,贈司空,謐文定。有《樂全集》四十卷行世,詩歌風格清新淡遠,雄峻流利。《宋史》卷三一八有傳。

呂夷簡薦韓綜試舍人院。詔充集賢校理

《宋史·韓億傳》(《韓綜附傳》):“綜字仲文……舉進士中第,通判鄧州、天雄軍。會河溢金堤,民依丘塚者數百家。綜令曰:‘能濟一人,予千錢。’民爭操舟筏以救,已而丘塚多潰。呂夷簡自北京入相,薦爲集賢校理、同知太常院。”

案:《宋會要輯稿》選舉三一之三〇云,康定二年三月二十二日,舍人院試殿中丞韓綜,賦、詩並三上,詔充集賢校理,因宰臣呂夷簡薦命試。韓綜乃韓億第二子。韓億字宗魏,咸平五年舉進士,仕至尚書左丞,卒謐忠憲。億有八子:綱、綜、絳、繹、維、縝、緯、緬,第三子絳以司空、檢校太尉致仕,卒謐獻肅;第五子維曾任知制誥、翰林學士、御史中丞等職;第六子縝以太子太保致仕,卒謐莊敏。韓億十分重視家庭教育,治家嚴飭,其家族亦是宋代著名的簪纓世家。

四月

呂夷簡保護范仲淹

《涑水記聞》卷八《呂夷簡不念舊惡》條:“及文正知延州,移書諭趙元昊以利害,元昊復書,語極悖慢,文正具奏其狀,焚其書不以聞。時宋相庠爲參知政事。先是,許公執政,諸公唯諾書紙尾而已,不敢有所預,宋公多與之論辨,

許公不悦。一日,二人獨在中書,許公從容言曰:'人臣無外交,希文乃擅與元昊書,得其書又焚去不奏,他人敢爾邪?'宋公以爲許公誠深罪范也。時朝廷命文正分析,文正奏:'臣始聞虜有悔過之意,故以書誘諭之。會任福敗,虜勢益振,故復書悖慢。臣以爲使朝廷見之而不能討,則辱在朝廷,乃對官屬焚之,使若朝廷初不知者,則辱專在臣矣。故不敢以聞也。'奏上,兩府共進呈,宋公遽曰:'范仲淹可斬!'杜祁公時爲樞密副使,曰:'仲淹之志出於忠果,欲爲朝廷招叛虜耳,何可深罪?'爭之甚切。宋公謂許公必有言助己,而許公默然,終無一語。上顧問許公:'如何?'許公曰:'杜衍之言是也,止可薄責而已。'乃降一官、知耀州。於是,論者喧然,而宋公不知爲許公所賣也。宋公亦尋出知揚州。"

案:《長編》卷一三一仁宗康定二年四月癸未條亦有此記載。《涑水記聞》卷八言,吕夷簡不喜宋庠,出賣宋庠,誘使宋庠深罪范仲淹,本人以爲值得商榷。吕夷簡胸襟豁達,以國事爲重,不念舊惡,在邊境戰事疊起、國難當頭之時,保護范仲淹免受更大處分。

五月

吕夷簡等提拔趙珣爲陝西經略安撫招討都監

《長編》卷一三二仁宗康定二年五月戊午條:"以右班殿直、閤門祇候趙珣爲閤門通事舍人、陝西經略安撫招討都監。珣初隨其父振在西邊,訪得五路徼外山川邑居道里,凡地之利害,究其實,作《聚米圖經》五卷。韓琦言於帝,詔取其書,並召珣,至,又上《五陣圖》《兵事》十餘篇。帝給步騎,使按陣,既成,臨觀之。於是陳執中薦珣爲緣邊巡檢使。吕夷簡、宋庠共奏曰:'用兵以來,策士之言以萬數,無如珣者。'即擢任之。"

案:《文獻通考》卷一九九《經籍考二六·史》亦有記載,作《陝西聚米圖經》五卷。

明確按吕夷簡意,提升都知、押班班次

《長編》卷一三二仁宗康定二年五月壬戌條:"詔:'入内内侍省都都知、内侍省左右班都知,比景福殿使。入内内侍省都知,内侍省左班都知、右班都

知,比宣慶使。入内内侍省副都知、内侍省左右班副都知,比宣政使。入内内侍省押班,如本官諸司使以上者,比昭宣使;諸司副使以上,並班皇城使之上。'從閤門所奏也。呂夷簡初入相,即升都知、押班班次。天聖七年九月。於是三入,又降此詔,然未嘗關報御史臺,故當時任都知、押班者,每遷官則必奏免正衙,議者非之。"

呂夷簡逐葉清臣、吳遵路、姚仲孫、賈昌朝、宋庠、鄭戩

《長編》卷一三二仁宗康定二年五月庚午條:"龍圖閣直學士、權三司使葉清臣知江寧府,權知開封府、天章閣待制吳遵路知宣州。陝西都轉運使、龍圖閣直學士姚仲孫權三司使,知制誥賈昌朝爲龍圖閣直學士、權知開封。清臣與遵路雅相厚,而宋庠、鄭戩皆同年進士也,四人並據要地,銳於作事,宰相以爲朋黨,請俱出之。"

《長編》卷一三二仁宗康定二年五月辛未條:右諫議大夫、參知政事宋庠守本官,知揚州;樞密副使、右諫議大夫鄭戩加資政殿學士,知杭州。"

案:《東都事略》卷六四與《儒林公議》皆有記載。宋庠、葉清臣、鄭戩,及庠弟祁,同年登第。康定中,庠爲參知政事,戩爲樞密副使,清臣任三司使,祁爲天章閣待制,趨向既同,權勢亦盛,時人謂之四友。呂夷簡深忌之,指爲朋黨,仁宗降詔天下,戒朋比焉。

王舉正爲右諫議大夫、參知政事

《長編》卷一三二仁宗康定二年五月辛未條:"翰林學士、兵部郎中、知制誥王舉正爲右諫議大夫、參知政事。舉正厚重寡言。前一夕,吏有報者,舉正方燕居齋舍,徐謂吏曰:'傳者必妄,不然,安得漏禁中語?'既入謝,上曰:'卿恬於進取,未嘗干朝廷以私,故不次用卿。'"

案:據李雲根《以姻親關係爲紐帶的呂夷簡同僚集團探析》,王舉正爲陳堯佐女婿,呂夷簡與陳堯叟爲連襟,故王舉正與呂夷簡是間接姻親關係。同時王舉正是王化基之子,王化基與呂蒙正爲同年。呂夷簡驅逐宋庠以後,即舉薦王舉正爲參知政事。

吕夷簡薦任中師爲樞密副使

《長編》卷一三二仁宗康定二年五月辛未條："樞密直學士右諫議大夫知益州任中師、龍圖直學士給事中知河南府任布並爲樞密副使。先是，布數上書論事，帝欲用之，吕夷簡薦中師才不在布下，遂俱擢任。或曰：'中師前罷廣州，嘗納賂於夷簡。'於是，樞密副使闕，上謂夷簡曰：'用諫議大夫任姓者。'蓋指布也。夷簡遽進中師名，上徐曰：'今在西川。'夷簡因言中師可用，乃並用兩人。"

司馬光《記聞》云："梁適與任中師有姻，知其賂吕夷簡事，明往視之，曰：'宜繩子舍。'未几，修注。"（輯自《長編》卷一三二仁宗康定二年六月壬辰條）

案：任中師家族與梁適家族世代爲婚，梁適娶任中師侄女，梁適之兄梁固亦娶任中師侄女，梁適之子梁彦深娶任中師孫女。梁適爲吕夷簡老部下，吕夷簡知開封府事，時梁適爲開封府功曹參軍，深得吕夷簡信任，兩家關係密切，日後吕夷簡曾孫、吕公綽之孫吕延問娶梁適孫女、梁彦回之女，故任中師受到吕夷簡賞識，並無疑問。

六月

吕公孺特賜同進士出身

《宋會要輯稿》選舉九之九至十："（康定二年）六月十一日，賜太子中允王顧、大理寺丞吕公孺、將作監李仙卿同進士出身。顧等召試學士院皆入等，公孺等優，以賦内少字，特命之。"

案：本年特賜第凡十人。特賜進士出身有王縝、李孝孫（執政子恩）、吴承裕、韓繹（執政子恩）；特賜同進士出身有王顧、吕公孺、李仙卿、李復圭（李若谷孫，李淑子）、李壽朋（李若谷孫）、周延雋。

仁宗與吕夷簡談論鎖廳試，獎勵世禄子孫

《長編》卷一三二仁宗康定二年六月壬辰條："中書上鎖廳舉人姓名，上謂吕夷簡曰：'比開此路以獎勵世禄子孫，何其盛也。'又顧王舉正曰：'卿世爲參知政事，可謂榮矣。'"

案:鎖廳試是宋代科舉考試中的一種特殊形式,它是專門爲已經入仕爲官的官員所舉行的考試。《文獻通考》卷三〇《選舉考》云:"凡見任官應進士舉,謂之'鎖廳試'。"爲什麽稱之爲鎖廳試?《却掃編》卷中云:"祖宗時,有官人在官應進士舉,謂之'鎖廳'者,謂鎖其廳事而出。"非常形象。

八月

呂夷簡盛贊仁宗節儉

《長編》卷一三三仁宗康定二年八月甲申條:"遣官奏告宗廟。是日,上謂輔臣曰:'昨造一小殿禁中,而有司不喻朕意,過爲侈麗,然不欲毁其成功,今大相國寺方造殿藏太宗御書,寺額可遷置之。'因言朕内寢多以黄布爲茵褥。呂夷簡對曰:'陛下孝以奉先,儉以率下,雖聖人之盛德,孰加乎此!'上曰:'偶與卿等言及之,非欲聞於外,恐其近名爾。'"

九月

呂夷簡等推薦草澤張俞爲試校書郎

《長編》卷一三三仁宗康定二年九月辛酉條:"益州草澤張俞爲試校書郎。俞,郫人,俊偉有大志,游學四方,屢舉不第。康定初,准詔上書論邊事。知州楊日嚴薦俞久居三秦,識敵形勢,宜賜召問。王拱宸安撫西川,又稱其才,詔令赴闕。俞辭以父老,復上書請遣使諭契丹,俾與西賊相攻,庶可完中國之力。並貽書宰相呂夷簡,極陳治天下之要,且曰:'既失之東隅,當收之桑榆。'夷簡重其言,謂俞所上書,郭元振不及也。於是就命以官,俞表請授其父顯忠,許之。隱居青城山,前後凡六詔敦遣,卒不起。"

十月

呂夷簡守司空

《宋大詔令集》卷五三《呂夷簡守司空餘如故制》康定二年十月壬午:"天地之道,運一氣而施生;帝王之功,須元宰而凝化。故湯曰大聖,惟厥阿衡。周有治臣,蓋先同德。眷言九服之重,日有萬機之煩。審擇雋髦,俾熙政務。歷選時望,疇咨老成。特加八命之殊,式敘三槐之位。載涓剛日,敷告治廷。推忠協謀同德守正亮節佐理翊戴功臣、開府儀同三司、行尚書右僕射、兼門下侍郎、同中書門下平章事、昭文館大學士、監修國史、上柱國、申國公、食邑一萬四千七百戶、食實封六千一百戶呂夷簡，體涵中和，性蹈忠篤。被遇文考，受知沖人。保明哲之大方，迪中庸之全美。陟降几於二紀，勤勞盡於一心。向以羌種弗懷，邊烽尚警。幸圖舊德，以暢遠猷。若時宏父之崇，庸建上公之秩。坐而論道，既峻於等威；官惟其人，式昭於憑賴。於戲！憲宗委裴度之義，亞復淮西；昭肅信德裕之才，迄平上黨。系君臣之交濟，致聲烈而並光。逖瞻前人，期底嘉靖。可特授守司空，餘如故，仍令所司擇日備禮冊命。"

呂公綽上《郊祀配位議》《乞郊廟祭享用五齊三酒奏》

《郊祀配位議》康定二年十月

伏睹景祐五年南郊儀注，設昊天上帝、皇地祇神坐於壇，南向西上。設太祖、太宗配坐於東方，西向北上。又准大中祥符元年敕，設太祖、太宗配坐位，西北側向，以表祖宗恭事天地之意。臣案：《春秋傳》曰："自外至者，無主不止。"《詩》云："思文后稷，克配彼天。"又云："對越在天。"皆謂祖宗之靈，配順天地，侑神作主之儀。竊考歷代郊祀之制，設祖考配位，無側向之理。昔真宗將有事於泰山，以封禪壇圖宣示宰臣曰："嘗見郊壇日，祀昊天上帝，不以正坐，蓋有皇地祇次之。今封禪大禮，昊天上帝位當子位，太宗配位，北郊祀日，稍斜置之。"臣常謂先帝以告成報功，酌宜變禮，而權爲此制。外廷罔知淵旨，非爲定規，每南郊撰儀，必引著祥符一敕。事乖先志，體越舊章。雖後來有司不從西北側向之文，緣儀矩兩存，未嘗折衷，有司臨事之際，擇一而從，此又非慎重大祀之所宜也。伏乞特詔有司，撰進南郊儀注，設太祖配坐，只具東方西向之儀。如此，則增封建號，自存希闊之文；就陽配天，不爽古先之法。（引自《全宋文》卷五四九呂公綽《郊祀配位議》）

《乞郊廟祭享用五齊三酒奏》康定二年十月

臣聞人本於祖，物本於天，是以重郊廟之報；外盡乎物，内盡乎志，是以極薦羞之品。爛熟具古今之食，酒齊列醇薄之滋。蓋神之格思，不可虞度，祭以備者，庶乎享之。未有徒設器用，止爲儀象，一具酒酌，靡辨名物，斯固闕典之甚者。據景祐以前郊廟儀注，昊天上帝、皇地祇，六樽：太樽爲上，實以泛齊；

著樽次之,實以醴齊;犧樽次之,實以盎齊;象樽次之,實以醍齊;壺樽次之,實以沉齊;山罍爲下,實以三酒。配帝:著樽爲上,實以泛齊;犧樽次之,實以醴齊;象樽次之,實以盎齊;山罍爲下,實以清酒。五方帝、日月、天帝、北極、神州,太樽,實以泛齊;内宮,象樽,實以醍齊;嶽鎮、海瀆,山樽,實以醴齊;中宮,壺樽;山林、川澤,蜃樽,並實以沉齊;外宮,概樽,丘陵、墳衍、原隰,散樽,並實以清酒;衆星,散樽,實以昔酒。凡齊皆加明水,酒皆加明酒,各實於上樽。太廟樽彝之位,置廟堂上前楹間。雞彝、斝彝及犧樽、象樽、著樽、壺樽,皆實以明水;山罍之上樽,實以玄酒;鳥彝、黃彝,實以鬱鬯;犧樽,實以醴齊;象樽、壺樽,實以盎齊;山罍,實以清酒。此皆出於《開寶通禮》《崇祀録》之文,沿有唐以前舊制而爲之,率合經義。竊知近歲每及行禮之際,却有簡略,不遵《儀注》。光禄寺所供只是祠祭法酒一色,不以郊廟天地配位從祀,惟分大祀、中祀各二升,小祀各一升。至祀之日,止實一樽酌獻,一樽飲福,餘外皆設空器,亦明水,無明酒相配。又郊壇及廟殿之下,亦設樽罍,謂之看器。詳此尤爲不典。臣謹案:鄭康成注《周禮·酒正》云:“祭祀必用五齊者,至恭不尚味而貴多品也。”“泛者,成而滓浮泛泛然。醴,猶體也,成而汁滓相渾爲一。盎,猶翁也,成而翁翁然,黃白色也。醍者,成而紅赤色。沉者,成而滓盡沉。自醴以上差濁,盎以下差清。”三酒者,“一曰事酒,酌有事者之酒,今之醳酒也;二曰昔酒,今之酋久白酒,所謂舊醳者也;三曰清酒,今之中山冬醸,接夏而成者”。明酒,《周禮正義》云:“井水也。”《禮運》云:“玄酒在室,醴醆在户,粢醍在堂,澄酒在下。”鄭康成曰:“玄酒,明水之尚,謂太古無酒,以水當酒所用,故謂之明酒。尊尚於古,故設樽前也。”明水者,司烜氏“以鑑取明水於月”,鄭康成云:“鑑,鏡屬。取水者,世謂之方諸取月之水,欲得陰陽之潔氣也。”唐麟德二年,將封禪泰山,羅合府果毅李真上言曰:“《淮南子》云:‘方諸陰燧大蛤,磨拭令熱,向月則水出,以銅盤受之,下水數石。’王充《論衡》云:‘陽燧取火於日,方諸引水於月,相去甚遠,而火至水來者,器感之驗也。’《漢舊儀》云:‘八月飲酎,車駕夕牲,以鑑諸取水於月,陽燧取火於日。’《周禮·考工記》云:‘金有六齊,金錫相半,謂之鑑燧之齊。’注云:‘鑑燧取水火於日月器也。’准鄭此注,則水火之器,皆以金錫爲之。今司宰有陽燧,形如圓鏡,以取明火;陰鑑形如方鏡,以取明水。但比年祀祭,皆用陽燧取火,應時得之;以陰鑑取水,未有得者,常用井水代。請准《淮南》《論衡》,以方諸取之,則禮之物備矣。"帝令奉常與李真考驗其事。真又言:"《周禮》金錫相半,自是造陽燧之法。鄭康成錯解,以爲陰鑑之制。又先嘗以八九月望夜,取蛤一尺二寸者,依法試之。自人定至夜半,得水數斗,即與《淮南》《論衡》所説符同。"奉常曰:"封禪祭祀即須明水實樽。真所陳,檢校有故實,又稱先經試驗,請令真自取蛤便赴泰山,與所司考驗。"從之。臣以古制度定五齊三酒,即非難得之物。將來郊廟祭享,伏乞詔酒官准法制造,分實罍樽。仍命有司取明水,對明酒實於上樽。或陰鑑方諸之類難爲猝辦,則如唐制以井水代之,更俟它時訪求式法。如此,則禮復舊章,器無虛設,用正有司之失,不愆備物之儀,允達齊明,庶全儀典。(引自《全宋文》卷五四九吕公綽《乞郊廟祭享用五齊三酒奏》)

案:吕公綽請南郊祖宗之配,以東方西面爲定位,並請實樽罍,配以明水明酒。據《長編》卷一三四,吕公綽這兩個奏皆在十月壬辰。

韓琦、王沿、范仲淹、龐籍並兼本路馬步軍都部署、經略安撫緣邊招討使

《長編》卷一三四仁宗康定二年十月甲午條:"樞密直學士、起居舍人、管勾秦鳳路部署司事兼知秦州韓琦爲禮部郎中,樞密直學士、刑部郎中、管勾涇原路部署司事兼知渭州王沿爲右司郎中,龍圖閣直學士、户部郎中、管勾環慶路部署司事兼知慶州范仲淹爲左司郎中,龍圖閣直學士、禮部郎中、管勾鄜延路部署司事兼知延州龐籍爲吏部郎中,並兼本路馬步軍都部署、經略安撫緣邊招討使。"

案:張堯均《韓琦與北宋中期政治》云,慶曆元年冬十月,吕夷簡奏請朝廷罷夏竦陝西經略安撫使,同時分陝西爲四路,分別由韓琦、王沿、范仲淹、龐籍統帥,四路聲勢相援,元昊不復有深入之謀。慶曆二年,韓琦和范仲淹等同心協力,扭轉了戰局,元昊聞而懼之,遂稱臣。《宋大事記講義》卷一二《仁宗皇帝·元昊》中云,元昊所以帖服者,人皆知一韓一范之功,而不知其爲夷簡,此話當不爲過。韓、范之所以取得勝利,與吕夷簡的舉薦和指揮有著不可分割的關係。

呂夷簡再次談及對張方平的賞識

根據《長編》卷一三四仁宗康定二年十月壬寅條記載,知諫院張方平有長篇奏疏,仁宗"喜曰:'是吾心也。'令方平以疏付中書,呂夷簡讀之,拱手曰:'公言及此,社稷之福也。'"

十一月
詔改元

《長編》卷一三四仁宗康定二年十一月丙寅條:"祀天地於圜丘……大赦,改元。"

十二月
宰臣申國公呂夷簡進封爲許國公

《長編》卷一三四仁宗慶曆元年十二月丙子條:"加恩百官,進封宰臣申國公呂夷簡爲許國公。"

翰林學士王堯臣等上新修《崇文總目》六十卷。呂公綽因參與編修,擢爲工部員外郎

《長編》卷一三四仁宗慶曆元年十二月己丑條:"翰林學士王堯臣等上新修《崇文總目》六十卷。

《長編》卷一三四仁宗慶曆元年十二月庚寅條:"……編修官:太常博士、直集賢院呂公綽爲工部員外郎,天章閣侍講、史館檢討王洙爲太常博士……"

案:提舉修《總目》官、編修官皆與優遷。呂公綽、王洙、刁約、歐陽修、楊儀、陸經皆參與編修。

是年,呂公綽同判太常寺

《全宋文》卷五四九"呂公綽履歷":"慶曆元年,同判太常寺。"

吕公著匿名應舉,謙退如寒素

《曲洧舊聞》卷四《吕申公謙退》:"吕申公公著當文靖秉政時,自書鋪中投應舉家狀,敝衣蹇驢,謙退如寒素。見者雖愛其容止,亦不異也。既去,問書鋪家,知是吕廷評,乃始驚歎。"

慶曆二年壬午(1042),吕夷簡六十四歲,吕居簡四十四歲,吕公綽四十四歲,吕公弼三十六歲,吕公著二十五歲,吕公孺二十二歲,吕希道十八歲,吕希哲三歲

春正月
吕夷簡上《雷簡夫除官奏》

《東軒筆録》卷一〇:"仁宗以西戎方熾,歎人才之乏,凡有一介之善,必收録之。杜丞相衍經撫關中,薦長安布衣雷簡夫才器可任,遂命賜對於便殿。簡夫辨給,善敷奏,條列西事甚詳,仁宗嘉之,即降旨中書,令依真宗召种放故事。是時吕許公當國,爲上言曰:'臣觀士大夫有口才者,未必有實效,今遽爵之以美官,異時用有不周,即難於進退,莫若且除一官,徐觀其能,果可用,遷擢未晚。'仁宗以爲然,遂除耀州幕官。簡夫後累官至員外郎、三司判官,而才實無大過人者。"

案:《長編》系此事於慶曆二年正月。《全宋文》卷三二一吕夷簡《雷簡夫除官奏》,曰此奏系寶元二年二月,當誤,因時吕夷簡判天雄軍兼北京留守。《宋史·雷德驤傳》(《雷簡夫附傳》)又稱此事在康定中,俟考。

吕夷簡奉命撰寫《寶奎殿記》

《長編》卷一三五仁宗慶曆二年春正月辛未條:"以大相國寺新修太宗御書殿爲寶奎殿。摹太宗御書寺額於石,上飛白題之,命宰相吕夷簡撰記,章得

象篆額,樞密使晏殊撰御飛白書記。"

三月

呂公著登進士第

《琬琰集》下卷一〇《呂正獻公公著傳》:"登慶曆二年進士第。"

《太平治迹統類》卷二七《祖宗科舉取人·仁宗》:"(慶曆二年)三月,賜進士楊寘等三百三十七人及第……楊寘、韓絳、王珪、陳洙、王安石、呂公著、蘇頌、傅堯俞、呂夏卿。"

案:呂公著這一榜得人之盛,前所未有,僅宰相就有呂公著、王安石、王珪、韓絳、蘇頌、韓縝。其他知名者如王陶、呂夏卿、陳襄等。《嬾真子》卷三:"本朝取士之路多矣,得人之盛,無如進士,蓋有一榜有宰相數人者,古無有也……慶曆三年,楊寘下,王珪、韓絳、王安石、呂公著、韓縝、蘇頌。"這一榜,聶冠卿權知貢舉,王拱辰、蘇紳、吳育、高若訥並權同知貢舉,孫祖德、田況封彌卷首,楊中和、陳經、范鎮、李嶠等爲考試官。殿試題目爲《應天以實不以文賦》《吹律聽鳳鳴詩》《順德者昌論》。(應慶曆二年,《嬾真子》誤)

又案:蘇頌(1020—1101),字子容,爲呂昌緒妻舅。據鄒浩所撰"蘇公行狀",蘇頌中慶曆二年乙科,別試第一人。歷任各地方官,有治理能力,受到歐陽修、杜衍稱贊。元祐年間拜相,爲元祐大臣中唯一得哲宗信任之人,卒贈司空,後追封魏國公,追謚正簡。

呂公著幼時家教嚴格

《童蒙訓》卷上:"正獻公幼時,未嘗博戲。人或問其故,公曰:'取之傷廉,與之傷義。'"

案:呂夷簡勒《門銘》教育子女,其《門銘》云:"古者盤盂几杖,規戒存焉。今爲門銘,竊類於此:忠以事君,孝以養親。寬以容衆,謹以修身。清以軌俗,誠以教民。謙以處貴,樂以安貧。勤以積學,静以澄神。敏以給用,直以全真。約以奉己,廣以施人。重以臨下,恭以待賓。貫之以道,總之以仁。在家爲子,在邦爲臣。斯言必踐,盛德聿新。勒銘於門,永代書紳。"(《全宋文》卷三二一)他把孔子對忠孝的理解加以概括,以流傳給後人,陸游認爲此門銘甚至可以與孔子的"思無邪"三字銘相提並論："一言可以終身行之者,其'恕'乎？此聖門一字銘也。《詩》三百,一言以蔽之,曰'思無邪',此聖門三字銘也。其簡且盡如此,學者苟能充之,雖入聖域不難矣。丞相申國文靖呂公作門銘,自忠孝十有八字,廣吾夫子之訓,以遺後人。"(《渭南文集》卷三一《跋呂文靖門銘》)

呂氏家族家教以嚴正著稱,朱軾《史傳三編》卷四七云："自漢以來家法最著者,東漢楊氏、唐柳氏、宋呂氏爲首稱。楊氏世篤忠貞,自震至秉及賜,皆爲名臣。呂氏蒙正、公著、希哲、祖謙俱以事功、學術顯。柳氏雖不及楊、呂,然風節自持,律身無過,而孝友傳家,嚴整有法,尤士大夫所宜矜式者。以此立朝,必能不負吾君,以此傳世,庶其克昌乃後。君子所以重門內之修也。"嚴格家教之下,呂公著自小勤於學習,其學以治心養性爲本,清心寡欲,"無疾言遽色,無窘步,無惰容,凡嬉笑俚近之語,未嘗出諸口,於世利紛華,聲伎游宴,以至於博弈奇玩,淡然無所好"(《三朝名臣言行錄》卷八之一《丞相申國呂正獻公》)。

呂夷簡推薦富弼爲契丹接伴使

《長編》卷一三五仁宗慶曆二年三月壬申條："先是,正月己巳,邊吏言契丹泛使且至,朝廷爲之旰食,歷選可使敵者,群臣皆憚行。宰相呂夷簡舉右正言、知制誥富弼,入對便殿,叩頭曰:'主憂臣辱,臣不敢愛其死。'上爲動容。壬申,命弼爲接伴。"

案:《東都事略》卷六八敘呂夷簡薦富弼原因,弼欲嚴懲助契丹用僞牒爲僧的堂吏,"夷簡不悦,故薦弼使契丹"。富弼(1004—1083),字彥國,河南洛陽人。天聖八年中茂材異等,歷右正言、知制誥,樞密副使,二次拜相爲同中書門下平章事。富弼乃晏殊之婿。筆者以爲,呂夷簡推薦富弼,當是看中富弼之才能。

四月
呂夷簡謂陝西四路皆爲儒帥,於軍政非便

《儒林公議》："慶曆初,夏寇方盛,陝西四路並任儒帥,久而未有成功。時

呂夷簡爲相,上深所注意,夷簡因言四帥皆儒臣,於軍政非便,奉禄又薄於偏裨,遂皆除觀察使,欲責其成功。時范仲淹帥環慶,素爲呂所惡,及授命,乃抗章辭讓……夷簡睹奏不樂,然逼於物議,未几,並他路皆罷廉察,復學士之職焉。”

案:四路帥皆改觀察使,范仲淹等三帥以觀察使乃武職,皆辭不拜,獨韓琦不辭,並表示自己定當審定全謀,激勵士卒,驅逐敵寇。

歐陽修上書留富弼,不報

《歐陽修全集》附録卷一《歐陽修年譜》仁宗慶曆二年四月條:“契丹遣泛使求關南地,宰相呂夷簡薦富弼報聘,人皆危之。公上書引顏真卿使李希烈事,乞留弼,不報。”

五月
呂夷簡同意郭咨之言,決御、洓、葫蘆、新、唐五河以限隔虜騎

《長編》卷一三六仁宗慶曆二年五月甲辰條:“殿中丞平棘郭咨言:‘恐契丹背盟犯界,請決御、洓、葫蘆、新、唐五河,使之北出,則深、冀、瀛、莫諸州皆在水東,足以限隔敵騎。’宰相呂夷簡薦咨言可用。”

呂夷簡請建大名府爲北京

《五朝名臣言行録》卷六之一《丞相許國呂文靖公》:“初,元昊拒命,契丹重兵壓境上,以伺釁。議者請城洛陽,爲遷都之計。公獨謂:‘敵畏壯侮怯,易以威制。洛邑山川狹隘,以壯則不足,以威則退縮。’遂請建都大名,示將親征,以伐敵謀。或曰:‘此爲虛聲爾,不若增修東都城池,以沮契丹之志。’公曰:‘此子囊城郢計也。使虜果南向,則雖城固無益。’卒申前議。既而契丹求和親,割關南之地,及劉六符等再至,桀鶩,久留不能遣。公奏請於殿外幕次,與虜使相見,置酒面議以折之。上以爲然,虜使見公畏伏,語於館伴使曰:‘觀宰相如此,雖留無益。’遂亟就道,前好如初。《行狀》”(見《朱子全書》第十二册)

案:呂夷簡議建都大名有效震懾了契丹的囂張氣焰,不久,契丹放棄進兵中原的原定計畫,但求和親,割關南之地,契丹使者劉六符等再至,桀鶩不馴,

久留不能遣。吕夷簡奏請於殿外置酒面議以折之。雖增納歲幣，但維護了國家領土主權的完整。

七月

任布長子遜上書詆父，布罷樞密副使

《長編》卷一三七仁宗慶曆二年七月丙午條：“樞密副使、給事中任布罷爲工部侍郎、知河陽。布任樞密，純約自守無所補，然數與宰相吕夷簡迕，夷簡惡之。布長子遜素狂愚，夷簡知之，乃怵使言事，許以諫官。遜即上書曆詆執政大臣，且斥布不才。布見其書，匿之。夷簡又趣遜以書上，遜復上書罪匿者。上問知匿書者乃布也，布謝：‘臣子少有心疾，其言悖謬，懼辱朝廷，故不敢宣佈。’侍御史魚周詢因劾奏布不才之甚，其子具知。布遂罷去，遜尚留京師，望諫官，夷簡尋以它事黜之。議者謂周詢引遜語逐其父，爲不知體雲。”

案：任布，字應之，河南（今河南洛陽）人，於咸平三年登進士第，爲吕夷簡同年。《春明退朝録》卷上云：“任恭惠與吕許公同年進士，而同爲博士。恭惠登樞，年者康强。許公時尚爲相，嘗所嘆羨，詢其服餌之法，恭惠謝曰：‘不曉養生之術，但中年因讀《文選》有所悟爾，謂‘石韞玉以山輝，水含珠而川媚’也。’許公深以爲然。”布歸洛中，作五知堂，謂知恩、知道、知命、知足、知幸也。卒，贈太子太傅，謚恭惠。

宰相吕夷簡判樞密院

《宋宰輔編年録校補》卷四仁宗慶曆二年七月戊午條：“宰相吕夷簡判樞密院事。自尚書左僕射、兼門下侍郎、同平章事、昭文館大學士、監修國史、許國公授依前官判樞密院事。章得象兼樞密使……樞密使晏殊同平章事……”

《宋宰輔編年録校補》卷四同條，夷簡判樞密院事《制》曰：“王者崇建上宰，統理萬微。以燮調於陰陽，以鎮撫於夷狄。近世兵事，一委樞庭。分設攸司，不統公府。屬邊烽之尚警，思妙略之協宣。宜委老成，使之兼領。具官吕夷簡中庸載德，沉密體和。夙以英才，列於政路。諝求賢濟治之要，知尊主馭下之方。自正元臺，實釐庶績。今倚睿哲，兼司武經。以專二府之謀，以靖三陲之警。爰田加食，並示徽章。於戲！曆考前王，統禦諸夏。或簫勺以清群慝，

或幹羽而來遠人。匪狃兵威,務恢王度。維乃碩輔,博通舊文。當有遠圖,以
副朕意。"

　　案:西夏犯邊,契丹重兵壓境之際,富弼建議宰相兼樞密使,仁宗以爲不
妥,乃命宰相呂夷簡判樞密院,章得象兼樞密使,樞密使晏殊同平章事,互相
牽制又倍增其效。呂夷簡以宰相身份判樞密院,故《大事記》感慨:西事方興,
因富弼之言而以張士遜同議樞密院。北狄方橫,因方平之言而以呂夷簡兼判
樞密院。邊事孔棘,則以相臣而謀兵政,誰謂我朝之兵民不相知耶?(《宋史
全文》卷八上《宋仁宗三》)

呂夷簡遣富弼再次出使契丹

　　《長編》卷一三七仁宗慶曆二年七月癸亥條:(弼出使契丹)"弼與茂實再
以二事往,於是呂夷簡傳帝旨,令弼草答契丹書並誓書,凡爲國書二,誓書三。
議婚則無金帛。若契丹能令夏國復納款,則歲增金帛二十萬,否則十萬。弼
奏於誓書內創增三事:一,兩界塘瀬毋得開展;二,各不得無故添屯兵馬;三,
不得停留逃亡諸色人。弼因請錄副以行。中使夜齎誓書五函並副,追及弼於
武強,授之。弼行至樂壽,自念所增三事皆與契丹前約,萬一書詞異同,則敵
必疑,乃密啓副封觀之,果如弼所料,即奏疏待報。又遣其屬前陵州團練推官
宋城蔡挺詣中書白執政。上欲知敵中事,亟召挺問,挺時有父喪,聽服衫帽對
便殿,乃詔弼三事但可口陳。弼知此謀必執政欲變已所與北朝初議者,乃以
禮物屬茂實,疾馳至京師,日欲晡,叩閤門求對。閤門吏拘以舊制,當先進名,
對仍翌日。弼責之,遂急奏,得入見,曰:'執政固爲此,欲致臣於死,臣死不足
惜,奈國事何?'上急召呂夷簡等問之,夷簡從容曰:'此誤爾,當改正。'弼語益
侵夷簡,晏殊言夷簡決不肯爲此,真恐誤爾。弼怒曰:'殊奸邪,黨夷簡以欺陛
下。'遂詔王拱辰易書。其夕,弼宿學士院,明日乃行。"

　　案:邵伯溫在《邵氏聞見錄》卷九中曾云:"拱辰蓋呂丞相之黨也。"呂夷簡
與王拱辰是姻親關係,呂夷簡孫、呂公綽之子呂希亞娶王拱辰之女。據《東都
事略》卷七四《王拱辰傳》言,富弼出使契丹有功而還,王拱辰挑撥富弼與仁宗
的關係云:"富弼不能止夷狄溪壑無厭之求。陛下止一女,若虜乞和親,弼亦
忍棄之乎?"王稱以爲,王拱辰黨呂夷簡而撼富弼。筆者以爲此僅是王拱辰一

家之言，以呂夷簡的度量，斷然不會以此挑撥富弼與宋仁宗的關係。

九月

呂夷簡薦楊孜，杜衍薦孫甫試學士院。詔楊孜孫甫並充秘閣校理

《宋會要輯稿》選舉三一之三一："（慶曆二年）九月一日，學士院試太常博士孫甫、秘書丞楊孜，並賦三上、詩三下，詔並充秘閣校理。甫以樞密副使杜衍、孜以宰臣呂夷簡薦命試。"

呂夷簡改兼樞密使

《宋大詔令集》卷五四《呂夷簡罷判密院除兼樞密使制》慶曆二年九月："門下：朕以建置二府，分掌萬機。體貌所加，等威宜峻。其有臺庭元老，王國忠臣。適疇總領之能，遂頒崇拜之典；累辭渙汗之渥，益諒由衷之言。沖遜彌高，褒顯惟允。具官呂夷簡，器懷端實，識慮淵深。自參贊於朝權，皆練達於世務。夙契股肱之詠，克副師尹之瞻。今以疆場未寧，屯戍猶廣。矧居首相之位，克副基命之司。膺此寵名，示於優待。安石廟堂之量，鎮靖攸先；山濤帷幄之籌，祗勤匪懈。能崇廉遜之節，更增簡注之懷。曲狥乃誠，特頒恩制。列於樞府，改賜使名。內輯朝猷以夔龍之道，外嚴邊瑣以良平之謀。克念遠圖，方俟成績。於戲！軍國之要，展經濟者藉宏材；富貴之崇，畏盛滿者向多福。著美當代，弼予一人。可特授依前行尚書右僕射、兼門下侍郎、同中書門下平章事、兼樞密使、昭文館大學士、監修國史、許國公，功臣、散官、勳、食邑、實封如故。"

案：《長編》卷一三七仁宗慶曆二年九月乙巳條記載此事的前因後果。慶曆二年，邊事危急，富弼謂宰相當兼樞密使，張方平亦論中書宜知兵事，故命宰臣呂夷簡判樞密院事。然而宣制以後，黃霧四塞，風霾終日，朝論甚喧，大家以爲二府體均，判名太重，不可不避，呂夷簡亦言不敢當，於是復改呂夷簡兼樞密使。

宋廷許契丹歲幣白銀二十萬兩、絹三十萬匹

《長編》卷一三七仁宗慶曆二年九月乙丑條："契丹樞密副使保大節度使

耶律仁先、樞密使禮部侍郎同修國史劉六符入見,其誓書曰:'……'時契丹實固惜盟好,特爲虛聲以動中國,中國方困西兵,宰相呂夷簡等持之不堅,許與過厚,遂爲無窮之害。敵既歲得金帛五十萬,因勒碑紀功,擢劉六符極漢官之貴,子孫重於國中。"

案:歲幣由"澶淵之盟"時定下的納白銀十萬兩、絹二十萬匹增加到歲納白銀二十萬兩、絹三十萬匹。這無疑是一筆十分龐大的財政開支,著名史家李燾認爲呂夷簡持之不堅,成爲日後無窮之大患。不過,此事還當實事求是分析,這也爲趙宋王朝爭取到了極爲寶貴的安全環境,使老百姓能夠安居樂業,促進了北宋社會經濟的繁榮。

閏九月

富弼不辱使命,還,拜吏部郎中、樞密直學士,弼固辭

《長編》卷一三七仁宗慶曆二年閏九月庚辰條:"復命右正言、知制誥、史館修撰富弼爲吏部郎中、樞密直學士,弼又固辭。先是,呂夷簡當國,人莫敢抗,弼既數論事侵之,及堂吏以僞署度僧牒誅,夷簡益恨,因薦弼使契丹,變易國書,欲因事罪之。館閣校勘歐陽修上書,引顏真卿使李希烈事留之,不報。而弼受命不少辭,自初奉使,聞一女卒,再奉使,聞一男生,皆不顧而行,得家書,不發而焚之,曰:'徒亂人意爾。'"

案:富弼勇於擔當,極具責任感和使命感,在邊事危機中選擇他出使,也體現了宋仁宗和呂夷簡的用人眼光。呂夷簡病重期間,推薦富弼等數人可大用。

十一月

范仲淹上呂夷簡三書

《范文正公文集》卷一一《上呂相公書》:"某啓:仲秋漸涼,伏惟相公臺候萬福。某奉命此行,至重至憂。初欲道中上記,以未到邊隅,無可述者。或有屑屑之見,奏牘具焉。初至長安見九江太尉,首傳臺旨,頗言開釋。尋來鄜延路巡按,北視金明之役,止數日復還延安。極邊之情,指掌可見。金明一邑,舊寨三十六,人馬數萬,一旦蕩去。後來招安到蕃部三百來户,不足爲用。又

塞門寨圍逼十旬，諸將逗留，無敢救者。軍民數千，一時覆没。及廢承平、南安、長寧、白草四寨，棄爲虜境，延安之北，東西僅四百里，藩籬殆盡。近修金明，聊支一路。將修寬州，以禦東北，非多屯軍馬，亦不能守，必須建軍。其利害具於奏中。所奏札子，方永興軍系署，今有圖子，先具呈上。今延安兵馬二萬六千，患訓練未精，將帥無謀。問以數路賊來之勢，何策以待，皆不知所爲，但言出兵而已。此不可不爲憂也。或得其人，精練士卒，山川險惡，據以待寇，俟有斬獲，乘勝深入。賊勢一破，鳥散窮沙，復舊漢疆，宜有日矣。如未克勝，賊勢不衰，縱入討除，豈肯逃散？或天有風雨之變，人在山川之險，糧盡路窮，進退有患，此宜慎重之秋也。自延州至金明四十里，一河屈曲，涉者十三度，此言山川之惡也。或遇風雨，不敵自困。某今與延安當職議定約束，急於訓練。俟其精強，可禦可伐。亦令録奏，乞朝廷特賜威命，則邊鄙可定，廟堂無憂。别路兵馬少處，臨時制置，不必做此。又張龍圖吏道精強，但親年八十，寓於他郡，復言不練兵律。延安重鎮，數郡仰賴，若不主戎政，所失則大。段待制西人所望，明鎬亦細知邊事，惟相府裁之。某惶恐再拜。”（引自《范仲淹全集》）

《范文正公文集》卷一一《上吕相公書》，其二：“十一月四日，具官范某，謹東望再拜上書於昭文僕射相公閣下：竊以文武之道一，而文武之用異。然則經天下，定禍亂，同歸於治者也。傳曰：‘天下安，注意相；天下危，注意將。’斯則將相之設，文武之殊久矣。後世多故，中外不恬，二道相高，二權相軋，至有大將軍而居三司之上，蓋時不得已也。五代衰亂，專上武力，諸侯握兵，外重内輕，血肉生靈，王室如綴，此武之弊也。皇朝罷節侯，署文吏，以大救其弊，立太平之基。既而四夷咸賓，忘戰日久，内外武帥，無復以方略爲言。惟文法錢穀之吏，馳騁於郡國，以尅民進身爲事業，不復有四方之志。一旦戎狄叛常，爰及征討，朝廷渴用將帥，大患乏人，此文之弊也。前則劉平陷没，范資政去官，次則韓琦與某貳於元帥，不能成績，以罪失職。復以夏、陳分處二道，期於平定。近以師老罷去，而更張之。三委文帥，一無武功，得不爲和門之笑且議耶？今歸之四路，復皆用儒，彼謂相輔大臣朋獎文吏，他日四路之中一不任事，則豈止於笑，當尤而怒之。用儒無功，勢必移於武帥。彼或專而失謀，又敗國事。況急而用之，必驕且怨，重權厚賞，不足厭其心。外寇未平，而萌内患，此前代之可鑒。故裴度淮西之行，不落韓洪都統，蓋爲此也。某不避近名之嫌，有表陳讓，願相公與兩府大臣因而圖之。如鄜延、環慶二帥，一路以文，一路以武。涇原、秦鳳二帥亦如之。使諸將帥高者得色，下者增氣。如寡策略，則擇俊乂為之參佐。仍使鄜延、環慶二路，如舊通其軍政，涇原、秦鳳亦如舊制，則謀可相濟，兵可相援矣。既文武參用，二路兼資，均其事任，同其休戚，足以息今日之謗議，平他時之驕怨，使文武之道，協和為一，何憂乎邊患矣。某復慮朝廷以逐路部署為經略、招討之貳，謂之參用。則此使權雜伍於下，不足為重，僅之虛設。或以文換武，謂之參用，則前日換者，人皆以儒視之。或以新帥難動，則某願避此路，以待武帥，請主外計，仍領安撫舊名，亦足救生民之困弊，復可按邊陲之利病，咸得聞於朝廷，不為輕矣。區區之意，附記注梁學士達於臺聽。恐道塗雨雪之阻，故復拜此，不任懇切憂惶之至。不宣。某再拜。"（引自《范仲淹全集》）

《范文正公文集》卷一一《上呂相公書》，其三："六月日，具位范某，謹齋沐上書於昭文僕射相公：某近者伏奉制命，就除邠州觀察使。祇膺睿渥，且榮且憂，三上讓章，未獲俞旨。竊念某幼孤且賤，始求五斗祿，為養親計，怔忪進退，懼不可得。今朝廷以方面之重，受茲寵異，為某之福可謂大矣，豈敢忽千鍾之重哉！蓋聞福者禍之所伏，故循牆而走，思以避之。何則？居諸將諸軍之上，責人死效，而自以無功，受國重賞，於己安乎？其他利害，具在封奏。復有大懼，不敢聞於天聽，而敢陳之於相府。今西北聳動，在北為大。雖遣使修好，或可暫弭，奈何積年之謀，一朝而發，以數十萬之賄，便能充無厭之心，息舉國之衆乎？必先困我，而終於用兵。萬一某輩移帥朔方，居大使節度之下，見利而舉，則加以擅興之誅；持重而謀，則誣以逗留之咎。堅城深池之內，自擁其精甲；救危赴難之際，而授以羸兵。利害不得言，進退不得專。大敵在前，重典在後。當此之時，儒臣文吏何以措手足於其間哉！劉平之勇，猶不克濟，此相公之所覽也。是則系國家之安危，生民之性命，某豈可不自量力，而輒當之，遠慮近憂，先聖之明訓，何敢苟寵祿之福，忘喪敗之禍耶！某謂朝廷用儒之要，莫若異其品流，隆其委注，衆皆望風稟畏，以濟邊事。比夫改為武帥，與之參用，功相萬也。某謂相公弼諧於內，在天下安危之事，不得而讓也；某輩奔走於外，經畫百事，亦不得而讓也。某今日避此命者，豈偷安之人哉？誠有所存爾。為國家先重其身，而安其心，賴相公坐籌於內，某輩竭力於外，内外協一，奉安宗廟社稷，以報君親，以庇生靈，豈小節之謂乎！恭惟相公與二府大臣同憂天下之時，必能恕狂者之多言，采愚者之一得。某胸中甚白，無愧於日月，無隱於廊廟，惟相公神明其照，某豈得而昧之。干冒臺嚴，卑情無任危切之至。不宣。某惶恐再拜。"（引自《范仲淹全集》）

案：此三封范仲淹書信，姑系於此。

十二月

吕夷簡病，詔拜司空、平章軍國重事

《長編》卷一三八仁宗慶曆二年十二月乙丑條："是冬，宰相吕夷簡感風眩不能朝，上憂之，手詔拜司空、平章軍國重事，俟疾損，三五日一入中書。夷簡力辭，復降手詔曰：'古謂髭可療病，今翦以賜卿。'又問群臣可任兩府者。其寵遇如此。夷簡平生朝會，出入進止，皆有常處，不差尺寸。一日見上，誤忘一拜而起，外間讙言吕相失儀。漢州人張纮，時舉制科在京師，聞之曰：'吕公爲相久，非不詳審者，今大朝會而失儀，是天奪之魄，殆將亡矣。'後旬餘，遂感風眩云。"

案：慶曆二年十二月，詔拜吕夷簡司空、平章軍國重事。元祐三年四月，吕公著又以司空、平章軍國事，父子繼以三公平章軍國，古所未有也。宰相特命平章軍國事者，北宋一朝僅爲四人，爲王旦、吕夷簡、文彦博、吕公著（《建炎以來朝野雜記》乙集卷一三《平章軍國事》），故父子相繼，實古所未有。

吕夷簡推薦之人大多成爲一代名臣

《五朝名臣言行録》卷六之一《丞相許國吕文靖公》："公感風眩，天子憂甚，手詔拜司空、平章軍國重事，三日一入中書。公表固辭。御府出萬金藥，上剪髭以賜公，手詔曰：'古人有言，髭可療疾，雖無痊驗，今朕剪髭合湯藥，表予意也。卿久病，中書、密院臣僚全然不勾當，公事住滯。卿録可以委任臣僚三五人來，卿更調攝，副朕眷焉。更有西北兩事，子細一一奏來。'公首奏陳西北事機，因薦范仲淹、韓琦、文彦博、龐籍、梁適、曾公亮等數人，後皆大用。《行狀》"（見《朱子全書》第十二册）

慶曆三年癸未(1043),呂夷簡六十五歲,呂居簡四十五歲,呂公綽四十五歲,呂公弼三十七歲,呂公著二十六歲,呂公孺二十三歲,呂希道十九歲,呂希哲四歲

春正月
陝西轉運使孫沔上書彈奏呂夷簡

《長編》卷一三九仁宗慶曆三年春正月丙申條:

呂夷簡數求罷,上優詔未許。陝西轉運使孫沔上書言:

祖宗有天下,垂八十餘載,未嘗以言廢人。景祐以前,綱紀未甚廢,猶有感激進說之士。觀今之政,是可慟哭,無一人爲陛下言者,臣誠痛之,願陛下留聽。夫州郡承風者刺史也,皆猥懦老耄;縣邑稟令者牧守也,多昏懜罷軟。制敕之下,人以爲不足信;奏請已行,人以爲不能久,未几而果罷。利權反復,民力殫竭,師老於邊,夷狄爭長。事至危而陛下以爲安,人皆憂而臣下惟緘口,何也? 由宰相多忌而不用正人也。

往者莊獻總政,陛下恭默,有王曾、張知白、魯宗道、李迪、薛奎、蔡齊以正直迭居兩府,曹修古、李纮、劉隨、鞠詠、孔道輔以亮節更任論列。於時斜封僥倖、閹寺威福,雖未悉去,然十餘年間,中外無大故。

自呂夷簡當國,黜忠言,廢直道,及以使相出鎮許昌,乃薦王隨、陳堯佐代已。才庸負重,謀議不協,忿爭中堂,取笑多士,政事寖廢,即歲罷免。又以張士遜冠臺席,士遜本乏遠識,致隳國事,戎馬漸起於邊陲,卒伍竊發於輦轂。舍轡徒行,滅燭逃遁,損威失體,殊不愧羞,尚得三師居第。此蓋夷簡不進賢爲社稷遠圖,但引不若己者爲自固之計,欲使陛下知輔相之位非已不可,冀復思已而召用也。陛下果召夷簡還,自大名入秉朝政,於茲三年,不更一事,以姑息爲安,以避謗爲知。西州將帥,累以敗聞,北敵無厭,乘此求賂,兵殘貨悖,天下空竭,刺史牧守,十不得一,法令變易,士民怨咨,隆盛之基,忽至於

此。今夷簡以病求退,陛下手和御藥,親寫德音,乃謂"恨不移卿之疾在於朕躬"。四方義士,傳聞詔語,有泣下者。夷簡在中書二十年,三冠輔相,所言無不聽,所請無不行,有宋得君,一人而已,未知何以爲陛下報?

今天下皆稱賢而陛下不用者,左右毀之也;皆謂纖邪而陛下不知者,朋黨庇之也。契丹復盟,西賊款塞,公卿忻忻,日望和平。若因此振紀綱,修廢墜,選賢任能,節用養兵,則景德、祥符之風復見於今矣。若恬然不顧,遂以爲安,臣恐土崩瓦解,不可復救。而夷簡意謂四方已寧,百度已正,欲因病默默而去,無一言啓沃上心,別白賢不肖,雖盡南山之竹,不足書其罪也。若薦賢才,合公議,雖失之於始而得之於終,猶可寬天下萬世之責。苟遂容身,不救前過,以柔而易制者,升爲腹心,以奸而可使者,任爲羽翼,以讒佞爲君子,以庸懦爲長者,使之在廊廟,布臺閣,上惑聖明,下害生靈,爲宗社計則必危,爲子孫計亦未可保終吉。是張禹不獨生於漢,李林甫復見於今也。在陛下察之而已。

書聞,帝不之罪,議者喜其塞切。夷簡謂人曰:"元規藥石之言,但恨聞此遲十年爾。"人亦服其量云。

《宋史全文》卷八上《宋仁宗三》慶曆三年春正月條下有評論:"呂中曰:夷簡之罪,莫大於因私憾而預瑤華之議,因北事而忌富弼之能。夷簡之功,莫大於釋仲淹之宿怨,容孫沔之直言。君子論人,功不掩罪,罪不掩功可也。"

案:孫沔此奏文亦見於《國朝諸臣奏議》卷四六,《長編》中爲節錄。

三月

呂夷簡罷相,爲司徒監修國史,軍國大事與中書、樞密院同議

《宋宰輔編年錄校補》卷五仁宗慶曆三年三月戊子條:"呂夷簡罷相。除守司徒、監修國史、兼譯經潤文使、仍改賜推誠保德翊戴亮節宣忠崇仁協恭守正功臣。"

《宋宰輔編年錄校補》卷五同條,《制》曰:"朕覽前史之載,見大臣之爲。進而盡忠,靡不流利澤之益;老而謝事,亦足屬廉恥之風。維時上宰之賢,式符高誼之舉。具官呂夷簡器識沉雅,風猷雋明。一登治朝,三冠臺席。間屬疆場之用武,兼總樞機而制謀。勞於凤宵,應此疹疾。遣上醫而加視,賜優告以就寧。封章繼來,誠請彌確。雖閔勞以官職之務,且不敢忘故舊之臣。俾命

上公,以憲百辟。於戲!委遠時柄,即遂沖高之懷;贊襄國鈞,尚圖忠益之補。勉綏福履,庸副寵光。"

《宋宰輔編年錄校補》卷五同條:"夷簡自康定元年五月拜相,是年三月罷,凡三入相,至是居位僅三年。"

案:據《宋會要輯稿》職官一八之七五記載,呂夷簡罷相而帶宰相任,是優延老臣也。是年呂夷簡六十五歲,病勢已嚴重,他再辭位,仁宗御延和殿召見,"敕乘馬至殿門,命內侍取杌子輿以前。夷簡引避久之,詔給扶,毋拜"(引自《長編》卷一四〇)。

呂夷簡罷相,章得象拜昭文相,晏殊拜集賢相,夏竦樞密使,賈昌朝參知政事,富弼樞密副使

《宋宰輔編年錄校補》卷五仁宗慶曆三年三月戊子條:"呂夷簡罷相……同日,章得象拜昭文相……同日,晏殊拜集賢相……同日,夏竦樞密使……賈昌朝參知政事……富弼樞密副使……"

仁宗增諫官

《宋史全文》卷八上《宋仁宗三》慶曆三年三月條:"三月,呂夷簡再辭位。戊子,罷相爲司徒,軍國大事,與中書、樞密院同議……癸巳,魚周詢爲起居舍人,王素爲兵部員外郎,歐陽修爲太常丞,並知諫院。周詢固辭,以余靖爲右正言,諫院供職。呂夷簡既罷相,上遂欲更天下弊事,故增諫官員,首命素等爲之。"

《舊聞證誤》卷二:"張安道云,呂申公免相,晏元獻爲政,富鄭公自西都留守入參知政事,深疾申公,乞多置諫官以廣上聽。上方向之,而晏公深爲之助,乃用歐陽修、余靖、蔡襄、孫沔等爲諫官。諫官之勢自此日橫,於是私說遂勝,而朝廷輕矣。出蘇轍《龍川別志》。按,慶曆三年三月戊子,呂公罷,章郇公、晏元獻並相,富鄭公自侍讀學士除副樞密,固辭。癸亥,王懿敏、歐陽公、余襄公並知諫院,此時富公未受命也。四月己酉,蔡君謨知諫院。八月丁未,富公始復樞密副使。孫威敏公慶曆元年已知諫院,此時出爲兩浙提刑。張公誤記矣。"

四月

韓琦、范仲淹並樞密副使

《宋宰輔編年録校補》卷五仁宗慶曆三年四月甲辰條：“韓琦、范仲淹並樞密副使。”

吕公綽爲史館修撰，固辭，命復直集賢院

《長編》卷一四〇仁宗慶曆三年四月己酉條：“吕夷簡既罷相，命其子工部員外郎、直集賢院公綽爲史館修撰。公綽以夷簡雖謝事，猶領國史，固辭修撰之命。己酉，命公綽復直集賢院。”

諫官蔡襄上疏彈奏吕夷簡，吕夷簡請罷豫軍國大事

《長編》卷一四〇仁宗慶曆三年四月甲子條：

“吕夷簡雖罷相，猶以司徒豫議軍國大事，上寵遇之不衰。於是諫官蔡襄疏言：

‘夷簡被病以來，兩府大臣，累至夷簡家諮事。又聞夷簡病時，陛下於禁中爲之祈禳，錫與致多，眷注無比。臣竊謂兩府大臣，輔陛下以治天下者，今乃並笏受事於夷簡之門，里巷之人，指點竊笑。

案夷簡謀身忘公，養成天下今日之患。陛下即位之初，夷簡即爲參知政事，遂至宰相，首尾二十餘年，所言之事，陛下一皆聽信而施行之，固當敦風教、正庶官、鎮敵國、安百姓，而乃功業無聞，但爲私計。執政以來，屢貶言者，如曹修古、段少連、孔道輔、楊偕、孫沔、范仲淹、余靖、尹洙、歐陽修等，或謫千里，或抑數年，或緣私恨，假託人主威權以逐忠賢，以泄已怒，殊不念虛受惡名。立性不臧，欲人附已，見爲介特而自立者，皆以好名、希求富貴汙之。善人恥此，往往退縮，以避好名、干進之毁。是以二十年來，人人不肯尚廉隅、厲名節。淺者因循闒茸，深者靡惡不爲，都無愧恥。但能阿附，夷簡悉力護之，使奸邪不敗，寖成此風，天下習以爲俗。以逐利爲知能，遠勢爲愚鈍，廢廉恥之節，成奔競之風。一恩之施，皆須出我門下，或先漏露其事，使人豫知；或先抑其事，後與行之。若不可行者，小則歸怨同列，大則稱奉聖旨。文武銓院，

冗官至多,而曾不裁損,奇材異績,不聞獎拔。貪墨昏耄之人,曾經免罷責罰,乃爲雪理,務施小惠,多與收録。貪廉混淆,善惡無別。

自關陝兵興以來,修完城壘,饋運芻粟,科配百端,悉出州郡。内則帑藏空虛,外則民財殫竭,嗟怨嗷嗷,聞於道路。不幸有水旱之災,其變不可量也。蓋由不選材賢,充三司使副,發運、轉運,使非其人,但務收取人情,用爲資歷,才至數月,即又遷移,循環奔走,日求升進。欲以興財利,寬民力,其可得乎?

夷簡當國之後,山外之敗,任福以下,死者數萬人。豐州之戰,失地喪師。鎮戎之役,葛懷敏以下,死者又數萬人。廟堂之上,成算安在? 西師敗没之後,契丹乘隙,遣使入朝,輒違先帝之盟,妄請關南之地,歲增金帛竟二十萬,而猶勒兵壓境,堅求'納'字,淩脅中國,大爲恥辱。度其禍患,譬若疽瘡,但未潰爾。

夷簡出入中書,且二十年,不爲陛下興利除害,苟且姑息,萬事隳壞如此。今以疾歸,尚貪權勢,不能力辭。或聞乞只令政府一兩人至家商議大事,足驗夷簡退而不止之心也。伏乞特罷商量軍國大事,庶使兩府大臣專當責任,無所推避。'

甲子,夷簡請罷豫軍國大事,從之。"

《宋史全文》卷八上《宋仁宗三》慶曆三年四月庚申條下有評論:"《高抬貴手》曰:乾興以來,維持公論,收拾善類,爲寇之朋者拔茅類進,爲丁之朋者草蔓盡除。斥丁謂,罷馮拯,逐王欽若。而張士遜之進由曹利用,既用而旋罷。王曾以攻丁謂而相之,李迪以異丁謂而召之,張知白以嘗不阿欽若而亦擢之。召宋綬,召仲淹,雖微而獻可,亦被顯擢。罷張耆,罷夏竦,雖大而夷簡,亦解相位。君子道長,小人道消,實惟其時。而況邇英三十五事之書有曰:'進静退,求忠正,無非所以辨君子。'有曰:'杜希旨,斥諂佞,無非所以別小人。'高若訥之不可用,則目以不肖;林瑀之貢佞,則隨見屏逐。察欽若之奸,知安石之詐,旌別淑慝,了不可欺。"

案:蔡襄以爲,呂夷簡屢貶言者,善惡不分,喜人奉承,使奔競之風成天下習俗。關陝用兵以來,屢戰屢敗,歲增金帛,奇恥大辱,呂夷簡負有完全責任。本人認爲,蔡襄意氣用事,言辭尖刻。乾興以來,朝廷親君子,遠小人,呂夷簡功不可没。朝廷用兵失利,有歷史的原因,怎麼能完全怪罪呂夷簡?

五月

司徒呂夷簡得宰臣俸料之半

《長編》卷一四一仁宗慶曆三年五月己巳條："司徒呂夷簡請罷監修國史，不許。又請罷所給俸料，詔給宰臣俸料之半。"

八月

范仲淹拜參知政事，韓琦代仲淹爲陝西宣撫使。杜衍樞密使

《宋宰輔編年録校補》卷五仁宗慶曆三年："八月丁未，仲淹拜參知政事。癸丑，以韓琦代仲淹爲陝西宣撫使。十一月，韓琦使還。乙巳，杜衍樞密使。"

《宋宰輔編年録校補》卷五同條："初，呂夷簡罷相，夏竦授樞密使，復奪之，代以杜衍，同時進用富弼、韓琦、范仲淹在二府。歐陽修爲諫官，石介作《慶曆聖德詩》，述進賢退奸之不易，蓋斥夏竦也。竦銜之，而仲淹等皆修所素善。修言事一意徑行，略不以形迹嫌疑顧避。竦因與其黨造爲黨論，目衍、仲淹及修爲黨人。修乃作《朋黨論》上之。於是爲黨論者惡修。摘語其情狀，至使内侍藍元振上疏，言范仲淹、歐陽修、尹洙、余靖，前日蔡襄謂之四賢。斥去未几，復還京師。四賢得時，遂引蔡襄以爲同列。以國家爵禄爲私惠，膠固朋黨，苟以報謝當時歌詠之德。今一人私黨止作十數，合五六人，門下黨與已無慮五六十人。遞相提攜，不過三二年，布滿要路，則誤朝迷國，誰敢有言？上終不之信也。"

九月

范仲淹和富弼上《答手詔條陳十事》，提出了十項改革方案，大部分被仁宗所採納，頒行全國，拉開慶曆新政序幕

《長編》卷一四三仁宗慶曆三年九月丁卯條："上既擢范仲淹、韓琦、富弼等，每進見，必以太平責之，數令條奏當世務。仲淹語人曰：'上用我至矣，然事有後先，且革弊於久安，非朝夕可能也。'上再賜手詔督促曰：'比以中外人望，不次用卿等，今琦暫往陝西，仲淹、弼宜與宰臣章得象盡心國事，毋或有所顧避。其當世急務有可建明者，悉爲朕陳之。'既又開天章閣，召對賜坐，給筆

札使疏於前。仲淹、弼皆惶恐避席，退而列奏曰：我國家革五代之亂，富有四海，垂八十年，綱紀制度，日削月侵，官壅於下，民困於外，疆場不靖，寇盗横熾，不可不更張以救之。然欲正其末，必端其本，欲清其流，必澄其源。臣敢約前代帝王之道，求今朝祖宗之烈，采其可行者條奏。願陛下順天下之心，力行此事，庶幾法制有立，綱紀再振，則宗社靈長，天下蒙福。一曰明黜陟……二曰抑僥倖……三曰精貢舉……四曰擇官長……五曰均公田……六曰厚農桑……七曰修武備……八曰减徭役……九曰覃恩信……十曰重命令……’上方信向仲淹等，悉用其說。當著爲令者，皆以詔書畫一，次第頒下。獨府兵，輔臣共以爲不可而止。”

司徒吕夷簡以太尉致仕

《長編》卷一四三仁宗慶曆三年九月戊辰條：“司徒吕夷簡固請老，戊辰，授太尉致仕，朝朔望及大朝會，並綴中書門下班。”

《宋宰輔編年録校補》卷五仁宗慶曆三年九月：“戊辰，司徒吕夷簡授太尉致仕。自開府儀同三司、監修國史守司徒、許國公除，仍朝朔望及大朝會並綴中書門下班。”

《宋宰輔編年録校補》卷五同條，《制》曰：“同寅協恭，和衷則帝謀兹遠。功成名遂，身退乃天道之常。眷言耆哲之臣，屢形高尚之請。特推異數，以示群倫。具官吕夷簡當世傑才，爲國重器。逮事聖考，服在邇聯。肆予沖人，延登上宰。出入中外，勤勞夙宵。間以機務之煩，寖嬰疾恙之劇。懇陳封奏，願解鈞衡。拒之再三，確然不已。姑循靖退之節，以屬恬淡之風。於戲！臣子全名，得進退之道；君明大義，貴終始之恩。益保至和，以終遐壽。”

《宋宰輔編年録校補》卷五同條：“夷簡嘗建議立州郡學校，又因郊禮授宗室子以環衛官，建睦親宅，增教授員，置大宗正以總之。又嘗薦范仲淹、富弼、韓琦、文彦博、龐籍、曾公亮等可大用。宦者監兵，主帥失利，議者請罷監軍。夷簡願詔押班保舉，而押班叩首乞罷監軍。契丹兵壓境，范仲淹奏乞城京師以備。而夷簡獨以爲不可示弱，請建北京。士大夫嘉夷簡之有謀。”

《宋宰輔編年録校補》卷五同條：“王偁曰：‘夷簡相仁宗，策功立名，有益於世。方其主治喪之禮，則其見遠矣。消監兵之策，則其意深矣。請建都之議,則其謀偉矣。斯善持宰相之權者歟!夷簡誠有絕人之才,故能達權而應變。然而功最大者,乃在於處仁宗母子之際,使人無可乘之隙,消患於未萌,朝廷以之安靜,士大夫亦賴以無禍,此其所以有後也哉!'"

案:呂夷簡致仕,仁宗予以高度評價,"制詞"謂呂夷簡:"當世傑才,爲國重器"云云。

宰臣章得象監修國史

《長編》卷一四三仁宗慶曆三年九月戊辰條:"始命宰臣章得象監修國史。初,呂夷簡罷相爲司徒,猶帶監修,得象止除昭文館大學士,及夷簡致仕,乃以還得象。"

諫官歐陽修力數呂夷簡罪狀

《歐陽修全集》卷一○○《論呂夷簡札子》慶曆三年:"臣昨日伏睹外廷宣制,呂夷簡守太尉致仕。以夷簡爲陛下宰相,而致四夷外侵,百姓內困,賢愚失序,綱紀大隳,二十四年間壞了天下。人臣大富貴,夷簡享之而去;天下大憂患,留與陛下當之。夷簡罪惡滿盈,事迹彰著,然而偶不敗亡者,蓋其在位之日專奪國權,脅制中外,人皆畏之,莫敢指摘。及其疾病,天下共喜奸邪難去之人且得已爲天廢。又見陛下自夷簡去後,進用賢才,憂勤庶政,聖明之德日新又新,故識者皆謂但得大奸已廢,不害陛下聖政,則更不復言。所以使夷簡平生罪惡,偶不發揚,上賴陛下終始保全,未汙斧鑕。是陛下不負夷簡,夷簡上負朝廷。今雖陛下推廣仁恩,厚其禮數,然臣料夷簡必不敢當,理須陳讓。臣乞因其來讓,便與寢罷,別檢自來宰相致仕祖宗舊例,與一合受官名。然臣猶恐夷簡不識廉恥,便受國家過分之恩,仍慮更乞子弟恩澤。緣夷簡子弟,因父僥倖,恩典已極。今邊鄙多事,外面臣僚辛苦者未嘗非次轉官,豈可使奸邪巨蠹之家,貪贓愚呆子弟,不住加恩?竊恐朝廷貽濫賞之譏,未彌物論。其子弟,伏乞更不議恩典。取進止。"

《歐陽修全集》卷一○○《論呂夷簡僕人受官札子》慶曆三年:"臣伏見國家每出詔令,常患官吏不能遵行,不知患在朝廷自先壞法,朝廷不能自信,則誰肯信而行之?然多因小人僥倖而不加抑絕,所與之恩雖少,所損之體則多。

臣聞去年十月中,曾有臣僚上言,乞今後大臣廝僕不得奏薦班行。敕旨頒下才三四月,已却用呂夷簡僕人袁宗等二人爲奉職。夷簡身爲大臣,壞亂陛下朝政多矣,苟有利於其私,雖敗天下事尚無所顧,況肯爲陛下惜法? 但朝廷自宜如何? 今一法才出,而爲大臣先壞之,則其次臣僚僕人豈可不與? 不與,則是行法有二;與之,則近降敕旨,今後又廢。有司爲陛下守法者,不思國體,但徇人情。或云二僕得旨與官,在降敕前。奈何授官在降敕後? 凡出命令,本爲厘革前弊,法家以後敕沖前敕。今袁宗等雖曾得旨,而未受命之間,已該新制,自合厘革。夷簡不能止絕而恣其僥求,朝廷又不舉行近敕而自隳典法,今後詔令,何以遵行? 其袁宗等,伏乞特追奉職之命,別與一軍將之類閑慢名目,足示優恩,不可爲無功之臣私寵僕奴而亂國法。取進止。”

《歐陽修全集》卷一〇一《論止絕呂夷簡暗入文字札子》慶曆三年:“臣風聞呂夷簡近日頻有密奏,仍聞自乞於御藥院暗入文字,不知實有此事否? 但外人相傳,上下疑懼。臣謂夷簡身爲大臣,久在相位,尚不能爲陛下外平四夷,内安百姓,致得二虜交構,中國憂危,兵民疲勞,上下困乏,賢愚失序,賞罰不中,凡百綱紀,幾至大壞。筋力康健之日,尚且如此乖繆,況已罷政府,久病家居,筋力已衰,神識昏耗,豈能更與國家圖事? 據夷簡當此病廢,即合杜門自守,不交人事。縱有未忘報國之意,凡事即合公言,令外廷見當國政之臣,共議可否。豈可暗入文書,眩惑天聽? 況夷簡患癱風,手足不能舉動,凡有奏聞,必難自寫。其子弟輩又不少,須防作僞,或恐漏泄,於體尤爲不便。雖陛下至聖至明,於夷簡奸謀邪說,必不聽納。但外人見夷簡密入文書,恐非公論,若誤國計,爲患不輕。夷簡所入文字,伏乞明賜止絕。臣聞任賢勿貳,去邪勿疑。見今中外群臣各有職事,苟有闕失,自可任責,不可更令無功已退之臣轉相惑亂。取進止。”

《歐陽修全集》卷一〇一《論李淑奸邪札子》慶曆三年:“……淑自來朋附夷簡,在三尸五鬼之數,蓋夷簡要爲肘腋,所以援引至此……”

《歐陽修全集》卷一〇一《再論李淑札子》慶曆三年:“臣近日竊聞李淑已有聖旨令與壽州,却知中書不肯便行,須得淑自上章求出,方敢差除。臣謂李淑奸邪之迹,陛下既已盡知,若得斷自宸衷,則使天下之人皆知陛下聰明神聖,辨別忠邪,黜去小人,自出聖斷……”

案:以上五文,《長編》系於慶曆三年九月,諫官歐陽修力數呂夷簡罪狀,言辭尖刻。周必大在《與呂子約寺丞書》中云:"慶曆諸賢黑白太明,致此紛紜。六一壯年氣盛,切於愛士,不知文靖渾涵精深,期於成務,未免責備。正獻兄弟方含章不耀,人所未知,故語言多失中,後來大段自悔"(引《全宋文》卷五〇九九)。時歐陽修壯年氣盛,並不知曉呂夷簡渾涵精深,故語言多失中,後有所悔悟。

呂公綽賜金紫,糾察在京刑獄。蔡襄上書乞罷

《琬琰集》中卷一五《呂諫議公綽墓志銘》:"慶曆三年,除史館修撰。是歲,文靖告老以太尉就第,猶領國史。公援李宗諤避親故事,益辭,上嘉之,賜金紫,糾察在京刑獄。"

《蔡襄集》卷一八《乞罷呂公綽糾察在京刑獄奏》:"臣竊見呂公綽先任三司判官,後因父夷簡在中書,避嫌不就省職,遂同判太常寺。太常寺舊無同判之名,爲公綽特置名目。近聞本寺失去編鐘四百有餘,爲寺中執役之人盜賣。公綽主判,理合坐罪,却差糾察在京刑獄。臣竊見宗正寺曾因失物,主判趙良規坐罪出補外任;況茲樂器,人主郊天祀廟、會朝崇禮之器,豈容竊去,而主判之官並不問罪,又遷升糾察刑獄之任? 顯是公綽明知本寺失鐘事重,輒求解罷,要作去官。若以前因避嫌,自夷簡罷相,公綽却合入三司判官;若以在館歲月頗深,見在資歷深如公綽者不少。近曾因父罷相賜紫,又授修撰,爲臣僚論列,尋已罷去。今轉更僥求,足驗全無廉恥。其呂公綽失鐘之罪,伏乞朝廷推至公之典,劾正其罪,依趙良規例施行。所有糾察在京刑獄敕書,伏乞追寢。"

《蔡襄集》卷一八《再論呂公綽奏》:"右,臣近爲呂公綽同判太常寺,失去樂鐘至多,並不問罪,却除糾察在京刑獄。臣伏劾正其罪,依趙良規例施行,所有糾察敕書亦乞追寢,未蒙朝廷施行。臣待罪諫官,所言悉皆公論。如呂公綽,其父夷簡執政之日,公綽倚勢賣權。欲施一恩,則預作因緣;欲行一事,則先露風旨。若以外人所議,直是貨賂交通。爲宰相之子,而暗擅威福之名,著貪婪之迹,爲陛下之臣,豈復有恭畏之心乎? 操履若斯,豈臣過論? 況夷簡作相日久,舊恩遍滿朝中,或欲屈法以芘公綽之愆,或欲遷官以酬夷簡之惠。

伏惟陛下持大公之柄,宰天下之平,示公綽均於百官,何以恣其僥倖? 若朝廷以公綽失鐘之罪爲輕,其糾察在京刑獄之任即乞追寢,別與閑慢差遣。若公綽不合陳論,乞加妄言之罪,使天下知是非有歸,不可空已也。"

時呂公綽糾察在京刑獄,逐步整頓吏治

《琬琰集》中卷一五《呂諫議公綽墓志銘》:"公糾察刑獄,言獄者人之大命,異時民抵重辟,獄具未報,爲典獄吏潛寘菫死獄中。先朝初置糾察,即專摘兹奸。今狴牢謹密,上下蒙蓋,情無由知,當疏購條,使令自陳,則奸黨壞落。又京師諸獄吏未嘗推選,皆無由剽攻群不逞之人,今不可盡斥,可先鋤其迹尤者。後有所補,悉募人保證,收其良能而用之,並爲制禄廩,使畏法,差自重。"

案:在呂夷簡諸子中,呂公綽最有爭議、受指責最多,蔡襄抨擊他"倚勢賈權""暗擅威福之名,著貪婪之迹",乞罷糾察在京刑獄。不過平心而論,呂公綽糾察在京刑獄期間,做出了一定的成績,如處理虎翼卒劉慶做亂事件,呂公綽處置果斷,把衛兵叛亂扼殺於萌芽狀態,維護了京城的安全。

蔡襄攻擊呂夷簡,請降呂夷簡致仕官秩

《蔡襄集》卷一七《乞降呂夷簡致仕官秩奏》:"臣竊聞司徒呂夷簡致仕,朝廷除太尉者。臣竊以呂夷簡立性奸邪,欺君賣國。出入政府二十年,二虜凌憑,百姓窮困,賢愚失序,賞罰不明,一無功勞,以病罷退。陛下未能誅戮,勸屬後人,豈當濫推恩禮,縱取笑天下。其呂夷簡麻詞乞不賜降下,別令中書詳議官秩。取進止。"

十一月
諫官歐陽修批評呂公綽等貴家子弟多在館閣

《長編》卷一四五仁宗慶曆三年十一月癸未條:"諫官歐陽修言……又,臣竊見近降詔書,不許權貴奏子弟入館閣。此蓋朝廷爲見近年貴家子弟,濫在館閣者多,如呂公綽、錢延年之類,尤爲荒濫,所以立此新規,革其甚弊。臣謂今後膏粱子弟,既不濫居清職,則前已在館閣者,雖未能沙汰,尚須裁損。欲

乞應貴家子弟入館閣見在人中,若無行業文詞爲衆所知,則不得以年深遷補龍圖、昭文館,並待制、修撰之類。所貴侍從清班,不至冗濫。”

仁宗召試館職,呂公著謙避不赴

《記纂淵海》卷三七《科舉部·試館職》:“呂公著既登第,詔歲次所業以進,將召試館職,公謙避,終無所進。朝廷知其意,不復索所業,令徑就試,亦不赴,故仁宗心重之。”

案:呂公著於慶曆二年進士及第,仁宗此次召試館職,“詔歲次所業以進”,故是條姑系於此。仁宗不喜奔競之人,曾曰:“恬退守道者旌擢,則躁求者自當知恥。”呂公著具有恬退之節。

呂公著知曹州

《山東通志》卷二七:“呂公著,壽州人。仁宗時知曹州,勤於政治,率五鼓起閱案牘,黎明出聽事,民有訟者,悉懷糗待決,事無留滯,吏無驚擾,人皆頌其神明。”

案:呂公著知曹州時間,不詳。根據《北宋京師及東西路大郡守臣考·曹州興仁府》,王德用於康定元年十二月知曹州,又於慶曆二年三月徙知澶州,任中師於慶曆五年四月知曹州。呂公著知曹州時間,是否在慶曆二年三月至慶曆五年四月之間?

慶曆四年甲申(1044),呂夷簡六十六歲,呂居簡四十六歲,呂公綽四十六歲,呂公弼三十八歲,呂公著二十七歲,呂公孺二十四歲,呂希道二十歲,呂希哲五歲

春正月
太常禮院上《太常新禮》四十卷與《慶曆祀儀》六十二卷,呂公綽等因參與編修受賞賜

《長編》卷一四六仁宗慶曆四年春正月辛卯條:"太常禮院上新修《太常新禮》四十卷、《慶曆祀儀》六十二卷。賜提舉、參知政事賈昌朝,編修、龍圖閣直學士孫祖德、知制誥李宥張方平,同編修、直集賢院呂公綽、天章閣侍講曾公、亮王洙、崇文院檢討孫瑜、集賢校理余靖、刁約,器幣有差。"

六月
范仲淹宣撫陝西、河東,途徑鄭州,拜訪呂夷簡,呂范歡然相語終日

《長編》卷一五〇仁宗慶曆四年六月壬子條:"參知政事范仲淹爲陝西、河東路宣撫使……始,范仲淹以迕呂夷簡,放逐者數年,士大夫持二人曲直,交指爲朋黨。及陝西用兵,天子以仲淹士望所屬,拔用護邊。及夷簡罷,召還倚以爲治,中外想望其功業,而仲淹亦感激眷遇,以天下爲己任,遂與富弼日夜謀慮,興致太平。然規摹闊大,論者以爲難行。及按察使多所舉劾,人心不自安;任子恩薄,磨勘法密,僥倖者不便;於是謗毀浸盛,而朋黨之論,滋不可解。然仲淹、弼守所議弗變。"

《長編》同條注:蘇轍《龍川別志》云:范文正公篤於忠亮,雖喜功名,而不爲朋黨。早歲排呂申公,勇於立事,其徒因之矯枉過直,公亦不喜也。自睦州還朝,出領西事,恐申公不爲之地,無以成功,乃爲書自咎,解仇而去。後以參知政事,宣撫陝西,申公既老,居鄭,相遇於途,文正身歷中書,知事之難,有悔

過之語。於是,申公欣然相與語終日。申公問:"何爲嘔去朝廷?"文正言:"欲經制西事耳。"申公曰:"經制西事,莫如在朝廷之便。"文正爲之愕然。故歐陽公爲《文正神道碑》,言二公晚年歡然相得,由此故也。後生不知,皆咎歐陽公。予見張公言,乃信之。按轍所志,未必盡可據,如言"經制西事,莫如在朝廷之便",仲淹豈不知此?但當時自以讒謗可畏,不得不少避之,故仲淹及富弼皆求出使。其出使,固知必不久安於朝,非緣夷簡之言,仲淹乃覺也。

案:《宋史全文》卷八下《宋仁宗四》慶曆四年六月條下評論,較全面肯定了呂夷簡的功績:"謂申公爲小人邪? 爭宸妃誕育之功而喪爲成禮,當宮庭避災之頃而願望清光。乃拜手疏八事,如正朝綱、塞邪徑、禁賄賂、斥佞壬,真得大臣輔相之體。而其大者,釋仲淹之宿怨,容孫沔之直言,是未可以小人訾之也。謂申公爲君子邪? 救有司不受臺諫,夷簡倡之;戒百官越職言事,夷簡主之。罷相之後,密表之頻奏,内侍之除結,是失大臣進退之義。"同時客觀敘述了范呂黨禍之始之興,"而其大者,因私憾而預瑶華之議,因北事而忌富弼之能,是未純於君子也。仲淹之比肩聯事,豈能帖帖阿附而爲詭隨之態乎? 方其姑蘇召還,正愜公議,待制之除,俾仲素蘊,而處鈞衡之地者,思有以陷之:以侍臣嗛其口,以劇務撓其心。然百官之圖、四論之獻,凜然生言者之氣,大臣不堪,遂以黨目之,仲淹於是有鄱陽之行。是行也,李纮、王質載酒往餞,而欲附黨以爲幸。歐陽修、余靖、尹洙抗疏力爭,而願同貶以爲榮。仲淹何慊哉! 以至韓琦救蔡襄之詩、程琳議黨人之謗、若谷明君子之類,此皆營救仲淹也。惜夷簡之黨勝,仲淹之黨不勝,至使受知薦主方爾從坐,同年進士又相繼出,諸賢皆以朋黨逐矣。至仲淹陝西召還,稍愜公議,日夜謀畫,圖報主知。然按察之令嚴,磨勘之法密,未有愜僥倖者之意,小人不悦,再以黨論之,仲淹於是復爲陝西之行。是行也,身再去國,讒者益甚。賈昌朝主王拱辰而逐益柔,益柔,仲淹所薦也。錢明逸希得象而去富弼,富弼,仲淹所厚也。陳執中因孫甫而去杜衍,杜衍,嘗爲仲淹言也。邸獄之起,朋黨作仇,一綱之打,私徒相慶。雖歐陽公以去國之身懷不自已,抗疏力言,至謂'群邪相賀於内,四夷相賀於外',未嘗不忠於國者,而大勢卒不可挽矣。方仲淹始爲夷簡黨目之,所斥諸賢尚有左袒。及仲淹再爲夏竦黨論之,所貶諸賢皆爲倒戈。蓋夏竦用心慘於夷簡,此元瑜所以初是仲淹而復希執中也。然嘗反覆史傳,竊謂黨禍之作固小人之罪,而希天子之風,附君子之名,不得盡辭其責,故嘗妄爲之説曰:黨論之始,倡蔡襄'賢不肖'之詩激之也。黨論之再作,石介'一夔一契'之詩激之也。其後諸賢相繼斥逐,又歐陽公邪正之論激之也。何者? 負天下之令名,非惟人情不堪,造物亦不吾堪爾。吾而以賢自處,孰肯以不肖自名? 吾而以夔、契自許,敦肯以大奸自辱? 吾而以公正自褒,孰肯以邪曲自毀哉? 如必過爲别白,私自尊尚,則人而不仁,疾之已甚,攻乎異端,斯害也已,安得不重爲君子之禍? 孫復謂禍始於此,仲淹謂怪鬼壞事,韓琦亦謂天下事不可如此。其亦有先見云耳……未几雲開日出,所廢之人尋即召用,所罷之官隨已復職,如范文正以忤申公而得貶,其始也雖爲之下朋比之詔,及西事之興,不惟宥其過,而且至大用。杜、富、歐、余以邸獄而盡去,始者所行之人雖盡廢黜,而陳執中既罷之後,諸賢復召,而或異之鈞衡,或列於論思,氣類相感,竟不至傷吾保泰之和,諸賢何憾哉?"

歐陽修撰"范仲淹神道碑銘",云及呂夷簡復相,范仲淹亦再被起用,於是"二公歡然,相約平賊",天下傳爲嘉話。范仲淹之子范純仁不同意,云:"吾翁未嘗與呂公平也",要求歐陽修修改。歐陽修直接拒絶:"此吾所目擊,公等少年,何從知之?"范純仁兄弟便在神道碑銘刻石時,自作主張删去了以上文字,此事在葉夢得《避暑録話》卷上亦有記載。歐陽修不認可范家兄弟的做法,曾在與杜衍之子杜訢的信中説:"范公家神刻,爲其子擅自增損。"並且,他在將這篇神道碑銘收録自己的文集時,上述文字原封不動地保留了下來。那麼,歐陽修和范純仁兄弟的見解,哪一個最接近事實? 王瑞來在《范吕解仇公案再探討》中認爲,兩者都是堅持了事實,范氏兄弟將删削後的神道碑銘埋石,也埋進了他們的孝思和安心。歐陽修將神道碑銘原封不動地收録進自己的文集,期望能傳之後世發人深省。後來蘇轍、朱熹、周必大、陳亮等學者都對此事有議論,朱熹和周必大之間甚至有過激烈的爭論。聯係到北宋後期黨爭的酷烈,人們不得不長歎,王安石和司馬光,以及後來的新舊黨人,都缺乏吕夷簡和范仲淹的襟懷和度量。

又案:《范仲淹全集》之《范文正公集續補》卷二,有《上吕相公書》,按《范文正公年譜》考證,此書信當作於慶曆四年六月,兹録全文如下:"伏蒙臺慈疊賜鈞翰,而褒許之意,重如金石,不任榮懼! 不任榮懼! 竊念仲淹草萊經生,服習古訓,所學者惟修身治民而已。一日登朝,輒不知忌諱,效賈生慟哭太息之說,爲報國安危之計。而朝廷方屬太平,不喜生事,仲淹於搢紳中獨如妖言,情既齟齬,詞乃暌戾,至有忤天子大臣之威。賴至仁之朝,不下獄以死,而天下指之爲狂士。然則忤之之情無他焉,正如陸龜蒙《怪松圖贊》謂草木之性,其本不怪,乘陽而生,小已遏,不伸不直,而大丑彰於形質,天下指之爲怪木,豈天性之然哉? 今擢處方面,非朝廷委曲照臨,則敗辱久矣。昔郭汾陽與李臨淮有隙,不交一言;及討禄山之亂,則執手泣別,勉以忠義,終平劇盜,實二公之力。今相公有汾陽之心之言,仲淹無臨淮之才之力,夙夜盡瘁,恐不副朝廷委之之意。重負泰山,未知所釋之地,不任惶恐戰慄之極。不宣。仲淹惶恐再拜。"周密《癸辛雜識》別集上《范吕不合》云:"范文正始與吕文靖不合而去,文靖晚以西事復召用之,文正遺吕書,以郭、李爲喻,共濟國事,視古廉、藺、寇、賈,真無慊矣。而忠宣乃謂無之,吕太史所輯《文鑒》特載此書,而《文正集》中無之,蓋忠宣所删也。"真是可歎! 我從范仲淹書信中看出他對吕夷簡的真誠敬意。

七月

吕公綽請改真宗皇后謚皆爲章,並於郊禮前遣官先上寶册

　　《長編》卷一五一仁宗慶曆四年七月丙子條:"先是,同判太常寺吕公綽言:'文王之妃曰文母,宋共公之妻曰共姜,《詩》稱莊姜、宣姜,皆以謚從夫也,然則古無先夫作謚之文。自漢、晉、隋、唐而降,歷舉后謚,多冠以帝號,不然則參同一字。惟聖朝循稽作謚之典,追合從夫之義,祖宗之後,共此成法。若僖祖謚有文獻,后曰文懿;順祖謚有惠元,后曰惠明;翼祖謚有簡恭,后曰簡穆;宣祖謚有昭武,后曰昭憲;太祖謚有大孝,后曰孝明、孝惠、孝章;太宗謚有聖德,后曰懿德、明德、元德、淑德。先帝在御,特謚二后曰莊懷、莊穆。及上真宗文明武定章聖元孝之謚,而郭后升配,即當協參徽號而追正之,時無建請,莫復典章。迨夫奉慈尊名,繼循前失。況莊穆神主合祔本室,名無所屬,理固未安,宜列系於丕稱,式增隆於大行,兼詳乾德禮例改謚昭憲皇后故事,伏請改上真宗皇后謚皆爲章。'下兩制學士、太常禮院議,而翰林學士丁度等言:'公綽所引前代皇后皆從帝謚,然漢之帝謚,主於一字,與本朝名號不同。

真宗五后祔廟日久,神道貴静,難從改謚之禮。'既而公綽復言:'真宗五后尊謚,終未合典法,宜於郊禮前遣官先上寶册,庶循先朝加上六后尊謚故事。'丙子,有詔恭依。禮院言:'乾德中,改上昭憲皇后謚,中書門下特請改題,是時禮官以爲不可。及祥符中,增上六室帝謚,天聖初,又增上真宗武定之謚,止告廟,更不改題,實爲得禮。'遂如故事。"

九月

太尉致仕許國公吕夷簡卒,贈太師、中書令,謚文靖

　　《長編》卷一五二仁宗慶曆四年九月戊辰條:"鄭州言太尉致仕許國公吕夷簡卒。帝見輔臣,涕下曰:'安得憂公忘身如夷簡者!'贈太師、中書令,謚文靖。"

　　《長編》同條:"自上初立,太后臨朝十餘年,内外無間,天下晏然,夷簡之功爲多。其後元昊反,四方久不用兵,師出數敗,契丹乘之,遣使求關南地,頗賴夷簡計畫,選一時有名之臣,報契丹、經略西夏,二邊以寧。然建募萬勝軍,雜市井小人,浮脆不任戰門,用宗室補環衛官,驟增俸賜,又加遺契丹歲金繪二十萬,當時不深計之,至於後世費大而不可止。夷簡當國柄最久,雖數爲言者所詆,帝眷倚不衰。然所斥士,旋復收用,亦不終廢。其於天下事,屈伸舒卷,動有操術。後卒配食廟庭,爲世名相。"

　　案:《故推誠保德宣忠亮節崇仁協恭守正翊戴功臣開府儀同三司守太尉致仕上柱國許國公食邑一萬八千四百户食實封七千六百户贈太師中書令謚文靖吕公神道碑銘並序》由張方平撰寫,在《樂全集》卷三六。據神道碑:吕夷簡卒,年六十六;夫人爲扶風馬氏,太子少保忠肅公亮之女,婦體順而正,母道慈以嚴;有七子:公綽,兵部員外郎、史館修撰;公弼,度支員外郎、三司鹽鐵判官;公著、公孺,並太常博士,操行器識,儒學吏用,維其似之,必復大顯;公餗,贈右贊善大夫;餘早夭;二女:長適司封郎中雍,文正公子也,次不育。曾鞏《隆平集》卷五記載吕夷簡"卒年六十六",王德毅在《吕夷簡與范仲淹》一文中考證,吕夷簡"年六十六",朱熹《五朝名臣言行録》卷第六之一《丞相許國吕文靖公》云"薨,年六十五",疑朱熹有誤。趙曉鑫在《歷史文獻研究》2009 年第 1 期發表《〈吕夷簡行狀〉作者考述》一文,指出朱熹在撰寫《五朝名臣言行録》吕

夷簡小傳時,有二十九條引文出自李宗諤所撰寫的行狀,趙曉鑫經考證,李宗諤比吕夷簡早卒三十一年,實不可能爲吕夷簡作行狀,故朱熹所引有誤。

又案:慶曆三年,陝西轉運使孫沔、諫官蔡襄、歐陽修紛紛上書彈奏吕夷簡,謂夷簡謀身忘公,養成天下之患,實爲奸臣。朱熹雖没明言吕夷簡爲奸臣,却極度貶低他,認爲夷簡爲相,天下昏亂,其云:"'某嘗説吕夷簡最是個無能底人,今人却説他有相業,會處置事,不知何者爲相業?何者善處置?爲相正要以進退人才爲先,使四夷聞知,知所聳畏。方其爲相,其才德之大者,如范文正諸公既不用,下而豪俊跅弛之士,如石曼卿諸人,亦不能用。其所引援,皆是半間不界無狀之人,弄得天下之事日入於昏亂。及一旦不奈元昊何,遂盡挨與范文正公。若非范文正公,則西方之事決定弄得郎當,無如之何矣。今人以他爲有相業,深所未曉。'(子蒙)"(《朱子語類》卷一二九《本朝三》)。但著名史家李燾却認爲:"其於天下事,屈伸舒卷,動有操術。後卒配食廟庭,爲世名相。"汪應辰在《題吕文靖公事狀》中亦云,仁宗朝號稱盛世,吕夷簡功不可没:"方仁宗臨御,仁厚之德,清浄之政,民到於今受其賜。賢人君子,布滿中外,累朝賴以爲用。號令文章,焕然一新,紀綱法度,皆可以持循而勿失。四夷和平,百姓富實,教化孚洽,風俗純厚。宰相之事業,蓋亦不言而喻矣。"(《文定集》卷一〇)。魏了翁在《跋吕文靖公試卷真迹》中評論,吕夷簡三相仁宗,以才識稱,其政績人品使吕氏家族代有顯人:"其卓卓可記者如納天書於方中與夫止玉清營繕、正章懿喪禮、却契丹借兵、罷官寺監軍、杜母后專政之漸、謹人主御樓之拜、發郡國建學宗正睦親之議,此非無素者所能辦。雖與范、歐異論,晚年乃能同心戮力以扶王室,是宜子孫之傳。自惠穆、正獻而後,榮陽、右丞、中書、駕部,代有顯人,至成公而以學問名世,與宋靡已。猗其盛哉!"(《鶴山先生大全文集》卷六二)

本人經過研究認爲,吕夷簡被人説成"奸臣",或出於政見不同,或出於黨同伐異,並不符合史實。他在仁宗朝三次入相,爲穩定政局,輔助年輕的仁宗治國,使仁宗朝能在北面、西面兩個強敵的夾擊下,未被擊垮,維護了國家的統一和穩定,維護了宋朝經濟文化繁榮的局面,並保持了中國在當時世界領先的地位,應是一個功臣、忠臣。史家譽夷簡爲宋之"名相",當之無愧。(見拙作《北宋宰相吕夷簡奸臣説獻疑》,發表於《人文雜志》2008年第3期)

仁宗賜"懷忠"之碑

《澠水燕談録》卷九《雜録》:"仁宗天縱多能,尤精書學,凡宮殿門觀,多帝飛白題榜,勳賢神道,率賜篆螭首。王曾之碑曰'旌賢'……呂夷簡曰'懷忠'……大臣碑額賜篆,蓋始於此。其後英廟、神考,亦屢有賜者。"

案:據《呂氏家塾記》云:皇祐初,王沂公家始乞御篆碑額,仁宗同日自製二碑名,親書以賜二家,沂公曰"旌賢碑",文靖公曰"懷忠碑"各三字。王子融乞上爲沂公親書碑文。上曰:"呂夷簡何故無請?"左右曰:"非故事也。"遂親書"懷忠碑"賜之。以墳寺爲懷忠薦福院,又改馬亭鄉爲懷忠。

范仲淹有《祭呂相公文》

《范文正公文集》卷一一《祭呂相公文》:"維慶曆四年十一月日,具官范某,謹致祭於故相、贈太師令公呂公之靈。嗚呼! 富貴之位,進退惟艱。君臣之際,始終尤難。公覯昌辰,宰於庶揆。保輔兩宮,訏謀二紀。雲龍協心,股肱同體。萬國久寧,雍容道行。四鄙多故,憂勞疾生。辭去台衡,命登公袞。以養高年,如處嘉遁。嗚呼! 日月迭來,數不可回。兩楹告兆,萬乘興哀。某素游大鈞,猥居近輔。得公遺書,適在邊土。就哭不逮,追想無窮。心存目斷,千里悲風。尚饗!"(引自《范仲淹全集》)

呂夷簡薨,晏殊罷相,杜衍拜相,賈昌朝進樞密使,陳執中參知政事

《宋宰輔編年録校補》卷五仁宗慶曆四年九月:"庚午,晏殊罷相……甲申,杜衍拜相……同日,賈昌朝進樞密使……陳執中參知政事……"

呂夷簡薨,呂公綽除兵部員外郎,復充館職

《琬琰集》中卷一五《呂諫議公綽墓志銘》:"文靖薨,(公綽)除兵部員外郎,復充館職。"

呂公弼除兵部員外郎

《文恭集》卷一五《呂公弼可兵部員外郎制》:"敕某:官著考法,雖審較於

行能;職重首曹,亦參視於人地。以爾承世濟之善,有德器之稱,中握計籌,外按使斧,臨劇煩而自若,躬和粹而弗流,選自省聯,攝糾都獄。雖平反之尚淺,在審克而則精。更試之效已聞,稍遷之典惟舊。姑寵七兵之秩,用服一臺之華。往服茂恩,勉濟遠業。"

案:未知吕公弼除兵部員外郎在何時,暫寄於此。

卷十一

慶曆五年乙酉（1045），呂居簡四十七歲，呂公綽四十七歲，呂公弼三十九歲，呂公著二十八歲，呂公孺二十五歲，呂希道二十一歲，呂希哲六歲

正月

范仲淹罷參知政事，富弼罷樞密副使，杜衍罷相。賈昌朝拜相，王貽永樞密使，宋庠參知政事，吳育、龐籍並樞密副使

《宋宰輔編年録校補》卷五仁宗慶曆五年正月：“乙酉，范仲淹罷參知政事……富弼罷樞密副使……丙戌，杜衍罷相……同日，賈昌朝拜相……同日，王貽永樞密使……同日，宋庠參知政事……同日，吳育、龐籍並樞密副使……”

三月

韓琦罷樞密副使

《宋宰輔編年録校補》卷五仁宗慶曆五年三月：“辛酉，韓琦罷樞密副使……”

四月

章得象罷相，陳執中拜相，吳育參知政事，丁度樞密副使

《宋宰輔編年録校補》卷五仁宗慶曆五年四月：“戊申，章得象罷相……同日，陳執中拜相……庚戌，吳育參知政事……丁度樞密副使……”

案：丁度爲呂蒙正四婿。陳執中與呂夷簡有親戚關係，陳執中兒子陳世儒娶李中師女兒，李中師是呂公綽長婿。

十一月
提點刑獄、屯田郎中呂居簡穩定徐州秩序

　　《長編》卷一五七仁宗慶曆五年十一月辛卯條："初,徐州人告直溫等挾妖法誘軍士爲變,而轉運使不受,亟詣提點刑獄、屯田郎中呂居簡。居簡令勿言有不受者,復與轉運使合謀捕直溫等。直溫等既受誅,濮州復有謀叛者,民相搖驚潰。居簡馳往,得其首惡,誅之。大閱兵饗士,奸不得發。居簡,蒙正之子也。"

慶曆六年丙戌①(1046),呂居簡四十八歲,
呂公綽四十八歲,呂公弼四十歲,呂公著二十九歲,
呂公孺二十六歲,呂希道二十二歲,呂希哲七歲

三月
梁彥回進士及第

　　《蘇魏公文集》卷五八《屯田郎中知博州梁君墓志銘》："君諱彥回……慶曆五年秋舉進士……明年春,遂與發之同年中第。"

　　案:梁彥回,字亞之,是呂延問的岳父,慶曆六年進士及第,官至屯田郎中知博州,早卒,娶吏部尚書宋白之曾孫女。梁彥回祖父梁顥,太宗雍熙二年進士第一,歷知開封府、翰林學士等職,卒贈刑部尚書。伯父固,真宗大中祥符二年(1009)進士第一,官至三司户部判官,早卒,娶禮部尚書任康懿公中正之女。父親適,仁宗景祐元年(1034)進士及第,官拜宰相,娶樞密副使任中師之女爲妻,親上加親,任氏是山東曹州有名的官宦之家,任中師兄弟倆都位列宰輔。梁氏是科舉盛族。

---

　　① 庆历六年是丙戌年,《长编》卷一五八以为是丙申年,误。

六月

呂希道特賜進士出身

《宋會要輯稿》選舉九之一一:"(慶曆六年)六月五日,賜大理評事呂希道、太常寺奉禮郎王拱己進士出身,大理寺丞楊士彥同進士出身。希道,太尉致仕夷簡之孫,以遺恩陳乞;拱己,以資政殿學士王舉正薦;士彥,參知政事宋綬遺恩,並召試學士院,入等,命之。"

案:本年特賜第凡五人。特賜進士出身者有王拱己、呂希道;特賜同進士出身有祝許(祝諫弟)、楊士彥(參知政事宋綬遺恩)、雷憲。

八月

吳育樞密副使,丁度參知政事

《宋宰輔編年錄校補》卷五仁宗慶曆六年八月癸酉條:"吳育樞密副使……丁度參知政事……"

是歲,呂公孺知潁州

《宋史·呂夷簡傳》(《呂公孺附傳》):"(公孺)知澤、潁、廬、常四州。"

案:據《北宋京師及東西路大郡守臣考·潁州潁昌府》考證:慶曆六年始,至慶曆八年,呂公孺知潁州。

又案:本年進士及第者凡五百三十八人。有賈黯、劉敞、王存、梁彥回、梁彥明、強至、趙瞻、劉攽等。

慶曆七年丁亥(1047)，呂居簡四十九歲，

呂公綽四十九歲，呂公弼四十一歲，呂公著三十歲，

呂公孺二十七歲，呂希道二十三歲，呂希哲八歲

春正月

呂公綽等管勾修郊廟祭器

《長編》卷一六〇仁宗慶曆七年春正月辛丑條：“辛丑，命權御史中丞高若訥、同判太常寺呂公綽管勾修郊廟祭器。”

案：呂公綽以郊廟祭器制度多違禮，請悉更造。采《月令》諸書，集爲《郊祀總儀》上之。

三月

賈昌朝罷相，吳育罷樞密副使。夏竦樞相，文彥博樞密副使，高若訥樞密副使

《宋宰輔編年錄校補》卷五仁宗慶曆七年三月己未條：“賈昌朝罷相……吳育罷樞密副使……同日，夏竦樞相……同日，文彥博樞密副使……高若訥樞密副使……”

六月

提點刑獄呂居簡保護石介身後事

《五朝名臣言行錄》卷第一〇之四《徂徠石先生》：“石介既卒，夏英公言於仁宗曰：‘介實不死，北走胡矣。’尋有旨編管介妻子於江淮，又出中使與京東部刺史發介棺以驗虛實。是時，呂居簡爲京東轉運使，謂中使曰：‘若發棺空，而介果北走，則雖孥戮不足以爲酷。萬一介尸在，未嘗叛去，即是朝廷無故發人塚墓，何以示後世耶？’中使曰：‘誠如金部言。然則若之何以應中旨？’居簡

曰：'介之死，必有棺殮之人，及内外親族及會葬門生，無慮數百，至於舉柩窆棺，必用凶肆之人，今皆檄召至此，勒問之，苟無異説，即皆令具軍令狀，以保任之，亦足以應詔也。'中使大以爲然。遂自介親屬及門人姜潛以下並凶肆棺殮舁柩之人，合數百狀，皆結罪保證。中使持以入奏，仁宗亦悟竦之譖，尋有旨放介妻子還鄉，而世以居簡爲長者。"（見《朱子全書》第十二册）

慶曆八年戊子（1048），呂居簡五十歲，呂公綽五十歲，呂公弼四十二歲，呂公著三十一歲，呂公孺二十八歲，呂希道二十四歲，呂希哲九歲

閏正月
文彦博拜相

《宋宰輔編年録校補》卷五仁宗慶曆八年閏正月戊申條："文彦博拜相……"

四月
丁度罷參知政事，明鎬參知政事

《宋宰輔編年録校補》卷五仁宗慶曆八年四月："壬申，丁度罷參知政事。丁度自慶曆五年四月除樞密副使，六年八月除參知政事，是年四月罷，執政凡三年……同日，明鎬參知政事……"

案：前以述及，丁度爲呂蒙正四婿。明鎬字化基，密州安丘人，平定貝州王則叛亂有功，文彦博數次推薦。執政才兩月，疽發背卒，贈禮部尚書，謚文烈。

五月
夏竦罷樞密使。宋庠樞密使，龐籍參知政事

《宋宰輔編年録校補》卷五仁宗慶曆八年五月辛酉條："夏竦罷樞密使

……同日,宋庠樞密使……龐籍參知政事……"

八月

錢明逸、呂公綽審程守顥冒名買中牟死馬案

《宋會要輯稿》職官六五之五:"(慶曆八年)八月十一日,殿前副都指揮使、寧遠節度使許懷德知亳州,落管軍。翰林學士、兼端明殿學士、右諫議大夫、知制誥、史館修撰張方平,右諫議大夫、權御史中丞楊察,兵部員外郎、兼侍御史知雜事張昇,祠部員外郎、集賢校理、知許州韓綜,並落職。方平知滁州,察信州,昇濠州,綜袁州。開封府判官、司勛員外郎种世材奪兩官,勒停。三司戶部判官、祠部員外郎、集賢校理楊儀奪三官,責邵州別駕。楊儀之妻富氏,程文昌妻之從姊也,以故儀與文昌交私。文昌叔守顥爲人訟冒名買中牟死馬務,文昌爲請於儀,而持簡者誤達知開封縣楊日就,日就告發之,命翰林學士錢明逸、知制誥呂公綽鞫其事。而懷德故從妹有別產在許州陽翟縣,以無子籍入官,懷德因文昌從儀乞書禱綜,欲妄認同姓產。書至而其獄已移他州,綜坐不時以聞。守顥嘗晉人,而世材聽儀之請輒貸之。又昇爲判官日,文昌母誣家婢置藥羹中,而昇未嘗追辨其事。方平坐嘗託儀市女口,察以知開封府失察舉。然察、昇皆去官,而方平法不應得罪,特皆貶之。"

九月

龍圖閣直學士呂公綽上新制天地祖宗位版

《長編》卷一六五仁宗慶曆八年九月己亥條:"御延和殿,召輔臣觀御書,龍圖閣直學士呂公綽上新制天地祖宗位版,因命輔臣同觀之。"

十二月

度支判官、司封郎中呂居簡因捕賊有勞,擢太常少卿

《長編》卷一六五仁宗慶曆八年十二月庚寅條:"度支判官、司封郎中呂居簡爲太常少卿,以前提點京東刑獄,捕賊有勞也。"

是歲，呂公孺知廬州

《宋史·呂夷簡傳》《呂公孺附傳》：“（公孺）知澤、潁、廬、常四州。”

案：據《宋兩淮大郡守臣易替考·廬州》考證：慶曆八年，林濰離任後，呂公孺接任知廬州。至皇祐二年呂公孺離任，陳希亮接任。

皇祐元年己丑(1049)，呂居簡五十一歲，呂公綽五十一歲，呂公弼四十三歲，呂公著三十二歲，呂公孺二十九歲，呂希道二十五歲，呂希哲十歲

八月
陳執中罷相。文彥博拜昭文相，宋庠拜集賢相，龐籍樞密使，高若訥參知政事，梁適樞密副使

《宋宰輔編年錄校補》卷五仁宗皇祐元年八月壬戌條：“陳執中罷……同日，文彥博拜昭文相……同日，宋庠拜集賢相……同日，龐籍樞密使……高若訥參知政事……梁適樞密副使……”

是年，歐陽修知潁州，呂公著爲通判，相與爲講學之友

《宋史·呂公著傳》：“呂公著……通判潁州，郡守歐陽修與爲講學之友。後修使契丹，契丹主問中國學行之士，首以公著對。”

《南窗紀談》：“呂申公爲潁州通判，歐公爲守。素不以文靖爲然，及與其子爲僚，見其學識，已改觀矣。時劉原甫、王深甫皆寓居郡下，四人日相從講學爲事，情好款密。”（引自嚴傑《歐陽修年譜》）

案：《歐陽修全集》卷四，有《答呂公著見贈》，詩云：“晉人歌蟋蟀，孔子錄於《詩》。因知聖賢心，豈不惜良時。行樂不及早，朱顏忽焉衰。馳光如騕褭，一去不可追。今也不彊飲，後雖悔奚爲？三年謫永陽，陷阱不知危。種樹滿

幽谷,疏泉瀉清池。新陽染山木,撩亂發枯枝。無人歌青春,自醥白玉卮。今者荷寬宥,乞州從爾宜。西湖舊已聞,既見又過之。菡萏間紅綠,鴛鴦浮渺瀰。四時花與竹,鱄俎動可隨。況與賢者同,薰然襲蘭芝。醁醅寒且醲,清唱婉而遲。四坐各已醉,臨觴獨何疑。昔人逢曲車,流涎尚垂頤。況此杯中趣,久得樂無涯。多憂衰病早,心在良可噫。譬若卧櫪馬,聞聲尚鳴悲。春膏已動脈,百卉漸葳蕤。丹砂得新方,舊疾庶可治。尚可執鞭弭,周旋以忘疲。"此詩周本、叢刊本注云"皇祐元年"作。

是年,呂希哲十歲,家教非常之嚴

《伊洛淵源録》卷七《呂侍講•家傳略》:"公諱希哲,字原明,正獻公之長子也,以恩補官……申國夫人性嚴有法度,雖甚愛公,然教公事事循蹈規矩。甫十歲,祁寒暑雨,侍立終日,不命之坐,不敢坐也。日必冠帶以見長者,平居雖天甚熱,在父母長者之側,不得去巾襪,縛袴衣服惟謹。行步出入,無得入茶肆酒肆。市井里巷之語,鄭衛之音,未嘗一經於耳。不正之書,非禮之色,未嘗一接於目。"

案:據《宋元學案》卷四《廬陵學案》,焦千之字伯強,潁州焦陂人,歐陽修弟子。時呂公著通判潁州,他聘請焦千之督導子弟,"延之館,使子希哲董師事焉。耿介不苟,終日危坐,未嘗妄笑語。諸生有不至,則召之坐,面切責之,不少假借。"焦千之年老歸里,呂希純知潁州,爲先生築宅於城南,潁州人稱之爲焦館。

歐陽修在潁州,呂公著諸子執子姪禮

《齊東野語》卷九《父執之禮》:"熙寧初,呂晦叔諸子謁歐陽公於潁上,疑當拜與否。既見敍,拜,文忠不復辭,受之如受子姪之禮。二子既出,深歎前輩不可及。"

呂公著與夫人敬重范仲淹,並教導呂希哲

《童蒙訓》卷上:"正獻公年三十餘,通判潁州,已有重名。范文正公以資政殿學士知青州,過潁,來復謁公,呼公謂之曰:'太傅,近朱者赤,近墨者黑,

歐陽永叔在此,太傅宜頻近筆研。'申國夫人在廳,事後聞其語,嘗舉以教滎陽公焉。前輩規勸懇切,出於至誠,類如此也。"

案:本年進士及第者凡四百九十八人。有馮京、呂大防、范百禄、范純仁、孫洙、孫覺、鄧潤甫、謝景温等。

皇祐二年庚寅(1050),呂居簡五十二歲,

呂公綽五十二歲,呂公弼四十四歲,呂公著三十三歲,

呂公孺三十歲,呂希道二十六歲,呂希哲十一歲

正月
呂公著與歐陽修等於聚星堂邀友分韻賦詩

朱弁《風月堂詩話》卷上:"歐公居潁上,申公呂晦叔作太守(誤,應爲通判),聚星堂燕集,賦詩分韻。公得松字,申公得雪字,劉原父得風字,魏廣得春字,焦千之得石字,王回得酒字,徐無逸得寒字。又賦室中物,公得鸚鵡螺杯,申公得瘦壺,劉原父得張越琴,魏廣得澄心堂紙,焦千之得金星硯,王回得方竹杖,徐無逸得月硯屏風。又賦席間果,公得橄欖,申公得紅蕉子,劉原父得温柑,魏廣得鳳棲,焦千之得金橘,王回得荔枝,徐無逸得楊梅。又賦壁間畫像,公得杜甫,申公得李文饒,劉原父得韓退之,魏廣得謝安石,焦千之得諸葛孔明,王回得李白,徐無逸得魏鄭公。詩編成一集,流行於世,當時四方能文之士及館閣諸公,皆以不預此會爲恨。"(引自劉德清《歐陽修年譜》皇祐二年正月條)

呂公著《分題得瘦木壺》:"天地產衆材,任材謂之智。棟楠與楹杙,小大無有棄。方者以矩度,圓者中規制。嗟爾木之瘦,何異肉有贅。生成擁腫姿,賦象難取類。檃括所不施,鉤繩爲爾廢。大匠睨而往,惻然乃有意。孰非造化功,而終朽不器。刳剔虛其中,朱漆爲之僞。斟漿挹酒醴,施用惟其利。犧象非不珍,金罍豈不貴。設之於楹階,十目肯注視。幸因左右容,反見爲奇

異。人之於才性，夫豈遠於是。性雖有不善，在教之揉勵。才亡不可用，由上所措置。飾陋就其長，皆得爲良士。執一以廢百，衆功何由備。是惟聖人心，能通天下志。”

案：據劉德清《歐陽修年譜》載，歐陽修於皇祐元年正月移知潁州，皇祐二年七月改知應天府，呂公著亦於皇祐二年六月赴京任職，故此文壇佳話當在皇祐元年至皇祐二年六月之間，且呈持續性。歐陽修《堂中畫像探題得杜子美》系於此年，其《人日聚星堂燕集探韻得豐字》系於皇祐二年正月。又據嚴傑《歐陽修年譜》，皇祐元年歐陽修建聚星堂，《正德潁州志》卷一聚星堂條：“宋歐陽文忠公守潁，倅佐呂正獻，而其先政如晏殊、蔡齊、曾肇、韓琦皆名公，故歐公建堂治內，題曰聚星，有聚星堂詩集。”

又案：呂公著此詩出自於《全宋詩》卷四五二。《全宋詩》録呂公著詩十八首。但據李震《〈全宋詩〉所收呂公著詩辨疑》，十八首詩中，僅有《恭和》《分題得瘦木壺》《楊郎中新居和堯夫先生韻二首》凡四首爲呂公著自作，其餘十四首爲邵雍作，《全宋詩》所收有誤，是文發表於《中華文史論叢》2016 年第 4 期。

二月

呂公弼始除河北漕

《長編》卷一七〇仁宗皇祐三年四月辛丑條注釋：“……上以公弼爲能，據本傳，云在部四年，恐誤。按皇祐二年二月，公弼始除河北漕，三年四月遂除都漕，在部才一年餘爾。陳旭彈奏，上云云，則據《寶訓》也。”

案：《宋會要輯稿》選舉三三之七云，兵部員外郎呂公弼直史館，充河北轉運使，在皇祐二年二月十一日。呂公弼在河北轉運使任上，移內地之粟充實邊塞。

六月

屯田員外郎呂公著同判吏部南曹

《長編》卷一六八仁宗皇祐二年六月辛巳條：“屯田員外郎呂公著同判吏部南曹。公著，夷簡之子也。嘗召試館職，不就。於是上諭曰：‘知卿有恬退之節。’因賜五品服。”

案:據劉德清《歐陽修年譜》,是年六月,焦千之隨呂公著離潁赴京,隨往京師教呂公著子,歐陽修有詩《送焦千之秀才》云:"焦生獨立士,勢利不可恐。誰言一身窮,自待九鼎重。有能揭之行,可謂仁者勇。呂侯一作倅相家子,德義勝華寵。焦生得其隨,道合若膠鰲。始生及吾門,徐子喜驚踴。曰此難致寶,一失何由踵。自吾得二生一作子,粲粲獲雙珙。奈何奪其一,使我意紛毧。吾嘗愛生材,抽擢方鬱翁一作蓊。猶須老霜雪,然後見森聳。況從主人賢,高行可傾竦。讀書趨簡要,言說去雜冗。新文時我寄,庶可蠲煩壅。"

七月

歐陽修與呂公著書信

《歐陽修全集》卷一四五《與呂正獻公晦叔五通》,其一皇祐二年:"某啓。別後人還,兩辱書,暑中喜承寢味多福。某十三日受命,與孫公易地。此月下旬,當行效官,不憚宣力。苟爲公家,何所不可。若區區應接人事,以避往來之謗,祗恐違其天性,難久處也。西湖宛然,再來之計不難圖,而與賢者共樂,知其不可得也。秋涼,惟冀保重。"

案:歐陽修於是年七月改知應天府,按書信内容,知其當撰於七月。

是歲,呂公著知單州

據《北宋京師及東西路大郡守臣考·單州》考證:宋仁宗皇祐二年、三年、四年及五年八月之前,呂公著知單州。

案:呂公著於皇祐二年六月同判吏部南曹,未知几月起知單州。

是歲,呂公孺知常州

《宋史·呂夷簡傳》《呂公孺附傳》:"(公孺)知澤、潁、廬、常四州。"

案:據《宋兩浙路郡守年表·常州》考證:皇祐二年始,至皇祐四年,呂公孺知常州。

是歲,呂公綽知永興軍

《華陽集》卷五一《翰林侍讀學士朝散大夫尚書右司郎中集賢殿修撰中都

縣開國伯食邑八百户護軍賜紫金魚袋特贈左諫議大夫吕公墓志銘》:"以龍圖
閣直學士知永興軍,以樞密直學士知秦州,迭帥兩府。"

案:據《宋川陝大郡守臣易替考·京兆府永興軍》考證:皇祐二年,吕公綽
知永興軍。

皇祐三年辛卯(1051),吕居簡五十三歲,
吕公綽五十三歲,吕公弼四十五歲,吕公著三十四歲,
吕公孺三十一歲,吕希道二十七歲,吕希哲十二歲

三月
宋庠罷相。劉沆參知政事

《宋宰輔編年録校補》卷五仁宗皇祐三年三月:"庚申,宋庠罷相……同
日,劉沆參知政事……"

四月
吕公弼爲天章閣待制、河北都轉運使

《長編》卷一七〇仁宗皇祐三年四月辛丑條:"河北轉運使、工部郎中、直
史館吕公弼爲天章閣待制、河北都轉運使。公弼在職踰年,通御河,漕粟實塞
下。又置鐵冶,佐經用,減近邊屯兵,使就食京東,以省支移。諸州增壯城兵,
專給版築,以寬民役。又蠲冗賦及民負責不能償者數百萬計,而官用亦饒。
上以爲能,故加秩而因任之。諫官陳旭言公弼藉父餘蔭,干求薦引,不當遽有
此除。公弼因是乞罷,上謂輔臣曰:'古之君子貴夫几諫,今則務訐人陰私,以
沽直名,朕不取也。'"

吕公綽知秦州

《華陽集》卷五一《翰林侍讀學士朝散大夫尚書右司郎中集賢殿修撰中都

縣開國伯食邑八百户護軍賜紫金魚袋特贈左諫議大夫吕公墓志銘》：“以龍圖閣直學士知永興軍，以樞密直學士知秦州，迭帥兩路。”

案：據《宋川陝大郡守臣易替考·秦州》考證：皇祐三年，至皇祐四年，吕公綽知秦州。

吕公綽遷刑部員外郎

《宋景文集》卷三一《吕公綽可刑部員外郎制》：“敕：吕公綽風猷華劭，材力淹舉。務時儒術，邁訓義方。閒從劇使，復專清貫。樹聲宣力，所往必諧。夫結課之條，須最而陟。既挺明效，亶符遴選。宜進司刑之曹，庸光滿歲之法。”

案：據《全宋文》卷五四九“吕公綽履歷”，吕公綽遷刑部員外郎，在以樞密直學士知秦州以後，故姑系於此。

七月

詔樞密直學士、刑部郎中吕公綽赴闕，八月復任如故

《長編》卷一七〇仁宗皇祐三年七月乙亥條：“徙判澶州、宣徽南院使、彰信節度使李昭亮判成德軍，昭亮辭判澶州也。知成德軍、樞密直學士、刑部侍郎李昭述爲龍圖閣學士，知秦州。樞密直學士、刑部郎中吕公綽赴闕。已而御史中丞王舉正、知諫院包拯言：‘昭亮素奸回，妄有所請；昭述懦庸，不宜付以重鎮；公綽當其父夷簡執政時，多所干預，若遽令代還，恐更圖進用。’乃詔各復任如故。復任在八月壬午，今並書。公綽通敏有才，然夷簡執政時，多涉干請，喜名好進者趨之，時漏除拜以市恩，時人以比竇申。”

八月

吕公綽復任知秦州

據前《長編》卷一七〇條。

九月

商胡、郭固決河,詔河北都轉運使呂公弼等赴闕議

《長編》卷一七一仁宗皇祐三年九月己未條:"詔三司河渠司與兩制、臺諫官同議塞商胡、郭固決河。初,河決商胡,至是又決郭固,朝廷議修塞,而中外章疏交上,所執不同,故議之。仍詔河北都轉運使呂公弼、提舉河堤綦仲宣赴闕同議。"

詔河北都轉運使李柬之、呂公弼提舉修郭固河事

《長編》卷一七一仁宗皇祐三年九月壬申條:"觀文殿學士丁度等言,所議修塞決河,謂宜先塞郭固,其商胡俟歲稔別計度之。乃詔河北都轉運使李柬之、呂公弼提舉修郭固河事,北京鈐轄王逵編攔,通判趙宗古及内侍淩守信同管勾。"

十月

李淑落翰林學士

《長編》卷一七一仁宗皇祐三年十月乙未條:"翰林學士兼端明殿學士、翰林侍讀學士、禮部侍郎、知制誥李淑落翰林學士。"

案:李淑素與呂夷簡親善,呂夷簡墓由李淑志。諫官包拯、吳奎言淑性奸邪,故李淑落翰林學士。

文彥博罷相。龐籍昭文相,高若訥樞密使,梁適參知政事,王堯臣樞密副使

《宋宰輔編年録校補》卷五仁宗皇祐三年十月庚子條:"文彥博罷相……同日,龐籍昭文相……同日,高若訥樞密使……梁適參知政事……王堯臣樞密副使……"

皇祐四年壬辰(1052),呂居簡五十四歲,

呂公綽五十四歲,呂公弼四十六歲,呂公著三十五歲,

呂公孺三十二歲,呂希道二十八歲,呂希哲十三歲

五月
呂公綽以龍圖閣學士權知開封府

《開封府題名記》:"皇祐四年五月,(呂公綽)龍圖閣學士權知。"(此碑現藏開封市博物館)

六月
狄青樞密副使

《宋宰輔編年錄校補》卷五仁宗皇祐四年六月丁亥條:"狄青樞密副使⋯⋯"

十二月
呂公綽上《乞興國寺行香皇親臣僚於殿門外下馬奏》

《全宋文》卷五四九呂公綽《乞興國寺行香皇親臣僚於殿門外下馬奏》皇祐四年十二月:"相國寺、啓聖院、慈孝寺國忌行香,應皇親、諸臣僚並逐寺院殿門外下馬。惟興國寺未有定制,併入殿庭就幕次前下馬。欲乞今後興國寺行香及非時開寺,皇親、諸臣僚並依相國寺例殿門外下馬。"

是歲,呂公弼知瀛州

《宋史·呂夷簡傳》(《呂公弼附傳》):"(公弼)擢都轉運使,加龍圖閣直學士、知瀛州。"

案:《全宋文》卷九九六有蔡襄所撰制文《尚書工部郎中充天章閣待制呂

公弼可依前工部郎中充龍圖閣直學士高陽關路都部署兼安撫使兼知瀛州制》,制詞云:"國家都汴,而燕趙之郊制控北道,河間尤爲要地。今雖邊圍晏清,然於遠馭之策,屯敢勇之士,蓄犀利之器,以爲蔽扞。委之儒將,苟非智略通敏,燭見事機,疇可以任?具官某,出於相門,挺然有立。持身遠於權利,從政達於治經。踐歷滋深,風稱甚美。頃以遣臨河朔之重,遂升延閣之華。省徭以集散亡,流粟以資支計。列城謹於備禦,吏部悚於嚴明。逮兹罷還,聞嘗諮訪,遷河圖之近級,總帥幕於故關。風俗所安,兵民所賴,皆爾周悉,豈煩訓言。"據李之亮《宋河北河東大郡守臣易替考 · 瀛州河間府》考證:吕公弼知瀛州當在皇祐四年,並且在七月之前。因包拯在皇祐四年七月徙知瀛州。

皇祐五年癸巳(1053),吕居簡五十五歲,吕公綽五十五歲,吕公弼四十七歲,吕公著三十六歲,吕公孺三十三歲,吕希道二十九歲,吕希哲十四歲

四月
吕公綽進翰林侍讀學士,知審刑院兼判太常寺

《宋史 · 吕夷簡傳》(《吕公綽附傳》):"(公綽)祀明堂,遷刑部郎中,召爲龍圖閣學士、權知開封府。歲餘,願罷府事,進翰林侍讀學士、知審刑院兼判太常寺。"

案:據《北宋京師及東西路大郡守臣考 · 開封府》皇祐五年條考證:楊察此年四月當權知開封府,那麼,吕公綽進翰林侍讀學士,知審刑院兼判太常寺的時間當在四月或稍稍之前。

五月
狄青樞密使,高若訥罷樞密使,孫沔樞密副使

《宋宰輔編年錄校補》卷五仁宗皇祐五年五月:"乙巳,狄青樞密使……同

日,高若訥罷樞密使……丁未,孫沔樞密副使……"

案:狄青平定儂智高有功,擢樞密使。

七月

呂居簡知越州

《姑蘇志》三守臣題名:"呂居簡字處約,河東人。至和元年六月自越州以光禄卿徙蘇。"

案:據《宋兩浙路郡守年表·越州紹興府》考證:皇祐五年七月,王逵去任,呂居簡守越當在王逵之後,自皇祐五年七月至至和元年六月。

閏七月

龐籍罷相。陳執中進昭文相,梁適拜集賢相

《宋宰輔編年録校補》卷五仁宗皇祐五年閏七月壬申條:"龐籍罷相……同日,陳執中進昭文相……同日,梁適拜集賢相……"

同日,降翰林侍讀學士、刑部郎中呂公綽爲龍圖閣學士、知徐州

《長編》卷一七五仁宗皇祐五年閏七月壬辰條:"降翰林侍讀學士、刑部郎中呂公綽爲龍圖閣學士、知徐州,御史吳祕知濠州,提點淮南路刑獄、度支員外郎、集賢校理孫錫知太平州,度支員外郎王礪知信州。初,諫官、御史言公綽前知開封府受龐籍旨,決趙清貺杖近脊下,故清貺不至配所死。公綽遂得罪,而錫坐前爲推官,礪爲判官,祕亦獨不彈奏,故皆責及之。既而,公綽上章自辨,乃詔知開封府楊察按其事,具言杖清貺實在判官廳,非公綽所臨。然其命已行,但令札示公綽而已。"

呂公綽知徐州,有惠政

《琬琰集》中卷一五《呂諫議公綽墓志銘》:"至徐州,屬歲旱大饑,不及聞上,即日發倉廩賑窮乏,全活者甚衆。"

八月

應呂公綽言，呂公著充崇文院檢討

《長編》卷一七五仁宗皇祐五年八月壬子條："翰林侍讀學士呂公綽，言弟都官員外郎、知單州公著，頃因先臣致仕恩例乞試，蒙候得替取旨，後經三任十年，未曾有所干請。詔公著充崇文院檢討。"

案：呂公著出身相門，不事浮華，潛心道義，得到仁宗的高度贊揚。蔡襄《都官員外郎呂公著可司封員外郎依前崇文院檢討制》云："敕：具官某生於相門，不狃華習，潛心道義，飭勵誠節。入游文館，彌見沖抱。以三年大比之法，而進爾資級。勉修職業，用永來譽。"此制文未知何年，姑系於此。

十月

龍圖閣學士、刑部郎中、集賢殿修撰、知徐州呂公綽復爲侍讀學士

《長編》卷一七五仁宗皇祐五年十月己亥條："户部侍郎、知鄆州龐籍爲觀文殿大學士，龍圖閣學士、刑部郎中、集賢殿修撰、知徐州呂公綽復爲侍讀學士。《宋要録》：初，諫官、御史言公綽前知開封府，受籍旨決道士趙清貺，杖近脊下，故不至配所死，公綽坐是黜。其實，杖清貺於判官廳，非公綽所臨也。公綽以趙清貺之死自辨於朝，上察其情，故並籍皆復舊職。於是知諫院韓絳乃力爭，不報。絳家居待罪，上遣使慰勞之。尋除禮部員外郎，罷諫院。絳爲禮外，乃十一月甲申，今附見。"

案：《全宋文》卷九九七有蔡襄撰寫的制文《龍圖閣學士尚書刑部郎中知徐州呂公綽可復翰林侍讀學士制》，制詞云："敕：夫一法以正群下，有抵必行，示不私也；人主敦仁以覆萬物，雖遠必及，示有恩也。惟是二柄，予嘗念焉。具官某，早以材劭，久歷詞禁。向尹京邑，甫期歲律，中有詔獄，失於情審，退處淵圖之職，往試藩服之政。朕於近侍，眷念不忘，金華勸學，悉還爾舊。爾其省修，以被予之後寵。"

是歲，呂昌齡知明州

李之亮《宋兩浙路郡守年表·明州慶元府》考證：呂昌齡於皇祐五年始知明州，至和元年離任。

　　案：呂昌齡爲從簡子，蒙正孫，姒鄭氏、王氏，生子二：仲元，仲甫（《中華呂氏通譜》卷一《世系篇·聯宗第五宗支》）

　　又案：本年進士及第者凡五百二十人。有鄭獬、楊繪、滕元發、呂陶、李定、李清臣、何琬、蒲宗孟、錢藻等。

皇祐六年（至和元年）甲午（1054），呂居簡五十六歲，呂公綽五十六歲，呂公弼四十八歲，呂公著三十七歲，呂公孺三十四歲，呂希道三十歲，呂希哲十五歲

二月

呂公弼權知開封府

　　《開封府題名記》："皇祐六年二月龍圖閣"（下泐）（引自《北宋京師及東西路大郡守臣考·開封府》）。

　　案：《華陽集》卷三四有《龍圖閣直學士呂公弼可權知開封府制》，制詞云："敕：神奧之畿，畫千里之廣；師衆之會，表四方之風。朕思擇吏師之良，以寄尹正之治，疇若予采，僉曰汝諧。具官某相閥之英，賢路之懿，經術輔於政事，器業光於邦家。自擢進於近聯，亟歷更於煩使。將兩河之漕，而積兵軷之儲；控三關之符，而息亭燧之警。宜峻文昌之序，還蒞天邑之區，使鈲箭之畫空，而枹鼓之宵徹。休有治迹，紹於前人。可。"

三月

王貽永罷樞密使，孫沔罷樞密副使。王德用樞密使，田況樞密副使

　　《宋宰輔編年錄校補》卷五仁宗皇祐六年三月己巳條："王貽永罷樞密使……同日，孫沔罷樞密副使……同日，王德用樞密使……田況樞密副使……"

詔改元

　　《長編》卷一七六仁宗至和元年三月庚辰條："德音改元，降天下死罪一

等,流以下釋之。"

六月

吕居簡知蘇州

《姑蘇志》三守臣題名:"吕居簡字處約,河東人。至和元年六月自越州以光禄卿徙蘇。"

七月

程戡參知政事,梁適罷相

《宋宰輔編年録校補》卷五仁宗至和元年七月:"丁卯,程戡參知政事……戊辰,梁適罷相……"

權知開封府、龍圖閣直學士、兵部郎中吕公弼爲樞密直學士、知益州。復授同群牧使

《長編》卷一七六仁宗至和元年七月己巳條:"權知開封府、龍圖閣直學士、兵部郎中吕公弼爲樞密直學士、知益州。先是上每念吕夷簡,聞公弼有才,書其名於殿柱。公弼奏事,上目送之,語宰相曰:'公弼甚似其父。'既召程戡入輔,因使公弼代戡。公弼固辭,乃復授龍圖閣直學士、同群牧使;乃詔同群牧使權增一員,後不爲例。"

案:據《宋會要輯稿》職官二三之七記載,差龍圖閣直學士吕公弼同群牧使,在至和元年七月十七日,爲戊寅日。

龍圖閣直學士吕公弼言己立位宜在歐陽修之下

《宋會要輯稿》儀制三之二三:"至和元年七月二十四日,龍圖閣直學士吕公弼言:'龍圖閣直學士歐陽修丁憂服闋,緣修除學士在臣之前,望令立位在上。'從之。"

八月

劉沆拜相

《宋宰輔編年録校補》卷五仁宗至和元年八月丙午條:"劉沆拜相⋯⋯"

九月

歐陽修薦擧王安石、呂公著爲諫官

劉德清《歐陽修年譜》:(至和元年九月),歐陽修薦擧王安石、呂公著爲諫官。有《薦王安石呂公著札子》。(引自《宋人年譜叢刊》)

《歐陽修全集》卷一〇九《薦王安石呂公著札子》至和中:"臣伏見陛下仁聖聰明,優容静諫。雖有狂直之士犯顔色而觸忌諱者,未嘗不終始保全。往往亟加擢用,此自古明君賢主之所難也。然而用言既難,獻言者亦不爲易。論小事者既可鄙而不足爲,陳大計者又似迂而無速效,欲微諷則未能感動,將直陳則先忤貴權。而旁有群言,奪於衆力,所陳多未施設,其人遽已改遷。致陛下有聽言之勤,而未見用言之效,頗疑言事之職,但爲速進之階。蓋緣臺諫之官,資望已峻,少加進擢,便履清華。而臣下有厭人言者,因此亦得進説,直云此輩務要官職,所以多言。使後來者其言益輕,而人主無由取信,辜陛下納諫之意,違陛下賞諫之心。臣以謂欲救其失,惟宜擇沉默端正、守節難進之臣置之諫署,則既無干進之疑,庶或其言可信。伏見殿中丞王安石,德行文學,爲衆所推,守道安貧,剛而不屈。司封員外郎呂公著,是夷簡之子,器識深遠,沉静寡言,富貴不染其心,利害不移其守。安石久更吏事,兼有時才,曾召試館職,固辭不就。公著性樂閑退,淡於世事。然所謂夫人不言,言必有中者也。往年陛下上遵先帝之制,增置臺諫官四員。已而中廢,復止兩員。今諫官尚有虚位,伏乞用此兩人,補足四員之數,必能規正朝廷之得失,裨益陛下之聰明。臣叨被恩榮,未知報效,苟有所見,不敢不言。取進止。"

案:據《歐陽修全集》文末原注:"乞留中,遂不出。"據嚴傑《歐陽修年譜》考證,《王荆公年譜考略》卷四曾曰:"史稱歐陽修薦爲諫官,以祖母年高辭。按祖母謝氏卒於皇祐五年。明年四月改元至和,是時歐、王尚未相識。至至和三年,歐公《再論水災狀》以包拯、張瓌、呂公著、王安石並薦。則謝氏卒已四年矣。狀亦無薦爲諫官語。其爲采摭雜書,謬妄可知。集中又有《薦王安石吕公著札子》,兩人堪補諫官。小注只載'至和中'而不曰某年,又注云'乞留中,遂不出',其言恍惚無據,其爲後人攙補,亦不無可疑。"似《薦王安石吕公著札子》爲可疑,姑存之。

是年,歐陽修撰范仲淹神道碑,語及吕夷簡,言二公戮力平賊

《歐陽修全集》卷二一《資政殿學士户部侍郎文正范公神道碑銘》:"……自公坐吕公貶,群士大夫各持二公曲直,吕公患之,凡直公者,皆指爲黨,或坐竄逐。及吕公復相,公亦再起被用,於是二公歡然相約戮力平賊。天下之士皆以此多二公,然朋黨之論遂起而不能止……"(據周本、叢刊本注,此文作於至和元年)

《歐陽修全集》卷一五〇《與姚編禮辟字子張二通》之一皇祐五年:"某頓首。閒居絕無人使,又不欲頻煩郡中借人,所以久不作書上杜公,然哀苦中無限瞻依也。因請見,爲多道哀懇。希文得美謚,雖無墓志,亦可。況是富公作,必不泯昧。修亦續後爲他作神道碑,中懷亦自有千萬端事待要舒寫,極不憚作也。只是劣性剛褊,平生吃人一句言語不得,居喪犯禮,名教所重,況更有纖毫。譬如閒事,亦常不欲人擬議,況此乎! 然而不失爲他紀述,只是遲著十五個月爾。此文出來,任他奸邪謗議近我不得也。要得挺然自立,徹頭須步步作把道理事,任人道過當,方得恰好。杜公愛賢樂善,急欲范公事迹彰著耳。因侍坐,亦略道其所以,但言所以遲作者,本要言語無屈,準備仇家爭理爾。如此,須先自執道理也。餘事不必云云。背碑子極奉煩,多荷多荷。因見杜贊善,托問實録,不必封,但只恁寄來,此中程判官亦爲伸謝。將書來後,信有書去。某再拜。"

《歐陽修全集》卷一五〇《與澠池徐宰無黨六通》之四至和二年:"某啟。人至,辱書,承官下無恙,深慰深慰。所云進取之道,能具達其如此,夫復何患? 論及富公言《范文正公神道碑》事,當時在潁,已共詳定,如此爲允。述吕公事,於范公見德量包宇宙,忠義先國家。於吕公事各紀實,則萬世取信。非如兩仇相訟,各過其實,使後世不信,以爲偏辭也。大抵某之碑,無情之語平;富之志,嫉惡之心勝。後世得此二文雖不同,以此推之,亦不足怪也。某官序非

差，但略爾，其後已自解云‘居官之次第不書’，則後人不於此求官次也。幸爲一一白富公，如必要換，則請他別命人作爾。”

《晦庵先生朱文公文集》卷七一《考歐陽文忠公事迹·平心無怨惡》：“李本云：公自言學道三十年，所得者平心無怨惡爾。初以范希文事得罪於呂公，坐黨人遠貶三峽，流落累年。比呂公罷相，公始被進擢。及後爲范公作神道碑，言西事時呂公擢用希文，盛稱二公之賢，能釋私憾而共力於國家。希文子純仁大以爲不然，刻石時輒削去此一節，云：‘我父至死未嘗解仇。’公歎曰：‘我亦得罪於呂丞相者，惟其言公，所以信於後世也。吾嘗聞范公平生自言無怨惡於一人，兼其與呂公解仇書見在贅集中。豈有父自言無怨惡於一人，而其子不使解仇於地下乎？父子之性相遠如此，信乎堯、朱善惡異也！’公爲潁州時，呂公之子公著爲通判，爲人有賢行而深自晦默，時人未甚知。公後還朝，力薦之，奏疏具集中。由是漸見擢用。陳恭公執中素不善公，其知陳州時，公自潁移南京，過陳，陳拒而不見。公後還朝作學士，陳爲首相，公遂不造其門。已而陳出知亳州，尋還使相，換觀文。公當草制，陳自謂必不得好詞，及制出，詞甚美，至云：‘杜門却掃，善避權勢以遠嫌；處事執心，不爲毀譽而更守。’陳大驚喜，曰：‘使與我相知深者，不能道此，此得我之實也。’手録一本，寄其門下客李中師，曰：‘吾恨不早識此人。’此段疑避呂、范二家子弟，因並陳恭公事而去之。竊謂於此尤可以見歐、范之存心，與呂、陳之悔過，恐皆不可遺也。”

案：此時歐陽修論及范呂關係，持公允態度，范純仁却極爲不滿。事已在慶曆四年六月條述及，此不贅述。

至和二年乙未^①（1055），呂居簡五十七歲，呂公綽五十七歲，呂公弼四十九歲，呂公著三十八歲，呂公孺三十五歲，呂希道三十一歲，呂希哲十六歲

五月

呂公綽上《論審官院勘會合差官奏》

《全宋文》卷五四九呂公綽《論審官院勘會合差官奏》至和二年五月："竊見審官院近歲以來，爲守待差遣人衆，不住擘畫，預使向前員闕。臣原闕擘畫，其預使員闕注擬依舊外，所有見在任官，即今審官院勘會作先朝合差替月日限之制，於差狀內開説，及期方降替。"

案：據《宋會要輯稿》職官一一之三至四記載，（至和）二年五月八日，新差知河陽呂公綽論審官院勘會合差官奏，朝廷從之。

詔呂公綽致雨有功，留侍經筵

《長編》卷一七九仁宗至和二年五月乙丑條："先是，久不雨，帝問翰林侍讀學士呂公綽何以致雨，公綽曰：'獄久系則旱。'帝親慮獄，已而大雨。時公綽受命知河陽既數月，乙丑，詔留侍經筵。"

呂公綽加護軍進封開國□食邑五百户

《全宋文》卷九九九蔡襄《端明殿學士給事中程戡可加上護軍食邑五百户翰林學士呂公綽可加護軍進封開國□食邑五百户制》："敕：朕齊明祗栗，躬執牲玉，以祀郊廟。神天鑑格，蒙獲福應，澤惠之行，周於寓內。況予近列，奉祀於內，述職於外，宜有恩數，以章寵異。具官某，才資方重，履尚修飭。早登禁

密,休有風猷;鎮撫藩屏,益彰材稱。泰元展報,慶自近始,增衍邑田之厚,進列勛號之榮。厥恩茂焉,勿忘祇載。可。"

案:此制文未知撰於何時,姑系於此。

六月

陳執中罷相。文彥博、富弼並相

《宋宰輔編年録校補》卷五仁宗至和二年六月戊戌條:"陳執中罷相……同日,文彥博、富弼並相……"

十月

呂公綽卒,特贈左諫議大夫

《華陽集》卷五一《翰林侍讀學士朝散大夫尚書右司郎中集賢殿修撰中都縣開國伯食邑八百户護軍賜紫金魚袋特贈左諫議大夫呂公墓志銘》:"至和二年十月,遷右司郎中。未拜命,疾革,是月十四日以訃聞。賜其誥於家,年五十七,特贈左諫議大夫,録孤,賻物加等。"

《宋史·呂夷簡傳》(《呂公綽附傳》):"公綽字仲裕……祀明堂,遷刑部郎中,召爲龍圖閣學士、權知開封府。歲餘,願罷府事,進翰林侍讀學士、知審刑院兼判太常寺……遷右司郎中,未拜,卒。贈左諫議大夫。公綽通敏有才,父執政時,多涉干請,喜名好進者趨之。嘗漏泄除拜以市恩,時人比之竇申。"

案:據墓志銘,呂公綽娶兵部員外郎上官泌之女。子六人:長希傑,太常博士;次未名,並亡;希道,屯田員外郎,端粹才令;次亡;次希俊,太常寺太祝;次希亞,秘書省正字。女二人:長適淮南轉運使、刑部員外郎、集賢校理李中師;次適太常博士程嗣恭。孫五人:嘉問、之問、延問,太常寺太祝;君問、昭問,將作監主簿。

又案:據《宋會要輯稿》儀制一一之八:"……翰林侍讀學士、刑部郎中呂公綽,至和二年十一月……以上並贈右諫議大夫。"或爲左諫議大夫,待考。

王安石撰有祭文,祭呂公綽

《臨川先生文集》卷八五《祭呂侍讀文》:"嗚呼!伯夷相唐,尚父賓周。受氏祚國，重光奕休。于辰之逢，發我文靖。公實塚嗣，纉前之慶。御書翰林，典禮太常。是爲世臣，焜耀家邦。方騫方奮，厥隕誰使？震驚咨嗟，上自天子。凡居此列，惟公弟僚。於公之殯，祇薦羞醪。”

十二月

吕公著因歐陽修稱贊，名聞契丹

《宋史·吕公著傳》：“（吕公著）通判潁州，郡守歐陽修與爲講學之友。後修使契丹，契丹主問中國學行之士，首以公著對。”

案：據劉德清《歐陽修年譜》，歐陽修於是年八月爲契丹國母生辰使，十二月，抵契丹境内松山，受到契丹破例招待。《三朝名臣言行録》卷八之一《丞相申國吕正獻公》：“其後修入爲翰林學士，薦公文學行誼宜在左右，因數爲朝廷在位者稱公清净寡欲，有古君子之風。及修使北虜，虜問中國德行文章之士，修以公及王荆公安石對。”

吕希哲從王安石學

《宋名臣言行録》外集卷六：“始從胡安定於太學，後遍從孫復、石介、李覯，又從王安石學。安石以爲凡士未官而事科舉者，爲貧也。有官矣，而復事科舉，是僥倖富貴利達，學者不由也。公聞之，遽棄科舉，一意古學。始與伊川俱事胡瑗，公少程一二歲，察其學問淵源非他人比，首以師禮事之，而明道、横渠、孫覺、李常，皆與公游，由是知見日益廣大。”

案：據劉成國《王安石年譜長編》，吕希哲從王安石學，系於本年。

卷十二

至和三年(嘉祐元年)丙申(1056),吕居簡五十八歲,

吕公弼五十歲,吕公著三十九歲,吕公孺三十六歲,

吕希道三十二歲,吕希哲十七歲

閏三月

王堯臣參知政事,程戡樞密副使

《宋宰輔編年録校補》卷五仁宗至和三年閏三月癸未條:"王堯臣參知政事……程戡樞密副使……"

程琳卒

《長編》卷一八二仁宗至和三年閏三月丁酉條:"(鎮安節度使、同平章事程琳)得疾遽卒。丁酉,贈中書令,諡文簡。琳爲人敏厲嚴深,長於政事,章獻時,嘗上《武后臨朝圖》,外人莫知,帝後於邇英講讀,謂近臣曰:'琳心行不佳。'蓋指此也。然琳卒蒙大用,議者謂上性寬厚無宿怨云。"

案:程琳與吕公綽爲親家,第三子程嗣恭娶吕公綽第二女。另:程琳長子嗣隆娶仁宗朝宰相龐籍第三女,第二子嗣弼娶仁宗朝宰相賈昌朝長女,一女嫁與參知政事韓億之子縝。

七月

歐陽修上《再論水災狀》,舉薦包拯、張瓌、吕公著、王安石四賢

《歐陽修全集》卷一一〇《再論水災狀》至和三年:"……伏見龍圖閣直學士、

知池州包拯,清節美行,著自貧賤;讜言正論,聞於朝廷。自列侍從,良多補益。方今天災人事非賢罔乂之時,拯以小故,棄之遐遠,此議者之所惜也。祠部員外郎、直史館、知襄州張瓌,靜默端直,外柔內剛,學問通達,似不能言者。至其見義必爲,可謂仁者之勇。此朝廷之臣,非州郡之才也。祠部員外郎、崇文院檢討呂公著,故相夷簡之子,清静寡欲,生長富貴而淡於榮利,識慮深遠,文學優長,皆可過人而喜自晦默,此左右顧問之臣也。太常博士、群牧判官王安石,學問文章,知名當世,守道不苟,自重其身,論議通明,兼有時之才用,所謂無施不可者。凡此四臣者,難得之士也……"

案:歐陽修於七月初上宋仁宗《論水災狀》,此《再論水災狀》應於七、八月之間,姑系於此。

八月

狄青罷樞密使,韓琦樞密使

《宋宰輔編年錄校補》卷五仁宗至和三年八月癸亥條:"狄青罷樞密使……同日,韓琦樞密使……"

九月

詔改元爲嘉祐元年

《長編》卷一八四仁宗嘉祐元年九月辛卯條:"恭謝天地於大慶殿,大赦,改元。"

十一月

王德用罷樞密使,賈昌朝樞密使

《宋宰輔編年錄校補》卷五仁宗嘉祐元年十一月辛巳條:"王德用罷樞密使……同日,賈昌朝樞密使……"

十二月

劉沆罷相,曾公亮參知政事

《宋宰輔編年錄校補》卷五仁宗嘉祐元年十二月壬子條:"劉沆罷相……

同日,曾公亮參知政事……"

王安石深與呂公著、韓維、司馬光等結交,時人目爲"嘉祐四友"

《宋史·呂公著傳》:"始與王安石善,安石兄事之,安石博辯騁辭,人莫敢與亢,公著獨以精識約言服之。"

《却掃編》卷中:"王荊公、司馬温公、呂申公、黃門韓公維,仁宗朝同在從班,特相友善。暇日多會於僧坊,往往燕談終日,他人罕得而預。時目爲'嘉祐四友'"。

案:皇祐五年,呂公著自單州還京,充崇文院檢討。以爲天下堯舜之道不可復行,求閑局。王安石至和元年入京任群牧判官,以韓、呂二族爲巨室,乃深與韓絳、絳弟維及呂公著友。《邵氏聞見録》卷三云:"安石雖高科有文學,本遠人,未爲中朝士大夫所服,乃深交韓、呂二家兄弟。韓、呂,朝廷之世臣也,天下之士,不出於韓,即出於呂……子華、持國、晦叔爭揚於朝,安石之名始盛。"

嘉祐二年丁酉(1057),呂居簡五十九歲,呂公弼五十一歲,呂公著四十歲,呂公孺三十七歲,呂希道三十三歲,呂希哲十八歲

四月

呂居簡除右諫議大夫、集賢院學士、知梓州

《宋會要輯稿》選舉三三之九:"嘉祐二年四月二十八日,光禄卿呂居簡爲右諫議大夫、集賢院學士、知梓州。"

案:據李之亮《宋川陝大郡守臣易替考·梓州潼川府》考證:呂居簡於嘉祐五年離任。

五月

王安石離京出守常州，呂公著贈言"莊重靖密"

《王荆文公詩箋注》卷一〇《寄吳沖卿》，李注引《晦叔家傳》："公自單州歸，益研精講學，無進趨之意。嘗與王介甫相對而歎曰：'今天下雖小康，然堯舜之道，知不可復行。'以故求閑局，將以遂其志。公初列館閣，與安石友善。安石博辯有文，同舍莫敢與之亢，獨公以精識約言服之。安石出守常州，求贈言，公告以四言曰'莊重靖密。'"

案：據《王安石年譜長編》，朝鮮活字版《王荆文公詩李壁注》引《晦叔家傳》，呂公著曾贈言王安石。呂公著和王安石爲同年進士，歐陽修曾先後兩次舉薦兩人，時兩人都負當世盛名，意氣相投。

七月

王安石抵常州，致書呂公著

《王荆文公詩李壁注》卷一〇《寄吳沖卿》，李注引《晦叔家傳》："安石出守常州，求贈言，公告以四言曰'莊重靖密'。安石至郡，寓書與公，曰：'備官京師二年，疢疾積於心，每不自勝。一詣長者，即廢然而反。夫所謂德人之容，使人鄙意已消，吾於晦叔見之矣。'"

案：按《王文公文集》卷七四《上歐陽永叔書》其三，王安石於七月抵常州。王安石自至和元年九月至嘉祐二年居京師，任群牧判官，時呂公著任崇文院檢討，二人爲同年，又同得歐陽修舉薦。劉成國認爲，兩人志趣相投，遂成至交。

是歲，呂希彥爲邠州僉判

梅堯臣《宛陵集》卷五五《送呂寺丞希彥邠州僉判》："自有仲宣樂，從軍仍近親。關河歷周鄭，風雪過咸秦。原上方驅馬，鞍傍忽起鶉。世家傳鈞玉，重問渭川濱。"

案：此詩作於嘉祐二年。呂希彥，字行甫，呂公弼二子。生平有過人處，不幸短命，喜藏墨，士大夫戲之爲墨顛。

又案:本年進士及第者凡三百八十八人。有章衡、竇卞、王韶、呂大鈞、呂惠卿、朱光庭、林希、梁燾、張載、程顥、曾布、曾鞏、蔣之奇、鄭雍、蘇軾、蘇轍等。

嘉祐三年戊戌(1058),呂居簡六十歲,
呂公弼五十二歲,呂公著四十一歲,呂公孺三十八歲,
呂希道三十四歲,呂希哲十九歲

五月
鹽鐵副使郭申錫訟河北都轉運使李參,參系呂公弼薦

《長編》卷一八七仁宗嘉祐三年五月壬午條:"初,鹽鐵副使郭申錫受詔行河,與河北都轉運使李參論議不相中,訟參於朝曰:'參繇呂公弼薦,遷諫議大夫爲僥倖;又遣小吏高守忠齎河圖屬宰相文彦博。'御史張伯玉亦奏參朋邪結托有狀。以事連宰相,乃詔天章閣待制盧士宗、右司諫吳中復推劾,而申錫、伯玉皆不實。伯玉以風聞免劾。"

六月
文彦博罷相,富弼拜昭文相,韓琦拜集賢相。賈昌朝罷樞密使,宋庠樞相,田況樞密使,張昇樞密副使

《宋宰輔編年録校補》卷五仁宗嘉祐三年六月丙午條:"文彦博罷相……同日,富弼拜昭文相……韓琦拜集賢相……同日,賈昌朝罷樞密使……同日,宋庠樞相……田況樞密使……張昇樞密副使……"

是歲,呂公弼知渭州

《宋史·呂夷簡傳》《呂公弼附傳》):"(公弼)改同群牧使,以樞密直學士知渭、延二州,徙成都府。"

案:《宋川陝大郡守臣易替考·渭州》考證:呂公弼是年知渭州。

嘉祐四年己亥(1059)，呂居簡六十一歲，
呂公弼五十三歲，呂公著四十二歲，呂公孺三十九歲，
呂希道三十五歲，呂希哲二十歲

春正月
朝廷拔呂公著爲天章閣侍講，公著力辭，舉司馬光與王安石自代

《長編》卷一八九仁宗嘉祐四年春正月己酉條："祠部郎中、崇文院檢討官呂公著爲天章閣侍講。公著以疾辭，乞改命直秘閣司馬光、度支判官王安石。不報。"

呂公著侍經筵，於治亂安危之要反復申陳

《三朝名臣言行録》卷第八之一《丞相申國呂正獻公》："公既侍經筵，時仁宗春秋高，公於經傳同異，訓詁得失，皆粗陳其略。至於治亂安危之要，聞之足以戒者，乃爲上反復深陳之。仁宗嘗詔講官：'凡經傳所載逆亂事，皆直言毋諱。'公因進講言：'弒逆之事，臣子之所不忍言，而仲尼書之《春秋》者，所以深戒後世人君，欲其防微杜漸，居安而慮危，使君臣父子之道素明，長幼嫡庶之分早定，則亂臣賊子，無所萌其奸心。故《易》曰：'履霜堅冰至。'由辯之不早辯也。'侍讀劉原父常退謂記言官曰：'當載之史册，以垂後世。'《家傳》"（見《朱子全書》第十二册）

二月
歐陽修再薦呂公著

《歐陽修全集》卷九一《舉呂公著自代狀》嘉祐四年二月："臣伏見司封員外郎、崇文院檢討呂公著，出自相門，躬履儒行。學贍文富，器深識遠。而靜默寡欲，有古君子之風。用之朝廷，可抑浮俗；置在左右，必爲名臣。非惟臣所

不如,實當今難得之士。臣今舉以自代。”

三月

呂蒙巽第三女卒

王珪《華陽集》卷五三《壽安縣太君呂氏墓志銘》:“夫人姓呂氏,其先並州人。曾大父諱夢奇,贈太師、尚書令。大父諱龜祥,贈太師、中書令。父諱夢巽,尚書虞部員外郎、知海州、贈太常少卿。夫人實第三女也。海州之從兄宮師文穆公,太平興國中策進士第一,未几,致位宰相,被兩朝顧遇,固隆貴矣⋯⋯未几,夫人感疾,終於官第,實嘉祐四年三月某日也。享年七十,封壽安縣太君。”

案:據墓志銘,呂氏祖父呂龜祥,父親呂蒙巽,嫁於王珪伯父王覃。

五月

田況罷樞密使

《宋宰輔編年録校補》卷五仁宗嘉祐四年五月丙辰條:“田況罷樞密使⋯⋯”

祠部郎中呂公孺自户部判官出爲京西轉運使

《長編》卷一八九仁宗嘉祐四年五月戊午條:“祠部郎中呂公孺自户部判官出爲京西轉運使。御史中丞韓絳言:‘公孺父夷簡執政日,公孺兄公綽受四方賂遺,往往爲公孺恐喝奪之,又與公綽小女奸,不可以任監司。’”

案:韓絳上奏言呂公孺不可任監司。

六月

呂公孺降知安州

《長編》卷一八九仁宗嘉祐四年六月癸亥條:“降公孺知安州。公孺自訟爲絳所誣,乞置獄考實,詔不許,趣令之官。”

案:據《宋兩湖大郡守臣易替考·安州德安府》考證:嘉祐四年六月始,至嘉祐五年,呂公孺知安州。

七月
吕公著上《議四后廟享奏》,時同判太常寺

《全宋文》卷一〇九二吕公著《議四后廟享奏》嘉祐四年七月:

臣聞宗廟,父昭子穆,皆有配坐。苟非正嫡,雖以子貴立廟,即無配祔之體。案《周官·大司樂》之職,歌《中吕》,舞《大濩》,以享先妣者,姜嫄也。姜嫄即帝嚳之妃,后稷之母,既無所配,故特立廟而祭,謂之閟宮。晉簡文宣太后,既不配食,亦築宮於外。唐開元四年,以昭成皇后升祔睿宗廟,遂爲失禮之首。先朝自元德皇太后追尊之后,累有臣僚請行升祔之禮。先皇敬重禮典,皆不允從,別廟薦享,凡十有七年。其後宰臣等不深詳典據,繼上封奏,請從升祔,中旨勉俞。至明道中,議章獻皇太后、章懿皇太后廟享,有司參酌儀典,請立新廟,二后同殿異室,每歲五享,及禘祫並就本廟,及特撰樂章,以崇世享。是爲奉慈廟,載之甲令,蓋合經據。其后卒用錢惟演之議,祔於真宗廟室。臣等今參議,若以懿德皇后祔於后廟,元德、章獻、章懿三后祔於奉慈廟,同殿異室,每歲五享,四時薦新,朔望上食,一同太廟,庶合典禮。

十二月
吕公著上仁宗《論濮王在殯乞罷上元燕游奏》,時同判太常禮院

《全宋文》卷一〇九二吕公著《論濮王在殯乞罷上元燕游奏》嘉祐四年十二月:

臣竊以帝堯之聖,始於明俊德,以親九族,然後協萬邦,致時雍,斯誠制治之道,次序之節然也。伏見舊制,虜使到闕,曲宴紫宸殿。及上元節,當游幸諸宮觀,御樓觀燈。臣愚以爲贈中書令濮王在殯,雖天子絕期,然宴樂以早,則於情理有所未安。昔智悼子未葬,殯於絳,晉平公飲酒以樂,杜蕢譏之,此蓋異姓之臣爾。況濮王於宗戚之中,親尊莫貳,若陛下出於恩厚,北使朝宴日特命去樂,將來上元觀燈游宴並從寢罷,如此則親親之道,可以率下而篤俗矣。

案:本年進士及第者凡一百六十三人。有劉輝、胡宗愈、安燾、章惇、蔡確、劉摯、韓宗道、豐稷等。

嘉祐五年庚子(1060),呂居簡六十二歲, 呂公弼五十四歲,呂公著四十三歲,呂公孺四十歲, 呂希道三十六歲,呂希哲二十一歲

四月
程戡罷樞密副使

《宋宰輔編年錄校補》卷五仁宗嘉祐五年四月癸未條:"程戡罷樞密副使……"

呂居簡與包拯、吳中復等詳定均稅

《包拯年譜》嘉祐五年條:"四月,拯受命與呂居簡、吳中復等詳定均稅。" (引自《宋人年譜叢刊》第二冊)

五月
王安石上仁宗"萬言書"

《宋史紀事本末》卷三七《王安石變法》:"仁宗嘉祐五年五月己酉,召王安石爲三司度支判官……安石果於自用,於是上'萬言書',大要以爲:'今天下之財力日以困窮,風俗日以衰壞,患在不知法度,不法先王之政故也。法先王之政者,法其意而已。法其意,則吾所改易更革不至乎傾駭天下之耳目,囂天下之口,而固已合先王之政矣。因天下之力以生天下之財,取天下之財以供天下之費。自古治世,未嘗以財不足爲患也,患在治財無其道耳。在位之人才既不足用,而閭巷草野之間亦少可用之才,社稷之托,封疆之守,陛下其能久以天幸爲常,而無一旦之憂乎!願監苟且因循之弊,明詔大臣,爲之以漸,期合於當世之變。臣之所稱,流俗之所不講,而議者以爲迂闊而熟爛者也。'上覽而置之。呂祖謙曰:安石變法之蘊,亦略見於此書。特其學不用於嘉祐,

而盡用於熙寧,世道升降之機,蓋有在也。"

　　案:呂祖謙以爲,王安石變法的理念,形成於嘉祐時期。然仁宗不用神宗用,可歎。此上仁宗萬言書撰寫時間,劉成國以爲在嘉祐四年,似有誤。

八月

呂居簡因進奉乾元節無量壽佛得一幀敕書

　　《歐陽修全集》卷八九《賜右諫議大夫知梓州呂居簡進奉乾元節無量壽佛一幀敕書》八月十六日:"壽觴紀節,罄率土以均歡;妙像有儀,獻無疆之善祝。嘉乃愛君之意,見於事上之恭。省閱以還,歎嘉良切。"

　　案:此"敕書"作於嘉祐五年,按《歐陽修全集》卷八九。

九月

樞密直學士、右諫議大夫呂公弼同詳定均税

　　《長編》卷一九二仁宗嘉祐五年九月丙申條:"樞密直學士、右諫議大夫呂公弼同詳定均税。"

是歲,呂公弼知延州

　　李之亮《宋川陝大郡守臣易替考·延州延安府》考證:呂公弼是年知延州。

　　案:呂公弼知延州當在九月之後,十二月之前。

十一月

宋庠罷樞密使,曾公亮樞密使。張昇、孫抃並參知政事。歐陽修、陳旭、趙概並樞密副使

　　《宋宰輔編年録校補》卷五仁宗嘉祐五年十一月辛丑條:"宋庠罷樞密使……同日,曾公亮樞密使……張昇、孫抃並參知政事……歐陽修、陳旭、趙概並樞密副使……"

十二月

樞密直學士、右諫議大夫呂公弼爲龍圖閣學士、知成都府

《長編》卷一九二仁宗嘉祐五年十二月戊寅條:"樞密直學士、右諫議大夫呂公弼爲龍圖閣學士、知成都府。公弼初至,人疑其少威斷。會營卒犯法當杖,不肯受,曰:'寧請劍,不能受杖。'公弼再三諭之,不從,乃曰:'杖,國法,不可不受;劍,汝所請,亦不汝違也。'命杖而復斬之。軍中肅然。"

案:《淨德集》卷一三有《重修成都西樓記》,據李之亮《宋川陝大郡守臣易替考·益州成都府》考證,此記爲呂陶代公弼所作,記中云:"嘉祐六年夏四月,予自延安就領成都節制。"此應是公弼赴蜀之時。呂公弼知成都,應是嘉祐五年十二月任命,嘉祐六年四月到任。

呂公弼作《嚴真觀》與《琴臺》詩

《嚴真觀》:"卜肆垂簾地,依然門徑開。沈冥時已往,思慕客猶來。鳥啄虛簷壞,狐穿古井摧。空餘舊礎石,歲歲長春苔。"(《全宋詩》卷三〇四,引自宋程遇孫《成都文類》卷五)

《琴臺》:"煙樹重城側,琴臺千古餘。早爲梁苑客,晚向茂陵居。賦給尚書筆,歸乘使者車。清風觀舊隱,長日聳鄉間。"(《全宋詩》卷三〇四,引自宋程遇孫《成都文類》卷七)

案:這兩首詩,或作於呂公弼知成都府時。

呂公著與王安石、韓絳、劉敞等館閣之臣討論古今人物治亂

《邵氏聞見錄》卷一二:"呂晦叔、王介甫同爲館職,當時閣下皆知名士,每評論古今人物治亂,衆人之論必止於介甫,介甫之論又爲晦叔止也。一日,論劉向當漢末言天下事反復不休,或以爲知忠義,或以爲不達時變,議未決。介甫來,衆問之,介甫卒對曰:'劉向強聒人耳。'衆意未滿。晦叔來,又問之,則曰:'同姓之卿歟!'衆乃服。故介甫平生待晦叔甚恭,嘗簡晦叔曰:'京師二年,鄙吝積於心,每不自勝。一詣長者,即廢然而反。夫所謂德人之容使人之意消者,於晦叔得之矣。以安石之不肖,不得久從左右,以求於心而稍近於

道。'又曰:'師友之義,實有望於晦叔。'故介甫作相,薦晦叔爲中丞。晦叔迫
於天下公議,反言新法不便,介甫始不悦,謂晦叔有驩兜、共工之奸矣。"

　　案:《過庭録》:"韓子華爲閣長,一時名公如劉原父、王介甫之徒,皆在館
職。"韓絳於是年五月出知蔡州,劉敞於是年九月出知永興軍。論漢末天下
事,姑系於此。

是歲,吕希哲入太學,首師事伊川(鄰齋師事)

　　《童蒙訓》卷上:"滎陽公年二十一,時正獻公使入太學,在胡先生席下,與
伊川先生鄰齋。伊川長滎陽公才數歲,公察其議論,大異,首以師禮事之。其
後楊應之國寶、邢和叔恕、左司公待制皆師尊之,自後學者遂衆,實自滎陽公
發之也。"

　　案:程頤創立洛學,其理學思想在中國古代産生極大影響,學生衆多,吕
希哲首以師禮事之,應是他的第一個學生。程頤成長及後來的成就實與吕氏
家族的支持分不開。

吕希哲入太學與黄履、邢恕同舍

　　《童蒙訓》卷上:"滎陽公入太學,時二十一歲矣。胡先生實主學,與黄右
丞安中履、邢尚書和叔恕同齋舍。時安中二十六歲,爲齋長,和叔十九歲。安
中方精專讀書,早晨經書每授五百遍,飯後史書可誦者百遍,夜讀子書每授三
百遍。每讀書,危坐不動,句句分明。和叔時雖少,當世時務無不通曉,當世
人材無不遍知。"

嘉祐六年辛丑(1061),呂居簡六十三歲,

呂公弼五十五歲,呂公著四十四歲,呂公孺四十一歲,

呂希道三十七歲,呂希哲二十二歲

三月

韓忠彥進士及第

　　據《宋登科記考》,韓忠彥於宋仁宗嘉祐六年進士及第。

　　案:韓忠彥(1038—1109),字師樸,安陽(今河南安陽)人。是呂公弼的長婿,嘉祐六年進士及第,北宋名相韓琦長子,官至宰相,封儀國公。娶公弼長女,繼娶第三女。徐度在《却掃編》卷上感慨:“本朝公卿多有知人之明,見於擇婿與辟客。蓋趙參政昌言之婿,爲王文正旦。王文正之婿,爲韓忠憲億、呂惠穆公弼。呂惠穆之婿,爲韓文定忠彥。李侍郎虛己之婿,爲晏元獻殊。晏元獻之婿,爲富文忠弼、楊尚書寀。富文忠之婿,爲馮宣徽京。陳康肅堯咨之婿,爲賈文元昌朝、曾宣靖公亮。”如此之類甚多,不可悉數,皆拔於稠人之中,而其後居位風節,往往相似,前代所不及也。

富弼罷相

　　《宋宰輔編年錄校補》卷五仁宗嘉祐六年三月己亥條:“富弼罷相……”

　　案:富弼因母喪丁憂罷相,朝廷爲之罷大燕。據《長編》卷一九三記載,時同知禮院晏成裕言,君臣之義,哀樂所同,請罷春宴,以表優恤大臣之意。晏成裕爲晏殊子,富弼小舅子。議者或以爲過。

四月

陳升之罷樞密副使,包拯樞密副使

　　《宋宰輔編年錄校補》卷五仁宗嘉祐六年四月庚辰條:“陳升之罷樞密副

使……包拯樞密副使……"

八月

蘇軾中制科

《長編》卷一九四仁宗嘉祐六年八月乙亥條:"御崇政殿,策試賢良方正能直言極諫者著作佐郎王介、福昌縣主簿蘇軾、澠池縣主簿蘇轍。軾所對入第三等,介第四等,轍第四等次。以軾爲大理評事、簽書鳳翔府判官事,介爲秘書丞、知静海縣,轍爲商州軍事推官……及除官,知制誥王安石疑轍右宰相,專攻人主,比之谷永,不肯爲詞。"

《太平治迹統類》卷二五《蘇軾立朝大概》:"時王安石名始盛,黨與傾一時。修亦善之,勸(蘇)洵與安石游,安石亦願交於洵。洵曰:'吾知其人矣,是不近人情,鮮不爲天下患。'作《辨奸論》以刺之,文既出,安石始銜洵。至是,軾中制科,安石問吕公著,'見蘇軾制策否?'公著稱之,安石曰:'全類戰國文章。'若安石爲考官,必黜之。"

案:蘇洵不願與王安石交游,並作《辨奸論》以刺之,安石始銜洵。蘇軾制科文章,吕公著稱贊,王安石極力否定。

閏八月

韓琦拜昭文相,曾公亮拜集賢相。張昇樞密使,歐陽修參知政事,胡宿樞密副使

《宋宰輔編年録校補》卷五仁宗嘉祐六年閏八月庚子條:"韓琦拜昭文相……曾公亮拜集賢相……同日,張昇樞密使……歐陽修參知政事……胡宿樞密副使……"

十一月

天章閣侍講吕公著建言,請罷神御殿役

《長編》卷一九五仁宗嘉祐六年十一月癸亥條:"以壽星觀新作真宗神御殿爲永崇殿。先是,上清宮災而壽星殿獨存,遂建爲壽星觀。或言壽星殿像則真宗御容也,於是別建神御殿。天章閣侍講吕公著言:'都城中真宗既有三

神御殿矣,營創不已,非祀無豐昵之義,請罷其役。'不許。"

是歲,王安石舉呂公著自代

《臨川先生文集》卷四○《舉呂公著自代狀》:"具某官呂公著,沖深而能謀,寬博而有制。其器可以大受,而退然似不能言,故衆人知之有所不盡。如蒙選用,得試其才,必有績效,不孤聖世。臣實不如,今舉自代。"

案:據《王安石年譜長編》,王安石舉呂公著自代,當在本年。翌年,呂公著召試知制誥,辭不就。

是歲,呂希彥爲贊善大夫、簽書陝州節度判官

《全宋詩》卷六八九"呂希彥"條:"呂希彥,仁宗嘉祐六年(1061)爲贊善大夫、簽書陝州節度判官。事見《宋詩紀事補遺》卷一六引華山涼軒題名石刻。"

案:呂希彥有《涼軒》詩,詩云:"酷暑如何避,虛軒落始成。地間氣易爽,境勝目須清。月上簾色靜,風來竹塢鳴。公餘亦自適,山水入琴聲。"

又案:本年進士及第者凡一百九十三人。有王俊民、王安禮、孔文仲、黄履、賈易、劉奉世、韓忠彦等。

嘉祐七年壬寅(1062),呂居簡六十四歲,
呂公弼五十六歲,呂公著四十五歲,呂公孺四十二歲,
呂希道三十八歲,呂希哲二十三歲

春正月
呂公著上仁宗《乞改温成廟爲祠殿奏》

《全宋文》卷一○九二呂公著《乞改温成廟爲祠殿奏》嘉祐七年正月:

臣伏見故追尊温成皇后於城南立廟,四時孟月祭奠,以待制、舍人攝事,牲幣祼獻,登歌設樂,並同太廟之禮。蓋當時有司失於講求,非有典據。昔商

宗遭變，飭己思咎，祖己訓以"祀無豐於昵"。況以内寵列於秩祀，非所以享天心，奉祖宗之意也。欲乞改温成廟爲祠殿，歲時只遣宫臣行事，薦以常饌，以明祀事有漸。

三月

孫抃罷參知政事。趙概參知政事，吴奎樞密副使

《宋宰輔編年録校補》卷五仁宗嘉祐七年三月乙卯條："孫抃罷參知政事……同日，趙概參知政事……吴奎樞密副使……"

刑部郎中、天章閣侍講、崇文院檢討吕公著爲天章閣待制兼侍講

《長編》卷一九六仁宗嘉祐七年三月庚申條："刑部郎中、天章閣侍講、崇文院檢討吕公著爲天章閣待制兼侍講。公著初召試中書，將除知制誥，三辭不就，故有是命。"

案：時宰相韓琦，韓琦與吕公弼爲兒女親家。

又案：王珪《華陽集》卷二〇有《賜天章閣待制權知審刑院吕公著斷絶奬諭詔》，詔書云："敕：夫古之用刑，蓋所以期無刑也。朕念哀元元，離法者衆，天下所上廷尉之獄，又命官以審之，庶幾罰當而奸少止矣。卿文學之臣，副之政事，能率其屬，蔽斷無留。嘉歎之懷，曷維其已！仍依奏付史館。"未知此詔書撰於何時，姑系於此。

四月

司馬光亦仿吕公著，辭知制誥

《長編》卷一九六仁宗嘉祐七年四月壬申條："改命起居舍人、知制誥兼侍講司馬光爲天章閣待制。先是，光與吕公著並召試中書，光已試而公著終辭。及除知制誥，光乃自言：'拙於文辭，本當辭召，初疑朝廷不許，故黽勉從命。繼聞公著終辭得請，臣始悔恨向之不辭，而妄意朝廷決不許也。'章九上，卒改他官。"

八月

同判太常寺吕公著議郊祀親享太廟等禮,詔恭依

《長編》卷一九七仁宗嘉祐七年八月甲申條:"太常禮院言:'奉詔詳定同判太常寺吕公著狀,每歲孟享,太廟七室並用羊二、豕二,而奉慈一廟亦如之,酌之豐殺,未適其宜。本院伏詳天神至尊,無物可稱其德,故祭用犢以貴誠。宗廟社稷則用太牢,以別天神之祭也。楚觀射父曰:'天子舉以太牢,祀以會。'鄭康成曰:'會,三太牢也。'《周禮》,祫祭每廟各一牢。《漢舊儀》,大祭祀祫每牢中分之,左辨上帝俎,右辨上后俎,餘肉委積於前數千斤。周、漢宗廟牲牢之富,從可知矣。請如公著議,凡因郊祀親享太廟,舊用犢四、羊四、豕四,今請用犢一、羊七、豕七。孟享、臘享,舊用羊二、豕二,今請用羊七、豕七。禘祫攝事,舊用羊四、豕四,今請用羊七、豕七。皇后廟孟享、臘享,舊用羊一、豕一,今請用羊四、豕四。'詔恭依。"

是歲,吕公著上《論三聖並侑奏》

《全宋文》卷一〇九二吕公著《論三聖並侑奏》嘉祐七年:

臣謹按《孝經》:"郊祀后稷以配天,宗祀文王於明堂,以配上帝。"《春秋傳》曰:"自外至者,無主不止。"然則天地之祭,必有所配者,皆侑神作主之意也。且祖一而已,始受命也,宗無豫數,待有德也。由宗而下,功德顯者,自可崇廟祐之制,百世不遷,垂之無窮。至於對越天地,則神無二主,所以奉上帝之尊,示不敢瀆。至唐垂拱中,始以三祖同配。開元十一年,明皇親享,遂罷同配之禮。伏見皇祐五年詔書,今來南郊,三聖並侑。後次却依舊禮,佈告中外。未几復有每遇南郊,三聖並侑之詔。雖出孝思,頗違經禮。臣等謂自今宜以太祖定配,爲得禮之正。

嘉祐八年癸卯(1063)，吕居簡六十五歲，
吕公弼五十七歲，吕公著四十六歲，吕公孺四十三歲，
吕希道三十九歲，吕希哲二十四歲

三月
范祖禹進士及第

《琬琰集》下卷一九《范直講祖禹傳》："(范祖禹)中嘉祐八年進士第。"

案：范祖禹(1041—1098)，字淳甫，爲吕公著長婿，嘉祐八年進士第四人。從司馬光編修《資治通鑑》，歷著作郎兼侍講、禮部侍郎等職，著有《唐鑒》《帝學》等，有《文集》五十五卷。父親范百之，進士及第，太常博士。伯父范百禄，皇祐元年進士及第，又舉才識兼茂科，仕至翰林學士兼侍讀等。祖禹幼孤，由叔祖范鎮撫育。范鎮於仁宗寶元元年舉進士，禮部試第一，仕至翰林學士兼侍讀等，卒贈金紫光禄大夫，謚忠文，爲一代名臣。

又案：據《宋會要輯稿》選舉一之一一記載，本年考官爲：翰林學士范鎮權知貢舉，知制誥王安石、天章閣待制司馬光並權同知貢舉。范鎮爲范祖禹叔祖。

仁宗崩於福寧殿

《長編》卷一九八仁宗嘉祐八年三月辛未晦條："上暴崩於福寧殿。"

四月
英宗即位

《長編》卷一九八英宗嘉祐八年四月壬申條："輔臣入至寢殿……英宗即皇帝位，見百官於東楹。"

呂居簡知應天府

《宋史·呂蒙正傳》(《呂居簡附傳》):"(居簡)用二事,遷秩鹽鐵判官,拜集賢院學士,知梓州、應天府……"

案:據《北宋京師及東西路大郡守臣考·宋州應天府》考證:嘉祐八年四月始,至英宗治平二年年初,呂居簡知應天府。

五月
富弼拜樞相

《宋宰輔編年錄校補》卷五英宗嘉祐八年五月戊午條:"富弼拜樞相……"

十一月
呂夷簡等配享仁宗廟庭

《長編》卷一九九英宗嘉祐八年十一月丙午條:"祔仁宗神主於太廟,樂曰《大仁之舞》,以王曾、呂夷簡、曹瑋配享廟庭。"

案:《歷代名臣奏議》卷一九《郊廟》記載,時兩制定議,仁宗祔廟,議當以何人配享,王珪等奏請:"故太尉贈尚書令謚文靖呂夷簡,聰明亮達,規模宏遠。服在大僚,歷登三事,左右皇極,勤勞王家,二十餘年,厥功茂焉……皆有功迹,見稱於世,伏請並配饗仁宗廟庭。臣等謹議。"

又案:據《宋會要輯稿》禮一一之一記載,呂夷簡配享仁宗廟庭,曾遇到阻力,如韓琦力推王曾,云:"仁廟議配享,清議皆與沂公,不與申公,誠意不可欺如此!"

十二月
呂公著講讀《論語》

《長編》卷一九九英宗嘉祐八年十二月己巳條:"始御延英閣,案:宋時無延英閣,當從《宋史》作邇英。召侍讀、侍講講《論語》,讀《史記》。呂公著講'學而時習之',曰:'《說命》:'王人求多聞,時惟建事,學於古訓,乃有獲。'然則人君之學,當觀自古聖賢之君,如堯、舜、禹、湯、文、武之所用心,以求治天下國家之要道，非若博士諸生治章句、解訓詁而已。'又講'有朋自遠方來，不亦樂乎'，公著言：'自天子至於庶人，皆須朋友講習。然士之學者，以得朋爲難，故有朋自遠方來，則以爲樂。至於王人之學，則力可以致當世之賢者，使之日夕燕見，講勸於左右；又以左右之賢爲未足，於是乎訪諸岩穴，求諸滯淹，則懷道抱德之士，皆不遠千里而至。此天子之朋友自遠方來者也，其樂亦大矣。'又講'人不知而不愠，不亦君子乎'，公著言：'在下而不見知於上者，多矣。然在上者，亦有未見知於下者也。故古之人君，令有未孚，心有未服，則反身修德，而不以愠怒加之。如舜之誕敷文德，文王之皇自敬德也。'劉敞讀《史記》至'堯授舜以天下'，因陳説曰：'舜至側微也，堯越四嶽禪之以位，天地享之，百姓戴之，非有他道，惟其孝友之德，光於上下。何謂孝友？善事父母爲孝，善事兄弟爲友。'辭氣明暢，上竦然改容，知其以諷諫也。左右屬聽者皆動色，即日傳其語於外。既退，王珪謂敞曰：'公直言至此乎！'太后聞之，亦大喜。"

案：吕公著講治學治國、延賢納諫之道，以及修身之法，宋英宗竦然改容。他大膽進諫，贏得了宋英宗和太后的賞識和信賴。

吕公弼改工部侍郎

《全宋文》卷一三六六王安石《龍圖閣直學士改事中吕公弼改工部侍郎制》："敕：褒德序功，制爲禄位，先帝所以熙庶政也。朕雖在疚，所不敢忘。具官某，保身慎行，舊有榮聞，陟降左右，是爲世臣，惠綏西南，風績尤顯。冬官之貳，其往欽哉！可。"

案：此制文撰寫時間當在英宗繼位後，至治平二年二月吕公弼權三司使之前。姑系於此。

又案：本年進士及第者凡二百人。有許將、陳軒、孔武仲、吕陶、吴居厚、吴執中、沈括、范祖禹等。

卷十三

英宗治平元年甲辰(1064)，吕居簡六十六歲，

吕公弼五十八歲，吕公著四十七歲，吕公孺四十四歲，

吕希道四十歲，吕希哲二十五歲，吕好問一歲

四月
吕公著乞科場不用詩賦，司馬光俱贊成

司馬光《貢院定奪科場不用詩賦狀》治平元年四月十四日上："准中書送下天章閣待制、判國子監吕公著札子：'臣聞以言取人，固未足以盡人之才。今之科場，格之以辭賦，又不足以觀言。國家承平日久，文物至盛，學者莫不欲宗經向道，至於浮華博習，有不得已而爲之者。先帝察取士之弊，嘗集近臣之論，形於詔文，則曰：'本學校以教之，然後可以求其行；先策論，則辨理者得盡其說；簡程式，則閎博者頗見其才。'雖丁寧申諭，而有司不能奉行。竊聞昨來南省考校，始專用論策升黜，議者頗以爲當。臣猶恐四方疏遠，未知所尚，有司各持所見，則人無適從。欲乞今來科場，更不用詩賦。如未欲遽罷，即乞令第一場試論，第二場試策，第三場試詩賦。每遇廷試，亦以論壓詩賦，爲先後升降之法。庶成先帝之志，永底人文之盛。臣謬司學政，蓋進輿言。如允所奏，即乞預行告示，令本院定奪聞奏者。'當院看詳。近世取人，專用詩賦，其爲弊法，有識共知。今來吕公著欲乞科場更不用詩賦，委得允當。然進士只試論、策，又似太簡。欲乞今後省試除論、策外，更試《周易》《尚書》《毛詩》《周禮》《儀禮》《春秋》《論語》大義，共十道，爲一場。其策只問時務。所有進士帖經、墨義一場，從來不曾考校，顯是虛設，乞更不試。御前除試論外，更試時務

策一道。如此,則舉人皆習經術,不尚浮華。若是依舊不罷詩賦之時,即先試後試,事歸一體,別無損益。今若罷去詩賦,仍乞依吕公著起請,預行告示,使天下學者早得聞知。"(見《全宋文》卷一一八六)

吕公著經筵講解,勉英宗爲宗社自愛

《長編》卷二〇一英宗治平元年四月甲申條:"御邇英閣,上諭内侍任守忠曰:'方日永,讀講官久侍對未食,必勞倦。自今視事畢,不俟進食,即御經筵。'故事,講讀畢,拜而退,上命毋拜,後遂以爲常。上自即位感疾,至是猶未全安,多不喜進藥。吕公著講《論語》'子之所慎,齋、戰、疾',因言:'有天下者,爲天地、宗廟、社稷之主,其於齋戒祭祀必致誠盡恭,不可不謹。古之人君,一怒則伏尸流血,故於興師不可不謹。至於人之疾病,常在乎飲食起居之間,衆人所忽,聖人所謹。況於人君任大守重,固當節嗜欲、遠聲色、近醫藥,爲宗社自愛,不可不謹。'上納其言,爲之動容俛首。後因輔臣奏事,語及公著,歐陽修曰:'公著爲人恬静而有文。'上曰:'比於經筵講解甚善。'"

案:吕公著談古論今,旁徵博引,君臣關係十分融洽。

吕公著上《乞依禮廢罷温成皇后廟享奏》

《全宋文》卷一〇九二吕公著《乞依禮廢罷温成皇后廟享奏》治平元年四月二十五日:

按《禮記·喪服小記》:"慈母下世,祭。"恭以章惠皇太后,准章聖皇帝遺札,褒上太妃之號。仁宗皇帝書以母稱,故加保慶之號。蓋生有慈保之功,故没有廟享之報。今於陛下則恩有所止,義難永祀。其奉慈廟,乞依禮廢罷。

案:據《宋會要輯稿》禮一〇之八,禮官言宜依公著所請,朝廷詔以諒闇内,候將來取旨。

五月

天章閣待制兼侍講吕公著等,奉命編集《仁宗御制》

《長編》卷二〇一英宗治平元年五月丁未條:"命天章閣待制兼侍講吕公著,集賢校理、同修起居注邵必編集仁宗御制。"

閏五月

宰相韓琦加尚書右僕射

《宋宰輔編年録校補》卷六英宗治平元年閏五月戊辰條："宰相韓琦加尚書右僕射……"

九月

吕公著、司馬光上言英宗,宜親近儒雅,講求治術,日御講筵

《長編》卷二〇二英宗治平元年九月丁卯條："初,有詔以是日開邇英閣,至重陽節當罷講。吕公著、司馬光言:'先帝時,無事常開講筵,近因聖體不安,遂於端午及冬至以後盛暑盛寒之際,權罷數月。今陛下始初清明,宜親近儒雅,講求治術,願不惜頃刻之間,日御講筵。'從之。"

十一月

吴奎罷樞密副使

《宋宰輔編年録校補》卷六英宗治平元年十一月戊子條："吴奎罷樞密副使……"

十二月

王疇樞密副使。知制誥錢公輔封還詞頭,責授滁州團練副使,不簽書本州事。吕公著、吕誨等乞寢公輔責命

《長編》卷二〇三英宗治平元年十二月:"丙午,翰林學士、禮部侍郎王疇爲樞密副使。上嘗謂輔臣曰:'疇善文章。'歐陽修曰:'其人亦勁直,但不爲赫赫之名耳。'一日晚,御小殿,召疇草詔,因從容談中外事,語移時。上喜曰:'卿清直好學,朕知之久矣,非今日也。'不數日,遂有是命。疇辭不敢拜,上遣內侍趣疇入,御延和殿以俟之,日已昳,須疇入,乃歸。知制誥錢公輔封還詞頭,言疇望輕資淺,在臺素餐,不可大用,又頗薦引近臣可爲輔弼者。上以初政除兩府,而公輔沮格制命不行。丁未,責授滁州團練副使,不簽書本州事。知制誥祖無擇乞薄責公輔,且不即草詔。上欲並責無擇,中書救之。戊申,坐

罰銅三十斤。知諫院事吕誨言：'疇自登科三十五年，仕宦不出京城，進身由
徑，從而可知。公輔言其資淺望輕，蓋欲朝廷選任賢才，未爲過也。責降太
重，士論紛紜，臣竊爲陛下惜之。伏乞復公輔舊官，止奪其職，移知僻小州軍，
俾令思過，以稍息紛紜之論。'天章閣待制兼侍講吕公著亦上疏乞寢公輔責
命，不報。後數日，龍圖閣直學士盧士宗因奏審刑院事對便殿，從容又爲上言
外議皆謂責公輔太重，訖不從。明年十二月乃以刑部員外郎知廣德軍。"

是歲，吕好問生

　　吕祖謙《東萊公家傳》："公諱好問，字舜徒，滎陽公之冢子也。生數年，以
門功守將作監主簿。委己於學，髫嬉童習，不屏而絶。范蜀公鎮與正獻公兄
弟交，公幼拜蜀公於堂，唯諾進趨無違禮。蜀公慰納甚備，待之如成人。吴侍
講安詩至伉簡，少許可，每見公，輒自失，歎曰：'吕氏有子矣。'……紹興元年
七月丁酉以疾薨於桂州，享年六十有八。"（見《吕祖謙全集》第一册《東萊吕太
史文集》卷一四）

　　案：吕好問（1064—1131），字舜徒，吕公著之孫，吕希哲之子，仕至尚書右
丞，封東萊郡侯。《宋史》卷三六二有傳。吕好問卒於紹興元年七月，享年六
十有八，以此上推，吕好問當生於本年。

是歲，吕居簡知荆南

　　《宋史•吕蒙正傳》（《吕居簡附傳》）："拜集賢院學士，知梓州、應天府，徙
荆南，進龍圖閣直學士、知廣州。"

　　案：據《宋兩湖大郡守臣易替考•荆南府江陵府》考證：英宗治平元年始，
至治平二年，吕居簡知荆南。

治平二年乙巳(1065)，呂居簡六十七歲，

呂公弼五十九歲，呂公著四十八歲，呂公孺四十五歲，

呂希道四十一歲，呂希哲二十六歲，呂好問二歲

二月

權發遣戶部副使呂公著上言，希暫罷修慶寧宮

《長編》卷二〇四英宗治平二年二月辛丑條："權發遣戶部副使呂公著言：'古者民勤於力，則工役罕，民勤於食，則百事廢。今京畿諸縣及京東西、淮南州軍，類多遭饑歉，民有餓莩。陛下方發粟賑貸，遣使存撫，遠近聞之，皆知陛下有惻然憂民之心。然臣愚以爲凡力役之事，非不得已者，皆宜權罷。況修蓋慶寧宮非爲急務，就使功力至微，然作於禁中，恐四方傳聞，或致議論。臣欲乞候將來郊禮成後，年穀稍豐日，徐議修蓋。'從之。"

龍圖閣直學士、工部侍郎呂公弼權三司使

《長編》卷二〇四英宗治平二年二月辛丑條："三司使、給事中蔡襄爲端明殿學士、禮部侍郎、知杭州……遂命襄出守，龍圖閣直學士、工部侍郎呂公弼權三司使。至和初，公弼爲三司使，帝在藩邸，常得賜馬給使，吏以馬不善，求易之，公弼曰：'此朝廷近親，且有素望，宜避嫌，不可許。'至是，公弼奏事畢，帝曰：'朕往在宮中，卿不欲與朕易馬，是時朕固已知卿也。'公弼頓首謝。又曰：'卿繼蔡襄爲使，襄訴訟不以時決，頗多留事，卿何以處之？'公弼知帝不悅襄，對曰：'襄勤於事，未嘗有慢失，恐言者妄爾。'帝益以公弼爲長者。公弼既爲三司使，乞於前任群牧使合破兵級內權留十人，詔公弼三任群牧使，特與教駿兵士七人，不得爲例。"

三月

吕公弼上言：乞於前任群牧使合破兵級内權留十人

《宋會要輯稿》職官二三之七：“（英宗治平）二年三月十七日，權三司使吕公弼言，乞於前任群牧使合破兵級内權留十人。以其三任群牧使，特與教駿兵士七人，不得爲例。”

五月

陳升之樞密副使

《宋宰輔編年録校補》卷六英宗治平二年五月癸亥條：“陳升之樞密副使……”

吕公著舉蘇軾應試館職，蘇軾簡謝

《蘇軾文集》卷六〇《謝吕龍圖三首》，其一云：“龍圖閣老執事。某西蜀之鄙人，幼承家訓，長知義方，粗識名教，遂堅晚節。兩登進士舉，一中茂才科，故當世名公巨卿，亦嘗賜其提挈愛憐之意。故歐公引之於其始，韓公薦之於其中，今又閣下舉之於其後。自惟末學，辱大賢者之知，出自天幸。然君子之心，以公而取士，其小人之志，終荷恩以歸心。但空省循，何由論報。比者止於片言隻字謝德於門下，而其誠之所加，意有所不能盡，意之所至，言有所不能宣，故其見於筆舌者，止此而已。惟高明有以容而亮之。”

《蘇軾文集》卷六〇《謝吕龍圖二》：“前以拙訥，上塵聽覽，方懼獲罪於門下，而無以容其誅。又辱答教，言辭欵密，禮遇優隆，而褒揚之句，有加於前日，此不肖所以且喜且懼而莫知所措也。珍函已捧受訖，謹藏之於家，以爲子孫之美觀。蓽屋之陋，復生光彩，陳根之朽，再出英華，乃閣下暖然之春，有以嫗育成就之故也。擇日齋沐，再詣閣下。臨紙澀訥，情不能宣，伏惟恕其愚。”

《蘇軾文集》卷六〇《謝吕龍圖三》：“某久以局事汩没，殊不獲覿止。竊惟應得疏絶之罪於左右，不意寬仁含垢，察其俗狀之常情，恕其簡略之小過，光降書辭，曲加勞問，拜貺之際，益增厚顏。旦夕詣賓次。盛暑，伏惟爲朝廷自愛，上副注倚之心，下慰輿人之望。”

案:據《蘇軾年譜》卷六,呂公著舉應試館職,蘇軾簡謝,在英宗治平二年五月。

六月

議濮安懿王典禮,呂公著謂英宗不宜稱濮王爲皇考

《長編》卷二〇五英宗治平二年六月:"議上,中書奏:'王珪等議未見詳定濮王當稱何親,名與不名。'珪等議:'濮王於仁宗爲兄,於皇帝宜稱皇伯而不名,如楚王、涇王故事。'議者或欲稱皇伯考,天章閣待制呂公著曰:'真宗以太祖爲皇伯考,非可加於濮王也。'是月己酉,中書又奏:'按《儀禮》:'爲人後者爲其父母報'。及案令文與《五服年月敕》並云:'爲人後者爲其所後父母斬衰三年,爲人後者爲其父母齊衰期,即出繼之子於所繼、所生父母皆稱父母。'又漢宣帝、光武皆稱其父爲皇考。今王珪等議稱皇伯,於典禮未見明據,請下尚書省,集三省、御史臺官議奏。'詔從之。執政意朝士必有迎合者,而臺諫皆是王珪等,議論洶洶,未及上。太后聞之,辛亥,内出手書切責韓琦等以不當議稱皇考,而琦等奏太后以珪等議稱皇伯爲無稽,且欲緩其事,須太后意解。甲寅,降詔曰:'如聞集議議論不一,宜權罷議,當令有司博求典故,務合《禮》經以聞。'"

案:呂公著和司馬光、呂誨等堅決反對韓琦、歐陽修的提議,認爲英宗不能稱生父爲皇考,突顯他直言極諫的爲政風格。

七月

富弼罷樞相,張昇罷樞密使,文彥博樞密使,呂公弼樞密副使

《長編》卷二〇五英宗治平二年七月辛巳條:"權三司使、龍圖閣學士、工部侍郎呂公弼爲樞密副使。公弼上言:'諫官、御史,耳目之官,比來言事,罕見采用,非所以達四聰也。陛下當以政事責成大臣,而委視聽於臺諫,非其人則黜之,如此則言路通而視聽廣矣。'"

《宋宰輔編年錄校補》卷六英宗治平二年七月:"癸亥,富弼罷樞相……庚辰,張昇罷樞密使……同日,文彥博樞密使……呂公弼樞密副使。自工部侍郎、權三司使、樞密直學士除本官充。"

《宋宰輔編年録校補》卷六同條:"公弼字寶臣,宰相吕夷簡之次子。初,夷簡薨,仁宗思之。一日,公弼自知開封府奏事,仁宗目送之,語宰相曰:'公弼甚似其父。'拜樞密直學士權三司使。英宗在藩邸,嘗得賜馬,給使吏以爲不善,求易之,公弼不可。至是公弼奏事已,英宗曰:'朕往在宫中,卿不與朕易馬,是時朕固已知卿矣。'逾月,拜樞密副使。"

案:《宋宰輔編年録》有誤,王瑞來校,吕公弼除樞密副使應在辛巳,從《長編》。

又案:據王珪《華陽集》卷二三,吕公弼在樞密副使任上,曾收到朝廷生日禮物,並收到兩份相關詔書,其一云:"敕:慶發高閎,挺生碩輔,氣秉朱亥之貴,謀合丞疑之良。顧惟近司,厥有頒式,庶助祥於穀旦,益經治於昌期。"其二云:"敕:命發紫樞,方倚勝謀之助;寒生玉笭,環臨誕序之祥。顧二府之峻聯,有上臺之賜式。庸將禮遇,庶績壽祺。"

八月

韓琦媳婦吕氏(吕公弼女)卒

《安陽集》卷四八《故東平縣君吕氏墓誌銘》:

余長子太常博士、秘閣校理忠彦妻吕氏,故相文靖公夷簡之孫,觀文殿學士、尚書吏部侍郎公弼之女也。文靖公以王佐之才,輔相仁廟,二十年間,仁恩德澤,浹洽天下。而觀文公繼以隆名偉業,居右府,翼兩朝。故吕氏襲其京慶,而賢明柔淑之性,邈然宜異於衆也。年十六,歸韓氏,雖尚妙年,能不以貴相之家,輙自驕懈,婦道修謹,過於老成。其姑衛國夫人崔氏,愛而撫之,謂其可教。衛國治家謹肅,仁而好施,親族無疏近,資恤周至,其心勤勤,唯恐不及。吕氏常在左右,朝夕師仰,稟訓不怠,悉能知其薄己厚物之意。及衛國之薨,余則以家事付之。吕氏奉其姑遺法,惕然不敢失,凡所施設,與衛國平日無少異焉。於是内外欣服,知克紹其風矣。治平二年秋,得疾淹久,數泣而謂忠彦曰:"我疾勢日加,萬萬不可治。我有幼妹在家,君若全舊恩以續之,必能恤我子矣。二姓之好,不絶如故,我死無恨矣!"八月四日,果以其疾卒,年二十七。時觀文公始擢貳樞府,悲思不已,乃爲奏,得追封東平縣君。生三子:長曰錦孫,次曰密孫,皆早夭;次曰治,太常寺太祝,聰謹嗜學,吕氏尤所鍾愛。

忠彥不忍違其遺言,爲娶其妹。熙寧四年二月二十八日,因其伯姑安康郡太君陳氏之葬,自京遷呂氏之柩厝於相州安陽縣豐安村先姑夫人之兆次……

　　案:呂氏卒於治平二年八月。此墓志撰於熙寧四年二月。韓琦贊其婦道修謹,内外欣服。

十月
天章閣待制吕公著、司馬光爲龍圖閣直學士兼侍讀

　　《長編》卷二〇六英宗治平二年十月庚寅條:"天章閣待制吕公著、司馬光爲龍圖閣直學士兼侍讀。"

吕公著編《仁宗御集》成一百卷以進

　　《長編》卷二〇六英宗治平二年十月甲寅條:"吕公著編《仁宗御集》成一百卷以進,上御延和殿,服靴袍觀之,兩府皆侍。"

十一月
龍圖閣直學士吕公著攝太僕卿,參乘

　　《長編》卷二〇六英宗治平二年十一月壬申條:"龍圖閣直學士吕公著攝太僕卿,參乘。故事,參乘皆以翰林學士,知雜學士參乘自公著始。帝問:'今之郊何如?'對曰:'古之郊也貴誠而尚質,今之郊也盛儀衛而已。'因言仁宗親祠,撤黃道以登虚,小次不入。帝皆循用之。"

　　案:英宗祭祀,吕公著以知雜學士的身份陪同,這是知雜學士陪同首例,說明他在英宗朝已有很高聲望。

是歲,吕公著上英宗《應詔論水災奏》,時爲龍圖閣直學士判流内銓

　　《全宋文》卷一〇九二吕公著《應詔論水災奏》治平二年:

　　臣聞水旱之災,雖聖人在上,不能免也。然聖人在上,雖有水旱,而終不爲害者,遇災而懼,見異而修德,夙夜自省,以答天戒,故災可以轉而爲福,危可以徙而爲安。後世人君不知禍福無常,而謂天命爲己有,不知人情可畏,而謂力可以制之。災害既作矣,猶不自知其非也,乃引堯湯水旱以爲比,而不知

疇咨自責之獲終吉也。故人心不從，天命不祐。災害不已，怪異隨之；怪異不已，傷敗隨之。由是觀之，水旱之災不能使必無於世，而其終所以安危存亡者，在懼與不懼耳。伏惟陛下蒞政以來，日孳孳於庶事。然累歲旱潦，人多疫疾。又近者大雨爲沴，下民昏墊。陛下徹宴損膳，下毋諱之詔，開直言之路，將克己自新，以求天意。然臣愚獨以爲此皆常事，猶未足以弭大災也。唯當兢兢業業，以求己過，自奉先養親，以至於任官使人，求賢納諫，愛民節用，無不物物而思之，行所未行，補其闕誤，以謝天心，以順人意，則社稷幸甚。

案：本年進士及第者凡二百人。有彭汝礪、孔平仲、李受、晁端仁、孫升、孫覽、章楶、張商英、張舜民、舒亶、趙君錫等。

治平三年丙午（1066），呂居簡六十八歲，呂公弼六十歲，呂公著四十九歲，呂公孺四十六歲，呂希道四十二歲，呂希哲二十七歲，呂好問三歲

春正月
樞密副使呂公弼奏乞以南郊封贈三代恩，追贈亡子希仁一官

《長編》卷二〇七英宗治平三年春正月丙子條："樞密副使呂公弼奏乞以南郊封贈三代恩，追贈亡子希仁一官。從之。"

呂公著奏言反對濮王稱親

《長編》卷二〇七英宗治平三年春正月丁丑條："及是詔下，判太常寺呂公著上言：'竊以稱親之說，蓋漢宣時有司奏請史皇孫故事，按皇孫即宣帝所生之父，宣帝爲昭帝後，是以兄孫遙繼祖統，於漢家無兩考之嫌。史皇孫初無爵謚，有司奏請之，故始且稱親，其後既已立謚，只稱悼園，然則親字非所以爲稱謂。且陛下以聖明之德，仁宗拔自旁支，入繼大統，雖天下三尺童子，皆知陛下濮王所生。今但建立園廟，以王子承祀，是於濮安懿王無絕父之義，於仁宗

無兩考之嫌,可謂兼得之矣。其親字既稱謂難立,且義理不安,伏乞寢罷。'不報。"

吕公著上《論回避濮王名諱奏》

《全宋文》卷一〇九二吕公著《論回避濮王名諱奏》治平三年正月:

臣近睹敕文,中書門下奏濮安懿王名下一字,應中外文書合行回避,奉聖旨依奏。數日以來,朝野有學識者,皆以爲未安。臣謹按禮文,七廟之諱雖不及於天下,皆須告於天下。又晉尚書王彪之等議,所生之諱,臣下不當回避,當時以彪之之議爲當。今來輔弼奏請,蓋緣臣子之心,陛下未有謙抑之辭,竊恐四方後世不免譏議。臣愚欲乞特降詔,可濮安懿王名下一字,唯上書奏事並聽回改,餘公私文字,不須諱避。若續降此指揮,則與祖宗七廟名諱小有差別,在於天下,臣子亦安敢故犯? 臣忝守經術,又爲禮官,臣若不言,誰當言者?

案:有關避濮安懿王名諱一事,朝臣論説紛紜。吕公著忠耿直言,認爲可避濮安懿王名下一字,但止上書奏事者聽,英宗未採納其建議。《長編》卷二〇七英宗治平三年春正月辛巳條記載了朝廷的措置:"是日,詔避濮安懿王名下一字;置濮安懿王園令一人,以大使臣爲之;募兵二百人,'奉園'爲額,又令河南置柏子户五十人;命帶御器械王世寧權發遣户部判官張徽度濮安懿王園廟地圖。皆從中書所請也。"

吕誨、范純仁、吕大防落職

《長編》卷二〇七英宗治平三年春正月壬午條:"詔罷尚書省集議濮安懿王典禮。中書進呈吕誨等所申奏狀,上問執政當如何,韓琦對曰:'臣等忠邪,陛下所知。'歐陽修曰:'御史以爲理難並立,若以臣等爲有罪,即當留御史,若以臣等爲無罪,則取聖旨。'上猶豫久之,乃令出御史。既而曰:'不宜責之太重也。'誨罷侍御史知雜事,以工部員外郎知蘄州;純仁以侍御史通判安州;大防落監察御史裏行,以太常博士知休寧縣。"

案:濮王稱親,吕誨、范純仁、吕大防強烈反對,故落職。

呂公著、司馬光全力救援呂誨

《長編》卷二〇七英宗治平三年春正月壬午條：

是日，詔翰林學士、知制誥、御史中丞、知雜，各舉御史兩人，以起居舍人、同知諫院傅堯俞兼侍御史知雜事。司馬光言：“人主患在不聞其過，人臣患在不能盡忠，是故忠直敢言之臣，國家之至寶也。夫以人主之尊，下臨群臣，和顏色以求諫，重爵賞以勸人，群臣猶畏懦而不敢進，又況憚之以威，懲之以刑，則嘉言何從而至哉？竊聞侍御史知雜事呂誨、侍御史范純仁、監察御史裏行呂大防因言濮王典禮事，盡被責降，中外聞之，無不駭愕。臣觀此三人，忠亮剛正，憂公忘家，求諸群臣，罕見其比……”呂公著言：“呂誨等以論事過當，並從降責。聞命之始，物論騰沸，皆云陛下自即位以來，納善從諫之風，未形於天下，今誨等又全臺被黜，竊恐義士鉗口，忠臣解體。且自古人君，納諫則興，拒諫則亡，興亡之機，不可不審。臣願陛下以天地之量，包荒含垢，特追誨等敕命，令依舊供職，則天下幸甚！”

三月

呂公弼勸英宗宜側身修德，以祗天戒

《長編》卷二〇七英宗治平三年三月庚午條：“以彗出，避正殿、減常膳。上對樞臣，以彗爲憂，胡宿請備邊。呂公弼曰：‘彗非小變，不可不懼。陛下宜側身修德，以祗天戒，臣恐患不在邊也。’”

四月

胡宿罷樞密副使，郭逵同簽書樞密院事

《宋宰輔編年錄校補》卷六英宗治平三年四月庚戌條：“胡宿罷樞密副使……同日，郭逵同簽書樞密院事……”

八月

龍圖閣直學士兼侍講、崇文院檢討呂公著知蔡州

《長編》卷二〇八英宗治平三年八月己亥條：“龍圖閣直學士兼侍講、崇文

院檢討呂公著知蔡州。公著嘗言濮安懿王不當稱親及頒諱於天下,又請追還呂誨等,皆不從,即稱疾求補外官。上曰:'學士朕所重,豈得輕去朝廷?'家居者百餘日,上遣內侍楊安道即家敦諭,且戒安道曰:'公著勁直,宜徐徐開曉,語勿太迫也。'又數令公著兄公弼勸之,公著起就職,才數月,復上章請出。而有是命。"

　　案:呂公著知蔡州期間,釀水泉灌田,易軍營草舍以瓦,修孔子廟,薦舉孝行,善政爲多。(《明一統志》卷三一)

九月

呂公著贊揚程頤必爲國器,希朝廷不次旌用

　　《伊洛淵源録》卷四《伊川先生·年譜》治平、熙寧間注釋:

　　又《雜記》:"治平三年九月,公知蔡州,將行,言曰:'伏見南省進士程頤,年三十四,有特立之操,出群之姿。嘉祐四年,已與殿試,自後絕意進取。往來太學,諸生願得以爲師。臣方領國子監,親往敦請,卒不能屈。臣嘗與之語,洞明經術,通古今治亂之要,實有經世濟物之才,非同拘士曲儒,徒有偏長。使在朝廷,必爲國器,伏望特以不次旌用。'"(見《朱子全書》第十二冊)

程頤感謝呂公著好賢樂善

　　《河南程氏文集》卷九《謝呂晦叔待制書》:"竊以古之時,公卿大夫求於士,故士雖自守窮閻,名必聞,才必用;今之時,士求於公卿大夫,故干進者顯榮,守道者沈晦。頤處乎今之世,才微學寡,不敢枉道妄動,雖親戚鄉閭間,鮮克知其所存者,矧敢期知於公卿大夫乎?伏承閣下屈近侍之尊,下顧愚陋,仰荷厚禮,愧不足以當之。噫!公卿不下士久矣。頤晦於賤貧,世莫之顧,而公獨降禮以就之。非好賢樂善之深,孰能如是乎?幸甚幸甚。願閣下持是好賢之心,廣求之之方,盡待之之道,異日登廟堂,翊明天子治,以之自輔,以福天下,豈不厚與!鄙樸之人,不善文詞,姑竭其區區,少致謝懇。"(引自《二程集》)

治平四年丁未(1067),呂居簡六十九歲,
呂公弼六十一歲,呂公著五十歲,呂公孺四十七歲,
呂希道四十三歲,呂希哲二十八歲,呂好問四歲

春正月
英宗崩於福寧殿,神宗即位

《長編》卷二〇九英宗治平四年春正月丁巳條:"帝崩於福寧殿。神宗即位,時年二十。"

吳奎樞密副使

《宋宰輔編年錄校補》卷七神宗治平四年正月丙寅條:"吳奎樞密副使……"

二月
呂公弼上《乞吳奎序班在己上奏》

《全宋文》卷六六二呂公弼《乞吳奎序班在己上奏》治平四年二月:"新授樞密副使吳奎入院在臣先,比以憂制,今還舊職,乞令序班在上。"

三月
呂仲甫進士及第

《中華呂氏通譜》卷一《世系篇·聯宗第五宗支·第七十四世》:"(呂仲甫)昌齡公次子,治平四年(1067)進士,歷戶部侍郎至集英殿修撰,贈龍圖閣學士(正三品)。"

案:據"通譜",呂仲甫於治平四年進士及第,《宋登科記考》中無,似可補不足。

王雱進士及第

據《宋登科記考》，王雱於宋神宗治平四年進士及第。

案：王雱（1044—1076），字元澤，爲王安石之子，呂嘉問親家，治平四年進士及第，仕至太子中允、崇政殿説書。

歐陽修罷參知政事，吳奎參知政事

《宋宰輔編年録校補》卷七神宗治平四年三月：“壬申，歐陽修罷參知政事……癸酉，吳奎參知政事……”

閏三月

王安石知江寧府，呂公著兄弟極稱揚之

《宋史紀事本末》卷三七《王安石變法》：“英宗治平四年閏三月癸卯，以王安石知江寧府。終英宗之世，安石被召未嘗起，韓維、呂公著兄弟更稱揚之。神宗在潁邸，維爲記室，每講説見稱，輒曰：‘此非維之説，維友王安石之説也。’維遷庶子，又薦安石自代，帝由是想見其人。及即位，召之，安石不至。帝謂輔臣曰：‘安石歷先帝朝，召不赴，或以爲不恭，今又不至，果病邪？有所要邪？’曾公亮曰：‘安石真輔相材，必不欺罔。’吳奎曰：‘臣嘗與安石同領群牧，見其護前自用，所爲迂闊，萬一用之，必紊綱紀。’帝不聽，乃有江寧之命。衆謂安石必辭，及詔至，即起視事。”

呂公著與司馬光，並爲翰林學士，二公道德文學冠映本朝

《長編》卷二〇九神宗治平四年閏三月甲辰條：“龍圖閣直學士、知蔡州呂公著，龍圖閣直學士兼侍講司馬光，並爲翰林學士。光累奏固辭，不許。上面諭光曰：‘古之君子，或學而不文，或文而不學，惟董仲舒、揚雄兼之。卿有文學，尚何辭！’光曰：‘臣不能爲四六。’上曰：‘如兩漢制詔可也。’光曰：‘本朝事不可。’上曰：‘卿能舉進士高等，而不能爲四六，何也？’光趨出，上遣内侍至閤門強光受告，光拜而不受，詔趣光入謝，光入至庭中猶固辭，詔以告置光懷中，光不得已乃受。它日，上問王陶曰：‘公著及光爲學士，當否？’陶曰：‘二人者，

臣嘗論薦矣,用人如此,天下何憂不治?’”

　　案:周必大在《跋司馬溫公呂申公同除內翰告》中盛贊,司馬光和呂公著道德文學冠映本朝。他們皆是元祐宰相,假使他們都在神宗有爲之日就任宰相,那麼,嘉祐治平之盛,有接續而無間斷矣。

呂公著上神宗《論舉臺官不必校資序奏》

　　《全宋文》卷一〇九二呂公著《論舉臺官不必校資序奏》治平四年閏三月:

　　臣近蒙恩充翰林學士,伏見本院自來舉臺官,並須前行員外郎已下,至太常博士,歷通判一任已上者,仍須衆學士同狀保舉。切以御史之職,所以上輔天子聰明,下繩糾百職事,無大小皆得奏論,必須資性端方,學識兼茂,然後可以處憲寺,任言責。由是而求諸多士之中,未易中選。今乃限以資格,而常欲得人,必恐其難。竊見近歲以來,前行員外郎以上知諫院者,並得兼起居舍人。朝廷之意,務欲廣進人之路。而御史兼官之制尚闕,蓋有司未嘗講求。臣又見比來保舉堪充御史裏行,或以資淺報罷。臣聞唐太宗雅好直言,馬周以布衣爲監察御史裏行。裏行之名,自馬周始。其後官卑,未得真御史者,皆除裏行。然則裏行之設,本以待資淺之人。今乃以資淺爲不應選,正失前代設官之意。臣又睹天聖七年,言事者以三院御史出爲省府判官、轉運使,其間多是知縣充舉,深爲僥倖,乃詔今後知州、通判方得奏舉。近日臺官其稱職者,雖或次補諫列,其不任職者,雖真御史亦以舊資出補外任。然則資序高下,不必校量。又聞孔子曰:“舉爾所知,爾所不知,人其舍諸?”夫以人才之難,必待數人盡知固不可得。苟一人知之,衆人非出於實信,但雷同系書,則又非爲國求賢之意。凡臣所言,灼然易見。若增成舊制,於體無害。伏惟陛下以聖明文武,初即尊位,左右之臣悉皆訪逮,巖穴之士尚將旁求,豈獨於御史耳目之官,而不能廣開其路? 伏望聖慈裁許,自今後每御史有闕,即輪學士、御史中雜一員保舉。自正郎、前行員外郎並依諫官例,除兼御史。朝官以上,不問資序,並除裏行。太常博士、通判及一年者,並依舊制。如此則用人之法不致苛密,而舉善之心各得自盡,不勝大幸。

五月

翰林學士呂公著兼侍讀

《長編拾補》卷一神宗治平四年五月丙戌條:"翰林學士呂公著兼侍讀。"（全稱《續資治通鑑長編拾補》,以下簡稱《長編拾補》）

案:是條注釋云:《十朝綱要》《編年備要》:五月,置寶文閣學士、直學士、待制,以翰林學士呂公著知制誥,不載兼侍讀事。

呂公著上《王陶不可復召奏》

《長編拾補》卷一神宗治平四年五月戊子條:"呂公著恐上惑陶説,將復召之,即奏疏曰:'臣伏見自陛下即位以來,中外皆稱聖明。昨因王陶瀆亂天聽,上下震駭,尋已黜守外藩,繼一露奏表章,歷詆近臣,及論大臣不軌,又漏泄上前密語。陛下以其宮邸之舊,嘗加眷遇,兼謂出於一時狷忿,特賜含容,不加重譴,陛下之恩德可謂至矣! 陶宜日夜循省咎愆,以答上仁。今聞復有章表,長惡不悛如此,乃是包藏禍心,非特出於一時之狷忿也。且以陛下之聰明,至其指執政之得失,數群臣之長短,固亦有然者矣。若遂以爲大臣有不臣不軌之心,則陛下固不以爲然,朝廷士大夫皆不以爲然也。今議者咸以爲陶雖在外,而眷念不衰,向後必須召用。臣竊恐奸邪小人,因奏對之際,必有希合上旨,蔽陶之罪,謂其能忠直敢言。伏望陛下割一人之私恩,采天下之公論,登用中立之士,杜絶阿黨之原,毋爲偏見邪説所惑,則天下幸甚!'"

案:王陶（1020—1080）,字樂道,京兆萬年（今陝西西安）人,仁宗慶曆二年（1042）進士,神宗立,王陶作爲神宗東宮師傅,受到重用,拜御史中丞,然爲人反覆薄情無底線,《宋史》卷三二九有傳。據畢沅《續資治通鑑》云,王陶入爲三司使、遷翰林學士時,中丞呂公著復論:"陶賦性傾邪,當韓琦秉政,諂事無所不至;及爲中丞,乃誣琦以不臣之迹,陷琦以滅族之禍。反覆如此,豈可信任!"後朝廷出陶知蔡州。

侍講呂公著兼寶文閣學士

《宋史全文》卷一〇《宋英宗》治平四年五月乙巳條:"置寶文閣學士、直學士、待制,以翰林學士吕公著兼寶文閣學士,右司郎中邵必爲寶文閣直學士。先是,公著與必同編集《仁宗御集》藏寶文閣,故因授以此職。"

案:據《文獻通考》卷五四《職官考八》記載,寶文閣在天章閣之東西序,群玉、蕊珠殿之北,即舊日壽昌閣,慶曆改名寶文。嘉祐八年,英宗即位,詔以仁宗御書、御集藏於寶文閣。治平四年,神宗即位,始置學士、直學士、待制,恩賜如龍圖。以吕公著兼寶文閣學士,邵必爲寶文閣直學士。

七月

吕公弼支持司馬光,罷高居簡

《長編拾補》卷一神宗治平四年七月癸巳條:"高居簡爲供備庫使,罷御藥院。司馬光屢劾居簡,上雖以章付樞密院,猶未施行。光言與居簡難兩留,求外郡。請對,吕公弼曰:'光今日必決去就。'時光立殿下,上指之曰:'已來矣。'公弼曰:'陛下欲留居簡必逐光,欲留光必逐居簡。居簡内臣,光中丞,願擇其重者。'上曰:'今當如何?'公弼曰:'罷其御藥,優遷一官可矣。'上命與供備,曰:'光得毋復爭!'公弼曰:'待光上殿,但論以居簡已出矣,光必自止。'上從之。光因曰:'凡左右之人,不須才智,但令謹樸小心不爲過,斯可矣。'"

八月

吕公著上《乞旌用郝戩奏》

《全宋文》卷一〇九二吕公著《乞旌用郝戩奏》治平四年八月:

戩前任興國軍通山縣令日,爲父樵年老,遂乞致仕,欲封父一官。不期樵卒,遂扶護還蔡州西平縣本鄉,於墓側負土培墳,不避霜雪。行誼鄉里所重,搢紳所推。今父服已除,齒髮未衰,乞賜旌用。

案:《宋會要輯稿》職官七七之四一云,因吕公著奏請,八月十四日,朝廷詔以太子中允致仕郝戩除兩使職官,候一任回與磨勘。

九月

吕公著撰《除富弼尚書左僕射充觀文殿大學士集禧觀使制》

《全宋文》卷一〇九二吕公著《除富弼尚書左僕射充觀文殿大學士集禧觀

使制》：

聖王賦禄，所以崇德而勸勞；賢者辭隆，所以激貪而厲俗。眷我外相，惟時宗工。願還重綏之榮，蓋露累章之請。既重違於悃愊，宜特示於褒優。載揆剛辰，式敷渙號。推誠保德崇仁忠亮佐運翊戴功臣、武寧軍節度、徐州管内觀察處置等使、開府儀同三司、檢校太師、同中書門下平章事、徐州大都督府長史、上柱國、鄭國公富弼，體資忠亮，識蘊淵閎。炳嶽瀆之粹靈，挺棟甍之厚器。光輔仁祖，蔚爲文武之師；迨事先皇，實總機衡之要。引疾邊辭於大柄，均勞式殿於近邦。未移岩石之瞻，並及洪河之潤。肆予纘紹，尤渴儀刑。雖體力之未平，顧風猷之克莊。而乃過持沖守，深遜寵名。諭言已周，誠意彌確。朕惟安危所寄，雖賴老成之人；損益有規，宜伸大雅之志。俾進班於左揆，聽復節於中臺。仍總領於殊庭，竚論思於秘殿。用彰寵數，蓋示眷懷。於戲，進止不膠，共扶於名義；幽明有相，終界於壽臧。風於四方，時汝之德。

案：曹清華《富弼年譜》云，時年九月十六日，詔以尚書左僕射、觀文殿大學士、集禧觀使赴闕，富弼以足疾固辭。

韓琦罷相，呂公弼樞密使。吳奎罷參知政事，張方平、趙抃並參知政事，陳升之罷樞密副使，韓絳、邵亢並樞密副使，郭逵罷同簽書樞院

《宋宰輔編年録校補》卷七神宗治平四年九月：“辛丑，韓琦罷相……同日，呂公弼樞密使。自樞密副使、刑部侍郎除檢校太傅充。”

《宋宰輔編年録校補》卷七同條《制》曰：“本朝之制，並分二府之嚴；執政之臣，共幹庶邦之重。文武承式，兵民是圖。屬在賢明，總司使職。誕敷明制，佈告大廷。具官呂公弼器蘊誠明，機靈精遠。環材任重，中廣廈之棟梁；雅音自和，合清廟之琴瑟。登貳樞機之密，洽聞議論之長。屢陳憂國之言，多發便時之策。深明王體，有束朕心。宜陞帝傅之崇，以正本兵之重。爰田增賦，真食衍封。名器益隆，典章允穆。於戲！信而能用，常思明哲之難；知無不爲，期盡臣鄰之益。祗若休命，以贊大猷。”

《宋宰輔編年録校補》卷七同條：“同日，吳奎罷參知政事……同日，張方平、趙抃並參知政事……同日，陳升之罷樞密副使……同日，韓絳、邵亢並樞密副使……癸卯，郭逵罷同簽書樞院……”

案：吕公弼拜樞密使，歐陽修有《賀樞密使吕太傅（公弼）書》，寫於治平四年，收録於《歐陽修全集》卷九六，其文云："右修啓。伏承顯膺寵典，登進樞庭。成命始行，興言僉允。伏惟某官存誠直諒，蹈道中和，學臻三代之英，世濟八人之美。論思獻納，已多補益之勤；謨明弼諧，久輔經綸之業。三朝眷遇，一德老成，尚虚黄閣之居，姑正紫樞之位。坐籌帷幄，方資制勝之謀；正席鈞臺，始慰具瞻之望。顧惟衰朽，早辱知憐，惟與蒼黔，同深慶抃。"

吕公弼善稱停事

《童蒙訓》卷上："器之嘗爲予言：'當官處事，須權輕重，務合道理，毋使偏重可也。夫是之謂中。'因言：'元祐間，嘗謁見馮當世宣徽。當世言："熙寧初，與陳昉叔、吕寶臣同任樞密。昉叔聰明少比，遇事之來，迎刃而解。而吕寶臣尤善稱停事，每事之來，必稱停輕重，令必得所而後已也。事經寶臣處劃者，人情事理無不允當。"'器之因極言'稱停'二字最吾輩當今所宜致力，二字不可不詳思熟講也。寶臣，蓋惠穆公也。"

吕公著上神宗《論司馬光告敕不由封駁司奏》

《全宋文》卷一〇九二吕公著《論司馬光告敕不由封駁司奏》治平四年九月：

臣近爲降下司馬光等告敕到封駁司，尋以爲不便，遂具封駁聞奏。竊知已直降光等告敕付閣門。臣伏以祖宗置封駁之職，蓋以朝廷政令不能一一盡當，故使有司得各竭其意，以補闕遺。臣既繆當官守，苟有愚見，誠不敢自默，以失祖宗置司之意，是以即有論列。今來朝廷既以臣言不當，自當顯行黜責。其所降敕告，亦須經由本司。蓋臣雖可罪，而此職終不可廢。若因臣一言不當，遂使今後封駁之司不復能舉正職事，則是祖宗法度由臣而壞。伏望聖慈正臣封駁不當之罪，特加顯黜，以振綱紀。

案：吕公著維護封駁司職能。

十月

司馬光奏言張方平奸邪，吕公著具奏封駁

《長編拾補》卷二神宗治平四年十月丙午條："司馬光言：'臣昨論張方平

參知政事不協衆望。臣識淺才下，其言固不足采。向者仁宗時，包拯最名公直，與臺諫官共言方平奸邪貪猥。欲知方平爲賢爲不肖，乞盡令檢取包拯等言方平章奏，及開封府陳升之兩處推勘劉保衡公案，並方平在秦州所奏邊上事宜狀，即知臣所言，非一人私論也。所有新命，臣未敢祇受。'先是，光等誥勑下通進銀臺司，呂公著具奏封駁。上手詔諭光曰：'適得卿奏，換卿禁林，復兼勸講。倘謂因前日論奏張方平不當，故有是命，非朕本意也。朕以卿經術行義爲世所推，今將開延英之席，得卿朝夕討論，敷陳治道，以箴遺闕，故命進讀《資治通鑑》，此朕之意。呂公著所以封還者，蓋不知此意耳！'於是取誥勑直付閤門，趣光等令受。光又奏：'臣愚暗不達聖旨，又恐累呂公著。'上言：'公著方正，朕使之掌銀臺，固慮詔令有失，欲其封駁耳，奈何罪之？'公著亦具奏：'近臣爲降司馬光等告勑以爲不便，遂具封駁。竊知已直降付閤門，朝廷既以臣言不當，當顯然黜責。其所降勑告，亦須經本司，蓋臣雖可罪而此職終不廢。若以臣一言不當，遂使今後封駁之司不能復舉正其職，則是祖宗法度由臣而壞。'上手批公著：'奏可。一兩日求對來，當諭朕意，以釋卿惑。'他日登對，上顧公著謂曰：'朕以司馬光道德學問，欲常在左右，非以其言事也。'又嘗謂公著曰：'光方直，如迂闊何？'呂公著曰：'孔子上聖，子路猶謂之迂；孟軻大賢，時人亦謂之迂，況光豈免此名！大抵慮事深遠則近於迂，願陛下更察之！'先是，御史臺門無故自壞，後十餘日而光罷。"

案：《宋宰輔編年錄校補》卷七和《涑水記聞》附錄二《張方平參政奸邪》亦記載此事。關於張方平爲人，《宋史》卷三一八云：方平慷慨有氣節……方平、拱辰之才，皆較然有過人者，而不免司馬光、趙抃之論。豈其英發之氣，勇於見得，一時趨鄉未能盡適於正與？故司馬光斥責張方平貪邪，未必客觀，呂公著具奏封駁，實出於公心。

呂公著上《乞班在司馬光下奏》

《全宋文》卷一〇九二呂公著《乞班在司馬光下奏》治平四年十月十五日：

司馬光近除翰林學士，緣光前入院在臣之先，今乞班在光下。

十二月

樞密院文彥博、呂公弼言廢棄綏州,韓琦言綏州不可棄

《韓忠獻公年譜》:"(治平四年)正月,英宗升遐,神宗即位……十一月,(韓琦)改差判永興軍兼陝府西路經略安撫使……樞密院文彥博、呂公弼恥於中變,協謀決議廢棄,督促如初,公亦條陳不已……最後詔如公議不棄。"(引自《宋人年譜叢刊》第二册)

《宋史全文》卷一〇《宋英宗》治平四年十二月條:"是月,韓琦至長安。初,薛向、賈逵等議欲留綏州,詔琦度其可棄可守以聞。已而西人誘殺楊定等,琦即奏:'賊今若此,綏州不可棄也。'諒祚戰數敗,國中饑困,將求和而諒祚病死,其子秉常嗣立。琦因奏:'當此變故,尤非棄州之時。'樞密使文彥博、呂公弼恥於中變,督促棄州如初,琦亦條陳不已。上遣入内押班王昭明齎手詔訪琦利害,琦復具奏,乃詔綏州如琦議。"

案:《長編拾補》卷二詳細記載此事。《宋史》卷三一一《呂夷簡傳》《呂公孺附傳》曰:"神宗得綏州,遣使議守棄之便,久未決。命公孺往,與郭逵議合,遂存綏州。"

是歲,呂居簡知廣州

《宋史·呂蒙正傳》《呂居簡附傳》:"徙荆南,進龍圖閣直學士、知廣州,陶甓甃城,人以爲便。"

案:據《宋兩廣大郡守臣易替考·廣州》考證:英宗治平四年始,至神宗熙寧元年,呂居簡知廣州。

呂居簡進封開國公

韓維《翰林學士兼端明殿學士翰林侍讀學士右諫議大夫知制誥充史館修撰王珪可朝請大夫給事中依前充翰林學士兼端明殿學士翰林侍讀學士知制誥充史館修撰加食實封二百户龍圖閣直學士尚書工部侍郎充集英殿修撰何剡可刑部侍郎依前龍圖閣直學士充集英殿修撰龍圖閣學士右諫議大夫唐介可給事中依前龍圖閣學士加食邑五百户食實封二百户龍圖閣直學士給事中

張揆可尚書工部侍郎依前龍圖閣直學士加食邑五百户食實封二百户龍圖閣
直學士尚書刑部侍郎呂居簡可尚書兵部侍郎依前龍圖閣直學士進封開國公
加食邑五百户食實封二百户樞密直學士尚書刑部侍郎李參可尚書兵部侍郎
依前樞密直學士加食邑五百户龍圖閣直學士給事中權知開封府傅求可尚書
工部侍郎依前龍圖閣直學士權知開封府加食邑五百户食實封二百户龍圖閣
直學士尚書吏部員外郎趙抃可尚書户部郎中依前充龍圖閣直學士加上護軍
進封開國侯食邑五百户制》:"勑:朕遭家不造,賴士大夫之力,獲保宗廟,以臨
海內。大賚之澤既周洽矣,而吾侍從之臣顧可以勿褒乎?具官某,直諫可風,
亮節是式。底其忠嘉,績用休茂。見器昭考,以屬朕躬。故於嗣位之始,加厚
寵秩,所以推先志,示隆禮也。若夫讜言忠謀以佐不逮,則朕之所虛寧而俟
也,往其懋哉。可。"(引自《全宋文》卷一〇六〇)

案:此制詞所言,應是宋神宗即位之始,姑系於此。與呂居簡一同進封的
尚有王珪、何剡、唐介、張揆、李參、傅求、趙抃。

呂公弼加封邑

王珪《華陽集》卷三七《呂公弼授依前樞密使光祿大夫加封邑制》:"門下:
朕初承邦序,適考郊年,緣景德之祀文,即泰禋之齋宇,乃輯大事,以賓上神。
一心率祇,萬福來下,豈不繫左右之輔,時則有夙夜之勞。因慶澤功,不可稽
命。具官某,氣節修固,機猷碩膚。志薄纂金,早勉韋成之學;材施廟棟,夙推
蔡伯之名。被宸遇於三朝,長樞密於右府。肆飭躬於肇祀,能協事於先期。
使萬兵陳衛於國中,四夷觀樂於簾下,而復奏中嚴於大次,導初獻於重垓,舉
無陟降之違,終有貿誠之助。既蠲成於吉報,宜大渙於神釐。載加馭貴之階,
載益表功之號,仍敦封於采邑,並副寵於近司。於戲!德當天心,已格靈娀之
應;禮行祭日,且觀惠術之孚。益屬至顯,共綏鴻施。可。"

案:此制詞所言,亦應是宋神宗即位之始,姑系於此。

又案:本年進士及第者凡三百六人。有許安世、王雱、朱紱、黃庭堅、曾
肇、楊國寶、鄭俠、歐陽棐等。

宋代東萊呂氏
家族年譜長編

（中）／ 姚 紅◎著

—全國高等院校古籍整理研究工作委員會資助項目—

浙江工商大學出版社 | 杭州

圖書在版編目(CIP)數據

宋代東萊呂氏家族年譜長編 / 姚紅著. —杭州：
浙江工商大學出版社，2021.3

ISBN 978-7-5178-4434-1

Ⅰ. ①宋… Ⅱ. ①姚… Ⅲ. ①家族－年譜－龍口－宋
代 Ⅳ. ①K820.9

中國版本圖書館 CIP 數據核字(2021)第 064513 號

宋代東萊呂氏家族年譜長編
SONGDAI DONGLAI LVSHI JIAZU NIANPU CHANGBIAN

姚　紅 著

責任編輯	張晶晶
責任校對	熊静文
封面設計	沈　婷
責任印製	包建輝
出版發行	浙江工商大學出版社
	（杭州市教工路 198 號　郵政編碼 310012）
	（E-mail：zjgsupress@163.com）
	（網址：http://www.zjgsupress.com）
	電話：0571－88904970，88831806（傳真）
排　　版	杭州朝曦圖文設計有限公司
印　　刷	杭州宏雅印刷有限公司
開　　本	710mm×1000mm　1/16
印　　張	53.5
字　　數	820 千
版 印 次	2021 年 3 月第 1 版　2021 年 3 月第 1 次印刷
書　　號	ISBN 978-7-5178-4434-1
定　　價	188.00 元（全三册）

卷十四

神宗熙寧元年戊申（1068），呂居簡七十歲，呂公弼六十二歲，呂公著五十一歲，呂公孺四十八歲，呂希道四十四歲，呂希哲二十九歲，呂好問五歲

春正月
呂公著兼判尚書兵部，因避兄親嫌，自陳領封駁非便

《宋會要輯稿》職官六三之四：“神宗熙寧元年正月二十一日，翰林學士、知通進銀臺司、兼門下封駁事呂公著兼判尚書兵部，以龍圖閣直學士、判尚書兵部張掞知通進銀臺司，兼門下封駁事。公著自陳兄公弼任樞密使，領封駁非便也。”

趙概罷參知政事，唐介參知政事

《宋宰輔編年録校補》卷七神宗熙寧元年正月丙申：“趙概罷參知政事。爲吏部尚書、觀文殿學士知徐州。概自仁宗嘉祐五年除樞密副使，六年閏八月除參知政事，是年正月罷，在政府凡九年。概數以老求去位，明年四月，遂以太子少師致仕……同日，唐介參知政事……”

案：趙概爲呂公弼親家，公弼幼女嫁趙概第三子元緒。元豐五年卒，贈太子太師，謚康靖，概以德報怨，掩惡揚善，至誠至善，人謂其長者。

呂公著等奉命修撰《熙寧英宗實録》

《玉海藝文校證》卷一四《實録》：“《熙寧英宗實録》。熙寧元年正月二十

四日,詔以宰相曾公亮提舉,呂公著、韓維、王安石修撰,孫覺、曾鞏檢討。二年七月己丑,司徒韓琦等上《英宗實錄》三十卷、《事目》三卷,賜詔獎諭。"

二月

呂公著等在御閣講《禮記》,並讀《史記》《資治通鑑》

《玉海》卷二六《帝學·熙寧讀〈資治通鑑〉》:"熙寧元年二月十一日,御閣,召王珪、范鎮、司馬光、呂公著、吳申、周孟陽,講《禮記》,讀《史記》《資治通鑑》。"

四月

呂公著等爭論侍講當坐與不坐。公著謂宜坐

《長編拾補》卷三上神宗熙寧元年四月庚申條:

翰林學士兼侍讀呂公著、翰林學士兼侍講王安石等言:"竊尋故事,侍講者皆賜坐;自乾興後,講者始立,而侍者皆坐聽。臣等竊謂侍者可賜立,而講者當賜坐,乞付禮官考議。"詔禮院詳定以聞。判太常寺韓維、刁約,同知禮院胡宗愈言:"臣等竊謂臣侍君側,古今之常,或賜之坐,蓋出優禮。祖宗以講說之臣多賜坐者,以其敷暢經藝,所以明先王之道,道所存,禮則加異。太祖開寶中,李穆、王昭素於朝召對,便殿賜坐,令講《易·乾卦》。太宗端拱中,幸國子監,升輦將出,顧見講座,因召學官李覺講說。覺曰:'陛下六飛在御,臣何敢輒升高座?'太宗爲之降輦,令有司張帟幕別坐,詔覺講《易》之《泰卦》。今列侍之臣,尚得環坐,執經而講者,顧使獨立於前,則事體輕重,議爲未安。臣等以爲宜如天禧故事,以彰陛下稽古重道之義。"判太常龔鼎臣、蘇頌、周孟陽,同知禮院王汾、劉攽、韓忠彥等言:"臣竊謂侍從之臣,見於天子者賜之坐,有司顧問,猶當避席立語,況執經人主之前,本欲便於指陳,則立講爲宜。若謂傳道近於爲師,則今侍講解說舊儒章句之學耳,非有爲師之實,豈可專席安然以自取重也!又朝廷班制,以侍講居侍讀之下,祖宗建官之意輕重可知矣。今若侍講輒坐,其侍讀當從何禮?若亦許之坐,則侍從之臣,每有進說,皆當坐矣。且乾興以來,侍臣立講,歷仁宗、英宗兩朝,行之且五十年,豈可一旦以爲有司之失而輕議變更乎!今人主待侍從,臣由始見以及畢講,皆賜之坐,其

尊德重道固已厚於三公矣，尚何加焉！其講官侍立，伏請仍舊。"初，孫奭坐講，仁宗尚幼，跪案以聽之，奭因請立。講論者不以爲是。及公著等奏請，衆議不同，上以問曾公亮，但稱"臣侍仁宗書筵亦立"。後安石因講賜留，上面諭曰："卿當講日可坐。"安石不敢坐，遂已。

案：是時，呂公著與王安石等同倡侍講當坐，韓維、刁約、胡宗愈和之，龔鼎臣、蘇頌、周孟陽、王汾、劉放、韓忠彥等以爲不當坐。議不同，事遂浸。

呂居簡提出以舊古城與今來城相合，修廣州城外城

《宋會要輯稿》方域九之二十七："神宗熙寧元年四月二十三日，龍圖閣直學士呂居簡言：'前知廣州，伏見本州昨經儂賊，後來朝廷累令修築外城，以無土難興修。本州子城東有舊古城一所見存，與今來城基址連接，欲乞通作一城。'詔令廣南東路經略安撫司疾速計度功料，如法修築。"

案：宋仁宗皇祐四年，儂智高舉兵反宋，一度圍攻廣州，廣州外城遭到極大破壞。

是月，呂公著上《五月會朝非禮奏》

《全宋文》卷一〇九二呂公著《五月會朝非禮奏》熙寧元年四月：

五月會朝，始於唐德宗，取數術厭勝之説。憲宗以不經罷之。況尊號非古典，不系人主重柄。陛下方追復三代，何必於陰長之日，爲非禮之會，受無益之名！

是月，歐陽修撰《與開封知府呂內翰（公著）書》

《歐陽修全集》卷九六《與開封知府呂內翰公著書》熙寧元年四月："伏自某官輒從邇列，暫領陪藩。竊顧愚蒙，獲兹庇賴；載惟孤拙，每荷優容。積於佩德之誠，無異遺民之愛。恭惟入趨宸扆，榮署天畿，仰匡日以政成，即疇賢而柄用。始兹歆滪，宜乃高明。伏惟上爲邦家，精調寢膳。"

案：據《開封府題名記》："熙寧二年五月，（呂公著）翰林學士權發遣。"此《題名記》引自《北宋京師及東西路大郡守臣考》，呂公著知開封府的時間，與歐陽修書信中提及的時間不一致，其確切時間待考。呂公著知開封府時，率

五鼓視事,賓僚至者,不拘時見。府無廢事,下情易達。(《山堂肆考》卷六四)

五月

呂公著上《舉淹廢人引見考試到人奏》

《全宋文》卷一〇九二呂公著《舉淹廢人引見考試到人奏》熙寧元年五月十六日:

准手詔舉列淹廢之人,內選人不該磨勘者,依身言書判人例施行。續准詔考試到三十七人,分五等,令流內銓連逐人卷子,依敕引見。具指定引見日,先申中書,欲今月二十一日上殿引見。

樞密院使呂公弼請成立河北上等義勇

《長編拾補》卷三上神宗熙寧元年五月丙申條:"樞密院使呂公弼請以河北義勇每指揮揀少壯材武藝取百人,手刺'上等'二字,量免戶下支移、折變,別團會教閱,依日限放散,並給口食;即及百人而又有出倫者,聽注籍,候有闕收補。從之。"

七月

陳升之知樞密院事。呂公著贊陳升之才能

《宋宰輔編年錄校補》卷七神宗熙寧元年七月己卯:"陳升之知樞密院事……初,升之自樞密院出知越州,呂公著因對言:'升之練邊事,有才能,陛下何不置陳、許近郡,可備緩急謀帥。'上然之,遂自越州遷許州,尋又改大名府。升之前與文彥博同爭楊定不可使,上不聽。定既被殺,上思其言,於是復召用之。"

京師連續地震,知開封府呂公著上疏,言人君親正人、遠奸佞之道

《長編拾補》卷三上神宗熙寧元年七月乙酉條注釋:"《編年備要》云:京師震者三:八月,京師又震;十一月,復震。知開封府呂公著上疏,其略曰:'自昔人君遇災者,或恐懼以致福,或簡誣以致禍。上以至誠待下,則下思盡誠以應之,上下至誠而變異不消者,未之有也。惟君人者去偏聽獨任之弊,而不主先

入之語,則不爲邪説所亂。顔淵問爲邦,孔子以遠佞人爲戒。蓋佞人惟恐不合於君,則其勢易親;正人惟恐不合於義,則其勢易疏。惟先王格正厥事,未有事正而世不治者也。'"

吕公著上《論淫雨地震奏》

《全宋文》卷一〇九三吕公著《論淫雨地震奏》熙寧元年七月:

臣伏見夏秋之交,淫雨爲沴,乃甲申地震京師。天威不遠,譴告甚明,此誠陛下抑畏修省之時也。臣竊考自昔人君,每有變異,或因恐懼而致福,或以簡誣而致敗。蓋古之王者,知禍福無不自己,故側身修行,以求消復,則天之應也,敏若影響,此所謂恐懼以致福者也。至於後世,乃以爲天地災害皆有常數,或專修外事,或歸過於下,則是坐視天災,無復自飭,此所謂簡誣以致敗者也。恭惟陛下以聖德在位,將興太平,然而災害重仍,殆有以警懼陛下。臣愚以爲必須歷考庶事,正所未正,則災可轉而爲福。《書》曰:"惟德動天,無遠弗屆。"言至誠之道修於己,則足以感人神也。又曰:"天聰明,自我民聰明。"君能感人,然後可以動天也。蓋人之情僞,最爲難知。上雖以至誠待下,猶恐有不應者。是以古之王者,臨朝接物,莫不以此爲大務。故衆多之臣,皆思盡誠以應之,而不敢挾機以事其君,國爾忘家,主爾忘身,上下如一,至誠無間。如此而天意弗豫,變異不消者,未之有也。在《易》之《咸》曰:"君子以虛受人。"夫衆人之言不一,而至當之論難見,君子者能不自用,而考合天下之公議,猶恐未能盡天下之善也。然而論議者,固有其言不正而可喜,其理似是而實非者。不幸而先入之,則後雖有至當之論,亦難於必受也。是以古之王者,去偏聽獨任之弊,而不主先入之語,故能慮無遺策,而不爲邪説所亂。昔顔淵問爲邦,孔子曰:"遠佞人。"蓋佞人之在君側也,先意承旨,惟恐不合於君,則其勢必久而愈親。賢者之在君側也,直言正行,惟恐不合於義,則其勢必久而愈疏。此孔子所以欲遠之也。《書》曰:"常厥德,保厥位,厥德靡常,九有以亡。"言天子者,臣下所稟命,不常其德,則人無所措手足。是以古之王者,思爲可久之德,而事不輕發。方其令之未出也,無所不謹;則令之既出也,無所不行。《書》曰:"三載考績,三考,黜陟幽明。"夫以堯舜之聰明,其於群臣之能否,必至於三考九載而後黜之者,蓋以知人至難,而功用復不可遽見。若徒以一事之得失,一人之毀譽,不待乎久,不究其他,因以定臣之賢不肖而進退之,則所處未必盡當。所處未當,則復有更易。更易既多,則人懷苟且之心,而世無安治之實矣。昔商宗遭鼎雉之異,而祖巳訓諸王曰:"惟先格王,正厥事。"夫災變之來,固不虛發。而天意所指,蓋亦難知。惟王者能因事修飭,以答明戒,則精祲之交,安有不達?然自漢儒以來,言災異者,始穿鑿經意,附會時政。人君若聽其所言,專備一事,脱非災變之所爲起,則得不違天心乎?臣是以竊慕祖巳之義,不敢爲漢臣之説。伏望陛下省留聖意,未行者勉而行之,既行者勉而終之,則天下幸甚。

案:祖巳是商王武丁之師。《全宋文》此條中誤載爲"祖己"。

吕公著上《劾王陶奏》

《全宋文》卷一〇九三吕公著《劾王陶奏》熙寧元年七月:

陶賦性傾邪。當韓琦秉政,諸事無所不至,自以嘗預宮僚,欲立至公輔。及爲中丞,挾私懷忿,乃誣琦以不臣之迹,陷琦以滅族之禍。反覆如此,豈可信任!

八月

吕公著上《設首免之科爲開改惡之路奏》

《全宋文》卷一〇九三吕公著《設首免之科爲開改惡之路奏》熙寧元年八月:

安石、光所論,敕律悉已明備,所爭者惟謀爲傷因、不爲傷因而已。臣等以爲,律著不得自首者凡六科,而於人損傷不在自首之例。釋謂因犯殺傷而自首者,得免所因之罪,仍從故殺傷法。蓋自首者但免所因之罪,而尚從故殺傷法,則所因之謀,罪雖原免,而傷者還得傷之罪,殺者還得殺之刑也。且律於器物,至不可備償,則不許首,今於人損傷尚有可當之刑,而必使償之以死,不已過乎?古初立法,殺人者死,傷人者抵罪。後世因劫殺而傷者,增至於斬,因謀殺而傷者,則增入於絞。倘有不因先謀,則不過徒杖三等之科而已,豈深入於絞斬乎?若首其先謀,則傷罪仍在,是傷不可首而因可首,則謀爲傷因亦已明矣。律所以設首免之科者,非獨開改惡之路,恐犯者自知不可免死,則欲遂其惡心,至於必殺。今若由此著爲定論,塞其原首之路,則後之首者不擇輕重，有司一切按文殺之矣。朝廷雖欲寬宥，其可得乎？苟以爲謀殺情重，律意不通其首，則六科之中，當著謀殺已傷不在自首之例也。編敕所載，但意在致人於死，並同已傷，及傷與不傷，情理兇惡不至死者，許奏裁。今令所因之謀得用舊律，而原免已傷之情復以後敕而奏決，則何爲而不可也？臣等以爲宜如安石所議便。

十月

朝廷下詔京畿(內開封、祥符)縣丞簿尉選官事宜，從權知開封府呂公著之請也

《宋會要輯稿》職官四八之六三："神宗熙寧元年十月二十五日，詔：'京畿縣丞、簿、尉除舉官外，令審官院、流內銓精加選擇。內開封、祥符二縣令開封府舉有出身、經一任三考、無贓私罪公罪徒以上、曾有舉主三人者充。'從權知開封府呂公著之請也。"

朝廷並軍額，呂公弼上言易善待衛兵

《文獻通考》卷一五三《兵考五·兵制》："熙寧元年，詔諸路監司察州兵揀不如法者按之，不任禁軍者降廂軍，不任廂軍者免爲民。先是陳升之建議，衛兵四十以上稍不中程者量減請衣糧，徙之淮南。呂公弼上言，以爲既使之去本土又減其常廩，於人情未安。且事體甚大，難遽行也。司馬光亦言其不便……右正言李常亦言其不便，從之。"

是歲，呂希哲監陳留稅務，厚德可服

《童蒙訓》卷上："熙寧初，滎陽公監陳留稅務，時汪輔之居陳留，恃才傲物，獨敬重公。橫渠先生聞之，語人云：'於蠻貊之邦行矣，於呂原明見之。'"

《童蒙訓》卷上："滎陽公之監陳留稅也，章樞密質夫楶知縣事，雅敬愛公。一日，因語次暴陵折公，公不爲動。質夫笑曰：'公誠厚德可服，某適來相試耳。'"

案：呂希哲以厚德服人，中年時嘗書壁以自警："寧人負我，無我負人。"（引自《能改齋漫錄》卷八《沿襲·寧人負我無我負人》）

是歲,呂公弼作詩《送桂州張田經略遷祠部》

《送桂州張田經略遷祠部》:"拂雲樓觀壯南城,符竹從來選擇精。地壓坤方諸國重,官遷漢省左曹清。霜嚴塞幕論兵略,春滿農效勸火畊。王佐才高時望洽,歸來持橐上蓬瀛。"(《全宋詩》卷三〇四,引自《宋詩拾遺》卷五)

案:張田,字公載,澶淵(今河南濮陽)人。登進士第,北宋著名大臣包拯門生,英宗治平三年知桂州,神宗熙寧初知廣州,所到之處治有善迹,《宋史》卷三三三有傳。是詩或作於熙寧初。

歐陽修與呂公著書信

《歐陽修全集》卷一四五《與呂正獻公晦叔五通》,其二熙寧□年:"某啓。某以衰病之質,幸此優閑,中性易習,遂成懶惰。向審召還禁林,固與士大夫同其慶抃,而久闕馳誠,恃知之厚,必不罪其疏慢也。辱書,重增感愧。未涯瞻遍,漸寒,爲國自重。"

案:此書信未知是熙寧几年,姑系於此。

熙寧二年己酉(1069),呂居簡七十一歲,

呂公弼六十三歲,呂公著五十二歲,呂公孺四十九歲,

呂希道四十五歲,呂希哲三十歲,呂好問六歲

二月

富弼再入相

《宋宰輔編年錄校補》卷七神宗熙寧二年二月己亥條:"富弼再入相……"

王安石參知政事

《長編拾補》卷四神宗熙寧二年二月庚子條:"以王安石爲右諫議大夫、參

知政事。先是，安石見上論天下事，上曰：‘此非卿不能爲朕推行，朕須以政事煩卿，料卿學問如此，亦欲設施，必不固辭也。’安石對曰：‘臣所以來事陛下，固願助陛下有所爲。然天下風俗法度，一切頹壞，在廷少善人君子，庸人則安常習故而無所知，奸人則惡直丑正而有所忌。有所忌者倡之於前，而無所知者和之於後，雖有昭然獨見，恐未及效功，而爲異論所勝。陛下誠欲用臣，恐不宜遽謂，宜先講學，使於臣所學本末不疑然後用，庶几能粗有所成。’上曰：‘朕知卿久，非適今日也。人皆不能知卿，以爲卿但知經術，不可以經世務。’安石對曰：‘經術者，所以經世務也，果不足以經世務，則經術何賴焉！’上曰：‘朕仰慕卿道德，甚至有以助朕勿惜言。不知卿所設施以何爲先？’安石曰：‘變風俗，立法度，方今所急也。凡欲美風俗，在長君子消小人，以禮義廉恥由君子出故也。《易》以泰者通而治也，否者閉而亂也。閉而亂者以小人道長，通而治者以小人道消。小人道消，則禮義廉恥之俗成，而中人以下變爲君子者多矣；禮義廉恥之俗壞，則中人以下變爲小人者多矣。’上以爲然。”

案：據《續宋編年資治通鑑》，孫固、唐介以爲王安石不可爲相：初，上問孫固曰：“安石可相否？”固曰：“安石文行甚高，侍從獻納其選也。宰相自有度，安石爲人少容，恐不可。”曾公亮薦安石，唐介曰：“安石好學而泥古，議論迂闊，若使爲政，必多變以擾天下。”治平中，邵雍與客散步天津橋上，聞杜鵑聲，慘然不樂，客問其故，雍曰：“杜鵑，洛陽舊無之，今始至，有所主。”客曰：“何也？”雍曰：“不二年，上用南士爲相，多引南人，專務變更，天下自此多事。”客曰：“聞杜鵑聲何以知此？”雍曰：“天下將治，地氣自北而南；將亂，自南而北。今南方地氣至，禽鳥飛類得氣之先者也。”

南宋葉適在《資格》篇中，比較王安石與諸賢相，認爲安石進小人而亂天下：“李沆、王旦，在真宗時謹守資格；王曾、呂夷簡、富弼、韓琦，在仁宗、英宗時謹守資格；司馬光、呂公著，在哲宗時謹守資格，此其人皆以謹守資格爲賢，名重當世。惟王安石破資格以用人，一時所謂名士，力爭而不勝；其後章惇、蔡京、王黼、秦檜相踵效之。然而進小人而亂天下者，此五人也。”（《葉適集·水心別集》卷一二）

呂公著同王安石議，凡謀殺已傷而自首，減二等科罪

《後編》卷七六宋神宗熙寧二年二月條："詔：'今後謀殺人自首，並奏聽敕裁。'帝初從王安石議，凡謀殺已傷而自首，減二等科罪。衆論不服，御史中丞滕甫請再選官定議。詔送翰林學士呂公著、韓維，知制誥錢公輔重定，公著等議如安石。於是法官齊恢、王師元、蔡冠卿等皆劾奏公著等所議爲不當。又詔安石與法官集議，反復論難，久之不決，故有是詔。"

王安石行變法

《宋宰輔編年錄校補》卷七神宗熙寧二年二月庚子條："王安石參知政事。自翰林學士、工部侍郎兼侍讀遷右諫議大夫除。安石字介甫，撫州臨川人。韓琦爲相，請立英宗爲皇嗣，尚未定，時安石糾察在京刑獄，爭刑名□□□□□□憂，後服除，英宗異召□□□□□，時琦猶在相位，又不起。於□□□□□，頗爲不恭。宰臣曾公亮□□□□□令德，宜膺大用，真輔相之才。□□□□□□。臣嘗與安石同領群牧，備悉其不近人情，所爲迂闊，萬一用之，必紊亂國政。安石再奉詔，召知江寧府。其時安石爲翰林院學士，安石聞琦既罷相，甚喜。上即欲用王安石爲參知政事，曾公亮因□之。□□唐介曰：'安石恐難大任。'上曰：'卿謂文學不可任耶？經術吏事不可任耶？'介曰：'非謂此也。安石好學而泥古，議論迂闊，若使爲政，多所變更，必擾天下。'退詣中書，謂公亮等曰：'異日安石之言果用，天下困擾，諸公當自知之耳。'韓琦罷相出守相州，陛辭，神宗：'卿去，誰可屬國者？王安石何如？'琦曰：'安石爲翰林學士則有餘，處輔弼之地則不可。'神宗頷之。上嘗與司馬光論諸大臣，上曰：'王安石何如？'光曰：'人言安石奸邪，則毀之太過，但不曉事，執拗，此其實也。'是歲二月，安石除右諫議大夫、參知政事，知制誥李大臨草制，有曰：'與其明察爲公，莫若嚴重而有制；與其將順爲美，莫若規正而有守。循紀綱，本教化，以輯寧之久，其在茲乎。'無甚褒異優借之辭。安石乃怒。先是，安石見上，論天下事。上曰：'此非卿不可爲朕推行，朕須以政事煩卿。'安石對曰：'臣固願助陛下有所爲，然天下風俗法度一切頹壞，庸人則安於習故而無所知，奸人則惡直丑正而有所忌，恐未及功效而爲異論所勝爾。'上曰：'朕知卿

久，非今日也。人皆不能知卿，以爲卿但知經術，不可以經世務。’對曰：‘經術者所以經世務也，非知經術，無可以經世務者。’上曰：‘宜有以助朕。’至是，遂除參知政事。安石入謝，上復問今設施以何爲先，對曰：‘變風俗、立法度，最方今所急也。凡欲美風俗，在長君子，消小人。’上納其言。自此安石取祖宗法度變更之。天下騷然不安，咸指安石矣。初，治平中邵雍與客偕行，聞杜鵑而慘然不樂，客問其故，雍曰：‘不二三年，上用南士爲相，多引南人，專務變更天下，自此多事矣。’《丁未録》”

《宋宰輔編年録校補》卷七神宗熙寧二年二月：“安石有口辯，上常悅，所言皆聽，以此日益多所變更，遂薦薛向爲江、淮等路發運使。先是，向爲陝西轉運副使兼制置解鹽，向既兼領，乃請以制置解鹽買馬。自向壞法置馬，邊用漸虛。安石又論修均輸之政。因言向可使，遂以向爲發運使請，委向行其法於六路。范純仁奏論之，且言薛向小人不可。安石愈益任向，尋召爲三司使。頒農田水利，遣劉彝等八人使行天下，相度農田水利諸務，復設提舉農田水利官。於是，其後言水利者日益多，自後朝廷更遣使四十餘人分行天下，以稽查各路常平、廣惠倉，相度差役農田水利爲名，其實衆苦之。自青苗、農田水利之法下，使者旁午於道，人情洶洶。范鎮等極論之。三年五月，又置宮觀使，以□□者。於是，龍圖閣學士、兵部侍郎、集賢殿修撰何郯以病故，提舉成都府玉局觀。文彥博論置宮觀差遣非是，曰：‘如何郯兩制乃令提舉玉局？’安石以爲郯病不能治事。郯遂請老，以尚書右丞致仕。初，安石以學行負時望，上方勵精求治，引參大政。御史中丞呂誨將論之，司馬光雅善誨，相遇殿庭，光問誨曰：‘今日所論何事？’誨舉手曰：‘袖中彈文，乃新參也。’光愕然曰：‘以介甫之文學行義，命下之日，衆皆喜於得人，奈何論之？’誨曰：‘君實亦爲此言耶？安石雖有時名，上意所向，然好執偏見，不通物情，輕信奸回，喜人佞己，聽其言則美，施於用則疏。若在侍從，猶或可容，置諸宰輔，則天下必受其弊矣。’光又謂誨曰：‘今日之論似傷匆遽，更加籌慮可乎？’誨曰：‘上新嗣位，富於春秋，所與朝夕謀議者，二三執政而已。苟非其人，將敗國事，此乃腹心之疾，救之惟恐不及，顧可緩耶！’疏論安石十事，且言誤天下蒼生者，必斯人也。於是安石不視事，上奏求去位。上詔諭還位。時安石方日以經綸天下爲己任，□□□□□□□□□，日頒於四方。州縣有不遵行，貶黜隨之。所用俱憸薄少年，天下騷然。向之疑呂誨爲太過者，始愧仰嘆服，以誨爲不可及。□□誨之先見，亦自以爲不及也。上謂安石曰：'外人言卿，每事好爲異，多作橫議，或要以詳密，希會朕意。此必是中書人與卿不説。朕與卿相知，如高宗、傅説，亦豈須他人爲助耶！'遂出知□□□□。自安石變法以來，御史中丞呂誨首論其過，安石求去位，神宗爲出誨。御史劉琦、錢顗、劉述又交論安石專肆胸臆、輕易憲度，殿中侍御史孫昌齡亦繼言，皆坐貶。同知諫院范純仁亦論安石欲求近功、忘其舊學，罷諫職。呂公著代呂誨爲中丞，亦力請罷條例司並青苗等法，諫官李常、孫覺、胡宗愈，御史張戩、王子韶、陳襄、程顥皆論安石變法非是，以次罷去。《事略》"

《宋宰輔編年録校補》卷七同條："安石既用事，日變更祖宗法度，行新法，輔弼異議不能回，臺諫侍從力爭不能得。於是，富弼罷相判亳州，曾公亮罷相爲集禧觀使，司馬光極辭樞密副使不拜、知永興軍，呂公著罷御史中丞、知潁州，程顥罷監察御史爲澶州簽判，韓維罷開封府、知河陽。初，安石與韓、呂二家兄弟韓絳、韓維與呂公著友，三人皆游揚之。名始盛，安石又結一時名德之士卓著者，皆厚善。富弼、曾公亮咸喜之，至其後，游揚之人俱退斥不用。《丁未録》"

《宋宰輔編年録校補》卷七同條："上曰：'外間之人，議論不可聽，如王安石之公忠，以一身當流俗謗讟，亦何由能安職守。卿在相位，當與協心施爲。'公亮曰：'王安石草莽新進，仰蒙聖知如此，雖殺身報陛下，自其至性。臣惟相與各欲致其義而已。'上曰：'伊尹相湯，任天下之至重，自以爲天民之先覺，其志蓋如此。'曾公亮故與安石善。安石得政，多所更張，人心不寧。范純仁召自陝西，即言於上曰：'願陛下圖不見之怨。'上曰：'何謂也？'純仁曰：'杜牧所謂天下之人不敢言而敢怒者，即不見之怨也。'及居諫職，數言事，大抵皆忤安石意。劉琦等罷御史，純仁又力爭請速解安石機務，以慰天下之望。並言曾公亮、趙抃等不能救正。詞氣甚厲，遂罷同知諫院，爲起居舍人、同修起居注。純仁固辭，遂録所上章，申中書。其略曰：'王參政以文學自負，議論得君，專任己能，不曉時事，而又性頗率易，輕信奸回，欲求近功，忘其舊學。尚法令則稱商鞅，言財利則背孟軻。鄙老成爲因循之人，棄公論爲流俗之語。加以曾相公一切依隨，趙參政不能匡救。'見之，怒以白上，純仁遂出。上諭王安石曰：'聞有'三不足'之説否？'王安石曰：'不聞。'上曰：'陳薦言，外人云：'今朝廷以爲天變不足懼，人言不足恤，祖宗法令不足守。'作□□□□，指此三事，此是何理？''□□□□下氣事，唯恐傷民，此即□□□□□□言何足恤，至於祖宗之法，□□□□，仁宗在位四十年，凡數次□□□□世守之，則祖宗何故屢□變□？'初，制書秘閣學士司馬光所草也。初，眉山蘇洵來游京師，歐陽修一見之，大稱歎，由是名動天下。時王安石名亦盛，修亦善之。修勸洵與安石游，安石亦願交於洵。洵曰：'吾知其人矣。是不近人情者，鮮不爲天下患。'作《辯奸論》以刺之。此論既出，安石始銜洵。安石既得政，每贊上以獨斷，上專信任之。洵子直史館蘇軾發策云：'晉武平吳，以獨斷而克；苻堅伐晉，以獨斷而亡。齊威專任管仲而霸，燕噲專任子之而滅，事同功異，何也？'安石見之不悦。上數欲用軾，安石必沮毀之。劉攽、劉恕皆與安石有舊，安石既得政，恨攽、恕不肯同己，乃交惡。安石嘗欲引恕爲條例司屬官，恕固辭，因言天子方屬公政事，不應以利爲先。吕誨罷中丞，恕見安石，條陳所更法令行之不便者，宜復其舊，則議論自息。安石遂與之辯。廣坐，恕對安石之黨公言安石過失，無所避。聞者或掩耳。攽尋通判蔡州，恕監南康軍酒，皆不得留京師。初，李定從學於王安石，故安石使右正言孫覺薦之。定至京師，因謁李常，常問南方之民以青苗爲如何？定曰：'民俱便之，無不喜色者。'常謂曰：'今朝廷方爭此，君見人，勿爲此言也。'定即詣安石白其事，曰：'定惟知據實而言，不知京師不得言青苗之便也。'安石喜，謂曰：'君今被旨上殿，當具爲上道之。'因密薦召對。稱旨，遂除太子中允、權監察御史裏行。《丁未録》"

《宋宰輔編年録校補》卷七同條："又有寧州倅鄧綰者，上書言陛下得伊吕之佐，作青苗、免役等法，百姓無不歌舞聖澤。臣以所見寧州觀之，知一路皆然。以一路觀之，見天下皆然。此誠百世之良法，願陛下堅守行之，勿移於浮議也。又與王安石書及頌。安石大喜，白於上，使乘驛詣闕，又累詔趣之。既召對，上問：'識王安石否？'曰：'不識。'上曰：'今之古人也。'又問：'識吕惠卿否？'曰：'不識。'上曰：'今之賢人也。'綰退，見安石，欣然如舊交。累除兵部員外郎、兼侍御史知雜。《長編》"

《宋宰輔編年録校補》卷七同條："安石嘗欲置其黨一二人於經筵，以防察奏對者。吕惠卿既遭父喪，安石未得腹心所托。著作佐郎、編修中書條例曾布巧黠善迎合,安石悦之,故以布代惠卿入侍經筵,遂除太子中允、崇政殿説書。以資序淺,後改集賢校理,遷檢正五房公事。布每事白安石即行之。或謂布當白參政,指馮京及王珪也。布曰:'丞相已議定,何問彼爲! 俟敕出,令押字耳。'《長編》"

《宋宰輔編年録校補》卷七同條:"初,常秩不肯仕宦,世以爲必退者。安石更定法令,士大夫沸騰,以爲不便。秩見所下令,獨以爲是,被召遂起,對垂拱殿。常秩曰:'臣才不適用,願得復歸。'上曰:'卿來,安得不少留? 異日不能用卿,然後有去就可爾。'遂除右正言、直集賢院、管勾國子監。李常與呂惠卿同檢詳三司條例,常本安石所引用者,後除諫官,言常平取息非便。呂惠卿謂常曰:'君何得負介甫?'上嘗謂司馬光曰:'李常非佳士屬者,安石家居,常求對,極稱其賢,以爲朝廷不可一日無也。以臣異議青苗之故,寧可逐臣,不可罷安石也。既退,使人具以此言告安石以賣恩。'光曰:'若爾,誠罪人也。'安石之求分司也,常雖言安石不當去,又言青苗不當取息二分,且乞罷之。安石既出,面責常曰:'君本出條例司,未嘗預青苗議,今又見攻,何以異於蔣之奇也。'初,淮南轉運判官蔣之奇嘗與安石書,言百姓列狀乞蚤行助役新法曰:'上推不費之惠,下受罔極之恩。'安石具以白上曰:'百姓如此,或稱人情不安者,妄也。'之奇遂除副使。後之奇乃反攻安石。初,安石立制置三司條例司,上命樞密院陳升之同安石制置三司例條,及升之拜相,遂言制置三司條例難以簽書,欲與安石白上並歸中書,而安石以爲恐不須並之,以爲並之無益。御史中丞呂公著奏言,罷條例司簽書爲是。已而實亦無條例司之不當特立。安石語文彦博曰:'俟群言稍息,然後以簽書歸中書。'於是,條例司言常□新□□□,命呂惠卿同判司農寺。後五年冬,詔中書有置局取文字煩擾官司無補事實者悉罷之。於是,司農條例司始罷,時熙寧三年五月也。《丁未録》"

《宋宰輔編年録校補》卷七同條:"先是,安石既執政,首取三司條例司別設一局,聚文章之士數人與相謀議,遂議行青苗之法,並置諸路提舉官,上從之。自此,青苗法遂行於天下。使者冠蓋相望,遇事風生。於是,范鎮、呂公著、李常等俱奏,以爲青苗法當罷,所遣使者當追還,而安石傅經義出己意,辨論輒數百言,牢不可解。宰相曾公亮、陳升之皆爭以爲不便。廷論方洶洶,而判大名府韓琦亦自外數條青苗害天下之狀來上,於是上感悟,始欲罷之。安

石惶遽自失，家居，累表乞分司。呂惠卿懼失勢，亟上表請對。既對，自往傳
宣起安石。安石既起，乃以琦疏送條例司疏駁之。於是，上欲稍修改其□以
合衆論。安石曰：'陛下方欲以道勝流俗，無以敵方戰自却，即坐爲敵所勝
矣。'以故范鎮、呂公著、韓琦相繼罷逐，而翰林學士司馬光亦辭樞密使。而安
石意猶未快，又以判亳州富弼諫新法，落使相，判汝州。久之，吏有不奉者，安
石益欲深罪之。上不可，安石固爭之曰：'不爾，新法不行矣。'上曰：'聞民間
亦頗苦新法。'安石曰：'祁寒暑雨，民猶怨咨，無足顧也。'上曰：'豈若並祁寒
暑雨之怨亦無耶？'安石不悅，退而屬疾，居家數日，上遣使慰之乃出。是歲熙
寧七年也。自新法行，常平錢散之略盡。旱災日廣，流民無以周給之。上大
憂，諭中書，令常平錢穀常留一半，其見倚閣户口分給之。安石雖甚不樂，然
上意不可回矣。《丁未録》"

《宋宰輔編年録校補》卷七同條："先是，青苗法行，民病之。雖一時臺諫
之臣並侍從臣爭言不可，而安石愈益主之力。韓琦時鎮北京，於是自外奏封
事，言青苗實爲天下害。奏至，上始疑焉。安石心知上意疑，乃移病固請分
司。翰林學士司馬光草批答，乃以大義責安石，有'士夫沸騰，黎民騷動'之
語。安石大憤，立奏書訴於上。於是，上復爲手詔諭安石，又令呂惠卿諭旨。
遂謝，復視事。安石之在告也，上諭執政罷青苗法，曾公亮、陳升之欲即奉詔，
趙抃獨欲俟安石出，令自罷之。連日不決，上更以爲疑。安石出視事，持之益
堅，人言不能入矣。安石遂取韓琦所奏下制置三司條例司，疏駁之，頒於天
下。疏駁既下，韓琦不勝憤懣，復上疏力言之。於是，御史中丞呂公著等咸言
條例司疏駁韓琦非是。上心知琦之精忠，而又内重安石，故青苗遂不罷。當
是時，有唐坰者爲北京監當，小有才辨，韓琦甚愛之。上書言青苗不行，宜斬
大臣異議如韓琦者數人。安石大喜，薦之。召試賜出身，驟用爲同知諫院。
時樞密使文彦博亦數言青苗不便，上曰：'吾令中使二人親問民間，皆云甚
便。'彦博對曰：'韓琦三朝宰相不信，而信二閹乎？'安石每有中使宣召，及賜
與所贈之物必倍舊例，陰結入内副都知張若水、押班藍元震，用能固上之寵。
二人潛察府界俵錢事還，言民間皆情願，無抑配者。故上行其法益堅。《長編》"

《宋宰輔編年録校補》卷七同條："二年十月，龍圖閣學士陳薦言，大臣建
退軍之議，捐禁兵月廩，使就食江淮。禁兵在京師，祖宗之制，所以重内輕外，

其來已久,人情居處安習。一旦輦從去國,客食卒伍衆多,非所以安之也,宜如舊。上從之。卒罷退軍議。《長編》"

《宋宰輔編年録校補》卷七同條:"三年十二月,初行保甲之法,用五百家爲一大保,人極勞弊。未几,慶卒因之爲亂。其後,上亦浸知保甲之策爲民患,至有質衫襖而買弓箭者,又有自相殘而避團結者。□□□□□□□□,上深念之,以責執政,久之河平。安石因詫以爲功,又自謂青苗之令己行,獨保甲、市□、免役者在得其人而行之,乃復□□陳又一年。上詔中書曰:'京城門外草市,保甲□□,居民逐利求之,排之亦無所用,可速罷。'既而以自冬及春旱暵爲災,欲悉保甲□□□□,以爲水旱常不足貽聖憂。上曰:'此豈細事。'卒令罷之。司農言,今歲秋成,請復編排保甲,而終難行矣。《丁未録》"

《宋宰輔編年録校補》卷七同條:"王安石弟安國自西京國子教授召對,帝因問安國:'卿兄秉政,物論如何?'對曰:'所恨聚斂太急,知人不明耳。'上默然。安國嘗力諫安石,天下洶洶,不樂新法,俱歸咎兄,恐爲禍。安石不聽,安國哭於家廟曰:'吾家門滅矣。'又嘗責曾布以惑誤丞相,更變法令,布答以朝廷變法,子弟何與。安國怒切責之。安國後遷崇文院校書,以非毁其兄,卒爲呂惠卿所陷云。安石與弟安國白首窮經,夙夜講誦琢磨,子雱從旁剽聞習熟。未冠,已著書數十萬言。年十三,時得秦州卒言洮河事,歎曰:'此可撫而有也。使夏人得之,則吾敵強而邊受患博矣。'故安石力主王韶議。後雱舉進士,授旌德尉,不赴,作策三十餘篇,極論天下事,皆安石輔政所施行者。尋召爲太子中允、崇政殿説書。安石弟安禮先掌河東機宜,呂公弼薦於朝,謂材堪大用。代還,召對稱旨,遷著作佐郎、崇文館校書,後除尚書左丞。"

《宋宰輔編年録校補》卷七同條:"《元城先生語録》曰:'先生與僕論變法之初,僕曰:'神廟必欲變法,何也?'先生曰:'蓋有説矣。天下之治未嘗無弊者,祖宗以來,以忠厚仁慈治天下。至於嘉祐末年,天下之事似覺舒緩,委靡不振,當時士大夫亦自厭之,多有文字論列,然其實於天下根本牢固。至神廟即位,富於春秋,天資絶人,讀書一見便解大旨。是時,見兩番不服,及朝廷州縣多舒緩,不及漢唐全盛時,每與大臣論議,有怫然不悦之色。當時執政從官中有識者,以謂方今天下,正如大富家,上下和睦,田園開闢,屋舍牢壯,財用充足,但屋宇少設施,器用少精巧,僕妾樸魯遲鈍不敢作過,但有鄰舍來相淩侮，不免歲時以物贈之。其來已久，非自家做得如此，遂不敢承當。上意改變法度，獨金陵揣知上意，以一身當之，以激切奮怒之言以動上意，遂以仁廟爲不治之朝，神廟一旦得之，以爲千載會遇。改法之初，以天下之論謂之流俗。內則太后，外則顧命大臣等，有不能回，況臺諫侍從州縣乎，祗增其勢爾。雖天下群起而攻之，而金陵不可動者，蓋此八個字，吾友宜記之。'僕曰：'何等八字？'先生曰：'虛名實行，強辨堅志。當時天下之論以金陵不作執政爲屈，此虛名也。平生行止無一點洿論者，雖欲誣之，人主肯信乎？此實行也。人主之前，貫穿經史，今古不可窮詰，故曰強辨。前世大臣，欲任意行一事，或可以生死禍福恐之得回，此老實不可以此動，故曰堅志。因此八字，此法所以必行也。得君之初，與主上若朋友，一言不合己志，必面折之，反覆詰難，使人主伏弱乃已。及元豐之初，人主之德已成，又大臣等敬仰，將順之不暇，天容毅然，正君臣之分，非與熙寧初比也。'先生問僕曰：'世之所以罪金陵者何也？'僕以新法對。先生曰：'此但一事耳。其爲大害，不在是也。且論新法多成周之法，且五帝之法尚不同，而金陵乃以成周之法行於本朝，何哉？且祖宗所以不敢多爲法令者，正恐官吏緣此以擾民也。'僕曰：'所謂大害者，何也？'先生曰：'正在僥倖路開。且嘉祐之末，天下之弊在於舒緩。金陵欲行新法，恐州縣慢易，因擢用新進少年，而僥倖之路從此遂啓。又教人主作威作福之柄，故有不次用人，至於特旨御前處分金字牌子，一時指揮之類，紛紛而出，以爲賞罰人主之柄，且此柄自持可也。若其勢必爲奸臣所竊，則賞罰綱紀大壞，天下欲不亂，得乎！'"

　　案：王安石變法自熙寧二年二月始，至元豐八年宋神宗去世止。變法以富國強兵、挽救宋朝政治危機爲目的。在推行新法過程中，王安石遇到了極大的阻力，名公巨卿紛紛反對。有關《宋宰輔編年錄校補》卷七涉及到王安石變法的內容，在此一並錄入。

呂公著高度評價司馬光

　　《涑水記聞》附錄二《契丹言司馬光忠亮》："呂晦叔曰：昨使契丹，虜中接伴問副使狄諮曰：'司馬中丞今爲何官？'諮曰：'今爲翰林學士兼侍讀學士。'虜曰：'不爲中丞邪？聞是人甚忠亮。'晦叔以著於《語錄》。"

《涑水記聞》附録二《吕公著辨司馬光迂闊》:"上謂晦叔曰:'司馬光方直,其如迂闊何?'晦叔曰:'孔子上聖,子路猶謂之迂;孟軻大賢,時人亦謂迂闊,况光豈免此名?大抵慮事深遠,則近於迂矣,願陛下更察之。'"

案:亦見《三朝名臣言行録》卷第七之一《丞相温國司馬文正公》。

吕公著上《乞罷提舉官吏及住散青苗錢奏》,時爲御史中丞

《全宋文》卷一〇九三吕公著《乞罷提舉官吏及住散青苗錢奏》熙寧二年二月:

臣竊聞近日中外臣僚累有章疏,乞罷昨差提舉常平廣惠倉官吏,及住散人户青苗錢,至今未有施行。臣伏思朝廷所以特遣使人頒行新法,本欲惠恤百姓,非爲剥下奉上。朝廷之意固已甚善,然而朝野沸騰,皆以爲不便者,蓋由朝廷處置,前後自相違戾。如昨來元本敕旨,止於河北、京東、淮南三路,後來忽然續差官吏遍行天下,所差官吏往往多不得人。如蘇涓、王廣廉、皮公弼之徒,張惶事勢,必欲生事邀功。朱經、李元瑜之輩,庸猥下才,所在爲人輕笑。其間取利之條日增,惠民之意漸失,所以人心摇動,日益不寧。臣欲乞應前來所遣官吏,可一切罷歸。其青苗錢且只於近京一兩路,專委提刑司或轉運司相度俵散,務要惠民,不必取利。候散及一二年,如見得於公私無損,實有惠濟,推之諸路,亦未爲晚,兼人心亦自信服。若一二年間,民猶以爲不便,則朝廷亦宜改作,不可必遂前失。如此則人心自安,無不得所。

案:此時吕公著並非完全否定青苗法,而是認爲青苗法遭到群臣的反對,必有原因,宜仔細分析。他提出兩點,一是應挑選合適的人推行新法;二是新法宜先在京師附近試行,效果好方可大面積推廣。公著足具政治智慧,可謂是把對了脈。方亞蘭認爲公著是一個有著深刻洞察力的政治家,言之有理!

三月

翰林學士吕公著等與流内銓,主判官試驗

《長編拾補》卷四神宗熙寧二年三月戊辰條:"命翰林學士吕公著、知制誥蘇頌與流内銓,主判官試驗,選人自言書判。初,議差吕公著等,上問執政試判故事,因曰:'此何足以見人才?'對曰:'誠然先朝有與京官者,實可惜。'上

以爲然。又因論近日改京官者多，對曰：'真宗以前，引見選人，或與循資，出於臨時。'上曰：'如此，則是有幸有不幸，須別更講求立法。今入仕之路多，如科場亦宜裁節人數。既已多取之而扼其進用，令人困窮亦不爲有理，今欲裁官，當並科舉議之。'"

四月

吕公弼等奉命持節册封皇后

《臨川先生文集》卷四五《皇后册文》："維熙寧二年，歲次己酉，四月丁酉朔，二十六日壬戌，皇帝若曰：自昔有天下，必擇建厥配，以承宗廟，以御家邦……今遣攝太尉、推忠協謀同德佐理功臣、樞密使、光禄大夫、檢校太傅、行尚書刑部侍郎、上柱國、東平郡開國公、食邑五千户、食實封一千户吕公弼，攝司徒、朝散大夫、右諫議大夫、參知政事、護軍、太原郡開國侯、食邑一千一百户、賜紫金魚袋王珪，持節册命爾爲皇后。"

五月

王安石入見神宗，薦吕公著

《皇宋通鑑長編紀事本末》卷五八："（熙寧二年五月）甲午，安石乃入見，上謂安石曰：'誨殊不曉事，詰問又都無可説。'上又謂安石曰：'吕誨言卿每事好爲異，多作橫議，或要内批，以自質證，又詐妄希會朕意，此必是中書有人與如此説。朕與卿相知如高宗、傅説，亦豈須他人爲助？'安石曰：'高宗用傅説，起於匹夫版築之中，所以能成務者，以旁招俊乂列於庶位故也。'上曰：'近臣只有吕公著，又與吕公弼相仿。'安石曰：'富弼在密院時，婦翁晏殊爲相，此亦近例。如吕公著行義，陛下所知，豈兄弟爲比周以負陛下！今富弼、曾公亮大抵欲不逆流俗，不更弊法，恐如此難持以久安，難望以致治。'上亦患之。"

吕公著上《論除監司條制奏》，時爲翰林學士

《全宋文》卷一〇九三吕公著《論除監司條制奏》熙寧二年五月：

臣先准中書批狀，送兩制議選知州以下條制内一項。王珪等議，未曾歷知州人，不得權入轉運判官以上差遣。臣愚以爲未便。竊以國家承平雖久，

於人材素養之法,有所未備。緩急求才,猶恐難得,若資格愈密,則簡拔愈難。今知州以下從審官院差遣,則嚴其條式可也。轉運判官以上,自朝廷推擇,則不當更增以資格。昔荀況稱賢與能不待次而舉,疲不能不待頃而廢。董仲舒亦稱小才雖累日不離於小官,賢才雖未久不害爲輔佐。且漢之部刺史,今之監司。如雋不疑乃自布衣拔爲青州刺史,當時號爲稱職。方今豪俊之士,多伏在下位。若必待其已歷知州,然後任使,則或至白首而不見旌用。臣愚以謂知州有治迹者,固當升入監司。自餘果有才能,爲衆所推,雖資歷尚淺,亦系自朝廷,不次選擇,充轉運判官、權發遣省府推判官及權充知州差遣。若試無效,自可退從常調。如此則勸沮兼行,賢愚無滯。

呂公著上《答詔論學校貢舉之法奏》,時爲翰林學士

《全宋文》卷一〇九三《答詔論學校貢舉之法奏》熙寧二年五月:

臣謹按《學記》:"古之教者,家有塾,黨有庠,遂有序,國有學。"《王制》:"命鄉論秀士,升之司徒,曰選士。司徒論選士之秀者,而升之學,曰俊士。""樂正崇四術,立四教,順先王詩書禮樂以造士。""大樂正論造士之秀者,以告於王,而升諸司馬,曰進士。司馬辨論官材,論進士之賢者,以告於王,而定其論,論定然後官之。"《周禮》:鄉大夫"三年則大比,考其德行道藝,而興賢者能者。鄉老及鄉大夫帥其吏與其衆寡,以其禮禮賓之。厥明,鄉老及鄉大夫群吏獻賢能之書於王,王再拜受之,登於天府。"自堯舜三代以來,其養士取人之法,雖隨時損益不同,然教必本於學校,進必由於鄉里,此六七聖人所不易也。逮乎秦漢而下,聖王之迹既息,凡所謂禮樂教化之官,皆以廢絕。至於設科取士,則各出於一時之苟且。國家承其極弊之後,而因循未暇製作。雖天下學校頗嘗修建,然取士之路不出於此,而欲人之就學也,不亦難乎?其爲科舉之法,則專以進士經學,大抵皆襲唐制而已。夫上之取士者,將以治事而長民,而所以取之者,乃不過試之以辭章、記誦之學,蓋亦乖矣。今誠不能革苟且之弊,興廢絕之法,而望賢才之加多,風俗之漸變,終亦不可得也。故臣竊以謂貢舉之弊不可不革,而學校之制所宜漸復。雖進士經學,行之既久,爲有司者安於課試之格,爲士人者狃於進取之術,可以漸去而未可以遽廢。莫若先建學校,兼而行之,學校所進者歲增,則科舉所取者歲減,如此不十數年間,士皆

以學校進矣。所謂學校之法者,天子自立太學於京師,取道德足以爲天下師法者主之。自開封府及天下州縣皆立學,取道德足以爲人師者主之。然學校教化所以一道德、同風俗之原,今若人自爲教,則師異説,人異習。故宜博選天下所謂有道德,可以爲人師,先集於太學,使講議所以教育之法。而朝廷以道揆其得失,講議既定,然後取其得者置之要會州府,使主其學。其餘州郡,即委轉運司與知州、通判於本州及屬縣内,選經術通明、行誼素著者一人,使主州學。如本州無人,即轉運司於同路州縣選差,並令就見朝廷所置學官於本路會府,而受朝廷教育之法。或本州士人道德可以爲人師而不仕者,委本州與轉運司發遣赴闕,當度其可否,特與注官,就差本處主學,仍於太學受所以教育之法。所謂貢舉之法者,應天下士人並須本縣公吏等結罪保明鄉貢素行,方得入於州學。州學每歲貢士,量州府大小,大郡貢二人,其小郡士人絶少處,二歲若三歲貢一人。並知州、通判與主學官,於學生内選入學一年以上,經明行修者,貢於朝廷。而升於太學者,官爲給食。太學每歲於學生内,選到住太學一年以上,經明行修,通世務,可以治人者七十人,進於朝廷。其在上等者,委中書門下量才官使,其在次等者,送流内銓依名次注官。計一歲所貢者七十人,三歲所貢者二百人,則後次科場進士經學,南省奏名之數内,可各減一百人。二歲之後,就學者衆,諸州所貢人數可以倍增,而太學三歲可增置四百人,則進士經學奏名内更各減一百人。又行之三歲,科舉可盡罷,而士之進者皆出於學校矣。其到太學及一年以上,經術行誼入下等,及經雖稍通,行有毁玷者,並罷歸本州,一不與選,願歸者亦聽。其自太學罷歸,非行有毁玷者,並不礙後來選貢。應天下知州、通判及掌學官,所貢士人上等者爲最,在任皆最者特與旌賞。入下等爲殿,在任皆殿者,當行重罰。其本郡士人,實有經行,蔽而不舉者,委安撫、轉運使、提點刑獄及御史臺覺察以聞,當行重罰。又按《舜典》:命夔典樂教冑子。《王制》:"樂正崇四術,立四教。""王太子、王子、羣后之大子、卿大夫元士之適子皆造焉。"《周禮》:"大司樂掌成均之法,以治建國之子弟焉。"古者四民各有業而不雜,故士之子常爲士。蓋於治事長民,皆其世業,則所學所行,習見而易入。是以王者之於教學,莫不以國子爲先務。蓋庶人非秀異絶倫,不得爲士。士之子非教養有素,亦不得在官。臣以謂應已有官者,並須入國子學,取道德足以爲人師者主國子監,歲選學生十人或十五人聞於朝廷,而升於太學,如諸州貢士之法。既至太學及一歲以上,委太學官選經明行修,通於世務,可以治人者,天下士袞同進於朝廷。如到國子監一年以上,不與選,願出官者,即學官委保經義稍通,行無毀玷,年及格者,聞於朝廷,而關送審官院、流內銓依無出身人例差注。又今來科舉之法,既未可遽罷,則須權作處置。按進士之科,始於隋而盛於唐。初猶專以策試,至唐中宗乃加以詩賦,後世遂不能易。取人以言,固未足見其實。至於詩賦,又不足以觀言。是以昔人以鴻都篇賦比之尚方技巧之作,此有識者皆知其無用於世也。臣以謂自後次科場進士,可罷詩賦而代以經,先試本經大義十道,然後試以論策。夫試於有司,固未能得人之實材。然此法既設,則人稍宗經。今建立學校,將以經術教養,則代賦以經,亦變法之漸也。又經學一科,雖其來蓋遠,然自唐以後,始加填帖,由是應此科者,專務記誦。此於章句音切,尚不能辨,然而舉用之曰"此可以治人",不待有識者然後知其非也。臣以謂自後次科場,明經止用正文填帖,更不以注,而增試大義。如此應明經者漸多,而諸科之弊自消矣。

呂公弼上《論肉刑奏》

《全宋文》卷六六二呂公弼《論肉刑奏》熙寧二年五月:

臣伏見韓絳嘗奏乞用肉刑,今日陛下亦以爲然。絳又言,假如折一支,去一指,有何不可?況堯舜尚用之。此徒信古之論,不適時變。自漢文感一婦人之言,罷肉刑而天下歸仁,逮今千餘年。一旦暴行之,駭四海觀聽。況古雖有肉刑之法,在堯舜之世,亦未嘗行之。《書》曰:"象以典刑,流宥五刑。"堯舜之世,用流以寬五刑也。若四凶者止於流,則五刑無所施焉。臣願陛下上法堯舜,下體漢文,無取迂儒好古之論。陛下病今之犯刑者衆,臣願審擇守臣,宣佈惠愛,使民各得其所,則民不犯上矣。今不究其本而徒更其刑辟,臣恐民心一駭而動,後雖欲全撫之,未易安也。

六月

呂公著推薦常秩

《長編拾補》卷四神宗熙寧二年六月丁未條:"翰林學士呂公著言:'潁川

人常秩，道德修於鄉里，名實著於海内，欲乞召置臺閣。'詔本州長吏敦遣赴闕。"

吕誨數王安石十罪，罷中丞，王安石薦吕公著代

《後編》卷七六神宗熙寧二年六月丁巳條："以知開封府吕公著爲御史中丞。王安石以公著兄公弼不附己，乃白，用公著爲中丞，以逼之。公弼果力求去，帝不許。"

《宋史・王安石傳》："御史中丞吕誨論安石過失十事，帝爲出誨，安石薦吕公著代之。"

案：禦史中丞吕誨論參知政事王安石見利忘義、朋奸害政、商榷財利、動搖天下等十事，罷中丞，知定州（《宋會要輯稿》職官六五之三〇）。吕誨言辭激烈，口誅筆伐。時吕公著與王安石友善，王安石遂薦公著爲禦史中丞。《宋宰輔編年録》卷八中，王安石曾字公著曰："晦叔作相，吾輩可以言仕矣。"又曰："吕十六不作相，天下不太平。"亦有時論謂王安石用公著排公弼，劉琦在《上神宗論王安石專權謀利及引薛向領均輸非便》中云："誨與公著均中丞也，何誨言之而獲戾，公著言之而遂行？ 非公著與安石生平相知，表裏相應，亦恐言之未必從也……且如近用吕公著爲禦史中丞，與兄公弼職任相妨……安石力薦公著，而欲罷公弼樞府之任。公著以人言不協，又於兄弟之義難安也，遂亦辭免。"（《宋朝諸臣奏議》卷一〇九））變法牽涉到各方利益，朝中大臣反對聲頗多。

神宗欲用吕公著爲御史中丞，不以吕公弼爲親嫌

《石林燕語》卷九："吕寶臣爲樞密使，神宗欲用晦叔爲中丞，不以爲嫌，乃召蘇子容就曾魯公第草制。中云：'惟是一門公卿，三朝侍從，久欲登於近用，尚有避於當塗，況朕方以至公待人，不疑群下，豈以弟兄之任事，而廢朝廷之擢才？ 矧在仁祖之時，已革親嫌之制。臺端之拜，無以易卿。'著上意也。晦叔既辭，上命中使押赴臺。禮上，公弼亦辭位，不從。"

案：宋神宗高度評價吕公著。蘇頌《翰林學士兼侍讀學士寶文閣學士禮部侍郎吕公著可守御史中丞制》云："敕：朕惟御史之任，内承本朝之風化，外

爲列位之表率。治古所尚,官儀特崇,諒非正人,未易稱選。以爾具官某文章識度,諸儒所宗;議論風采,中外推伏。先帝置之經幄,復門掌於命書。嘉謀屢告於膝前,善政已施於京劇。兼是數器,可謂大臣。惟爾一門公卿,三朝侍從,久宜登於近用,尚有避於當塗。況朕方以至公待人,不疑群下,豈以弟兄之任事,而廢朝廷之擢才?矧在仁祖之時,已格親嫌之制。臺端之拜,無以易卿。是用輟三學士之清班,委中執法之要地。爾其深體至意,言念匪躬。無自拘於細文,亟往踐於厥位。肅正朝寀,敦厚時風,竚觀猷爲,以輔臺德。可。"(引自《蘇魏公文集》卷三一)

呂公著上《遣司馬光修二股河不當奏》

《全宋文》卷一〇九三呂公著《遣司馬光修二股河不當奏》熙寧二年六月:
朝廷遣光相視董役,非所以褒崇近職,待遇儒臣也。

七月
呂公弼等建言知州選任,重在朝廷能擇諸司長官及十八路監司

《後編》卷七七熙寧二年秋七月甲申條:"帝御資政殿,因語及選任知州未得善法,曰:'朕每思祖宗百戰得天下,今以一州生靈付之庸人,常痛心疾首,卿等謂如何則可。'文彥博奏以爲責在監司,宜得至公之人,可任按察。呂公弼曰:'朝廷能擇諸司長官及十八路監司,則無不濟矣。'"

詔令呂公著、吳充對司馬光所言,取索三司及薛向所執文字,看詳定奪

《宋會要輯稿》食貨二四之三至四:"(熙寧二年七月)二十九日,翰林學士司馬光言……詔令呂公著、吳充據二狀物數不同,取索三司及薛向所執文字看詳定奪,取見詣實聞奏。"

八月
呂公著上《監張靖薛向對論事奏》

《全宋文》卷一〇九三呂公著《監張靖薛向對論事奏》熙寧二年八月一日:

　　昨奉詔與司馬光等監張靖、薛向對論陝西鹽法及根磨糧草虧增。其鹽法利害已定奪申奏。所有糧草虧增，緣公著已除御史中丞，未審合與不合管勾。

　　案：時公著爲御史中丞。據《宋會要輯稿》食貨二四之四記載，公著上奏，朝廷詔依前降指揮。

呂公著、王安石等以爲傷殺於律可首，呂公弼以爲不可首

　　《長編拾補》卷五神宗熙寧二年八月乙未朔條："詔謀殺自首及案問欲舉，並依今年二月二十七日敕施行。先是，呂公著等定按問欲舉如王安石議，詔依所定。於是審刑、大理寺官齊恢、王師元、蔡冠卿等皆以公著等所議不當。中丞呂誨與諸御史亦皆論謀殺不當用首法，文彥博以爲殺傷者欲殺而傷者，而已殺者不可首，呂公弼以爲傷殺於律不可首。會富弼入相，上令弼議，而以疾病久之，弗議，至是乃決，而弼在告不與。"

呂公著上《文臣磨勘轉官不當比類施行奏》

　　《全宋文》卷一○九三呂公著《文臣磨勘轉官不當比類施行奏》熙寧二年八月八日：

　　伏見英宗朝文臣磨勘轉官，例展一年。至少卿、監以上，更不磨勘遷轉。其武臣橫行以上，舊例四年一轉，使臣五年一轉。初出官，三年便轉。當時並不曾比類施行。又仁宗朝嘗著令，正任防團以上，非有邊功，不得轉遷。後來沖改，但及十年以來，曾歷外任，即許遷轉。亦不曾與少卿、監以上比類施行。

呂公著薦程顥授太子中允兼御史裏行。程顥上章論王霸

　　《長編拾補》卷五神宗熙寧二年八月庚戌條注釋："《續宋編年資治通鑑》：呂公著薦程顥授太子中允兼御史裏行，上章論王霸。略曰：'得天理之正，極人倫之至者，堯、舜之道也；用其私心，依仁義之偏者，霸者之事也。王道坦然，本乎人情，出乎禮義，若履大道而行，無復回曲；霸者崎嶇反側於曲徑之中，而卒不與堯、舜之道。故誠心而王則王矣，假而求霸則霸矣！'"

九月

詔御史中丞呂公著來旦赴講筵

《長編拾補》卷五神宗熙寧二年九月己巳條:"召御史中丞呂公著來旦赴講筵。"

呂公弼反對恢復肉刑

《長編拾補》卷五神宗熙寧二年九月條:

是月,上論樞密院:"沙門島罪人數多,及廣編配,罪人多即竄還,令與中書別議伏立法。"且欲復行肉刑,呂公弼以爲不可。退而上疏曰:"臣議見韓絳嘗奏乞用肉刑,今日陛下亦以爲然。絳又言'假如折一支去一指,又何不可?況堯、舜尚用之。'此徒信古人之論,不達時變。自漢文感二婦人之言罷肉刑,而天下歸仁,逮今千餘年,一旦用之,必駭四海觀聽。況古雖有肉刑之法,在堯、舜之世亦未嘗行之。《書》曰:'象以典刑,流宥五刑。'堯、舜之世,用流以寬五刑也。若四凶者止於流,則五刑無所施焉。臣願陛下上法堯、舜,下體漢文,無取迂儒好古之論。陛下病今之犯刑者衆,臣願審擇守臣,宣佈惠愛,使民各得其所,則民不犯上矣。今不究其本而徒更其刑辟,臣恐民心一駭而動,後雖欲全撫之。未易安也。"上納之。

案:《宋名臣奏議》卷九九《刑賞門·恤刑》有呂公弼的《上神宗論肉刑》,據此記載,此奏爲熙寧二年五月上。時呂公弼爲樞密使。

呂公著推薦張載、邢恕爲崇文院校書

《宋會要輯稿》選舉三三之一一:"(熙寧二年)九月十一日,御史中丞呂公著言:'伏見秘書省著作佐郎張載,爲學得修身事君之大要,久在陝西,一方士人以爲師表。前河南府永安縣主簿邢恕剛毅不撓,勇於爲善,學術操守,實賈誼、馬周之流。伏望特賜裁擇,或召對以觀其才,或置之館閣,以待任使。'詔令閣門引對。既對,並特命爲崇文院校書。校書自是始置,有詔須供職二年,奏取旨。是後非以故罷黜者,皆充館閣校勘。"

《能改齋漫録》卷一二《記事·張程學》:"張戩天祺與弟載子厚,關中人

也,關中謂之二張。篤行不苟,一時師表,二程之表叔也。子厚惟明聖學,亦多資於二程。吕大臨與叔兄弟,後來蘇昞等從之學,學者號子厚爲横渠先生。天祺爲御史,正獻吕公之薦也。二程與横渠,從學者既盛,當時名其學爲張、程。"

案:張載(1020—1077),字子厚,世稱横渠先生,關學創始人,卒謚明,奉祀孔廟西廡第三十八位,與周敦頤、邵雍、程顥、程頤合稱"北宋五子"。其"爲天地立心,爲生民立命,爲往聖繼絶學,爲萬世開太平"的名言振聾發瞶。張戩(1030—1076),字天祺,張載之胞弟。兄弟倆和程顥程頤兄弟,都得吕公著提攜。另:張載是兄,張戩是弟,《能改齋漫録》有誤。《太平治迹統類》卷一二云:"閏十一月壬寅,張載爲崇文院校書。"

十月

富弼罷相。曾公亮拜昭文相,陳升之拜集賢相

《宋宰輔編年録校補》卷七神宗熙寧二年十月丙申條:"富弼罷相……於是,執政大臣俱名列露章求罷……王安石既得志,專權自恣,盡取祖宗法度紛更之。弼每爭不能得,故常移病不入……同日,曾公亮拜昭文相……陳升之拜集賢相……"

吕公弼等反對王安石退軍議

《長編拾補》卷五神宗熙寧二年十月戊戌條:

上問節財如何,王安石對以減兵最急。上曰:"比慶曆數已甚減矣,惟別有措置乃可耳。"安石曰:"精訓練募兵而鼓舞三路百姓習兵,則兵可省。"先是,陳升之建議衛兵年四十以上稍不中程者,量減請受,徙之淮南。吕公弼上言,以爲:"既使之去本土,又減其常廩,於人情未安,且事體甚大,難遽行也。"於是上問升之:"退軍事,當時二府與密院衆商量否? 今欲皆爭論以爲難,此乃是合退作剩員優假之,故别立等有何所傷?"公弼言:"臣不比他人立事取名,恐誤陛下事;若二十萬衆皆變爲之,奈何?"升之具論祖宗舊法,曾公亮曰:"爲之當有漸。"王安石亦云,上曰:"但執政協心,不煽動人情自無事。"安石曰:"公弼來陛下處言,止是臨事而懼,固無所害;若退以語衆,乃爲煽動人

情。"上曰："柴世宗如何得兵精?"安石曰："亦止是簡汰。然柴世宗精神之運,威令之加,有在事外者,乃能濟事而無侮敗。"龍圖閣直學士陳薦言："大臣建退軍之議,損禁兵月廩,使就食江、淮,禁兵在京師,祖宗之制。所以重内輕外,其來已久。人情既安習,一旦輦徙去國客食,卒伍衆多,非所以安之也。宜如舊。"上從之,卒罷退軍議。

呂公著上《乞罷制置三司條例司奏一》,時爲御史中丞

《全宋文》卷一〇九三呂公著《乞罷制置三司條例司奏一》熙寧二年十月:

臣竊以三代聖王之政,至於久則不能無弊,在審所救云爾。國家享天下逾百年,凡當世舉可以修舊起廢,興利除害者,固非一日。至於近日改更宗室法度,省罷銀臺奏白,減外親奏薦,處置疲癃官吏之類,中外之論,孰曰不然?惟是制置三司條例一司,本出權宜,名分不正,終不能厭塞輿論。蓋以措置更張,當責成於二府;修舉職業,宜倚辦於有司。若政出多門,固非國體。宰相不任其責,則坐觀成敗,尤非制世御下之術。兼臣昨來已曾論列,所有制置條例一司,伏乞罷歸中書,其間事目有可付之有司者,即付之有司。

呂公著上《乞罷制置三司條例司奏二》

《全宋文》卷一〇九三呂公著《乞罷制置三司條例司奏二》熙寧二年十月:

臣近具札子言,乞罷制置條例司,歸中書,至今未蒙施行。臣聞孔子曰:"名不正則言不順,言不順則事不成。"今來制置一司,上既不關政府,下又不委有司。是以從初置局,人心莫不疑眩。及見乎行事,物論日益騰沸。蓋朝廷大事,無不出於二府。惟是今來制置條例,實系國家安危,生民休戚。而宰相不得與聞。若宰相以爲可,自宜與之共論;以爲不可,亦不當坐觀成敗,但事書敕尾而已。至於倉場庫務,瑣細利害,又恐不必執政大臣然後能集。臣又聞聖人之政,貴乎顯仁藏用。管仲霸者之佐耳,及其爲令,猶曰法成而鄰國不知。今朝廷處置,實未能有利及民,然而先置一司,使天下疑惑愁怨,至今不定,恐非策之得者也。乞檢會臣前奏施行。

案:制置三司條例司是王安石爲實施變法而設立的機構,不受中書等管轄,呂公著以爲不可如此政出多門。呂公著從贊成變法到反對變法,此過程

值得關注。

呂公著上《論推擇太精群材難進奏》

《全宋文》卷一〇九三呂公著《論推擇太精群材難進奏》熙寧二年十月：

臣竊惟陛下以聖哲之資,將興致治,其於臣下能否,固所周知。然臨朝而歎,常苦乏人。臣竊以爲人之難知,堯舜猶病。然自昔有爲之君,亦不借賢於異代。況今之人才,衆人之所共知,而陛下之所熟講者,蓋亦不少。若用之既盡,然後可以言乏才;試之不效,然後可以言難知。今則不然,左右之任尚多闕員,而大小之賢鮮得彙理。陛下雖推擇至精,可以無濫賞之過,然群材難進,誰與致非常之功? 昔唐之德宗,非不愛惜名器,由其責人太密,授任至難,至於東省閉凡累月,南臺唯一御史,故陸贄以爲太精而失士。臣竊觀之,自昔用人之際,所以常多疑貳者,患在君臣之間,未免形迹,居嘗謀事,則多已睽異,至於議論,則尤難協同。臣伏願陛下與執政之臣,凡選任之際,務求公坦,忘去形迹,則俊乂咸事,天工不曠矣。

呂公著上《論臧否人物宜謹密奏》

《全宋文》卷一〇九三呂公著《論臧否人物宜謹密奏》熙寧二年十月：

臣聞《易》曰:“君不密則失臣,臣不密則失身。几事不密,則害成。”夫人主延見群臣,與講天下之事,而論及人物之臧否,此所宜謹密者也。苟人主謹密而有所不至,則人臣悼後害之及,念失身之戒,而不敢盡其所欲言,此《易》之所謂不密則失臣者也。況人君用人,既用其所長,固欲知其所短。若知其所短而暴之,則莫肯盡其心。方將同舟而濟,共輿而馳,苟不能使人人盡其力,則其勢未可知也。惟留意幸甚。

案:《全宋文》此條中,《易》曰後缺下引號。

呂公著希神宗出治道、化風俗

《太平治迹統類》卷一二《神宗聖政》:“(熙寧二年十月) 御史中丞呂公著言:‘昨令兩制議擇牧守臺省官及取士養人之法,其餘所以爲治之具,蓋欲一一修具。此皆國家之先務,而不可一日緩也。當時人立異論,皆以爲不可變易,而特以因循爲便。陛下聖賢超越,洞然遠照,以浮議爲非,意者必將有爲也。而自爾以來所施行者,惟財用一二事而已,如向之所議,可以出治道、化風俗者,久未聞擇其可者而行之。惟陛下推篤好力行之意,奉之以終使三王之治,遂復見於今日。’”

十一月

邢恕因吕公著推薦爲崇文院校書

《長編拾補》卷六神宗熙寧二年十一月丙寅條:“邢恕爲崇文院校書。”

案:《宋史》卷四七一有傳。邢恕字和叔,從程顥學,出入司馬光、吕公著門,登進士第。但爲人反覆,行險冒進,入《宋史》奸臣傳。

閏十一月

吕公弼、王安石、文彦博等討論民兵府衛之事,吕公弼認爲緣邊之兵不可多減

《長編拾補》卷六神宗熙寧二年閏十一月壬子條:

上問府兵之制曰:“府兵與租庸調法相須。”安石曰:“今上番者即以衣糧給之,則無貧富皆可入衛出戍,雖未有租庸調法,亦可爲也。但義勇不當刺手背,刺何補於制御之實? 今既良民爲之,當以義禮獎養,刺手背但使其不樂而實無補也。”又云:“臣願擇其鄉閭豪傑爲之將校,量加獎拔,則人自悦服。今募兵宿衛,乃有積官至刺史、防、團者,移此與彼,固無不可。陛下審擇近臣,使皆有政事之才,則他時可將此等軍。今募兵出於無賴之人,尚可爲軍廂主,則近臣以上,豈不足此輩! 此乃先王成法,社稷之長計也。且祖宗朝北戎無警,既便罷兵,今即講和,而屯兵至多,徒耗錢帛。”上極以爲然。文彦博曰:“自古皆募營兵,遇事息即罷。漢文帝以恭儉,故至武帝時府庫充實,然因用兵,卒致公私匱乏。”上曰:“文、景恭儉,豈是庶事不爲! 以致富盛,蓋能立制度,所以有成效也。如仁宗朝,何嘗橫有費用,止緣衆人妄耗物力,府庫遂空。”韓絳曰:“朝廷須修法度,愛惜財帛,乃能體息生靈,一人獨儉,未足成化。”陳升之曰:“已議暗消本路特兵於京東,招補亦將有序,不數年,可見效矣。”吕公弼曰:“緣邊之兵不可多減,若遇大閱,人數全少,北戎觀之,非便。”

彦博曰："自有遣戍日,不至闕事也。"上曰："卿等可詳議以聞。"

呂公著上《官不及諫議大夫只除權御史中丞奏》

《全宋文》卷一〇九三呂公著《官不及諫議大夫只除權御史中丞奏》熙寧二年閏十一月:

今後除中丞者,如官不及諫議大夫,即乞更不帶官,只除權御史中丞。俟罷日,却與舊官或朝廷推恩,即於舊官上遷轉。

案:據《宋會要輯稿》職官一七之二四記載,呂公著上奏以後,朝廷下詔:官未至諫議大夫,並守本職兼權。故事,官未至諫議大夫者,自正言而上皆除右諫議大夫。

十二月

呂公弼等討論募兵及義勇事宜

《長編拾補》卷六神宗熙寧二年十二月乙亥條:

上論有邊兵已不足以守,雖費衣糧,然猶不可減。王安石曰:"今若更減,即誠無以待緩急,不減則廢困無有已時。若不能治兵,稍復古制,則中國決無富強之理。"上因言義勇可使,分爲四番出戍。呂公弼曰:"須先省得募兵,乃可議此。"安石曰:"計每歲募兵所死亡之數,乃以義勇補之可也。"上問:"唐都關中,府兵多在關中則爲強本。今都關東而府兵盛,則京師更不足待外方。"安石曰:"府兵處處可爲,又可令入衛。"公弼與韓絳皆以入衛爲難。文彦博曰:"曹、濮人專爲盜賊,豈宜使入衛!"安石曰:"曹、濮人豈可應募諸班諸軍者! 應募皆暴滑無賴之人尚亦以爲虞,義勇皆良民,又以有物力户爲將校,豈可却以爲虞?"陳升之欲令義勇以漸戍近州,安石曰:"藥不瞑眩疾不瘳,陛下若欲變數百年募兵之弊,則宜果斷,詳立法制,令本末備具,不然無補也。"上以爲須豫立定條法,不要宣佈,以漸推行可也。

呂公著言條例司所舉官皆奴事呂惠卿,王安石爲惠卿辯解

《長編拾補》卷六神宗熙寧二年十二月癸未條:

上謂王安石、韓絳曰:"呂公著言:'條例司近轉疏脱,所舉官皆是奴事呂

惠卿得之,並非韓絳、王安石所識。'"安石曰:"自外舉者,誠或非臣等所識,然取於眾議,若謂奴事呂惠卿,則惠卿在條例司用事已來,几日在外,人如何奴事得?"

是歲,呂公著上《乞罷招正兵益講民兵府衛之法奏》,時爲御史中丞

《全宋文》卷一〇九三呂公著《乞罷招正兵益講民兵府衛之法奏》熙寧二年:

臣竊以古者兵農不分,而耕戰並事。平居無不耕之民,有事無不戰之家。故兵籍雖廣,而財力不屈。後世唯唐之府衛,最爲近古。開元以後,其制復壞。國家承五季之亂,雖庶事草創,未復古制,然祖宗之初,兵不過數十萬,故當時未見其害。是後招募之數日增,而簡練之法益弛。平居則常苦於冗食,有事則不足以應敵。故建議之臣,頗謂民兵可復,而正兵可消。誠以今之禁兵,率以中等校之,每人歲用錢糧衣賜計直五十緡,千人則歲費五萬緡。至於兵民,則非有廩給,唯是給之土田,或只將見今有地人户稍寬其租稅,省其力役。以正兵千人之費,足以得民兵數萬人。然今之正兵,亦不可驟行減放。但當即罷招填,益講民兵府衛之法,使財力不屈,而戰守有備。以之強國捍邊,實萬世之利也。臣欲乞詔輔臣,選識治體,曉兵法,或先曾獻議,其言可用者數人,使議兵制施行。

是歲,呂公著上《乞致仕官給四分俸錢奏》,時爲御史中丞

《全宋文》卷一〇九三呂公著《乞致仕官給四分俸錢奏》熙寧二年:

臣竊以古之仕者,七十而致仕。雖有不得謝者,然年至而去,實禮之常制。蓋當其壯也,既竭勤瘁以任其事,故及其老也,則使之優逸以終其身,此君上之至恩,而臣下之極榮也。然自本朝以來,凡致仕者雖例改官資,或推恩子弟,年及而願退者常少。議者以疲癃老疾之人,其精神筋力不足以任職,則或至於蠱政而害民。故著令應年及而不退者,自知州以下,皆降爲監當。然比年以來,致仕者亦不加多矣。昔爲守倅而今厘務,雖至愚之人,豈不以爲辱?然所以被辱而不去者,亦由朝廷立法有以致之。何則?古之爲仕者,終身食其地,今之致政者,即日奪其廩;古之仕者,不出鄉里,今則有奔走南北之勞;古之仕者,常處其職,今則有罷官待次之費。故自非貪吏及素有經產,則

其禄已常苦不足。一日歸老，則妻子不免凍餒。是以雖廉潔之士，猶或隱忍而不能去。議者不推其本，則曰此皆無恥之人，宜思所以重辱之。此朝廷之恩所以愈薄，而臣下之節所以益壞也。臣愚欲乞應文武官致仕，非因過犯及因體量者，並依外任官例，與給四分俸錢。歲時州郡量致酒粟之問，如此則自非無恥之甚者，莫不感抱恩德，而爭自引去矣。朝廷優之如此，而猶不能去，則雖重辱之，亦不爲甚過也。或曰今國用方患不足，吏禄豈宜有增？臣竊以爲今日所議，正爲年及而不退者。彼若年及而不退，則其禄故未嘗絕。如自此人多引去，則今之去而受禄者，乃向之不去而居官者也。臣所論者，其實國無所費，而足以全遇下之恩；臣無重辱，而足以去瘝官之弊。伏惟陛下方以至仁厚德風化天下，則於優養耆老，固所先務。伏乞詳酌施行。

是歲，呂公著上《乞寬假長民之官奏》，時爲翰林學士

《全宋文》卷一〇九三呂公著《乞寬假長民之官奏》熙寧二年：

臣伏見審官院、流內銓以知縣、縣令闕多，凡選人被舉充職官及轉京官者，例差知縣，已被差者不通舉辟，不許避免。臣竊以爲當國家有道之時，付之以百里之地，有民人社稷之重，則士子所宜願爲。今乃設一切之令，強所不欲，與坐殿負犯者亡異。此殆郡縣法網太密，而勸別之道不明。吏有盡心奉法，治行明白者，未聞有所褒異。一罹微文，則不能自免於譴斥。加以近歲朝廷以更改法度，郡縣之吏或不能奉行，故於常法之外，峻其黜典。經赦去官，多不原免。積累歲月，坐此殿累者益衆。臣愚以爲長民之官，朝廷宜少寬假，非有贓私顯狀及罷軟尤不勝任者，雖坐小法，無輕替易。仍詔諸路監司、牧守，其所屬令長，有奉公愛民，治效尤異者，每歲別薦三二人，間或獎拔，待以不次。其次如職事修舉，有舉主合轉京官者，特與依諸州教授例，就任改官，許令再任。如此則勤廉者得以自保，勞能者有所激勸，中才足以強勉，異效不至滯留。

是歲，呂希道知解州，有政績

《宋史翼》卷一《呂希道傳》："知解州。始，州人不知向學，希道毀淫祠及寺無舊額者百餘處，取其材廣學宫，士得居處講習即學，爲立生祠。"

案：《范太史集》卷四二“吕希道墓志銘”，亦謂吕希道知解州有善政，解人爲立生祠。《蘇軾年譜》卷八神宗熙寧二年十二月，有“送吕希道（景純）知解州”條，云：《詩集》卷六《送吕希道知和州》：“去年送君守解梁。”詩作於熙寧三年，故《蘇軾年譜》考證，吕希道知解州當是熙寧二年。

是歲，富弼撰《吕文穆公蒙正神道碑》

《琬琰集》上卷一五《吕文穆公蒙正神道碑》：“大中祥符四年四月十九日，遂不起，年六十六。五年十月二十七日，葬於河南府洛陽縣金石鄉奉先里。後五十七年，其子居簡始議琢碑於墓次，請文於里人富某。”

案：後推五十七年，即是熙寧二年。

卷十五

熙寧三年庚戌（1070），呂居簡七十二歲，呂公弼六十四歲，呂公著五十三歲，呂公孺五十歲，呂希道四十六歲，呂希哲三十一歲，呂好問七歲

春正月

王珪權知貢舉，呂公著等權同知貢舉

《宋會要輯稿》選舉一之一二："神宗熙寧三年正月九日，以翰林學士承旨王珪權知貢舉，御史中丞呂公著、知制誥蘇頌、直集賢院同修起居注孫覺並權同知貢舉。"

案：呂公著在貢院中，密奏天子，用詩賦臨軒策士，非舉賢求治之意，宜咨訪治道。神宗殿試時試題爲策問，是一大進步。然不足的是，熙寧三年的科舉考試，附會者皆在高等，直抵時弊者多在下等。

二月

司馬光拜樞密副使

《宋宰輔編年録校補》卷七神宗熙寧三年二月壬申條："司馬光樞密副使。自翰林學士、兼侍讀學士、右諫議大夫、史館修撰除，辭不拜。"

《宋宰輔編年録校補》卷七同條："光，字君實，陝州夏縣人。舉進士甲科。王安石既變更祖宗法度行新法，退故老大臣，用新進少年，光時爲翰林學士，力爭之，因屢請去。上曰：'君子小人盡知卿方正，呂公著使契丹，亦問有司馬光者，其人甚方正，今爲何官。卿名爲夷狄所知，奈何出外？'光固求補外，不

許。頃之，上用安石爲參知政事，用光爲樞密副使。光以言不從，辭不拜，上
章力辭至六七，曰：'陛下誠能罷制置條例司，追還提舉官，不行青苗、助役等
法，雖不用臣，臣受賜多矣。不然，終不敢受命。'神宗遣人謂光：'樞密，兵事
也。官各有職，不當以他事爲辭。'光言：'臣未受命，則猶侍從也，於事無不可
言者。'遂復上疏極諫。疏奏，上優容之。光愈益請，乃收還告敕詔，依所乞。
先是，上欲置光西府，安石曰：'今陛下置光於人上，是爲異論之人立赤幟也。
光朝夕所切磨者，乃劉攽、劉恕、蘇軾、蘇轍之徒而已。'安石在告，上乃用光。
及安石復視事，因固辭，遂欲罷之。曾公亮以爲不可。上曰：'青苗事何與於
樞密副使？光不當以此辭。'公亮乃已。時韓琦上疏論青苗之害，神宗感悟，
欲罷其法。安石稱疾求去，不許，既起視事，青苗卒不罷。光亦卒不受命。卒
以書喻安石，三往返，開喻苦至，猶幸安石之改也。安石卒不聽，光由是與安
石怨矣。神宗猶欲用光，光不可。以端明殿學士出知永興軍。三年七月，樞
密使呂公弼將去位，上議所以代之者。曾公亮、韓絳極稱司馬光。上遲疑未
決，始欲用馮京，又欲用蔡挺，既而欲並用京及光。安石曰：'司馬光固佳，今
風俗未定，議論尚紛紛，用光，即異議有宗主，事無可爲者。'絳徐以安石所言
爲然。公亮言不當以此廢光，固請用之。上弗許，乃獨用馮京爲樞密副使。
明日，又謂執政曰：'京弱，並用光如何？'公亮以爲當。安石曰：'比京差強，然
流俗必以爲宗主，愈不可勝。'公亮又論光可用。安石曰：'光言未嘗見從，若
用光，光復如前日不就職，欲陛下行其言，朝廷何以處之？'上遂不用光。光在
永興，奏乞倚閣災傷地分所欠青苗錢。奏入不報。光之官踰月，乃上疏曰：
'臣先見不如呂誨，公直不如范純仁、程顥，敢言不如蘇軾、孔文仲，勇決不如
范鎮，今陛下惟安石之言是信云云。'疏奏，上猶有意用光。四年，詔光移知許
州，令過闕上殿。上曰：'如光者常在左右，人主自可無過矣。'光訖辭許州，固
請乞判西京留司御史臺，以修《資治通鑑》，久之乃從其請。自是絕口不復論
新法。四年五月，呂誨病亟，光往省之。間有以見屬乎，誨張目強視曰：'天下
事尚可爲，君實勉之！'遂卒。七年三月乙丑，以久旱詔求直言。初，光自許州
乞判西京留司御史臺以歸，即絕口不論事。至是，讀詔泣下。光乃復陳六事：
一青苗，二免役，三市易，四邊事，五保甲，六水利，此尤病民者，宜先罷。且言
執政之臣，在於好人同己，而惡人異己。閏四月，光復上疏論當今之弊，言：

‘臣衰疾浸增，是以冒萬死一生爲陛下言之。倘陛下猶棄忽而不信，此則天也，臣不敢復言矣。’十年十二月，司馬光以書與吳充。充代安石爲相，知天下不便新法，欲有所變更，嘗乞召還光等。又薦孫覺等十數人，皆安石所斥退者。故光遺以此書。而充不能用，光亦卒不起。其後執政缺，上有無人才之歎。左丞蒲宗孟對曰：‘人才半爲司馬光以邪説壞之。’上不語，正視宗孟久之。宗孟懼甚，無以爲容。上復曰：‘蒲宗孟乃不取司馬光耶？司馬光者，未論別事，只辭樞密一節，朕自即位以來惟見此一人。他人則雖逼之使去，亦不去矣。’上之眷禮於光不衰如此。元豐三年三月，光奏提舉嵩山崇福宫已經兩任，難更除授，止乞專修《資治通鑑》。詔特許再任。《資治通鑑》成，除資政殿學士，降詔褒諭。五年，將行官制，上謂輔臣曰：‘御史大夫非司馬光不可。’蔡確進曰：‘國是方定，願少遲之。’王珪亦助確，乃已。及除第四任提舉崇福宫，詔滿三十個月，即不候替人，發來赴闕。蓋將復用光也。是歲秋宴，上感疾，始有建儲意。又謂輔臣曰：‘來春建儲，其以司馬光及吕公著爲師保。’光與公著，上雖議論終不合，而極口稱其賢。以《長編》與《丁未録》參修”

《宋宰輔編年録校補》卷七同條：“《元城先生語録》曰：神考之信任金陵，是甚次第。而老先生號爲黨魁，故金陵以兩府啗之，欲絶其辭。然老先生是豈可以官職啗者也！故聞政府之命，其去愈牢。當時臺諫皆金陵之黨，遂造一件大事點汙老先生，如霍光事。神宗謂金陵曰：‘前日言章大無謂，司馬某豈有此事？’金陵請事目，神宗曰：‘置之，讒言不足道也。’故老先生以端明爲崇福，退居於洛者十五六年。天下之望，翕然歸之。至於元祐之初，主少國疑之際，一用老先生，天下無異論。倘神宗聽人言，以一二事污蔑之，重責黨魁，以屬餘臣之異意者，雖天下知老先生無此事，而天下之士惡直丑正，或有疑者，則老先生之聲價，豈得如此大！近來朝臣之出，必有言章丑惡之辭，極力詆毀之。至今天下無一全人。萬一要個好人使，安可得也。此不是國家壞人，乃自壞也。又曰：金陵在侍從時，與老先生極相好。當時《淮南雜説》行乎時，天下推尊之，以比《孟子》。其時又有老蘇，人以比荀子。但後來爲政，與老先生議論不合爾。老先生嘗謂金陵曰：‘介甫行新法，乃別用一副當小人，或在清要，或爲監司，何也？’介甫曰：‘方法行之初，舊時人不肯向前，因用一切有才力者。候法行已成，即逐之，却用老成者守之。所謂智者行之，仁者守之。'老先生曰：'誤矣！君子難進易退，小人反是。若小人得路，豈可去也？若欲去，必成仇敵，他日將悔之。'介甫默然。後果有賣金陵者。雖悔之，亦無及也。賣金陵者，呂惠卿吉甫也。"

呂公著上《再論青苗錢奏》

《全宋文》卷一〇九三呂公著《再論青苗錢奏》熙寧三年二月：

臣近具札子言，制置三司條例司本出權宜，合從廢罷。諸路散青苗錢，違戾元降敕旨，及遣提舉官等不當，並宜追還。昨日亦曾面奏，未蒙施行。臣伏思近日朝廷頗有更張，其意雖欲便民，然其間事理，豈能盡當？苟博采群言，事有未便者，不憚改作，則善莫大焉。若舉措既失，人心已搖，專以朝廷之威，欲勝衆多之口，則恐執之愈久，物情益更不安。至於迷而後復，所失多矣。伏乞特賜檢會臣前奏，降出施行。

案：青苗法推行以後，朝廷放貸利息亦高，一些官員強行攤派，貪污成風，原本想富國之舉弊病叢生。名公巨卿反對者衆，司馬光認爲"細民將不聊生矣"（范祖禹《帝學》卷八），富弼以爲"如是則財聚於上，人散於下，持不行"（《宋史·富弼傳》），歐陽修亦是"請止散青苗錢"（《宋史·歐陽修傳》）。王安石變法心切，呂公著從客觀地想糾正青苗法弊端，到堅決反對，要求廢止。

三月

呂公弼、文彥博等議揀退禁軍不便

《長編拾補》卷七神宗熙寧三年三月壬辰條："樞密副使韓絳與文彥博、呂公弼爭議揀退禁軍，彥博、公弼曾言其不便，上命且依舊制。是日，絳亦稱疾在告。"

呂公著等言新法不便，神宗動搖，王安石極力游説

《長編拾補》卷七神宗熙寧三年三月丙申條：

右正言李常言："王安石以文學名世，行義得君，乃不本仁以出號令，考義以利財賦，而乃佐陛下爲此病民斂怨之術。曾公亮、陳升之皆位冠百僚，身輔大政，首鼠厥議，曾無職守。諫官或以執事隔絕，或陰竊符同，四海万里，蒙毒

莫訴。臣於安石雖有故舊之義,苟懷私而不言,誰復爲朝廷言者!"中丞呂公著極論其不可,乞檢會臣累奏施行。張戩言:"天下之論難掩,至公在於聖明,動必循理,無適無莫,義之與比。建議謂便而施行之,今已知有害而改罷之,是順天下之心,成天下之務也。昔非今是,何憚改爲?"監察御史裏行程顥言:臣竊謂:"明者見於未形,智者防於未亂。況今日事理顯白易知,若不因機急決,持之愈堅,必貽後悔。悔而後改,則爲害已多。伏見制置司疏駁大臣之奏,舉劾不奉之官,徒使中外物情,愈致驚駭,是乃舉一偏而盡沮公議,因小事而先動衆心。權其輕重,未見其可。伏乞檢會臣前所上言,早賜施行。"右正言孫覺言:"竊見制置三司條例司畫一文字,頒行天下,曉諭官吏,其凡有七。至於論斂散出入之弊,將來陷失,人所能知者,皆置不論,乃援引經義,以傅會先王之法,與防微杜漸,將以召怨賈禍者。臣得直陳之其條有三。"於是進呈孫覺疏。王安石謂:"覺所言無理,讀不及終而止。"上曰:"人言何至如此?"安石曰:"自大臣以至臺諫,臣有異,則人言紛紛,如何足怪!"趙抃曰:"苟人情不允,即大臣主之,亦不免人言,如濮王事也。"王安石曰:"先帝詔書,明言濮安懿王之子不稱濮安懿王爲考,此是何理? 人有所生父母,所養父母,皆稱父母,雖閭巷亦不以爲礙。而兩制、臺諫乃欲令先帝稱濮安懿王爲皇伯,歐陽修笑其無理,故衆怒而攻之,此豈是正論? 司馬光爲奏議,乃言仁宗令陛下被衮服冕,世世子孫,南面有天下,豈得復顧其私親哉? 如此言,則是以得天下之故可以背棄其父,悖理傷教,孰甚於此! 且禮爲人後者爲之子,雖士大夫亦如此,豈是以得天下之故爲之子也? 司馬光嘗問臣,臣以此告之,並諭以上曾問及此事,臣具如此對。呂誨所以怒臣者,尤以此事也。"上曰:"如臺諫言濮王事全無理。"王安石曰:"言濮王事雖非盡理,然當時言者以爲當更追崇,未已及罷稱皇,亦以爲言有力,則當時言者雖未盡理,於時事亦不爲無庸。"上曰:"宗室事何以不紛紛?"安石曰:"以兩府大臣共議,故大臣無搖動者;又陛下不疑,故異論無從起。"上曰:"均輸事何以無人言?"安石曰:"人言豈少! 呂公著因江西事遂攻薛向,而言薛向體量江西文字乃先至,其言不效,故其意沮折而不復敢爲誣妄常平事,大臣固不悦。但陛下初即位,以爲善政,不敢異論。然自初施行,陰欲沮壞,至於百端;其後陛下每見提舉官上殿,輒問新法便否,人人知陛下意疑,所以内外交結,共爲誣罔也。"陳升之曰:"豈可使上不訪問群臣？此皆提舉官所在張大妄作，故致人言耳！"安石曰："提舉官到任不過數處，若妄作，只須有事實；全無事實可説，即其言豈可聽信？"上又語及程顥疏，安石曰："顥至中書，略諭以方鎮沮毀朝廷法令，朝廷申明使知法意，不得謂之疏駁大臣章奏。顥乃言大臣論列事，當包含此爲害利；若不申明法意，使中外具知，則是縱使邪説誣民，而今詔令本意，更不明於天下，如此則異議何由貼息？"上因論及臺諫官，言不可失人心。安石曰："所謂得人心者以爲理義。理義者，乃人心之所悦，非獨人心，至於天地鬼神亦然。先王能使山川鬼神亦莫不寧者，以行事有理義故也。苟有理義，即周公致四國皆叛不爲失人心；苟無理義，即王莽有數十萬人詣闕頌功德不爲得人心也。"他日，安石與韓絳請上更曉諭臺諫，無使紛紛。上曰："安得如許口頻與説？"上又諭安石令稍修改常平法，以合衆論。安石曰："陛下方以道勝流俗，與戰無異，今少自却即坐，爲流俗所勝矣。"

以翰林學士呂公著、知制誥蘇頌與判流内銓官試驗選人身言書判

《宋會要輯稿》選舉一〇之四："（熙寧）三年三月八日，以翰林學士呂公著、知制誥蘇頌與判流内銓官試驗選人身言書判。初議差公著等，上問試判故事，因曰：'此何足以見人材。'輔臣或對先朝有與京官者，或以爲京官可惜，上以爲然。"

呂公著上《乞罷提舉常平倉官吏奏》，時爲御史中丞

《全宋文》卷一〇九三呂公著《乞罷提舉常平倉官吏奏》熙寧三年三月：

臣近兩具札子言，乞罷提舉常平廣惠倉官吏，未蒙施行。臣竊惟朝廷自頒行此法以來，中外議者，皆以爲本非惠民，實欲掊利。人情憂懼，物論沸騰。朝廷以法令既行，憚於改作，直至取大臣所奏，逐條疏駁，巧爲辨説，敷告天下。其餘中外官守，或因有所論列，或以不即奉行，皆欲劾問。專以朝廷之威，杜塞衆口，是以比日以來，人情愈更不寧。臣伏思陛下自即位之始，慨然有大有爲之志，其規模固欲高視近古。然今日所行才一二末事，頗已輕失人心。縱使法意雖善，其施設固亦未工。況人無智愚，皆以爲不便。伏望博采公議，盡罷諸路所遣提舉官，委提刑或轉運司且於三兩路相度支散。候見得

於民無害,則不獨此法可以推行,其他處置皆足以取信於人。若百姓終以爲病,朝廷亟爲改之,猶不至害及天下。所有臣前奏,伏乞檢會,付外施行。

神宗與王安石又議呂公著所撰的《乞罷提舉常平倉官吏奏》

《長編拾補》卷七神宗熙寧三年三月甲辰條:"呂公著屢奏乞罷提舉官。王安石讀至'取大臣章奏疏駁,巧爲辨説,敷告天下。'上曰:'如此,則韓琦安得不動心乎?'安石曰:'朝廷作有理之法,今藩鎮逐條疏駁,而執法乃不以爲非。方鎮作無理章奏,朝廷諄諄曉諭,而執法乃謂之巧爲辨説,即非理之正。言事官當逐辨論其非,以開悟陛下之聰明可也。今但言巧爲辨説,而不見辨説之不當,則其情可見矣!'上怪上下紛紛何至此,安石曰:'陛下作法,宰相搖之於上,御史中丞搖之於下,方鎮搖之於外。而初無人與陛下爲先後奔走禦侮之臣,則人情何爲而不至此耶!'又讀至'止令提點刑獄或轉運使管勾。'安石曰:'比曾公亮亦有此奏。陛下試思府界若無提舉官止有呂景,則此法已不得行;京西無提舉官止有提點刑獄,則已言人皆不願。請以此驗之,則不設提舉官,付之他司,事必不舉矣。'上患官吏慢法而不奉行,安石曰:'提舉官雖卑,然以朝廷之命出使,尚未敢按舉州縣不法,即已紛紛然以爲陵轢州縣。言事官本當爲朝廷守法,乃更朋比流俗,如此豈是正理!'上以爲然。"

呂公著上《論青苗奏》,時爲御史中丞

《全宋文》卷一〇九三呂公著《論青苗奏》熙寧三年三月:

臣累具札子言,昨遣提舉常平廣惠倉官吏不當,諸路散青苗錢違戾元降敕旨,未蒙施行。臣聞《易》曰:"説以先民,民忘其勞。"又曰:"感人心而天下和平。"自古有爲之君,未有不先人心而能立事者也。亦未有脅之以朝廷之威,勝之以頰舌之辯,而能終得人心者也。陛下以聰明睿智之資,承祖宗積累之後,方其未有所爲,四方已自欣戴。至於今所施設,其事乃至淺末,然而人情洶洶如此之甚,則致之不爲無由。陛下固宜審察主議之臣,乃以爲流俗浮議不足恤。臣切以人心惟危,聖人所畏,難安易動,今日爲甚。若不幸有奸宄之謀窺伺間隙,則於陛下威德,必有所沮,不可挽也。且今之所謂豪俊多才,布在顯要,皆陛下與執政大臣平日所共精擇。然而不謀同辭,皆以此舉爲謬,

豈有平日所謂賢者,今則皆盡不肖? 由此觀之,亦不可概謂之流俗浮議也。借使朝廷處置皆已盡善,尤當反復惟慮,求所以附順人心。況今日紛紛,實自朝廷致之。且如轉運使、提點刑獄官,皆陛下選掄,委以一路。豈有一路之政,皆所倚辦,獨此數事,不可信任? 縱其人不可任,自當亟罷其職,別擇能臣。苟以爲可任,又不當別置提舉官。此諸路監司所以離心者也。況國家制法,本欲便人,然而使人心違怨,一至於此,尚曰善爲政乎? 臣切觀陛下每延見群臣,講求政事,常欲曲盡物情,期於公當。兼今來衆人所議,實系國家安危。若向去人情益擾,陛下必不能力主。惟是不遠而復,庶几害不及民。況臣之所以區區者,亦不獨惜此一事,誠恐人心既已乖離,陛下之志終必疑殆,則向去朝廷難乎復有所爲。伏乞檢會臣累奏,早賜施行。

呂公著上《論不宜輕失人心奏》,時爲御史中丞

《全宋文》卷一〇九四呂公著《論不宜輕失人心奏》熙寧三年三月:

臣竊惟祖宗承五季之亂,撫有天下,其間法度草創,固亦未盡及古。至於臨下以簡,御衆以寬,好生之德,洽於民心,則漢唐之盛,無以加也。是以有國百年,民心欣戴。雖凶年饑歲,流離至死,而無有背叛之心者,良以仁恩厚德,深足以固結其心。唯是日月既久,事或有弊,此陛下所以臨朝奮然,思欲懲革。然而設施措置,未得其術,才及一二末事,頗已咈戾衆心。是以内外乖離,人人危懼。切以祖宗以來,所以深得人心者,艱難積累固非一日,今豈可以一二末事輕失其心? 人心一摇,未易復收,後雖有善政,亦難行矣。況上下危疑之際,難安易動,此臣所以爲寒心也。伏望陛下仰思先烈,俯察物情,凡所施爲,務在仁厚,無致近薄,以斂衆怨,則人心悦而天意從矣。

案:呂公著是一個敢於擔當的直臣,他有著強烈的救世情懷,王安石激進變法,他強烈反對,連續上奏,試圖通過自己的諫諍影響神宗,減少朝廷的損失,從而實現自己的政治理想和抱負。

呂公著上《論新法乞外任奏》

《全宋文》卷一〇九四呂公著《論新法乞外任奏》熙寧三年三月:

臣近兩具手奏,爲前後論事不蒙朝廷施行,及多病早衰,乞補外郡,或管

當南京留司御史臺一次。准中書札子,奉聖旨不允者。臣切以臣之事君,不可無義;君之用人,亦宜以禮。臣雖愚陋,陛下過聽,以爲御史中丞,居言事之長。若朝政不致乖戾,於國體未有所損,則豈敢輒有奏述,遽言去就?唯自權立制置條例司,政出多門,名分不正,故識者皆已憂之。然臣當時亦未敢再三言者,猶冀因此或能有所興立。自添差提舉官四五十人,頒青苗法於天下,條詔紛糾,自相違戾,人無智愚,莫不譏議。而廟堂之上,欲必以威力勝之,以至凌轢舊臣,沮折言者,聚斂之志,形於四海。奉公憂國之士,莫不懷憤切歎。臣既當事任,義不容默。是以累求進對,連上奏封,反復開陳,冀欲寢罷。陛下雖心知其然,依違終未能決。臣言既不從,又不能引避,則事君之義,豈不虧損?或朝廷未賜矜從,臣所請固不敢已,直俟讒慝積深,方行譴責,則於陛下用人之禮,得無過差?況臣疲病之質,不能堪任顯職。伏乞檢會臣前奏,早賜施行。

　　案:呂公著連續上奏,反對新法,神宗無一採納,公著請求外放。

是年,呂公著上《論江西重折苗錢奏》

　　《全宋文》卷一〇九四呂公著《論江西重折苗錢奏》熙寧三年:

　　臣竊聞江南西路,去年米價每斗約四十五以來,轉運司和糴每斗五十以來,所有人户合納苗米,却令納一色見錢,每斗九十以來,比市價增及一倍,比和糴價亦增四十有餘。臣竊以米者地之所生,而錢非農人所蓄。舍其所有,責其所乏,則固已非義,況復於常計之外,取增倍之入?竭澤而漁,何以過此?伏惟陛下乘公私交匱之際,奮然興起,求所以足國裕民之術,固非欲掊民自利也。然而小大之臣,未必能盡知陛下仁民愛物之意。至有巧諂不仁之吏,求爲小忠近效,以規一時之寵利,刻薄苟且,無所不至。及乎害及於民,而怨歸上,則上下相蒙,恬不爲慮。陛下爲民父母,民爲陛下赤子,然而所任之吏,負法害民,至敢如此。若復不加譴責,則雖有仁民愛物之意,何以取信於天下?兼聞本路轉運司並是受指揮,尚亦有此處置。伏乞朝廷特賜訪察施行。

　　案:未知何月,姑系於此。

章甫進士及第

據《宋登科記考》,章甫於宋神宗熙寧三年進士及第。

案:章甫,字端叔,建州浦城縣人,是呂弸中岳父,熙寧三年進士及第,官太府寺丞等,反對禁錮元祐子弟。甫善爲文,重視儒學,有《文集》二十卷、《孟子解義》十四卷。先從龜山先生楊時游,後從紫微先生本中游,入《宋元學案》。

四月

御史中丞呂公著,言王安石失當,降爲翰林侍讀學士,知潁州

《長編》卷二一〇神宗熙寧三年四月戊辰條:"詔:'御史中丞呂公著,比大臣之抗章,因便坐之與對,乃誣方鎮有除惡之謀,深駭予聞,乖事理之實,可翰林侍讀學士,知潁州;權知開封府、翰林學士兼侍讀韓維權御史中丞;知太原府、端明殿學士兼翰林侍讀學士馮京爲翰林學士兼端明殿學士、知開封府。'"

《長編》同條:公著在言職,累奏乞罷制置三司條例司及提舉常平官,最後言:"祖宗承五季之亂,法度草創,固亦未盡及古,至於臨下以簡,御衆以寬,好生之德,洽於民心,則漢、唐之盛無以加也。是以有國百年,民心欣戴,雖凶年饑歲,流離至死,而無有背叛之心者,良以仁恩厚澤足以深結之也。惟是日月既久,事或有弊,此陛下所以臨朝奮然,思欲懲革。然而設施措置未得其術,才及一二末事,頗已咈戾衆心,是以内外乖離,人人危懼。竊以祖宗以來,所以深得人心者,艱難積累,固非一日,今豈可以一二末事輕失其心?人心一搖,未易復收,後雖有善政,亦難行矣。況上下危疑之際,難安易動,此臣所以爲寒心也。伏望陛下仰思先烈,俯察物情,凡所施爲,務在仁厚,無致近薄,以斂衆怨,則人心悦而天意得矣。"又言:"'名不正,則言不順;言不順,則事不成。'今制置一司,上既不關政府,下又不委有司,是以從初置局,人心莫不疑眩,及見乎行事,物論日益騰沸。蓋朝廷大事,無不出於二府,惟是制置條例,實系國家安危,生民休戚,而宰相不得與聞。若宰相以爲可,自宜與之共論;以爲不可,亦不當坐觀成敗,但書敕尾而已。至於倉、場、庫、務瑣細利害,又恐不必執政大臣然後能集。臣又聞,聖人之政,貴乎顯仁藏用。管仲,霸者之佐耳,及其爲寓令,猶曰法成而鄰國不知。今朝廷處置,實未能有利及民。然

而先置一司，使天下疑惑愁怨，至今不定，恐非策之得者也。乞檢會臣前奏施行。"皆不聽。乃求罷職，家居俟命。是月乙丑，詔復除公著舊職、同提舉諸司庫務，韓維爲中丞，李中師權知開封府。命且下，復留之。至是乃黜公著，且以馮京代中師。

《長編》同條：王安石著《時政記》，曰："公著數言事失實，又求見，言'朝廷申明常平法意，失天下心。若韓琦因人心如趙鞅舉甲，以除君側惡人，不知陛下何以待之。'因涕泣論奏，以爲此社稷宗廟安危存亡所系，又屢求罷言職。上察其爲奸，故黜。初，上欲明言公著罪狀，令曾公亮等以旨諭當制舍人。公亮諭宋敏求草制但言引義未安而已。安石曰：'聖旨令明言罪狀，若但言引義未安，非旨也。'敏求草制如公亮所教。翌日再取旨，公亮、陳升之、趙抃等皆爭以爲不可。上曰：'公著有遠近虛名，不明言罪狀，則人安知其所以黜，必復紛紛矣。'公亮等以爲，如此則四方傳聞大臣有欲舉甲者，非便；且於韓琦不安。上曰：'既黜公著，明其言妄，則韓琦無不安之理；雖傳聞於四方，亦何所不便？'公亮等猶力爭，至日旰，上終弗許，而面令升之改定制辭行之。"安石所記如此。後公著復召用，至哲宗即位，領《實錄》事，上奏："臣先任御史中丞，前後乞罷制置三司條例司，論差官散青苗錢不當，不蒙施行，五乞責降外任差遣。亦嘗入對面陳，蒙神宗曲賜敦諭，聖意溫厚，初無譴怒之旨。四月五日，聞除臣翰林學士兼侍講學士、寶文閣學士、知審官院，臣於六月再奏，以言事不效，乞降責，至七日，聞有指揮落兩學士，黜知潁州。是時王安石方欲主行新法，怒議論不同，遂取舍人已撰詞頭，輒改修，添入數句，誣臣曾因對論及韓琦以言事不用，將有除君側小人之謀。緣臣累次奏對，不曾語及韓琦一字，方欲因入辭自辨，時已過正衙，忽有旨放臣朝辭，令便赴任。至元豐中，臣再對朝廷，先帝待臣甚厚，未几，遂除柄任，及嘗賜臣手詔，大略云：'顧在廷之臣，可以托中外心腹之寄，均皇家休戚之重，無逾卿者。'被誣遭逐，全不出於聖意，止是王安石怒臣異議，呂惠卿興造事端。日月既久，臣本不欲自明。適以宰職總領史任，今《實錄》若即依安石所誣編錄，既因臣提舉修進，則便爲實事，它時直筆之士雖欲辨正，亦不可得。望以臣奏付實錄院，許令紀實，以信後世。"內批："依所奏施行。"時元祐二年也。

《長編》同條：司馬光記所聞於趙抃曰："上諭執政，以呂公著自貢院出，上殿言,朝廷推沮韓琦太甚,將興晉陽之甲以除君側之惡。王安石怨公著叛己,因此用爲公著罪。及中書呈公著責官誥詞,宋敏求但云'敷陳失實,援據非宜'。安石怒,請明著罪狀。陳升之不可,曰:'如此,使琦何以自安。'安石曰:'公著誣琦,於琦何損也!如向日諫官言升之媚內臣以求兩府,朝廷豈以此遂廢升之?'皆俛首不敢對。上既從安石所改,且曰:'不爾,則青苗細事豈足以逐中丞?'"光又云:"公著素謹,初無此對,或謂孫覺嘗爲上言:'今藩鎮大臣如此論列而遭挫辱,若唐末、五代之際,必有興晉陽之師以除君側之惡者矣。'上誤記以爲公著也。"《公著家傳》云:三月十一日壬寅,諫官孫覺見上論青苗事,且言條例司駁韓琦疏鏤板行下,非陛下所以待勳舊大臣意。賴琦樸忠,固無它慮,設當唐末、五代藩鎮強盛時,豈不爲國生事乎?後二日甲辰,公著見上,復極論青苗事,然未嘗及琦也。已而,上謂執政曰"呂公著、孫覺皆極言青苗不便,且云駁難韓琦非是。"因面詰王安石、韓絳不當鏤板,初無罪覺意。覺既被黜,執政遂以覺語加公著。及公著黜,覺猶艤舟城東,未赴廣德,乃謂人曰:"韓琦事獨覺嘗言及耳。"然後人知公著未嘗言琦也。又云:"公著兄女嫁琦子者二人,公著必不肯誣琦。"又公著自三月十三日後不復對,凡二十二日乃罷中丞。誠使公著誣琦而上以爲罪,自當即日加譴,不應如是之久,又必不應先除三學士職也。《家傳》所載如此,今但從司馬光《記聞》,不敢用《家傳》證《國史》也。然光記此事,亦與《家傳》不殊耳。《元祐實錄》載王安石《時政記》及呂公著奏,其書法甚允當。朱本乃云:先帝實錄不應載元祐文字,並加刪削,全用《安石日錄》,今仍存元祐舊本,並附司馬光所記云。魏泰《東軒錄》云:熙寧初,朝廷初置條例司,諸路各置提舉常平官,及俵常平錢,收二分之息。時韓魏公鎮北都,上章論其事,乞罷諸路提舉官,常平法依舊不收二分之息。魏公精於表章,其説從容詳悉,無所傷忤者。皇城使沈惟恭者,輒令其門客孫棐詐作魏公表云:"欲興晉陽之甲以除君側之奸。"表成,惟恭以示閤門使李評,評奪其稿以聞。上大駭,下惟恭、孫棐於理。而御史中丞呂公著因便坐奏事,猶以棐言爲實。上出魏公章送條例司。惟恭流海上,孫棐杖殺於市,罷公著中丞,出知潁州。制曰:"比大臣之抗章,因便坐而與對,乃厚誣方鎮有除惡之謀,深駭予聞,乖事理之實。"蓋謂是也。按司馬光記孫棐事亦甚詳,初不云詐作魏公表,恐泰妄也。《舊紀》書御史中丞呂公著言王安石失當,降爲翰林侍讀學士、知潁州。《新紀》不書,當從《舊紀》。

案:呂公著罷知潁州,《宋會要輯稿》食貨五之四至五僅云:"先是,呂公著在言職,乞罷制置三司條例司,又乞行青苗錢法於近京一兩路,不必取利,候及一二年,推之諸路,民猶以爲不便,則朝廷亦宜改作。又言:'設施措置未得其術,才一二末事,頗已咈戾眾心,是以內外乖離,人人危懼。祖宗以來所以深得人心者,艱難積累,固非一日,今豈可以一二末事輕失其心?'皆不聽,乃求罷職,家居俟命,故有是命。"

又案:呂公著與王安石,曾經名列"嘉祐四友"之中。熙寧元年四月,二人同乞講官坐講。七月,議謀殺刑名罪,呂公著議與王安石同。熙寧二年七月,呂誨罷御史中丞,王安石力薦呂公著繼之。呂公著從王安石盡舉條例司之人爲臺官。二人關係之隙,當肇始於熙寧二年十月,呂公著連接上疏乞罷條例司及青苗法,章十數上。公著不以私誼誤公事,公事大於天,這是公著的政治品格。

趙抃罷參知政事,韓絳參知政事

《宋宰輔編年錄校補》卷七神宗熙寧三年四月己卯條:"趙抃罷參知政事……同日,韓絳參知政事……"

淮南轉運使、屯田郎中謝景溫爲工部郎中兼侍御史知雜事

《長編》卷二一〇神宗熙寧三年四月辛巳條:"淮南轉運使、屯田郎中謝景溫爲工部郎中兼侍御史知雜事。景溫雅善安石,又與安石弟安國通姻。呂公著之爲中丞也,人謂景溫必先舉御史,及公著罷,乃有此除。先是安石獨對,問上曰:'陛下知今日所以紛紛否?'上曰:'此由朕置臺諫非其人。'安石曰:'陛下遇群臣無術,數失事機,別置臺諫官,恐但如今日措置,亦不能免其紛紛也。'於是專用景溫。"

宋敏求因草呂公著制而罷知制誥

《長編》卷二一〇神宗熙寧三年四月壬午條:"宋敏求罷知制誥,以上批敏求'文字荒疏,曠其職業,不能者止,於義可從'也。於是王安石曰:'敏求草呂公著制,臣諭聖旨,令明著罪狀,反用曾公亮語,止云'援據匪宜'而已,此是自違聖旨,已幸朝廷不問,乃更辭職。'上乃令從敏求請罷職。及呈敏求誥詞,上又令因著其前者失職之罪。曾公亮以爲無罪可著。上曰:'令作公著誥辭,初不依旨明言罪狀,乃宣言於外,以謂朝廷改誥詞須當乞免知制誥。改誥詞亦

常事,何至如此? 此乃挾奸,見朝廷前者不加罪,故今敢如此爾。'安石曰:'敏
求作公著誥詞,曾公亮雖云'但言援據失宜',而臣即諭聖旨,令明著罪狀。敏
求不用臣所諭旨,而從公亮之言,此豈得無罪?'公亮曰:'舍人是中書屬官,止
合聽宰相處分。'安石曰:'舍人乃行聖旨,豈是行宰相處分?'上曰:'若止一人
說與則可,緣王安石又說聖旨,既所傳不同,即合覆奏,如何即草制?'公亮不
肯從。上曰:'但止說'文字荒蕪,失其職守'罷之可也。'公亮曰:'若失守,即
是臣致其如此。'時已日旰,安石曰:'改作'曠其職業'亦可。'上從之。公亮因
請罪,上曰:'不須爾。'公亮曰:'不敢更上章。'拜謝於上前而退。"

與呂公著同貶者有張戩、王子韶、孫覺等

《長編》卷二一〇神宗熙寧三年四月壬午條:"上批:'監察御史裏行張戩
侵侮柄臣,誣罔事實;王子韶外要守正之名,內懷朋奸之實,所入章疏,與面奏
事前後反覆不一。'並落職知縣:戩,江陵府公安;子韶,江寧府上元。戩屢言
青苗不便,最後上疏曰:'近乞罷制置司及諸路使者,並言散錢取利爲害;及安
石處事乖謬,專爲聚斂,好勝遂非,很愎日甚;呂惠卿險薄奸凶,尚留君側;而
曾公亮、陳升之、趙抃等,心知其非,依違不斷,觀望畏避,顛危莫扶,及識昧知
几,言乖誤主,均爲有罪,乞正嚴誅等事,並未施行。今大惡未去,橫斂未除,
不正之司尚存,無名之使方擾,臣自今更不敢赴臺供職,居家待罪。'又言:'韓
絳代陳升之領條例司,左右徇從安石,與爲死黨,遂參政柄。李定邪諂,自幕
官擢臺職。陛下惟安石是信,今輔以絳之詭隨,臺臣又得李定之比,繼繼其
來,牙蘗漸盛,臣豈敢愛死而不言哉?'子韶嘗乞追孫覺、呂公著謫命,及言臺
諫方論青苗,乞罷兄子淵管勾京東常平差遣。先是,上謂執政曰:'王子韶言
'青苗法實不便,但臣先與此議,不敢論列'。小人首鼠兩端,當黜之。'知雜陳
襄亦奏子韶回邪反覆,陰薦子淵爲常平使者,請罷其言職故也。"

案:《宋會要輯稿》食貨五之五云,右正言、秘閣校理李常亦落職,爲太常
博士、通判滑州。

陳襄累奏乞罷青苗法,聲援呂公著,罷知雜事

《長編》卷二一〇神宗熙寧三年四月癸未條:"刑部郎中、侍御史知雜事陳

襄同修起居注，罷知雜事。襄累奏乞罷青苗法。”

　　案：陳襄累奏乞罷青苗法，聲援呂公著，他在《論李常待罪不報及呂公著落職札子》中云：“常以受恩思報，不敢愛身避事，知青苗取利之爲害，不免論列其非……近聞御史中丞呂公著，亦以造膝之言，落職補郡。參知政事王安石增改誥詞，暴揚其語，欲以中傷公著，且以杜藩臣之言，傳播四方，深失事體。”（《古靈先生文集》卷一七）

程顥因附呂公著，罷權監察御史裏行，責降簽書鎮寧節度判官

　　《長編》卷二一〇神宗熙寧三年四月癸未條：“太子中允、同提點京西刑獄程顥簽書鎮寧節度判官事。顥既罷御史，懇辭京西故也。上謂王安石曰：‘人情如此紛紛，奈何？’安石曰：‘堯御衆以寬，然流共工、放驩兜。驩兜止是阿黨，共工止是‘静言庸違，象共滔天’。如呂公著真所謂‘静言庸違，象共滔天’。陛下察見其如此非一事，又非一日，然都無行遣，直待公著所爲熟爛，自不肯安職，復除三學士，令在經筵，又不肯留，乃始除侍讀、知潁州。誥詞又初極稱其材行，中乃用數字言其罪，後乃令帶侍讀學士。以此示天下，天下皆知朝廷無綱紀，小人何緣退聽？陳襄、程顥專黨呂公著，都無助陛下爲治之實。今天下事不如理至多，人臣爲奸罔至衆，襄與顥曾有一言及之否？專助呂公著言常平法，此即是驩兜之徒。而陛下於邪説紛紛之時，張戩之徒皆未出，即獎用襄知制誥、顥提點刑獄，又稱其平實。此輩小人若附呂公著，得行其志，則天下之利皆歸之；既不得志，又不失陛下獎用，何爲肯退聽而不爲奸？臣愚竊恐陛下非不知陳襄輩情狀，但患斥逐人多，故以言假借涵容，且使安職。此大不然，彼不謂陛下涵容，乃謂陛下尚可欺罔，故紛紛不止也。’”

　　《二程集·河南程氏文集》卷第一《辭京西提刑奏狀》下有注云：徐本、呂本全文後有注：“熙寧三年四月上。上謂王安石曰：‘人情如此紛紛，奈何？’安石曰：‘陳襄、程顥專黨呂公著，都無助陛下爲治之實。今當邪説紛紛之時，乃用襄知制誥，顥提點刑獄，人稱其平正。此輩小人，若附公著，得行其志，則天下之利皆歸之；既不得志，又不失陛下獎用，何爲肯退聽而不爲善？’乃以爲簽書鎮寧軍節度判官事。”

司馬光反對王安石變法，支持呂公著

《長編》卷二一〇神宗熙寧三年四月甲申條：

翰林學士司馬光讀《資治通鑑》漢賈山上疏……及退，上留光，謂曰：“呂公著言藩鎮欲興晉陽之甲，豈非讒說殄行？”光曰：“公著平居與儕輩言，猶三思而發，何故上前輕發乃爾？外人多疑其不然。”上曰：“此所謂‘靜言庸違’者也。”光曰：“公著誠有罪，不在今日。向者朝廷委公著專舉臺官，公著乃盡舉條例司之人，與條例司互相表裏，使熾張如此。逼於公議，始言其非，所謂有罪也。公著與韓琦親，何故以險語讒之？”上曰：“非讒琦也，志在君側之人耳。”光曰：“據誥詞則讒琦也。公著有罪無罪在於事實，不在誥詞。誥詞雖云爾，外人皆云公著坐乞罷條例司及言呂惠卿奸邪，不云坐爲讒也。”上曰：“王安石不好官職及自奉養，可謂賢者。”光曰：“安石誠賢，但性不曉事而慢，此其短也。又不當信任呂惠卿，惠卿奸邪，而爲安石謀主，安石爲之力行，故天下並指安石爲奸邪也。”上笑。光曰：“李定有何異能，而拔用不次？”上曰：“孫覺薦之，邵亢亦言定有文學，恬退。朕召與之言，誠有經術，故欲以言職試之。”光曰：“宋敏求繳定辭頭，何至奪職？”上曰：“敏求非坐定也。朕令草呂公著誥詞，言興晉陽之師，除君側之惡。王安石以諭敏求，而曾公亮以爲不可，敏求不遵聖旨，而承公亮之語，但云援據非實而已。”光曰：“公著誠有此言，亦不過欲朝廷從琦言罷青苗耳。語雖過差，原情亦可恕也。今明著於誥詞，暴之內外，‘君不密則失臣’，造膝之言若皆暴以爲罪，自今群臣誰敢爲陛下盡言者？臣以爲敏求隱晦其語，亦未爲失體也。且敏求非親承聖旨，據曾公亮之言而爲之耳。”上曰：“公亮、安石所傳聖旨不同，亦當奏稟也。”上曰：“李常非佳士，屬者安石家居，常求對，極稱其賢，以爲‘朝廷不可一日無也，以臣異議青苗之故，寧可逐臣，不可罷安石也。’既退，使人且以此言告安石以賣恩。”光曰：“若爾，誠罪人也。”上曰：“有詐爲謗書，動搖軍衆，且曰‘天不祐陛下，致聖嗣不育。’或云卿所上書。”光曰：“臣所上書，陛下皆見之，且臣未嘗以奏草示人也。”上曰：“卿所言，外人無知者；臺諫所言，朕未知，外人已遍知矣。”上曰：“今天下洶洶者，孫叔敖所謂‘國之有是，衆之所惡’也。”光曰：“然。陛下當察其是非，然後守之。今條制司所爲，獨安石、韓絳、呂惠卿以爲是，天下皆以爲非也。陛下豈能獨與三人共爲天下耶?"

吕希道知和州,蘇軾有詩

《蘇軾詩集》卷六《送呂希道知和州》:"去年送君守解梁,今年送君守歷陽。年年送人作太守,坐受塵土堆胸腸。君家聯翩三將相,富貴未已今方將。鳳雛驥子生有種,毛骨往往傳諸郎。觀君崛鬱負奇表,便合劍佩趨明光。胡爲小郡屢奔走,征馬未解風帆張。我生本是便江海,忍恥未去猶徬徨。無言贈君有長歎,美哉河水空洋洋。"

案:《宋兩淮大郡守臣易替考·和州》考證:熙寧五年、六年呂希道知和州。據《蘇軾年譜》卷九"送呂希道知和州"條,此詩作於神宗熙寧三年四月。李之亮考證與《蘇軾年譜》有異,待考。另據《范太史集》卷四二《左中散大夫守少府監呂公墓志銘》,詳敘希道知和政績,朝廷優賞其功,並謂希道終少府監。

又案:詩中"君家聯翩三將相"句後,有"查注",其云:"按《宋史·宰輔表》及《宰輔編年錄》:呂蒙正,於太宗端拱元年參知政事,加中書侍郎平章事,咸平六年封萊國公。呂夷簡,於仁宗天聖七年除同平章事,景祐元年封申國公。呂公弼,於英宗治平二年除樞密副使,四年進樞密使。"

五月
翰林學士呂公著等上言,舉到淹廢之人或内選人不該磨勘者,依身言書判人例施行事宜

《宋會要輯稿》選舉一〇之四:"(熙寧三年)五月十六日,翰林學士呂公著等言:'准手詔舉到淹廢之人,內選人不該磨勘者,依身言書判人例施行。續准敕考試到三十七人,分五等,令流內銓連逐人卷子依敕引見。具指定引見日,先申中書。欲今月二十一日上殿引見。'詔閤門依所定日數引見。"

案:熙寧三年四月呂公著已降知潁州,或是此時其仍在汴京,處理好所有公務,才前往潁州。

邢恕乃呂公著所引用之人，罷除近地試銜知縣

《長編》卷二一一神宗熙寧三年五月乙巳條："詔前永安縣主簿、崇文院校書邢恕，與堂除近地試銜知縣。先是，外人嘩言將以新進士爲校書，陸佃嘗從王安石學；張安國，無爲人，安石客也；呂升卿乃惠卿弟，皆外人所指目者。於是知諫院胡宗愈言：'故事，崇文院校書如未歷外官，及不滿任者，不得選舉。昨邢恕以新進士除校書，蓋朝廷未有法制，近聞新進士緣此奔走權要，廣爲道地，乞自今須歷一任乃除。'上曰：'何嘗有此？'乃命罷恕。恕本呂公著所引用，安石方惡公著，故因宗愈言而有是命。"

王安石謂歐陽修勝呂公弼，然亦謂歐陽修不識義理

《長編》卷二一一神宗熙寧三年五月庚戌條：

詔歐陽修不合不奏聽朝廷指揮，擅止散青苗錢，特放罪。修在青州常奏疏，曰："……"

中書言修擅止給青苗錢，欲特不問罪。王安石論修殊不識藩鎮體，乃降是詔。先是，上復欲用修執政，問王安石以修何如邵亢，安石曰："修非亢比也。"又問何如趙抃，安石以爲勝抃。它日又問何如呂公弼，其意欲以代公弼也。安石謂勝公弼。又問何如司馬光，安石亦謂勝光。上遂欲用之。安石曰："陛下宜且召對，與論時事，更審察其在政府有補與否。"乃遣內侍馮宗道，賜以太原告敕，諭令赴闕朝見訖之任。安石又曰："修性行雖善，然見事多乖理。陛下用修，修既不盡燭理有能惑其視聽者，陛下宜務去此輩。"上問誰與修親厚，良久曰："修好有文華人。"安石蓋指蘇軾輩，而上已默諭。明日，安石又白上曰："陛下欲用修，修所見多乖理，恐誤陛下所欲爲。"上患無人可用，安石曰："寧用尋常人不爲梗者。"上曰："亦須用肯作事者。"安石曰："肯作事固佳，若所欲作與理背，即誤陛下所欲爲，又陛下每事未免牽於衆論，或爲所牽，即失事機，此臣所以不能不豫慮也。"時已除修宣徽南院使、判太原府。上曰："待修到更徐議之。"於是安石知修決不附已，益毀之曰："臣固嘗論修在政府必無補時事，但使爲異論者附之，轉更紛紛耳。"它日上論文章，以爲華辭無用，不如吏材有益。安石曰："華辭誠無用，有吏材則能治人，人受其利。若從

事於放辭而不知道,適足以亂俗害理。如歐陽修文章於今誠爲卓越,然不知經,不識義理,非《周禮》,毁《繫辭》,中間學士爲其所誤几至大壞。"時修方力辭新命,上未許也。

吕公弼與神宗、王安石議,差官治王慶民事

《長編》卷二一一神宗熙寧三年五月丁巳條:"是日,上曰:'韓縝言,王慶民部内城壁不葺,軍械不修,弓箭手多是疲小虛名,數任之間,累爲帥府所薦,朝廷遷擢不一,豈可不案治?'欲差官往案治。王安石曰:'韓縝是本路轉運使,自當案治,只可召縝諭旨令舉劾。'吕公弼曰:'見韓縝言數處器甲、城壁不整齊,其使臣却幹事可惜,所以重於案劾。'安石曰:'朝廷要立法,即惜人材不得。'上曰:'諸葛亮尚能斬馬謖,非不惜謖材,蓋不斬謖則法不立故也。'安石曰:'前代有白衣領職者,若有罪當黜罰,而其材足藉,尚可策勵,即以權領舊職無妨。如此,則法立而材不廢。'上卒從安石言。"

七月
樞密使、刑部侍郎吕公弼罷爲吏部侍郎、觀文殿學士、知太原府

《長編》卷二一三神宗熙寧三年七月壬辰條:"樞密使、刑部侍郎吕公弼罷爲吏部侍郎、觀文殿學士、知太原府。王安石變法,公弼數言宜務安静,又與韓絳不協。從孫嘉問竊公弼論事奏草以示安石,安石輒先白上,上始不樂公弼。及胡宗愈攻絳,上疑公弼使之,於是謂執政曰:'公弼屢反覆,朕以其務沮李復圭邊事嘗戒之,而公弼乘間乃云復圭但忌陳升之、韓絳耳,此乃以樞密院事賣中書也。今並州闕人,宜即使公弼往。'安石請明著其罪,上曰:'太原重地,不欲顯斥之。'曾公亮請自内批出,又言公弼先朝兩府,欲與轉兩官,上曰:'陳升之出時,乃不曾轉官。'然卒從公亮言,又以手札諭文彦博曰:'太原重地,須諳知邊事之人乃可寄委。早來已指揮中書差吕公弼,見是樞臣,故不及與卿議,要卿知耳。'"

案:公弼自治平二年七月除樞密副使,四年九月除樞密使,熙寧三年七月罷,在樞府凡六年。同日,馮京除樞密副使。

又案:吕公弼判太原府期間,曾接到神宗口宣,《撫問觀文殿學士判太原

府呂公弼口宣》："有敕：卿輟於機務，殿彼方隅。載惟疆事之廑，無爽時休之輔。特將勞問，庸示顧懷。"（引自《華陽集》卷三二）

八月

司馬光評價呂公著和王安石

《長編》卷二一四神宗熙寧三年八月乙丑條："司馬光對垂拱殿，乞知許州或西京留司御史臺、國子監。上曰：'卿何得出外，朕欲申卿前命，卿且受之。'光曰：'臣舊職且不能供，況當進用？'上曰：'何故？'光曰：'臣必不敢留。'上沉吟久之，曰：'王安石素與卿善，何自疑？'光曰：'臣素與安石善，但自其執政，違迕甚多。今迕安石者如蘇軾輩，皆毀其素履，中以危法。臣不敢避削黜，但欲苟全素履。臣善安石，豈如呂公著。安石初舉公著云何，後毀之云何，彼一人之身何前是而後非？必有不信者矣。'上曰：'安石與公著如膠漆，及其有罪不敢隱，乃安石之至公也。'上又曰：'青苗已有顯效。'光曰：'茲事天下知其非，獨安石之黨以爲是爾。'上又曰：'蘇軾非佳士，卿誤知之。鮮于侁在遠，軾以奏稿傳之，韓琦贈銀三百兩而不受，乃販鹽及蘇木、瓷器。'光曰：'凡責人當察其情。軾販鬻之利，豈能及所贈之銀乎？安石素惡軾，陛下豈不知？以姻家謝景溫爲鷹犬，使攻之，臣豈能自保，不可不去也。且軾雖不佳，豈不賢於李定不服母喪，禽獸之不如，安石喜之，乃欲用爲臺官。'鮮于侁者，閬中人，嘗爲蔡河撥發，熙寧初，應詔言十六事，皆人君謹始者。上愛其文，出示御史中丞滕甫曰：'此文不減王陶。'"

是月，歐陽修寫與呂公著書信

《歐陽修全集》卷九六《回潁州呂侍讀遠迎狀》熙寧三年："右某啓。某此者誤恩擢任，嗟癃病之不堪；危懇力辭，蒙睿慈之垂憫。許從易地，俾養衰齡。方趨便道之行。適遂過家之樂。敢期雅眷，遠辱惠音。雖瞻款之尚遙，若話言之已接。傾馳之素，欣感交深。謹奉狀謝。"

案：據劉德清《歐陽修年譜》考證，熙寧三年八月，歐陽修赴蔡州任，道出潁州，有《回潁州呂侍讀遠迎狀》。

九月

曾公亮罷相，馮京參知政事，吳充樞密副使

《宋宰輔編年録校補》卷七神宗熙寧三年九月："庚子，曾公亮罷相……辛丑，馮京參知政事……吳充樞密副使……"

歐陽修與吕公著書信

《歐陽修全集》卷一四五《與吕正獻公晦叔五通》，其三熙寧三年："某啓。養拙東州，久自藏縮，加之病苦廢事，遂闕拜問。比者得請淮西，道出治下。方俟及疆奉狀，行次南郡，遽辱賜教，其爲感愧，何可勝言。仍審坐鎮之餘，動履多福。某衰晚之年，蒙上信其實病，不以避事爲責，而從其所欲，恩出萬幸，何感如之！餘不復云，皆留面布。"

案：據劉德清《歐陽修年譜》考證，歐陽修於七月三日改知蔡州，九月二十七日至蔡州，據書信内容，疑此作於九月。

十月

陳升之罷相

《宋宰輔編年録校補》卷七神宗熙寧三年十月戊寅條："陳升之罷相……"

王介、劉攽罷判鼓院、同知太常禮院。吕公著評價劉攽素行猥薄，王介稟性躁妄

《宋會要輯稿》職官六五之三四至三五："（熙寧三年十月二十二日）集賢校理王介、館閣校勘劉攽罷判鼓院、同知太常禮院，並令歸館供職。先是，介、攽充進士考試官，議事不和，御史張戩言介、攽天資薄惡，污辱書館，肆爲喧鬥，慢侮多士，命監試、御史知雜陳襄具析因依。襄具相垢詈之語以聞，詔各特罰銅八斤。既而御史中丞吕公著言：'攽素行猥薄，言多褻慢，一時流輩比之俳優。介稟性躁妄，喜於爭鬧，所至州軍目爲狂疾。昨試院中，攽恣益甚，語言傳播，中外鄙笑。乞削職與外處差遣。'故有是命。"

案：據《東軒筆録》卷九記載："劉攽、王介同爲開封府試官，舉人有用畜字

者,介謂音犯主上嫌名,放謂禮部先未嘗定此名爲諱,不可用以黜落,因紛爭不已,而介以惡語侵放,放不校。既而御史張戩、程顥並彈之,遂皆贖金。御史中丞呂公著又以爲議罪太輕,遂奪其主判,其實中丞不樂放也。謝表略曰:'彍弩射市,薄命難逃。飄瓦在前,忮心不校。'又曰:'在矢人之術,惟恐不傷;而田主之牛,奪之已甚。'蓋謂是也。"

十二月

韓絳、王安石並拜相,王珪參知政事

《宋宰輔編年録校補》卷七神宗熙寧三年十二月丁卯條:"韓絳、王安石並拜相……同日,王珪參知政事。"

知太原府呂公弼奏言,收接歸順番族事宜

《長編》卷二一八神宗熙寧三年十二月己巳條:"是日,知太原府呂公弼言,种諤申乞下麟府軍馬司。發兵,與諤會銀、夏州收接歸順蕃族,望朝廷明降指揮。詔公弼一聽宣撫司處分。樞密使文彥博等又奏,欲令公弼如諤所請,速差麟府軍馬司元定得力將官,領兵會諤,仍多募鄉導,遠設斥堠,無致墮賊奸計。詔依此與約束。"

龍圖閣直學士呂居簡卒

《長編》卷二一八神宗熙寧三年十二月丙子條:"龍圖閣直學士呂居簡卒。"

嘉問與三司官同議左藏庫利害

《宋會要輯稿》食貨五一之二五:"(熙寧)三年十二月,制置司言,右贊善大夫呂嘉問擘畫左藏庫利害。詔送三司官與嘉問同議,具分定庫目、關防人吏、拘轄官物、整齊文簿等事,即並從之。"

是年,呂希彥通判河陽

《蘇軾年譜》卷九神宗熙寧三年十二月"呂希彥通判河陽"條:"是歲,呂希彥(行甫)通判河陽,送詩。詩見《詩集》卷二十八(一四九九頁)。《丹淵集》卷

十八《送呂希彥司門通判河陽》首云‘行父須生公相家,修潔不類在紈絝’,軾詩有‘子生公相家’句,可證二人詩作於同時。唯今年同在朝,詩作於今年。《詩集》次此詩於元祐二年,誤。希彥愛墨,《文集》卷七十《書呂行甫墨顛》《書茶墨相反》,《佚文彙編》卷六《又書茶與墨》均及之。前者謂希彥‘不幸短命死矣’,知《詩集》此詩前之《走筆謝呂行甫惠子魚》,亦非作於元祐二年,《詩集》亦誤次。《走筆》云‘好事東平貴公子,貴人不與與蘇君’。稱貴公子,其時年歲當不大,或無官職。貴人當指得王安石信任之人,有諷刺、不滿意。作於送通判河陽詩前。”

《蘇軾詩集》卷二八《送呂行甫司門倅河陽》:“【查注】呂希彥,字行甫。本集《雜記》:呂希彥行甫,相門子,行義有過人者,不幸短命。生平藏墨,士大夫戲之爲墨顛。案,呂公著二子希哲、希純,行甫當是夷簡諸孫,公著之侄。《職官分紀》:刑部所屬有司門郎中,從六品,員外郎,正七品……【誥案】此詩施編不載,查注據邵本補編。結交不在久,傾蓋如平生。識子今几日,送別亦有情。子生公相家,高義久崢嶸。天才既超詣,世故亦屢更。譬如追風驥,豈免羈與縷。念我山中人,久與麋鹿並。誤出掛世網,舉動俗所驚。歸田雖未果,已覺去就輕。河陽豈云遠,出處恐異程。便當從此別,有酒無徒傾。”

《蘇軾詩集》卷二八《走筆謝呂行甫惠子魚》:“……【誥案】呂行甫,詳後題注。此詩施編不載,查注據邵本補編。臥沙細肋吾方厭,通印長魚誰肯分。好事東平貴公子,貴人不與與蘇君。”

《蘇軾文集》卷七〇《書呂行甫墨顛》:“呂希彥行甫,相門子,行義有過人者,不幸短命死矣。平生藏墨,士大夫戲之爲墨顛。功甫亦與之善,出其所遺墨,作此數字。”

案:呂公著有三子,希哲、希績、希純,非二子,此孔凡禮校中有誤。

又案:據范鎮《呂惠穆公公弼神道碑》云:呂公弼有四子,希逸、希仁早亡,希明年幼,獨第二子呂希彥好學又有吏能,爲呂公弼所器愛。據蘇軾《送呂行甫司門倅河陽》中“查注”,時呂希彥當爲從六品或正七品官員。

是年,歐陽修寫與呂公著書信

《歐陽修全集》卷九六《與潁州呂侍讀賀冬狀》熙寧三年:“右某啓。伏以七日告期,候天陽之來復;百祥佑德,宜君子之承休。知府侍讀侍郎經濟嘉謨,論思碩望。宣風撫俗,一方式藉於鎮臨;獻可告猷,三接佇升於近密。屬迎長之屆旦,當受祉於無疆。頌詠傾勤,敷宣罔既。謹奉狀賀,伏惟照察。謹狀。"

　　案:據《歐陽修全集》考證,周本、叢刊本於《回潁州呂侍讀遠迎狀》《與潁州呂侍讀賀冬狀》二篇文後,附有按語:"右公熙寧三年改知蔡州與呂正獻公二狀,今載呂公《五州錄》。公嘗典數郡,凡應用之文,如頒曆、恤刑、賀正、賀冬,歲歲皆當上表,而集中才見一二。至於監司、鄰郡往復書啓,亦僅有之。按蘇丞相跋公帖,謂南京幕府二年,府事外章奏書疏悉以見託。然則公委人代作者固多,此二狀未知出公手與否? 姑存之。"《回潁州呂侍讀遠迎狀》系於是年八月。

　　又案:本年王珪等權知貢舉,呂公著、蘇頌、孫覺並權同知貢舉,進士及第者凡三百五十五人。有葉祖洽、陸佃、呂升卿、李公麟、章甫、蔡卞、蔡京等。

熙寧四年辛亥(1071),呂公弼六十五歲,
呂公著五十四歲,呂公孺五十一歲,
呂希道四十七歲,呂希哲三十二歲,呂好問八歲

春正月
呂公弼認爲不宜挑起邊患

　　《宋史紀事本末》卷四〇《西夏用兵》:"(熙寧)四年春正月己丑,韓絳使种諤襲夏人,敗之。絳素不習兵事,開幕府於延安,措置乖方。選蕃兵爲七軍,復以种諤爲鄜延鈐轄,知青澗城,信任之,命諸將皆受其節制,蕃兵皆怨望。絳與諤謀出兵取橫山,安撫使郭逵曰:'諤狂生耳,朝廷徒以种氏家世用之,必誤大事。'絳奏逵沮軍事,召還之。既,諤帥師襲敗夏人於啰兀,因以衆二萬城焉。自是夏人日聚兵爲報復計。呂公弼言諤稔邊患不便,宜戒之,弗聽。已而絳言諤入夏之功,乞加旌賞。詔從之。"

呂公弼奏聞，韓絳使种諤將兵城婁兀，關陝騷然

《長編》卷二一九神宗熙寧四年春正月己亥條："河東經略、轉運司言：'宣撫司令計度運糧義勇夫所備數過多，頗聞騷擾。'詔約實準備應付，所運糧草仍給與近便倉場，毋費民力。轉運司又請借常平、廣惠倉錢十萬緡，助糴軍糧。從之。又言應付宣撫使科率民力已不堪。上批：'若果然，恐別致生事。'又慮轉運司過當處置，陰欲搖動邊事。遣御史范育乘驛體量以聞。時韓絳使种諤將兵城婁兀，雪中築撫寧堡，調發倉猝，關陝騷然，河東尤甚。呂公弼具以聞。或疑公弼等用意沮壞，故令育往視。"

呂公孺知鎮州

韓琦《安陽集編年箋注》卷一六《許公亭席上別鎮帥呂公孺諫議》詩，作於熙寧四年。

案：據《宋河北河東大郡守臣易替考·鎮州真定府》考證：劉庠於熙寧四年正月離任調爲河東都轉運使。呂公孺始知鎮州，至熙寧七年二月止。

二月

呂公弼建議兵士由永和關以往，受褒獎。並議罷三寨

《長編》卷二二○神宗熙寧四年二月辛酉條："种諤既城婁兀，分兵千五百人留副將李宗師守之，諤還軍綏德城。河東經略司既發兵與种諤會，又承詔發兵二萬給饋餉，由荒堆新路以趨婁兀城。呂公弼曰：'我之大兵雖已通行，敵若設伏繼後，則師無噍類矣。永和關雖迂遠違期，而可免鈔襲之患。'乃使由永和關以往。俄而神堂援兵果遇伏不得進。上手詔褒之。既城婁兀築三寨，又欲增置堡障。公弼上言：'三寨散闊，未易守也。今大兵殺獲已多，寇方懷忿，日夜聚兵，必爲邊患。願罷三寨，專爲持重，以銷犯邊之謀。'不聽。"

知太原府呂公弼奏言，乞依陣亡例撫恤戰没士卒，及乞罷修寨

《長編》卷二二○神宗熙寧四年二月戊辰條："知太原府呂公弼言：'嵐、石、隰州都巡檢康從領兵入西界，多爲西賊邀遮戰没，止稱趁隊不及，乞特依

陣亡例撫恤。'從之；軍員即具析子孫以聞；康從仍沖替，令轉運司劾罪。又
言：'西賊衝突，修寨處難爲施功，願且罷役，嚴誡邊吏，專爲堅壁清野之計。'
上乃詔宣撫司速修第一寨，賊至則堅守之，候賊界放散重兵，徐圖前進，次修
中堡。其第二寨漸爲修築之備，候第一寨畢，奏取指揮。"

三月

知太原府呂公弼請復王慶民前官

《長編》卷二二一神宗熙寧四年三月丁酉條："知太原府呂公弼言：'請復
王慶民前坐所部城不完奪官。'上閱奏，曰：'慶民首言河外荒堆等處城堡非
便，果勞民無功。凡前言婁兀城、荒堆等不可城，城之無利者，宜悉具名以聞。
朝廷常患邊吏不忠信，苟先事有言如慶民者，亦可嘉也。'"

韓絳奏呂公弼本路處置事率多紛亂，呂公弼辯解

《長編》卷二二一神宗熙寧四年三月戊戌條："呂公弼言：'韓絳奏臣本路
處置事率多紛亂，外以應副爲名，其實欲壞邊事。兼自諸路出兵牽制以來，彼
賊無重兵救應，困之極甚。竊料今春點集不行，向去修此堡寨，有何不可？臣
本路昨倉猝出兵應接，比他路最爲深入，偶不敗覆，以至修第一寨，賊馬首來
爭奪，殺退及數萬人，義勇、強壯運糧修寨皆平安歸業，即無'外以應副爲名，
其實欲壞邊事'之理。今延州界賊馬十餘萬人攻破撫寧城，以此知絳所奏西
賊點集不行之説未得其實。若使臣本路有撫寧之敗，則絳説得行，臣亦何以
塞朝廷之責。臣已累表乞解寄任，惟陛下幸許。'詔不允。王安石曰：'公弼無
罪，動見詰問，既付一路，而使其心每懷嫌疑，恐懼不敢自竭，於邊計不便。今
邊事皆如公弼言，謂宜手敕撫諭，因令有事一一奏陳。'上以爲然。"

恐西賊水軍於石州渡河，詔呂公弼遍爲之備

《長編》卷二二一神宗熙寧四年三月癸卯條："詔婁兀城宜令趙卨相度，如
不可守，令棄毀訖奏。河東所探報西賊水軍恐於石州渡河，令呂公弼遍爲之
備。撫寧失陷人，令經略司實具數聞奏。"

韓絳罷相

《宋宰輔編年録校補》卷七神宗熙寧四年三月丁未條：“韓絳罷相……”

呂公弼言宣撫司行賞不當

《長編》卷二二一神宗熙寧四年三月己酉條：“呂公弼言宣撫司行賞不當，其降到將官、使臣宣敕未敢給。詔將校、蕃官依宣撫司指揮，將官、使臣別聽朝旨。”

四月
常秩曾經得呂公著稱薦，然與安石同聲氣

《長編》卷二二二神宗熙寧四年四月甲戌條：“試將作監主簿常秩爲右正言、直集賢院、管勾國子監。初，秩不肯仕宦，世以爲必退者也。及王安石更定法令，士大夫沸騰，以爲不便。秩在閭閻，見所下詔書，獨以爲是。被召，遂起，及對垂拱殿，上問秩：‘先朝累有除命，何以不起？’秩言：‘先帝容臣辭免，故臣得久安里巷。今陛下迫臣，不許稽違詔旨，是以不敢不來，非敢有所辭擇去就也。’上嘉之，徐問當今何以免民凍餒。秩言：‘法制不立，庶民食侯食，服侯服，此今之大患也。’且言：‘臣才不適時用，願得復歸。’上曰：‘卿來，安得不少留乎！俟異日不能用卿，然後有去就可爾。’初議除秩官，王珪曰：‘可太子中允。’上曰：‘待此等人當適理分之宜。’乃有是命。林希《野史》云：常秩，潁州人。皇祐中，歐陽修爲州，劉敞、王回在郡，日與之游，聞常秩居里巷，有節行，閑與之宴集，由此知名。秩不能爲文，故罷進士，無他才能。回與規磨之，學問稍進。修崇獎秩太過，力薦於朝，屢召不至，由是天下仰望，以爲異人。就除試將作簿。英宗即位，召之，以疾辭。今上即位，公著密薦於上，及除御史中丞，又薦秩自代。庚戌歲，公著黜守潁，修亦赴青州，道過潁。秩時已有仕意，二公與秩談及時政，皆主以爲是，修隨折之，安石乃敕本郡以人船送秩赴闕。辛亥五月至京師，館於太學。召對，上問秩所以久不起之意，秩對：‘先帝召臣以官，故臣不敢至。陛下不以官召臣，臣所以起。’上大悅。又問安石、修、公著優劣及時事是非。秩對青苗等事皆合古義，安石知經知道，公著不知經不知道，修於浮文爲長耳。明日，除官右正言、直集賢院、判國子監，面賜緋魚。後除直舍人院、天章侍講，又除起居注，供諫職。

無月不除官,用悦其心。安石方盡逐學官,用親知傳授己學,凡更制學事,李定、張琥一禀
於安石,隨順之,秩一無異論。秩素喜《三傳》之學,安石黜《春秋》,不立學官,秩亦無一言。
銓事不曉吏文,供諫職默然無一語,中外皆笑之。鄧綰除雜端及中丞,皆舉秩自代。修自
去潁,每爲詩思潁,無不及秩,共爲几杖之游,公著薦之尤有力,一旦秩爲安石所誘,特起仕
宦,議論時事附會,二人大失望。公著方黜居潁,修又致仕來歸,秩方起,聞其譽安石而短
己,遂不復與見。又惠卿、惇、括三人事修甚謹,及修老失勢,安石專政,三人者不復顧修,
及歸潁,又失秩,終身自咎,以爲知人之繆。秩之學本出於回,平時修待回不及秩厚,至是
回死,修以文祭之曰:‘利害不動其心,進退不更其守,處於衆而不隨,臨於得而不苟,惟吾
知子於初,人徒信予於後者。’其意在秩也。希又云秩病心,竟自刎死。”

知太原府呂公弼奉命體量本路,不得擅發諸州義勇

　　《長編》卷二二二神宗熙寧四年四月壬午條:“詔:聞陝西多劫盗未獲,令
五路經略安撫司重立購賞,嚴責官吏早令静盡,及令知太原府呂公弼體量本
路提點刑獄以慶州軍變嘗發諸州義勇守城事以聞。後公弼言已下逐州不得
擅發,如己調發,悉令放罷。”

五月
詔呂公弼等速將有功將官名字報上以聞

　　《長編》卷二二三神宗熙寧四年五月丁酉條:“手詔:‘近令諸路再體量昨
出軍功狀,今尚未至。賞久稽緩,後無以使人臨敵死難,其督促之。及近鄜延
有功將官,亦令經略司速以聞。’先是,太原呂公弼、鄜延趙禼並言宣撫司賞功
多濫,命公弼等別差次,久而未上,故有是詔。”

七月
徙知太原府、觀文殿學士呂公弼知鄭州,呂公弼以疾自請也

　　《長編》卷二二五神宗熙寧四年七月甲辰條:“徙知太原府、觀文殿學士呂
公弼知鄭州,公弼以疾自請也。新知鄭州、翰林侍讀學士楊繪知亳州,翰林學
士元絳權知開封府,天章閣待制、權知開封府劉庠爲龍圖閣直學士、知太
原府。”

九月

翰林侍讀學士、知潁州吕公著復兼寶文閣學士

　　《長編》卷二二六神宗熙寧四年九月己亥條:"翰林侍讀學士、知潁州吕公著復兼寶文閣學士。"

　　《歐陽修全集》卷一四《答和吕侍讀》:"昔日題輿愧屈賢,今來還見擁朱轓。笑談二紀思如昨,名望三朝老更尊。野徑冷香黄菊秀,平湖斜照白鷗翻。此中自有忘言趣,病客猶堪奉一尊。"

　　案:此當是歐陽修和吕公著唱和詩。李逸安在此詩後注:周本、叢刊本注云"熙寧四年"作,姑係於此。

十月

以吕嘉問權發遣户部判官

　　《長編》卷二二七神宗熙寧四年十月丁丑條:"提舉諸司庫務勾當公事、右贊善大夫吕嘉問權發遣户部判官,編修删定南郊式,詳定庫務利害。"

　　案:東萊吕氏家族整體反對王安石變法,吕嘉問却是王安石變法的中堅力量。嘉問字望之,吕公綽孫子,與王安石兒子王雱結爲親家。據《宋史·吕嘉問傳》記載,當初吕嘉問竊取從祖吕公弼有關論新法的奏稿給王安石,以致公弼被斥於外,吕氏號爲"家賊",不得與吕氏同傳。

詔吕嘉問等相度錫慶院,建太學

　　《宋會要輯稿》崇儒一之三一:"(熙寧四年十月)二十八日,詔殿中丞宋靖國、贊善大夫吕嘉問相度錫慶院,建太學。從御史知雜鄧綰所請也。"

　　案:時國子監已不足以容納諸生,鄧綰建議以錫慶院舊址建太學。

十一月

吕仲甫爲教官,不久爲察推

　　《蘇軾年譜》卷一〇神宗熙寧四年十一月"吕仲甫爲教官"條:"吕仲甫(穆仲)爲教官。旋爲察推。《雞肋集》卷五十二有《上杭州教官吕穆仲書》,作於

本年。《詩集》卷七有《自徑山回得呂察推詩用其韻招之宿湖上》作於熙寧五年。【施注】謂察推乃仲甫。察推,觀察推官也。《天臺續集・別編》卷一有仲甫《送羅正之年兄出使兩浙》詩。正之名適,詳元祐四年七月紀事;適爲治平二年進士。仲甫事迹,餘詳《自徑山回得呂察推詩用其韻招之宿湖上》【合注】"

呂公著深悔薦王安石

《邵氏聞見録》卷一二:"康節、温公、申公時相往來,申公寡言,見康節必從容,終日亦不過數言而已。一日,對康節長歎曰:'民不堪命矣。'時荆公用事,推行新法者皆新進險薄之士,天下騷然,申公所歎也。康節曰:'王介甫者遠人,公與君實引薦至此,尚何言?'公作曰:'公著之罪也。'"

呂公著、富弼等禮佛

《邵氏聞見録》卷一八:"一日薄暮,司馬温公見康節曰:'明日僧顯修開堂説法,富公、呂晦叔欲偕往聽之。晦叔貪佛已不可勸,富公果往,於理未便。某後進,不敢言,先生曷止之?'康節曰:'恨聞之晚矣。'明日,公果往。"

案:引自曹清華《富弼年譜》,内《邵康節先生外紀》卷一,熙寧四年,呂公著以提舉嵩山崇福宮居洛,宅於獅子巷。呂公著喜佛,文獻時有記載,徐度《却掃編》卷上更是云:"呂申公素喜釋氏之學,及爲相,務簡静,罕與士大夫接。惟能談禪者,多得從容。於是好進之徒,往往幅巾道袍,日游禪寺,隨僧齋粥,談説理情,覬以自售。時人謂之'禪鑽'云。"趙翼《魚釜》詩感慨:"只愁呂相游僧寺,多少禪鑽競送迎。"

是年,歐陽修撰《答和呂侍讀》

《歐陽修全集》卷一四《答和呂侍讀》:"昔日題輿愧屈賢,今來還見擁朱轓。笑談二紀思如昨,名望三朝老更尊。野徑冷香黃菊秀,平湖斜照白鷗翻。此中自有忘言趣,病客猶堪奉一罇。"

案:據周本、叢刊本注,此詩作於熙寧四年。此"呂侍讀"當是呂公著。

熙寧五年壬子(1072)，吕公弼六十六歲，吕公著五十五歲，吕公孺五十二歲，吕希道四十八歲，吕希哲三十三歲，吕好問九歲

春正月

試校書郎王安禮爲著作佐郎、崇文院校書，因吕公弼推薦而得大用

《長編》卷二二九神宗熙寧五年春正月己酉條："試校書郎王安禮爲著作佐郎、崇文院校書。安禮先掌河東機宜，吕公弼薦於朝，謂材堪大用。代還，召對稱意，欲遂加峻擢，兄安石辭之，乃有是命。"

案：湯江浩《北宋臨川王氏家族及文學考論》第二章云："關於王安禮在吕公弼幕的事迹，《宋史·王安禮傳》主要載述了兩件大事，其一：种諤築羅兀城，陝西、河東宣撫使韓絳檄使佐役，吕公弼將從之，王安禮爭其不可，終挽救四萬民兵之生命……其二，韓絳任宣撫使時，專爵賞，多失實不公，吕公弼欲與之相爭，終爲王安禮說服。韓絳於熙寧三年九月乙未出使陝西路宣撫使、十一月乙卯又兼河東路宣撫使，至熙寧四年三月丁未即被罷職，以本官知鄧州。故吕公弼與韓絳相爭事亦當在熙寧四年初築羅兀城前後不久。因王安禮的參謀，使得這兩件大事得到了妥善處理，並使吕公弼避免了重大軍政失誤，因此，吕公弼對王安禮甚是感激與賞識，故還朝後特向朝廷薦舉其材。"

二月

蔡挺樞密副使

《宋宰輔編年録校補》卷八神宗熙寧五年二月："丙寅，蔡挺樞密副使……"

觀文殿學士、吏部侍郎、知鄭州吕公弼爲宣徽南院使、判秦州

《長編》卷二三〇神宗熙寧五年二月丙寅條："觀文殿學士、吏部侍郎、知

鄭州呂公弼爲宣徽南院使、判秦州。宣徽南院使、判秦州郭逵判渭州。始用
王安石之言也。上諭中書曰：‘公弼在河東，當五路出師倉猝，綏禦有方，故使
代逵，恐王韶生事，則委之鎮撫。’朝廷初疑公弼辭避，使内侍李憲齎敕告往
賜，詔便道之官。公弼聞命即戒行，上喜，復召對，面加慰勞而遣之。及至，董
氈用舊事貽公弼以書，且稱敕，公弼却之曰：‘若藩臣，安得妄稱敕？’董氈自是
不敢復稱。”

王安石謂宜信任呂公弼，以使盡力

《長編》卷二三〇神宗熙寧五年二月己卯條：“上謂執政曰：‘秦鳳緣邊安
撫司與經略司事，宜與分別處置，不知呂公弼到又何如。’安石曰：‘此在陛下。
陛下專以此事委之，必盡力。此大事，陛下宜留意，他時兼制夏國，恢復漢、唐
舊境，此乃基本，且不勞民費財。’上曰：‘誠如此，但恐公弼復與韶矛盾。’安石
曰：‘陛下以誠意諭公弼，宜不敢。’馮京曰：‘緣邊安撫司與經略司事有相窒礙
處，當措置。’安石曰：‘事本無相窒礙處，但各公心濟務，又何勞措置？’”

三月

呂公弼言秦州蕃商以行鋪賒物貨，多滯留耗失

《宋會要輯稿》食貨三七之一四：“（熙寧）五年三月二十六日，詔曰：‘天下
商旅物貨至京，多爲兼併之家所困。往往折閱失業，至於行鋪、裨販，亦爲較
固取利，致多窮窘。宜出内藏庫錢帛，選官於京師置市易務，商旅物貨滯於民
而不售者官爲收買，隨抵當物力多少均分賒請，立限納錢出息。其餘約委三
司本司官詳定以聞。’先是，同管勾秦鳳路經略機宜文字王韶言：‘沿邊州郡惟
秦鳳一路與西蕃諸國連接，蕃中物貨四流，而歸於我者歲不知几百千萬，而商
旅之利，盡歸民間。欲於本路置市易司，借官錢爲本，稍籠商賈之利，即一歲
之入，亦不下一二十萬貫。’呂公弼亦言：‘秦州蕃商以行鋪賒物貨，多滯留耗
失。’王安石欲令推市易新法行之，吳充恐遠近人情不同也。”

户部判官呂嘉問提舉在京市易務

《宋會要輯稿》食貨三七之一五：“（熙寧五年三月）二十七日，詔：‘三司户

部判官吕嘉問提舉在京市易務,仍賜内藏庫錢一百萬緡爲市易本錢,其餘合用交鈔及折博物,令三司應副。"

案:據《宋會要輯稿》食貨五五之三一至三二記載,此前一天,即三月二十六日,朝廷下詔在京置市易務,其云:"天下商旅物貨到京,多爲兼併之家所困,往往消折。至於行鋪裨販,亦爲較固取利,致多窮窘失業。宜令在京置市易務,選差監官二員、提舉官一員、勾當公事官一員……"此條下有注,注中勾勒了王安石與吕嘉問互爲援引,其曰:《九朝紀事本末》記載,贊善大夫、户部判官吕嘉問提舉在京市易務,四月,三司起請市易十三條,其一云:"兼併之家,較固取利,有害新法。令市易務覺察,申三司按置以法。"神宗御批:"減去此條,餘悉可之。"御史劉孝孫言:"於此見陛下寬仁愛民之至。"王安石曰:"孝孫稱頌此事,以爲聖政,臣愚竊謂此乃是聖政之闕。"神宗曰:"若但設法傾之,即兼併自不能爲害。"安石曰:"若不敢明立法令,但設法相傾,即是紙鋪孫家所爲。"陳瓘評論曰:"吕嘉問謂於律外别立市易較固一條,神考聖訓以爲已有律,不須立條。其時劉孝孫稱頌聖訓曰:'此仁厚愛民之意也。'安石奏曰:'孝孫之計非也,此事正是聖政之闕。陛下不欲行此,此兼併所以窺見陛下於權制豪強有所不敢,故内連近習,外惑言事官,使之騰口也。'臣竊謂神考不欲於律外立較固之條,可謂仁厚愛民之意,劉孝孫將順聖美,不爲過也……"《九朝紀事本末》最後對王安石進行了譴責:"嗚呼!'設法相傾'之語,謂之不誣可乎?'紙鋪孫家'之語,謂之不誣可乎?神考愛民守法,而指爲闕政,力主嘉問,遂至於侮薄君父,不亦悖乎!"

歐陽修房舍落成,邀吕公著光臨慶典

《歐陽修全集》卷一四五《與吕正獻公晦叔五通》,其四熙寧五年:"某啓。晴陰不常,不審動履何似? 前日四望,一賞群芳之盛,已而遂雨。古人謂四樂難並,信矣。十三日欲枉軒騎顧訪,蓋以草堂僅成,幸一光飾之爾。謹此咨布,餘留面敘。"

案:據劉德清《歐陽修年譜》考證,歐陽修房舍落成,邀吕公著光臨慶典,當在四月之前。此應是邀請信。

四月

呂公著在潁，特置酒於堂宴趙概和歐陽修

　　劉德清《歐陽修年譜》：(熙寧五年)是春，趙概自南京來訪，歐陽修熱情招待。王辟之《澠水燕談錄》卷四《高逸》："初，歐陽文忠公與趙少師概同在中書，嘗約還政後再相會。及告老，趙自南京訪文忠公於潁上。文忠公所居之西堂曰'會老'，仍賦詩以志一時盛事。時翰林呂學士公著方牧潁，職兼侍讀及龍圖，特置酒於堂宴二公。文忠公親作口號，有'金馬玉堂三學士，清風明月兩閒人'之句，天下傳之。"(引自《宋人年譜叢刊》)

　　《歐陽修全集》卷一四五《與呂正獻公晦叔五通》，其五熙寧五年："某啓。昨晚辱教答，承齒疾尚未平，若苦不敢勸酒，莫可略枉顧否？蓋欲少接清論，不主於酒食，物亦令減滋味也。矧茲疾，某亦嘗苦，每蒙寬假也。更此咨啓。"

　　案：據《蘇軾年譜》卷一一考證，趙概自睢陽訪歐陽修於潁州，當是四月事，時呂公著守潁。此歐陽修書信，姑系於此。

　　又案：歐陽修於熙寧四年以太子少師致仕，居潁州，呂公著則罷翰林學士出知潁州。陳元鋒認爲，這是嘉祐中學士歐陽修、趙概和熙寧初學士呂公著兩代學士的潁州雅集，歐陽修自號閒人，呂公著何嘗不是被逐出政治中心的"閒人"？(《論"嘉祐四友"的進退分合與交游唱和》)

五月

呂公著夫人魯氏卒

　　《范太史集》卷三七《奠申國夫人文》元祐四年五月："維元祐四年，歲次己巳，五月庚午朔，十四日癸未，壻具位某，謹以素饌清茶之奠，昭告於申國夫人。恭惟天生淑德，作配大賢。教成於家，助及於國。而探賾道妙，超出物表。死生之際，不累其心。通儒哲士，未能及此。某昔受室於潁，得拜夫人。退居洛陽，實同淡泊。音容杳遠，十有七年。今從申公，永宅玄壤，不克躬奠，慘結於懷。寓此薄禮，展其精意，尚饗！"

　　案：范祖禹此祭文寫於元祐四年，申國夫人卒已十有七年，按此推，當卒於熙寧五年。呂公著夫人爲魯宗道女。

又案:《蘇軾文集》卷三八,有《吕公著妻魯氏贈國夫人》,姑系於此。此制詞云:"敕。婦人之德,如玉在淵,雖不可見,必形諸外。視其夫有羔羊之直,相其子有麟趾之仁,則内德之茂,從可知矣。具官吕公著,故妻魯氏,名臣之子,元老之婦。所資者深,故志存乎仁;所見者大,故動協於禮。環佩穆然,閨門化之。而降年不永,禄不配德。其改封大國,正位小君。庶几爲女史之光,非獨慰其夫子而已。可。"

吕嘉問請賞王靖和常震

《長編》卷二三三神宗熙寧五年五月丁酉條:"户部判官吕嘉問言:'畿内酒坊等處連三竈,歲省柴四十餘萬斤,推之府界陳留一縣,省三十二萬斤,約諸州歲省柴錢十六萬緡。先獻連二竈法三司軍將王靖,變連三竈法虢州民常震,並乞加賞。'詔王靖遷大將,減磨勘五年;常震不理選限,試國子四門助教;仍賜曹州酒坊錢三千緡。"

詔割秦州寧遠等四寨屬通遠軍

《長編》卷二三三神宗熙寧五年五月壬寅條:"詔割秦州寧遠等四寨屬通遠軍,仍於青唐、武勝軍並新招降馬禄族三處地分各建一堡寨,從秦鳳緣邊安撫司請也。初,吕公弼奏不肯割四寨屬通遠,而文彦博亦言:'文盈關乃險厄處,不可外屬。'王安石進曰:'欲彈壓羌夷使其率服,當令通遠氣勢增盛。'上曰:'欲盛則增兵可也。'安石曰:'多割寨則守兵自多,若更增兵,乃所以爲煩費也。'"

六月
王安石求去,神宗挽留,語及吕公著

《長編》卷二三四神宗熙寧五年六月辛未條:"是日,王安石入見,上怪安石求去,安石曰:'疲疾不任勞劇,兼任事久,積中外怨惡多。又人情容有壅塞,暫令臣辭位,既少紓中外怨惡,又上下或有壅塞,陛下可以察知。若察知臣不爲邪,異時復驅策,臣所不敢辭也。'……上曰:'吕公著與卿交游至相善,然言韓琦必以兵討君側惡人,朕亦不爲公著所惑。'安石曰:'公著此言,亦非特陛下聰明然後可辨,明明在上,豈有如此之理!'……"

七月

是歲,蘇軾有詩和呂仲甫

《蘇軾詩集》卷七《自徑山回得呂察推詩用其韻招之宿湖上》云:"【施注】察推,名仲甫,字穆仲。丞相文穆公蒙正孫。【查注】《宋史·職官志》:諸路有觀察推官。【合注】《續通鑑長編》載:元豐七年,提點河北東路刑獄呂仲甫。紹聖四年十二月,河東轉運判官呂仲甫爲發運副使。又:元符元年七月,江淮荆浙等路發運副使呂仲甫,爲直秘閣知荆南。多君貴公子,愛山如愛色。心隨葉舟去,夢繞千山碧。新詩到中路,令我喜折屐。古來軒冕徒,操舍兩悲栗。數朝辭簪笏,兩腳得暫赤。歸來不入府,却走湖上宅。寵辱吾久忘,寧畏官長詰。飄然便歸去,誰在子思側。君能從我游,出郭及未黑。"

案:據《蘇軾年譜》卷一〇神宗熙寧四年十一月"呂仲甫爲教官"條考證:此詩作於熙寧五年。又據《蘇軾年譜》卷一一考證,此應是七月事。

閏七月

知棣州、翰林侍讀學士、寶文閣學士呂公著判太常寺

《長編》卷二三六神宗熙寧五年閏七月丙辰條:"知棣州、翰林侍讀學士、寶文閣學士呂公著判太常寺。先是,侍御史劉孝孫劾公著在潁州多飲宴,子弟以公庫器皿於豪民家質錢,由是部吏無所畏憚,多縱逸踰矩。詔轉運副使陳知儉按覆,皆不實,惟幕官程嗣先等踰法事,乃在熙寧三年十月赦前,時公著尚在御史府,前守嘗以公庫銀鍋質錢於祝氏供宴飲費,既去,公著爲贖之,非公著子弟所爲也。上謂王安石等曰:'固知公著必無是事,今果然。'安石曰:'公著實病,郡或不治,宜與依新法置通判。'上曰:'置通判公著安肯聽?'安石曰:'公著但寬弛,非强愎也。'上不欲令公著治郡,安石曰:'令入京主判閑局亦無害。'故以太常寺處之。"

秦鳳經略使呂公弼奏言,宜成立上等義勇

《長編》卷二三六神宗熙寧五年閏七月丙寅條:"秦鳳經略使呂公弼言:

'乞從本司差官於冬初擇諸州上番義勇材武者,以爲上義勇,免齎送芻糧之役。募養馬者爲有馬上義勇,亦免本户支移。就差本路鈐轄周永清提舉訓練。'從之。"

八月

翰林侍讀學士、判太常寺吕公著提舉崇福宮

《長編》卷二三七神宗熙寧五年八月己卯條:"翰林侍讀學士、判太常寺吕公著提舉崇福宮,從所請也。上始欲令公著歸朝,公著以病辭。王安石因言:'公著既誣韓琦欲舉晉陽之甲,乃自諱匿云未嘗言。'其意恐公著復用,故力排之。"

吕公著寓居洛陽,於洛陽買園宅

《邵氏聞見録》卷一二:"熙寧四年,申公以提舉嵩山崇福宮居洛,寓興教僧舍;欲買宅,謀於康節先生。康節曰:'擇地乎?'曰:'不。''擇材乎?'曰:'不。'康節曰:'公有宅矣。'未几,得地於白師子巷張文節相宅西,隨高下爲園宅,不甚宏壯。"

《三朝名臣言行録》卷第十四之一《康節邵先生》:"熙寧中,洛陽以清德爲朝廷尊禮者,大臣曰富韓公,侍從曰司馬温公、吕申公,士大夫位卿監以清德早退者十餘人,好學樂善有行義者几二十人。康節隱居謝聘,皆相從。忠厚之風,聞於天下。里中後生皆知畏廉恥,欲行一事,必曰:'無爲不善,恐司馬端明、邵先生知。'"(見《朱子全書》第十二册)

案:吕公著提舉崇福宮,寓居洛陽,與時在洛陽的司馬光、文彦博、富弼、韓維、范純仁、邵雍、程頤、程顥等人交往,在洛陽形成了一個有著深厚政治背景的士大夫群體,洛陽儼然成爲汴京以外的又一政治文化重心。他們一方面優游山水園林,詩酒雅集;一方面以道義自尊,以學術相高,静觀時局,失勢而不失意,退居而不頹喪。(陳元鋒《論"嘉祐四友"的進退分合與交游唱和》)

又案:吕公著提舉嵩山崇福宮居洛似在熙寧五年八月,邵伯温以爲是熙寧四年,似有誤。肖紅兵《吕公著居洛考》考證,當在熙寧五年八月己卯(初三日)。

鎮洮軍置市易司。神宗謂市易買賣極苛細,或云呂嘉問少年不練事

《宋會要輯稿》食貨五五之三三:"(熙寧五年八月)十七日,鎮洮軍置市易司。"

案:《宋會要輯稿》此條下注引自《九朝紀事本末》,其云:七月辛卯,詔在京商稅務、雜賣場、雜買務並隷提舉市易務。閏七月,神宗批付王安石:"聞市易買賣極苛細,市人籍籍怨謗,以爲官司侵淫盡收天下之貨,自作經營。可指揮,令只依魏繼宗元擘畫施行。"於是安石留身云:"陛下所聞,必有事寔,乞宣示。"神宗曰:"聞榷貨賣冰,致民賣雪都不售。"安石曰:"賣冰乃四園苑,非市易務。"神宗曰:"又聞買梳朴即梳朴貴,買脂麻即脂麻貴。"安石曰:"若買即致物貴,即諸物當盡貴,何故脂麻獨貴?"神宗曰:"或云呂嘉問少年不練事,所置勾當人盡奸滑,嘉問不能檢察。"安石曰:"嘉問所置勾當人,如沈可道、孫用勤,若不收置務中,即必首爲兼併害法。今置之務中,所謂御得其道,狙詐咸作使是也。"神宗曰:"又聞立賞錢捉人,不來市易司買賣。"安石曰:"此事尤可知其妄。呂嘉問連日或數日輒一至臣處,爲事初臣要見施行次第,若有牓如此,臣無容不知。果有此事,則是臣欲以聚斂誤陛下。陛下當知臣素行,若臣不如此,即無緣有此事。"神宗曰:"卿固不如此,但恐所使令未體朝廷意,更須審查。"安石曰:"此事皆有迹,容臣根究勘會,別具聞奏。"

九月

呂嘉問上《乞依劉永淵裁定鞍轡庫工匠數奏》

《全宋文》卷二〇一四呂嘉問《乞依劉永淵裁定鞍轡庫工匠數奏》熙寧五年九月:"鞍轡庫自支料價例直未經裁減,工匠虛閑者多。今相度除合存留外,乞依相度在京諸司庫務利害劉永淵裁定。"

案:據《宋會要輯稿》食貨五二之三九云,呂嘉問此奏是在熙寧五年九月十二日,時呂嘉問爲詳定庫務利害。

十一月

蘇軾欲往湖州,别杭州吕穆仲等友人

《蘇軾詩集》卷四八《欲往湖州見孫莘老别公輔希元彦遠醇之穆仲》:"秋來欲見紫髯翁,待得梅花細蕚紅。記取上元燈火夜,道人猶在水晶宮。"

案:據《蘇軾年譜》,此事應在本年十一月。

十二月

陳升之拜樞相

《宋宰輔編年録校補》卷八神宗熙寧五年十二月:"壬午,陳升之拜樞密相……"

判秦州、宣徽南院使、檢校太尉吕公弼判河陽

《長編》卷二四一神宗熙寧五年十二月丁亥條:"判秦州、宣徽南院使、檢校太尉吕公弼判河陽。王韶取熙河,公弼以本路帥遷檢校太尉。公弼自言無功不敢受,不聽。會疾作,求内徙,故有是命。"

王安石以儀鸞司中傷吕嘉問,欲送付開封府勘斷,神宗從之

《長編》卷二四一神宗熙寧五年十二月丙申條:"王安石爲上言:'三司節略吕嘉問起請,儀鸞司供内中彩帛文字却奏云爲礙吕嘉問起請,乞指揮。其意蓋以内東門索彩帛作禁中上元,而嘉問起請,致妨闕,欲中傷嘉問,且歸咎於中書立法,此事不可不察也。'上笑曰:'副使、判官爲誰?'曰:'王克臣、晏知止。'上曰:'如何行遣?'安石曰:'欲送吏人開封府勘斷,副使、判官具與上簿。'上從之。"

是歲,吕公孺知渭州

《宋史·吕夷簡傳》(《吕公孺附傳》):"(公孺)徙知渭州,再徙鄆州。"

案:《宋川陝大郡守臣易替考·渭州》考證:熙寧五年吕公孺曾知渭州。

熙寧六年癸丑(1073),吕公弼六十七歲,
吕公著五十六歲,吕公孺五十三歲,
吕希道四十九歲,吕希哲三十四歲,吕好問十歲

二月

吕公弼爲西太一宮使

《長編》卷二四一神宗熙寧五年十二月丁亥條:"尋改爲西太一宮使。西太一使,在明年二月。"

蘇軾與曾元恕游龍山,吕穆仲不至

《蘇軾詩集》卷九《同曾元恕游龍山吕穆仲不至》:"青春不覺老朱顔,強半銷磨簿領間。愁客倦吟花似酒,佳人休唱日銜山。共知寒食明朝過,且赴僧窗半日閑。命駕吕安邀不至,浴沂曾點暮方還。"

案:據《蘇軾年譜》卷一二,蘇軾邀請吕穆仲,與曾元恕同游龍山,吕穆仲不至,事在本年二月底。

三月

吕公弼卒

《長編》卷二四三神宗熙寧六年三月丙辰條:"宣徽南院使、檢校太尉、西太一宮使、贈太尉、謚惠穆吕公弼卒。"

案:關於吕公弼的生卒年,史書記載不甚相同。王安禮《吕公弼行狀》云,吕公弼享年七十六;范鎮《吕惠穆公公弼神道碑》云,吕公弼享年六十七。根據羅鶯《宋代東萊吕氏家族研究》考證,吕公弼享年應六十七,從羅鶯。

又案:根據《吕惠穆公公弼神道碑》,吕公弼先娶扈氏,再娶王氏,宰相王旦女。有四子:希逸,太常寺奉禮郎;希彦,尚書庫部員外郎;希仁,大理評事;

希明，太常寺太祝。而希逸、希仁又先公以亡，希明尚幼，獨希彥好學，有吏能，爲公所器愛。女四人：長適太常博士、秘閣校理韓忠彥；次適保州軍事判官向紀；次繼室忠彥；次許嫁光禄寺丞趙元緒。孫四人：淑問，大理評事；善問、淵問、並太常寺太祝；請問，未仕。曾孫二人：師中，試將作監主簿；舉中，未仕。吕公弼長婿韓忠彥爲徽宗朝宰相，昭勛閣二十四功臣之一。

吕公弼上《論言事者數與大臣異議奏》

《全宋文》卷六六二《論言事者數與大臣異議奏》："諫官、御史爲陛下耳目，執政爲股肱。股肱耳目必相爲用，然後身安而元首尊。宜考言觀事，視其所以而進退之。"

吕公弼上《人君當用晦接下奏》

《全宋文》卷六六二《人君當用晦接下奏》："人君不可以聖自尊，當用晦以接下。方今之病，在於知人之難；而虛文無實，尤不可不察。"

吕公弼撰《子安學問帖》

《全宋文》卷六六二《子安學問帖》："子安學問博贍，材智深遠，豈能久困常選？方朝廷搜揚俊異，用特立之士，何必借譽平常之流？公弼再拜。"

案：以上三條未知時間，姑系於此。

蘇轍撰《惠穆吕公挽詞二首》

《欒城集》卷六《惠穆吕公挽詞二首》："全齊開故國，清廟饗元功。德業真無忝，勛名但未充。邊防推信惠，社稷倚勤忠。不作司徒貴，何慚鄭武公？風俗非平昔，賢豪棄此時。新阡長宿草，行路拜豐碑。惠術遐方記，嘉猷信史知。悲涼哭墳客，不爲受恩私。"（引自《蘇轍集》）

四月

文彥博罷樞密使

《宋宰輔編年録校補》卷八神宗熙寧六年四月："己亥，文彥博罷樞密使……"

五月

呂仲甫與蘇軾等泛湖游北山,有詩

《蘇軾詩集》卷九《五月十日與呂仲甫周邠僧惠勤惠思清順可久惟肅義詮同泛湖游北山》:"三吳雨連月,湖水日夜添。尋僧去無路,激激水拍簹。駕言徂北山,得與幽人兼。清風洗昏翳,晚景分秋纖。縹緲朱樓人,斜陽半疏簾。臨風一揮手,悵焉起遐瞻。世人騖朝市,獨向溪山廉。此樂得有命,輕傳神所譏。"

案:《蘇軾年譜》卷一二神宗熙寧六年五月十日條:"與呂仲甫、周邠、僧惠勤、惠思、清順、可久、惟肅、義詮同泛湖游北山,有詩。"

呂嘉問升爲國子博士

《長編》卷二四五神宗熙寧六年五月庚午條:"提舉在京市易務、殿中丞呂嘉問爲國子博士,仍升一任;監上界、屯田員外郎劉佐爲都官員外郎,仍減磨勘二年。並以市易務歲收息錢有羨也。初,議嘉問轉一官,王安石以爲宜更升一任,上曰:'嘉問功誠多。'遂更升一任。"

九月

呂嘉問請約諸行利入厚薄,令納錢以賦吏禄與免行户祗應

《宋史紀事本末》卷三七《王安石變法》:"(熙寧六年)九月,收免行錢。先是,京師百物有行,官司所須,俱以責辦,下逮貧民浮販,類有賠折。呂嘉問請約諸行利入厚薄,令納錢以賦吏禄與免行户祗應。而禁中賣買百貨,並下雜買場務,仍置市司,估物低昂,凡内外官司欲占物價則取辦焉。至是行之。"

案:本年進士及第者凡四百人。有余中、江公望、何執中、范鎧、晁端禮、陳次升、常安民、張耒、劉安世等。

熙寧七年甲寅(1074),呂公著五十七歲,呂公孺五十四歲,呂希道五十歲,呂希哲三十五歲,呂好問十一歲

三月

曾布言呂嘉問主市易榷固掊克

《長編》卷二五一神宗熙寧七年三月丁巳條:"　初,呂嘉問以戶部判官提舉市易務,挾王安石勢,陵慢三司使薛向,且數言向沮害市易事,安石信之。其實向於嘉問未嘗敢與之校曲直,凡牙儈市井之人有敢與市易爭買賣者,一切循其意,小則笞責,大則編管。嘉問自知不直,慮問己,故先以沮害加之,使其言不信於安石。市易本隸三司,而嘉問氣焰日盛,三司固多出其下。及曾布代向爲三司使,素知嘉問驕恣,懷不能平,又聞上數以市易苛細詰責中書,意欲有所更張,未得問也。是月丁巳,上夜降手札賜布曰:'聞市易務日近收買貨物,有違朝廷元初立法本意,頗妨細民經營,衆語喧嘩,不以爲便,致有出不遜語者,卿必知之,可詳具奏。'布先受命察訪河北,辟魏繼宗爲察訪司指使,繼宗實監市易務,嘉問自初建議以至其後增損措置,莫不與聞。布因召繼宗問之,繼宗憤惋自陳,以謂市易主者榷固掊克,皆不如初議,都邑之人不勝其怨。布遂攜繼宗見安石,具言曲折,安石責繼宗曰:'事誠如此,何故未嘗以告安石?'繼宗曰:'提舉日在相公左右,何敢及此。'提舉,謂嘉問也。安石默然。布謂安石曰:'布翌日當對,欲悉以此白上。'安石諾之。"

神宗批問呂嘉問實欺罔,令呂惠卿、曾布同根究市易務不便事

《長編》卷二五一神宗熙寧七年三月辛酉條:"布所言既送中書,是夜上批問安石:'恐嘉問實欺罔,非布私忿移怒。'安石具奏,明其不然。於是有詔令布與呂惠卿同根究市易務不便事,詣實以聞。大抵安石意主嘉問,不以布所言爲是,故使惠卿居其間也。"

《長編》卷二五一神宗熙寧七年三月乙丑條:"曾布既受詔同呂惠卿根究

市易事,或爲布言:'中書每以不便事詰嘉問,嘉問未嘗不巧爲蔽欺,至於案牘往往藏匿改易,如不懲革此弊,雖根究無以見其實。'布又聞嘉問已呼胥吏持案牘還私家隱藏更改,遂奏乞出牓以厚賞募告者。明日,上批:'依奏付三司施行。'布即牓嘉問所居。又明日,惠卿至三司,召魏繼宗及行人問狀,無一有異辭者。惠卿退,以繼宗還官舍,詰布所以辟繼宗爲指使緣由,再三誘脅繼宗,令誣布以增加所言。繼宗不從,反具以告布。惠卿又遣弟温卿密造王安石言張牓事,且曰:'行人辭如一,不可不急治繼宗,若繼宗對語小差,則事必可變。'而嘉問訴於安石尤切,安石欲夜收張榜,左右白以有御寶批,乃止。

　　是日,惠卿以急速公事求獨對,布亦具繼宗所告曲折以聞,並言:'惠卿所見不同,不可共事,乞別選官根究。'未報。而中書建白,三司承内降當申中書覆奏取旨,乃擅出榜欲按治。詔官吏特釋罪,其元批依奏指揮更不施行,榜仍繳納中書。布論三司奏請御批,例不覆奏,且三司嘗申知中書,慮無罪可放。尋有詔如布請,惠卿等愈側目矣。"

四月

令呂嘉問吳安持同取問免行錢利害詔

　　《長編》卷二五二神宗熙寧七年四月庚午條:"詔:'已差韓維、孫永參問行人出錢免行利害,可令元詳定官呂嘉問、吳安持同取問。'"

　　案:據《宋會要輯稿》食貨三七之一九記載,時神宗論及市易利害,且云:"朝廷所以設此,本欲爲平准之法以便民,《周官》泉府之事是也。今正爾相反,使中、下之民如此失業,不可不修完其法也。"

王安石罷相。韓絳再入相,呂惠卿參知政事

　　《宋宰輔編年録校補》卷八神宗熙寧七年四月丙戌條:"王安石罷相……同日,韓絳再入相……同日,呂惠卿參知政事……"

　　《東軒筆録》卷五:"王荆公秉政,更新天下之務,而宿望舊人議論不協,荆公遂選用新進,待以不次,故一時政事不日皆舉,而兩禁臺閣内外要權莫匪新進之士也。暨三司論市易,而呂參政指爲沮法,荆公以爲然,堅乞罷相。神宗重違其意,自禮部侍郎、昭文館大學士改吏部尚書、觀文殿大學士知江寧府,

麻既出,吕嘉問、張諤持荆公而泣,公慰之曰:'已薦吕惠卿矣。'"

八月

吴安持與吕嘉問同詳定《行户條貫》

《長編》卷二五五神宗熙寧七年八月己巳條:"知開封府兵曹参軍、兼删定司農寺條例吴安持言,昨同吕嘉問詳定《行户條貫》,續差孫永體問利害,供析事狀,不無異同,乞罷知兵曹参軍。從之。"

都提舉市易司、國子博士吕嘉問坐知常州

《宋史紀事本末》卷三七《王安石變法》:"(熙寧七年)五月,三司使曾布、提舉市易司吕嘉問罷。先是,吕嘉問提舉市易,連以羨課受賞。帝聞其擾民,以語王安石,安石對曰:'嘉問奉法在公,以是媒怨。'帝曰:'免行錢所收細瑣,市易鬻及果實、冰炭,大傷國體。'安石力辯,至譏帝爲叢脞,不知帝王大略。帝曰:'即如是,士大夫何故以爲不便?'安石請言者姓名,令嘉問條析。及帝以旱故,命韓維、孫永集市人問之,減坐賈錢千萬,安石遂持嘉問條析奏曰:'朝廷所以許民輸錢免行者,蓋人情安於樂業,厭於追擾,若一切罷去,則無人祇承。又吏胥禄廩薄,勢不得不求於民,非重法莫禁,以薄廩申重法,則法有時而屈。今取於民鮮,而吏知自重,此臣等推行之本意也。議者乃欲除去,是殆不然。民未嘗不畏吏,方其以行役觸罪,雖欲出錢亦不可得。今吏之禄可謂厚矣,然未及昔日取民所得之半也。'時市易隸三司,嘉問恃勢陵使薛向出其上,及曾布代向,懷不能平。會帝出手札詢布,布訪於魏繼宗,具上嘉問多收息干賞,挾官府而爲兼併之事。帝將委布考之,安石言二人有私忿,於是詔布與吕惠卿同治。惠卿故憾布,脅繼宗使誣布,繼宗不從。布言惠卿不可共事,帝欲聽之,安石不可。帝遂詔中書曰:'朝廷設市易,本爲平準以便民,若《周官》泉府者。今顧使中人之家失業若此,吾民安得泰然也!宜厘定其制。'布見帝言曰:'臣每聞德音,欲以王道治天下。今市易之爲虐,駸駸乎間架、除陌之事矣。如此之政,書之簡牘,不獨唐、虞、三代所無,歷觀秦、漢以來,衰亂之世恐未之有也。嘉問又請販鹽鬻帛,豈不貽笑四方!'帝頷之。事未决,安石去位,嘉問持之以泣。安石勞之曰:'吾已薦惠卿矣。'及惠卿執政,遂治前

獄,劾布沮新法,出知饒州,(嘉問亦出知常州)(據《宋史》三五五《吕嘉問傳》、《續綱目》補),以章惇爲三司使。"

案:《長編》卷二五五神宗熙寧七年八月壬午條和《涑水記聞》卷一四《劉敞論曾布吕嘉問》皆有記載。吕嘉問五月罷提舉市易司,八月知常州。

九月

詔新知常州、國子博士吕嘉問監市易務上界

《宋會要輯稿》食貨五五之三八:"(熙寧七年九月)十八日,詔新知常州、國子博士吕嘉問監市易務上界,職方員外郎劉佐、西頭供奉官吳直卿並遷一官,勾當公事、項城縣尉劉迴爲奉禮郎,各減磨勘三年。餘官吏循資、賜錢有差。以三司驅磨市易上界課利,比六年增十餘萬緡也。"

吕仲甫與蘇軾同游靈化洞,蘇軾有詩

《蘇軾詩集》卷一三《寄吕穆仲寺丞》:"孤山寺下水侵門,每到先看醉墨痕。楚相未亡談笑是,中郎不見典刑存。君先去踏塵埃陌,我亦來尋桑棗村。回首西湖真一夢,灰心霜鬢更休論。"

案:《蘇軾年譜》卷一三考證,蘇軾倅杭時,與吕仲甫(穆仲)同游靈化洞,當在神宗熙寧七年九月或九月之前。姑系於此。又據《蘇軾年譜》卷一四,蘇軾此詩《寄吕穆仲寺丞》當作於熙寧八年五月。

十二月

王韶樞密副使

《宋宰輔編年録校補》卷八神宗熙寧七年十二月丁卯條:"王韶樞密副使……"

虞部員外郎、新知常州吕嘉問提舉河北糴便糧草

《長編》卷二五八神宗熙寧七年十二月乙亥條:"虞部員外郎、新知常州吕嘉問提舉河北糴便糧草,復理提點刑獄資序。以檢正中書户房公事張諤訟嘉問不應黜降故也。初,王安石既有江寧之命,諤與嘉問持安石而泣,安石勞之曰:'已薦吕惠卿矣。'兩人收淚,謝安石。"

熙寧八年乙卯(1075)，呂公著五十八歲，呂公孺五十五歲，呂希道五十一歲，呂希哲三十六歲，呂好問十二歲

春正月
蔡挺罷樞密副使，馮京罷參知政事

《宋宰輔編年錄校補》卷八神宗熙寧八年正月庚子條："蔡挺罷樞密副使……同日，馮京罷參知政事……"

二月
王安石再入相

《宋宰輔編年錄校補》卷八神宗熙寧八年二月癸酉條："王安石再入相……安石前自熙寧三年十二月拜相，七年四月罷，爲相凡五年。是年二月再入相。始，安石薦韓絳及呂惠卿代己。惠卿既得勢，恐安石復入，遂逆閉其途，凡可以害安石者，無所不用其至。又數與絳忤，絳乘間白上，請復相安石。上從之。惠卿聞命愕然。翼日，上遣御藥齎詔往江寧召安石。安石不辭，倍道赴闕。時呂惠卿正起李逢獄事，連李士寧獄甚急。士寧與安石厚，意欲並中安石也。會上召，安石急自金陵泝流，七日至闕，遂拜昭文相。安石表辭，詔不許再辭，不允斷來章，即受。安石既相，士寧之獄遽解，而惠卿罷。《丁未錄》"

三月
王安石推薦呂嘉問爲宰屬，可領市易

《長編》卷二六一神宗熙寧八年三月己未條："是日，上謂王安石曰：'小人漸定，卿且可以有爲。'又曰：'自卿去後，小人極紛紜，獨賴呂惠卿主張而已。'因稱呂惠卿兄弟不可得，安石曰：'諸兄弟皆不可得。和卿者，臣初不知其人，昨送臣至陳留，道中與語，極曉時事。'安石又曰：'臣父子蒙陛下知遇，所以向

時每事消息盈虛,以待陛下深察,誠欲助成陛下盛德大業而已。小人紛紛,不敢安職。今陛下復召用臣,所以不敢固辭者,誠欲粗有所效,以報陛下知遇。然投老餘年,豈能久事左右? 欲及時粗有所效,望陛下察臣用心。'上曰:'固所望於卿。君臣之間,切勿存形迹,形迹最害事。'上問外事,安石具道雖勝往時,然監司未盡稱職,上曰:'人材止如此。'安石曰:'誠是人材少,然亦多觀望不盡力,緣盡力則犯眾怨,犯眾怨則中傷以法,而朝廷或不能察,不能察則反得罪,不如因循偷惰之可以自安。外官固未論,如呂嘉問,內則犯近習、貴戚,外則與三司、開封日夕辦事,以守職事,行法至於置獄推究,奸罔具得,而嘉問乃以不覺察雜買務剩收入,情願納息錢二貫,降小處知州。若剩收息錢可罪,監官宜不免,監官以去官獲免,則嘉問是因罪人以致罪,如何更有罪可科? 且自來提轄場務諸省寺之屬,何嘗有坐轄下場務不覺察杖罪降差遣者? 天下皆見盡力爲朝廷守法立事如嘉問者不容,則孰肯盡力,不爲因循偷惰之行?'上曰:'嘉問已與復差遣。'安石曰:'李直躬之徒作轉運,却令嘉問提舉便糴,此豈官人之宜。'上曰:'與移一路轉運。'安石曰:'陛下必欲修市易法,則須却令嘉問領市易。'上曰:'恐吳安持忌其來,又復失安持心。'安石曰:'臣以女嫁安持,固當爲其審處。今市易事重,須嘉問與協力乃可濟,不然他時有一闕失,必更上煩聖慮。'又薦嘉問及張安國可爲宰屬,上皆以爲可。"

四月

吳充爲樞密使

《宋宰輔編年録校補》卷八神宗熙寧八年四月戊寅條:"吳充樞密使……"

呂嘉問爲檢正中書户房公事

《長編》卷二六二神宗熙寧八年四月戊寅條:"提舉河北西路糴便糧草、金部員外郎呂嘉問爲檢正中書户房公事。"

呂嘉問兼提舉市易司

《長編》卷二六二神宗熙寧八年四月甲申條:"金部員外郎、檢正中書户房公事呂嘉問兼提舉市易司。"

案:據《宋會要輯稿》食貨五五之三九至四〇,熙寧九年四月二十二日條下有注,注引自《九朝紀事本末》,其云:金部員外郎、檢正中書户房公事吕嘉問兼提舉市易司。王安石曾與神宗曰:"臣與嘉問親厚,非有它,但與議市易而已。然其被誣,臣以親厚之故,已難爲之辯明……"

吕嘉問上《乞於奏薦條例删去檢正官奏》

《全宋文》卷二〇一四吕嘉問《乞於奏薦條例删去檢正官奏》熙寧八年四月:"近制,檢正官至員外郎許奏薦,緣檢正官止是差遣,見行條例無不計資序奏薦者,乞於奏薦條删去檢正官。"

閏四月
陳升之罷樞相

《宋宰輔編年録校補》卷八神宗熙寧八年閏四月乙未條:"陳升之罷樞相……"

五月
王安石論降黜吕嘉問、程昉不當

《長編》卷二六四神宗熙寧八年五月丙子條:"翼日,安石又爲上論:'吕嘉問、程昉盡力,然爲衆所攻,陛下不察而問之,則天下事孰肯爲陛下盡力?'上曰:'如程昉非不勾當得事,但不循理。'安石曰:'程昉舉吕公孺誠爲不識理分,然於國事有何所損……'"

八月
韓絳罷相

《宋宰輔編年録校補》卷八神宗熙寧八年八月庚戌條:"韓絳罷相……"

韓琦卒

《宋韓忠獻公年譜》:"六月二十四日,(韓琦)薨於相州之正寢。"(引自《宋人年譜叢刊》)

案：韓琦卒，神宗震悼，發哀苑中。典禮按趙普故事施行，贈尚書令，諡忠獻，配享英宗廟廷。神宗親制神道碑，碑額曰"兩朝顧命定策元勛之碑"。韓琦長子韓忠彥娶呂公弼長女和三女，其幼子韓嘉彥娶神宗女兒。

十月

呂惠卿罷參知政事

《宋宰輔編年錄校補》卷八神宗熙寧八年十月庚寅條："呂惠卿罷參知政事……"

呂嘉問等賜錢三百緡

《長編》卷二六九神宗熙寧八年十月丁酉條："太常少卿賈昌衡爲右諫議大夫，太子中允吳安持轉一官，升一任，及金部員外郎呂嘉問各賜錢三百緡。以三司言昌衡等提舉市易司，自去年四月至今收息錢、市例錢百萬二千六百七十餘緡，故賞之。"

因災異數見，神宗求直言

《長編》卷二六九神宗熙寧八年十月戊戌條："手詔王安石等曰：'朕以寡薄，猥承先帝末命，獲奉宗廟，顧德弗類，不足仰當天心。比年以來，災異數見，山崩地震，旱暵相仍。今彗出東方，變尤大者。內惟淺昧，敢不懼焉！其自今月己亥，不御前殿，減常膳，如故事。卿等宜率在廷之臣，直言朕躬過失，改修政事之未協於民者以聞。'遂詔中外臣僚直言朝政闕失。"

呂公著上奏，批評新政，望朝廷除舊布新

《長編》卷二六九神宗熙寧八年十月丁巳條：

呂公著言：

臣世受國家厚恩，陛下蒞政之初，首被選擇，自外藩召入翰林，故在左右日，口陳手奏，數進愚忠，頗蒙採納。今雖斥處閑外，其於愛君憂國，惓惓之心未曾敢忘。伏見陛下祗畏天戒，焦勞懇惻，實天下幸甚！

臣聞晏子曰："天之有彗，以除穢也。"考之傳記，皆爲除舊布新之象，皇天

動威，固不虛發。意者陛下之仁恩德澤，猶未布於天下，而政令施設，所以戾民者衆乎？何其譴告之明也！陛下既有恐懼修省之言，必當有除穢布新之實，然後可以應天動民，消伏變異。伏惟陛下留神幸察。

臣竊觀陛下自即位以來，早朝晏罷，勵精庶務，其規模蓋宏遠矣。固將致堯、舜、三代之治，以光大祖宗之業，豈特區區守文之主哉！然臨朝願治，爲日已久，在廷之士益乖刺而不和。中立敢言者，罷讒而放逐；阿諛附勢者，引類而升進。其外則郡縣煩擾，民不安業，畎畝愁歎，上干和氣，攜老挈幼，流離道路，官倉軍廩，所在闕乏，又無以廣賑濟，至於骨肉相食，轉死於溝壑者多矣。上下相蒙，左右前後莫敢正言。

陛下有欲治之心，而無致治之實者，何哉？殆任事之臣負陛下之高志也。何以言之？夫士之邪正、賢不肖，蓋素定也。今則不然，前日舉之，以爲天下之至賢，後日逐之，以爲天下之極惡。前後紛紛，玩黷聖聽者，蓋不一矣。其於人才，既反覆而不常，則於政事亦乖戾而不審，斷可知也。陛下獨不察乎？況如一二人者，方其未進用之前，天下固知其姦邪小人也，但取其一時附會，故極力推進，此所以終累陛下則哲之明者也。

自昔人君委任而責成者，蓋有之矣，如齊之威公是也，爲其勞於求賢，而逸於任使也。今則不然，水旱不時，人民困乏，則無以分陛下之焦勞。強敵桀驁，疆場有事，則陛下不免於旰食，又況加之以天地變異乎？未見陛下任人之得也。古之爲政，而初不順於民者，亦有之矣。鄭之子產是也。子產之爲政也，一年而與人誦之曰："孰殺子產？吾其與之。"三年又誦之曰："子產而死，誰其嗣之？"而今陛下垂拱仰成，七年於茲矣，與人之誦，亦未異於七年之前也。陛下雖慮亦及此，而終未幡然者，殆左右之臣蒙蔽陛下，使天下之事不得上聞也。

臣伏思陛下自即尊位以來，上奉兩宮，仁孝篤至，下逮諸王，累朝貴主無不極於恩禮。春秋方富，而無聲色之過，孝友恭儉，發之天性。宮中之事，人無間言，而德澤獨不被於民者，何哉？臣聞安危在出令，治亂在所任。故皋陶戒舜曰："在知人，在安民。"願陛下以知人安民爲先，除穢布新，以答天戒，則轉災爲福，不旋時而應矣。

臣昨在朝廷，嘗蒙訪逮。當時議者謂祖宗制度不可少變，朝廷用人必循資級。臣固曰："不然。"何則？興治補弊者，乃人主之先務，任賢使能亦不宜專較歲月，但一出於至公則可爾。臣今所言，亦非謂今日法令皆不可行。陛下誠能開廣聰明，延納正直，公聽並觀，盡天下之議，事之善者，固當存之；其未善者，則鐫損之。苟爲非便，不爲已行而憚改；言有可取，不以異議而見廢。如此，則不勞陛下神明，不驚衆人耳目，而庶事條理，百姓安定。百姓安定，然後可以足兵食，禦外侮。

臣伏自去國六年，未嘗有一言仰達聖聰，至於私居接人，亦未嘗輕議時政。今日所以輒進愚悃者，誠恐陛下不於此時感悟，則後日雖欲改爲，非有奇謀高策亦未易爲也。

案：此奏題目爲《上神宗答詔論彗星》，收録在《宋名臣奏議》卷四二《天道門·災異六》。王安石有"天變不足畏"之説，呂公著則主張天變足畏，宜修政事，災異是譴告人君的"天戒"。"天戒"之説，出自《尚書》，《尚書·胤征第四》有："先王克謹天戒，臣人克有常憲"句，即指君臣皆應重視天戒。

程頤撰《代呂公著應詔上神宗皇帝書》

此奏寫於熙寧八年十月，《歷代名臣奏議》卷三〇二《災祥》有收録，奏文從略。

十一月

陳襄稱薦呂公著等

《後編》卷八二神宗熙寧八年十一月癸未條："以右諫議大夫宋敏求知制誥，陳襄爲樞密直學士。先是，知制誥鄧潤甫言：'近者群臣專尚告訐，此非國家之美，宜登用敦厚之人，以變風俗。'帝嘉納之。居數日，敏求及襄有是命。襄爲侍御史時，以言事數迕安石，遂解臺職。踰年，知制誥安石又欲出之，帝不許。至是直學士院遇之甚厚，嘗訪人材之可用者，襄對以司馬光、韓維、呂公著、蘇頌、范純仁、蘇軾下至鄭俠，凡三十三人。且謂光、維、公著皆股肱心膂之臣，不當久外。"

十二月

元絳參知政事,曾孝寬簽書樞密院事

《宋宰輔編年錄校補》卷八神宗熙寧八年十二月壬寅條:"元絳參知政事……曾孝寬簽書樞密院事……"

是歲,蘇軾有《寄呂穆仲寺丞》

《蘇軾詩集》卷一三《寄呂穆仲寺丞》:"【查注】先生倅杭時,呂爲察推。孤山寺下水侵門,每到先看醉墨痕。楚相未亡談笑是,中郎不見典刑存。君先去踏塵埃陌,我亦來尋桑棗村。回首西湖真一夢,灰心霜鬢更休論。"

案:蘇軾在杭州任通判時,呂仲甫任察推。蘇軾知密州時,呂仲甫入朝做寺丞。此詩作於蘇軾知密州時。

熙寧九年丙辰(1076),呂公著五十九歲,呂公孺五十六歲,呂希道五十二歲,呂希哲三十七歲,呂好問十三歲

六月

呂嘉問等同議呂惠卿奸利事,以制獄。王安石子雱卒

《宋史全文》卷一二上《宋神宗二》熙寧九年六月條:"安石既與惠卿交惡,令徐禧、王古等按華亭獄,不得惠卿罪,更使周輔按之。安石子雱切責練亨甫、呂嘉問,亨甫、嘉問共議取鄧綰等所條惠卿事,雜他書下制獄。堂吏遽告惠卿於陳,惠卿即自訴,且訟綰及安石。上以示安石,安石歸而問雱,雱乃言其情,安石始咎雱,而嘉問等相繼得罪。安石由是愧上,數求去。上待安石自是意亦稍衰矣。天章閣待制王雱卒。手詔即其家上雱所撰《論語》《孟子義》。雱性刻深喜殺,常稱商君以爲豪傑之士,每勸安石誅不用命大臣,而安石不從也。及與惠卿交惡,使人告發呂氏奸利事,皆自雱發之。"

八月

詔提舉官吕嘉問、吴安持並各轉一官,升一任,支賜錢三百千,嘉問仍更減一年磨勘。

《宋會要輯稿》食貨五五之四〇:"(熙寧九年)八月十九日,詔三司驅磨在京市易務上界去年八月至今年七月終本息增收數目,保明以聞。三司言:'市易務上界等處,收到息錢、市利錢共一百三十三萬二千二百二十九貫三十九文,合該酬獎。'詔提舉官吕嘉問、吴安持並各轉一官,升一任,支賜錢三百千,嘉問仍更減一年磨勘。餘監官以下,並等第推恩。仍自今二年一次比較酬獎。"

九月

吕昌彦撰《杜子美白水詩後記》

《全宋文》卷一六六三吕昌彦《杜子美白水詩後記》:"唐之詩,世以子美專雄,未有及之者。是其氣語豪邁壯浪,淵浩閎達,句成筆墨之外而不可追也。近世學詩者莫不視杜以爲法,多得佳句。且余材非師杜者,以子美昔游白水,有詩,嗜其壯,敢刻石以傳。前守縣令東平吕昌彦記。熙寧九年九月甲寅朔,儒林郎、守縣令賈京立石,隴西李愷書並篆額,王順刊。"

案:吕昌彦,熙寧中任白水縣令。

十月

王安石再次罷相,吴充與王珪並相,馮京知樞密院事。充薦吕公著等

《長編》卷二七八神宗熙寧九年十月丙午條:"左僕射、兼門下侍郎、平章事、昭文館大學士、監修國史王安石罷爲鎮南軍節度使、同平章事、判江寧府。安石之再入也,多謝病求去,子雱死,尤悲傷不堪,力請解機務,上亦滋厭安石所爲,故有是命。仍詔安石大敕系銜在陳升之上,出入内廷,並依中書、樞密院臣僚例。'益厭安石所爲',據《鄧綰傳》。吕本中《雜説》:'王安石再相,上意頗厭之,事多不從。安石對所厚歎曰:'只從得五分時也得也。'安石嘗進呈陳襄除龍圖閣直學士,吕嘉問集賢院學士、河北路都轉運使。上曰：‘陳襄甚好，嘉問更候少時。’居半月，再以前議，上回頭久之，却顧安石曰：‘聞相公欲去多時。’安石倉皇對曰：‘欲去久矣，陛下堅留，所以不敢遂去。’既下殿，即還家乞去。其壻吳安持往見之，安石問：‘今日有何新事？’安持曰：‘適聞有旨，未得閤汴口。’安石曰：‘是欲我去也。’數日遂罷。王安石既去，嘉問因對，上問：‘曾得安石書否？’嘉問因言：‘近亦得安石書，聞陛下不許安石久去，亦不敢作安居計。’上曰：‘是則爲呂惠卿所賣，有何面目復見朕耶？’”

同條又云：“樞密使、工部侍郎吳充依前官平章事、監修國史。充性謹密，在西府數乘間言安石政事不便。上以其中立無私，故相之。”

案：《宋史紀事本末》卷三七《王安石變法》亦載。吳充子娶王安石女，乃王安石親家。然充心不善安石所爲，數爲帝言新法不便，欲召還司馬光、呂公著、韓維、蘇頌，及薦孫覺、李常、程顥等數十人。按《宋宰輔編年録校補》，王安石再次罷相，吳充與王珪並相，馮京知樞密院事。

又案：《長編》卷二七八等記載，王安石罷相在十月，《宋會要輯稿》職官七八之二三明確爲十月二十三日，十月二十三日恰恰是十月丙午日。因此，《宋宰輔編年録》作“十二月丙午”有誤，王瑞來已作校證。

十一月

呂嘉問罷檢正中書户房公事，賜紫章服，兼提舉在京諸司庫務

《長編》卷二七九神宗熙寧九年十一月辛酉條：“司勛員外郎、都提舉市易司呂嘉問罷檢正中書户房公事，賜紫章服，兼提舉在京諸司庫務。候二年三司副使闕，與差。”

十二月

安燾代呂嘉問詳定閑冗文字

《長編》卷二七九神宗熙寧九年十二月辛卯條：“度支員外郎、秘閣校理、檢正中書孔目房公事安燾代呂嘉問詳定閑冗文字。”

是歲，呂公孺知鄆州

《宋史·呂夷簡傳》(《呂公孺附傳》)：“徙知渭州，再徙鄆州。”

　　案:據《北宋京師及東西路大郡守臣考·鄆州東平府》考證:熙寧九年及熙寧十年上半年,吕公孺知鄆州。

　　又案:本年進士及第者凡四百二十二人。有徐鐸、安惇、李格非、張康伯、楊時、鄧洵仁、錢遹、彭汝霖等。

熙寧十年丁巳①(1077),吕公著六十歲,吕公孺五十七歲,吕希道五十三歲,吕希哲三十八歲,吕好問十四歲

二月

翰林侍讀學士兼寶文閣學士、提舉崇福宫吕公著知河陽

　　《長編》卷二八〇神宗熙寧十年二月癸巳條:"翰林侍讀學士兼寶文閣學士、提舉崇福宫吕公著知河陽。公著再任崇福,及是,乃起爲州。"

　　案:吕公著自熙寧五年八月己卯(初三日)提舉崇福宫居洛,到熙寧十年二月癸巳(十二日)起知河陽,居洛時間約爲四年零六個月又九天。其時與司馬光、程顥、邵雍等關係密切。居洛生活影響了吕公著的政治心態,也影響到了"元祐更化"政局的形成。(肖紅兵《吕公著居洛考》)

司馬光、程顥等人餞行,程顥作詩贈吕公著和司馬光

　　《邵氏聞見録》卷一二:"十年春,公起知河陽,河陽尹賈公昌衡率温公、程伯淳餞於福先寺上東院,康節以疾不赴。明日,伯淳語康節曰:'君實與晦叔席上各辯論出處不已,某以詩解之曰:'二龍閑卧洛波清,几歲優游在洛城。願得二公齊出處,一時同起爲蒼生。'"

　　案:吕公著起知河陽,河南府尹賈昌衡、司馬光、程顥等人於福先寺餞行,司馬光不願意與新法派合作,與吕公著論辯不已。人或問二程以二公出處爲有優劣,二程先生曰:"正不如此。吕公世臣也,不得不歸見上;司馬公爭臣

---

　　① 熙寧十年为丁巳年,《長編》卷二八〇以为是丁酉年,误。

也,不得不退處。"出處問題儘管關係到士大夫的操守,但吕公著作爲故家世臣,是朝廷的重要支柱和建設者,不得不歸見上。程顥有詩《送吕晦叔赴河陽》:"曉日都門颭旆旌,晚風鐃吹入三城。知君再爲蒼生起,不是尋常刺史行。"(《二程集》之《河南程氏文集》卷三)

又案:吕公著和司馬光由於出身背景不同,生活中對節儉的理解亦不相同。《清波雜志校注》卷四有《吕申公茶羅》條,"吕申公名知人,故多得於下僚。家有茶羅子,一金飾,一銀,一棕櫚。方接客,索銀羅子,常客也;金羅子,禁近也;棕櫚,則公輔必矣。家人常挨排於屏間以候之。"吕公著低調地奢華。同卷《茶器》條云,司馬光和范鎮同游嵩山,攜茶以往,司馬光以紙包茶。無怪乎周輝在《吕申公茶羅》中感慨:"申公、温公同時人,而待客茗飲之器顧飾以金銀分等差,益知温公儉德,世無其比。"

王韶罷樞密副使。曾上言宜烹嘉問以謝天下

《宋宰輔編年録校補》卷八神宗熙寧十年二月己亥:"王韶罷樞密副使……"

《東軒筆録》卷六:"熙寧十年,京師旱,上焦勞甚,樞密副使王韶言:'昔桑弘羊爲漢武帝籠天下之利,是時卜式乞烹弘羊以致雨。今市易務哀剥民利,十倍弘羊,而比來官吏失於奉行者多至黜免。今之大旱皆由吕嘉問作法害人,以致和氣不召,臣乞烹嘉問以謝天下,宜甘澤之可致也。'"

三月

吕希道責監陳州糧料院

《長編》卷二八一神宗熙寧十年三月乙亥條:"權知開封府孫固言:'本府火,朝廷當正典刑,以懲不恪,未敢即交職事。'詔釋固罪,府推官吕希道責監陳州糧料院,以火起希道家也。"

六月

降右諫議大夫吕公孺知蔡州

《長編》卷二八三神宗熙寧十年六月丙戌條:"降右諫議大夫吕公孺知蔡

州,以前知真定府失入死罪也。"

案:《長編》是條引《時政記》,公孺以御史中丞鄧潤甫言其不材,替罷。

七月

邵雍卒。呂公著退居洛中時,雅敬雍,爲其買園宅,名安樂窩

《後編》卷八三宋神宗熙寧十年七月癸丑條:"潁州團練推官邵雍卒。雍始爲學,堅苦刻厲,寒不爐,暑不扇,夜不就席者數年。初,北海李之才受《易》於河南穆修,修受於种放,放受於陳摶,源流最遠。之才遂授雍以河圖洛書伏羲六十四卦圖象。雍由是探賾索隱,妙悟神契,洞徹蘊奧,汪洋奧博,多其所自得者。晚乃衍伏羲先天之旨,著書十餘萬言。富弼、司馬光、呂公著諸賢,退居洛中,雅敬雍,恒相從游,爲市園宅,雍名其居曰安樂窩。留守王拱辰,薦雍遺逸,授將作主簿,後舉逸士,補潁州團練推官,皆固辭,乃受命,竟稱疾不之官。程顥初侍其父識雍,論議終日,退而歎曰:'堯夫内聖外王之學也。'雍智慮絶人,遇事能前知,顥嘗曰:'其心虛明,自能知之。'雍卒,顥爲銘其墓,稱雍之道純一不雜,就其所至,可謂安且成矣。"

十月

右諫議大夫、知蔡州呂公孺知永興軍

《長編》卷二八五神宗熙寧十年十月庚辰條:"右諫議大夫、知蔡州呂公孺知永興軍。"

案:《宋川陝大郡守臣易替考·京兆府》考證:呂公孺熙寧十年始知永興軍,元豐二年離任。

呂公著、司馬光、范鎮三公燕集

《紫薇詩話》:"正獻公守河陽,范蜀公、司馬溫公往訪,公其燕設口號,有云:'玉堂金馬,三朝侍從之臣;清洛洪河,千古圖書之奧。'"

《文定集》卷一一《題申溫蜀三公唱和詞》:"呂申公知河陽,司馬溫公、范蜀公並駕訪之。此其臨岐唱和詞也。既去,申公榜其所館爲禮賢堂云。方三公同時法從,光華臺閣,然名未卓然暴白。會王安石紛更法度,莫不極力爭

之。温公除樞密副使，以言不見聽，迄不受命。蜀公年六十三矣，亦請致仕而歸。安石大怒，既落職，又自爲制詞醜詆之。申公自御史中丞出知潁州，安石亦改制詞加之罪，而天下更以爲榮焉。於是翕然仰望之，如泰山北斗矣。元祐初，温公、申公對秉鈞軸，而天下復安。蜀公累召不起，謂所親曰：'吾所欲爲者，君實皆已爲之矣，又安用出？'蓋其出處未嘗不同者，乃如此也。鄉人求此詞，因手録以遺之，且書其後，庶几誦其詞，想其風流人物，或者爲之興起也。"

案：吕公著於熙寧十年二月起知河陽，時司馬光和范鎮拜訪，姑系於此。此次三學士河陽燕集，吕公著燕設語突出了三人"玉堂金馬"身份，並贊揚了司馬光的博學多識。

知河陽、翰林侍讀學士吕公著提舉中太一宫。並婉轉面奏宜收用舊人

《長編》卷二八五神宗熙寧十年十月乙未條："知河陽、翰林侍讀學士吕公著提舉中太一宫。公著至京師，時將祀南郊，特詔閤門以散齋日對延和殿，勞問周至，且曰：'不見卿七八年，殊覺卿老也。'公著面奏：'臣伏睹近詔舉才行堪任升擢官。竊觀陛下自臨御以來，虚心屈已，以待天下之士，士之起草茅，由小官而超至顯近者，不可勝數，然猶孜孜以求賢爲急，誠欲廣收人才，無所遺棄。臣伏思自昔有爲之君，不借賢於異代，然唐、虞之際亦稱才難，則世固未嘗乏賢，而人才亦不可多得。今陛下降發中之詔，非徒爲虚文也。中外所舉，蓋百有餘人，雖不能盡當，誠參考名實而試用之，宜有可以塞厚望、應明指者。臣又竊詳今日詔意，正欲達所未達，然數年以來，天下之士，陛下素知其能，嘗試以事，而終就閑外者尚多，恐其間亦有才實忠厚，欲爲國家宣力者，未必盡出於迁闊繆戾而難用也。漢武帝時，公孫弘初舉於朝，以不稱旨罷，後再以賢良舉，帝親擢爲第一，不數年，遂至宰相。由是觀之，人固未易知，而士亦不可忽。何則？昔日所試，或未能究其詳，數年之間，其才業亦容有進。惟陛下更任之事，以觀其能，或予之對，以考其言，兼收博納，使各得自盡，則盛明之世無滯才之歎，不勝幸甚！'自熙寧初，論新法不附執政者，皆譴逐不復收用，故公著見上首言之。"

案:忠直無私又頗具政治智慧的呂公著,五十三歲出知潁州,六十歲才回到朝廷,可歎!

呂嘉問爲司封員外郎、直昭文館、知江寧府

《長編》卷二八五神宗熙寧十年十月戊戌條:"司勛員外郎、都提舉市易司呂嘉問爲司封員外郎、直昭文館、知江寧府,賜錢三百千,以嘉問領市易,自熙寧九年、十年,凡收息錢百四十萬餘緡故也。"

案:呂嘉問出知江寧,似與王安石有關。按《長編》,太常丞、集賢殿修撰、權度支副使張琥,太常丞、直史館、檢正中書五房公事俞充,並兼權都提舉市易司。

陳升之知樞密院事,時呂公著、文彥博爲樞密使

《長編拾補》卷三上神宗熙寧元年七月己卯條注釋:"《宋史全文資治通鑑》云:新知大名府陳升之知樞密院事,文彥博、呂公著爲使,韓絳、邵亢爲副使,樞密院並置使副。使副及知院自此始。"

案:宋朝樞密並置使副及知院,自熙寧十年十月始。(《太平治迹統類》卷三〇《官制沿革下·神宗》)

十二月

司馬光完全否定王安石變法

《後編》卷八三宋神宗熙寧十年十二月丁亥條:"司馬光以書與吳充,言:'今日救天下之急,保國家之安,苟不罷青苗、免役、保甲、市易,息征伐之謀而欲求其成效,是猶惡湯之沸而益薪鼓橐也。欲去此五者,必先別利害以悟人主之心,欲悟人主之心必先開言路。今病雖已深,猶未至膏肓,失今不治,遂爲痼疾矣。'充代王安石爲相,知天下不便新法,欲有所變更,嘗乞召還光及呂公著、韓維、蘇頌,又薦孫覺、李常、程顥等十數人,皆安石所斥退者,故光遺以此書,而充不能用,光亦竟不起。"

卷十六

元豐元年戊午(1078),吕公著六十一歲,吕公孺五十八歲,吕希道五十四歲,吕希哲三十九歲,吕好問十五歲

春正月
知永興軍吕公孺請自今學官非公筵不得豫妓樂會

《長編》卷二八七神宗元豐元年春正月癸亥條:"詔自今學官非公筵不得豫妓樂會,從知永興軍吕公孺請也。"

閏正月
吕公著兼端明殿學士、知審官西院

《長編》卷二八七神宗元豐元年閏正月辛巳條:"翰林侍讀學士、寶文閣學士、提舉中太一宫吕公著兼端明殿學士、知審官西院。先是,上批:'公著侍從舊臣,宜除翰林學士承旨兼舊職。'而公著以齒髮向衰,辭不就,故改是命。"

孫固同知樞密院事,曾孝寬罷簽書樞密院事

《宋宰輔編年録校補》卷八神宗元豐元年閏正月:"壬辰,孫固同知樞密院事……己亥,曾孝寬罷簽書樞密院事。以父憂罷……"

三月
神宗與吕公著極論治體

《長編》卷二八八神宗元豐元年三月壬午條:"是日,侍讀吕公著讀《後漢書》畢,上留公著極論治體,至三皇無爲之道,釋、老虛寂之理,公著問上曰:

‘此道高遠，堯、舜能知之乎？’上曰：‘堯、舜豈不知？’公著曰：‘堯、舜雖知之，然常以知人、安民爲難，此所以爲堯、舜也。’上又論前世帝王，曰：‘漢高祖、武帝有雄才大略，高祖稱‘吾不如蕭何，吾不如韓信’，至張良，獨曰‘吾不如子房’，蓋以子房道高，尊之，故不名。’公著曰：‘誠如聖諭。’上又曰：‘武帝雖以汲黯爲戇，然不冠則不見，後雖得罪，猶以二千石祿終其身。’公著曰：‘武帝之於汲黯，僅能不殺耳。’上又論唐太宗，公著曰：‘太宗所以能成王業者，以其能屈己從諫耳。’上臨御日久，群臣畏上威嚴，莫敢進規。至是，聞公著言，竦然敬納之。”

七月

澶州決河復塞。呂公著勸諫減少刑獄，上《數起詔獄群下震恐奏》

《全宋文》卷一〇九四呂公著《數起詔獄群下震恐奏》元豐元年七月：

臣伏見昨來澶州曹村埽決潰，全河沖注山東，聖心惻然，即議閉塞，奮自獨斷，出於群疑，功未踰時而有成，患不閱歲而尋弭。雖上下竭力，遂致澄清，實由陛下至誠憂民愛物之心，天相神助，殆非人力。以此見天道聰明，日監在下，棐忱輔德，遄應不遲。爲人上者，可不欽畏！恭惟陛下聖德仁厚，出自天性，臨下御衆，有日月之明，天地之量，誠非凡庶庸妄所能臆度。以至今日數起詔獄，逮系頗衆，有司極於鍛鍊，群下無不震恐，比至臨決，多從末減。昔於公一郡之獄吏耳，猶以陰德有報，光大子孫。況以萬乘之尊，六合之廣，布德施恩，固宜受福無疆，施及萬世。然臣願陛下雖性得之，猶復加聖心焉。上奉天，下接人，加精緻誠，執要行簡。道高百王，而謙以自牧，學貫六藝，而虛以受人。雖威肅群品，不得謂下絕欺誣；雖智燭輿情，不得謂事無壅蔽。親正士，拒壬人，必有忍以濟事功，推内恕以及人物。於以崇起忠厚，保合太和，則《易》所謂“自天佑之，吉無不利”，《詩》所謂“干祿百福，子孫千億”者，蓋將以類而應。臣以無狀，獲備近列，竊慕古人將美盡規之義，惟陛下裁幸。

呂公著面奏宜增館閣之選

《長編》卷二九〇神宗元豐元年七月庚子條：“公著因面奏宜增館閣之選曰：‘臣聞‘濟濟多士，文王以寧’。方周之興，至於兔置之人，有可以當腹心干城之任者。今三館、秘閣之職,乃朝廷之華選,前世以來,將相名臣多出其間,得人之盛難以遽數。臣在皇祐、至和中,備員館閣,當時同輩,後亦往往至通顯。比年雖有簡拔,其數未多。其中或以勞進者,又皆外補,朝廷平日難於收采,緩急必乏使令,以至近者遣使高麗,頗煩聖擇。古人有言:'士不素養,無以重國。'臨事倉卒乃求,非以尊朝廷也。臣竊謂天下未嘗乏才也,求之而後至,用之而後知耳。臣願陛下考合庶言,斷自聖見,更得雋偉之士,疏通之才,稍增館閣之選。平日足以優游飭厲,緩急惟所用之,以重朝廷。'"

呂公著面奏宜寬縣令之制

《長編》卷二九〇神宗元豐元年七月庚子條:"又論宜寬縣令之制曰:'臣伏乞審官院、流內銓以知縣、縣令闕多,凡選人被舉充職官及轉京官者,例差知縣;已被差者,不過舉辟,不得避免。臣竊以為當國家有道之時,付之以百里之地,有民人社稷之重,則士子所宜願為。今乃設一切之令,強所不欲,與坐殿負犯者亡異。此殆郡縣法網太密,而勸別之道不明。吏有盡心奉法、治行明白者,未聞有所褒異,一罹微文,則不能自免於譴斥。加以近歲朝廷更改法度,郡縣之吏或不能奉行。故於常法之外,峻其黜典,經赦去官,多不原免。積累歲月,坐此殿累者益衆。臣愚以為長吏之官,朝廷宜少寬假。非有贓私顯狀及罷軟尤不勝任者,雖屬小法,無輕替易。仍詔諸路監司、牧守,其所屬令長,有奉公愛民,治效尤異者,每歲別薦三二人,間或獎拔,待以不次。其次如職事修舉,有舉主、合轉京官者,特與依諸州教授例,就任改官,許令再任。如此,則勤廉者得以自保,勞能者有所激勸,中才足以強勉,異效不致滯留。'上深以為然,即詔中書立法,而法竟不就。"

九月

知江寧府呂嘉問知潤州

《長編》卷二九二神宗元豐元年九月壬申條:"以知江寧府呂嘉問知潤州。江南東路轉運司言,嘉問違法不公,乞移一郡,所貴易以根究,故有是命。於是嘉問亦言,欲案治都大巡檢楊中庸等罪,而轉運司輒諭令自陳首,乞差不干礙官吏推治,詔並送轉運司。"

江東轉運判官何琬劾呂嘉問違法,呂嘉問上《乞下別路差官辨正何琬誣劾事奏》

《全宋文》卷二〇一四呂嘉問《乞下別路差官辨正何琬誣劾事奏》元豐元年九月:"准詔劾臣違法事,聞出於轉運判官何琬舉奏。況琬嘗庇受贓吏及自有贓,緣爲先奏本府違法事,須辯正畢,方敢舉發。而琬仍更以誣臣,豈不倒置?今琬差官劾臣,必選用朋邪害正之人,非獨文致臣罪,亦使平民橫被考掠鍛煉。望下別路差官。"

呂公著、薛向並同知樞密院事

《宋宰輔編年録校補》卷八神宗元豐元年九月乙酉條:"呂公著、薛向並同知樞密院事。公著自端明殿學士兼翰林侍讀學士、寶文閣學士、户部侍郎除。向自樞密直學士、工部侍郎除。"

《宋宰輔編年録校補》卷八同條公著《制》曰:"夫侍帷幄,以贊密命。非令問碩望,豈易授哉!具官呂公著邦家名儒,臺閣舊老。先後三世,輔翊累朝。肆惟爾躬,克秉純德。獨立不撓,行己有方。出處之間,罔替古人之節;議論之際,益見良臣之風。斷自朕心,擢陪樞筦。非體國不能濟成務,非應變不能中事機。勉汝之才,副朕所望。"

《宋宰輔編年録校補》卷八同條:"公著,字晦叔,宰相夷簡子也。向,字師正,京兆長安人。初,公著與安石爲同年進士,安石雖高科有文學,然未爲中朝士夫所服。於是深交韓、呂二家兄弟。公著與韓氏兄弟絳、維爭揚於朝,安石之名始盛。公著初列館舍,與安石甚相友善。安石辯博有文,同舍莫敢與之抗,公著獨以精識約言服之。安石以書寓公著曰:'疵吝每不自勝,一詣長者即廢。然而反夫所謂德人之容使人之意消者,於晦叔見之矣。'安石始期公著甚遠,嘗字公著曰:'晦叔作相,吾輩可以言仕矣。'又曰:'呂十六不作相,天下不太平。'故安石薦公著爲御史中丞。時其辭以謂有八元、八凱之賢,冀公著之能爲己助也。既而公著以天下公議,乞罷條例司。奏入,不聽。又爭之,又不聽。乃求解職,奏三上,言愈切至,又不聽。即臥家待罪。上以公著爲翰林學士、寶文閣學士、知審官院,公著聞之,上疏固求降責。安石怒,方思所以逐公著者。會上語執政，公著嘗言，朝廷壞常平法失天下心，若韓琦因人心如趙鞅舉甲以除君側之惡，不知陛下何以待之？安石聞上語，心默喜，即請用此爲逐公著罪，遂落公著兩學士知潁州。公著素謹密，實無此言。蓋孫覺嘗爲神宗言，神宗因誤以爲公著也。至是，拜同知樞密院事。《丁未録》"

《宋宰輔編年録校補》卷八同條："公著既就職，與同列奏事畢，獨留謝。因言：‘自熙寧以來，因朝廷論議不同，端人良士例爲小人排格，指爲沮壞法度之人，此非國家之利也。願加意省察。’上曰：‘當以次收用之。’"

《宋宰輔編年録校補》卷八同條："薛向以樞密直學士知定州遷工部侍郎入見，論兵於上前，遂拜同知樞密事。初，薛向與吕公著並命入樞府。向事公著甚恭。既久，公著亦稍親之。議事頗相左右。二年正月，西上閤門使韓存寶除四方館使、忠州團練使。存寶將陝西兵平瀘州叛夷，上欲優進官秩，以勸立功者。向曰：‘瀘州本無事，今優賞存寶，後有立功大於存寶者，何以加之？’公著曰：‘薛向言是也。’上從之"

吕公著同知樞密院事，士民相慶

《三朝名臣言行録》卷八之一《丞相申國吕正獻公》："初，公自河陽入朝，都人環觀，相謂曰：‘此公還朝，百姓之幸也。’至是士民相慶。既受命，出殿門，武夫衛卒，皆歡抃咨歎。慈聖光獻太皇太后聞公進，尤喜曰：‘積德之門也。’中謝日，有司供具，諸執政皆集，内出酒果殽饌，豐腆珍異，就宴賜之。侍史竊視其器皿，款識皆有‘慶壽宮’字，然後知賜物乃光獻意也。《家傳》"

吕公著同知樞密院事，富弼、司馬光寓書慶賀

《三朝名臣言行録》卷八之一《丞相申國吕正獻公》："時富韓公、司馬溫公皆在洛，聞公登樞，富公寓書爲慶曰：‘公之名德，聞於天下，然嘗以直道迕執政，士大夫未敢遽望登進。忽報拜命，出於事外，人甚驚喜，此得於輿論，非敢佞也。’司馬溫公亦以書遺都下友人曰：‘晦叔進用，天下皆喜，以爲治表，聞其猶力辭，光不敢致書，君宜勸之早就職。《家傳》"（見《朱子全書》第十二册）

吕公著性格醇厚,與吳安詩交往,可見一斑

《童蒙訓》卷上:"正獻公爲樞密副使,年六十餘矣。嘗問太僕寺丞吳公傳正安詩己之所宜修,傳正曰:'毋敝精神於蹇淺。'滎陽公以爲,傳正之對,不中正獻之病,正獻清净不作,爲患於太簡也。本中後思得正獻問傳正時,年六十餘矣,位爲執政,當時人士皆師尊之。傳正,公所獎進,年才三十餘,而公見之,猶相與講究,望其切磋,後來所無也。滎陽公獨論其問答當否,而不言下問爲正獻公之難,蓋前輩風俗純一,習與性成,不以是爲難能也。"

吕公著亦反對恢復肉刑

《長編》卷二九二神宗元豐元年九月乙酉條:"上初即位,韓絳即建議復肉刑,至是,復詔執政議。公著以爲後世禮教未備,而刑獄繁,肉刑不可復,將有踦貴屨賤之譏。吳充議復置圜土,衆以爲難行。王珪欲取開封死囚罪,試以劓刖。公著曰:'刖而不死,則肉刑遂行矣。'議竟得寝。"

案:前已述及,吕公弼反對恢復肉刑。

十月

詔鞫吕嘉問事,王安上同鞫

《長編》卷二九三神宗元豐元年十月乙巳條:"詔江南東路轉運、提舉司鞫吕嘉問事,其提點刑獄王安上不許回避,令依前降指揮同鞫。"

蔡確言窮治吕嘉問事

《長編》卷二九三神宗元豐元年十月壬子條:"御史中丞蔡確言:'竊聞江東轉運判官何琬言,京師有以琬所列事密報知江寧府吕嘉問者。審如此,則不可不痛繩,以杜交通漏泄之奸。乞令有司窮治,如有實,乞重施行。'詔除王安石書外,餘並送御史臺根究。"

吕嘉問事,蔡確乞專委黄廉舒亶根究

《長編》卷二九三神宗元豐元年十月丁卯條:"御史中丞蔡確言,根究吕嘉

問等事，依條輪差三院御史或推直官承勘，慮不專一，乞專委御史黃廉、舒亶根究。詔止差黃廉同根究。"

十一月

呂嘉問上《乞別差官審理張偓佺違法事奏》

《全宋文》卷二〇一四呂嘉問《乞別差官審理張偓佺違法事奏》元豐元年十一月："昨案發江寧府簽書判官張偓佺違法事，竊知權簽書判官潘令先夜入右司理院，取去見勘偓佺案，及帶偓佺舊廳公人並見禁罪人親戚赴右司理院並净牢獄。竊虞誘脅，變亂情實，乞下別路差官。"

案：據《長編》卷二九四，朝廷詔潘令先具析。

呂嘉問上《乞早賜移勘及許檢取照用文字奏》

《全宋文》卷二〇一四呂嘉問《乞早賜移勘及許檢取照用文字奏》元豐元年十一月："何琬自准朝旨劾臣，追臣所使令殆遍。若臣有違法，理必難逃。觀琬行遣，多不循理法，必是令部内官吏協同鍛鍊。乞早賜移勘，及許臣檢取照用文字，以備辨答。"

案：據《長編》卷二九四，朝廷詔送江南東路監司、提舉司。

呂嘉問上《具所以知何琬案發事奏》

《全宋文》卷二〇一四呂嘉問《具所以知何琬案發事奏》元豐元年十一月："准敕令臣具何以知琬案發事。九月中，前江寧府通判杜行送人回府，稱行密令，白臣昨在東府客次，見眾人談學士妄用公使錢修造，爲監司所案發。及進士吳願言，見提舉官朱炎子浚明説琬言臣爲門僧教化，拆鎮淮橋，修精義堂，及不造監司商量公事，而數至王安石之門，安石亦厭其來。又得在京市易務監華申甫書，所報如願言。臣皆未敢爲信，尋聞有朝旨下轉運司案劾臣，謂提點刑獄王安上當知其詳。"

案：據《長編》卷二九四，呂嘉問此奏還續"遂詢其兄安石，安石稱聞琬所言亦相連及。"疑《全宋文》遺漏。神宗有御批"慮有事干涉中書吏人，可實封送御史臺根究公事所。"

令吕嘉問事別爲一案根治

《長編》卷二九四神宗元豐元年十一月癸酉條："江寧府制院言：'鞫吕嘉問等事恐推拒拖延,乞先斷王覺贓濫並官吏踰違等罪,其嘉問事別爲一案根治。'詔王安石、朱炎已不許回避,令同系書以聞。"

李茂直同劾吕嘉問等事詔

《長編》卷二九四神宗元豐元年十一月甲申條："又詔江南東路監司、提舉司,見同鞫吕嘉問等事,其何琬以有嫌不預,宜令江南西路提點刑獄李茂直同劾。"

何琬乞吕嘉問事別根究

《長編》卷二九四神宗元豐元年十一月丁酉條："權江南東路轉運判官何琬言：'吕嘉問奏報漏泄臣體量嘉問違法事,月日異同,乞別根究。'詔送御史臺根究公事所。"

十二月

吕公孺因賄賂大臣,罰銅十斤

《長編》卷二九五神宗元豐元年十二月壬寅條："御史何正臣言：'近奏檢正中書刑房文字杜紘頗僻害政,聞刑房見行右諫議大夫吕公孺理雪失入死罪事,而陰與苞苴往來,慮別有請托。兼聞公孺遣兵夫車乘,多載酥、梨,送遺在京權要,永興土産,爲之罄竭,因緣騷擾,乞下有司窮治。'詔：'公孺令陝西轉運司究實,仍令杜紘具析以聞。'後紘具析公孺無理雪死罪事,近送梨四十顆、酥三斤,臣已遣人還之。兼臣生平不識公孺,未嘗有一字往還,止因今送酥、梨,例得公狀,見居家聽旨。而轉運司亦言公孺所置酥、梨及差兵卒,視熙寧十年爲多。乃詔公孺罰銅十斤,紘依舊供職。"

江南東路提舉司言吕嘉問違法不依户絶條

《長編》卷二九五神宗元豐元年十二月癸卯條："江南東路提舉司言：'吕

嘉問違法不依户絶條,以亡僧銀絹等給浄相、乾明寺僧尼,已牒江寧府根究。'
又嘉問奏:'臣與江東監司等皆有嫌隙,嘗乞下别路差官根勘,而近者勘司又
追逮臣私家使令之人,恐何琬等鍛鍊,未敢發遣,已報制勘院。爲見聽朝旨,
竊慮琬等又誣臣拒抗,乞早指揮移送。'又制勘院言:'追嘉問僕孫壽證僧子新
入宅事,嘉問輒占留不遣,若每如此,即猝難結絶。乞罷嘉問潤州,遣赴江寧
府就勘。'詔送制勘院一處勘之,其所追人令嘉問速發遣。"

元豐二年己未(1079),吕公著六十二歲,吕公孺五十九歲,吕希道五十五歲,吕希哲四十歲,吕好問十六歲

二月

罷程顥判武學,吕公著爲程顥辯

《長編》卷二九六神宗元豐二年二月甲寅條:"罷程顥判武學。以御史何
正臣言顥學術迂闊,趨向僻異故也。後二日,又罷顧臨開封府推官,令仍舊判
武學。臨受命踰旬,顥才八日也。同知樞密院吕公著言:'臣聞皋陶陳《謨》,
以知人爲難,孟子論道,以知言爲要。所謂知人則哲,能官人,何憂乎驩兜,何
畏乎巧言令色孔壬者,知人也。诐辭知其所蔽,淫辭知其所陷,邪辭知其所
離,遁辭知其所窮者,知言也。故曰帝王之德,莫大乎知人,而成敗之機,在於
察言。是以堯、舜在上,明目達聰,詢四嶽以難壬人,命納言以聖讒説,使惡直
丑正者,不能亂天下之俗,服讒搜慝者,不能遷人主之意,然後四門穆穆,而朝
廷清明,權歸於上,而天下無事。臣向蒙陛下擢在樞府,中謝日不敢縷陳細
務,輒論及判别忠邪之道。嘗爲陛下勵精爲治,十年不懈,小大政事,日欲增
葺,而朝廷之間,邪説尚勝。大抵小人之害君子,必求要切之語以中之,使之
不能自解。方朝廷修改法度之初,凡在朝野,孰無論議,陛下聖度兼包,豈悉
記録? 而小人賊害,指目未已,苟昔有異同之論,而今不爲言者所容,則必指
以爲沮壞法度之人,不可復用,非陛下加意省察,則端人良士,類遭排格。當
時粗陳此論,陛下頗賜開納。近日除顧臨開封府推官,程顥判武學,搢紳聞

之,皆以爲顯昔任御史,嘗有所言,陛下不以爲過而稍用之,知朝廷用人,不終遺棄,必料傳之四方,士人無不欣仰。然命下數日,復因言者而罷去,則知臣前所陳者,其風猶未殄也。臣實不佞,嘗爲一二識者私道陛下聖德,竊以爲陛下春秋鼎盛,履崇高之位,操殺生之柄,而記人之功,忘人之過,極天地山海之量,此群下所以愛戴而人人願立於朝也。小大之臣,雖奸回頗僻如鄧綰者,猶降責不踰年,遽復侍從,授以方面,則是盛明之世,本無棄絕之人,邪正賢不肖,亦未易以一言而定也。臣愚以謂今日公卿士大夫,嘗於朝廷法令有所可否,然其愛君許國之心,愈久而益明者甚多。其唱和雷同,承迎附會,而奸言汗行卒爲陛下所照者,蓋亦不少。然則人固未易知,士亦不可忽也。況如顯者,陛下早自知之,其立身行已,素有本末,講學論議,久益疏通。且其在言路日,時有論列,皆辭意忠厚,不失臣子之禮,使得復見用於聖世,其奮身報國,未必在時輩之後。兼所除武學差遣,亦未爲仕宦之要津,而小人斷斷必以爲不可者,直欲深梗正路,廣沮善人,其所措意,非特一二人而已。臣區區所慮者,讒説殄行之徒日以熾盛,則守正向公之士愈難自立,其於聖政不爲無損。臣受恩與常人不同,苟有所當言者,不敢顧避緘默,以負陛下優遇,惟陛下幸察。'"

案:《全宋文》卷一〇九四,有呂公著此奏,題目爲《乞選用前日議論之人不終遺棄奏》,時間爲元豐元年,疑時間有誤。

三月

蘇軾於南都晤呂希道,時呂希道監南京糧料院

《蘇軾年譜》卷一八神宗元豐二年三月"抵南都"條:"抵南都。見張方平,晤弟轍。晤僧應言,言有功東平。晤呂熙道(希道、景純)。留半月……據《范太史集》卷四十二希道墓銘,時監南京糧料院。《總案》謂希道時守南都,誤。"

案:《蘇軾文集》卷五九有《答呂熙道二首》,其一云:"平時企詠賢者,獨恨隔閡耳。既至治下,謂當朝夕繼見,而病與人事奪之,又迫於行,忽遽舍去,可勝歎耶。別來方欲上問,先辱手教,益增悚怍。比日起居何如?後會不可期,惟萬萬以時自重。"其二云:"南都住半月,恍然如一夢耳。思企德義,每以悵然。舍弟樸訥寡徒,非長者輕勢重道,誰肯相厚者。湖州江山風物,不類人間,加以事少睡足,真拙者之慶。有幹不外。"

四月

詔呂嘉問權罷潤州

《長編》卷二九七神宗元豐二年四月庚戌條："命江南西路轉運判官彭汝礪、提舉兩浙路常平等事范峋,就潤州推鞫呂嘉問事。詔嘉問權罷潤州。"

五月

知潤州、司封員外郎、直昭文館呂嘉問落職沖替

《長編》卷二九八神宗元豐二年五月癸酉條："詔知潤州、司封員外郎、直昭文館呂嘉問落職沖替,免勒停。監市易務門、河南府左軍巡判官華申甫除名。兩浙路提點刑獄、祠部員外郎、集賢校理王陟臣落職沖替。供備庫副使張濟追一官,遠小處監當。知慶州、天章閣待制俞充罰銅三十斤,檢正中書孔目房曾伉二十斤,度支副使張璪十斤。初,江東轉運判官何琬劾奏嘉問不法,章未下,而嘉問辯訴。詔御史臺推治,申甫自京師以私書報之,申甫得之於濟及陟臣、充,陟臣檢正中書吏房,充都提舉市易司,濟故三司吏,伉嘗爲璪道嘉問事,而璪漏其語於所親也。上欲究所從來,命取進奏院發書歷,得嘗與嘉問通書主名,乃下開封府令人自陳,不盡當除名,而申甫不以實,故除名,嘉問坐報上不以實,雖會恩不貸也。"

元絳罷參知政事,蔡確參知政事

《宋宰輔編年錄校補》卷八神宗元豐二年五月:"甲申,元絳罷參知政事……戊子,蔡確參知政事……"

七月

詔呂嘉問案,詞涉王安石,不得取問

《長編》卷二九九神宗元豐二年七月庚辰條："詔潤州制勘院,告示華申甫,如前案招通不實,不用並計,當議編管,內詞涉王安石,不得取問。時呂嘉問已坐報上不實,落職沖替,復乞再勘。朝廷以申甫所傳報與嘉問事狀已明,恐其潛相附會反復。嘉問又妄引安石爲證,欲以自解,上察見其奸,故有是詔。"

八月

呂公孺智止役兵嘩變，知河陽

《長編》卷二九九神宗元豐二年八月丁未條："右諫議大夫、知河南呂公孺知河陽。洛口役兵千餘人憚役，不稟令，排行慶關不得入，西趨河橋。其徒有來告者，諸將請出兵擊之，公孺曰：'此曹亡命，窮之則生變。'乃令曰：'敢殺一人者斬。'於是乘馬東出，令牙兵數人前諭曰：'爾輩久役固當還，然有不稟令之罪，若復度橋，則罪加重矣！太守在此，願自首者止道左。'衆皆請罪，索其爲首並助謀者，黥配之，餘置不問，復送役所，語洛口官曰：'如尚敢偃蹇者，即斬之。'衆帖然不敢動。乃自劾不俟命，詔釋之。"

鞫呂氏爲陳世儒請求事移御史臺詔

《長編》卷二九九神宗元豐二年八月壬子條："詔大理寺鞫呂氏爲陳世儒請求事移御史臺，內命官兩問不承，即聽追攝，兩省以上取旨。中丞李定言，已遣王彭年就濠州劾蘇頌，乞令彭年逮頌詣臺對獄，餘當追命官，除兩省外，依勘太學公事已得指揮。從之。"

案：據《長編》此條，陳世儒案件，元豐元年六月送開封府，二年正月己卯移大理寺，八月壬子移御史臺，九月丁丑世儒伏誅。

九月

詔林英、謝仲規同鞫呂嘉問

《長編》卷三〇〇神宗元豐二年九月戊辰條："詔淮南東路提點刑獄林英、江南路提舉常平等事謝仲規同鞫前知江寧府呂嘉問。以嘉問訴前鞫未盡也。"

呂夷簡曾外孫女李氏（李中師女，陳世儒妻）因謀殺婆婆，杖死

《長編》卷三〇〇神宗元豐二年九月丁丑條："詔前國子博士陳世儒並妻李、婢高、張等十九人，並處斬，婢高凌遲，妻李特杖死，婢單等七人貸死，杖脊，分送湖南、廣南、京西路編管。世儒，宰相執中子，執中嬖妾張氏淫悍不制，生世儒未久而執中死，詔張氏爲尼。世儒既長，迎歸，與妻李事之不謹。

李，龍圖閣直學士中師女，母，吕氏，夷簡孫也。世儒知蘇州太湖縣，庸駿不樂爲外官，與李諷諸婢謀殺張，欲以憂去，諸婢以藥毒之不死，夜持釘陷其腦骨，以喪還京師，爲諸婢告發，而李辭屢變，凡三易獄，始得實。於是元勘官皆得罪，知大理卿事崔臺符、權發遣大理少卿蹇周輔、楊汲，各罰銅十斤，權大理寺丞賈種民二十斤。"

十月

太皇太后曹氏崩於慶壽宫

《長編》卷三〇〇神宗元豐二年十月乙卯條："太皇太后崩於慶壽宫，百官入班宫庭，時宰臣吳充以疾不至，王珪升西階宣遺詔，園陵制度依昭憲、明德皇太后故事施行。"

命同知樞密院吕公著撰謚册文

《長編》卷三〇〇神宗元豐二年十月戊午條："詔易園陵爲山陵。命參知政事蔡確撰哀册文，同知樞密院吕公著撰謚册文，翰林學士章惇撰謚號文，龍圖閣直學士韓縝書哀册、謚册、謚號文。"

案：慈聖光獻皇后是仁宗第二位皇后，祖父曹彬爲北宋開國功臣。歷仁宗、英宗、神宗，相繼被尊爲皇后、皇太后、太皇太后，元豐二年病逝，謚號"慈聖光獻皇后"。

是歲，吕希道知滁州，蘇轍有詩相送

《欒城集》卷八《送吕希道少卿知滁州》："長怪名卿亦坐曹，忽乘五馬列旌旄。才多莫厭官無事，郡小不妨名自高。庶子定應牽賦詠，醉翁聊復繼游遨。試尋苦戰清流下，要識經綸帝業勞。"（引自《蘇轍集》）

案：《宋兩淮大郡守臣易替考·滁州》考證：元豐二年吕希道始知滁州，元豐四年離任。

又案：本年進士及第者凡三百四十八人。有時彦、陳瓘、晁補之、張康國、蔡肇等。

卷十七

元豐三年庚申（1080），呂公著六十三歲，呂公孺六十歲，呂希道五十六歲，呂希哲四十一歲，呂好問十七歲

正月

呂公著撰《慈聖光獻皇后謚册文》

《全宋文》卷一〇九二呂公著《慈聖光獻皇后謚册文》元豐元年正月十四日：

維元豐三年歲次庚申，正月乙丑朔，十四日戊寅，孝孫嗣皇帝臣頊再拜稽首言曰：臣聞道本無形，不可擬以稱謂；德合無疆，不可規以封畛。然自昔賢聖相繼，作民父母，莫不稽行以立謚，紀功而建號，著在典册，聲於郊廟。蓋休烈盛美，既有以冒於四海；則隆名尊稱，必有以詔於萬世。恭惟大行太皇太后，實天祐宋，誕生淑聖。聰明淵靜，至性得於自然；慈仁粹和，懿范冠於往昔。惟藝祖肇造區夏，武惠之勛，從享大室。積德流慶，用大集於後昆，乃登中闈，作配仁祖。夙夜警戒，逾三十年。億寧神人，嘉靖內外。翊贊聖治，迄用有成。深惟宗社之重，援立先帝，大策既定，五謀協從。諒闇之初，哀疚弗豫，勉同聽決，庸濟艱難，群情於是獲安，神器以之增重。而進退以正，勞謙有終。迹不踐於外廷，歲甫基而復辟。方且宅心道秘，頤神物表，享東朝之尊，十有七年。福浸黎元而撝挹不居，奉極天下而恭儉自牧。較其全德遠度，休聲茂實，雖詩人所載任、姒之美，殆無以加。漢氏以來馬、鄧之烈，曾莫得而比倫矣。顧惟沖菲，獲奉晨昏，教誨撫存，慈惠兼至。間稟要務，仰遵成規。家用平康，民以寧一。庶蒙休祐，永錫難老，以伸小子欲報之志，以慰萬方欣戴之心。不圖邦釁上延，奄棄崇極。玉衣如在，飆駕不還。痛色養之長違，顧孺慕而何及！考卜維吉，因山有期，乃稽舊章，節大惠，易鴻名，請於祖宗，告於

几筵。謹遣攝太尉、光禄大夫、行尚書禮部侍郎、同中書門下平章事、集賢殿大學士王珪奉寶册上尊諡曰慈聖光獻皇后。伏惟明靈在天，降鑑於下，膺兹典禮，永配廟祐，儲祉錫羨，光於無窮。嗚呼哀哉！謹言。

案：曹太皇太后崩於元豐二年十月乙卯，吕公著撰諡册文絶不可能在元豐元年，《全宋文》此條時間有誤。按文中所寫，該是元豐三年正月十四日。

降前知江寧府、司封員外郎吕嘉問知臨江軍

《長編》卷三〇二神宗元豐三年正月壬午條：“降前知江寧府、司封員外郎吕嘉問知臨江軍。嘉問前坐監司按修造違法事等奪職，至是上書自辨，又坐對制不實，會恩止降差遣。”

案：《宋兩江郡守易替考·臨江軍》考證：元豐三年吕嘉問始知臨江軍，元豐四年離任。

二月
章惇參知政事

《宋宰輔編年録校補》卷八神宗元豐三年二月丙午條：“章惇參知政事……”

王安石革新派窮治陳世儒案，吕公著遷涉其中

《長編》卷三〇二神宗元豐三年二月己未條：“詔光禄寺丞、權發遣大理寺丞賈種民沖替，知大理卿崔台符、少卿楊汲、權監察御史裏行何正臣，各罰銅十斤。大理初鞫陳世儒獄，並治世儒妻李氏，母吕氏嘗干其叔父公著，請求於知開封府蘇頌。公著未嘗以語頌，而種民挾情，於上殿札子增易語言事節，傅致其罪。公著自辨，移御史臺推治。時頌已坐孫純事謫知濠州，追還，參對得實。種民坐罪，而正臣坐常監勘，與台符、汲各不舉察故也。”

《長編》卷三〇二神宗元豐三年二月壬戌條：“詔知濠州、秘書監、集賢院學士蘇頌歸班，群牧判官、都官郎中龐元英送審官東院，大理評事吕希亞、贊善大夫晏靖並沖替。頌坐前知開封府鞫陳世儒事，而元英詣頌伺問，頌嘗酬對，但言其情狀極丑惡，刑名未可知。法寺當頌，元英以不應爲從重。希亞、

靖亦嘗伺問，後坐報上不實。始頌鞫世儒獄具，輒爲法官所駁，或謂頌欲寬世儒夫婦。上以詰頌，且曰：‘無縱有罪。’頌對：‘事在有司，臣固不敢諭之使重。’詔移獄於大理。大理因言頌嘗受呂公著請求。遣官即訊於濠州，而世儒獄又移付御史臺。頌自濠赴臺置對。御史曰：‘君素長者，必以親舊之情不能違，速自言，毋重困辱。’頌曰：‘誣人以死不可爲，若自誣以得罪，雖甚重，不敢避。’遂手書數百言付獄吏。上覽奏牘，疑之，詔御史求實狀。御史反復究治無得，乃詰大理獄吏所得公著請求之説，吏窮，吐實曰：‘此大理丞賈種民增減其辭爲之也。今其稿尚在。’取而視之，信然。於是種民抵罪，而頌得辨明，猶坐酬對元英等爲泄獄情，故罷濠州。”

　　案：陳世儒是已故宰相陳執中的獨子，爲呂公綽的外孫女婿。陳世儒夥同妻子李氏殺母一案，應是王安石變法中革新派和保守派鬥爭的犧牲品，陳世儒一家十九人被處斬，蘇頌、呂公著兒子、侄兒、女婿、司馬光兒子等相繼被逮捕。初審官蘇頌情願自誣而不願誣人，並留下詩句：“虛構爲實盡枝辭，直道公心自不欺……況是聖神方燭理，深冤終有辨明時。”值得玩味。

三月

吳充罷相

　　《宋宰輔編年録校補》卷八神宗元豐三年三月乙丑條：“吳充罷相……”

呂公著力諫神宗，不可以褒寵外戚

　　《長編》卷三〇三神宗元豐三年三月己丑條：“上以慈聖光獻故，大推恩於曹氏。於後爲兄弟行者進三官，子行進兩官，孫行者進一官，凡被賞者百餘人，且欲以佾爲正中書令。呂公著言：‘正中書令，自宋興以來未嘗除人，況不帶節度使，即宰相也，非所以寵外戚。’上曰：‘此誠闊典，第不如是，不足以稱厚恩爾。’公著固爭，乃以節度使兼中書令。他日，佾又奏：‘臣鄉除兼侍中，三子皆以臣故進官。今除兼中書令，亦乞用前比進三子官。’公著言：‘佾除兼侍中，曹氏子孫皆不遷，故特以佾故進其三子。今佾三子已用泛恩進兩官矣，豈可以復加？’上曰：‘理固如此，第以元舅之請，不可違爾。’上又曰：‘褒寵外戚，誠非國家美事。顧以慈聖光獻有功於宗社，宜優恤其家爾。’公著因言：‘自古亡國亂家,不過親小人、任宦官、通女謁、寵外戚等數事而已.'上深以爲然。時王中正、宋用臣等任事,故公著假此以諷上。既退,薛向歎曰:'公乃敢言如此事,使向汗流浹背。'"

四月

同知樞密院呂公著復歸西府。陳世儒伏誅,呂公著自辯

《長編》卷三〇三神宗元豐三年四月丁酉條:

是日,同知樞密院呂公著復歸西府。

先是,元年六月,開封府鞫陳世儒獄,公著時爲端明殿學士兼侍讀。世儒妻李將就逮,巫謂其母呂曰:"幸告端明公爲祝蘇尹,得即訊於家。"呂即夜至公著所,如女言。公著曰:"不可,比相州獄止坐請求耳,逮系者數百人。況此,豈可干人耶?"呂涕泣而退。其年九月,公著除同知樞密院。明年正月,御史言開封所鞫不盡,詔遷其獄於大理。大理承賈種民因欲蔓其獄,間謂李曰:"亦嘗有屬於官司乎?"李即具對嘗請於公著,而公著不許。種民得之,乃更其獄牒,謂公著嘗許之,而公著子希績、希純皆與聞。遂逮李母呂。呂至,對如李辭。又逮公著從子希亞、世儒友婿晏靖而告於朝。上謂執政曰:"公著宜無此。"乃遣御史黃顏監治。其五月,種民來就問於西府,公著及二子皆以實對。顏知獄皆誣枉不可就,而畏避不敢言,未几,托疾去。時上已稍知獄官之無狀,因不復遣御史。中書復固請用御史何正臣監訊。正臣至大理,而獄益熾。其八月壬子,又遷其獄於御史臺,逮公著婿邵鼺及二婢,仍檄閣門止公著朝謁。上詔公著入謁如常,公著即以其月丙辰避位待辨於家。上數遣內侍勞問,促公著復位,公著訖不敢起。世儒既伏誅,請求事猶未辨。會慈聖光獻崩,被召乃就職。及易月之制畢,上以十一月己丑復視朝。翌日,公著面奏曰:"臣比蒙召命,以陛下方在喪次,臣子當奔走承事,不敢以私故辭。今陛下已抑情聽政,臣請復待罪於家。"上固留公著,公著遂杜門不復出。正臣治獄久不決,至追逮蘇頌於濠州,鍛鍊靡所不至,竟無事實。辛卯,中丞李定等入對,即奏云:"公著實未嘗請求,特嘗因垂拱退朝,頌與眾從官泛言陳氏事,公著亦預聞爾。"欲用此辭以結獄。是日,何正臣稱疾不上。壬辰,詔御史舒亶以定等所奏,就問公著於家。公著言:"臣審聞此於法固無害,第實不預聞,不

敢妄對以欺君爾。"十二月己亥,定等復入對,正臣又稱疾不上。定等奏被系
者訖無所承,且皆無左驗。上始大感寤,遂詔停獄。而種民以擅更獄辭下御
史臺劾治。上既詔停獄,即日遣中使諭公著獄事已解,可亟入就職。越三日,
壬寅,公著入謁展謝,上曰:"有司考竟都無一事。"比拜起,上如是言者再。遣
使押公著家屬歸西府。公著亦未敢遷。

　　始公著被誣,或謂公著以輔弼掛吏議,當隨事自承,不宜有陳。公著曰:
"不然。自古公卿大臣遭枉濫,而不能自直者多矣,皆不得其時也。今吾生治
世,事明主,近在帷幄之間,一旦被誣而不能申理,則四方疏遠之人何以自明?
將恐治獄者狃以自張,被罪者望風畏却,一罹呵問,例自承服,致朝廷有濫罰
之譏,罪乃在吾,而不在朝廷也。"獄事既釋,公著曰:"吾身備輔弼,既被吏議
矣,雖無事,安可以復在位?"會慈聖梓宮在殯,陵事方嚴,未可以請。及慈聖
神主祔廟,公著即再上表乞補外郡。上再遣使封還,仍詔公著入對,敦諭彌
切,公著乃復歸西府。

　　《邵氏聞見錄》卷六:"(賈)黃中之孫種民者,元豐中爲宰相蔡確所用,官
大理寺丞,鍛鍊故相陳恭公執中之子世儒與其婦獄至極典,天下冤之。又以
蔡確風旨,就府第問同知樞密院呂公公著,呼公之子希純及老嫗立庭下,問世
儒妻呂氏請求事,以枷捶脅之。希純等曰:'呂氏固樞密之姪,嘗以此事來告
樞密。樞密不語,垂涕而已。'竟無以爲罪。神宗知之,怒曰:'原無旨就問呂
公著,賈種民小臣,輒敢淩辱執政,特沖替。'嗚呼,黃中之後衰矣!"

九月

薛向、孫固並樞密副使。馮京樞密使。薛向罷同知樞密院,呂公著改樞密副使

　　《宋宰輔編年錄校補》卷八神宗元豐三年九月:"癸未,薛向、孫固並樞密
副使……丙戌,馮京樞密使……同日,薛向罷同知樞密院……丁亥,呂公著改
樞密副使。自户部侍郎、同知樞密院改正議大夫除。"

　　《長編》卷三〇八神宗元豐三年九月丁亥條:"以户部侍郎、同知樞密院事
呂公著爲正議大夫、樞密副使。公著與馮京、薛向、孫固同任西府,三人者屢
於上前爭論,公著獨不言。既而上顧問之,公著乃徐爲開析可否,言簡而當,

上常納之，三人者亦不能違也。出則未嘗語人，外皆譏公著循嘿，不副衆望，公著亦不辨也。而同僚或爲辨之。上數與輔臣論天下事，一日，謂公著曰：'民間不知有役矣。'公著對曰：'然。上户昔以役多破家，今則飽食安居，誠幸矣。下户昔無役，今率錢，則苦矣。'上曰：'然則法亦當更也。'"

吕公著除樞密副使，蘇軾有賀啓

《蘇軾文集》卷四七《賀吕副樞啓》云："伏審近膺告命，入總樞機。中外聳觀，朝廷增重。伏惟慶慰。竊以古之爲國，權在用人。德厚者，輔其才而名益隆；望重者，無所爲而人自服。是以淮南叛國，先寢謀於長孺；汾陽元老，尚改觀於公權。樽俎可以折沖，藜藿爲之不采。哀此風流之莫繼，久矣寂寥而無聞。天亦厭於凡才，上復思於舊德。恭惟樞密侍郎，性資仁義，世濟忠嘉。豈惟清節以鎮浮，固已直言而中病。出領數郡，若將終身。小人謂之失時，君子意其復用。迨兹顯拜，夫豈偶然。然而荷三朝兩世之恩，當《春秋》賢者之責。推之不去，凜乎其難。進伯玉而退子瑕，人皆望於門下；烹桑羊而斬樊噲，公無愧於古人。莫若盡行疇昔之言，庶几大慰天下之望。軾登門最舊，稱慶無緣。踴躍之懷，實倍倫等。"

案：《蘇軾年譜》卷一九神宗元豐三年九月丁亥"吕公著除樞密副使"條："丁亥（二十八日），吕公著除樞密副使。有賀啓。"《經進東坡文集事略》卷二十七收此文，謂爲賀吕公弼者。據孔凡禮考證，賀啓云"荷三朝兩世之恩"。公弼除樞密副使，爲英宗治平二年七月辛巳，才二朝，不合。《蘇文系年考略》謂此啓作於元豐元年九月，爲賀吕公著者，然其時公著所除者乃同知樞密院事，亦不合。賀啓云："軾登門最舊，稱慶無緣。"以時遭貶謫也，合。

元豐四年辛酉(1081)，呂公著六十四歲，呂公孺六十一歲，呂希道五十七歲，呂希哲四十二歲，呂好問十八歲

春正月

馮京罷樞密使，孫固知樞密院，呂公著、韓縝同知樞密院事

《宋宰輔編年錄校補》卷八神宗元豐四年正月辛亥條："馮京罷樞密使……同日，孫固知樞密院事……呂公著、韓縝同知樞密院事。公著自樞密副使、正議大夫除。縝自龍圖閣直學士、太中大夫、樞密都承旨兼群牧使除。"

二月

章惇罷參知政事，張璪參知政事

《宋宰輔編年錄校補》卷八神宗元豐四年二月："癸卯，章惇罷參知政事……甲辰，張璪參知政事……"

五月

知審官東院、通議大夫呂公孺代張唐民，兼權判都水監

《長編》卷三一二神宗元豐四年五月甲寅條："知審官東院、通議大夫呂公孺兼權判都水監，代張唐民。以御史滿中行言'唐民素無風力，加之罷老，平時曠弛，不以河防爲意，一有患，則救護經畫，朝廷悉遣他官，唐民飽食安居，處之自若，恐非爲官擇人之意'故也。"

六月

神宗決意西征，呂公著勸諫無果

《宋史全文》卷一二下《宋神宗三》元豐四年六月條："壬午，詔陝西緣邊諸路累報夏國大集兵，須至廣爲之備，以种諤爲鄜延路經略安撫副使，應本司事，與經略安撫使沈括從長處置。諤入對，大言曰：'夏國無人，秉常孺子，臣

往提其臂而來耳。'上壯之，乃決意西征，命諤副括。上初議西討，知樞密院孫固曰：'舉兵易，解禍難。'前後論之甚切。上意既決，固曰：'然則熟爲陛下任此者？'上曰：'吾以屬李憲。'固曰：'伐國大事，而使宦者爲之，士大夫誰肯爲用？'上不悅。他日又對曰：'今五路並進而無大帥，就使成功，兵必爲亂。'上諭以其無人。同知樞密院呂公著進曰：'既無其人，不若且已。'固曰：'公著言是也。'"

七月

呂公著評價曾鞏，謂"行義不及政事，政事不逮文學"

《長編》卷三一四神宗元豐四年七月己酉條："手詔：'朝散郎、直龍圖閣曾鞏素以史學見稱士類，方朝廷敘次《兩朝大典》，宜使與論其間，以信其學於後。其見修《兩朝國史》將畢，當與《三朝國史》通修成書。宜與鞏充史館修撰，專典史事，取《三朝國史》先加考詳，候《兩朝國史》成，一處修定。'仍詔鞏管勾編修院。鞏所爲文，章句非一律，雖開闔馳騁，應用不窮，然言近指遠，要其歸必止於仁義。至其行，不能逮其文也。呂公著常評鞏，以爲爲人不及論議，論議不及文章。"

案：南豐曾氏與臨川王氏關係密切。據《宋史·曾鞏傳》云，曾鞏少與王安石游，"安石聲譽未振，鞏導之於歐陽修"，然其對王安石變法持反對態度。北宋新舊黨爭激烈，對壘分明。舊黨領袖呂公著對其評價較低，與他作爲王安石的故交是否有一定關係？

十一月

知審官東院、通議大夫呂公孺知秦州

《長編》卷三一九神宗元豐四年十一月辛卯條："河北都轉運使、天章閣待制王居卿知秦州，尋改命知審官東院、通議大夫呂公孺。"

樞密院置知院、同知院二人，或云神宗欲以禮退呂公著

《長編》卷三二〇神宗元豐四年十一月甲辰條："樞密院置知院、同知院，餘悉罷。於是大改官制，議者欲廢樞密院歸兵部，上曰：'祖宗不以兵柄歸有

司,故專命官統之,互相維制,何可廢也?'上又以樞密聯職輔弼,非出使之官,
乃定置知院、同知院二人。時有知院事孫固、同知院事呂公著、韓縝凡三員,
或曰上欲以禮退公著,自是踰五月,公著始請補外雲。"

是歲,呂希道除知澶州

《宋河北河東大郡守臣易替考・澶州開德府》:元豐四年,呂希道始知澶
州,元豐七年八月離任。

元豐五年壬戌(1082),呂公著六十五歲,呂公孺

六十二歲,呂希道五十八歲,呂希哲四十三歲,呂好問十九歲

二月

知秦州呂公孺奏言借錢斛五千貫、石,以救恤屬番弓箭手

《長編》卷三二三神宗元豐五年二月丙子條:"知秦州呂公孺言:'經略司
常平錢斛,法以救恤屬蕃弓箭手之類,今所存甚少,望特權借提舉司錢斛相兼
支俵,仍展至三月。'詔權借錢斛五千貫石。"

四月

王珪左僕射,蔡確右僕射。章惇守門下侍郎,張璪守中書侍郎,蒲宗孟守尚書左丞,王安禮守尚書右丞。呂公著罷同知樞密院事

《宋宰輔編年錄校補》卷八神宗元豐五年四月:"癸酉,王珪左僕射……蔡
確右僕射……甲戌,章惇守門下侍郎……張璪守中書侍郎……蒲宗孟守尚書
左丞……王安禮守尚書右丞……丁丑,呂公著罷同知樞密院事。自正議大夫罷
爲光禄大夫、資政殿學士、知定州。"

呂公著固諫征討西夏事,罷同知樞密院事,知定州

《長編》卷三二五神宗元豐五年四月丁丑條:"正議大夫、同知樞密院呂公

著爲光禄大夫、資政殿學士、知定州。始，議五路舉兵伐夏，公著諫，不聽，尋上表求罷，仍謁告不出。上封還其奏，賜手詔曰：‘在廷之臣，可托腹心之寄，無逾卿者，安得自外自逸？’公著乃復起視事。及西師無功，公著言，外議皆謂王中正宜正典刑。於是用李憲策，將圖再舉，公著又固諫，上不悦。會章惇自定州召爲門下侍郎，公著固乞代惇守邊。上曰：‘朕待卿不止此，卿其少安。’或謂公著曰：‘今官制新行，所用爲相者，或素出公下，又西府方以二員爲制，而公與孫和甫、韓玉汝爲三人，有溢員，上以是詔未用二員之制。今遽求去，得毋近於躁乎？’公著曰：‘所謂大臣者，病不能以義進退耳，皇恤其他？’章繼上，乃有是命。及李舜舉入奏，上意悟，欲罷西師。公著入辭，上慰勞之曰：‘卿不當居外，行且召卿矣。’”

吕公著撰《定州謝上表》

《全宋文》卷一〇九六吕公著《定州謝上表》：“尸榮右府，無裨廟算之奇；假守中山，復當閫制之重。戴恩爲懼，虔命以行。遄届郡封，恪宣條詔。伏念臣降才譾薄，植性懦愚。學術不足以稽五謀之疑，識慮不足以籌千裏之勝。特以百年舊族，荷累聖不貲之恩；一介微軀，辱主上非常之遇。黈緣寵渥，更踐清華。晚收疏外之孤蹤，擢贊微几之要務。奉天光而咫尺，被聖誨之丁寧。謂臣世服近僚，有均休共戚之義；察臣傍無厚援，絶背公死黨之嫌。曲示優容，俾思報效。顧駑駘之難疆，嗟蒲柳之易衰。久預枋司，積有妨賢之畏；泝祈麾寄，更圖陳力之方。伏遇皇帝陛下體虚静以儲神，極高明而盡下。俯矜素悃，特霈俞音。惟定武之奥區，據朔陲之重地。尚叼付委，靡即棄捐。仍進叙於文階，且兼華於秘殿。並將厚意，增賁舊臣。況臣夙侍軒墀，實司樞筦。凡治軍經武之要，洎守塞禦戎之宜，日炙睿謀，備觀宸斷。逮兹臨遣，得以遵承。謹當細大必躬，夙宵彌勵。進不敢希功而生事，退不敢弛備以曠官。期不玷於誤知，庶少酬於鴻施。”

夏

河東靈平埽水災嚴重，吕希道至河上親自督役

范祖禹《范太史集》卷四二《左中散大夫守少府監吕公墓志銘》：“公諱希

道,字景純。其先自太原副留守,始爲河東人。由文穆公而下,三相五尹,遂家開封,世族冠天下。曾祖蒙亨,大理寺丞,贈太師、中書令兼尚書令、魏國公。祖夷簡,守太尉致仕,贈太師、中書令兼尚書令、秦國公,謚文靖公,配饗仁宗廟庭。考公綽,翰林侍讀學士,贈司徒……元豐五年夏,河東注,靈平埽一夕潰岸,几决。公曰:‘此正前日之曹村也,事不可再。’即馳至河上自督役。河得無虞。”

十月

呂公著力諫不可盲目伐夏,神宗不聽。永樂城陷

《長編》卷三三〇神宗元豐五年十月戊申條:“李秬、种諤、沈括奏:‘永樂城陷,蕃漢官二百三十人、兵萬二千三百餘人皆没。’先是,沈括奏:‘敵兵來逼城,見官軍整,故還。’上覽奏憂之,曰:‘括料敵疏矣! 彼來未戰,豈肯遽退耶? 必有大兵在後。’已而果然。及聞城陷,涕泣悲憤,爲之不食。早朝,對輔臣慟哭,莫敢仰視,既而歎息曰:‘永樂之舉,無一人言其不可者。’右丞蒲宗孟進曰:‘臣嘗言之。’上正色曰:‘何嘗有言? 在内惟呂公著、在外惟趙卨嘗言用兵不是好事耳。’”

十一月

知秦州、通議大夫呂公孺知相州

《長編》卷三三一神宗元豐五年十一月甲午條:“知秦州、通議大夫呂公孺知相州。先是,李憲以詔發兵,公孺不遣,與憲互論,故有是命。”

是歲,呂希道知汝州

范祖禹《范太史集》卷四二《左中散大夫守少府監呂公墓志銘》:“遷知滁州。又知汝州,權發遣三司都勾院,除知澶州。”

案:《北宋京師及東西路大郡守臣考·汝州》考證:元豐五年呂希道知汝州,元豐六年離任。

又案:本年進士及第者凡四百四十五人。有黄裳、余深、晁説之、晁端稟、鄒浩、馮澥、游酢等。

元豐六年癸亥(1083)，呂公著六十六歲，呂公孺六十三歲，呂希道五十九歲，呂希哲四十四歲，呂好問二十歲

四月

曾鞏卒。呂公著對曾鞏評價較低，故鞏不至大用

《後編》卷八五宋神宗元豐六年四月辛未條："是月，中書舍人曾鞏卒。"

《東都事略》卷四八："鞏字子固。生而警敏，年十二能文。及冠，游太學，歐陽修見其文而奇之，自是名聞天下……所爲文章開闔馳騁，應用不窮，然言近指遠，要其歸必止於仁義。初與王安石友善，安石稱其文辭，以譬'水之江漢星之斗'。神宗嘗問鞏：'卿與王安石最密，安石何如人？'鞏曰：'安石文學行義不減揚雄，以吝故不及。'神宗遽曰：'安石輕富貴，不吝也。'鞏曰：'臣謂吝者，安石勇於有爲而吝於改過耳。'神宗頷之。呂公著嘗告神宗，以鞏爲人行義不如政事，政事不如文章。鞏以此不大用云。"

六月

呂公著至定州，上疏與契丹邊境安寧之策

《長編》卷三三五神宗元豐六年六月丙辰條："時朝廷方經武事，增修邊備，趨時者爭獻北伐之策。呂公著至定州，即爲上言：'中國與契丹通好久，邊境晏然無事，塞上屯軍亦素有節制，惟宜静以鎮之。'又嘗因走馬承受入都，附奏前説。既回，傳上語諭公著曰：'邊陲誠無警，更須遠斥候，廣偵伺，以爲之防。'保甲法新行，被邊皆設教場，日鳴金鼓，課人誦戰法，聲達於敵境，檄邊郡以爲生事違誓約。上委公著處其事，且賜手詔曰：'近以北界理會團教場，已委卿處置聞奏，卿可審爲酌量，務在事體適中，外不致張惶堅敵之疑，内使州縣公私無繁擾遷徙傷財之弊，且不啓貪寇緣而生事之害，乃朝廷意也。'公著即上奏，以爲：'古人之治兵農，有疆以周索者，有疆以戎索者。今遣邊人習戰法於境上，尤非宜，且非管子寄令之意也。請一切罷去，專以舊弓箭手法從

事。'不聽。"

閏六月

富弼卒

《蘇文忠公全集》卷一八《富鄭公神道碑》："公諱弼,字彥國,河南人……(元豐)六年閏六月丙申,薨於洛陽私第之正寢,享年八十。"

七月

孫固罷知樞密院事。韓縝知樞密院事,安燾同知樞密院事

《宋宰輔編年錄校補》卷八神宗元豐六年七月丙辰條:"孫固罷知樞密院事……同日,韓縝知樞密院事……安燾同知樞密院事……"

八月

陸中奏言呂公著違法差禁軍防送罪人

《長編》卷三三八神宗元豐六年八月丙戌條:"真定府定州路都總管司走馬承受陸中言,祁、定州差禁軍防送罪人,有違配法。手詔:'朝廷新造法度,頒行之初,既已明悉,若有司尚敢不遵稟,理須痛與懲治,以肅慢令之人。宜下提點刑獄李寧劾違法官吏,縱逢非次赦恩不原。'"

《長編》同條:"先是,定州以教保甲、修城池、建太倉,中使旁午於道。呂公著預戒有司謹飾餼勞,然公著素靜重寡言,接對有常禮,初無所假借,以是至者多不樂。中被旨市絲五萬兩供尚方,已而中復獻計增市,詔以付定州。公著停其詔,上言:'曰前所市者,皆先期給緡錢,故民力猶可辦。今已涉深夏,民間漸就機織,以備輸納,若倉卒再行收市,人將受其害。'上悟,即詔公著寢其事。中又受旨專董倉役,日使人持梃立城西門,民有以車乘輦薪蒸鬻城中者,皆強致之倉所,以供陶甓,城中几廢爨。公著命擒中所遣卒,盡杖之,一城歡呼。公著之未至也,中受命經始倉役,即壞民居、毀僧舍,民有葬於倉西者,中改築垣直其域中,民號泣發其墓持喪而去。其所占地蓋廣矣,然不足於素慮者猶二百五十二楹,中因請別度地建小倉以足之。公著曰:'今二大倉所受已不貲,若又益一小倉,徒費公私,無益也。'奏罷之。中既數被沮,因借是

以報怨云。"

蒲宗孟罷尚書左丞。王安禮尚書左丞,李清臣尚書右丞

《宋宰輔編年錄校補》卷八神宗元豐六年八月辛卯條:"蒲宗孟罷尚書左丞……同日,王安禮尚書左丞……李清臣尚書右丞……"

定州路安撫使呂公著奏言,措置糴便司相度衍積、寶盈二倉,詔從之

《長編》卷三三八神宗元豐六年八月庚子條:"定州路安撫使呂公著言:'河朔秋稔,異於常歲。定州所修衍積、寶盈二倉已成,乞申敕措置糴便司比在市量增直,參用見錢文鈔廣糴。然據新倉見糴白米,須九分以上,太求精鑿,則民難入中,及訪問若不留一二分穀,則易損壞。況本倉已糴米,復用人功攬拌,今若止糴八分細米,經年退去穀殼,已是九分以上,緩急支用,不須春變,不惟省官錢,糴數多,兼可經久。'詔措置糴便司相度。已而糴便司奏:'檢會糴法,除年計合收糴九分己上白米外,其封樁白米,止要及八分以上,與公著今所奏事理不殊,當依已降朝旨施行。'從之。"

十月

光祿卿呂嘉問言祭祀之酒禮,神宗御批可暫用

《長編》卷三四〇神宗元豐六年十月甲申條:"光祿卿呂嘉問言:'光祿掌酒禮,祠祭實尊罍,相承用法酒庫三色法酒,以代《周禮》所謂'五齋三酒',恐不足以上稱陛下崇祀之意。近於法酒庫、內酒坊,以醞酒法式考之《禮經》五齋三酒:今醋酒,其齋冬以二十五日,春秋十五日,夏十日,撥醅甕而浮蟻湧於面,今謂之'撥醅',豈其所謂'泛齋'耶? 既接取撥醅,其下齋汁與滓相將,今謂之'醋芽',豈其所謂'醴齋'耶? 既取醋芽置篘其中,其齋蔥白色入焉,今謂之'帶醅酒',豈其所謂'盎齋'耶? 冬一月,春秋二十日,夏十日,醅色變而微赤,豈其所謂'醍齋'耶? 冬三十五日,春秋二十五日,夏十五日外,撥開醅面觀之,上清下沉,豈其所謂'沉齋'耶? 今朝廷因事而醞造者,蓋事酒也;今踰歲成熟蒸醞者,蓋昔酒也;同天節上壽燕所供臘醅酒者,皆冬醅夏成,蓋清酒也。此皆酒,非所謂齋也。是知齋者,因自然之齋故稱,名酒者成就而人功爲

多,故饗神以齋,養人以酒,竊恐典禮如此。又《司尊彝》曰:'醴齋縮酌,盎齋
涗酌。'依經傳,則泛齋、醴齋以事酒和之,用茅縮酌;其盎齋、醍齋、沉齋,則以
清酒和之,不用茅縮酌。如此,則所用五齋不多,而供具亦甚易,蓋醴酒料次
不一,此五種者成而皆自然。伏望聖斷,以今之所造酒與典禮相參審或不至
差謬。乞自今年郊廟共奉。'上批:'嘉問論證似有理趣。今宗廟所實尊彝,酒
齋未備就,且如其説用之,於理無害。'"

呂公著以下八人各降一官,坐違法差禁軍防送罪人

《長編》卷三四〇神宗元豐六年十月癸巳條:"又詔定、祁州官吏,資政殿
學士、光禄大夫呂公著以下八人各降一官,坐違法差禁軍防送罪人也。初,上
患禁兵有防送之勞,乃定令凡罪人當配流者,皆就隸當州;其一條編管遷鄉
人,以遞鋪卒轉送。至是,祁州得河埽重役人尚進等五人贓狀,既斷當遷之役
所,祁以武衛卒護至定,定復以驍武卒送之。陸中素不快於公著,亟奏其事。
李寧案鞫,即觀望以爲河埽重役人應即用編管人法,以遞鋪卒轉送。既上於
朝,大理亦附會以蔽罪,然理官自知其大謾,並引不應爲律,公著與屬官遞減,
當贖金三斤至一斤。執政請奪職,上以爲太重,故有是命。"

十一月
資政殿學士、降授正議大夫呂公著知揚州

《長編》卷三四一神宗元豐六年十一月乙未條:"資政殿學士、降授正議大
夫呂公著知揚州,從所乞也。"

案:呂公著於宋神宗元豐六年十一月乙未知揚州,至元豐八年五月,以侍
讀還朝。知揚州期間,勤政愛民,方志記載:"性勤勵,秉燭視牘,尤詳於聽覽。
轉運使犀乳香萬斛配賣郡中,悉貯之庫,不爲常配,民尤德之。"(《大清一統
志》卷六七)且行事威嚴,屬下十分敬重,《明一統志》卷一二記載:"勤於聽覽,
人人得盡所欲言。然御下簡肅,入公府者,屏氣不敢嘩,上下恪職,事無不舉。"

十二月

同提舉開封府界保甲呂公雅言本司封樁事

《長編》卷三四一神宗元豐六年十二月甲申條："同提舉開封府界保甲呂公雅言：'本司封樁，乞召人用抵保糴買，立限納錢。'詔依時價糴，減元價不得過二分。"

案：據《全宋文》卷二〇一四"呂公雅"條云，呂公雅乃壽州人，夷簡從子，是夷簡弟宗簡之子。

元豐七年甲子(1084)，呂公著六十七歲，

呂公孺六十四歲，呂希道六十歲，

呂希哲四十五歲，呂好問二十一歲，呂本中一歲

春正月

呂公著自定州徙揚州，朝覲，辭，除資政殿大學士

《長編》卷三四二神宗元豐七年春正月癸丑條："呂公著自定州徙揚州，請覲，許之。是日入對，言邊境無虞，不宜生事，又以前歲上嘗屬疾，勸上以宗社自謹重。已而言：'定州官吏，坐小法皆奪官沖替。如臣忝竊已厚，固無甚害，自餘小官，皆失所宜。定州以禁卒護重役人，而議獄者以爲犯編管人用遞鋪法，豈非舞文耶？若於法明審，則理官不當復引不應爲律矣。'上意悟，諭公著曰：'朝廷姑欲法行耳，然此法誠未明，當更增修之。'公著既辭，未行，即除資政殿大學士，且謂執政曰：'仁皇侍從，所餘無几。'咨嗟久之。尋又復光禄大夫。其後，定州官吏被譴者，自列於朝，詔即御史臺詳定。既而明其非辜，悉除之。"

案：呂公著向神宗辭行之時，替定州官吏說情，並認爲執法太嚴。足見其公私分明，慮事周詳。

二月

朝廷詔呂公雅監保甲劫民財物事宜,因與呂希道叔姪,罷

《長編》卷三四三神宗元豐七年二月庚午條:"河北轉運司言,保甲三百許人入澶州觀城舊縣鎮劫民財物。詔追赴澶州根勘,同提舉開封府界保甲呂公雅監之,先體量作過因依以聞。樞密院言,公雅與知澶州呂希道乃叔姪,欲改差河北西路轉運使呂溫卿。詔止差京東路提點刑獄李宜之。"

朝散郎呂公雅管勾京西路保馬

《長編》卷三四三神宗元豐七年二月辛巳條:"提點成都府路刑獄、朝散大夫霍翔提舉京東路保馬、同提舉開封府界保甲、朝散郎呂公雅管勾京西路保馬。資任、請給恩數同三路提舉保甲,並賜紫章服。"

案:據羅瑩《宋代東萊呂氏家族研究》考證,元豐七年二月,朝散郎呂公雅管勾京西路保馬,並賜紫章服。

三月

霍翔、呂公雅並兼保甲

《長編》卷三四四神宗元豐七年三月癸丑條:"又手詔:'京東、京西兩路保甲領於提舉司,近已專置官提舉,都保內所養馬則保民相干,理難兩屬。令霍翔、呂公雅並兼保甲。'"

呂公雅上《乞保馬充肥給以旌賞奏》

《長編》卷三四四神宗元豐七年三月壬戌條:"同管勾京西保馬呂公雅言:'保馬臕瘠,已立備償法,其充肥未有旌賞。欲乞保馬生駒每匹給絹一疋,其充肥支銀楪。仍乞借常平錢五萬緡,均付諸州縣出息,爲銀絹費。每歲孟夏之月,聚而牧放,可致蕃息。'從之,京東路准此。"

四月

吕公雅仍赴澶州監劾

《長編》卷三四五神宗元豐七年四月辛未條：“澶州觀城縣保甲三百餘人，持梃入舊縣鎮奪攘民財，命吕公雅赴澶州監劾。詔爲首人郭萬領赴元作過處特處斬，吕皓依法決訖，特刺配本州禁軍指揮雜役。”

七月

王安禮罷尚書左丞

《宋宰輔編年録校補》卷八神宗元豐七年七月甲寅條：“王安禮罷尚書左丞。”

《長編》卷三四七神宗元豐七年七月甲寅條：“尚書左丞王安禮爲端明殿學士、知江寧府。”

吕公雅上《乞減買保馬之數奏》

《長編》卷三四七神宗元豐七年七月庚申條：“同管勾京西路保馬吕公雅言：‘奉手詔：‘聞本路保馬極苦難買，衆既爭市，價亦倍貴，至駑者不減百千。深恐本司近奏所買之數過多，民間未悉朝廷取效在遠之意，遂致如此。宜更消息考驗，但如元令聊增其數可也。’臣今相度當減每都之數，令約年終各以八匹爲限。新令施行，人率樂從，不聞畏恐。及本路每都一分四匹，今累增倍，若歲買二分，八年可足，其山僻縣展爲十年。’從之。”

八月

吕希道因秉公辦事，罷知澶州

《長編》卷三四八神宗元豐七年八月庚午條：“新提點夔州路刑獄、朝議大夫裴士林知澶州。先是，河北路轉運判官張適劾奏知澶州吕希道郡事不治，境内賊盜充斥，致煩朝廷專官捕逐未獲，乞重置朝典。上批：‘裴士林今日在殿訴陳，以母親高年，遠行不便，乞易一近地差遣。契勘士林累典劇郡，頗有幹力，可令替希道赴闕。其夔州路提點刑獄，別選人具名進呈。’”

　　同條又載:"始,希道除知澶州,辭日,上諭曰:'以河徙,欲鎮安百姓,執政進擬從官,朕選用卿。'希道至澶,以治績稱,秩滿再任。河朔保甲白晝持挺,公然爲盜,教隊巡檢和德挾提舉司勢,因緣枉法,掠聚貨賄,監司隱忍不敢詰。希道發其贓狀,僚屬皆惶恐,希道即獨奏其事,捕德下獄。提舉官聞之,馳驛至澶,取保甲因盡釋之。希道曰:'山可移,獄不可變!'既窮治,取其首領於劫掠處斬之,餘皆配隸。澶人感泣,朝廷亦命他路監司審其獄皆實,重貶德。自是提舉司益不協,保甲有犯法者,諸邑稍加懲治,則必反中以他事。希道檄諸邑,保甲犯法有疑必送州,至則悉論如法。提舉官怒,欲劾希道,其同僚以希道辭直,不敢書狀,乃已。元豐五年夏,河東注靈平埽,一夕潰岸几決。希道曰:'此正前日之曹村也,事不可再。'即馳至河上自督役,河得無虞。先是,河決小吳,南直靈平下埽,甚急,當歲有水患。乃請開大吳口道河循西山北河,論者以爲得禹之舊迹,自是曹村無水患矣。張適爲轉運判官,上河朔鹽利,以助邊計,詔推行之。希道曰:'祖宗手詔在,北門地多斥鹵,民所衣食,故通鹽不禁,河朔之人可安不可擾。'適深恨怒。初,澶河未徙,南北城相望,河貫其內,故並河爲禁地。河既徙而北流,有盜十餘人劫掠他州縣,夜道退灘,適因奏強賊由城中過,法當按責守臣,希道遂罷。"

十月

光禄卿呂嘉問乞定河倉法等

　　《長編》卷三四九神宗元豐七年十月丁丑條:"光禄卿呂嘉問言:'近者,牛羊司典吏李璋犯乞取贓,已論決。竊惟朝廷絹數十萬縉,行一重法於天下,欲得吏清政平,待之固已至矣。而無忌憚之吏,已漸弛於法行之初,蓋由本法與錢之人才減取錢之人二等。乞定河倉法,斷遣刑名,自陳告首之賞,與引領過度一切如舊外,其行用者止以不應得爲坐之。'下刑部參詳:其與若許者依律得罪,或依在京請求非法公事條得在罪重;並官員在京行用非請求曲法不坐,並輸税人行用非覽納及行求枉法者不坐之類,並依本條外,乞如嘉問所定。從之。"

吕公著知揚州,晤蘇軾

《邵氏聞見後録》卷一九:"吕申公帥維揚,東坡自黃岡移汝海,經從見之。申公置酒,終日不交一語。東坡昏睡,歌者唱:'夜來斗覺羅衣薄',東坡驚覺,小語云:'夜來走却羅醫博'也,歌者皆匿笑。酒罷行後圃中,至更坐,東坡即几案間筆墨,書歌者團扇云:'雨葉風枝曉自匀,緑陰青子静無塵。閑吟繞屋扶疏句,須信淵明是可人。'申公見之亦無語。"

案:吕公著在揚州晤蘇軾,蘇軾題申公歌者團扇事在神宗元豐七年十月。公著於元豐六年十月乙未知揚州,時正在任上。《蘇軾年譜》卷二三有"晤揚州守吕公著"條,記載此事。吕公著終日不交一語,並非與蘇軾政見不同,或怠慢蘇軾,實是其穩重寡言的性格使然。

十一月

資政殿大學士降授正議大夫吕公著復光禄大夫

《長編》卷三五〇神宗元豐七年十一月乙卯條:"資政殿大學士降授正議大夫吕公著復光禄大夫。公著先坐知定州日違法差禁軍防送罪人降官,滿一期也。"

十二月

神宗感疾,始有建儲意,並以吕公著和司馬光爲師保

《長編》卷三五〇神宗元豐七年十二月戊辰條:

是歲,秋宴,上感疾,始有建儲意。又謂輔臣曰:"來春建儲,其以司馬光及吕公著爲師保。"蔡確知光必復用,欲自托於光,乃謂職方員外郎邢恕曰:"上以君實爲資政殿學士,異禮也。君實好辭官,確晚進,不敢通書,和叔門下士,宜以書言不可辭之故。"恕但與光之子康書,致確語,康以白光,光笑而不答,亦再辭而後受之。

《宋大事記講義》卷一四《神宗皇帝》内有《建儲》條,吕中評論曰:"此神宗悔熙寧之失,而開元祐之機。是則確、珪爲相,而師保之任欲付之司馬光、吕公著者,貽厥孫謀之意深矣。"

同管勾京西路保馬呂公雅乞令有官之家養馬

《長編》卷三五〇神宗元豐七年十二月戊寅條："同管勾京西路保馬呂公雅言：'有官之家，守官在外，止出助錢，不均，乞令養馬。兵部欲令有同居親屬自佃田産者，依餘户養馬。'從之。"

是歲，呂嘉問上《市易未敢計息奏》

《全宋文》卷二〇一四呂嘉問《市易未敢計息奏》元豐七年："近差官往湖南販茶，陝西販鹽，兩浙販紗，皆未敢計息。如此政事，書之簡牘，不獨唐虞三代所無，歷觀秦漢以來，衰亂之世，恐未之有也。"

案：《全宋文》此條"兩浙販妙"，誤。

是歲，呂公孺知陳州

《宋史·呂夷簡傳》（《呂公孺附傳》）："坐徙相州，更陳、杭、鄭、瀛四州。"

案：據《北宋京師及東西路大郡守臣考·陳州淮寧府》考證：呂公孺於元豐七年知陳州，元豐八年四月知杭州。

是歲，呂仲甫提點河北東路刑獄

《蘇軾詩集》卷七《自徑山回得呂察推詩用其韻招之宿湖上》中的【合注】，呂仲甫於元豐七年，提點河北東路刑獄呂仲甫。

《蘇軾文集》卷三八《呂穆仲京東提刑唐義問河北西路提刑制》："敕。先帝立法更制，所以約束監司守令，使不得營私而害民者，可謂至矣。朕始罷賦泉之令，復征徭之法，凡先帝之約束，當益申而嚴之。使出力從政之民，無所復病。以爾穆仲等，或端静有守，敏於爲政，或直亮多聞，志於仕道。而京東、河朔，皆天下重地也。往修厥官，稱朕意焉。可。"

是歲，呂本中生

曾幾《東萊先生詩集序》："竊伏自念與居仁同生於元豐甲子。又相與有聯，雅相好也。"呂本中《癸亥歲正月二首》又自稱："今年忽六十，稍覺日有暇。"

案：吕本中（1084—1145），字居仁，世稱東萊先生，爲公著曾孫，希哲孫，好問子，宋代詩人，道學家，《宋史》卷三七六有傳。生於元豐甲子年，亦即1084年。

元豐八年乙丑（1085），吕公著六十八歲，吕公孺六十五歲，吕希道六十一歲，吕希哲四十六歲，吕好問二十二歲，吕本中二歲

二月

前淮南節度推官吕公憲等狀，各磨勘當改官，乞下吏部先引驗

《宋會要輯稿》選舉二四之一三：“（元豐）八年二月二十三日，門下省言：‘中書録黄，前淮南節度推官吕公憲等狀，各磨勘當改官，乞下吏部先引驗。吏部已引驗四人，奏已降出，正月庚子當引見。及未引驗八人，見磨勘十九人。’詔轉官人依舊例除官，餘候曾問無違礙，依前先次引驗訖，聽其皆引見。後舉主有事故，並不礙引見。候御殿日依舊。”

神宗疾甚，蔡確與邢恕謀，斥吕公著與司馬光

《宋史全文》卷一二下《宋神宗三》元豐八年二月條：“先是，蔡確疑上復用吕公著及司馬光，則必奪己相，乃與邢恕謀爲固位計。”

三月

神宗崩於福寧殿

《宋史全文》卷一二下《宋神宗三》元豐八年三月：“甲午朔，皇太后垂簾，皇子立簾外。珪等遂宣制立爲皇太子，改名煦。又詔：‘應軍國事，並皇太后權同處分，候康復日依舊。’戊戌，上崩於福寧殿。宰臣王珪讀遺制，哲宗皇帝立。”

哲宗即位,資政殿大學士、知揚州吕公著等受賞賜

《長編》卷三五三哲宗元豐八年三月庚申條:"詔以登位,賜致仕前宰相、守太師、潞國公文彦博,前執政、宣徽南院使、太子少師張方平,觀文殿學士、知河陽馮京,觀文殿學士、提舉崇福宫孫固,資政殿大學士、知揚州吕公著,資政殿學士、知太原府吕惠卿,資政殿學士、知亳州蒲宗孟,端明殿學士、知江寧府王安禮寬衣、金帶、銀、帛有差。"

四月

資政殿大學士、銀青光禄大夫吕公著兼侍讀

《長編》卷三五四哲宗元豐八年四月丁丑條:"資政殿大學士、銀青光禄大夫吕公著兼侍讀。公著時知揚州,召用之,遵先帝意也。"

正議大夫吕公孺知杭州,未行

《乾道臨安志》卷三:"元豐八年四月丁丑,以正議大夫吕公孺知杭州,未行。五月丙辰,除龍圖閣直學士、知鄆州。《本傳》:字稚卿,故相夷簡之子,初知陳州,徙杭州,再知鄆州。"

吕公著奏言人君應以至誠爲道,以至仁爲德

《歷代名臣奏議》卷二《君德》:"元豐七年,資政殿學士知揚州吕公著上奏曰:'人君以至誠爲道,以至仁爲德。守此二言,終身不易,堯舜之主也。至誠之外,更行他道,皆爲非道。至仁之外,更作他德,皆爲非德。何謂至誠? 上自大臣,下至小民,内自親戚,外至四夷,皆推赤心以待之,不可以絲毫僞也。如此,則四海之内,親之如父子,信之如心腹,未有父子相圖、心腹相欺者,如此而天下之不治,未之有也。絲毫之僞,一萌於心,如人有病,先見於脈,如人飲酒,先見於色。聲色動於几微之間,而猜阻行於千里之外,强者爲敵,弱者爲怨,四海之内,如盜賊之憎主人,鳥獸之畏弋獵,則人主孤立而危亡至矣。何謂至仁? 視臣如手足,視民如赤子,戢兵、省刑、時使、薄斂,行此六事而已矣。禍莫逆於好用兵,怨莫大於好起獄,災莫深於興土功,毒莫深於奪民利。

此四者，陷民之坑穽，而伐國之斧鉞也。去此四者，行彼六者，而仁不可勝用矣。《傳》曰：‘至誠如神。’又曰：‘至仁無敵。’審能行之，當獲四種福。以人事言之，則主逸而國安；以天道言之，則享年永而卜世長。此必然之理，古今已試之效也。去聖益遠，邪說滋熾，厭常道而求異術，文奸言以濟暴行。爲申、商之學者，則曰：‘人主不可以不學術數’，今人主，天下之父也，爲人父而用術於其子，可乎？爲莊、老之學者，則曰：‘聖人不仁，以百姓爲芻狗’；欲窮兵黷武，則曰：‘吾以威四夷而安中國’；欲煩刑多殺，則曰：‘吾以禁奸慝而全善人’；欲虐使厚斂，則曰：‘吾以強兵革而誅暴亂，雖若不仁而卒歸於仁’。此皆亡國之言也，秦二世、王莽嘗用之矣，皆以經術附會其說。《書》曰：‘惟辟作福，惟辟作威。’此言威福不可移於臣下也。欲威福不移於臣下，則莫若舍己而從衆，衆之所是，我則與之，衆之所非，我則去之。夫衆未有不公，而人君者，天下公議之主也，如此，則威福將安歸乎？今之說者則不然，曰，人主不可以不作威福，於是違衆而用己。己之耳目，終不能遍天下，要必資之於人，愛憎喜怒，各行其私，而浸潤膚受之說行矣。然後從而賞罰之，雖名爲人主之威福，而其實左右之私意也。奸人竊吾威福，而賣之於外，則權與人主侔矣。《書》曰：‘威克厥愛允濟，愛克厥威允罔功。’威者，畏威之謂也。愛者，懷私之謂也。管仲曰：‘畏威如疾，民之上也。從懷如流，民之下也。畏威之心，勝於懷私，則事無不成。’今之說者則不然，曰：‘人君當使威刑勝於惠愛。’如是則予不如奪，生不如殺，堯不如桀，而幽、厲、桓、靈之君長有天下。此不可不辨也。’”

案：這篇文章亦在《蘇軾文集》卷四，應爲蘇軾撰寫，題目爲《上初即位論治道二首代呂申公》，爲治道二首之一。據《蘇軾年譜》卷二四，蘇軾在揚州晤州守呂公著，代作論治道二首，在元豐八年三月或四月。

蔡確欲因恕以結司馬光、呂公著

《後編》卷八六宋哲宗元豐八年四月辛巳條：“以職方員外郎邢恕爲右司員外郎，蔡確欲因恕以結司馬光、呂公著，故驟遷都司。”

五月

詔資政殿大學士、銀青光禄大夫、兼侍讀呂公著,乘傳赴闕

《長編》卷三五六哲宗元豐八年五月己亥條:"詔資政殿大學士、銀青光禄大夫、兼侍讀吕公著,乘傳赴闕。"

同管勾京西路保馬兼保甲呂公雅知濠州

《長編》卷三五六哲宗元豐八年五月庚子條:"朝奉大夫、提舉京東路保馬兼保甲霍翔知密州,同管勾京西路保馬兼保甲吕公雅知濠州。"

案:據《宋兩淮大郡守臣易替考·濠州》考證:元豐八年五月,吕公雅始知濠州,元祐二年離任。

資政殿大學士、兼侍讀呂公著提舉中太一宮兼集禧觀

《長編》卷三五六哲宗元豐八年五月丙午條:"資政殿大學士、兼侍讀吕公著提舉中太一宮兼集禧觀。"

左僕射王珪卒

《宋宰輔編年録校補》卷九哲宗元豐八年五月庚戌條:"左僕射王珪卒。"

案:王珪(1019—1085),字禹玉,成都府華陽縣人。慶曆二年進士及第,仕至尚書左僕射兼門下侍郎,卒贈太師,謚文恭。

太皇太后驛召呂公著等,並詢問今日設施所宜先

《後編》卷八六宋哲宗元豐八年五月丙辰條:"太皇太后驛召司馬光、吕公著,未至,遣中使迎勞手書,問:'今日設施所宜先?'"

正議大夫新知杭州呂公孺爲龍圖閣直學士、知鄆州

《長編》卷三五六哲宗元豐八年五月丙辰條:"正議大夫、新知杭州吕公孺爲龍圖閣直學士、知鄆州。"

案:據《北宋京師及東西路大郡守臣考·鄆州東平府》考證:吕公孺再知

鄆州,是元豐八年五月始,至哲宗元祐元年二月。

蔡確左僕射,韓縝右僕射。章惇知樞密院事,司馬光守門下侍郎

《宋宰輔編年錄校補》卷九哲宗元豐八年五月:"戊午,蔡確左僕射……韓縝右僕射……同日,章惇知樞密院事……司馬光守門下侍郎……"

六月
程顥卒

《長編》卷三五七哲宗元豐八年六月丁丑條:"承議郎、新除宗正寺丞程顥卒。顥嘗論熙寧初張戩爭新法不可行,遂以語觸王安石,因曰:'新法之行,乃吾黨激成之,當時自愧不能以誠感寤上心,遂成今日之禍。吾黨當與安石等分其罪也。'顥深有意經濟,方召用,遽死,士大夫識與不識,莫不哀傷。文彦博采衆議,題其墓曰'明道先生'云。"

案:程顥曾云,呂公著、司馬光等當與元豐大臣同更化。《伊洛淵源錄》卷三《明道先生・遺事二十七條》有記載:元豐八年三月五日,神宗升遐,詔至洛。時韓絳爲留守,程顥爲汝州酒官。會以檄來,舉哀於府。既罷,程顥語韓絳子宗師曰:"顥以言新法不便忤大臣,同列皆謫官,顥獨除監司,顥不敢當,辭之。念先帝見知之恩,終無以報。"已而泣。宗師問:"今日朝廷之事如何?"程顥曰:"司馬君實、呂晦叔作相矣。"宗師又問:"二公果作相,當如何?"程顥曰:"當與元豐大臣同。若先分黨與,他日可憂。"宗師問:"何憂?"程顥曰:"元豐大臣皆嗜利者。使自變其已甚害民之法,則善矣。不然,衣冠之害未艾也。君實忠直,難與議,晦叔解事,恐力不足爾。"既而二公果並相。

呂公著上奏,概舉十事,一曰畏天,二曰愛民,三曰修身,四曰講學,五曰任賢,六曰納諫,七曰薄斂,八曰省刑,九曰去奢,十曰無逸

《長編》卷三五七哲宗元豐八年六月癸未條:

是日,呂公著入見,太皇太后遣中使賜食。公著上奏曰:

臣伏睹皇帝陛下紹履尊極,方逾數月,臨朝穆穆,有君人之度;太皇太后陛下勤勞庶政,保佑聖躬,德澤流行,已及天下。臣遠從外服,召至左右,竊思

人君即位之初,宜講求修德爲治之要,以正其始。然後日就月將,學有緝熙於光明,新而又新,以至於大治。是用罄竭愚誠,考論聖道,槪舉十事,仰贊聰明。一曰畏天,二曰愛民,三曰修身,四曰講學,五曰任賢,六曰納諫,七曰薄斂,八曰省刑,九曰去奢,十曰無逸。皆隨事解釋,粗成條貫,不爲繁辭,以便觀覽。伏望陛下留神幸察,如言有可采,即乞置之御座,朝夕顧省,庶於聖德少助萬一。

其畏天曰:

《書》曰:"皇天無親,惟德是輔。"又曰:"惟上帝不常作善,降之百祥;作不善,降之百殃。"蓋天雖高遠,日監在下,人君動息,天必應之。若修己以德,待人以誠,謙遜靜愨,慈孝忠厚,則天必降福,享國永年,災害不生,禍亂不作。若慢神虐民,不畏天命,則或遲或速,殃咎必至。自古禹、湯、文、武以畏天而興,桀、紂、幽、厲以慢神而亡,如影隨形,罔有差忒。然自兩漢以來,言天道者多爲曲説,附會世事,間有天地變異,日月災眚,時君方恐懼修省,欲側身修道,而左右之臣乃引經據傳,或指外事爲致災之由,或陳虛文爲消變之術,使主意怠於應天,此不忠之甚者也。《詩》曰:"我其夙夜,畏天之威,於時保之。"然則有天下者,固當飭己正事,不敢戲豫,使一言一行,皆合天心,然後社稷民人可得而保也。天人之際,焉可忽哉?

其愛民曰:

恤我則后,虐我則仇。人君既即尊位,則爲民之父母,萬方百姓,皆爲己子。父固不可以不愛子,君固不可以不愛民。若布德施恩,從民所欲,則民必欣戴不已。欣戴不已,則天降之福。若取民之財,不憂其困,用民之力,不恤其勞,好戰不休,煩刑以逞,則民必怨叛。怨叛不已,則國從而危。故曰:"民惟邦本,本固邦寧。"然自古人君臨朝聽政,皆以赤子爲憂,一旦用兵,則不復以生靈爲念。此蓋獻策之臣,設奸言以導上意,以開邊拓境爲大功,以暫勞永逸爲至計,此世主所以甘心而不寤也。夫用兵不息,少壯從軍旅,老弱疲轉餉,伏尸流血,而勝負得失猶未可知也。民勞則國先斃,夫何以爲功?兵興則朝廷多事,亦不得而安逸也。故凡獻用兵之策者,欲生事以希寵,罔上而營私耳,豈國家之利哉?

其修身曰:

天下之本在國,國之本在家,家之本在身。夫欲家齊國治而天下化,莫若修身。修身之道,以正心誠意爲本。其心正,則小大臣庶,罔敢不正。其意誠,則天地神明,皆可感動。不誠則民不信,不正則令不行。況人君一言一動,史官必書。若身有失德,不惟民受其害,載之史策,將爲萬代譏笑。故當夙興夜寐,以自修爲念。以義制事,以禮制心,雖小善不可不行,雖小惡不可不去。然人君進德修業,實系乎左右前後。夫習與正人居,不能無正,猶生長於齊,不能不齊言也。習與不正人居,不能無不正,猶生長於楚,不能不楚言也。故曰:"僕臣正,厥後克正;僕臣諛,厥後自聖。"

其講學曰:

王者繼祖宗之業,居億兆之上,禮樂征伐之所自出,四方万里之所視效。智足以窮天下之理,則讒説不能惑;德足以服天下之心,則政令無不行。自非隆儒親學,何以臻茲?然天子之學,與凡庶不同。夫分文析字,考治章句,此世之儒者以希禄利,取科級耳!非人主之所當學也。人主之所當學者,觀古聖人之所用心,論歷代帝王所以興亡治亂之迹,求立政之要,講愛民利物之術,自然日就月將,德及天下。《書》曰:"王,人求多聞,時惟建事。"又曰:"念終始典於學,厥德修,罔覺。"故傅説之告高宗者,修德立事而已。至漢之晁錯,以爲人主不可不學術數。錯之意,欲人主用機權巧譎,以參制群下。而景帝用之,數年之間,漢罹七國之禍,而錯受東市之誅。蓋其所主者,不出於誠信而已。由是觀之,擇術不可不謹也。

其任賢曰:

昔成王初涖政,召康公作《卷阿》之詩以戒之,言求賢用吉士。蓋爲治之要,在乎任賢使能。能者不必賢,故可使;賢者必有德,故可尊。小賢可任以長民,大賢可與之謀國。若夫言必顧國家之利而行足以服衆人之心,夷險一節而終始可任者,非大賢則不能也。人君雖有好賢之心而賢人猶或難進者,蓋君子志在於道,小人志在於利。志在於道,則不爲苟合;志在於利,則惟求苟得。忠言正論,多咈於上意;而佞辭邪説,專媚於君心。故君子常難進,小人常易入,不可不察也。自古雖無道之君,莫不欲治而惡亂,然而治君少而亂國多者,其所謂忠者不忠,而所謂賢者不賢也。《書》曰:"有言逆於汝心,必求諸道;有言遜於汝志,必求諸非道。"人主誠存此心以觀臣下之情,則賢不肖可得而知矣。

其納諫曰：

昔《書》稱成湯之德曰："從諫弗咈"，"改過不吝"。湯，聖君也。不曰無過而曰改過者，言能舍己而從諫，則不害其爲聖也。及紂爲天子，强足以拒諫，智足以飾非。紂非無才智也，然身滅國亡而天下之惡皆歸之者，言其愎諫自用，才智適足爲害也。前代帝王無不以納諫而興，拒諫而亡，著在史册，一一可考。蓋貴爲天子，富有四海，貴則驕心易生，富則侈心易動，一日萬機，則不能無失，固當開道而求諫，和顔而受之。其言可用，則用其言而顯其身；言不可用，則恕其罪以來諫者。夫納忠好諫之臣，初若逆耳可惡，然其意在於愛君而憂國；諂佞阿諛之士，始若順意可喜，然其情止於媚上而徼寵。人君誠能察此，則事無過舉，身享美名。故曰："木從繩則正，後從諫則聖。"

其薄斂曰：

古人有言曰："百姓足，君孰與不足？百姓不足，君孰與足？"人君恭儉節用，取於民有制，則民力寬裕，衣食滋殖，自然樂輸租賦，以給公上。若暴征峻斂，侵奪民利，物力已屈，而驅以刑辟，勢必流轉溝壑，散爲盜賊。爲人上者，將何利於此哉？故善言治道者，尤惡聚斂之臣。曰："與其有聚斂之臣，寧有盜臣。"前代帝王或耽於聲色，或盤於游畋，或好治宮室，或快心攻戰，於是小人乘間而肆其邪謀，爲之斂財以佐其橫費。世主不悟，以爲有利於國，而不知其終爲害也。賞其納忠於君，而不知其大不忠也；嘉其以身當怨，而不知其怨歸於上也。昔鹿臺之財，巨橋之粟，商紂聚之以喪國，周武散之以得民。由是觀之，人主之所當務者，仁義而已，何必曰利！

其省刑曰：

夫臨下以簡，御衆以寬，百王不易之道也。昔漢高祖去秦苛暴，約法三章，以順民心，遂定王業。孝文循之以清静，而几致刑措。然則爲治之要，果在於省刑，而不在於煩刑也。況人主之於刑獄，其勢不能親臨，則必委之於臣下。故峻推鞫，則權在於獄吏；廣偵伺，則權在於小人；肆刑戮，則權在於强臣；通請謁，則權在於近習。自古奸臣將欲誅鋤善人，自專威柄，必數起大獄，以搖人心。何則？獄犴之間，其情難知，鍛鍊周内，一系於吏。及夫奏成獄具，則雖有冤抑，人主何從而察哉？然則欲奸雄不得肆其威，善良有以安其性,莫若省刑而已。自三代以還,有天下者數十姓,惟宋受命逮今一百二十有六年,中原無事,不見兵革。稽其德政所以特異前世者,直以誅戮之刑,内不施於骨肉,外不及於士大夫,至於下民之罪,一決於廷尉之平,而上自天子,下至於有司,不復措意輕重於其間。故能以好生之德,感召和氣,而致無窮之福。祖宗所以消惡運、遏亂原者,嗚呼,遠哉!雖甚盛德,無以加矣!

其去奢曰:

昔夏禹克勤於邦,克儉於家,而爲三王祖。漢文帝即位,宮室、苑囿,車騎、服御,無所增益,而天下斷獄四百,几致刑措。然則勤儉者,固帝王之高致也。況以天子之尊,富有天下,凡四方百物所以奉養於上者,蓋亦備矣。然而享國之日寖久,耳目之所御者習以爲常,入無法家弼士,出無敵國外患,則不期於侈而侈心自生,佞諛之臣又從而導之,於是窮奢極侈,無不爲已。是以先王制法,作奇伎淫巧以蕩上心者,殺無赦。夫竭天下百姓所以相生相養之具,而以供人主無窮之欲,致人主於喪德損壽之地,而以邀己一時之榮,雖誅戮而不赦,固未足以當其罪也。昔紂爲象箸而箕子諫,夫以天子而用象箸,未爲過侈也,然箕子以爲象箸不已,必金爲之,金又不已,必玉爲之。故箕子之言,所以防微而杜漸也。至漢公孫弘相武帝,以爲人主病不廣大,人臣病不節儉。當是時,帝方外伐四夷,内治宮室,爲千門萬户,由是天下户口減半,盜賊蜂起,而弘猶病其不廣大,何其不忠之甚哉!故人主誠能不以箕子之言爲太過,而察見公孫弘之大佞,則夏禹、漢文之德,不難及己。

其無逸曰:

昔周公作《無逸》之篇,以戒成王,其略曰:"昔商王中宗,治民祗懼,享國七十有五年。其在高宗,不敢荒寧,享國五十有九年。厥後立王,生則逸,不聞小人之勞,惟耽樂之從。自時厥後,亦罔或克壽,或十年,或七八年,或五六年,或四三年。"嗚呼!非愛君憂國之深,其言何以至此?又曰:"繼自今嗣王,無淫於觀,於逸,於游,於田!無若商王受之迷亂,沈於酒德哉!小人怨汝詈汝,則皇自敬德。亂罰無罪,殺無辜,怨有同,是叢於厥身。"蓋人君初務縱逸,小人必怨而大臣必諫,至乎淫刑亂罰,以杜言者之口,然後流連忘反,不聞其過而終至於滅亡。故曰《無逸》之書,後王之元龜也。唐明皇初即位,宋璟爲相,手寫《無逸圖》設於帝座,明皇勤於政事,遂至開元之治。其後宋璟死,所獻圖亦敝而撤去,明皇遂怠於政,親見天寶之亂。由是觀之,靡不有初,鮮克有終。人君誠能謹終如始,不敢逸豫,則德有堯舜之名,體有喬松之壽,豈不美哉!

又臣聞孟子曰:"我非堯舜之道不敢陳於王前。"今朝廷始初清明,臣雖學術褊淺,惟是前代聖帝明王所以政治之迹,可以爲法,與夫暴君暗主所以兆亂之道,可以爲戒者,乃敢告於左右。古人有言曰:"舜,何人也?予,何人也?"夙夜以思,去其不如舜者,就其如舜者,是亦舜而已矣。惟陛下加意無忽,則社稷幸甚! 天下幸甚!

是日,同上奏曰:

臣聞古者天子聽政,命百官進箴王闕,近臣盡規,親戚補察,然後事行不悖。故孔子曰:"天子有諍臣七人,雖無道,不失其天下。"唐太宗以高世之姿,親安大業,然能克己從諫,以致太平。貞觀初,孫伏伽始諫,太宗悅而賞之。有言賞太厚者,答曰:"朕即位以來,未有諫者,故特賞之耳。"他日,嘗怒苑西監,而皇太子驟諫,太宗喜曰:"朕始得魏征朝夕進諫,征亡而劉洎、岑文本、褚遂良、馬周繼之,兒在膝前,見吾悅諫熟矣。"故太宗始以納諫致治,而又以悅諫教其子孫,宜乎功烈甚高而百王鮮及也。然至其裔孫德宗,惡諫諍之臣,以爲賣直取名,當時北省閉闥累月,南臺惟一御史,不聞其過,終致亂亡。由是觀之,好諫者帝王之高致,可不務哉?

恭惟太皇太后陛下,自親庶政,盛德日新;皇帝陛下,臨朝恭默,未有過事。然而天下至大,萬務至廣,方始初清明之際,正是求言納諫之時。況先帝新定官制,設諫議大夫、司諫、正言之官,其員數甚備。伏乞申敕輔弼,選忠厚骨鯁之臣,正直敢言之士,遍置左右,使掌諫諍,無空要職,益廣言路。又御史之官,號爲天子耳目,而比年以來,專舉六察故事,廢國家治亂之大計,察案司簿領之細過,況唐制湮没已久,別無分明稽據,臣在樞府日,嘗見先帝頗已厭其煩碎,特以近臣獻言,聊試其法耳! 伏乞盡罷察案,只置言事御史四人或六人。仍詔諫官、御史,並須直言無諱,規主上之過失,舉時政之疵謬,指群臣之奸黨,陳下民之疾苦。言有可用,不以人微而廢言;令或未便,不爲已行而憚改。所言無取,姑亦容之,以示明盛之世,終不以言罪人。若緘默選懦,畏避不言者,明正其罰。如此,則左右前後不能壅蔽,嘉言岡伏,庶績咸熙,天下幸甚！

　　案：《玉海藝文校證》卷二七《奏疏》中云：“《嘉祐五規》……元豐八年六月
癸未，侍讀呂公著奏十事：畏天、愛民、修身、講學、任賢、納諫、薄斂、省刑、去
奢、無逸。寧宗龍潛時，親書公著十事。”

呂中評論曰，呂公著上十事，真可以回慶曆諸公之議論矣

　　《宋大事記講義》卷一八《哲宗皇帝》，呂中評論曰：“熙寧之臣，以天變不
足畏，人言不足懼，祖宗不足法，民怨不足矜，謂暴虐爲無傷，謂厚斂爲有益，
謂多欲不足害治，何等議論！如此觀呂公著一疏十事所陳，真可以回慶曆諸
公之議論矣。”

呂公著上奏，宜先革保馬市易等法，青苗免役保甲等更張須漸進

　　《長編》卷三五七哲宗元豐八年六月庚寅條：

　　呂公著既上十事，太皇太后遣中使梁惟簡諭公著曰：“覽卿所奏，深有開
益，備見忠亮，良切嘉稱。當此拯民疾苦，更張何者爲先，更無滅裂，具悉以
聞。”庚寅，呂公著復上奏曰：

　　臣伏見陛下自臨朝以來，留神庶政，以休息生民爲念，凡所施爲，皆中義
理。如罷導洛、堆垛等局，減放市易見欠息錢，罷人户養馬，放積欠租稅，差官
體量茶、鹽法。使者之刻剝害民，如吳居厚、霍翔、王子京等，内臣之生事斂
怨，如李憲、宋用臣等，皆從罷去。中外聞之，無不欣喜踴躍。今來復蒙陛下
不遺疏拙，特降清問，臣雖無狀，敢不竭盡愚見。

　　臣伏思先帝初即位，召臣充翰林學士，當時親見先帝至誠求治，嘗令臣草
詔書，以寬民力爲意。自王安石秉政，變易舊法，群臣有論其非者，便指以爲
沮壞法度，必加廢斥。自是青苗、免役之法行而奪民之財盡，保甲、保馬之法
行而用民之力竭，市易、茶鹽之法行而奪民之利悉，若此之類甚衆。今陛下既
已深知其弊，至公獨斷，不爲衆論所惑，則更張之際，當須有術，不在倉卒。且
如青苗之法，但罷逐年比較，其官司既不邀功，百姓自免抑勒之患。免役之
法，當少取寬剩之數，度其差雇所宜，無令下户虛有輸納，上户取其財，中户取
其力，則公私自然均濟。保甲之法，止令就冬月農隙教習，仍只委本路監司提

按,既不至妨農害民,則衆庶稍得安業,無轉爲盜賊之患。如此三事,並須別定良法,以爲長久之利。至於保馬之法,先朝已知有司奉行之謬,市易法,先帝尤覺其有害而無利,及福建、江南等路配賣茶、鹽過多,彼方之民,殆不聊生,俱非朝廷本意,恐當一切罷去。而南方鹽法,三路保甲,尤宜先革者也。以上數事,皆略陳大概,其他詳悉,非書所能盡。

然臣所深慮者,陛下必欲更修庶政,使不驚物聽而實利及民,莫若任人爲急。故臣前輒獻愚誠,乞陛下廣開言路,選置臺諫官,誠得忠正之士,布在要職,使求天下利害,議所以更修之術,朝廷上下,協力同心,斟酌而裁制之,則天下不難爲矣。若不得其人,則雖有欲治之意,終不可以濟事功。臣又竊慮議事者以謂若更張青苗、助役等法,則向去國用必至不足。然自來提舉常平司等處錢物,並系封樁,自不許撥充軍國常費,況今日正是息民省事之時,既外不輕用兵革,内無土木橫費,自然國計易給。兼罷得上件掊斂,則民力以漸寬舒。只如近日方罷導洛司、堆垛場,沿汴稅額已有增數,此古人所謂"百姓足,君孰與不足"者也。是日,又同上奏曰:

臣邇具手奏,乞陛下廣開言路,登用正人,此最爲當今急務。臣尚慮陛下深居九重,未能盡知人才,輒敢冒陳愚見,以助收采。臣伏睹秘書少監孫覺,方正有學識,可以充諫議大夫或給事中。直龍圖閣范純仁,勁挺有風力,可充諫議大夫或户部右曹侍郎,使議青苗、免役、市易等法。禮部侍郎李常,清直有守,可備御史中丞。吏部郎中劉摯,資性端厚,可充侍御史。承議郎蘇轍、新授察官王巖叟,並有才氣,可充諫官或言事御史。臣誠見陛下有意更張,而闕人裨助,故不避狂妄,輒有論薦,更乞聖慈詳擇。

案:此奏題目爲《上哲宗論更張新法當須有術》,收録在《宋名臣奏議》卷一一七《財賦門·新法九》。吕公著主張穩健地改革,與司馬光異。

元祐時能依吕公著穩健改革,則無紹述之患矣

《宋大事記講義》卷一八《哲宗皇帝》:"《罷置等法》。元豐八年,司馬光言:'新法之弊,陛下微有所改,而遠近皆相賀。不可從三年無改父之説。保甲、免役錢、將官三事,當今之急務,厘革之所當先也。'元祐元年,立三司,同取旨法,立户部總財用法,罷提舉常平官,復差役,禁科舉用《字説》,置春秋博

士。八月,復常平法,罷青苗錢。初進説者,以三年無改於父之道,欲稍捐其甚者,光乃毅然爭之曰:'先帝之法其善者,百世不可變,若王安石、惠卿所建,非先帝本意者,改之當如救焚救溺也。況太后以母改子,非子改父。'衆議乃定。或曰:'元豐舊臣有以父子之議間於上,則朋黨之禍作矣。'光起立,拱手屬聲曰:'天若祚宋,必無是矣。'"

案:司馬光以至誠至公之心,質之天地而無愧也,後世聞司馬光之言,可以痛哭流涕矣。

呂中高度評價司馬光、呂公著在元祐時期的人才培養

《宋大事記講義》卷一八《哲宗皇帝》内有《薦賢才》條,呂中評論曰:"元豐之末,上自朝廷之執政,下至州縣之小吏,非王呂之舊人,則章惇之私臺也。故司馬光、呂公著之改新法也,既以開言路爲先,復以召正人爲急,蓋正人既召,則新法不患其不改。吾觀元祐之人貶竄於元符、紹聖以後,禁固於崇觀之間,而英風義氣至死不衰,君子之澤未嘗斬,皆元祐培植之功。向使元豐之後,即繼以紹聖,則其不待靖康而後見也。"

呂公著上哲宗《乞選置臺諫罷御史察案奏》

《全宋文》卷一〇九五呂公著《乞選置臺諫罷御史察案奏》元豐八年六月:

臣聞古者天子聽政,命百官箴王闕,近臣盡規,親戚補察,然後事行而不悖。故孔子曰:"天子有諍臣七人,雖無道,不失其天下。"唐太宗以高世之資,親定大業,然猶克己從諫,以致太平。貞觀初,孫伏伽始諫,太宗悦而賞之。有言賞太厚者,答曰:"朕即位以來,未有諫者,故特賞之爾。"他日嘗怒苑西監,而皇太子驟諫,太宗喜曰:"朕始得魏征,朝夕進諫。征亡,而劉洎、岑文本、褚遂良、馬周繼之。兒在膝前,見吾悦諫熟矣。"故太宗始以納諫致治,而又以悦諫教其子孫,宜乎功烈甚高而鮮及也。然至其裔孫德宗,惡諫諍之臣,以爲賣直取名。當時北省閉閣累月,南臺唯一御史,不聞過失,終致亂亡。由是觀之,好諫者,帝王之高致,可不務哉?恭惟太皇太后陛下,自親庶政,盛德日新;皇帝陛下臨朝恭默,未有過事。然而天下至大,萬務至廣,方始初清明之際,正是求賢納諫之時。況先帝新定官制,設諫議大夫、司諫、正言之官,其

員數甚備。伏乞申敕輔弼，選忠厚骨鯁之人，正直敢言之士，遍置左右，使掌諫諍，無空要職，益廣言路。又御史之官，號爲天子耳目。而比年以來，專舉六察故事。廢國家治亂之大計，察官司簿領之細過。況唐制湮没已久，別無分明稽據。臣在樞府日，常見先皇頗已厭其煩碎，特因近臣獻言，聊試其法耳。伏乞盡罷察案，只置言事御史四人或六人，仍詔諫官、御史，並須直言無諱，規主上之過失，舉朝政之疵繆，指群臣之奸黨，陳下民之疾苦。言有可用，不以人微而廢言；令或未便，不爲已行而憚改。所言無取，姑亦容之，以示明盛之世，終不以言罪人。若緘默異懦，畏避不言者，明正其罰。如此，則左右前後不能壅蔽，嘉言罔伏，庶績咸熙，天下幸甚。

七月

呂公著爲尚書左丞，進言改革三省官制

《長編》卷三五八哲宗元豐八年七月戊戌條："資政殿大學士、銀青光禄大夫、兼侍讀呂公著爲尚書左丞。公著言：'臣伏睹《周官》，三公、三少掌論道經邦，寅亮天地，然皆分治卿職，蓋進則坐而論道，退則作而行之，此三代之明法也。唐太宗用隋制，以三省長官共議國政，事無不總，不專治本省事。國朝之制，每便殿奏事，止是中書、樞密院兩班。昨來先帝修定官制，凡除授臣僚及興革廢置，先中書省取旨，次門下省審覆，次尚書省施行，每各爲一班。雖有三省同上進呈者，蓋亦鮮矣。此蓋先帝臨御歲久，事多親決，執政之臣大率奉行成命，故其制在當時爲可行。今來陛下始初聽政，理須責成輔弼。況執政之臣，皆是朝廷遴選，安危治亂，均任其責，正當一心同力，集衆人之智，以輔惟新之政。譬如共輿而馳，同舟而濟，人無異心，則何求而不得？何爲而不成？伏望聖慈留神省察，明降指揮，應三省事合進呈取旨者，並令三省執政官同上奏稟，退就本省，各舉官制施行。'自元豐五年改官制，政柄皆歸中書省，王珪以左相在門下，拱手不復校。王安禮每憤懣不平，欲正其事而力不能也。公著被命未受，即爲上陳之。後遂詔'應三省合取旨事及臺諫章奏，並同進呈施行'"。

呂公著等罷保甲

《東都事略》卷九:"秋七月戊戌,呂公著尚書左丞。罷保甲。"

八月
吏部員外郎呂希績爲少監

《長編》卷三五九哲宗元豐八年八月丁丑條:"户部郎中韓宗道爲太常少卿,司門郎中韓宗古爲光禄少卿,吏部員外郎呂希績爲少監,並避親也。"

案:呂希績爲公著次子,據《宋元學案》卷一九《范呂諸儒學案》:"呂希績,字紀常,申公次子。與兄希哲、弟希純皆師事康節,故伯温與之游甚厚。"娶錢惟演孫女,繼娶吳充女。

九月
呂希績因避親而出知潁州

《長編》卷三五九哲宗元豐八年九月乙巳條:"先是,御史中丞黃履言:'臣伏聞朝旨,以韓宗道、宗古是右僕射韓縝之侄,故宗道自户部郎中爲太常少卿,宗古自司馬郎中爲光禄少卿。又以呂希績是左丞呂公著之子,故自吏部員外郎爲少府少監。臣伏思太常之職,掌邦國禮樂、郊廟、社稷之事,歷古及今,號爲清職。宗道雖有吏能,且無文譽,超次授之,既爲非稱,而又本朝故事,凡緣宰執避親,多以本等少降處之,如中書舍人避親爲待制之類,未聞假以優遷,使竊幸焉。兼希績與宗道、宗古同爲避親,在希績則降之本班之末,在宗道則升二班,在宗古則升一班,尤爲未允。'……於是太皇太后親諭執政,而有是命。希績亦出知潁州。"

案:《皇朝文鑑》卷三九,有王震撰寫的制詞《朝奉大夫少府少監呂希績可權發遣潁州制》,制詞云:"今之郡守,乃唐刺史,郎官出入之資也。爾以選擇入省,故出得善州。夫豈弟之政,非文深吏所能成也。唯爾懋哉,務稱吾意。"

呂公著欲薦邢恕爲中書舍人

《長編》卷三五九哲宗元豐八年九月己酉條注釋:《邢恕家傳》云:先是呂

公著欲復引恕爲中書舍人,然與恕素厚,衆所共知,不欲專自己發。孫固時在門下,乃公著所援進,因召固至閤子中,囑令開端,公著從而贊之。諸公無他言,獨劉摯云:"邢到河陽亦未久,且除集撰作帥,如何?"諸公皆不答,遂罷。是時,宣仁已有召恕之意,公論亦以恕當還朝,摯不能奪衆意,故姑欲以集撰塞之。因其子贛過河陽,即令告恕本末。摯於恕,初亦相親,特以蔡確故,乃見疏忌。恕始爲起居舍人日,因見諸公,請先用摯,聞之者云:"和叔此舉,鬼神也須伏。"及三省初合,蔡確第一筆除摯侍御史,蘇軾禮部郎中,問恕曰:"以此二人破題如何?"恕猶戲答確云:"所謂'德動天鑒,祥開日華'也。"恕意取唐李程《日五色賦》破題如此,遂冠多士,古今傳誦耳。蓋摯元祐初任言責,確猶在相位,與王巖叟排擊不已,司馬光深不以爲然。時傅堯俞爲秘書監,温公即囑令諫摯止之。且云:"蔡非久自去,何必如此形迹?"摯既以奏疏,即答堯俞云:"已做到這裏,如何住得?"傅亦以告恕也。方確之爲山陵使也,公著及光已嘗爲恕言,欲假蔡以節旄,處之北門或潁昌矣。蔡初既力引光,已而同在門下,相得甚歡。章惇則自任語快,常以光爲鈍,不是持正見容,豈可處也?時京師知事者,皆聞此語。恕家傳固妄也。姑存之,使後世有考焉。

十月

章惇言,呂公著親屬范祖禹不當除臺諫

　　《長編》卷三六〇哲宗元豐八年十月丁丑條:"詔尚書侍郎、給、舍、諫議、中丞、待制以上,各舉堪充諫官二員以聞。初,中旨除朝議大夫、直龍圖閣、知慶州范純仁爲左諫議大夫,朝請郎、知虔州唐淑問爲左司諫,朝奉郎朱光庭爲左正言,校書郎蘇轍爲右司諫,正字范祖禹爲右正言,令三省、樞密院同進呈。太皇太后問'此五人何如?'執政對'協外望。'章惇曰:'故事,諫官皆令兩制以上奏舉,然後執政進擬,今除目從中出,臣不知陛下從何知之,得非左右所薦,此門不可寖啓。'太皇太后曰:'此皆大臣所薦,非左右也。'惇曰:'大臣當明揚,何以密薦?'由是呂公著以范祖禹,韓縝、司馬光以范純仁親嫌爲言。惇曰:'臺諫所以糾繩執政之不法,故事,執政初除,親戚及所舉之人見爲臺諫官,皆徙他官。今皇帝幼沖,太皇太后同聽萬機,當動循故事,不可違祖宗法。'光曰:'純仁、祖禹作諫官,誠協衆望,不可以臣故妨賢者進,臣寧避位。'

惇曰：'縝、光、公著必不至有私，萬一他日有奸臣執政，援此爲例，引親戚及所舉者居臺諫，蔽塞聰明，非國之福。純仁、祖禹請除他官，仍令兩制以上各得奏舉。'故有是詔。淑問、光庭、轍除命皆如故，純仁改爲天章閣待制，祖禹爲著作佐郎，尋復以純仁兼侍講。"

吕公著等建言，監察御史兼言事，殿中侍御史兼察事

《長編》卷三六〇哲宗元豐八年十月丁丑條："詔：監察御史兼言事，殿中侍御史兼察事。始用吕公著及劉摯之言也。"

十一月

鄉貢進士程頤爲汝州團練推官，充西京國子監教授。吕公著等推薦

《伊洛淵源録》卷四《伊川先生・年譜》："元豐八年，哲宗嗣位。門下侍郎司馬公光、尚書左丞吕公公著及西京留守韓公絳上其行義於朝。見《哲宗徽宗實録》。案《温公集》《與吕申公同薦札子》曰：'臣等竊見河南處士程頤力學好古，安貧守節，言必忠信，動遵禮義。年踰五十，不求仕進，真儒者之高蹈，聖世之逸民。伏望特加召命，擢以不次，足以矜式士類，裨益風化。'……十一月丁巳，授汝州團練推官、西京國子監教授。"（見《朱子全書》第十二册）

案：《長編》卷三六一神宗元豐八年十一月丁巳條和《太平治迹統類》卷二五《程頤出處本末》皆有記載。吕公著和司馬光推薦程頤在九月十五日。

十二月

吕希道知湖州

《吴興志》："吕希道，中散大夫。元豐八年十二月初二日到任，元祐二年八月二十八日罷。"

吕公著爲金紫光禄大夫，司馬光爲正議大夫。公著、光力辭，凡六奏，詔不許，乃受命

《長編》卷三六二哲宗元豐八年十二月壬申條："通議大夫、知樞密院事章惇，門下侍郎司馬光，中書侍郎張璪，同知樞密院事安燾並爲正議大夫；銀青

光禄大夫、尚書左丞呂公著爲金紫光禄大夫；太中大夫、守尚書右丞李清臣爲通議大夫；宰執、親王皆進官，用嘉祐、治平故事也。"

《長編》同條："光及公著皆力辭……凡六奏，訖不許，明年正月，乃俱受命。"

林希奏，呂公著不當薦邢恕

《長編》卷三六三哲宗元豐八年十二月丁亥條注釋："〔林希〕入疏論公曰：'呂公著素與邢某厚善，今來既經明堂，公著必須復引邢某還朝，乞未得令還。'自是呂公避嫌，不復敢言。然希、旦由此亦不爲公論所容，未几，兄弟相繼逐去。時申公方盛，旦既犯申公，眾論不與，非特爲公也。"

罷市易法

《御批續資治通鑑綱目》卷七："十二月，罷市易法。"

罷保馬法

《御批續資治通鑑綱目》卷七："罷保馬法。"

貶呂公雅添差監舒州鹽酒稅務，管勾鴻慶宮

此據羅瑩《宋代東萊呂氏家族研究》考證，哲宗即位，廢保馬法，公雅被貶。

案：本年進士及第者凡四百八十五人。有焦蹈、劉逵、白時中、侯蒙、姚祐、秦觀、蔣猷、鄭居中、劉正夫、薛昂、謝良佐等。

卷十八

哲宗元祐元年丙寅(1086)，呂公著六十九歲，
呂公孺六十六歲，呂希道六十二歲，
呂希哲四十七歲，呂好問二十三歲，呂本中三歲

春正月
朝散大夫、光禄卿吕嘉問降知淮陽軍

《長編》卷三六四哲宗元祐元年春正月辛丑條："朝散大夫、光禄卿吕嘉問知淮陽軍，以監察御史孫升言：'市易之法初行，嘉問實領其事，罔上壞法，失陷甚多。'故有是命。"

案：《宋會要輯稿》食貨三七之三二至三三云，哲宗元祐元年正月十二日，監察御史孫升彈奏吕嘉問："朝廷立市易之法，意在抑兼併，使商賈通流貨財，平准物價。而行法之初，吕嘉問寔領其事，附會柄臣，奮行私智，引用兼并之徒，杜絶商賈之利，罔上壞法，肆爲奸欺。簿帳不明，首尾無據，官吏隱庇，曾無關防。以致蠹害之酷，奸弊之深，貨物才行賒請，息錢已計分釐，縣官所得虚名，官吏皆冒寔賞。先朝察知弊害，廢減殆盡，自元豐四年置局拘催，取責内外所欠九百二十一萬五千九百餘貫。今近五年，除放免息錢、支撥皇親公人舊欠外，納未及其半，其間失陷固多。自京師以及四方之人破家喪身者不可勝數，害及公私，毒流天下者，嘉問懷私壞法，寔爲之首。"

《宋大詔令集》卷二○六有《吕嘉問責授本官知淮陽軍制》，制詞亦撰於元祐元年正月十二日，制詞云："敕：朝散大夫試光禄卿吕嘉問，汝言利則析秋毫矣，夷考其事，則不掩焉。蓋與吏爲市，張虚贏而冒寔賞。自先帝時置吏鉤

考,而詭盜折閱,出入不可知。民至有破産流離而不能償負者。欺誕如此,予何賴焉。尚假一麾,臨長軍壘,往宜循省,服我寬恩。可特授依前官知淮陽軍。”

詔司馬光吕公著等自今前後殿起居,特令別作一班

《長編》卷三六四哲宗元祐元年春正月癸卯條:“是日,詔閤門,司馬光、吕公著自今前後殿起居,特令別作一班,止兩拜。”

黄廉爲户部郎中,吕公著等推薦

《後編》卷八七哲宗元祐元年春正月甲辰條:“以集賢校理黄廉爲户部郎中。先是,廉提舉河東路,保甲凡六年,司馬光閒居往來河洛間,聞其治狀。吕公著亦言河東軍與邊民德之,遂有是除。”

吕公著、司馬光受到朝廷優禮

《長編》卷三六四哲宗元祐元年春正月丁巳條:“司馬光、吕公著既遷官,詔閤門,光及公著正謝,特令再拜,不舞蹈;恭謝景靈宫神御,亦止再拜。光尋以疾謁告,是日,復有詔放正謝及恭謝。光惶恐不敢奉詔,乞竢疾間入謝,依減拜指揮。光自是凡十有三旬不能出,然奏疏相屬。”

司馬光高度贊揚吕公著,並以國事托之

《長編》卷三六四哲宗元祐元年春正月丁巳條:“(司馬光)又手書與吕公著曰:‘自晦叔入都,及得共事,每與僚寀行坐不相離,未嘗得伸悃愊,雖日多接武,猶隔闊千里也。今不幸又在病告,杳未有展覿之期,其邑邑可知。光平生有國武子疾,好盡言以招人過,遇庸人時,或妄發以取恨怒,況至交益友,豈敢反懷情不盡乎? 晦叔自結髮志學,仕而行之,端方忠厚,天下仰服,垂老乃得秉國政,平生所藴,不施於今日,將何竢乎? 比日以來,物論頗譏晦叔謹默太過,此際復不廷爭,事有蹉跌,則入彼朋矣。願勉旃勉旃! 光誠不肖,豈敢以憂國爲已任,然昨日富家之諭,已上聞矣。光自病以來,悉以身付醫,家事付康,惟國事未有所付,今日屬於晦叔矣。’”

二月

尚書左丞呂公著權管勾門下省

《長編》卷三六六哲宗元祐元年二月甲申條："蔡確言：'已再具表辭位，准朝旨令臣管勾門下省，緣臣見候解罷，欲望差權官管勾。'詔差尚書左丞呂公著。"

呂公著謂宜慎重改革役法，並推薦韓維、范純仁、呂大防等

《長編》卷三六七哲宗元祐元年二月丁亥條："尚書左丞呂公著札子：'勘會司馬光近建明役法文字，大意已善，其間不無疏略未完備處。若博采衆論，更加公心，申明行下，向去必成良法。今章惇所上文字，雖其言亦有可取，然大率出於不平之氣，專欲求勝，不顧朝廷命令大體。早來都堂三省、樞密院會議，章惇、安燾大段不通商量。況役法元不屬樞密院，若如此論議不一，必是難得平允。望宸衷詳酌，或選差近臣三數人，專切詳定聞奏。'遂具韓維、李常、范純仁、孫覺、孫永、呂大防、王覿姓名，乞自禁中指揮，選差三數人降出。又言：'自來故事，朝廷有大議論，亦多選差兩制，或下兩省定奪。近劉摯、王巖叟、蘇轍數有論奏，恐涉嫌疑，惟宸衷裁擇。'"

呂公著乞陝西帥漕同計五年之蓄

《長編》卷三六七哲宗元祐元年二月戊子條："呂公著乞陝西帥漕同計五年之蓄，從之。糴本就撥外給降。"

蘇轍對呂公著和司馬光的評價

《宋史全文》卷一三上《宋哲宗一》元祐元年二月條："蘇轍言：'蔡確憸妄刻深，韓縝識暗行汙，章惇雖有應務之才，難以獨任。司馬光、呂公著雖有憂國之志，而才不逮心。至若張璪、李清臣、安燾，皆門筲之人。願早賜罷免，別擇大臣負天下之重望、有過人之高才者代之。'"

閏二月

蔡確罷相,司馬光左僕射

《宋宰輔編年録校補》卷九哲宗元祐元年閏二月:"庚寅,蔡確罷相……"

《宋宰輔編年録校補》卷九同條:"確自元豐五年四月拜相,至是年閏二月罷,相神宗四年,相哲宗數月。時司馬光、呂公著、蘇轍、呂大防、劉摯、王巖叟之徒相繼進用,確遂連表乞解機務,故有是命。《拜罷録》"

《宋宰輔編年録校補》卷九同條:"先是,確爲神宗山陵使。故事,靈駕進發前一夕,五使宿於幕次。確獨不入宿。於是,侍御史劉摯劾其不恭。山陵使事已,確猶偃蹇於位。於是,劉摯與監察御史王巖叟、右諫議大夫孫覺、右司諫蘇轍、右正言朱光庭彈章交上十數……確浸不自安,乃表求避位。而其表有曰:'……'其言高自矜伐,孫覺、蘇轍愈不平,復上疏論之……遂有是命。《丁未録》"

《宋宰輔編年録校補》卷九同條:"同日,司馬光左僕射。……"

司馬光徹底改革新法,排斥元豐舊臣,爲異日朋黨之禍埋下禍根。呂公著政見稍異司馬光

《宋宰輔編年録校補》卷九哲宗元祐元年閏二月庚寅:"光之初相也,王安石時已病,弟安禮以邸吏狀示安石,安石曰:'司馬十二丈做相矣。'悵然久之。蓋安石以行新法作相,光以不行新法辭樞密副使,退居西洛,負天下重望十五年。上即位,宣仁后同政,遂起光而用之也。然當是時,進說者以爲三年無改於父之道,欲稍損其甚者,毛舉數事,以塞人言。光慨然爭之曰:'先帝之法其善者,雖百世不可變也。若安石惠卿等所建,爲天下害,非先帝本意者,改之當如救焚拯溺,猶恐不及,況太皇太后以母改子,非子改父。'衆議乃定。光以爲治亂之機在於用人,邪正一分,則消長之勢自定。每論事,必以人物爲先。凡所進退,俱天下當然者。然後朝廷清明,人主始得聞天下利害之實。或謂光曰:'元豐舊臣如章惇、呂惠卿輩俱小人,他日有以父子之義間上,則朋黨之禍作矣,不可不懼。'光起立拱手屬聲曰:'天若祚宋,必無此事。'遂改之不疑。安石嘗歎曰:'終始謂新法爲不便者,獨司馬君實爾。'嗚呼! 若曰當參用元豐

舊臣共變其法,以絕異時之禍。實光之所不取也。自國朝治亂論之,曰元祐黨者,豈非天哉!後世得光之言,可以流涕痛哭矣。《丁未録》"

《宋宰輔編年録校補》卷九同條:"公(司馬光)拜左僕射,遂罷青苗錢,專行常平糴法……時二聖恭儉慈孝,視民如傷,虛己以聽公。公知無不爲,以身任天下之責。光既拜左僕射,詔役法利害,許人户實封自陳。章惇言,三省同進呈司馬光乞罷免役札子,其間甚多疏略……吕公著言:'司馬光建明役法大意已善,其間不無疏略。若博采衆論,更加公心,申明行下,必爲良法。今章惇所上文字,雖其言有可取,大率出於不平,專欲求勝,不顧朝廷大體,望詳酌,選差一二近臣詳定。'聞奏,遂詔韓維、吕大防、孫永、范純仁詳定以聞。"

吕公雅添差監舒州鹽、酒税務

《長編》卷三六八哲宗元祐元年閏二月庚寅條:"三省言:'霍翔、吕公雅提舉保馬不循詔旨,至減朝廷元立年限之半,督責收買,急圖己功,兩路騷然,民力困弊。昨來雖各移任,然其欺罔害民之罪,未加黜責,無以懲沮。'詔霍翔差管勾太平觀,吕公雅添差監舒州鹽、酒税務。"

吕公著門下侍郎

《長編》卷三六八哲宗元祐元年閏二月壬辰條:"金紫光禄大夫、尚書左丞吕公著爲門下侍郎。"

案:《宋宰輔編年録校補》卷九亦有記載。公著自元豐八年除尚書左丞,是年閏二月除門下侍郎。再執政凡九月,至四月拜相。

范純仁撰《論除吕公著文字不經書讀》

《范忠宣公文集》遺文《論除吕公著文字不經書讀》元祐元年閏二月:"臣伏以近除門下侍郎吕公著文字,不經臣書讀。尚書吏部亦將不經門下省文字直行,慮別有被受。按門下省繳覆中書省録黄,樞密院録白,有與侍郎妨礙,或系親戚,並貼黄奏知。欲今後侍郎兩員,皆合避親或妨礙。及獨員除依舊奏知外,許令給事中系書繳覆。"

朱光庭奏，朝廷用司馬光、呂公著、范純仁，則天下大治

《長編》卷三六八哲宗元祐元年閏二月甲申條："左正言朱光庭奏：'臣累具奏陳，乞行睿斷，屏去奸臣，以幸天下。今蔡確一奸臣退矣，中外之臣，莫不嘆服朝廷剛決之明，實宗廟社稷之福。外有章惇、韓縝二奸臣未退，竊惟天下大任，非奸臣所當處，如章惇之輕肆鄙俚，敢爲邪説，以沮抑聖政；韓縝之冒寵固位，不知引避其賢兄，是皆天下之奸臣，去之則朝廷清明矣。伏望聖慈檢會臣前後累奏，特賜睿斷施行。'貼黃：'今日既用司馬光爲宰相，又用呂公著爲門下侍郎矣，所有尚書左丞闕，乞用范純仁補之。天下大政，得此衆賢，然後大治。臣願陛下留神。'"

朱光庭再議呂公著忠樸可委

《長編》卷三六八哲宗元祐元年閏二月丙申條："左正言朱光庭奏：'……'。又前貼黃：'臣竊睹陛下憂勤之如此，而大臣奸邪之如彼，一日萬几，何以倚仗？今司馬光未出，惟有呂公著一人忠樸可委外，皆非其人。臣已累言，乞用范純仁補左丞之闕，庶几陛下左右，早得忠正大臣之助，伏望留神聽納，天下之幸。'"

朱光庭堅持早進范純仁

《長編》卷三六九哲宗元祐元年閏二月甲辰條："左正言朱光庭奏：'……'。貼黃：'今日廟堂之上，司馬光未出，只有呂公著一人忠樸可倚，其餘皆奸邪及備位者也。伏望聖慈早進范純仁，庶得賢者在位，同心一德，以輔聖政。'"

李清臣爲尚書左丞，呂大防爲尚書右丞，范純仁爲吏部尚書

《長編》卷三六九哲宗元祐元年閏二月丙午條："通議大夫、守尚書右丞李清臣爲尚書左丞；朝散大夫、試吏部尚書呂大防爲中大夫、尚書右丞。給事中兼侍讀范純仁爲吏部尚書，朝散大夫、秘書監兼侍講傅堯俞爲給事中兼侍講，試禮部侍郎蔡卞爲龍圖閣待制、知宣州，朝議大夫劉攽爲秘書少監，朝請大

夫、太常卿葉均直龍圖閣、知荆南,軍器少監蔡碩爲蔡河撥運。監察御史邵材知廣德軍。"

汝州團練推官、西京國子監教授程頤爲承奉郎

《長編》卷三六九哲宗元祐元年閏二月丙午條:"是日,汝州團練推官、西京國子監教授程頤爲承奉郎。"

曾布爲龍圖圖學士,知太原府

《長編》卷三六九哲宗元祐元年閏二月庚戌條:"户部尚書曾布爲龍圖閣學士,知太原府。劉摯言之也。"

龍圖閣待制蔡京罷知開封府,知成德軍

《長編》卷三六九哲宗元祐元年閏二月庚戌條:"寶文閣直學士謝景温權知開封府,龍圖閣待制蔡京知成德軍。"

正議大夫、知樞密院事章惇解機務,守本官知汝州

《長編》卷三七〇哲宗元祐元年閏二月辛亥條:"詔:‘正議大夫、知樞密院事章惇,累有臣僚上言輕薄無行,好爲俳諧偈語,及嘗受内臣宋用臣饋遺。以其大臣,彈糾章奏不欲付外。又議役法,明知未完,俟其令行,始相沮難。近者,每於簾前同輔臣議政,動多輕悖,全無恭上之禮。宜解機務,可守本官,知汝州。與放謝辭。’"

安燾知樞密院,范純仁同知樞密院

《長編》卷三七〇哲宗元祐元年閏二月乙卯條:"正議大夫、同知樞密院事安燾知樞密院,朝議大夫、試吏部尚書兼侍講范純仁爲中大夫、同知樞密院。"

罷青苗法

《御批續資治通鑑綱目》卷八:"罷青苗法。"

是月,呂公孺始知瀛州

《宋史·呂夷簡傳》(《呂公孺附傳》):"更陳、杭、鄭、瀛四州。"

案:據李之亮《宋河北河東大郡守臣易替考·瀛州河間府》考證:哲宗元祐元年閏二月謝景溫離任,呂公孺知瀛州,至元祐二年二月止。

三月
罷免役法

《御批續資治通鑑綱目》卷八:"三月,罷免役法。"

呂公著以爲宜接受安燾辭呈

《長編》卷三七一哲宗元祐元年三月辛未條:"門下侍郎呂公著言:'安燾、范純仁除命,雖已依中旨發下,而中外紛紛,皆以爲門下省失官,若言者論奏不已,則恐轉難處置。聞燾方固辭不敢受,或因其請,特賜俞允,則朝廷命令不至乖失,其於待燾亦爲得體。'尋有中札問公著,不置知院官,而兩院並爲同知院,有故事乎?公著既以故事對,且言近例同知院有位左右丞上者。時燾亦自言:'近蒙除知樞密院事,非才躐等,不協士論,致給事中累行封駁。在臣之分,豈惟新命不敢輒當,至於舊職,亦難安處,望收還成命,俾領近州。'"

御史中丞劉摯評價呂夷簡等才謀識略,簡重方嚴、鎮撫内外

《長編》卷三七二哲宗元祐元年三月丁丑條:"御史中丞劉摯言:'⋯⋯國朝承五代之弊,太祖、太宗肇基帝業。時則有若趙普,文武兼資,識時知變,輔相兩朝,成太平之基。真宗時海内無事,則有若李沆、王旦,沉機先物,偉識宏度,左右承弼。仁宗時則有若王曾、呂夷簡,簡重方嚴,鎮撫内外,以才謀識略,平治四方。晚年得富弼、韓琦,付屬大事,世以永寧⋯⋯'"

以呂公著、司馬光薦,程頤爲崇政殿説書

《宋史紀事本末》卷四五《洛蜀黨議》:"哲宗元祐元年(丙寅,1086)三月辛巳,以程頤爲崇政殿説書。頤在治平、元豐間,大臣屢薦,皆不起。至是,司馬

光、吕公著共疏其行義曰：'伏見河南處士程頤，力學好古，安貧守節，言必忠信，動遵禮度，年踰五十，不求仕進，真儒者之高蹈，聖世之逸民。望擢以不次，使士類有所矜式。'詔以爲西京國子監教授。力辭，尋召爲秘書省校書郎。及入對，改崇政殿説書。"

四月

韓縝罷右僕射

《宋宰輔編年録校補》卷九哲宗元祐元年四月己丑條："韓縝罷右僕射……"

王安石卒，司馬光、吕公著謂宜厚葬

《長編》卷三七四哲宗元祐元年四月癸巳條："觀文殿大學士、守司空、集禧觀使、荆國公王安石卒。司馬光手書與吕公著曰：'介甫文章節義過人處甚多，但性不曉事而喜遂非，致忠直疏遠，讒佞輻輳，敗壞百度，以至於此。今方矯其失，革其弊，不幸介甫謝世，反復之徒必詆毁百端。光意以謂朝廷特宜優加厚禮，以振起浮薄之風，苟有所得，轉以上聞，不識晦叔以爲如何？更不煩答以筆札，庶前力主張，則全仗晦叔也。'詔再輟視朝，贈太傅，推遺表恩七人，命所在應副葬事。"

司馬光薦吕公著爲右相

《長編》卷三七六哲宗元祐元年四月乙卯條："先是，太皇太后遣中使陳衍，齎御札就賜司馬光，曰：'范純仁奏，乞以文彦博爲師臣，備顧問，可以尊朝廷，服四裔。朱光庭札子，乞尊禮爲帝師，勿勞以宰相職事。所有朱光庭札子三道，付卿看詳，可親書條具聞奏者。'光言：'臣鄉蒙恩擢爲首相，自知智力淺薄，歷事未多，故乞陛下用文彦博以太師兼侍中，行左僕射，而臣佐之，庶無罪悔。今范純仁、朱光庭以爲彦博元老師臣，不可煩以吏事，此在陛下裁度。若以正太師平章軍國重事，令五日或六日一入朝，因至門下、中書都堂，與諸執政商量，重事令執政就宅咨謀，其餘常程文書，只委僕射以下簽書發遣。如此亦足以尊大臣，優老臣矣。光庭又言范純仁、吕公著、韓維皆可爲右相。臣恩

以爲范純仁、韓維各有才德,而進用日近,履歷未深,恐升遷太驟,衆情未服。惟呂公著舊歷兩府,今位次最高,若用爲右相,韓維爲門下侍郎,范純仁依舊,最爲允當,克厭衆心。乞聖意采擇,其光庭札子三道,謹同封進入。'"

五月

呂公著進右僕射

《長編》卷三七七哲宗元祐元年五月丁巳條:"金紫光禄大夫、門下侍郎呂公著依前官守尚書右僕射兼中書侍郎。"

《宋宰輔編年録校補》卷九哲宗元祐元年四月壬寅條:"呂公著右僕射。自金紫光禄大夫、門下侍郎依前官右僕射兼中書侍郎。"

《宋宰輔編年録校補》卷九同條《制》曰:"國莫難於置相,君莫重於知人。堯舜之隆,蓋以疇咨而熙載;商周之盛,至以夢卜而求賢。天降割於我家,予未堪於多難。思用耆德,交秉政機。其敷寵章,以詔群辟。具官呂公著行應儀表,學通本原。忠義得於天資,功名自其世美。被遇先帝,嘗入贊於樞庭;監予沖人,遂同寅於政路。傳經意以謀國體,推上澤以紓民心。斂收雋賢,補葺法度。方重不倚,雅有大臣之風;調娛適中,遂通當世之務。是用升之右揆,委以繁機。申衍爰田,陪敦真賦。爾則代天而理物,予則羞耇以惟君。於戲!丞相之位,未嘗無其人;儒者之效,久不白於世。孟軻言無有者數百載,揚雄稱自得者二三臣。蓋迪遠業者其功難,循近迹者其力易。勉行所學,以底丕平。"

《宋宰輔編年録校補》卷九同條:"自蔡確、章惇罷,司馬光已臥疾。及韓縝去位,公著嘗攝宰相事。先是,執政官每三五日一聚都堂,堂吏日抱文書歷諸廳白之。故爲長者得以專決,同列難盡爭也。光嘗懇確,欲數會議,庶各盡所見,而確終不許。公著既秉政,乃日聚都堂,遂爲故事。元祐元年六月甲寅,下詔曰:'朕惟先帝臨御以來,講求法度,務在寬厚,而縉紳之間,有不能推原朝廷本意,希功指尅,或妄生邊事,或連起奸獄,此群言所以未息,朝廷所以懲革也。況罪顯者已正,惡鉅者已斥,則宜蕩滌隱疵,闊略細故,豈復究治以累太和!應今日以前有涉此事狀者,一切不問,言者勿復彈劾,有司毋得施行,各俾自新,同歸美俗。'給事中胡宗愈奏:'中書省敕黄内有'言者勿復彈劾,有司毋得施行'之語,臣愚竊以謂此二句於體未便,欲望去此二句,則盡善矣。'始鄧綰責滁州,言者未已,范純仁勸太皇太后勿行,太皇太后因欲下詔,慰存反側,既而中輟。及呂公著救賈種民,太皇太后復欲下詔,公著以爲當然,遂從之。或謂公著曰:'今除惡不盡,將貽他日憂。'公著曰:'治道去太甚耳,文景之世,綱漏吞舟。且人才實難,宜使自新,豈宜使自棄邪!'詔之未下也,言事官交章論其不可。《長編》"

《宋宰輔編年錄校補》卷九同條:"自蘇軾以策題事爲臺諫官所言,而言者多與程頤善。軾、頤既交惡,其黨迭相攻。右司諫賈易獨建言,請並逐二人。又言呂陶黨助軾兄弟,而文彥博實主之。語侵彥博及范純仁。太皇太后怒,欲峻責易,而呂公著言易所言頗切,直惟詆大臣爲太甚,第不可復處諫列耳。太皇太后必欲責易,呂公著曰:'不先逐臣,易責命不可行。'爭久之,乃止罷諫職。易遂自右司諫出知懷州。既退,公著謂同列曰:'諸公所論得失未足言,顧主上方富於春秋,異時將有進導諛之說以惑上心者,當是之時,正賴左右力爭,不可預使人主輕厭言者也。'於是,呂大防、劉摯、王存私相顧而歎曰:'呂公仁者之勇,乃至於此!'"

呂公著宰相度量

《曲洧舊聞》卷三《呂申公度量》:"曾肇子開修史,書呂文靖事,不少假借。元祐間,申公當國,或以爲言,公不答,待子開如初。客以密問公者,公曰:'肇所職,萬世之公也。人所言,吾家之私也。使肇所書非耶,天下自有公議;所書是耶,吾行其私,豈能使後世必信哉!'晁以道嘗爲予說其事,歎曰:'申公度量如此,真宰相也。'"

呂公著拜相,少時有驗

《孫公談圃》卷下:"呂文靖生四子。公弼、公著、公奭、公孺,皆少時,文靖與其夫人語:'四兒他日皆系金帶,但未知誰作宰相? 吾將驗之。'他日,四子居外,夫人使小鬟擎四寶器貯茶而往,教令至門故跌而碎之。三子皆失聲,或走歸告夫人者,獨公著凝然不動。文靖謂夫人曰:'此子必作相。'元祐果大拜。"

案：據張方平撰"呂夷簡神道碑"，呂夷簡有七子：公綽、公弼、公著、公孺、公餗、餘早夭。《孫公談圃》此中記載有誤。

又案：據《宋史·呂公著傳》云，公著自少講學，即以治心養性爲本，平居無疾言遽色，於聲利紛華，泊然無所好。暑不揮扇，寒不親火，簡重清净。識慮深敏，量閎而學粹，遇事善决。父親呂夷簡曰："此子公輔器也"。

文彥博太師、平章軍國重事

《長編》卷三七七哲宗元祐元年五月丁巳條："河東節度使、守太師、開府儀同三司致仕、潞國公文彥博特授太師、平章軍國重事。"

韓維門下侍郎

《宋宰輔編年録校補》卷九哲宗元祐元年五月："丁巳朔，韓維門下侍郎。"

尚書右僕射兼中書侍郎呂公著爲禮儀使

《長編》卷三七七哲宗元祐元年五月壬戌條："尚書左僕射兼門下侍郎司馬光爲明堂大禮使，尚書右僕射兼中書侍郎呂公著爲禮儀使，門下侍郎韓維爲儀仗使，中書侍郎張璪爲鹵簿使，同知樞密院事安燾爲橋道頓遞使。"

六月

呂公著與三省同議，兵部尚書王存帶舊職事宜

《長編》卷三七九哲宗元祐元年六月己丑條："既而輔臣入對，太皇太后問："主王存者誰邪？"門下侍郎呂公著言："臣實與三省共議。"太皇太后曰："聞王存附會王安石，進不以正。"公著曰："安石初執政時，未建東西府，存與安石對門居踰年，不一過之，士人至今稱是。"太皇太后曰："若然則無疑矣。"

案：呂公著不以王存是新黨人士而實行打壓，足見他的政治胸懷。

太常博士呂希純奏言，皇帝親祠明堂事宜

《長編》卷三七九哲宗元祐元年六月庚寅條："太常博士呂希純言：'皇帝親祠明堂，請依皇祐及嘉祐、熙寧故事，復設小次。俟皇帝初獻畢，禮儀使奏

請歸小次,三獻畢,奏請就版位。恐議者以元豐新定禮文,皇帝立於阼階,故因去小次,請自今仍舊設於明堂午階之東,太廟即設於東階之下。'太常寺參詳,景靈亦合設小次於東階之下。從之。"

　　案:呂希純爲公著第三子,字子進。進士及第,爲太常博士。據《中華呂氏通譜》卷二《世系篇·聯宗第五宗支》:呂希純生子六:孝問、能問、聽問、至問、光問、邦問。

詔自今科場程試,毋得引用《字説》

　　《長編》卷三七九哲宗元祐元年六月戊戌條:"詔自今科場程試,毋得引用《字説》。從殿中侍御史林旦言也。"

尚書右僕射呂公著舉朝奉郎孔平仲,承議郎畢仲游、孫朴

　　《長編》卷三八〇哲宗元祐元年六月壬寅條:"尚書左僕射司馬光舉奉議郎張舜民、通直郎孫準、河南府右軍巡判官劉安世,尚書右僕射呂公著舉朝奉郎孔平仲、承議郎畢仲游孫朴……並堪館閣之選。"

詔太學置《春秋》博士

　　《長編》卷三八〇哲宗元祐元年六月甲辰條:"詔太學置《春秋》博士一員,令本監長貳奏舉。"

呂惠卿責授建寧軍節度副使,本州安置,不得簽書公事。草制時,呂公著認爲不宜彰先帝之失

　　《長編》卷三八〇哲宗元祐元年六月辛亥條:"呂惠卿責授建寧軍節度副使,本州安置,不得簽書公事。從諫官王巖叟等四人所奏也。内批付三省云:'惠卿罪惡貫盈,雖已施行,而臺諫彈糾不已,難居善地。可竄逐一遠小處,以允公議。'始,惠卿責授光禄卿,分司南京、蘇州居住。中書舍人范百禄草制,有云:'朕承先帝大烈,懼弗克勝,而法弊不可以不更張,民勞不可以不振德,稽其所自,汝爲厲階。'右僕射呂公著以手簡諭百禄云:'恐彰先帝之失,宜删去之。'百禄如公著所諭,但以人言孔多爲説。"

林旦批呂公著維護蔡確鷹犬賈種民

《長編》卷三八〇哲宗元祐元年六月壬子條："殿中侍御史林旦言：'臣昨論列賈種民罪犯猥惡，資性傾邪刻薄，乞罷駕部員外郎，送吏部與合入差遣，使累有過犯不經責罰之人，少知懲戒。久之，朝廷方差種民權知臨江軍。種民通判資序就使未遂，有司亦不當假以軍壘。士論洶洶，臣以朝命已行，不欲再有論奏。今聞改知通利軍，殊不曉所以。聞呂公著以臣前章曾語及增添御史臺案外情理八節，誣陷蘇頌。呂公著以此引嫌，屢曾營救，不欲正其罪惡，以致優假軍壘，今來又移改近地。臣之所言，乃以公論，爲朝廷逐邪佞，清流品。不知呂公著何爲屢引私嫌，欲廢公議，遂使種民夤緣僥倖，再有陳請，以便其私。如此則無行小人但能誣罔執政，不患不得美官善地，不知如此施行，有何義理！伏乞聖慈特賜指揮，檢會臣前奏，早正種民於法。不然，且令速赴臨江軍本任，免士論別有譏議，邪佞略無懲誡。'不報。"

《長編》同條："初，御史彈奏種民嘗持虛券，冒奪人產業，又嘗寓夏伯孫家，以乞假不如意，鬥其兄弟，諷令析居。元豐中，任大理官，爲蔡確鷹犬，專中傷善良。詔黜爲通判。已而呂公著面奏曰：'方種民爲獄官，臣亦與被誣陷，今臣方在相位，而種民得罪，恐所懲者小，所損者大，非所以示天下。'乃寢前命，及退就殿廬批旨，門下侍郎韓維固執不肯書。明日奏曰：'種民罪惡，眾所共知，奈何以呂公著故屈朝廷公議！'公著復有請，乃有臨江之命，於是，又改通利軍。"

呂公著救賈種民，他説宜使人才自新

《長編》卷三八一哲宗元祐元年六月甲寅條："始，鄧綰責滁州，言者未已，范純仁勸太皇太后勿行，太皇太后因欲下詔，以慰反側，既而中輟。及呂公著救賈種民，太皇太后復欲下詔，公著以爲當然，遂從之。或謂公著曰：'今除惡不盡，將貽患他日。'公著曰：'治道去太甚耳，文、景之世，網漏吞舟。且人才實難，宜使自新，豈盡使自棄耶！'"

蘇軾與吕希道書簡

《蘇軾文集》卷五七《答湖守刁景純二首》，其一云："因循不奉書，不覺歲月乃爾久耶？過辱不遺，遠賜存問，感激不可言也。比日竊惟鎮撫多暇，起居勝常。吴興風物，夢想見之，嘯詠之樂，恨不得相陪，但聞風謡藹然，足慰所望。夏暄，萬萬自重。"

《蘇軾文集》卷五七《答湖守刁景純二首》，其二云："舊詩過煩鑴刻，及墨竹橋字，並蒙寄惠，感愧兼集。吴興自晉以來，賢守風流相望，而不肖獨以罪去，垢累溪山。景純相愛之深，特與洗飾，此意何可忘耶？在郡雖不久，亦作詩數十首，久皆忘之。獨憶四首，録呈，爲一笑。耘老病而貧，必賜清顧，幸甚。"

案：據《蘇軾年譜》卷二五哲宗元祐元年六月"湖守吕希道來簡"條考證，此刁景純爲吕景純之誤刊，因《七集·續集》"答"下有"湖守"二字。《嘉泰吴興志》湖守無姓刁者，有吕希道，元豐八年十二月初二日到任，元祐二年八月二十八日罷。

吕公著因姪女之喪在式假

《長編》卷三八一哲宗元祐元年六月乙卯條："諫官王覿言：'……'。貼黄稱：'近日吕公著以姪女之喪在式假……'"

吕公著等對程頤的贊歎

《後編》卷八七哲宗元祐元年六月乙卯條："程頤上疏曰：'……'。文彦博、吕公著等入侍，聞其講説，輒相與歎曰：'真侍講也。'彦博對帝恭甚，或謂頤曰：'君之倨，視潞公如何？'頤曰：'潞公三朝大臣，事幼主不得不恭。頤以布衣爲上師傅，其敢不自重？此頤與潞公所以不同也。'"

七月

吕公著以爲蘭州乃先帝境土，不能輕以予夏人

《長編》卷三八二哲宗元祐元年七月癸亥條："右僕射吕公著亦以爲先朝

所取,皆中國舊境,而蘭州乃西蕃地,非先屬夏人。今天子嗣守先帝境土,豈宜輕以予人? 況夏戎無厭,與之適足以啓其侵侮之心。且中國嚴守備以待之,彼亦安能遽爲吾患。"

蘇轍言呂嘉問創行市易,害民最深,乞重行竄謫

《宋會要輯稿》食貨五五之四四元豐八年八月八日條注:"(元祐元年)七月壬午,右司諫蘇轍言:'……内有呂嘉問系創行市易,害民最深,雖已經降責,尚竊有民社,未允公議,更乞重行竄謫,以謝天下……'"

右僕射呂公著爲明堂大禮使

《長編》卷三八三哲宗元祐元年七月癸未條:"中書省言,左僕射司馬光以足疾免明堂大禮使。詔改差右僕射呂公著爲大禮使,門下侍郎韓維爲禮儀使,中書侍郎張璪爲儀仗使,同知樞密院事安燾爲鹵簿使,尚書左丞李清臣爲橋道頓遞使。"

案:《宋大詔令集》卷六二,有《呂公著加恩制元祐元年明堂》,制詞云:"門下:王者制行合禮,昭孝以馭神。圓丘之祀,則事之以天道;明堂之享,則接之以人情。天道貴質也,故配之以祖烈;人情尚文也,故侑之以禰宮。朕追憲舊章,緝熙大事。昭明寅畏而精意達,慈祥悌順而多祜臻。申錫命書,褒進右弼。某,明國家之禮,通道德之原。論議而據於精,維時儒者之望;彌縫而藏其用,有古大臣之風。順民所祈,躋時至治。屬崇嚴於宗祀,實董正於鉅儀。四海莫不格歡心,百工莫不有嘉德。是以錫爾以上腴之賦,衍爾以真户之封,以慰民瞻,以敷邦渙。於戲! 專饗獨美其福,蓋漢文之所羞;同寅協恭於衷,亦舜官之所尚。往膺異數,茂輯元勛。"

八月

呂公著、司馬光、韓維對於舉薦人才的不同看法

《宋史全文》卷一三上《宋哲宗一》元祐元年八月辛卯條:"太皇太后諭輔臣曰:'臺諫官言:近日除授多有不當。'司馬光言:'朝廷近詔臣僚舉可任監司者,既令各舉所知,必且試用,待其不職,然後罷黜,亦可並坐舉者。'呂公著

曰：'舉官雖是委人，亦須執政審察人材。'光曰：'自來執政只於舉到人中取其所善者用之。'韓維曰：'光所言非是，豈可直信舉者之言？今不先審察，待其不職而罰之，甚失義理。'公著曰：'近來除用多失，亦由限以資格。'光又曰：'資格豈可少？'維又曰：'資格但可施於敘遷，若升擢人材，豈可拘資格？'司馬光以疾作先出都堂，遂竭告，自是不復入朝。"

案：元祐元年七月無辛卯日，當是八月。

司馬光、韓維薦呂公著之婿范祖禹爲侍講

《長編》卷三八四哲宗元祐元年八月辛卯條："吏部侍郎兼侍講傅堯俞，以職煩目病，乞罷侍講。司馬光請改堯俞爲侍讀，而用著作郎范祖禹兼侍講。祖禹，呂公著之婿也，請避嫌。光奏：'宰相不當以私嫌廢公議。'韓維奏：'朝廷遴選執政，本以進達賢能爲職，今乃以執政妨用人，不可。方今人材難得，幸而有可用之人，又以執政故退罷。若七八執政各避私嫌，甚妨賢路，且多存形迹，非大公之道。'遂以祖禹兼侍講。"

九月

司馬光卒

《長編》卷三八七哲宗元祐元年九月丙辰條："正議大夫、守尚書左僕射兼門下侍郎司馬光卒。光爲政踰年而病居其半，每欲以身殉社稷，躬親庶務，不舍晝夜……明堂禮畢，皆臨奠致哀，輟視朝，贈太師、溫國公，襚以一品禮服，謚曰文正。"

《長編》同條又載："蘇軾嘗論光所以感人心、動天地者，而蔽以二言，曰'誠'，曰'一'，君子謂軾知言。軾又嘗載光語語晁補之曰：'吾無過人，但平生所爲，未嘗有不可對人言耳。'史臣曰：《傳》所謂'微之顯，誠之不可掩'，《詩》所謂'相在爾室，尚不愧於屋漏。'光實有焉。'始，光當國，悉改熙寧、元豐舊事。或謂光曰：'舊臣如章惇、呂惠卿輩皆小人，他日有以父子之義間上，則朋黨之禍作矣。'光正色曰：'天若祚宋，必無此事。'遂改之不疑。君子謂光之勇，孟軻不如。若曰當參用熙、豐舊臣，共變其法，以絕異時之禍，實光所不取也。"

《宋史全文》卷一三上《宋哲宗一》元祐元年九月條下有評論:"《大事記》曰:變熙寧之法者,乃神宗末年之悔,太皇初年之盛心,天下人心之公論也。司馬光謂:'先帝之法善者,雖百世不可改。若安石、惠卿等所建,非先帝意者,改之當如拯焚救溺。'此正孔子三年無改於道之本旨也。然謂太皇以母改子,則它日章、蔡之徒必以子不可改父之說進者,此紹述之論所由起也。當時呂公著之言曰:'保馬之法,先朝已知有司奉行之謬;市易之法,先帝尤覺其有害而無利;福建、江南等路配賣茶鹽,俱非朝廷本意,當一切罷去。'則是當變之法,皆出於神宗末年之意。推此意而行之,則無紹述之慮矣。呂公著又謂:'青苗之法,但罷逐年比較,則百姓自免抑勒之患。免役之法,少取寬剩之數,別無下户虛納之患。保甲之法,只令農隙教習,則不至有妨農之患。更張之際,當須有術,不在倉卒。'此以所謂在所當改而可以未改者耳。推此意而行之,則無反覆之慮矣。故曰:熙、豐之小人不可以不盡去,而熙、豐之法則不可以盡變。去熙、豐之小人不可以不急,而變熙、豐之法則不容以太急。青苗、均輸所可罷,而雇役之法未可以遽罷也。保馬、户馬所可罷,而保甲之法未可以遽罷也。新經字法可廢,而取經義先論策之意不可廢也。然司馬光之變法如拯焚救溺,四患未除,死不瞑目。至於言朋黨之禍,則曰'天若祚宋,必無此事',此又司馬光至誠至公之心質之天地而無愧也。後世聞公之言,可以流涕痛哭矣。"

呂希純上《論司馬光薨乞罷紫宸殿稱賀奏》

《全宋文》卷二三五四呂希純《論司馬光薨乞罷紫宸殿稱賀奏》元祐元年九月:"臣謹按《禮記·檀弓》:'衛有太史曰柳莊,寢疾,公曰:'若疾革,雖當祭,必告。'公再拜稽首,請於尸曰:'有臣柳莊也者,非寡人之臣,社稷之臣也。'聞之死,請往。'《春秋》書:'仲遂卒於垂,壬午猶繹,萬入去籥。仲尼曰:'非禮也,卿卒不繹。''以此見古之人君,聞大臣之喪,雖宗廟之祭皆廢。今來宰臣司馬光,其薨適在明堂散齋日內。嚴父配天,國之大典,固不可廢;至於御樓肆赦,恐亦難罷。唯是紫宸殿受賀一節,緣是慶賀之事,比之宗廟之祭爲輕。方聖情軫悼元臣,而群臣拜舞稱慶,恐於禮義人情,未爲宜稱。所有今來禮畢,紫宸立班,伏乞聖慈,特賜詳酌指揮。"

周必大稱贊並比較司馬光和呂公著

《省齋文稿》卷一六《跋司馬温公呂申公同除內翰告》："惟二公道德文學冠映本朝,故其進用大同者三:在仁宗時,力辭知制誥,並改次對,入侍帷幄,同乎初也;右文初政,並升翰苑,同乎中也;泰陵嗣服,俱在揆路,同乎終也。追觀前世名公卿同時被遇者固多,至於更歷累朝、名位均一如二公者鮮矣。"

中書舍人蘇軾爲翰林學士

《長編》卷三八七哲宗元祐元年九月丁卯條:"中書舍人蘇軾爲翰林學士,范百禄爲刑部侍郎,錢勰爲給事中,太常少卿鮮于侁爲左諫議大夫,太常少卿梁燾爲右諫議大夫,右司諫蘇轍爲起居郎,左司諫王巖叟爲侍御史,左正言朱光庭爲左司諫,右正言王覿爲右司諫。"

十月

右僕射呂公著提舉修"神宗皇帝實録"

《長編》卷三八九哲宗元祐元年十月壬辰條:"右僕射呂公著提舉修'神宗皇帝實録'。"

案:據《玉海藝文校證》卷一四云,《元祐神宗實録》於元祐元年二月六日乙丑詔修。閏二月,命司馬光提舉,鄧温伯、陸佃並修撰。十月,又以呂公著提舉,黄庭堅、范祖禹檢討。四年,左僕射呂大防提舉。六年三月四日癸亥,書成,進呈。"神宗皇帝實録"於紹聖年間予以重修,因删改重修事多失實,高宗紹興年間又予重修,成《紹興重修神宗實録》。從中亦可探知北宋末年黨爭之激烈。

呂公著上《〈實録〉許令紀實以信後世奏》

《全宋文》卷一○九五呂公著《〈實録〉許令紀實以信後世奏》:

臣先任御史中丞,前後乞罷制置三司條例司,論差官散青苗錢不當,不蒙施行,五乞責降外任差遣。亦嘗入對面陳,蒙神宗曲賜敦諭,聖意温厚,初無譴怒之旨。四月五日,聞除臣翰林學士兼侍講學士、寶文閣學士、知審官院,臣於六月再奏,以言事不效,乞降責,至七日,聞有指揮落兩學士,黜知潁州。
是時王安石方欲主行新法,怒議論不同,遂取舍人已撰詞頭,輒改修,添入數
句,誣臣曾因對論及韓琦以言事不用,將有除君側小人之謀。緣臣累次奏對,
不曾語及韓琦一字,方欲因入辭自辨,時已過正衙,忽有旨放臣朝辭,令便赴
任。至元豐中,臣再對朝廷,先帝待臣甚厚,未几,遂除柄任,及嘗賜臣手詔,
大略云:“顧在廷之臣,可以托中外心腹之寄,均皇家休戚之重,無逾卿者。”被
誣遭逐,全不出於聖意,止是王安石怒臣異議,呂惠卿興造事端。日月既久,
臣本不欲自明。適以宰職總領史任,今《實錄》若即依安石所誣編錄,既因臣
提舉修進,則便爲實事,它時直筆之士雖欲辨正,亦不可得。望以臣奏付實錄
院,許令紀實,以信後世。

案:《全宋文》此條系於元豐八年,疑有誤。

賜宰臣呂公著生日禮物口宣

《蘇軾文集》卷四一《賜宰臣呂公著生日禮物口宣元祐元年十月十六日》:“有
敕。朕之元老,生以兹辰。實爲邦國之華,豈獨閨門之慶。故命爾息,往宣余
懷。仍分厩庫之良,以助子孫之壽。”

呂公著欲以次甄敘諸放逐者,欲把章惇遷之便郡

《長編》卷三九〇哲宗元祐元年十月壬寅條:“詔章惇依舊知汝州。先是,
左僕射呂公著等以惇父老,且自政府罷,既經赦宥,故遷之便郡,又欲以次甄
敘諸放逐者,使各不至失所。既而言者交章謂惇不宜遽遷,語侵執政。太皇
太后怒問:‘主惇者誰耶?’公著前對曰:‘衆議也。’時惇子又上書爲其父訟冤,
且侵執政,詔並責之。公著曰:‘子之爲父,何所不至。’乃止。惇被命將至國
門,詔追揚州勅,復遣歸汝州。自是當敘復者皆稍難矣。”

案:呂公著以德報怨,足見其政治胸懷。

賜呂公著生日詔

《蘇軾文集》卷四〇《賜金紫光禄大夫守尚書右僕射兼中書侍郎呂公著生
日詔元祐元年十月二十七日》:“敕公著。卿將相三世,輔翼兩朝。方《斯干》獻夢

之辰,有《既醉》太平之福。宜膺慶賚,永錫壽康。"

十一月

吕公著推薦劉摯、吕大防、孫覺、李常、胡宗愈可任大事

《長編》卷三九一哲宗元祐元年十一月丙辰條:"自張璪罷,中書侍郎久未補人。吕公著言吕大防忠實可任大事,退而上奏曰:'檢會官制以前,中書宰臣二員,參知政事二員。今雖分三省,事多同呈,然機務之本並在中書。犬馬之齒,六十有九,多病早衰,精力不健,難以獨當繁務。伏望出自宸衷,早賜選差中書侍郎一員,庶寬聖慮,不至癏曠。'上又以手札問公著曰:'卿前日言劉摯可作執政,緣未曾作尚書,恐無此體例。欲且除尚書,卿更詳度,並此文字同進來。'公著奏曰:'國朝自中丞入二府者,如賈昌朝、張昇、趙概、馮京等例甚多。近年,蔡確不曾歷直學士以上職,自權中丞除參知政事。又章獻垂簾初,聞姜遵勁直,自散諫議大夫擢樞密副使,當時謂之'姜擦子'。兼新定官制,御史中丞在樞密直學士、諸行侍郎之上。'摯遂自中丞入輔。公著又因奏言,此後有孫覺、李常、胡宗愈皆可用,上深以爲然。覺、常竟不致執政而卒。"

劉摯尚書右丞,吕大防爲中書侍郎

《長編》卷三九一哲宗元祐元年十一月戊午條:"朝請郎、試侍御史中丞劉摯爲中大夫、尚書右丞。中大夫、尚書左丞吕大防守中書侍郎。吏部侍郎兼侍讀傅堯俞爲御史中丞,仍兼侍讀。"

案:是時,元祐諸賢執政,四方歸順。魏了翁在《跋吕正獻公繳進興龍節虜使例外送土物奏稿》中云:"元祐初政,以文忠烈平章軍國重事,司馬文正、吕正獻爲左右揆,范忠宣、吕正潛、劉忠肅、韓門下、王右丞諸賢爲執政。文正既卒,正獻獨爲右揆者幾一年……於斯時也,遼、夏納貢,鬼章即擒,交趾效順,不以有人矣乎?《詩》曰:'無競維人,四方其訓之',嗚呼盛哉!"(引自《鶴山先生大全文集》卷六一)

吕嘉問已降知淮陽軍,其餘市易收息官員具職位、姓名以聞

《宋會要輯稿》食貨五五之四四:"(元祐元年)十一月四日,詔戶部:'自置

市易以來，應官吏以收息賞轉官、減年磨勘、升任、循資之類，已、未收使，具職位、姓名以聞。'以右司諫王覿言：'緣市易冒賞人，獨呂嘉問降知淮陽軍，而其餘未追奪'故也。"

正議大夫、知汝州章惇提舉洞霄宫，從其所乞

《長編》卷三九二哲宗元祐元年十一月戊寅條："正議大夫、知汝州章惇提舉洞霄宫，從所乞也。"

案：按《長編》所引，内《丁未録》：呂公著言："惇父老，居蘇州，今惇留汝州，上方以孝治天下，豈可使大臣失晨昏之養。"

十二月
朱光庭等議貶蘇軾，呂公著等欲協調

《長編》卷三九三哲宗元祐元年十二月壬寅條注釋：（朱光庭等議貶蘇軾）十三日，召三人至都堂，右揆呂公著、門下侍郎韓維、中書侍郎呂大防、左丞李清臣、右丞劉摯五人，大意皆知軾爲有過，然特欲以上意兩解之。

蘇軾上呂公著書，論醉中殺人，可以原貸

《蘇軾文集》卷五〇《上呂相公一首》："軾昨日面論邢藥事。愚意本謂邢鼻是平人，邢藥妄意其爲盜殺之，苟用犯時不知勿論法，深恐今後欲殺人者，皆因其疑似而殺，但云'我意汝是盜'即免矣。公言此自是謀殺，若不勘出此情，安用勘司！軾歸而念公言，既心服矣，然念近者西京奏秦課兒於大醉不省記中，打殺南貴，就縛，至醒，取衆證爲定，作可憫奏，已得旨貸命，而門下別取旨斷死。竊聞興議，亦恐貸之啓奸，若殺人者得以醉免，爲害大矣。軾始者亦以爲然，固已書過録黄，再用公昨日之言思之，若今後實醉不醒而殺，其情可憫，可以原貸，若托醉而殺，自是謀殺，有勘司在。邢藥犯時不知，秦課兒醉不省記，皆在可憫之科，而邢藥臀杖編管，秦課兒決殺，似輕重相遠，情有未安。人命至重，若公以爲然，文字尚在尚書省，可追改也。"

案：據《蘇軾年譜》卷二五考證，此《上呂公著書》在哲宗元祐元年十二月。

是歲,呂好問監在京雜賣場

呂祖謙《東萊公家傳》:"初監在京雜賣場,正獻公當國,在事者以公親宰相孫,闊其條約,不以簿領累公。公愈益自屬,日夜治文書,若有程督之者。哲宗皇帝同宣仁聖烈皇后聽政,以樸素先天下,四方貢獻,一歸之有司斥賣,以佐經費。吏或下其估以自私,公獨漠然如不見,終秩未嘗售一物。"(見《呂祖謙全集》第一册《東萊呂太史文集》卷一四)

案:呂好問不以宰相孫子自居,勤於政事,廉潔奉公,姑系於此。

元祐二年丁卯(1087),呂公著七十歲,
呂公孺六十七歲,呂希道六十三歲,
呂希哲四十八歲,呂好問二十四歲,呂本中四歲

春正月
傅堯俞、王巖叟、朱光庭請罷蘇軾,呂公著極力保護蘇軾

《長編》卷三九四哲宗元祐二年春正月丙寅條:"是日,詔:'傅堯俞、王巖叟、朱光庭以蘇軾撰試策題不當,累有章疏,今看詳得非是譏諷祖宗,只是論百官有司奉行有過。令執政召諸人面諭,更不須彈奏。'丙寅,三人赴都堂,右僕射呂公著、門下侍郎韓維、中書侍郎呂大防、左丞李清臣、右丞劉摯諭旨。三人者謂公著等皆知軾爲有過,然特欲以上意兩平之耳,皆不敢奉詔。"

《長編》卷三九四哲宗元祐二年春正月丁卯條:三人者又各上疏,巖叟言:'伏睹聖意周旋委曲,優容臣下,惟恐有傷,雖天地父母無以過也。臣當何以報,惟知不敢愛身,爲陛下守官耳。苟避犯顏逆鱗之誅,而阿意順旨,不盡其心,以事陛下,則臣所不忍。臣按:蘇軾如聖諭非是譏諷祖宗,然只以祖宗置於議論之間,便是有傷大體,安得以爲無罪? 今陛下既不欲罪軾,又不欲罪臣等,而擬兩罷其事。在慈仁兼愛之心,則可謂至矣,於朝廷欲以立紀綱,正典

刑,則未爲得也。後日他事若更煩陛下和解,則恐紀綱由此隳,典刑由此廢,啓僥倖之門,開陵遲之端,自臣等始,負陛下罪不可容也。陛下聽政以來,未嘗有一事少差,此事更願聖慈曲加思慮,必有所得者,臣愚不勝拳拳忠告之至。'貼黄:'臣愚聞有與軾爲地,曲爲之辭,以釋其説,上欺天聽者,願陛下察其出於私意,不以爲惑,則事遂矣。'"

吕公著當國始請禁主司不得以老莊書命題,禁引用王氏《字説》

《宋史紀事本末》卷三八《學校科舉之制》:"(元祐)二年(丁卯,1087)春正月戊辰,詔毋以《老子》《列子》命題試士。時科舉罷詞賦,專用王安石《經義》,且雜以釋氏之説,凡士子自一語以上,非安石新義不得用。學者至不誦正經,唯竊安石之書以干進,精熟者輒上第,故科舉益弊。吕公著當國,始請禁主司不得以《老》《莊》書命題,舉子不得以申、韓、佛書爲學,經義參用古今諸儒説,毋得專取王氏。尋又禁毋得引用王氏《字説》。"

宣仁太皇太后欲軾與堯俞、巖叟、光庭皆逐,吕公著爭以爲不可

《長編》卷三九四哲宗元祐二年春正月乙亥條:"三省進呈傅堯俞、王巖叟論蘇軾札子,執政有欲降旨明言軾非者,太皇太后不聽,因曰:'軾與堯俞、巖叟、光庭皆逐。'執政爭以爲不可。"

詔蘇軾、傅堯俞、王巖叟、朱光庭各疾速依舊供職,從吕公著之議

《長編》卷三九四哲宗元祐二年春正月丙子條:"詔:'蘇軾所撰策題,本無譏諷祖宗之意,又緣自來官司試人,亦無將祖宗治體評議者,蓋學士院失於檢會。札子與學士院共知,令蘇軾、傅堯俞、王巖叟、朱光庭各疾速依舊供職。'蓋從右僕射吕公著之議也。"

案:《蘇軾年譜》卷二六雲,蘇軾、朱光庭、傅堯俞、王巖叟依舊供職,至此,館策問題方竟,而朋黨之禍日興。

同知樞密院范純仁以爲蘇軾無罪

《長編》卷三九四哲宗元祐二年春正月丙子條:"同知樞密院范純仁亦言:

'蘇軾止是臨文偶失周慮，本非有罪。聞言者未已，深慮煩瀆聖聰，恐致陛下別有行遣。臣以受恩深厚，雖非職事，而不避僭易之罪，輒敢奏陳。蓋此事或聞因小有言，恐致交相攻訐，流弊漸大，伏望聖慈深察。召來宣諭之意，只乞以朝廷本置諫官，蓋爲補朝廷闕失及奸邪害政，今人臣小過，本無邪心，言官不須深論。若其引咎求去，則云朝廷不欲以小事輕去言者，爾等當共成朝廷之美，則必不敢更有他説。以陛下聖明，思之必熟，而臣敢妄有所陳，亦愚誠有所慮，不能自止。'"

以右僕射兼中書侍郎吕公著爲景靈宮奉安神宗皇帝御容禮儀使

《長編》卷三九四哲宗元祐二年春正月丁丑條："詔以右僕射兼中書侍郎吕公著爲景靈宮奉安神宗皇帝御容禮儀使。"

吕希純撰《代賀景靈宮奉安御容禮畢表》

《全宋文》卷二三五四吕希純《代賀景靈宮奉安御容禮畢表》："即上都之福地，載廣珍庭；會列聖之晬容，益嚴昭薦。良辰叶吉，縟禮告成。凡預照臨，率同慶抃。竊以仙源浚發，帝業肇基。祖功休盛於湯文，宗軌繼隆於啓誦。雖寢廟時饗祼將克備於靈承，而衣冠月游館御未經於制度。茂惟真主，允集大成。皇帝陛下孝至格天，文明若古。眷神功潛躍之字，有章聖誕彌之祥。夙建清都，仰延真馭。乃規恢於舊址，庸考卜於新宮。凜然太紫之威，隱若神明之奧。惇宗有昭穆之敘，謁款無來往之煩。而復秘殿重深，列儀坤之正位；回廊曼衍，圖拱極之近寮。逮不日以休工，肆前期而蕆事。璿題灑落，焕東壁之星躔；藻衛森羅，備甘泉之法駕。奉雕輿而降格，袚玉座以妥安。詔蹕遹臨，群司遍至。瞻舜瞳而增慕，施禹拜以忘勤。精意克伸，繁禧畢集。洽需雲而示惠，需解雨以疏恩。嘉與群倫，同兹大慶。臣蚤塵樞椸，方守塞垣。阻陪鵷鷺之班，徒深燕雀之賀。"

二月

詔尚書右僕射吕公著撰太皇太后册文

《長編》卷三九五哲宗元祐二年二月己丑條："禮部言：'太皇太后玉寶，請以'太皇太后之寶'六字爲文；皇太后金寶，以'皇太后寶'四字爲文；皇太妃金寶，以'皇太妃寶'四字爲文。'從之，詔尚書右僕射呂公著撰太皇太后册文，中書侍郎呂大防書册寶；門下侍郎韓維撰皇太后册文，尚書左丞李清臣撰皇太妃册文，皆並書册寶。"

蘇軾見王伯虎，王伯虎言呂公弼招致高麗人事

《蘇軾文集》卷七二《呂公弼招致高麗人》："元祐二年二月十七日，見王伯虎炳之。言：'昔爲樞密院禮房檢詳文字，見高麗公案。始因張誠一使契丹，於虜帳中，見高麗人私語本國主向慕中國之意。歸而奏之先帝，始有招來之意。樞密使呂公弼因而迎合，親書札子，乞招致。遂命發運使崔拯遣商人招之。'天下知罪拯，而不知罪公弼，如誠一，蓋不足道也。"

案：《蘇軾年譜》卷二六哲宗元祐二年二月十七日條："十七日，見王伯虎，伯虎爲言呂公弼招致高麗人事。據《文集》卷七十二《呂公弼招致高麗人》，謂招致高麗人乃公弼任樞密使時事。"

知瀛州、龍圖閣直學士呂公孺知秦州

《長編》卷三九五哲宗元祐二年二月辛亥條："知瀛州、龍圖閣直學士呂公孺知秦州。前降葉康直除直龍圖閣、知秦州指揮，更不施行。"

案：《欒城集》卷二八，有《呂公孺知秦州》敕文，敕文云："敕：秦故重鎮，統制西戎。乃者肇復河湟，邊候浸遠，雖復號稱近地，而實據其本根，用人之難，與昔無異。具官某，故相之後，風流未亡，舊德之重，出入見紀，臨民有寬厚之美，治兵知節制之方。偃然長城，可托西顧。朕方包裹甲兵，以懷柔異類，督屬將帥，以完整邊防。蓋非靖重無以爲安，非繕治無以持久。祗率朕意，勉成厥功。可。依前件。"

又案：呂公孺曾兩知秦州。第一次在元豐四年，時蘇轍監筠州鹽酒稅。此次元祐二年呂公孺知秦州，時蘇轍爲中書舍人，故此敕文當作於元祐二年。

三月

宣仁太皇太后聽從群臣意見，就崇政殿受冊

《長編》卷三九六哲宗元祐二年三月甲寅條："是日，內批付三省：'將來太皇太后受冊，有司雖檢用章獻明肅皇后故事，當御文德殿，顧予涼薄，豈敢上比章獻明肅皇后，所有將來受冊，可只就崇政殿。宜令三省敘述太皇太后此意，降詔施行，仍先具詔本進入。'"

呂公著贊揚宣仁太皇太后執謙好禮，冠映古今

《後編》卷八八哲宗元祐二年三月壬戌條："輔臣奏事延和殿。太皇太后諭曰：'性本好靜，昨止緣皇帝幼沖，權同聽政，蓋非得已。況母后臨朝，非國家盛事。文德殿，天子正衙，豈女主所當御？'呂公著等言：'陛下執謙好禮，冠映古今，加以思慮精深，非臣等所及。'"

奉安宋神宗御容於景靈宮宣光殿，呂公著攝事酌獻

《長編》卷三九六哲宗元祐二年三月癸酉條："群臣詣文德殿行告遷禮，皇帝行酌獻禮，宗室立班前導神御至景靈宮宣光殿奉安。宗室立班儀如迎奉神御。鼓吹及鈞容、教坊作樂皆吉禮，文德殿酌獻，皇帝並權易吉服，宗室逐處立班及前導神御，權用吉服、鞍轡，禮畢如初。"

右僕射呂公著以旱乞退

《長編》卷三九七哲宗元祐二年三月辛巳條："太師文彥博奏乞致仕，右僕射呂公著以旱乞退，皆答詔不允。"

蘇軾《賜宰相呂公著乞退不允批答口宣元祐二年三月二十九日》："有敕。卿柱石本朝，耆龜當代。方茲注意，實所仰成。宜體朕心，姑安其位。"

蘇軾《賜宰相呂公著乞退不許批答元祐二年三月二十九日》："卿才全而德備，積厚而施博。明亮篤誠，坐屈群策。既以天下公議而用於此矣，豈以卿之私意而聽其去哉。水旱之災，不德所召。卿當助我，求所以消復之道，不當求去我也。《詩》不云乎：'大夫君子，昭假無贏。大命近止，無棄爾成。'勉思厥

職,以答民望。"

　　蘇軾《賜宰相呂公著乞退不許批答元祐二年三月二十九日》:"用賢之功,必
要之久遠。日計不足,歲計有餘。朕之用卿,期於百姓之既富;卿之自信,亦
豈一日而成功。常暘之災,天以警朕。夙夜祇懼,與卿同之。朕若歸過於股
肱,何以答天戒;卿若釋政而安逸,何以塞民言。各思其憂,少安厥位。"

　　案:元祐二年三月二十九日同一天,蘇軾撰寫《賜宰相呂公著乞退不允批
答口宣》《賜宰相呂公著乞退不許批答二首》三篇制文,分別收錄在《蘇軾文
集》卷四一與卷四三中,可見太皇太后憂慮急切之情。

四月

呂公孺乞改授宮觀小郡差遣不允

　　《蘇軾文集》卷四○《賜龍圖閣直學士新差知秦州呂公孺乞改授宮觀小郡
差遣不允詔》元祐二年四月三日:"敕公孺。朕顧懷西方,思得賢守,使邊有備而
民無擾。以卿耆老練達,德宇淵靜。秦又舊治,吏士服習。臥護諸將,無以
易卿。"

呂公著再表乞罷,不允

　　《長編》卷三九八哲宗元祐二年四月丁亥條:"呂公著再表乞罷,不允。詔
公著勿復請,且召公著入對,遣使押赴都堂。公著即歸私第。時閤門及通進
司皆被旨無得受公著章奏,公著乃具申中書省以聞,於是遣內侍陳衍諭旨,押
赴都堂,公著始復位。"

宰臣呂公著等以時雨不繼,詔書責躬,乞賜降黜。詔不允

　　《長編》卷三九八哲宗元祐二年四月甲午條:"宰臣呂公著等以時雨不繼,
詔書責躬,乞賜降黜。詔不允。"

呂公著建議八月行宣仁太皇太后冊禮

　　《長編》卷三九八哲宗元祐二年四月己亥條:"先是,呂公著言:'六月二十
六日,行太皇太后冊禮,有司先期修制玉冊,其文當稱述聖德,臣撰次已畢。

伏惟陛下以憫雨焦勞，責躬減膳，未敢上進。欲乞特降中詔，候八月西京奉安御容禮畢受册，兼秋高氣清，兩宮被法服，群臣稱慶，於行禮爲宜。'太皇太后納其言，遂降權罷之詔。"

吕公著請復制科，詔從之

《宋史紀事本末》卷三八《學校科舉之制》："（元祐二年）夏四月丁未，吕公著請復制科。詔曰：'祖宗設六科之選，策三道之要，以網羅天下賢俊；先皇帝興學校，崇經術，以作新人材，變天下之俗，故科目之設，有所未遑。今天下之士，多通於經術而知所學矣，宜復制策之科，以徠拔俗之才，裨於治道。蓋乃帝王之道，損益趨時，不必盡同，同歸於治而已。今復置賢良方正能直言極諫科，自今年爲始。'"

李清臣罷尚書左丞

《宋宰輔編年錄校補》卷九哲宗元祐二年四月戊申條："李清臣罷尚書左丞……"

五月
新知秦州吕公孺爲秘書監

《長編》卷四〇〇哲宗元祐二年五月癸丑條："觀文殿大學士、知潁昌府韓縝知永興軍，龍圖閣直學士、新知秦州吕公孺爲秘書監，資政殿學士、中散大夫、知永興軍曾孝寬特遷中大夫、知秦州。"

《長編》同條："殿中侍御史孫升言：'公孺文學本非所能，行義不爲人稱，徒以世家，致位通顯。昨自高陽移就秦隴，堅辭疾病，乞就閒散，或以宮觀自便，或以小郡苟安。班資雖高於人，材行不稱其任，秘書之長，公孺非宜。若果有疾，則當遂其所請，若實無恙，則豈宜偃蹇挾持，抗君命而不行？伏惟聖慈詳察，別賜指揮，以允公議。'"

御使、臺諫等紛紛上奏，論張舜民不當罷御史，累奏不絶。呂公著乞
擇有名望學識臣僚，使備諫諍，原臺諫官稍與優遷，令解言職

《長編》卷四〇〇哲宗元祐二年五月庚申條："御史中丞傅堯俞、諫議大夫
梁燾、侍御史王巖叟、司諫朱光庭王覿、御史孫升韓川，論張舜民不當罷御史，
累奏不絶。庚申，詔三省、樞密院召臺諫官赴都堂宣諭曰：'朝廷選任卿等爲
耳目之官，正要別白是非，視聽無惑，故自來章奏多所允從。今張舜民所言不
當，豈止言文彥博主張劉奉世一事？且如建言乞問罪夏國事，或從其言，豈不
爲國生事？乃只令解罷言職，蓋恐將來更有論奏，難於取信；若復留在言職，
恐誤視聽。今將舜民元奏示卿等，宜詳悉之。'"

《長編》卷四〇〇哲宗元祐二年五月癸亥條："右僕射呂公著慮言者將激
怒上意，致朝廷有罪言者之失，乃奏曰：'伏見陛下自臨政以來，開廣言路，登
用直臣，納諫之盛，近古未有。然臺諫官數人例各供職日久，前後言事既多，
不能一一盡中。若以其言失當，便行罷黜，則今日以前，不避仇怨，爲朝廷言
事不少；欲且一向包容，則慮過當日甚，或向後愈更紛挐，朝廷却不能保全。
臣夙夜惟念，欲乞稍與優遷，令解言職，更擇有名望學識臣僚，使備諫諍。如
此，則陛下於言事之臣可以全其恩意，不至駭動物聽。'癸亥，御札：'付呂公
著：覽卿奏，以臺諫官供職日久，欲稍與優遷，令解言職，更擇有名望學識臣
僚，使備諫事。詳卿忠意，深用嘉歎。卿宜先具可罷言職之人，各開坐欲除擬
次第，密具實封進入。'公著即依旨條上。明日，復降手札數條，付公著問可
否，且言不須別作文字，只於逐條下帖出。奏入後數日，堯俞等皆遞遷，蓋用
公著之言也。"

劉摯尚書左丞，王存尚書右丞

《宋宰輔編年錄校補》卷九哲宗元祐二年五月丁卯條："劉摯尚書左
丞……王存尚書右丞……"

呂公著舉薦親信大臣

《長編》卷四〇一哲宗元祐二年五月戊辰條："朝奉郎、起居舍人孔文仲爲

左諫議大夫、承議郎、大理少卿杜純爲侍御史，朝請郎、殿中侍御史呂陶爲左司諫，朝奉郎、兵部員外郎賈易爲右司諫，監察御史韓川、上官均並爲殿中侍御史，承議郎、侍御史王巖叟爲起居舍人，朝奉郎、左司諫朱光庭爲左司員外郎，奉議郎、右司諫王覿爲右司員外郎，殿中侍御史孫升差知濟州，右諫議大夫梁燾爲集賢殿修撰、知潞州。”

呂公著希廣開言路，二聖首從。但臺諫官章疏無虛日，上意不樂

《長編》卷四〇一哲宗元祐二年五月戊辰條注釋：“《呂公著家傳》云：‘初，二聖首從公言辟言路，自是臺諫官章疏無虛日，常假借納用焉。其後言者益自肆，上意寖不懌，會御史張舜民彈劉奉世，語侵太師文彥博，乃罷舜民臺職，以秘閣校理判鼓院。於是臺諫交章，以爲舜民不當罷，上不從。中丞傅堯俞、諫議大夫梁燾、侍御史王巖叟、司諫朱光庭王覿、御史孫升各居家待罪，上命執政召言官至都堂，諭以舜民言彥博私奉世使夏國，非彥博所見，且舜民既平遷，難再除御史。堯俞等不受命，而燾尤喧悖。’”

呂公著維護王巖叟，王巖叟以直集賢院除知齊州

《長編》卷四〇一哲宗元祐二年五月丁丑條：“王巖叟既除起居舍人，固辭不拜。是日，中詔付呂公著曰：‘岩叟不能自力爲朝廷論事，而多計會已下之官扶同論列，及薦張舜民不當，欲行黜責。然以前後論事頗多，不欲深罪，亦難爲授起居舍人。今因堅請外補，欲除與一直集賢院、提點刑獄差遣，於恩禮不爲不優也。如中理，則待批岩叟再乞外補狀，付外施行。卿相度如何，却實封進入。’公著言：‘岩叟近日言張舜民事，誠爲過當，但自來臺諫亦多是相率論事，今若因其堅乞外補，與除直龍圖閣、知藩郡，近時朱服、滿中行皆自起居舍人因有人言，如此除授。’又批付公著曰：‘王巖叟在言路日淺，雖有除命，比朱服、滿中行不曾赴職。卿相度於次龍圖閣下一等職任擬定，實封進入。’竟以岩叟爲直集賢院，然故事知雜侍御史無爲提點刑獄者，乃除知齊州。”

六月

安燾知樞密院事

《宋宰輔編年録校補》卷九哲宗元祐二年六月辛丑條:"安燾知樞密院事……"

丁騭爲右正言

《長編》卷四〇二哲宗元祐二年六月戊申條:"朝散郎、太常博士丁騭爲右正言。"

案:據《長編》引吕公著《掌記》:'丁騭,自行新法,不肯爲知縣,故至今資敘不振,已除太常博士、正言。'"

七月

吕公著不悦張商英要官,出商英爲提點河東路刑獄

《長編》卷四〇三哲宗元祐二年七月乙卯條:"是日,朝奉郎、權知開封縣羅適爲開封推官,朝奉郎、權開封府推官張商英爲提點河東路刑獄。商英先上書謂:'三年無改於父之道,今先帝陵土未乾,奈何輕議變更!'又嘗移簡蘇軾,欲作言事官。或得之,以告吕公著,公著不悦,故出之。"

案:《長編》此條下注釋,引邵伯温《章惇傳》:"惇既拜相,薦蔡卞爲右丞,林希爲中書舍人,張商英爲諫官。蔡卞爲王荆公復仇,又以元祐中除知廣州爲置己於死地。林希在元祐間自中書舍人以修撰出知杭州,不除待制。張商英在元祐初爲開封府推官,欲作言官,簡蘇内翰子瞻云:'老僧欲住烏寺,呵佛罵祖一巡,如何?'偶館職孫朴過子瞻,竊得其簡,示吕申公之子希純,希純白申公,申公不悦,出商英爲河東路提刑。三人皆怨元祐宰輔者。"北宋滅亡,黨爭是重要原因,元祐時黨爭激烈。

吕公著、吕大防、曾肇論韓維不當責降,吕陶則反之

《長編》卷四〇三哲宗元祐二年七月壬戌條:"御札付中書省曰:'門下侍郎韓維嘗面奏范百禄任刑部侍郎所爲不正,及有非理事十餘件,經今多日,疑

無奏牘，及令開具聞奏，却稱須俟討尋。夫輔臣奏劾臣僚，當形章疏，明論曲
直，豈但口陳，意欲無迹。既無明文，何異奸説？維爲輔臣，不正如此，朕何賴
焉！可罷門下侍郎，守本官分司南京，仍放謝辭。'"

《長編》同條："右僕射兼中書侍郎吕公著即上疏言：'臣伏思陛下自臨政
以來，慈仁寬大，判别忠邪，於輔弼之臣每加優禮，故得上下安樂，人情悦服。
今來韓維必是進退之間語言乖謬，上觸龍鱗，然維昨與范百禄爭論刑名等事，
若以爲性强好勝則有之，亦未見奸邪事迹。若以奏劾臣僚當有章疏，則自來
大臣造膝密論，亦未嘗須有章疏。比來批語所罪，恐未足以風示四方。兼維
素有人望，久以直言廢棄，陛下初政清明，方蒙收用。忽然峻責，罪狀未明，慮
必有仇嫌之人飛語中傷，以惑聖聽。況五六十年來，執政大臣未曾有此降黜，
恐中外聞之，無不驚駭，自此人情不敢自安。臣又竊思皇帝陛下春秋方富，正
賴太皇太后陛下訓以仁厚之道，調平喜怒，以復仁祖之政。若大臣倉卒被罪，
則小臣何以自保？臣受陛下恩，與常人不同，意欲致君於堯、舜，措國於不傾，
以報陛下。故今來雖當雷霆之怒，不敢愛身，以陷陛下於有過之地。伏望少
回聖慮，其批降指揮見只在臣處收掌，聽候聖旨。'"

《長編》同條："是日，公著又言曰：'臣適來已具奏論韓維不當責降。臣待
罪宰臣，若人主有過舉，臣第一合當論列。況韓維素有時望，今來罪名不顯，
忽行責降，除命若出，物論必然大駭，皆以朝廷爲失政，致陛下於有過之地，臣
亦何安。伏望聖慈特賜包容，且令安職，俟其有請，聽使去位，以全君臣之大
體，免致中外譏議。'是日晚，中批付公著曰：'覽卿所奏，爲罪韓維事。維不惟
性强好勝，今日觀維族人，知識布在津要，與卿孰多？以此人多不平。維之强
横，若俟其有請而後罷，則今後朝廷何敢行事？紀綱自此不復振也。卿更詳
度，作文字進入。'"

《長編》同條："中書侍郎吕大防亦上奏曰：'今夜吕公著封送録到降付中
書省御批指揮一件，爲門下侍郎韓維面奏范百禄不當，可守本官分司南京；及
稱一面奏繳元降指揮。臣竊詳韓維忠讜有素，士望甚高。陛下自初臨政，擢
維於沈滯之中，委以柄用，賢士大夫莫不稱頌盛德，爲之相慶。一旦忽以奏事
差失，遽行譴責，恐非所以風示四方，開接衆正之體。吕公著不令臣知，一面
論列，必已竭盡至誠，上裨聖治。伏望天慈詳察，特爲開納。況維所坐至細，

止是拙於奏陳，未可加以重責。若此命一出，則人人有不自安之意，系今日治體之根本。伏望深思而熟察之，少息雷霆震耀之威，使全臣子進退之分。臣不勝至恐至願！'中批付大防曰：'覽卿所奏韓維事。維爲大臣，言臣僚過惡，自當公行，豈有口陳而已者？此不爲罪，何耶？宜依已降指揮施行。日後果有臣僚煩言營救，必當重行貶竄。'"

《長編》卷四〇三哲宗元祐二年七月癸亥條："公著復上奏曰：'昨日，兩具札子，論列韓維不當責降事，伏蒙聖恩特降批旨，稍霽威嚴，仍令臣更詳度作文字進入者。臣所以區區論奏，蓋以韓維於兄弟中最有美譽，亦別無奸邪顯狀，若詔命一出，恐必致四方譏議。臣伏思陛下自去春以來，包容蔡確等，使自引去，獨於韓維不能少忍耶？且門下侍郎位遇至重，自非罪惡彰顯，必俟其有請，始聽去位，最爲得體。伏乞聖慈少留神慮，其元降到指揮謹同封進入。'是日，中批付公著曰：'卿所奏韓維於兄弟中最賢，以兄弟推之，則粗有虛名，若考實則未聞。維之欺罔，宜在不赦，然以卿累言，更不欲重責，止以其罪罷門下侍郎，與一知州差遣。卿宜先定一州郡，實封進入，續降出文字施行。'公著即上奏曰：'祖宗朝，執政以罪罷，亦皆有帶職或轉官，告詞內不說事因，只平罷者，但不因陳請，即非美罷。近世吳奎，神宗以其留韓琦、排王陶，自禮部侍郎、參知政事除戶部侍郎、資政殿大學士、知青州；臣兄公弼，爲與王安石、韓絳爭事，亦是不因陳請，自樞密使、刑部侍郎除觀文殿學士、吏部侍郎、知太原府。今來韓維若只不與轉官，令帶舊職知州，即是罷黜，然但恐命下之日，執政、輔臣及臺閣、侍從必更有論執政者。今擬上鄧、襄兩郡及令帶資政殿大學士，更乞裁酌。'"

《長編》卷四〇三哲宗元祐二年七月甲子條："詔韓維除資政殿大學士、知鄧州，然猶用前責辭。公著乃與中書侍郎呂大防同奏曰：'此大事也，更乞訪問太師文彥博。'同知樞密院范純仁言：'臣竊聞韓維有與外任指揮，臣伏見韓維公忠篤實，稟於天性，議論賞罰，據理直陳，盡心國家，不避嫌謗，陛下用爲執政，可謂股肱之良。伏惟陛下寬仁大度，委任群臣、進退輔弼，咸以至公。今韓維未聞別有大過，不俟封章陳請，遽然逐去，必有奸人密行譖訴，上誤聖聰，致陛下用賢不終，使大臣失進退之節，實恐正人失望，有虧聖政。伏望陛下深加睿思，或因臣僚開陳，却令追寢前命，以成帝堯舍已從人之德，以繼商湯改過不吝之美。臣被恩殊異，難以緘默，伏望聖慈深賜采察，天下幸甚！臣與韓維亦沾姻戚，既欲上裨聖化，難以避嫌自安。更乞聖慈遍詢文彥博、呂公著已下諸大臣，則知維之邪正。若維果是正人，則雖有些少過失，全望陛下主張；若以小過去之，是使奸人得計，恐非天下之福。臣聞謗韓維者多言其引用親戚，乞陛下將進用過韓維親戚遍問三省，元是何人發意，因與不因韓維，自然有無阿私事狀明白，庶不誤陛下至公之意。'"

《長編》同條："中書舍人曾肇封還韓維詞頭，具奏曰：'竊以朝廷進退執政大臣，上系國體，下動人聽，苟有未安，所害不細。今陛下責韓維以嘗面奏范百祿所爲不正，及有非理事十餘件，及令開具聞奏，却稱須俟討尋，既無明文，何異讒毁。臣伏思韓維所言，誠出於讒，則固不爲無罪，然未見維指陳百祿不正及非理事迹，則其言是非尚未可知。若百祿果有不正及非理事迹，則維言爲當，罪在百祿；若百祿無之，則維不爲無罪。伏望詔維指陳百祿不正及非理事迹，然後陛下質以公議，則是非自見。所有誥詞，臣未敢修撰。'"太皇太后批付肇曰：'輔臣奏劾臣僚，豈有案牘不具，徒口奏而已者？蓋是出於容易，謂予聽覽可欺也。以此罷其職，豈謂與范百祿較證是非，然後爲有罪耶！宜依前降指揮，作文字施行。'"

《長編》同條："先是，左司諫呂陶累章論維：'怙勢任情，陰竊威柄。方陛下垂簾聽政，不宜使大臣如此專恣。若不早賜罷免，邪計必行，邪黨必勝，非朝廷之福也。'及是，又言：'伏聞有旨差韓維知鄧州，此陛下深得制御大臣之術，聳動四海，懾伏萬官。自古聖君英主無以過此，宗社幸甚！天下幸甚！然曾肇敢封還詞頭者，蓋肇向忝中書舍人，累有臣僚彈奏，維素喜肇，力主張之，今日肇以此報德耳。臣又風聞肇與韓族議爲婚姻，若果如此，聖明更賜審察。'"

《長編》同條："乙丑，左司諫呂陶爲京西轉運副使，殿中侍御使上官均爲比部員外郎。"

案：《長編》同條，有呂陶上疏論朋黨，賈易五疏擊呂陶。朋黨之爭盛矣。

呂公著再論責韓維事

《長編》卷四〇三哲宗元祐二年七月戊辰條："呂公著於便殿復論責韓維

事。是日,内批付公著曰:'卿適奏改韓維詞頭,欲作何意?'公著即具奏。乃詔中書省,韓維誥詞宜作均勞逸意。舍人蘇轍實爲之。"

韓維罷門下侍郎

《長編》卷四〇三哲宗元祐二年七月辛未條:"正議大夫、守門下侍郎韓維爲資政殿大學士、知鄧州。"

吕公著客觀推薦孫固、蘇頌、李常、孫覺、趙瞻、顧臨、胡宗愈等

《長編》卷四〇三哲宗元祐二年七月壬申條:"是日,手詔付吕公著等,令於文臣中擇有才行風力,兼知邊事,堪大用者三五人,具姓名親書實封進入。公著即上奏曰:'臣未准詔旨以前,固嘗思慮籌度,近侍之中,卓然能當大事者,亦未易得,今且於短中取長,略具數人:觀文殿學士孫固和厚有守,曾任樞長及邊帥,然才識有所不至;吏部尚書蘇頌資性平和,諳練典故,然人格不至高;户部尚書李常好賢樂善,處事平允,然風力不甚强;吏部侍郎孫覺學術行義,衆所推服,然臨事或不膚敏;又户部侍郎趙瞻和厚曉邊事,天章閣待制顧臨忠義倜儻,亦好講求邊事,然進用未久,或可漸次擢任;又御史中丞胡宗愈素有直聲,然前日彈杜純一事,頗爲乖繆,疑爲小人所誤,乞更觀察。'又言:'今三省職事,與舊日中書一般,中書宰相、參政本以四員爲額,若未得人,三省權不添人,及樞密院且令安燾、范純仁久任。燾在樞府日久,頗爲習熟;純仁蒙陛下不次拔擢至此,兼曉邊事。雖燾屢有人言,純仁嘗自求退罷,宜各令安職,亦未至闕事。'"

八月

賈易攻擊吕陶、文彦博,宣仁太皇太后怒。吕公著力諫不易責易

《長編》卷四〇四哲宗元祐二年八月辛巳條:"朝奉郎、右司諫賈易知懷州。"

《長編》同條:"自蘇軾以策題事爲臺諫官所言,而言者多與程頤善。軾、頤既交惡,其黨迭相攻,易獨建言請並逐二人,又言:'吕陶黨助軾兄弟,而文彦博實主之。'語侵彦博及范純仁。太皇太后怒,欲峻責易。吕公著言:'易所

言頗切直,惟詆大臣爲太甚,第不可復處諫列耳。'太皇太后曰:'不責易,此亦難作。公等自與皇帝議之。'公著曰:'不先責臣,易責命亦不可行。'爭久之,乃止罷諫職。既退,公著謂同列曰:'諫官所論得失未足言,顧主上方富於春秋,異時將有進諛之説,以惑上心者。當今之時,正賴左右力静,不可預使人主輕厭言者也。'於是吕大防、劉摯、王存私相顧而歎曰:'吕公仁者之勇,乃至於此!'"

通直郎、崇政殿説書程頤罷經筵,權同管勾西京國子監

《長編》卷四〇四哲宗元祐二年八月辛巳條:"通直郎、崇政殿説書程頤罷經筵,權同管勾西京國子監。"

《長編》同條:"左諫議大夫孔文仲言:'頤人品纖汙,天資憸巧,貪黷請求,元無鄉曲之行。奔走交結,常在公卿之門,不獨交口褒美,又至連章論奏,一見而除朝籍,再見而升經筵。臣頃任起居舍人,屢侍講席,觀頤陳説,凡經義所在,全無發明,必因藉一事,氾濫援引⋯⋯伏望論正頤罪,倘未誅戮,且當放還田裏,以示典刑。'"

《長編》同條:"御史中丞胡宗愈亦言:'先帝聚士以學,教人以經,三舍科條固已精密,宜一切仍舊。'因深斥頤短,謂不宜使在朝廷。先是,頤赴講會,上瘡疹,不坐已累日,退,詣宰相問曰:'上不御殿,知否?'曰:'不知。'曰:'二聖臨朝,上不御殿,太皇太后不當獨坐。且上疾而宰相不知,可爲寒心。'翌日,吕公著等以頤言奏,遂詣問疾,上不悦,故黜之。頤因三上章乞納官歸田裏,不報;又乞致仕,亦不報。"

案:據《長編》卷四〇九哲宗元祐三年三月戊辰條原注:"《孔文仲舊傳》《新録》辨誣,今附此⋯⋯又云:'其後宰相吕公著謂爲蘇軾所誘脅,論事皆用軾意,則文仲之爲人可知矣。'臣等辨曰:'吕公著之言,恐未必有此。且文仲所論青苗、免役、保甲、保馬、茶鹽之法,當時廷臣論者非一,一時公議如出一口,豈皆爲蘇軾所誘脅而盡用軾意乎? 非吕公著之言明矣。以上二十九字今删去。'"《蘇軾年譜》卷二六考證,文仲卒於元祐三年三月二十一日,《長編》注出自《哲宗實録》,按照《長編》注,有舊、新《孔文仲傳》,查《宋史·徽宗紀》與《宋史·高宗紀》,徽宗時修《哲宗實録》,乃蔡京提舉;高宗時重修《哲宗實

録》,乃趙鼎所上。"臣等"云云,乃高宗時重修《哲宗實録》史館臣自謂。又
《吹劍録全編·吹劍録》:"伊川出於吕申公,公多質疑焉。"申公,公著。以下
言蘇軾導諫議孔文仲奏程頤爲吕門五鬼之魁。(引自《蘇軾年譜》卷二六)

吕公著獨相時,洛黨、蜀黨、朔黨,黨爭不已

《宋史紀事本末》卷四五《洛蜀黨議》:"(哲宗元祐二年八月)時,吕公著獨
當國,群賢咸在朝,不能不以類相從,遂有洛黨、蜀黨、朔黨之語。洛黨以頤爲
首,而朱光庭、賈易爲輔。蜀黨以蘇軾爲首,而吕陶等爲輔。朔黨以劉摯、梁
燾、王巖叟、劉安世爲首,而輔之者尤衆。是時熙、豐用事之臣退休散地,怨入
骨髓,陰伺間隙。諸賢不悟,各爲黨比,以相訾議。唯吕大防秦人,戇直無黨;
范祖禹師司馬光,不立黨。既而帝聞之,以問胡宗愈,宗愈對曰:'君子指小人
爲奸,則小人指君子爲黨。陛下能擇中立之士而用之,則黨禍熄矣。'因具《君
子無黨論》以進。冬十月,貶右司諫賈易。時程頤、蘇軾交惡,其黨互相攻訐。
易因劾吕陶黨軾兄弟,語侵文彦博、范純仁。太后怒,欲峻責易。吕公著言:
'易言亦直,惟詆大臣太甚耳。'乃罷知懷州。公著退語同列曰:'諫官所言,未
論得失。顧主上春秋方盛,慮異時有導諛惑上心者,正賴左右爭臣,不可豫使
人主輕厭言者。'衆皆嘆服。"

案:蘇軾不如歐陽修善於容人,故與程頤黨爭不已,吕希哲認爲蘇軾不如
歐陽修善處石守道。《能改齋漫録》卷一○《議論·東坡詆程頤不如歐陽公善
處石守道江鄰几》云:東坡先生才氣高一時,未始下人,故自言嫉程頤之奸,見
公奏議。又詆程爲"鏖糟陂裏叔孫通"。見孫君孚《談圃》。然議者以爲過。故吕
原明《家塾記》云:"元祐初,蘇子瞻與程正叔不相能",又言:"不如歐陽永叔之
善處石守道也。"以吴曾觀之,歐陽修以善養人,故能服天下,蘇軾不如也。

吕大防爲西京會聖宮應天禪院奉安神宗皇帝御容禮儀使,吕公著以疾辭

《長編》卷四○四哲宗元祐二年八月乙酉條:"中書侍郎吕大防爲西京會
聖宮應天禪院奉安神宗皇帝御容禮儀使。以吕公著辭疾故也。"

太常博士吕希純爲宗正寺丞

《長編》卷四〇四哲宗元祐二年八月辛卯條："太常博士吕希純爲宗正寺丞。"

賜宰相吕公著乞外任不允批答口宣

《蘇軾文集》卷四一《賜宰相吕公著乞外任不允批答口宣元祐二年八月二十三日》："有敕。全德之老，朕所仰成。大義未安，卿當畏去。純忠所激，微疾自除。"

詔賜文彦博、吕公著，免所有拜禮

《長編》卷四〇四哲宗元祐二年八月癸卯條："詔賜文彦博、吕公著曰：'朕聞几杖以優賢，著之典禮；耋老無下拜，書於《春秋》。魏太傅鍾繇以足疾乘車就坐，自爾三公有疾，以爲故事。而唐司徒馬燧亦以老疾自力，對於延英，詔使毋拜。今吾耄老大臣，四朝之舊，德隆而望重，任大而憂深者，惟卿與公著而已。方資其蓍龜之告，豈責以筋力之禮？今後入朝，凡有拜禮，宜並特免。卿其專有爲之報，略無益之儀，毋或固辭，以稱朕意。'"

《蘇軾文集》卷四〇《賜太師平章軍國重事文彦博宰相吕公著自今後入朝凡有拜禮宜並特與免拜詔元祐二年八月二十五日》："敕彦博。朕聞几杖以優賢，著之典禮；耋老無下拜，書於《春秋》。魏太傅鍾繇，以足疾乘車就坐，自爾三公有疾，以爲故事。而唐司徒馬燧，亦以老病自力，對於延英，詔使毋拜。今吾耆老大臣，四朝之舊，德隆而望重，任大而憂深者，惟卿與公著而已。吕公著詔即改云：惟彦博與卿而已。方資其蓍龜之告，豈責以筋力之禮。今後入朝，凡有拜禮，宜並特免。卿其專有爲之報，略無益之儀。毋或固辭，以稱朕意。"

吕公著步履艱難，許令男一人入殿扶掖。吕公著求外任，不允

《長編》卷四〇四哲宗元祐二年八月丙午條："詔：'吕公著步履艱難，自今每遇入朝，許令男一人入殿扶掖。'又詔：'吕公著乞外任，已降指揮不允，令諸處無得收接文字。'"

太皇太后《答文彥博呂公著不拜恩命許詔》

《宋大詔令集》卷七〇《太皇太后答文彥博呂公著不拜恩命許詔》："覽表具之。抑陛廉之儀,重股肱之任。陛廉遠則堂皇峻,股肱逸而元首安。故出異恩,特鐫苟禮。而卿深執恭巽,立守典刑,確然自陳,義不可奪。勉從其意,愧歉於中。所請宜許。"

宰相呂公著乞罷免相位不允

《蘇軾文集》卷四三《賜宰相呂公著乞罷相位不許斷來章批答一元祐二年八月二十七日》："孔子曰:'苟有用我者,期月而已可也,三年有成。'夫以聖人,猶待三年而後成功,況其下者。今卿助我爲治,自以爲既成矣乎,其未也? 譬如玉人雕琢玉,中道而易之,豈復成器哉!"

《蘇軾文集》卷四三《賜宰相呂公著乞罷相位不許斷來章批答二元祐二年八月二十七日》："古者君臣之間,率常千載一遇。今聖母在位,正身虛己,仰成輔弼。雖疏遠小臣,猶欲畢命自效,而卿乃以小疾求去,縱無意於功名,獨不惜此時乎? 勉卒乃事,使百姓富足,四夷乂安。然後謝事歸老,豈不臣主俱榮哉!"

《蘇軾文集》卷四一《賜宰相呂公著乞罷相位不允斷來章批答口宣元祐二年八月二十八日》："有敕。卿之在位,爲德與民。朕意不移,徒煩屢請。速起視事,毋復固辭。"

《蘇軾文集》卷四〇《賜宰相呂公著乞罷免相位不允詔元祐二年八月二十八日》："敕公著。宰相之責,綏靖四方。羌人既俘,士氣益振。長轡遠馭,方資老謀。卿不強起,孰卒吾事? 近以二老之故,削亟拜之禮。而彥博執謙不回,朕既從其請矣。卿起就位,復何疑哉!"

《蘇軾文集》卷四三《賜宰相呂公著乞罷相位除一外任不許批答一元祐二年八月二十八日》："夫以才御物,才有盡而物無窮;以道應物,道無窮而物有盡。凡今之患,所乏非才。以卿篤於愛君,必能建長久之策;澹然無我,可以寄枉直之權。二年於茲,百度惟正。事既就緒,民亦小康。至於微疾之屢攻,此亦高年之常理。卿其良食自輔,爲國少安。譬如止水之在槃,豈復勞心於鑒物。

心且不勞,而況於力乎!"

　　《蘇軾文集》卷四三《賜宰相呂公著乞罷相位除一外任不許批答二元祐二年八月二十九日》:"朕以天下之大,知爲君之難。有朽索馭六馬之憂,有抱火措積薪之懼。正賴多士,協於一心。朝夕以思,彌縫其闕。凡今中外執事膂力之畢陳,視吾一二老臣進退以爲節。卿若無事而引去,人將相顧以自疑。而況邊鄙未寧,兵民多故。而予左右之老,先自求於便安。則夫疏遠之臣,何以責其盡瘁。勉輔不逮,期於有成。"

是月,呂希道徙知亳州

　　《吳興志》:"呂希道,中散大夫。元豐八年十二月初二日到任,元祐二年八月二十八日罷。"

　　案:據《宋兩淮大郡守臣易替考·亳州》考證:元祐二年八月,呂希道始知亳州,元祐四年十月離任。

　　又案:劉攽撰寫呂希道知亳州制文,《知亳州李閌可知明州中散大夫呂希道可知亳州制》:"朝廷治民之具,備於法令,守帥以情視民,而用法令輔之,則獄訟可使無撓,賦稅可使樂輸。不然徒文具,無惻隱之實,無益也。惟亳暨明,皆爲重鎮,所置守臣,未嘗輕授。以某與某悉更久吏,咸有能稱,是用付茲二郡,以期善效。勉力就緒,無忝成命。"(引自《彭城集》卷二一)

九月
呂公著辭免不拜恩命允

　　《蘇軾文集》卷四三《賜宰相呂公著辭免不拜恩命允批答一元祐二年九月一日》:"卿執德惟一,守禮不回。不以坐論爲安,而以拜上爲泰。使朕不盡養老之意,而卿得畏威之道。勉從其志,嘉歎不忘。"

　　《蘇軾文集》卷四三《賜宰相呂公著辭免不拜恩命允批答二元祐二年九月一日》:"君之視臣,譬之手足。方責其大,不強所難。而卿深執謙恭,力求避免。深惟孔子事君盡禮之義,曲從其請,以徼惰偷。"

詔呂公著今後入朝,凡有失儀,無得彈奏

《長編》卷四〇五哲宗元祐二年九月辛亥條:"詔:'呂公著今後入朝,凡有失儀,無得彈奏。'"

呂公著等因擒獲鬼章受到朝廷賞賜,公著以爲賞賜會啓邊將貪功生事之弊

《長編》卷四〇五哲宗元祐二年九月辛亥條:"是日,太皇太后遣中使賜宰臣、執政酒、果並黃金三百兩、犀帶兩條,諭旨云:'知卿等於邊事極留意勞心,故有是賜,其御封物仍不許辭免。'呂公著亟以小牘告文彥博等曰:'密賚恐不可不辭免。鬼章得罪先朝,獲之誠可慶,若便指爲廟堂之功,則將帥聞之,必過有希望,反啓將來貪功生事之弊,豈可不熟慮也!'彥博等遂各具手札辭免,繼以面論,訖不許,乃受之。"

案:呂公著認爲自己不宜接受賞賜,否則會開啓邊將貪功之心,他始終牢記自己的政治使命,一切以國家利益爲最高準則。

呂公著以下謝賜宴及御書

《長編》卷四〇五哲宗元祐二年九月乙丑條:"呂公著以下謝賜宴及御書,太皇太后曰:'皇帝天資聰敏,宮中惟好學字,學則易成。昨日所賜,欲卿等知爾。'"

呂公著進《尚書》《論語》《孝經》等要義百篇,以擴哲宗聖德

《長編》卷四〇五哲宗元祐二年九月庚午條:"呂公著言:'伏睹今月十五日,以經筵講畢《論語》,賜執政及講官御筵。是日,內出皇帝御書唐賢律詩,分賜臣等各一篇。臣等次日於延和殿簾前謝,蒙太皇太后宣諭:'皇帝好學,在宮中別無所爲,惟是留心典籍。'天下幸甚!臣伏思皇帝陛下睿哲之性,出於天縱,而復內稟慈訓,日新典學,誠以堯、舜、三代爲法,則四海不勞而治。今來《論語》終帙,進講《尚書》。二書皆聖人之格言,爲君之要道,願陛下念茲在茲,以廣聖德。臣職在輔導,無能裨補,輒於《尚書》《論語》及《孝經》中節取

要語共一百段進呈。聖人之言，本無可去取，今惟取明白切於治道者，庶便於省覽；或游意筆硯之間，以備揮染，亦日就月將之一助也。'他日，三省奏事畢，太皇太后宣諭公著曰：'所進《尚書》《論語》等要義百篇，今皇帝已依所奏，每日書寫看覽，甚有益於學問，與寫詩篇不同也。'公著與同列皆言此聖人經訓，有補於治，日宜親閱。"

十月

賜宰相呂公著生日詔和禮物

《蘇軾文集》卷四一《賜宰相呂公著生日禮物口宣元祐二年十月十八日》："有敕。卿仁以庇民，忠以衛上。誕彌之日，慶慰良深。往錫寵章，以介眉壽。"

《蘇軾文集》卷四〇《賜宰相呂公著生日詔元祐二年十月十八日》："敕公著。卿三世將相，四朝耆老。賚我良弼，實惟茲辰。茂膺維嶽之靈，永錫如陵之壽。宜頒寵數，以示眷懷。"

擒獲鬼章，呂公著及呂大防堅持不能還地、放還，亦不能授以官職

《長編》卷四〇六哲宗元祐二年十月丙午條："初，議西邊事，近臣多進計，請盡還以侵地，呂公著及呂大防獨持不可。及鬼章就擒，西賊退却，或又言鬼章宜優命以官，置之秦鳳；或言遂放歸，以責其來效；又言熙河克捷、涇原守禦之功，皆不足賞。公著曰：'鬼章爲邊患二十年，先帝欲生致之而不可得，今二聖待以不死，其恩固已厚矣，尚何官之有？況可放乎？疆場之功雖不可過賞，然有勞不報，何以使人？'上皆納用焉。"

十一月

呂公著、呂大防、劉摯、王存合上《朱光庭除太常少卿事奏一》

《全宋文》卷一〇九六呂公著《朱光庭除太常少卿事奏一》元祐二年十一月：

臣等竊以朝廷設諫諍之官，固欲開廣視聽，以盡下情。然言事之臣，所言無由盡當，須系朝廷審擇。其言或不可用，自當置而不行，若復挾情用意，則尤不可不察。伏見諫議大夫孔文仲累有文字論列左司員外郎朱光庭除太常少卿不當，其言殊爲乖謬，臣等昨日已曾面奏，謹具條陳以聞。一、孔文仲稱

朱光庭本無異於常人,止緣朋附推薦,驟居清要。謹按:光庭進用之初,惟是司馬光與臣公著。公著與光庭素不相熟,但見司馬光累稱於朝,陛下御筆親擢爲諫官,即非因朋附推薦而進。一、孔文仲稱朱光庭未嘗獻一公言,補一國事。謹按:光庭自任諫官僅一年半,前後所上章疏不啻數百,賜對便殿亦及數十,凡内外法度有未便於民者,小大臣僚有不允公議者,光庭不避仇怨,未嘗不言。兼已往往施行,此皆陛下素所深知,豈可謂之未嘗獻一公言,補一國事? 一、孔文仲稱朱光庭二年之間,躐等超拔,望輕資淺,恩寵太過。臣等竊以朝廷用人,固不當專較歲月。兼自來兩省以上差除,亦不曾專用資序。況光庭始初自因御筆親除爲左正言,一年後自正言遷司諫,即非躐等。後來因光庭累次居家待罪,一次爲言蘇軾,一次爲言張舜民,罷爲右司員外郎,亦非超拔。今來自都司除太常少卿,雖班位少進,亦非峻遷。且如光庭同時諫官蘇轍,系知縣資序,供職在光庭後,今已爲中書舍人。又如孔文仲進用在光庭後,已是校書郎,歲餘爲左諫議大夫。則光庭除少卿,豈是恩寵太過? 一、孔文仲稱太常貳卿職嚴地密,使光庭居之,登列諫議,擢領風憲皆可也。臣等竊以朱光庭今來止是除太常少卿,何以知其後爲臺諫? 兼朝廷若欲用光庭爲臺諫官,只自左司員外郎除授,有何不可? 一、孔文仲稱朱光庭一日得志,援程納賈,當不旋踵。謹按:程頤、賈易或罷歸鄉里,或黜守外任,朝廷亦未有召用之議。然光庭今來止是除寺監官,其職事尤輕於左右司,豈能援程納賈? 借使程頤、賈易復至朝廷,於國家豈有所害? 只是文仲黨與自以爲不便耳。臣等蒙陛下任用,列居輔弼,以進賢退不肖爲職,只知爲官擇人,不敢顧避人情。其朱光庭,臣等亦非以其人所爲盡善。但今來既知孔文仲所言不當,若却將朱光庭除命寢罷,則恐從此浮言浸盛,正人難立。朝廷之勢,日就陵遲。兼陛下既以臣等爲執政之官,而不許臣等執持政事,臣等亦何以自處? 伏望陛下曲回聖聽,特賜省察,其朱光庭除太常少卿新命,欲候來日簾前面稟。或更有臣僚黨助文仲論奏,亦乞陛下察其情僞,無至眩惑。

　　《太平治迹統類》卷二三《元祐黨事始末上》:"(元祐二年)十一月,右僕射呂公著、中書侍郎呂大防、尚書左丞劉摯、右丞王存言孔文仲論朱光庭不當,竟寢文仲奏,光庭仍就職。"

賜御筵於吕公著私第

《長編》卷四〇七哲宗元祐二年十一月丁卯條:"冬至,詔賜御筵於吕公著私第。初,有司以故事賜冬至節會,既獲免矣,至是,以嘉雪應期,朝廷無事,中旨特令公著與輔臣、近侍宴樂。其日,又賜教坊樂七十人,又遣中使賜上罇酒及禁中果實、鏤金花,皆環奇珍異,十倍常數;又遣近侍賜香藥,以御飲器勸在席酒甚苦,惟於公著頗寬;又出御前錢賜教坊樂人百緡,開封衙前樂人五十緡,及管勾使臣等四十緡;至晡,復賜椽燭二十秉,且傳令繼燭坐。皆異恩也。"

元祐三年戊辰(1088),吕公著七十一歲,吕公孺六十八歲,吕希道六十四歲,吕希哲四十九歲,吕好問二十五歲,吕本中五歲

二月

吕公著等認爲差役不便,但不能輕變

《後編》卷八八哲宗元祐三年二月甲申條:"時久陰不解,翰林學士兼侍讀蘇軾言:'差役之法,天下以爲未便,獨臺諫官數人者,主其議以爲不可改……臣每見吕公著、安燾、吕大防、范純仁,皆言差役不便,但爲已行之令,不欲輕變。兼恐臺諫紛爭,卒難調和,願陛下問吕公著等,令指陳差雇二法,各有若干利害……庶几上答天戒,下全小民。'"

吕公著等因天災請引咎辭職,朝廷不允

《長編》卷四〇八哲宗元祐三年二月甲申條:"尚書右僕射吕公著等言:'去冬積雪,甚於常歲,今春以來,沈陰不解,經時閱月,民被其災。望賜罷黜,以答天變。'詔曰:'朕獲承大統,懼德不類,以干陰陽之和。乃自去冬距於今春,久陰常寒,霰雪不止,罹此災罰,斯民何辜?朕方仄席祗畏,圖維厥咎,而

卿等乃引責祈免,是彰朕之不德,而重無以上承天心。古之明王遇災而懼,則克已修省,以正厥德,不聞歸罪大臣,以塞責文過。卿其一德同心,夙夜咨沃,以輔朕不逮,庶几消復,稱朕意焉。姑體眷懷,少安厥位,所請宜不允。'"

吕公著等再請引咎辭職,朝廷不允

《長編》卷四〇八哲宗元祐三年二月戊子條:"尚書右僕射吕公著等言:'臣等近以自冬涉春,積雪久陰,燮理無狀,乞從罷黜,未蒙俞允。竊自思念備位鼎輔,以統和人神爲職,今協氣弗充,變沴異常,陛下虔恭譴戒,惕懼備至,隱恤刑獄,寬惠民力,令下之日,内外知感。然而陰曀寒栗,仍未開霽,繇臣等材不稱位,無以上裨皇化,補助萬分。望賜罷免,以副輿議。'詔曰:'朕謂天之示人,雖若影響,而災咎之發,事豈一端? 思欲應天,莫若誠實。陰雪不霽,自冬徂春,民罹其災,夙夜祇畏。《書》曰:'惟先格王,正厥事。'卿其究政事之所未正者,以輔朕躬,俾使民無失所之歎。顧欲引災去位,是置朕於有過,益無以弭天災而致和氣,朕無取於斯焉。勉安厥位,以稱朕懷,所請宜不允,仍斷來章。'"

文彦博、吕大防、安燾主張復黄河故道,蘇轍反對,吕公著云再議

《長編》卷四〇八哲宗元祐三年二月己丑條:"初,元豐八年十一月,朝廷用王令圖議,將復大河故道,詔李常視之,常言不可,役已興旋罷,時元祐元年正月也。其九月,又詔張問同令圖相度開孫村口河,以分減水勢,朝廷既從之,尋亦中輟。二年二月,令圖死,王孝先代領都水,亦欲開孫村口減水河,如令圖議。知樞密院安燾兩奏疏言:'朝廷久議回河,獨憚勞費,不顧大患。蓋自小吴未決已前,河入海之地雖屢變移,而盡在中國,故京師恃以限強敵,景德澶淵之事可驗也。且河決每西,則河尾每北。河流既益西決,固已北抵境上,若復不止,則南岸遂屬敵界,彼必爲橋梁,守以州郡,如慶曆中,因取河南熟户之地,遂築軍以窺河外,已然之效如此。蓋自河以南,地勢平衍,直抵京師,長慮却顧,可爲寒心。又朝廷捐東南之利,半以宿河北重兵,備豫之意深矣。使敵能至河南,則邈不相及。今水官之議,不過論地形,較工費,而獻納之臣又爲高論,臣豈不達? 然實考利害,則須審輕重。今欲便於治河,而緩於

設險,非至計也。'太師文彥博議與燾合,中書侍郎呂大防從而和之。三人者,力主其議,同列莫能奪。中書舍人蘇轍見右僕射呂公著,乘間問曰:'公自視智勇孰與先帝? 勢力隆重能鼓舞天下孰與先帝?'公著驚曰:'君何言歟?'曰:'河決而北,自先帝不能回,而諸公欲回之,是自謂智勇勢力過先帝也。且河決自元豐,導之北流亦自元豐,是非得失,今日無所預。諸公不因其舊而修其未完,乃欲取而回之,其爲力也難,而其爲責也重矣。'公著唯唯曰:'當與諸公籌之。'然竟莫能奪也,回河之役遂興。"

呂公著推薦劉安世爲臺諫

《長編》卷四〇八哲宗元祐三年二月乙未條:"朝散郎、右正言丁騭爲左正言,宣德郎、正字劉安世爲右正言。司馬光既没,太皇太后問呂公著:'光門下士素所厚善,可任臺諫者,孰當先用?'公著以安世對,遂擢任之。"

呂公著上表乞致仕不允

蘇軾《賜宰相呂公著上第一表乞致仕不允批答一元祐三年二月二十八日》:"省表具之。古者世臣,譬之喬木。粵自拱把,至於棟梁。傑然群材之中,夫豈一日之力。卿擢自仁祖,迨兹四朝;光輔朕躬,允有一德。不獨卿無心而事自定,抑亦民既信而功易成。方今布在朝廷,豈無豪傑之士。猶當養以歲月,待其德望之隆。卿雖欲歸,勢未可去。宜安厥位,以副朕心。"

蘇軾《賜宰相呂公著上第一表乞致仕不允批答二元祐三年二月二十八日》:"覽表具之。卿三世將相,一時蓍龜。不求備以取人,則房喬之比;其經遠而無競,有謝安之風。用能寧輯我家,靖共爾位。政在元老,人無異詞。胡爲厭事而求歸,不復爲國之長慮。方今官冗財匱,歲艱民貧。天步雖安,國是未定。若方勤於樸斲,而遽易於工師。人其謂何,勢必不可。告老之請,吾未欲聞。"

案:元祐三年二月二十八日同一天,蘇軾撰《賜宰相呂公著上第一表乞致仕不允批答一》和《賜宰相呂公著上第一表乞致仕不允批答二》,收録於《蘇軾文集》卷四三。

司空致仕康國公韓絳卒

《後編》卷八八哲宗元祐三年二月丙辰條："司空致仕康國公韓絳卒。謚曰'獻肅'。絳,莊重有禮,遇事敢爲,喜延接士大夫。始與王安石善,其後頗異,因數稱薦司馬光可大用,然終以黨安石復得政,清議少之。"

三月

朝奉郎、中書舍人孔文仲卒

《長編》卷四〇九哲宗元祐三年三月戊辰條："朝奉郎、中書舍人孔文仲卒。"

呂公著對孔文仲的評價

《宋史紀事本末》卷四五《洛蜀黨議》："(元祐)三年(戊辰,1088)三月,孔文仲卒。呂公著曰:'文仲本以抗直稱,然戇不曉事。爲諫議時,乃爲浮薄輩所使,以害善良,晚乃知爲所紿,憤鬱嘔血,以致不起。'公著之言,蓋指其劾程頤也。"

胡宗愈爲尚書右丞。呂公著、范純仁等與胡宗愈友善

《宋史紀事本末》卷四五《洛蜀黨議》："(元祐三年三月條)以胡宗愈爲尚書右丞。諫議大夫王覿以宗愈進《君子無黨論》,惡之,因疏宗愈不可執政。太后大怒。純仁與文彥博、呂公著辨於簾前,太后意未解。純仁曰:'朝臣本無黨,但善惡邪正各以類分。彥博、公著皆累朝舊人,豈容雷同罔上!昔先臣與韓琦、富弼在慶曆時,同爲執政,各舉所知,當時飛語,指爲朋黨,三人相繼補外。造謗者公相慶曰:'一網打盡矣!'此事未遠,願陛下戒之。'因極言前世朋黨之禍,並録歐陽修《朋黨論》上之。然竟出覿知潤州,而宗愈居位如故。"

呂公著勉勵邵伯温,三子與伯温游

《邵氏聞見録》卷一二:"伯温以經明行修命官,見公於東府。公語及康節,咨歎久之,謂伯温曰:'科名特入仕之門,高下勿以爲意。立身行道,不可

不勉。’伯温起謝焉。公三子，希哲、希績、希純，皆師事康節，故伯温與之游甚厚。”

呂公著上第二表乞致仕，朝廷不許

《蘇軾文集》卷四二《賜宰相呂公著上第二表乞致仕不允批答口宣元祐三年三月二十九日》：“有敕。朕以沖眇，垂拱仰成。卿以耆老，圖任共政。無故而去，於義未安。”

《蘇軾文集》卷四三《賜宰相呂公著上第二表乞致仕不許斷來章批答一元祐三年三月二十九日》：“覽表具之。難進易退，固君子之常節；久勞思逸，亦老者之至情。然心存社稷，則常節爲輕；身系安危，則至情可奪。惟卿體國，豈待多言。苟大義之未安，雖百請而何益。宜安厥位，勿復此辭。”

《蘇軾文集》卷四三《賜宰相呂公著上第二表乞致仕不許斷來章批答二元祐三年三月二十九日》：“覽表具之。宰相不自用，人主不自爲。予欲識人物之忠邪，故以卿爲水鏡；予欲知利害之輕重，故以卿爲權衡。苟明此心，雖老猶壯。與其輕去軒冕，獨善其身；孰若優游廟堂，兼享其樂。益敦此義，勿復有云。”

案：此“口宣”，《蘇軾文集》注釋云：“《七集·內制集》卷六‘第二表’作‘第一表’。”

四月
呂公著乞致仕不允

《蘇軾文集》卷四二《賜宰相呂公著乞致仕不允斷來章批答口宣元祐三年四月一日》：“有敕。卿望重縉紳，義均休戚。如左右手，可須臾離。雖屢形於懇詞，必難移於朕意。”

右僕射呂公著加司空、同平章軍國事。呂大防左僕射。范純仁右僕射

《長編》卷四〇九哲宗元祐三年四月戊寅條：“詔勿受尚書右僕射兼中書侍郎呂公著告老章奏，以屢請故也。”

《宋宰輔編年録校補》卷九哲宗元祐三年四月辛巳條：“四月辛巳，右僕射

呂公著加司空、同平章軍國事。自金紫光禄大夫守尚書右僕射兼中書侍郎除。"

《宋宰輔編年録校補》卷九同條《制》曰："仁莫大於求舊，智莫良於選衆。既得天下之大老，彼將安歸，以至國人皆曰賢，夫然後用。今朕一舉，智仁在焉。宜告治朝，以孚大號。具官呂公著籲謨經遠，精識造微。非堯舜不談，昔聞其語；以社稷爲悦，今見其心。三年有成，百揆時敘。維乃烈考，相於昭陵。蓋清净以臨民，亦勞謙而得士。凡我儀刑之老，多其賓客之餘。在武丁時，雖莫追於前烈，作召公考，固無異於象賢。而乃屢貢封章，力求退避。朕重失此三益之友，而閔勞以萬機之煩。是用遷平土之司，釋文昌之任。毋廢議論，時游廟堂。於戲！大事雖咨於房喬，非如晦莫能果斷；重德無逾於郭令，而裴度亦寄安危。罔俾斯人，專美唐世。仍令所司，擇日備禮册命。"

《宋宰輔編年録校補》卷九同條："公著以年老數辭位，太皇太后實封御札付呂大防曰：'今皇帝沖幼，正要宿德大臣輔佐。'公著乃有平章之命。詔一月三赴經筵，二日一朝，因赴都堂議軍國事，出省毋拘時。常行文書免簽書。別建府第，許執政往議事。公著進拜三公、平章軍國，及月赴經筵，位亞次太師文彦博，仍與呂大防、范純仁並命。公著、大防、純仁制詞，蘇軾所草也。草制之夕，上謂翰林學士蘇軾曰：'呂僕射以疾求去，不欲煩以事，故以三公留之。'軾奉詔退而草制。大臣以三公、平章軍國事者四人，而二人出公著家，議者榮之。父夷簡。公著乞免册禮，詔從之。舊制，將相皆以階官守三師或三公。元豐改官制，文彦博嘗以河東節度使守太師，王安石以觀文殿大學士守司空。元祐初，彦博罷節度使，入爲平章軍國事，即去守字。及公著爲司空，學士院草制誤存守字，是日三省被旨，帖麻改正。詔公著俸賜依丞相例。"

《宋宰輔編年録校補》卷九同條："三省樞密院以軍國事目當聞呂公著者定爲令。凡與三省同行者，一曰應差除並責降敘復等，其目十有二。其與逐省同施行者，一曰省曹寺監所上事，其目十有二。其與樞密院同施行者，一曰降授差移管軍三路副都總管以下，其目十有四。初以太師文彦博平章軍國重事，其所預事目曰除前執政尚書、節度使、翰林學士、御史中丞，曰除邊帥、開封、留都知府，曰大典禮，曰赦宥，曰要切邊事，曰軍馬河防措置事。及公著平章，乃去重事，前此所未有也。詔軍國重事及非常程事，並臨時合與三省同議取旨，並關預簽書。"

《宋宰輔編年録校補》卷九同條:"同日,吕大防左僕射……范純仁右僕射……"

除吕公著特授守司空同平章軍國事加食邑實封

《蘇軾文集》卷三八《除吕公著特授守司空同平章軍國事加食邑實封餘如故制元祐三年四月四日》:"門下。仁莫大於求舊,智莫良於用衆。既得天下之大老,彼將安歸;以至國人皆曰賢,夫然後用。今朕一舉,仁智在焉。宜告治朝,以孚大號。金紫光禄大夫守尚書右僕射兼中書侍郎上柱國東平郡開國公食邑七千一百户食實封二千三百户吕公著,訏謨經遠,精識造微。非堯、舜不談,昔聞其語;以社稷爲悦,今見其心。三年有成,百揆時敘。維乃烈考,相於昭陵。蓋清净以寧民,亦勞謙而得士。凡我儀刑之老,多其賓客之餘。在武丁時,雖莫望於前烈;作召公考,固無易於象賢。而乃屢貢封章,力求退避。朕重失此三益之友,而閔勞以萬几之煩。是用遷平土之司,釋文昌之任。毋廢議論,時游廟堂。於戲。大事雖咨於房喬,非如晦莫能果斷;重德無逾於郭令,而裴度亦寄安危。罔俾斯人,專美唐世。可特授司空同平章軍國事加食邑七百户食實封三百户,餘如故。仍一月三赴經筵,二日一入朝,因至都堂議軍國事。"

程顥、范純仁以爲宜調和與元豐大臣的矛盾

《宋宰輔編年録校補》卷九哲宗元祐三年四月辛巳條:"初,神宗崩,詔至洛,時程顥責汝州酒税,偶以檄來,舉哀於府治。既罷,韓宗師曰:'今日之事何如?'顥曰:'司馬君實、吕晦叔作相矣。'宗師曰:'二公今作相當何如?'顥曰:'當與元豐大臣同。若先分黨與,他日可憂。'宗師曰:'何憂?'顥曰:'元豐大臣俱嗜利者,若使自變已甚害民之法則善矣,不然衣冠之禍未艾也。'既而光、公著並相,純仁所見與顥同。故蔡確貶新州,純仁獨以爲不可。至謂大防曰:'公若重開此路,吾輩將不免矣。'純仁竟罷去。使純仁不罷,顥不死,更相調護,協濟於朝,則元祐朋黨之論,無自而起矣。《丁未録》"

賜新除守司空同平章軍國事呂公著辭免恩命不允

《蘇軾文集》卷四二《賜新除守司空同平章軍國事呂公著辭免不允批答口宣》：“有敕。朕圖任元老，以表四方。以卿望在士民，心存社稷。勉膺異數，式副僉言。”

《蘇軾文集》卷四〇《賜新除守司空同平章軍國事呂公著辭免恩命不允詔元祐三年四月六日》：“敕公著。委重元老，朕之本心。歸安丘園，卿之素志。今於二者，酌處其中。使卿獲居勞逸之間，而朕不失仰成之托。於義兩得，夫復何辭。”

孫固門下侍郎，劉摯中書侍郎，王存尚書左丞，胡宗愈尚書右丞，趙瞻簽書樞密院事

《宋宰輔編年録校補》卷九哲宗元祐三年四月壬午條：“孫固門下侍郎……劉摯中書侍郎……王存尚書左丞……胡宗愈尚書右丞……同日，趙瞻簽書樞密院事……”

賜新除守司空同平章軍國事呂公著誥口宣

《蘇軾文集》卷四二《閣門賜新除守司空同平章軍國事呂公著誥口宣元祐三年四月七日》：“有敕。卿正位三公，具瞻多士。式資坐論，以副仰成。體朕眷懷，服此明命。”

賜新除守司空同平章軍國事呂公著上第一表辭免恩命不允批答

《蘇軾文集》卷四三《賜新除守司空同平章軍國事呂公著上第一表辭免恩命不允批答》：“省表具之。夫司空之官，自唐以來，雖無職事，而孔子所謂天子有爭臣七人者，三公首當之。朕欲聞仁人之要言，與天下之大計，非此元老，將安取斯。卿其省思慮，慎寢食，優游廟堂，爲朕謀其大者。”

賜新除守司空同平章事呂公著上表辭免不許批答

《蘇軾文集》卷四三《賜新除守司空同平章事呂公著上表辭免不許批答》：

"覽表具之。天下之事，使壯者治之，老者謀之。自堯舜以來，未有易此者也。今卿議政而不及事，勞心而不及力。吾自以爲得養老之禮，而不失用賢之實，卿何辭之堅也。"

吕公著請六參日仍起居奏事，以便瞻望皇帝清光

《長編》卷四〇九哲宗元祐三年四月丙戌條："詔：'司空、平章軍國事吕公著遇後殿垂簾，同三省進呈，六參日仍起居奏事。'自兩宮同聽政，常以雙日於延和殿垂簾，故詔公著二日一入朝，然皇帝乃五日一御前殿視朝，皆只日也。於是公著復請六參日仍起居奏事，庶得瞻望皇帝清光，詔從之。"

賜吕公著辭恩命上第二表不允斷來章批答口宣

《蘇軾文集》卷四二《賜吕公著辭恩命上第二表不允斷來章批答口宣元祐三年四月十三日》："有敕。卿以全德，式符具瞻。宜與師臣，共爲民表。欽承明命，佇聽嘉謨。"

賜新除司空同平章軍國事吕公著上第二表辭免恩命不許斷來章批答

《蘇軾文集》卷四三《賜新除司空同平章軍國事吕公著上第二表辭免恩命不許斷來章批答一元祐三年四月十二日》："省表具之。夫國以得人爲強，如猛獸之衛藜藋；以積賢爲寶，如珠玉之茂山川。湛然無爲，物自蒙利。故崔公發議，則淄青慚服，知朝廷之有人；蜀使抗詞，則孫權回顧，歎張昭之不在。得失之效，豈可同日而語哉！朕之用卿，意實在此。國計之重，可無復辭。"

《蘇軾文集》卷四三《賜新除司空同平章軍國事吕公著上第二表辭免恩命不許斷來章批答二元祐三年四月十二日》："省表具之。周之詩曰：'無曰予小子，召公是似。'唐之雅曰：'惟西平有子，惟我有臣。'夫父子君臣之間，光明盛大如此。載之簡策，被之金石。豈獨閨門之寵，足爲邦國之華。再省來章，具陳先烈。雖朕寡昧，不敢庶几於仁祖；而卿忠孝，當念服勤於世官。祇率厥常，毋違朕命。"

司空、同平章軍國事呂公著免册禮

《長編》卷四〇九哲宗元祐三年四月庚寅條：“司空、同平章軍國事呂公著免册禮，令學士院降詔，從之。舊制，將相皆以階官守三師或三公，元豐改官制，文彥博嘗以河東節度使守太師，王安石以觀文殿大學士守司空。元祐初，彥博罷節度使，入爲平章軍國重事，即去‘守’字。及公著爲司空，學士院草制，誤存‘守’字，是日，三省被旨貼麻改正。”

《蘇軾文集》卷四〇《賜新除司空同平章軍國事呂公著辭免册禮許詔元祐三年四月十三日》：“敕公著。多儀以隆輔弼，國之彝典；自損以信君父，卿之美志。再閲誠言之請，益彰謙德之光。勉徇所陳，不忘嘉歎。”

《蘇軾文集》卷四〇《賜新除司空同平章軍國事呂公著辭免册禮允詔元祐三年四月十五日》：“敕公著。册祝於廟，惟周之典。臨朝親拜，亦漢之舊。事大則禮重，禮重則樂備，古之道也。今卿遜避不居，自處以約。勉從所乞，以成其美。”

呂公著俸賜依宰相例

《長編》卷四〇九哲宗元祐三年四月庚子條：“詔呂公著俸賜依宰相例。”

蔡絛云，呂公著曾託付子孫與蔡京

《鐵圍山叢談》卷三：“呂司空公著生重牙，亦異常人也。當元祐平章軍國重事時，魯公以待制從外鎮罷，召過闕。呂司空邀魯公詣東府，列諸子侍其右，而謂魯公曰：‘蔡君，公著閲人多矣，無如蔡君者。’則以手自撫其座曰：‘君他日必據此座，願以子孫托也。’魯公後每謂吾言，惜以黨錮事愧不能力副其意者。吾且謂人之不知也。及在博白，一日，呂公之孫切問來，因爲道是，而切問曰：‘頃魯公居從班時，祭司空公文蓋備之矣。’於是相與得申其契好。噫，前輩識鑒，類多如此。案呂氏兩世相業，門閥昌大，何至預以子孫托人？且重以公著之賢，而其子希哲、希績、希純，異時歷官，皆有賢聲。知子莫若父，公著寧不知之而必京之托乎？且自章惇爲相，公著既削謚貶官矣，迨京擅國，復指爲奸黨首惡，置元祐黨籍刻石殿庭，若惟恐其罪之不著於天下者。受人之托，報之固當如是乎？欲蓋其父之惡，而不恤誣衊賢者，以欺後世，條真小人之尤哉！"

案：正如《鐵圍山叢談》點校説明中云，蔡絛助父爲奸，劣迹昭著，書中往往"以奸言文其父子之過"，因此，文中此條疑無此事。

吕公著沉默寡言，客問嘉問如何，不作回應

《老學庵筆記》卷二："吕正獻平章軍國時，門下客因語次，或曰：'嘉問敗壞家法可惜。'公不答，客愧而退。一客少留，曰：'司空尚能容吕惠卿，何況族黨？此人妄意迎合，可惡也。'公又不答。既歸，子弟請問二客之言如何，公亦不答。"

吕公著任宰相時工作儀態

《老學庵筆記》卷七："吕正獻作相及平章軍國事時，於便坐接客，初惟一揖，即端坐自若，雖從官亦以次起白；及退，復起一揖，未嘗離席。蓋祖宗時輔相之尊嚴如此，時亦不以爲非也。"

常安民遺書吕公著，曰群小怨忿，恐生忧患，此信未能引起公著重視

《宋史紀事本末》卷四三《元祐更化》："（哲宗元祐三年）時，熙、豐用事之臣雖去，其黨分布中外，起私説以搖時政。鴻臚丞常安民貽公著書曰：'善觀天下之勢，猶良醫之視疾，方安寧無事之時，語人曰：'其後必將有大憂'，則衆必駭笑，惟識微見几之士然後能逆知其漸。故不憂於可憂，而憂之於無足憂者，至憂也。今日天下之勢可爲大憂，雖登進忠良，而不能搜致海内之英才，使皆萃於朝以勝小人，恐端人正士未得高枕而卧也。故去小人爲不難，而勝小人爲難。陳蕃、竇武協心同力，選用名賢，天下想望太平，卒死曹節之手，遂成黨錮之禍。張柬之、五王中興唐室，以爲慶流萬世，及武三思一得志，至於竄移淪没。凡此者，皆前世已然之禍也。今用賢如倚孤棟，拔士如轉巨石，雖有奇特瑰卓之才，不得一行其志，甚可歎也。猛虎負嵎，莫之敢攖，而卒爲人所勝者，人衆而虎寡也。故以十人而制一虎，則人勝；以一人而制十虎，則虎勝。奈何以數十人而制千虎乎？今怨忿已積，一發其害必大，可不爲大憂乎！'公著得書，默然。"

五月

呂公著甥楊國寶爲陝西轉運判官,後二日,國寶罷

《長編》卷四一〇哲宗元祐三年五月己酉條:"承議郎、權開封府推官公事邵餖爲都官郎中。朝散郎、吏部郎中彭次雲爲成都府路轉運使,宣德郎、權成都府路轉運判官楊國寶爲陝西轉運判官。後二日,次雲、國寶皆罷。"

案:楊國寶爲呂公著外甥。

三省、樞密院以軍國事目當關呂公著者定爲令

《長編》卷四一〇哲宗元祐三年五月己酉條:"三省、樞密院以軍國事目當關呂公著者定爲令……初,以太師文彦博平章軍國重事,其所預事目……及公著平章,乃去'重'字,前所未有也。"

《宋會要輯稿》職官一之二六至二七:"(元祐三年五月四日)詔司空、同平章軍國事呂公著:'凡差除並責降、敘復,應三省並三省樞密院同取旨事,邊防體大公案並體量取勘事,支移錢糧數多,諸軍班特支,差官按察,館伴入國、接伴送伴,朝會,國書,近上番夷李乾德等授官襲封,廢置州縣,特立捕盜賞格,並同三省施行。省、曹、寺、監所上事,體量賑濟,大禮,科場,非泛祠禱,應干陵廟事,諸蕃國進奉差押伴官並進奉回賜,修書,創立改更法令,河防,鑄錢,典禮、儀制非常程者,捉殺十人以上賊,同逐省施行。'"

實録院檢討官、著作郎兼侍講范祖禹辭免起居舍人

《長編》卷四一〇哲宗元祐三年五月癸丑條:"實録院檢討官、著作郎兼侍講范祖禹辭免起居舍人,從之。祖禹三上章辭免,不許,又以呂公著親嫌爲解,公著亦於簾前納除目,太皇太后曰:'祖禹擢用,不緣相公,可諭令就職。'知舊多勸祖禹受命,祖禹曰:'此心未肯。'復上章並具狀申三省乞敷奏,得請乃已。"

詔以元豐北庫爲呂公著廨舍

《長編》卷四一〇哲宗元祐三年五月丙辰條:"詔以元豐北庫爲司空呂公

著廨舍,其封椿錢物並就南庫,以'元豐庫'爲名,專主朝廷封椿錢物。"

劉安世上言,除歐陽棐史官不當,語侵呂公著

《長編》卷四一一哲宗元祐三年五月丁巳條:"朝奉郎、考功員外郎歐陽棐爲集賢校理、權判登聞鼓院。先是,除棐著作郎、實録院檢討官,而言者爭論其不當,故有是命。"

《長編》同條:"右正言劉安世又言:'……按棐問學未優,趨向淺近,考功之政,暗滯亡狀,特以陰邪附會,取悦權貴,是以造爲虛譽,名過其實。執政大臣姑欲成就棐,而不論人材之如何,公議之可否,廢祖宗之典故,而與臺諫立敵,此乃衰世之弊風,恐非聖朝之美事。伏望陛下特垂省察,檢會臣前奏事理,罷棐館職,以抑朋黨僥倖之弊。'

又言:'近爲歐陽棐除集賢校理不當,臣已兩具論奏,皆爲執政沮抑,莫肯依公施行,須至再瀝誠懇,上凟聖覽。臣聞祖宗設館職之選,所以收天下之賢才,而長育成就,以待不次之用。自來必求文學、行誼卓然有聞於時者,然後以朝廷之旨,召試而命之。仁祖中年,始詔執政各舉所知,英宗紹統,亦遵故事,未嘗不加較試,遂授職名。惟是臺、省之官,薦紳宿望,或累持使節,或移鎮大藩,欲示優恩,方令貼職。今棐猥以庸才,徒藉閥閲,陰邪朋黨,交結執政子弟,因緣附會,造爲虛名,遂至呂公著薦充史官,孫覺舉以自代。而執政止爲二人稱獎,共力主張,不論人才之不堪,公議之未厭,苟徇權貴之意,輕廢祖宗之法,臣誠愚直,私竊惜之。況陛下平昔用人或有未允,臺諫論列,不憚追改。豈有緣大臣之謬舉,而不恤衆人之公言,才罷著作,復除校理?竊弄朝廷之威福,蒙蔽陛下之聰明,臣若不言,則爲負恩。伏望聖慈察臣志在徇公,深嫉朋比,特降中旨,罷棐館職,振人主之威令,破執政之私謀,非特賤臣免廢職之譏,亦使小人無倖進之漸。'貼黃稱:'歐陽棐自來與程頤、畢仲游、楊國寶、孫朴交結執政呂公著、范純仁子弟,薦紳之間,號爲'五鬼'。又與王存系正親家,附會權勢,不畏公議。今來執政顧惜人情,不肯行臣之言,伏望聖慈只作中旨罷棐館職,所貴大臣見陛下耳目浸廣,周知外議,除授之際,稍有畏戢。'"

呂公著等乞寬臺諫王覿之罪，以彰朝廷容諫之美

《長編》卷四一一哲宗元祐三年五月戊午條："初，胡宗愈除尚書右丞，諫議大夫王覿疏：'宗愈自爲御史中丞，論事建言多出私意，與蘇軾、孔文仲各以親舊相爲比周，力排不附己者，而深結同於己者。操心頗僻如此，豈可以執政？'内批：'王覿論列不當，落諫議大夫，與外任差遣，仍不得帶職。'其日，戊午也。翌日，呂公著言：'臣與王覿舊不相識，在前朝及陛下臨政之初，並不曾舉薦，但見覿自任言責以來，凡所言事，最爲穩審，今來若止爲論列胡宗愈，便行責降，未必協衆情。其内降指揮，臣與呂大防、范純仁等商量，未敢行下。伏乞陛下特與包容，更加聖慮裁酌。'後二日，公著與大防、純仁再論於簾前，太皇太后曰：'胡宗愈有何罪？司空與司馬丞相皆親嘗薦之。'公著曰：'宗愈在先朝誠有直聲，然自任中執法，頗爲浮議所惑，所言事多不協衆望。'劉摯進説甚力，太皇太后厲聲曰：'若有以門下侍郎爲奸邪，甘受之否？'摯頓首謝曰：'陛下審察毀譽每如此，天下幸甚。然朝廷當顧大體，胡宗愈進用自有公議，必致陛下貶諫官而後進用，恐胡宗愈亦非所願。'文彦博曰：'劉摯言是，願賜採納。'太皇太后意猶未解。是日，公著又與文彦博及大防、純仁等面論，純仁退而上疏：'臣昨與呂公著等，並今日與文彦博等，兩次簾前奏陳，乞寬王覿之罪，蓋欲假借臺諫，使人人敢言。其間即有不當，亦須稍垂寬宥，以彰朝廷容諫之美。況陛下臨御以來……'"

六月

呂公著言，近制舉官不以資序，詔依資序進選臺諫官

《長編》卷四一二哲宗元祐三年六月癸未條："詔：'左右司諫、正言、殿中侍御史、監察御史，以升朝官通判資序實歷一年以上人充。'初，太皇太后宣諭曰：'近時臺諫官多是新進，未甚更事，所論不知朝廷大體，近於求名。可依祖宗故事，選用歷第二任通判人充。'司空呂公著言，近制舉官不以資序。因檢會舊制，而有是詔。"

龍圖閣直學士、秘書監吕公孺爲刑部侍郎

《長編》卷四一二哲宗元祐三年六月丁酉條:"龍圖閣直學士、秘書監吕公
孺爲刑部侍郎,刑部侍郎孔宗翰爲寶文閣待制、知徐州。宗翰以疾求補外也。
翌日,宗翰卒。"

八月

劉安世攻擊文彦博、吕公著等援引親屬

《長編》卷四一三哲宗元祐三年八月辛丑條:

右正言劉安世言:"臣伏見祖宗已來,執政大臣親戚子弟,未嘗敢授内外
華要之職,雖有合得陳乞差遣,亦止是閑慢監當局務。原其深意,蓋爲父兄已
居柄任,而京師之官多是要劇,爲大臣者,既不能人人爲朝廷推至公之心,振
拔滯淹,提獎寒素,而貪權好利,多爲子孫之謀,援引親屬,並據高勢,根連蒂
固,更相朋比,絶孤寒之進路,增膏粱之驕氣,寖成大弊,有不勝言。是以祖宗
立法,務加裁抑,上下遵奉,莫敢或違。自王安石秉政以後,盡廢累聖之制,專
用親黨,務快私心,二十年間,廉恥掃地。陛下踐阼之初,勵精求治,划革僥
倖,一本至公,躬行法度,不欲有毫髮之累,此天下之人所共聞見。在位之臣,
化上之德,謂宜盡忠交儆,務爲正直,而廟堂之上,猶習故態,子弟親戚,布滿
要津,此最當今大患也。臣條列其弊,屢欲面奏,偶以秋暑尚盛,伏恐久煩聖
覽,用此未敢請對。然近來差除尤多不協物論,是以不避煩黷聖聰,須至具章
疏論列。

臣伏見太師文彦博之子及爲光禄少卿、保雍將作監丞,孫永世少府監丞,
妻族陳安民遷都水監丞,女婿任元卿堂差監商税院,孫婿李慎由堂差監左藏
庫。或用恩例陳乞,而此兩處皆非陳乞之所當得也。司空吕公著之子希績今
年知潁州,才及成資,召還爲少府少監;希純去年自太常博士又遷宗正寺丞;
女婿范祖禹與其婦翁共事於實録院,前此蓋未嘗有;而次婿邵鱬爲開封府推
官,公著才罷僕射,即擢爲都官郎中;外甥楊國寶自初改官知縣,又堂除太常
博士,未几,又擢爲成都府路轉運判官;楊環寶亦自常調堂除差知咸平縣;妻
弟魯君貺今年自外任擢爲都水監丞;姻家張次元堂除知洺州,胡宗炎擢爲將

作少監，馬傳正自冗官得大理寺主簿。其間雖或假近臣論薦之名，皆公著任宰相日拔擢爲授也。宮教之職，舊系吏部依法選差，近方收爲堂除，而公著首用除其孫婿趙演。宰相呂大防任中書侍郎日，堂除其女婿王讜京東排岸司，妻族李栝知洋州，李機知華州。范純仁拜相之初，即用其姻家韓宗道爲户部侍郎，妻族王古右司員外郎，王毅近自常調堂差知長垣縣。門下侍郎孫固之子朴判登聞檢院。臣聞鼓院、檢院乃天下訴冤之地，豈可使執政子弟爲之？熙寧初，嘗以宰相子曾孝寬判鼓院，是時言者以此彈奏，即令罷免，而公亮陳乞監皮角場，此近例也。孫固及左丞王存、右丞胡宗愈姻家歐陽棐除館職未及一月，又授職方員外郎，宗愈之弟宗炎近除開封推官。然王存除歐陽棐外，未聞其人，及中書侍郎劉摯亦未見所引私親，而二人者，依違其間，不能糾正，雷同循默，豈得無罪？臣之所陳，皆彰明較著，士大夫所共知，其所不知者，又不可以悉數。

臣竊謂二聖臨御，於兹四年，未嘗以名器少私於宗族、外家，而大臣所爲乃反若此，上下恬然不以爲怪，此臣之所甚懼也……"

貼黄稱："臣孤立小官，蒙陛下誤加拔擢，實在諫垣。苟緘默不言，足以全身保禄，而今日之論，遍及柄臣，既犯衆怒，決非自安之計。但臣不敢曠職，上負陛下，亦非敢捃摭大臣私事，以爲捭闔之説。蓋得衆論所共不平者，須至一一奏知，惟乞聖慈特賜詳察。臣方欲發奏，又聞除知真州錢晚爲福建路提點刑獄，亦是呂公著姻家。其勢如此不已，臣故不敢不亟論也。願陛下早以臣言戒敕輔臣。歐陽棐除省郎不當，臣已具狀論奏，亦乞早賜施行。"

又言："臣近曾論列朝廷差除多涉嫌疑，頗招物論，及新知長垣縣、宣德郎王毅尤爲闒冗，人皆傳笑，欲乞特行追寢，至今未蒙施行。日近伏觀除目內奉議郎程公孫堂差監在京商税院，葛繁兵器監主簿。臣聞二人者，與執政皆是姻家，衆論亦喧，無不憤歎，以爲孤寒之士待次選部，動踰歲月，不得差遣，及有注授，仍守二年遠闕，今公孫輩本系常調，止緣執政姻戚，而京師優便之職無名輕授，隳紊綱紀，滋長僥倖，甚非所以稱陛下爲官擇人之意。伏望聖慈罷王毅、程公孫、葛繁新命，以伸公議。"貼黄稱："臣聞程公孫乃呂公著男希純之妻兄，葛繁系范純仁之同門婿，而執政徇私率意，無所顧憚，如此之甚。竊慮陛下體貌大臣，重傷其意，欲乞去此貼黄，付外施行。"

案:《盡言集》卷一《論差除多執政親戚一》主要論此事,此條亦可見吕公著的某些裙帶關係。

時吕希績知潁州,召還爲少府少監

《長編》卷四一三哲宗元祐三年八月辛丑條:"司空吕公著之子希績今年知潁州,才及成資,召還爲少府少監。"

九月

龍圖閣直學士、刑部侍郎吕公孺權知開封府,爲政明恕

《長編》卷四一四哲宗元祐三年九月己酉條:"龍圖閣直學士、刑部侍郎吕公孺權知開封府,朝奉郎、監察御史楊康國權發遣開封府推官。"

案:《彭城集》卷二三,有《刑部侍郎龍圖閣直學士吕公孺可權知開封府制》,制詞云:"五民雜有,是爲浩穰之區;四方維則,實曰風化之本。尹正之任,推擇攸艱。具官某志剛而氣果,材博而智敏,效力周行,莫非重寄。剖符大邦,分閫邊圉,率有治最,稱爲吏師。是宜付之衆大之居,究其豈弟之化。昔廣漢鉤距察人情,延壽恩信周屬縣,能者之事,何遠之有?"

十月

劉安世反對胡宗愈爲御史中丞,語侵吕公著。宗愈乃公著姻家

《長編》卷四一五哲宗元祐三年十月甲申條:

是日,右正言劉安世言:"臣伏自四月初胡宗愈除尚書右丞,臣尋與左司諫韓川於延和殿賜對之日,陛下詢問近日差除如何,臣與韓川同共奏陳朝廷用人皆協輿望,惟是胡宗愈公議以爲不當。臣又條陳宗愈前後罪狀,固已詳悉。蒙陛下宣諭,令且試其所爲。臣尋復奏,以朝廷設官,從微至著,自有等級,要須歷試,灼見其賢,然後舉而加於衆人之上,則人無異論。宗愈頃在先朝,實有可取,但自爲中丞已後,風譽頓減,一向奸佞,以希大用,忽聞除目,衆皆驚愕。蓋執政之官,陛下所與朝夕圖議天下之事,若謀謨獻替,動皆中理,固爲盡善,一有差失,天下將有受其弊者。以此論之,執政豈是試人之地?陛下雖以臣言爲然,而重廢已行之命,未賜俞允。自後臣等累進章疏,皆未睹指

揮施行。臣非不知進退大臣務全體貌，而宗愈登用以來，丑迹日著，人言沸騰，不可弭塞，皆謂得性傾邪，爲行險薄，利口足以飾詐，無恥足以爲惡。臣請略舉其近事之顯著者而極論之，惟陛下留神詳覽焉。

臣聞御史之職，號爲雄峻，上自宰相，下至百僚，苟有非違，皆得糾劾。是以祖宗之制，凡見任執政曾經薦舉之人，皆不許用爲臺官，蓋欲其彈擊之際，無所顧避而得盡公議也。凡是被舉之人，猶不得任爲御史，況於姻戚而可爲之乎？臣聞宗愈之侄女適呂公著之親孫，昨宗愈爲御史中丞，乃是公著秉政之日，自合援據故事以引避，而宗愈苟悦權勢，初無一語自陳。罔上貪榮，隳廢祖宗之法，其事一也。

宗愈向緣蔡確引用爲都司郎官，曾未席煖，驟遷要近。確與章惇後以罪黜，今春遽用常例復其職名，臺諫交章疏其巨惡，遂得追寢。而宗愈備位憲長，了無一言，陰結奸豪，徼幸異日。操心不忠，徇私下比，其事二也。

宗愈既備從官，未嘗進賢以報國，而首薦其妻族丁騭，乞充臺省之選。臣在諫垣，與騭相接，觀其議論庸淺，無可稱者。而宗愈昵其私親，輒形公薦，幸朝廷之不察，以盜寵禄而自爲恩。挾詐欺君，無所畏憚，其事三也。

宗愈嘗薦布衣方坰可應制科，臣聞坰素無士行，而進卷文理荒疏，最爲亡狀。宗愈權翰林學士日，適當詳定，曲欲成就，不復避嫌，妄以坰文實在第二。中書舍人劉攽等不敢異議，但聞退有後言。輕忽同僚，徇私自任，其事四也。

李慎由乃文彦博之孫壻，方干權貴，欲求在京差遣，而宗愈遽辟爲御史臺主簿，奏章再上，偶以礙格報罷。自來本臺辟舉，未有敢私執政之親者，而宗愈意在附會。隳紊臺綱，其事五也。

陛下踐阼之初，太皇太后、陛下同聽朝政，而蘇軾撰試館職策題，乃引王莽依附元后，傾覆漢室之事，以爲問目，議者莫不罪軾非所宜言，臺諫官亦嘗論奏。而宗愈不惟無所彈劾，又止同列使勿上疏。背公私黨，其事六也。

宗愈税周氏居第，每月僦直一十八千，自去年七月後至今二月終，止償兩月之直，遂致本主經官陳訴，乞差人追索及發遣起離。宗愈居風憲之長，素稱高貲，固非不足於財，而税人之居，不給其直。挾勢貪黷，不修廉節，其事七也。

永興軍路提刑馮如晦，欲令舊不充役貧下之家，出錢以助合役之上户，不量緩急閑劇色役，一例雇募游手充役，其議論乖謬，最壞役法。而蘇轍頗主其言,呕爲公移頒下諸路,户部尚書李常曾不講究,遽欲行下。而員外郎劉昱乃能力辨是非,不爲押撿,議既不合,事遂中輟,縉紳之間,莫不嘉昱能守其職。而宗愈因上雇募衙前之議,遂詆劉昱,謂户部郎官有近來參詳立法之人,護短遂非,不肯公心舍己從長,以救鄉户之患。意在阿黨,不顧義理,其事八也。

臣伏觀治平以前,執政子弟未嘗敢受在京華要之職,雖有合得陳乞差遣,亦止是數處閑慢監當局務。惟自近歲以來,大臣營私害公,子弟親戚布滿要津,與孤寒之士馳騖爭進。而宗愈久爲執法,既不能彈糾開陳,及蒙大用,首擢其弟宗炎爲開封推官。貪權趨勢,不恤人言,其事九也。

宗愈弟妹三人並適富民,皆已媚歸,宗愈教令析夫之産。既而誘説厥妹,陰取其貲,遂作己户,廣置田業,欺誑孤幼,終不償還,因致高貲,雄視閭里。殖利無親,其事十也。

仁宗朝宰相富弼,方正謹厚,能守法度,而御史中丞韓絳言弼與張茂實皆有異謀。韓琦當國,兩膺顧命,忠義直諒,聞於天下,而王陶奏其跋扈。士無賢愚,皆知決無是事,而二人者不復自辨,即日歸第,抗章待罪。蓋事之虛實自有公議,而大臣之體不得不然也。今宗愈以不償房緡事爲御史臺所劾,皆有實迹,而意氣軒騖,若無所睹,陵蔑風憲,不畏國法。近世公卿大臣毁滅廉恥,不知禮義,無甚於此,其事十一也。

熙寧中更變法令,宗愈時爲諫官,不能別白是非,開悟明主,而觀望迎合,多持兩可之論。神宗皇帝深照其奸,乃手詔中書曰:'宗愈自領言職,未嘗存心裨補朝廷治道,凡進對論事,必潛伏奸意,含其事情,旁爲邪説,以私害公。'坐是落職,與外任差遣。臣竊謂先帝察見宗愈之本心,是以詔辭盡其情狀,乃今觀之,無不切中,其事十二也。

臣之所陳,皆可覆驗,伏乞陛下出臣此章宣示百官,若宗愈委無如此罪惡,則臣之所奏,是爲欺天,宜伏重誅,以戒誣罔,臣自齚舌,不敢有辭。若宗愈所爲如臣之論,則是奸邪朋黨,貪鄙庸淺,豈可塵汙廊廟,與聞機政。臣竊計陛下所以依違不決者,得非謂人言其奸邪而未嘗親見其實狀乎?夫小人之事君,豈肯自謂奸邪者哉?言必假公忠,行必托廉潔,多爲可信,以惑人主之聰明。及其歲月滋深,權勢在己,上下膠固,羽翼已成,於是肆志窮奸,靡所不至,方此之時,雖欲除之,亦無及矣。唐德宗嘗曰:'衆人皆知盧杞奸邪,朕何不知?'李勉對曰:'盧杞奸邪,天下皆知,陛下獨不知,此所以爲奸邪也。'今之宗愈何以異此?臣聞知人之道,自古爲難。方堯之時,四凶與衆賢雜處於朝,而終無損於堯之明者,蓋聞其才則用之不敢遺,見其罪則去之不敢庇,進退用舍,一本於公,而無私於其間,此堯所以享無窮之名,而後世爲不可及也。願陛下以帝堯之去四凶爲法,以德宗之信盧杞爲戒,改過不吝,去邪勿疑,罷免宗愈,以慰天下忠臣義士之望。臣言雖拙直,義在愛君,惟陛下恕其狂愚,察其誠懇,亟賜睿斷,不勝幸甚。"

案:《盡言集》卷三《論胡宗愈除右丞不當奏》系列主要論此事,右正言劉安世列胡宗愈十二條罪狀,語侵呂公著。

劉安世再次論當罷免呂公著姻家胡宗愈

《長編》卷四一五哲宗元祐三年十月庚子條:

右正言劉安世言:"……臣嘗奏論胡宗愈系呂公著之姻家,昨除御史中丞,乃是公著秉政之日,匿宰相之私親,廢祖宗之舊制,並其餘背公營私,毀滅廉恥共十二事,皆其實狀,可以按覆。竊惟奏章已塵聖覽,夙夜延頸,以俟嚴誅,逮今半月,不聞威命,則是陛下既恕之矣。臣論斥執政之罪,雖已蒙釋,而宗愈欺君敗法之罪,尚未公行,枉直兩存,邪正莫辨。臣雖愚陋,豈敢苟避迕旨之譴,而不以天下之情達於陛下乎?昔之聖人深居九重,以謂竭其聰明,猶不足以盡天下聞見,遂以耳目之任付之臺諫。臺諫之論,每以天下公議爲主,公議之所是,臺諫必是之,公議之所非,臺諫必非之。人君所以不出戶庭,而四海九州之遠,物無遁情者,用此道也。臣伏見陛下即政之初,首起司馬光於閑退之中,而授以柄任,天下臣民莫不鼓舞,以慶朝廷之得人。及宗愈初除尚書右丞,惟其朋黨之外,無一人以爲可者。臣與韓川於四月初八日延和殿首論其奸邪無狀,不足以辱輔弼之任,其後孫覺爲御史中丞,與諫議大夫王覿繼言其事,侍御史盛陶亦累彈奏。而監察御史楊康國、趙挺之,皆宗愈薦舉之人,猶不免一言其罪。陛下以此觀之,亦可知公議之所惡矣。今人言雖多,而未聞朝廷施行者,豈陛下以爲既用宗愈,難於遽罷,是以排言者之論,而決欲主之乎?若然者,陛下睠待輔臣始終之意則美矣,以聖人改過不吝、去邪勿疑之道論之,臣恐未能盡善也。宗愈罪惡,臣前疏言之已詳,此不復論,而臣竊有惓惓之誠以告陛下。自四月後來，臺諫官之言宗愈者，章累十數，陛下一切留中，無所可否。近日孫覺以病免，楊康國以執政瓜葛之戚移開封推官，盛陶又乞與李常避親，而韓川累求去職，趙挺之亦以親老兩乞外補。蓋覺等見陛下力主宗愈，不敢亟言，是以紛紛引避，務爲自全之計。臣起於小官，誤蒙擢用，非不知隨時附會，與衆浮沈，苟祿榮身，足以無患，何獨自苦，力詆大奸，上瀆聖聰，下犯邪黨？蓋臣内顧枵薄，了無他長，報國之心，惟知直道，爲臣私計則拙，爲朝廷遠慮則忠。仰冀睿明，洞鑒誠懇，所有本月十三日言胡宗愈疏，伏乞早賜指揮，付外施行。"

十一月

劉安世以为胡宗愈匿吕公著之私親，語侵吕公著

《長編》卷四一七哲宗元祐三年十一月戊辰條：

是月，右正言劉安世言："臣昨於十月十二日上殿陳奏胡宗愈匿宰相之私親，盜中司之要任，欺罔人主之聽，隳廢祖宗之法，加以徇私立黨，毀滅廉隅，誠不足以副陛下體貌之意，慰四海具瞻之望。自後繼進三疏，極言其罪，至今未蒙施行。臣雖至愚，不能窺測聖蘊，然竊嘗深慮陛下所以力遏衆論未賜指揮者，豈非謂胡宗愈進用方踰半年，今遽罷斥，恐人譏議，以謂自信不篤，用人不終者乎？若清衷所有萬一如此，臣竊以爲過矣。祖宗以來，登用大臣，何嘗不考合僉言，采察人望？苟衆心未服，公議不與，寧使詔令有反汗之嫌，不容小人乘君子之器，著之信史，可以稽考。至如神宗皇帝時尚書左丞蒲宗孟，公宇擅有修葺，爲御史中丞黃履所劾，亟令罷免；王安禮以閨門私故，爲侍御史張汝賢彈奏，尋亦去位。陛下踐阼之後，優禮輔弼，去年李清臣以不勝治事，爲御史中丞傅堯俞等一言，亦使外補。豈若宗愈上則欺君亂法，下則背公成朋，不恥無義，置之廊廟，實累聖明。自古及今，未有任君子而不治，用小人而不亂者。蓋甘言美辭足以惑移人意，小節僞行足以欺惑世俗，及其得志，苟患失之，陰引奸邪，廣布腹心，根深蒂固，牢莫可破，則其爲國家之害，將有不可勝言者矣。故陸贄之論，以謂操兵以刃人，天下不委罪於兵，而委罪於所操之主；蓄蠱以殃物，天下不歸咎於蠱，而歸咎於所蓄之家。此言雖小，可以喻大。伏望陛下曲回天聽，詳覽衆言，進有德以尊朝廷，黜有罪以服天下，早以臣等

言宗愈章疏付外施行，不勝至願。"

又言："臣昨所奏陳胡宗愈罪狀十二事，非敢誣拼，皆有實狀，可以按視。凡在廷之臣，有一於此，已可斥逐。而宗愈積累巨惡至於十數，言者交攻，半年不止，偃然居位，略無畏心，凌蔑風憲，毀棄廉恥，豈不負朝廷體貌之意，累二聖知人之明？臣伏見宗愈之除中丞，在呂公著秉政之日，雖是姻戚，隱而不言，外托用才之名，中爲立黨之實，使宗愈貪權懷惠，不復糾繆繩愆，以此營私，何所不可？蒙蔽人主之聽，墮廢祖宗之法，人臣之罪莫大於此。今公卿士民盡知二人之欺罔，而臺諫官多出公著之門，終無一語敢及此事，陛下試取衆人言宗愈之疏一一省閱，則知臣今日所奏爲不妄矣。公道陵替，昔賢所憂，豈謂聖朝目睹斯弊。歲月寖久，恐非國家之福，此臣所以夙夜憤懣，痛心疾首而不能自己也。伏惟陛下審察衆情，詳觀事理，若原心定罪，則公著、宗愈均是欺君，宜正典刑，以示中外。或聖意未欲以一眚遽廢老臣，即宗愈他罪尚多，伏乞特行罷免，以慰天下忠臣義士之望。"

又言："臣自四月後，凡一十二次奏疏論列胡宗愈罪狀，至今未蒙付外施行，臣夙夜思念，不遑寧處。竊謂祖宗以來，臺諫官之論執政者多矣，果中其罪，則大臣無不罷免，或所言失實，則臺諫官亦須降黜。蓋進退之義不可不正，是非之理不可不明，未有君子小人並容於朝廷者也。今宗愈以奸邪之才，據紀綱之任，欺君亂法，背公營私，肆行貪婪，毀棄廉恥。臣等前後章奏至於十數，陛下一切留中，無所可否，邪正並立，枉直兩存，上違累聖之舊章，下失萬邦之屬望，臣之於此，何以爲心？見惡不擊則非忠，畏禍中輟則非義，使邪黨漸登於要路，大奸久處於廟堂，寖生厲階，害及天下，臣恐異時之公議，追咎今日之言官，雖伏重誅，豈能塞責！臣所以不避煩瀆之罪，屢陳迫切之言。伏望聖慈特垂省察，若宗愈之罪惡既皆得實，即乞早與罷免，以慰中外之望，若臣之所奏稍涉誣罔，亦乞重行降黜，以爲妄言之罪。惟冀早施睿斷，明示天下，不勝幸甚！"

閏十二月

范鎮卒

《長編》卷四一九哲宗元祐三年閏十二月癸卯條："端明殿學士、銀青光禄大夫致仕范鎮卒。”

宣仁太皇太后宣諭輔臣裁減本家恩澤，呂公著認爲宜究本末

《長編》卷四一九哲宗元祐三年閏十二月甲寅條：“太皇太后宣諭輔臣曰：‘近已降指揮，裁減入流，本家所得恩澤，亦宜減四分之一。’呂公著等言：‘陛下臨朝聽政，本殿恩澤自不當限數，向來止用皇太后例，豈可更有裁損。’再宣諭曰：‘今來官冗，自宰執已下恩澤，皆有減損，本家亦須裁定，要自上始，則均一矣。’公著曰：‘此盛德之事，當討究本末以聞。’已而詔曰：‘官冗之患，所從來尚矣，流弊之極，實萃於今。以闕計員，至相倍蓰。上有久閑失職之吏，則下有受害無告之民，故命大臣考求其本，苟非裁損入流之數，無以澄清取士之源。吾今自以眇身，率先天下。永惟臨御之始，嘗敕有司，蔭補私親，舊無定限，自惟薄德，敢配前人？已詔家庭之恩，止從母后之比，今當又損，以示必行。夫以先帝顧托之深，天下責望之重，苟有利於社稷，吾無愛於髮膚。矧此恩私，實同毫末，忠義之士，當職此誠，各忘内顧之心，共成節約之制。今後每遇聖節、大禮、生辰，合得親屬恩澤，並四分減一，皇太后、皇太妃准此。’”

劉安世再論胡宗愈罪狀，當罷免

《長編》卷四二〇哲宗元祐三年閏十二月戊辰條：

是月，右正言劉安世言：“臣四月以後凡十三次論列胡宗愈罪惡，乞行罷黜，至今未蒙施行。臣竊惟自昔臺諫官彈擊執政，未見是非不決如此之久。伏尋故事，蓋嘗有留百官班廷諍，及閤門待罪自求貶降之例。而臣所以包羞忍恥，涉歷九月，而不敢輕爲去就者，誠欲廣陛下納諫之盛德，致賤臣愛君之孤忠。與其速去以潔身，不若盡言而報國。是以剖析義理，援引古今，凡可以上助聰明之萬一者，臣皆披瀝肝膽而盡言之矣。陛下雖未加臣狂瞽之誅，而公議已及臣失職之罪，循省微陋，實不足以勝天下之責。恭惟祖宗以來，體貌大臣，雖用舍之道，主於至公，而登拜罷免，亦有時會。今龍興之後，正當進退大臣之機，伏望特奮剛斷，早去宗愈，使中外知陛下聖德之日新，而朝廷君子之道長，非獨臣一人之幸，實天下之幸也。失今不圖，養虎遺患，則臣所謂留班廷諍、閤門待罪之下策，將不得已而爲之矣。惟冀聖慈審察公議，出臣前後

章疏,付外施行。"

又言:"臣竊謂二聖臨御以來,勵精求治,遵守法度,曾無過舉,静臣之職,最以優爲。惟君子小人消長之機,實系天下國家治亂之本,要在分別真僞,判白忠邪,使上心明辨而無疑,則群小不攻而自破,今之急務,獨此爲先。臣伏見宗愈以奸回之資,挾宰相之援,欺君亂法,盜取名器,更相朋比,無復畏憚。中外之論,皆謂宗愈之進,非陛下之本意,爲大臣之所誤。臣是以采摭衆議,稽參實迹,歷指宗愈之罪凡十二事,皆有按據,昭如日星。雖陛下意在並容,未加考驗,而微臣官有言責,豈敢違寧。伏望聖慈特垂省察,若臣之所言稍涉誣罔,則乞重行降黜,以戒虚妄;若宗愈罪惡如臣所奏,亦乞速賜罷免,以警奸慝。臣與宗愈義難兩立,惟冀早施睿斷,以決是非,使諫官職業不自臣廢,豈勝幸甚。"

又言:"臣竊惟二聖臨御以來,開廣言路,天下之事,幽遠必達。顧臣愚陋,獲廁諫列,實千載一時不可逢之嘉會,豈不貪戀聖德,願效萬一? 然而數月之間,止以宗愈一事,章十五上,未蒙聽納,夙夜憂懼,若在塗炭。豈臣精誠不至,無以感動天心,議論不切,莫能開悟聖意,何所言之久不效也? 自昔臺諫官論列執政,未嘗有兩全之理,今朝廷未加臣妄言之罪,則是陛下粗以臣言爲信。而乃依違累月,未睹施行,搢紳之間不知諫疏之留中,往往指目譏誚臣等,以謂容身懼禍,墮廢職事,遂使小人久汙廊廟。公議若此,安可不畏。臣聞天下之理,惟是與非,爲人君者,惟當正心誠意,以審其是而已。願陛下博考僉言,詳加聖慮,以臣所言宗愈十二事,反覆紬繹。若非誣罔,即乞罷免宗愈以從人望,進有德以尊朝廷。或宸衷以爲不然,亦乞出臣章疏,明正其罪。使臣上不負陛下之拔擢,下不失諫官之職業。惓惓之忠,罄盡於此。"

又言:"臣自四月後來,凡十六次奏疏論列胡宗愈罪狀,乞行罷免,至今未奉指揮。臣迫於公議,不敢中輟,頻煩天聽,宜被譴逐,陛下曲示相容,未加竄斥。臣若知難而止,不復盡言,則上可以結執政之歡,下可以圖一身之利,何獨自苦,力犯大奸? 臣雖甚愚,竊亦有説,輒傾丹懇,再冒聖聰,仰冀睿慈留神聽納。臣聞聖人之治天下,有禮義廉恥之教,有刑罰誅殛之威,禮義廉恥所以待天下之君子,刑罰誅殛所以待天下之小人。非聖人有厚薄之私,蓋禮義廉恥由賢者出,則不可以治小人者待之也。伏惟陛下恭己於巖廊之上,而聽政於万里之外,所與朝夕圖講天下之事者,執政數人而已。若得當世之賢者而任之,則朝廷尊嚴,四方率服;苟非其人,則堂陛陵夷,取輕中外,不可不謹也。今宗愈匿宰相之親嫌,盜中司之要任,欺罔人主之聽,隳廢祖宗之法,立朝有朋黨之實,行己多貪濁之惡。自叨大任,臺諫官前後論列,不知其數,而宗愈偃然自若,殊無愧心,禮義廉恥固已掃地。陛下猶以治君子之道而待之,望宗愈之自引以全體貌,臣竊以爲過矣。管仲有曰:'禮義廉恥,是謂四維,四維不張,國乃滅亡。'古之善觀人國者,惟以此道而逆知其盛衰。今宗愈犯義如此,豈能爲陛下設張四維,以致天下之治乎?臣聞十人之聚無不公,蓋以其好惡是非,難蔽於一偏之説,而衆心之所服者,惟理而已。臣向者嘗言宗愈十二事,皆搢紳士大夫之公言,明有按據,惟陛下虛心澄慮,詳繹庶言,以臣章疏付之外司,特令推究。如稍涉虛誕,臣甘受罔上之戮,或皆有實狀,即乞早罷宗愈,以慰天下之望,臣無任局蹐俟命之至。"

是歲,呂昌朝始知嘉州

《四川通志》卷一一四:"呂昌朝字潛叔,元祐中守嘉州。"

案:李之亮《宋川陝大郡守臣易替考·嘉州嘉定府》考證:呂昌朝元祐三年始知嘉州,元祐五年離任。

又案:本年進士及第者凡五百八人。有李常寧、呂益柔、龔夬、李回、范致虛、慕容彥逢等。

卷十九

元祐四年己巳(1089)，呂公著七十二歲，
呂公孺六十九歲，呂希道六十五歲，
呂希哲五十歲，呂好問二十六歲，呂本中六歲

春正月
呂公孺乞致仕不允

《蘇軾文集》卷四〇《賜龍圖閣直學士正議大夫權知開封府呂公孺上表陳乞致仕不允詔一元祐四年正月五日》："敕公孺。朕雞鳴而起，志於求助。鮐背之老，未敢即安。矧卿體力不衰，髮齒猶壯。遽有引年之請，殊乖圖舊之心。宜安闕官，以稱朕意。"

《蘇軾文集》卷四〇《賜龍圖閣直學士正議大夫權知開封府呂公孺上表陳乞致仕不允詔二元祐四年正月五日》："敕呂公孺。卿將相三世，凜乎正始之風；出入四朝，蔚然難老之狀。浩穰之治，談笑而成。方觀報政之能，遽有歸休之請。公議未可，卿其少安。"

案：此據郎本卷三八《七集·內制集》卷一〇，當是公孺而非公著。

呂公著上言黃河治理事宜，以休養生息

《長編》卷四二一哲宗元祐四年春正月辛卯條："司空、平章軍國事呂公著言：'臣以足疾，久在假告，未獲入侍軒墀。竊以大河北徙，自近年水勢潤下，以成河道。昨來爲議論不同，須至更遣官按視，今據范百祿、趙君錫同相度，

得見今北流深入地中，雖有冀州南宮決溢，尋復還河，益見河勢就下，不能爲大患。其故道高仰，不當開治，可以省朝廷百萬之費，休息得數路民力，既合天時地利，下慰輿情。伏望陛下特與主張，免致公私勞匱。'"

蘇轍議回河不可行。呂公著言當與諸公議

《龍川略志》第七《議修河決》："元豐中，河決大吳。先帝知不可復還故道，因導之北流。水性已順，惟河道未深，隄防未立，歲有決溢之患，本非深患也。元祐初，朝廷未能究悉河事。文潞公爲太師平章事，爲重臣，微仲、安厚卿從而和之。始謂河行西流入泊，泛久必游淺，異日或從北界北入海，則河朔無以禦狄。故三人力主回河之計，諸公皆莫能奪。呂晦叔時爲中書相，予爲舍人，謂晦叔曰：'聞方欲回河，公自視勇智孰與先帝？勢力隆重能鼓舞天下，孰與先帝？'晦叔曰：'何敢擬也。'曰：'河決而北，自先帝不能回，而諸公欲回之，是自謂勇智勢力過先帝也。且河決自元豐，導之北流亦自元豐，是非得失，今日無所預。諸公不因其舊，而條其未備，乃欲取而回之，其爲力也難，而爲責也重矣。'晦叔唯唯曰：'當與諸公籌之。'然自是回河之議紛然而起。予自爲戶部而論之，至於中司，章凡十餘上。中間晦叔爲司空，病癒，予間見之，不復言河事。晦叔自言曰：'河事終當與諸公講之，尚可上也。'未几公病不起，竟莫之救。"

蘇軾有送行詩《呂昌朝知嘉州》

《蘇軾詩集》卷三一《送呂昌朝知嘉州》："不羨三刀夢蜀都，聊將八詠寄東吳。臥看古佛淩雲閣，敕賜詩人明月湖。得句會應緣竹鶴，思歸寧復爲蓴鱸。橫空好在修眉色，頭白猶堪乞左符。"

案：《蘇軾年譜》卷二八哲宗元祐四年一月"呂昌朝知嘉州"條考證，昌朝，宋刊十行大字本《東坡集》作"昌明"。《輿地紀勝》卷一八六《利州路·隆慶府·詩》有昌明詩："豈惟藏兩蜀，亦自限三巴。"《郡齋讀書志》卷二下亦作昌明，謂著《嘉州志》二卷。山東省五蓮縣境內九仙山大石棚有"治平乙巳九月呂昌明潛叔"題名。然同治《嘉定府志》卷三二則云："呂昌朝，字潛叔。元祐中守嘉州。蒞官清雅，有操行。"同上卷四六引《憩園偶談》有昌朝題名，首稱

"元祐己巳歲三月八日,郡將朝散大夫呂昌朝潛叔",以下云與倅僚"同觀稼北郊,因游白岩、洞溪二院,置酒而還"。此題名當作於到任之初。蘇軾送行詩約作於歲初。或爲寄送。《蜀中名勝記》卷一一謂昌朝以"宋復古所畫《八景圖》,懸於州治",故蘇軾有"八詠繼東吳"之贈。是呂昌朝抑或是呂昌明,疑同治《嘉定府志》與《蜀中名勝記》有誤,似是呂昌明。

二月

呂公著卒

《長編》卷四二二哲宗元祐四年二月甲辰條:"司空、同平章軍國事呂公著卒。輟視朝三日,乘輿臨奠,成服苑中,敕有司治葬,贈太師、申國公,諡正獻。公著自少講學,以治心養性爲本,識慮深敏,量閎而學粹,苟便於國,不以私利害動其心。與人至誠,不事表暴。其好士樂善,出於天性,士大夫有以人物爲意者,必問其所知,與其所聞相參核,以待上求。神宗嘗謂執政曰:'呂公著之於人材,其言不欺,如權衡之稱物。'上前議政事,盡誠去飾,博取衆人之善以爲善,至其所當守,毅然不可回奪也。"

《宋宰輔編年録校補》卷九哲宗元祐四年正月甲辰條:"司空、同平章軍國事呂公著卒。公著自元祐元年四月拜相,三年四月除司空、同平章軍國事,是年四月卒於位,在相位三年。公著寖以病告不能朝,遂卒其家。以遺表聞。明日,執政奏事延和殿。太皇太后泣曰:'邦國不幸,司馬相薨,司空復逝!'痛悼久之。上亦悲感。薨時年七十二,贈太師、申國公,諡正獻。上輟朝三日,乘輿臨奠,成服苑中,敕有司治喪事。御書'神道純誠厚德之碑',本朝韓呂氏皆以相業世其家,從祖蒙正相太宗,諡曰文穆,父夷簡相仁宗,諡曰文靖,一族之中爲宰相者三人,而公父子又皆以三公平章軍國。夷簡尤器公著,曰:'他日必至公輔。'然夷簡善任智,而公著則持正以成天下之務,賢於父遠矣。公著識慮深敏,量閎而學粹。苟便於國,不以私利害動其心。與人致誠,不事表襮。其好賢樂善出於天性,士大夫有以人物爲意者,必問其所知,與其所聞相參核,以待上求。神宗嘗謂執政曰:'呂公著之於人材,其言不欺,如權衡之稱物。'上前議政事,盡誠去飾,博取衆人之善以爲善。至其所當守,毅然不可回奪也。"

案：吕公著卒日，《宋宰輔編年録》與《長編》不同，疑《宋宰輔編年録》有誤。據王瑞來校補，元祐四年，正月無甲辰日，二月三日則是甲辰，故應從《長編》。《琬琰集》下卷一〇有《吕正獻公公著傳》。《吕公著贈太師追封申國公制》，收録在《宋大詔令集》卷二二一中，制詞云：“敕：大儒之於朝廷，守約而施博；仁者之於天下，生榮而死哀。眷是舊臣，實予元弼。奄至淪喪，良用悼傷。故司空、同平章軍國事、上柱國、東平郡開國公、食邑七千八百户、食實封二千六百户吕公著，寬裕而静深，清明而敦實。兼資文武，典學始終。其材則爲山川，其器則爲規矩。擢升揆路，進與公臺。入告謀猷，奮熙帝載。旁招俊乂，欽亮天功。政教修而陰陽順時，德澤流而華夏安悦。所謂善人天地之紀，豈非近世社稷之臣。於爾先人，相予烈祖。恩被黔首，功書太常。譚詠未忘，想像如在。惟爾有緇衣之美，故予獲奠枕之安。在商之時，有若伊尹伊陟，實能濟其美；於漢之世，有若韋賢元成，亦克圖厥勛；以方於今，蓋靡所愧，方同治國之樂，遽惜泰山之頹。嗚呼！惟召正於四方，實賴予輔；乃不憖遺一老，奚辜於天。嗟箕疇之何爲，尚蕭規之有賴。式嚴追贈，具越故常。大師維垣，於今尊爵。申伯之宅，猶乃故家。爾則不亡，尚兹來饗。可特贈太師，追封申國公，餘如故。”

范祖禹撰《代吕正獻公遺表》

《范太史集》卷八《代吕正獻公遺表》：“臣竊以死不忘君，乃人臣之常節；窮則反本，惟生物之大情。雖餘喘之至微，猶孤忠之未泯。伏念臣早由末學，進備邇聯，重膺累聖之知，克紹前人之烈。材力不逮，豈期位列於三公；氣血早衰，敢望年踰於七十。伏遇陛下踐盛德之阼，擁無疆之休，思庶政之惟艱，圖舊人而共濟，給扶以登文石之陛，特班以拜大昕之朝。顧未能致主於唐虞，躋民於仁壽，慚無補衮之效，已迫首丘之期。伏望皇帝陛下思先帝之緒以遺大投艱，奉文母之訓以永世克孝。不替詢謀於黃髮，勿忘視戒於丹書。作德日新，務學時敏。無爲以守至正，好問而察邇言。崇成聖功，永對宗祐。臣没而不朽，尚依日月之末光；死者有知，雖爲泉壤而受賜。臣無任瞻天戀聖、激切屏營之至。”

范祖禹撰《代呂正獻公上太皇太后遺表》

《范太史集》卷八《代呂正獻公上太皇太后遺表》："臣聞學不羨生,古皆有死。惟歸全而知免,乃得正以告終。敢忘垂絕之言,上冒蓋高之聽。伏念臣夙聞前訓,早服近僚,席累世之弓箕,備六朝之鼎鉉,升降相與,休戚是同。伏遇陛下思齊任姒之功,誕保成康之聖,延登衆正,共濟多難,而臣入侍經帷,進陪冢席。獨膺一相之任,愧乏三年之成,屢陳請老之言,歷罄避賢之懇。重辱改容之禮,特躋論道之司,同軍國之謀謨,參師保之輔導。尚貪天寵,往踐世官。唯高位之疾顛,矧羸軀之多病,僅存殘喘,猶抱孤忠。雖深軫於慈宸,訖無瘳於眩藥。伏望太皇太后陛下儲神蠖濩,澄慮穆清,疇咨哲乂之良,顧諟祖宗之憲,納民仁壽,躋俗雍熙。則臣雖委骨於重泉,猶銜恩於永世。臣無任瞻天戀聖、激切屏營之至。"

呂公著有《呂申公集》

《文定集》卷一〇《題呂申公集》："頃知成都,始得正獻《呂申公集》,蓋散逸之餘,裒輯補綴,非當時全書矣。然見所未見,亦不爲少,其雜以他人所作者什三四。既而以授公之曾孫金部員外郎企中,金部又屬其兄子大麟、大虯,考訂刊删,爲二十卷。方全盛時,士大夫家藏之集,未必輕出。中更黨禁,愈益閟匿,故一旦紛擾,遂不復見,而此雖殘缺不全,未易得也。金部惻然念之,欲以所得鍥板,庶几廣其傳焉。某方待罪太史,論次熙寧、元豐以來公卿大夫事實。雖前修盛德,蓋有不待言論風旨而可知者,然而傳信垂後,不可以無證。詔求遺書,將以補史氏之缺,久之無送官者,每爲之閣筆而歎也。使故家子孫皆能如金部用心,則其爲斯文之賴,豈不厚哉!"

案:現《呂申公集》已佚。南宋汪應辰得是集,授呂公著曾孫企中,企中、大麟、大虯考訂刊删,成二十卷。汪應辰師從呂本中,與呂祖謙爲友,紹興五年舉進士第一。黃靈庚《辛棄疾與呂氏家族交游考二題》中認爲,是否"企中"是"用中"之訛? 我以爲未必,呂公著確有一曾孫爲企中,周必大《跋司馬溫公呂申公同除內翰告》中云:"今文正曾孫伋、正獻曾孫企中適爲司農長貳,相論述先契,感歎不已。"呂企中曾任職知盱眙軍、知揚州、知隆興府等,呂大虯疑是企中族兄用中之子。

吕蒙正、吕公著等皆史館、昭文、集賢於一身

《揮麈前録》卷二："國朝范魯公質、王文獻溥、魏宣懿仁浦秉鈞史館、昭文、集賢，三相俱全。太宗初即位，薛文惠居正、沈恭惠倫、盧大戎多遜。真宗咸平二年，李文靖沆、向文簡敏中、吕文穆蒙正。仁宗至和二年，劉文忠沆、文潞公彦博、富韓公弼。元祐初，司馬温公爲左僕射，文潞公平章軍國重事，吕正獻同平章軍國事，皆三相也。至三年，温公薨，文、吕二公在位，而吕汲公大防、范忠宣純仁爲左右僕射，殆四相，然不久也。"

吕夷簡、吕公著皆是宰相兼公師者

《揮麈前録》卷二："本朝宰相兼公師者，范魯公、王文獻、趙韓王、薛文惠、王文貞、丁晉公、馮文懿、王文穆、吕文靖、韓忠獻、曾宣靖、富韓公、文潞公、吕正獻、蔡師垣、秦師垣、陳魯公而已，餘皆罷政後方拜。近日惟張魏公自外以少傅再拜右揆。"

人們對吕公著的評價

《河南程氏文集》卷一一：程頤《爲家君祭吕申公文》："嗚呼！公稟則異，得天之粹；遭兹昌辰，出爲嘉瑞。生而富貴，處之無累；幼而聰明，充之能至。學既知真，仕則爲道；出入屢更，夷險一操。二聖臨御，人望是從；起藩入輔，命相册公。平日視公，静默恂恂；國論所斷，一言萬鈞。謂公無位，位爲相臣；謂公得志，志存未伸。然公心如權衡，所以無閑言於率土；德如山嶽，所以致敬心於人主。從容語默之間，人孰量其所補？胡上天之不吊，不一老之慭遺？淵水無涯，將孰求於攸濟？百身莫贖，爲有識之同悲。嗚呼哀哉！羸老餘生，辱知有素；二男論忘勢之交，不偶無酬知之路；阻臨穴以伸哀，姑托文而披露。想英靈兮如在，監丹誠而來顧！"（見《二程集》）

蘇轍《欒城集》卷一六《吕司空挽詞三首》："少年輕富貴，一意在詩書。共恨經綸晚，才收老病餘。寡言知德勝，善應本中虛。卒相承平業，謳歌元祐初。將相家聲近，勛名晚歲隆。給扶安舊德，賜府壓群公。不見彌縫迹，空推

翼戴功。山公舊多可,寒士泣清風。罷郡來清潁,微官憶宛丘。頹垣那可住,
隱几若將休。復起民欣願,全歸天不留。世間反覆手,有德竟無憂。公罷潁州,
退居於陳,轍爲陳學官,時請見焉。"(見《蘇轍集》)

　　《文定集》卷一〇《讀申國春秋》:"右《申國春秋》十卷,蓋所記正獻吕公言
行編年之書也。公方少時,天下期以經濟之業。雖出入四朝,人望愈重,然位
有所局,時有所制,士君子有遺恨焉。元祐改元,乃始作相,二聖恭己仰成,而
司馬文正同德比義,相爲左右。文正久病,繼以不起,公實獨當宰枋,既而平
章軍國事。雖曰釋文昌之任,而三省、樞密院機務之要皆預焉,非特一相所領
與夫平章重事而已。二府大臣,皆公素厚善或所汲引,而左右侍從,以致諫官
御史,往往極一時選,公論無壅,下情畢達,進退人材,損益政事,詔令數下,沛
然如流水之源,莫之能禦。於是昔之引領慕望者,詠歎淫泆,以爲天下能事畢
矣。然伊川先生獨曰:'謂公得志,志存而未伸也。'蓋公之任重道遠,伊川先
生之知之異乎人之知之,亦書所不能載也。因是書以考公之言行,又因伊川
先生之言以求所謂志存而未伸者,則公之所以言所以行,可默識而心通矣。"

　　《文定集》卷一一《跋王荆公與吕申公書》:"右王介甫與吕申公書。介甫
自少氣高一世,而於申公屈服推重如此。然一旦同朝議論少異,則詆之惟恐
不力,況疏遠之人而欲與之較長短哉? 觀末後一紙,無復異時之綢繆矣。"

　　《童蒙訓》卷上:"正獻公之在侍從也,專以薦賢爲務,如孫莘老覺、李公擇
常、王正仲存、顧子敦臨、程伯淳顥、張天祺戩等,皆爲一時顯人。"

　　《嵩山文集》卷一八《吕申公筆格銘》:"申公純德,見是筆格。我日慎之,
惟今惟昔。"

吕本中得宣仁太后慰勉

　　《宋史·吕本中傳》:"公著薨,宣仁太后及哲宗臨奠,諸童稚立庭下,宣仁
獨進本中,摩其頭曰:'孝於親,忠於君,兒勉焉。'"

　　案:據《宋史·吕公著傳》記載,吕公著二月去世,宣仁太后和宋哲宗是月
臨奠。

三月

景靈宮衍慶殿亡北珠，知開封府吕公孺奏言聖裁并釋無辜之人

《長編》卷四二三哲宗元祐四年三月丙子條："景靈宮衍慶殿亡北珠。事下開封府，繫治甚久。知府吕公孺言：'殿成，主者不一，又物之名數，代者未嘗交也。且諱日宮嬪遝至，今有所亡，豈可盡指吏卒？獄雖具，顧非聖裁不可。'上深以爲然。時幕人遷黜坐，誤毁其角，當徒者數十人，公孺奏狀而釋之。"

胡宗愈罷尚書右丞

《長編》卷四二三哲宗元祐四年三月己卯條："尚書右丞胡宗愈爲資政殿學士、知陳州。"

案：《宋宰輔編年録》卷九記載，胡宗愈罷尚書右丞爲二月己卯。元祐四年二月無己卯日，《宋宰輔編年録》記載有誤，王瑞來已校證。

五月

以范祖禹爲右諫議大夫，兼侍講

《宋史全文》卷一三中《宋哲宗二》元祐四年五月辛未條："著作郎范祖禹爲右諫議大夫兼侍講。祖禹上言：'古先明王欲治天下，先正其本，在於人君一心而已。天下治亂出於君心，君心一正，則萬事無不正。若皇帝聖心曉然，明於邪正是非，它日衆説不能惑，小人不能進，則萬事定矣。'"

蔡確責授英州別駕、新州安置。開啓日後縉紳之禍

《宋史全文》卷一三中《宋哲宗二》元祐四年五月："癸酉，御史中丞李常爲兵部尚書，盛陶爲太常少卿，中書舍人曾肇爲給事中。常與陶皆坐不言蔡確也。右司諫吳安詩論肇教彭汝礪救確而不自言，其奸乃過於汝礪，肇尋亦坐左遷。辛巳，詔蔡確責授左中散大夫，守光禄卿、分司南京。丙戌，蔡確既責，梁燾、吳安詩、劉安世以爲責輕，傅堯俞、侍御史朱光庭相繼論列。范祖禹言：'確之罪惡，天下不容。伏乞處以典刑，重行竄謫。'獨范純仁、王存以爲不可。"

純仁上疏云：'陛下臨御以來，政化清明如青天白日，無輕氛薄翳；道德純備如精金美玉，無纖瑕小疵。今以一蔡確之故，煩朝廷行稀闊之刑，天下久安，人所罕見，必生疑駭。'丁亥，詔蔡確責授英州別駕、新州安置。呂大防及劉摯等初以確母老，不欲令過嶺，太皇太后曰：'山可移，此州不可移！'大防等遂不敢言。純仁退，謂大防曰：'此路荊棘七八十年矣，奈何開之？吾儕政恐亦不免耳。'李常罷新除兵部尚書，出知鄧州，坐不言蔡確，爲諫官所攻也。彭汝礪依前朝奉郎、知徐州，坐營救蔡確，並不草確與盛陶等責詞，故黜之。曾肇爲寶文閣待制、知潁州，亦坐諫官有言也。是日，詔丁憂人邢恕候服闋日，落直龍圖閣，降授承議郎、添差監永州在城鹽倉兼酒稅。先是，恕自襄州移河陽，專抵鄧州見蔡確，相與謀日者所造定策事。及司馬康赴闕，恕特詔康道河陽，因勸康作書稱確，爲它日全身保家之計。康與恕同年登科，又以恕出其父光門下，信之，作書如恕言。恕本意必得康書者，以謂司馬光之子云爾，則確定策事可取信於世。既而梁燾自潞州以左諫議召，恕亦要燾出河陽，既至，恕連日夜論確定策功不休，且以康與確書爲證，燾不悅。會吳處厚奏確詩，燾因是遂與劉安世等共請誅確。確既貶竄，恕亦坐責。康初欲從恕招，邵雍之子伯溫謂康曰：'公休除喪未見君，不宜先見朋友。'康曰：'已諾之矣。'伯溫曰：'恕傾巧，或以事要休公，公休若從之，則必爲異日之悔矣。'公休，康字也。及燾等論確、恕罪，亦指康書。詔令康分析，康乃悔之。梁燾言：'范純仁無愛君報國之誠，有挾邪朋奸之迹。近者蔡確怨望作詩，乃出死力以主張，文奸言以辨解。'劉安世言：'范純仁略無經國之志，惟有朋奸之心，顯助奸憝，極力救解。'吳安詩言：'王存亦嘗助純仁救蔡確。今純仁理當黜罷，王存亦不可獨免。'"

《宋史全文》卷一三中《宋哲宗二》元祐四年六月條："六月甲辰，宣制，以范純仁依前官爲觀文殿學士、知潁昌府。王存爲端明殿學士、知蔡州。太皇太后曰：'諫官言純仁黨確，則恐不然，但所見偏繆耳。'又曰：'王存殊無執守，前日爲范純仁所目，便留身同救蔡確。'"

《宋史全文》同條下有邵伯溫評論，曰：公卿大夫當知國體，以蔡確奸邪，投之死地何足惜？然嘗爲宰相，當以宰相待之。范忠宣公有文正公餘風，知國體者也，故欲薄確之罪。言即不用，退而行確詞命，然後求去，君子長者仁人用心也。確死南荒，豈獨有傷國體哉？劉摯、梁燾、王巖叟、劉安世忠直有餘,然疾惡已甚,不知國體,以貽後日縉紳之禍,不能無過也。一吳處厚,以前宰相詩爲譏謗,非所以厚風俗,罪之可也。蔡確故大臣,不問以愧其心可也。朝廷當治確及其黨妄貪定策之功,使誣罔之迹曉然,以詔天下後世,罪其造謀者可也,詩不當罪也。嗚呼!紹聖初,亦賢者可以有爲之時也,而用章惇之兇暴,蔡卞之奸邪,一時輕躁險薄之徒皆進,使宣仁被謗,哲宗致疑,離間骨肉,禍患几五十年不解,卒致邊境之亂,悲夫!"

六月

范純仁罷右僕射,王存罷尚書左丞

《宋宰輔編年録校補》卷九哲宗元祐四年六月甲辰條:"范純仁罷右僕射……王存罷尚書左丞……"

韓忠彥尚書左丞,許將尚書右丞,趙瞻同知樞密院事

《長編》卷四二九哲宗元祐四年六月丙午條:"翰林學士、左朝議大夫許將爲中大夫、守尚書右丞。樞密直學士、朝奉大夫、户部尚書韓忠彥爲中大夫、尚書左丞。樞密直學士、中散大夫、簽書樞密院事趙瞻爲中大夫、同知樞密院事。右諫議大夫范祖禹之妻與忠彥之妻,從兄弟也,祖禹引嫌乞回避。右司諫吳安詩言忠彥之妹嫁其子,右正言劉安世言其子娶忠彥之女,皆乞回避。詔特不回避,仍不得爲例。祖禹等力辭,訖不許。"

案:親戚子弟錯綜復雜。

七月

安燾罷知樞密院事

《宋宰輔編年録校補》卷九哲宗元祐四年七月庚辰條:"安燾罷知樞密院事……"

右諫議大夫范祖禹薦馮京等可任樞密

《長編》卷四三〇哲宗元祐四年七月庚辰條:"右諫議大夫范祖禹薦馮京、趙卨可任樞密,曰:'臣伏見馮京在神宗朝爲參知政事,與王安石論議不合,其

後與呂惠卿同執政，爲惠卿所傾，因鄭俠獄罷政事。及安石與惠卿爲仇，惠卿繳進安石私書，其一紙云：‘勿令齊年知。’京與安石同歲，故安石謂之齊年。神宗因此知京不欺，故安石再相之日，即召京於成都，知樞密院。趙卨守邊，素有威略，神宗一見卨，委以西邊之事，討伐安南，雖無大功，然處置南事，多卨之力。今卨久在延州，於國實有勤勞，若置在樞密，則西北二邊及蠻夷之事，皆可訪問。臣僚中，熟知邊事，實未有如卨者。京雖有女嫁蔡確，然趨向各異，如文彥博亦與蔡確爲婚姻，吳充亦與王安石爲親家，何嘗相黨？若趨向皆同，縱不爲親，自是黨也。’”

案：馮京、文彥博都與蔡確爲姻親，吳充與王安石爲親家。

八月

權知開封府、龍圖閣直學士呂公孺爲户部尚書

《長編》卷四三一哲宗元祐四年八月癸卯條：“權知開封府、龍圖閣直學士呂公儒爲户部尚書，刑部侍郎、天章閣待制顧臨權知開封府，給事中趙君錫爲刑部侍郎。”

九月

范祖禹批安燾不簽書樞密院所記親聞聖語，涉及當年呂公著、韓琦清君側事宜

《長編》卷四三三哲宗元祐四年九月戊辰條：“右諫議大夫范祖禹言：‘臣近論安燾不簽書樞密院所記親聞聖語，却收藏不出，不書於《時政記》，乞特遣使問燾取索，降付樞密院，並乞付實錄院書於元豐八年《實錄》。臣伏聞樞密院已於安燾處取到元記聖語，即未蒙降付史官。臣伏見呂公著奏，以王安石、呂惠卿有構造誣罔之言，輒修改舍人已行詞頭。韓忠彥奏，父琦有定策之功，而先朝褒賞至和中執政之臣，皆蒙降付實錄院，依所奏施行。公著止是爲人誣以語言，忠彥止是爲其父功業不明，猶不能已，各有辨別，免使後世疑惑。伏乞陛下以社稷之計，宣諭執政，事體至重，實系久遠，與公著、忠彥所論事理大小不同，若不書之史册，明示萬世，則無所取信。臣伏惟陛下所以宣諭執政大臣，蓋以中外具知本末。安燾備位樞密，新承德音，乃敢隱匿，不肯書載，此

必包藏奸慝,別有所在。伏望聖慈深察,早賜降付實錄院,並三省所聞聖語,亦乞指揮備錄付院,一處相照《實錄》編修。'"

十月

戶部尚書呂公孺建言朝謁之制

《長編》卷四三四哲宗元祐四年十月甲寅條:"戶部尚書呂公孺言:'朝謁之制曰,日參、六參、望參、朔參,其末有差遣升朝官並朝參。緣每歲朔參,除假故外,遇視朝日方赴,其朝臣中頗有自元豐年出外,近到京參部未久,復授差遣出外者,於朝儀元不知習。乞以望參爲六參,朔參爲望參,別不增減儀制,於職事亦無妨廢。'詔禮部、御史臺、閤門同共詳定以聞。其後,詔朔參官並兼赴望參,望參兼赴六參。"

十一月

孫固知樞密院事,劉摯門下侍郎,傅堯俞中書侍郎

《宋宰輔編年錄校補》卷九哲宗元祐四年十一月癸未條:"孫固知樞密院事……劉摯門下侍郎……傅堯俞中書侍郎……"

是年,呂好問固辭寺監丞,徙監金耀門文書庫

呂祖謙《東萊公家傳》:"正獻公薨,天子加恩諸孫,將擢公寺監丞,公固辭推,以與從父兄。徙監金耀門文書庫。職閑無事,公所樂也。始得大肆力於經術,忘晦明寒暑之變。當是時,正獻公賓客半朝廷,爭欲致公。稍自降屈,出一語則躋臺躐省,唯自擇。公深自晦匿,日與碩師鴻生講道窮巷中,未嘗掛謁剌於權門之籍。時論歸其靖退。"(見《呂祖謙全集》第一冊《東萊呂太史文集》卷一四)

案:呂好問醉心於經學,日與碩師鴻生講道於窮巷中,亦是著名的道學家,有"南有楊中立,北有呂舜徒"之稱。

元祐五年庚午(1090),呂公孺七十歲,
呂希道六十六歲,呂希哲五十一歲,
呂好問二十七歲,呂本中七歲,呂弸中一歲

二月
文彥博罷太師平章軍國重事致仕

《宋宰輔編年錄校補》卷一〇哲宗元祐五年二月庚戌條:"文彥博罷太師、平章軍國重事致仕。"

三月
中大夫、同知樞密院事趙瞻卒。韓忠彥同知樞密院事,蘇頌尚書左丞

《宋宰輔編年錄校補》卷一〇哲宗元祐五年三月:"丙寅朔,中大夫、同知樞密院事趙瞻卒……壬申,韓忠彥同知樞密院事。自中大夫守尚書左丞除。忠彥弟純彥妻,知樞密院孫固女也。各以親嫌乞罷,不許。同日,蘇頌尚書左丞。自翰林學士承旨、知制誥兼侍讀遷右光祿大夫除。"

案:呂公弼女兒與孫固女兒是妯娌。

戶部尚書呂公孺提舉醴泉觀

《長編》卷四三九哲宗元祐五年三月癸未條:"戶部尚書呂公孺提舉醴泉觀。"

案:《欒城集》卷三三有《呂公孺免戶部尚書不允詔》,《蘇魏公文集》卷二三有《賜戶部尚書呂公孺乞致仕不允詔》。此兩詔書,姑系於此。茲錄詔書全文如下:《呂公孺免戶部尚書不允詔》:"敕公孺:省所奏辭免恩命事,具悉。方今賦有常供,無暴斂之入;用循故事,有不給之虞。朕眷求長材,委以足用,虛

位以竢,累月於兹。卿家本世臣,早更事任,頃涖京邑,亦既久勞。辭而不居,誰使任事? 所請宜不允。故兹詔示,想宜知悉。"《賜户部尚書吕公孺乞致仕不允詔》:"敕公孺:省所上表,伏望檢會前奏乞致仕事,具悉。地官之長,省務尤繁,爰擇時髦,總領邦計。卿朝之舊老,世載忠規。尹正王畿,早聞治效;均節財用,實竚猷爲。何遽引年,遂欲謝事? 士有致於爲政,雖嘉乃誠;時方藉於耆明,難從所欲。姑安職業,用副眷毗,所請宜不允。故兹詔示,想宜知悉。"

左中散大夫吕希道爲少府監

《長編》卷四三九哲宗元祐五年三月丁亥條:"左中散大夫吕希道爲少府監。"

龍圖閣直學士、正議大夫吕公孺卒,贈右光禄大夫

《長編》卷四三九哲宗元祐五年三月壬辰條:"龍圖閣直學士、正議大夫吕公孺卒。贈右光禄大夫。"

《宋史·吕夷簡傳》(《吕公孺附傳》):"(公孺)卒,年七十。贈右光禄大夫。"

四月
右光禄大夫、知樞密院事孫固卒

《宋宰輔編年録校補》卷一〇哲宗元祐五年四月甲辰條:"右光禄大夫、知樞密院事孫固卒。"

五月
韓忠彦繼室吕氏卒,乃吕公弼女,王巖叟贊其不驕富貴,崇德賢良

宋故安康郡夫人吕氏墓志銘

左朝奉郎、充龍圖閣待制、樞密都承旨、飛騎尉、賜紫金魚袋王巖叟撰

左通直郎、試左諫議大夫、賜緋魚袋劉安世書

左朝散郎、試中書舍人、輕車都尉、賜紫金魚袋韓川篆蓋

安康郡夫人,姓吕氏,故相文靖公、諱夷簡之孫,故宣徽使、惠穆公、諱公

弼之女,今同知樞密院韓公忠彥之妻,尚書令忠獻公之冢婦。

　　夫人在家,以不驕富貴,孝敬其親稱賢。長姊大寧郡夫人,先爲樞密公配,將終,屬其夫曰:"必娶吾幼妹,吾兒得所托,死不恨矣。"於是,樞密公繼室以夫人。夫人既歸韓氏,以其事親者事舅姑,舅姑又賢之。其姑魏國夫人崔氏,以好禮樂義、薄己厚人,成忠獻之家聞當世,夫人稱其家婦也。

　　樞密公初由三司判官,謫通判永寧軍,夫人習貴盛,未嘗更艱難,驟失其處,而能泊然,無戚戚意。樞密公登禁近、鎮藩垣、升廟堂,日益光顯,夫人乃更退靜,無自得之色。撫大寧之子如己出,視忠獻之幼孤如大寧之子。性純易,無機巧,故族人愈久益親,服其有誠意。仁而愛物,唯恐有所傷,未嘗輕以聲色加僮使。平居與家人接,雖和必莊。篤於兄弟,一姊寡居,憂恤之心,日見於色。至蠡斯之德,出於自然,而讒閒無所施其間。門内之風,始終休靖,又婦人之難也。樞密公始升朝,當敍封,嘗以邑名稟忠獻公,公曰:"是婦有德,且以崇德封之。"遂爲崇德縣君,其信於舅姑如此。樞密公遷禮部尚書,加封齊安郡君;除尚書左丞,進今封。

　　元祐五年夏,夫人臥疾,有加。太皇太后聞之,問上醫診治狀,又遣中使至臥内,存撫溫厚。五月二十四日,薨於西府之正寢,賜龍腦水銀以殮,享年四十九。

　　子四人:治,左朝散郎、秘書丞、秘書閣校理,大寧之所托者也;澡,承事郎;浩,承奉郎;澄,尚幼。女六人:長適通直郎蔡洸,餘在室。孫四人:肖胄,承務郎;肯胄,假承務郎;膚胄,太廟齋郎;一未名。

　　以其年七月十日,歸葬於相州安陽縣豐安村忠獻之域、大寧夫人之壙。夫人母,清源郡夫人王氏,故相文正公旦之女,文正輔真廟致太平。夫人祖,相仁宗二十年,以名宰稱天□(疑爲"下")。舅相三朝,兩定大策,爲社稷元臣。父冠樞庭,夫位二(府),叔父正獻公,以司空平章軍國事。世族之盛,近世莫比也。銘曰:

　　帝業重熙,深根固基。乃有巨室,相輝盛時。得一爲貴,夫人兼之。將以令德,光榮是宜。胡嗇之壽,使遭此悲。太行之趾,漳川之湄。陰有靈潤,助爲慶禧。傳芳毓秀,萬年於斯。

　　□□□□

案：此墓志楷書書寫，每行滿行 33 字，凡 31 行。筆者引自《〈全宋文〉所收碑志文補遺六篇》，此文載於《古籍整理研究學刊》2016 年第 5 期。

六月

呂嘉問知汝州

《長編》卷四四五哲宗元祐五年七月乙丑注釋：“《政目》：六月八日，李察知澶州，呂嘉問汝州。”

九月

監宿州酒税呂公雅管勾鴻慶宮

《長編》卷四四八哲宗元祐五年九月丁丑條：“又詔責授成州團練副使、黄州安置吴居厚爲左朝奉郎、少府少監、分司南京，左朝奉大夫、監常州茶税賈青管勾洞霄宮，右朝奉大夫、監泰州酒税呂孝廉管勾仙源縣景靈宮太極觀，右朝請大夫、監宿州酒税呂公雅管勾鴻慶宮。”

十二月

許將罷尚書右丞

《宋宰輔編年録校補》卷一○哲宗元祐五年十二月：“辛卯朔，許將罷尚書右丞……”

是歲，呂本中以曾祖遺恩授承務郎

案：呂公著卒於元祐四年，呂本中授遺恩當在四年或五年，暫寄於此。

是歲，呂弸中生

《呂弸中壙誌》：“宋故右朝請郎、主管臺州崇道觀、賜緋魚袋呂公諱弸中，字隆禮，世爲東萊人。自高祖文靖公相仁宗，遂居京師……十六年十二月癸卯，感疾終於男大倫婺州武義縣丞廨舍正寢，享年五十有七。”（見《明招山出土的南宋呂祖謙家族墓誌》，簡稱《家族墓誌》）

案：呂弸中（1090—1146），字隆禮，呂好問第三子，呂祖謙之祖。根據壙誌上推,呂彌中當生於本年。呂彌中游於和靖之門,入《宋元學案》之《和靖學案》。《和靖學案》稱呂彌中字仁武,未知何據,疑有誤。

又案:據《家族墓誌》,南宋呂祖謙家族墓地在浙江武義東的明招山,南渡以來,自呂祖謙的曾祖呂好問始,至呂彌中、呂用中的"中"字輩;呂大器、呂大倫的"大"字輩;呂祖謙、呂祖儉的"祖"字輩;呂喬年、呂延年的"年"字輩,悉數葬於明招山,凡有墳九十六處,爲罕見的南宋時期家族墓地。

元祐六年辛未(1091),呂希道六十七歲, 呂希哲五十二歲,呂好問二十八歲, 呂本中八歲,呂彌中二歲,呂用中一歲

二月

劉摯右僕射,蘇轍尚書右丞,王巖叟簽書樞密院事

《宋宰輔編年錄校補》卷一〇哲宗元祐六年二月辛卯條:"劉摯右僕射……同日,蘇轍尚書右丞……王巖叟簽書樞密院事……"

三月

呂希道卒

《范太史集》卷四二《左中散大夫守少府監呂公墓志銘》:"元祐六年三月乙丑,寢疾,終於京師興寧坊之第,享年六十七。"

案:呂希道性寬厚,平居沈靜端默,雖子弟不見其喜慍。據墓志銘,呂希道祖呂夷簡,父呂公綽,娶虞部郎中王珣瑜之女。子男九人:之問,朝奉郎;延問,宣德郎;君問,通直郎;昭問,宣德郎;榮問,河南府左軍巡判官;徽問,真州六合縣主簿;舜問,泗州司理參軍;芻問,假承務郎;次不及名。延問先亡。女四人:長次皆適宣義郎張埴;次適通直郎王博古;次適宣義郎張卿佐。孫男十人:時中,早亡;有中、守中、剛中,並假承務郎;和中、惇中,並亡;民中、適中;

餘未名。孫女十人。

蘇轍撰有《吕希道少卿松局圖》

《欒城集》卷七《吕希道少卿松局圖》："溪回山石間，蒼松立四五。水深不可涉，上有横橋渡。溪外無居人，磐石平可住。縱横遠山出，隱見雲日莫。下有四老人，對局不回顧。石泉雜松風，入耳如暴雨。不聞人世喧，自得山中趣。何人昔相遇，圖畫入紈素。塵埃依古壁，永日奉樽俎。隱居畏人知，好事竟相誤。我來再三歎，空有飛鴻慕。逝將從之游，不惜爛樵斧。"（見《蘇轍集》）

四月

左朝散大夫吕希績爲都官員外郎，左朝奉大夫吕希哲爲兵部員外郎

《長編》卷四五七哲宗元祐六年四月辛亥條："左朝散大夫吕希績爲都官員外郎，左朝奉大夫吕希哲爲兵部員外郎。"

九月

吕用中生

《吕用中壙誌》："公生於元祐辛未九月二十六日。"（見《家族墓志》）

案：吕用中（1091—1162），字敦智，吕好問第四子，終官右朝奉大夫、直秘閣、主管臺州崇道觀。

十月

吕希純父喪滿除太常丞。建議帝后勿共奠一爵

《長編》卷四六七哲宗元祐六年十月癸亥條："左朝請郎、太常丞吕希純知蘄州，尋復留爲秘書丞。希純在太常時，宗廟薦享，每帝后共奠一爵，希純上奏曰：'檢會《開元禮》《開寶通禮》，每廟室薦獻，帝后各奠一爵，其後爵謂之副爵。本朝自太祖行之已百二十年，至元豐末臣僚建議，以爲筵則同几，祝則同辭，食則同牢，而獨奠副爵，於義無取。自是每室只奠一爵，帝后共用之。竊考議者之言，誠使出於禮經正文，後世猶難遵用，況皆率自私意，並無明據。見今太廟帝后異几，與議者之言不同外，臣愚以爲祝辭固當共爲一册，食亦可

以同用一牢,惟酒不可以共飲一爵。且如僖祖、宣祖室一帝一后共薦一爵,已是誤引婚禮合巹之制以事祖妣,至若太宗、真宗室各祔四后,乃是一帝四后共一爵,慢神瀆禮,莫此之甚。若不亟行改正,而望神靈顧享,必不可得。欲乞依歷代及本朝舊制,凡遇時享月祭,每獻帝后各奠一爵,以副陛下事亡如事存之意。'"

呂希純《上宣仁皇后論立後當采用德閥不當勘選奏》

《全宋文》卷二三五四呂希純《上宣仁皇后論立後當采用德閥不當勘選奏》元祐六年:"臣竊以天子之與後,猶日之與月,陰之與陽,相須而後成。是以自古聖主有婚姻之始,皆博訪令族,參求有德,然後昭告宗廟,成以昏禮,其敬謹重正如此。詩人推原周家受命之本,上陳姜嫄、周姜、太任、太姒之賢,皆聖賢之後,大邦之子,其盛德不回,其徽音可繼。故輔其君子,世世修德,昭受天命,歷年長久。未聞以聘納之際,參以陰陽數術者也。三代禮文雖不盡見,然《禮記》及《周禮》《儀禮》述大昏之義,列媒妁之職,載六禮之儀,稍爲詳備,略無男女年命勘婚文;以至漢唐而下,史策所載,亦無此制。本朝制司天之官,雖有婚書,然自祖宗以來,每建中壺,皆采用德閥,不專以勘選爲事。且宣祖皇帝方在側微,天作之合,固未嘗集太史而議年命也。然而昭憲太后實生太祖、太宗,爲萬世福,是豈勘婚之力哉?其婚書詞義鄙淺,及日官元不自信。臣所慮者,自降選後指揮,已是逾歲,誕聖年月,其誰不知。除日前供到家狀,猶或可信外,若今日以後,更令餘家供析,安知不改易女命,以求附會?雖盡合書法,豈復可憑?則恐論議遲遲,徒爲過謹,曠日持久,無益而已。皇帝於后妃之議,方當謙抑不言,太皇太后推慈愛之念,固欲盡衆美以副宸心。然則股肱大臣,亦宜以身任其責。況即今公卿士大夫之家,例不勘婚。人雖有貴賤之殊,其於親愛蓋亦同爾。乃敢斷然不用者,豈非以勘合年命爲難信,略去拘忌爲安便邪?爲人臣者,固當推己之所安以事君上,不可如卜祝之論,姑以逃責而已。故臣敢因緣職事,輒貢瞽言,伏惟聖慈,少賜裁擇。"

案:未知何月,姑系於此。

左朝請郎、太常丞吕希純知蘄州

《長編》卷四六七哲宗元祐六年十月癸亥條："左朝請郎、太常丞吕希純知蘄州，尋復留爲秘書丞。"

十一月

劉摯罷右僕射，中大夫守中書侍郎傅堯俞卒

《宋宰輔編年録校補》卷一〇哲宗元祐六年十一月："乙酉朔，劉摯罷右僕射……辛丑，中大夫、守中書侍郎傅堯俞卒……"

黄慶基與董敦逸並爲監察御史。《吕公著掌記》記黄慶基其人

《長編》卷四六八哲宗元祐六年十一月己酉條注釋："《吕公著掌記》云：'黄慶基，袁州通判，王荆公表弟。荆公執政時，深欲引用，以論議不改，沈隱至此。近時通判未有能逮此人者。'"

案：本年進士及第者凡五百十九人。有馬涓、朱諤、石公弼、宗澤、晁端中、黄叔敖等。

元祐七年壬申（1092），吕希哲五十三歲，吕好問二十九歲，吕本中九歲，吕弸中三歲，吕用中二歲

春正月
此時吕希績爲送伴使校書郎

《長編》卷四六九哲宗元祐七年春正月乙酉條："樞密院言：'遼使耶律迪病且殆。緣通好已來，未有故事，今用章頻、王咸宜奉使卒於契丹，北人津送體例比類，預立畫一，送館伴所密掌之，如迪死，即施行。'從之。迪尋死於滑州，送伴使校書郎吕希績等以聞……"

三月

程頤直秘閣、判西京國子監。洛蜀黨爭不已

　　《宋史全文》卷一三下《宋哲宗三》元祐七年三月："丁亥，三省進呈程頤服
闋，欲除館職、判登聞鼓院。太皇太后不許，乃以爲直秘閣、判西京國子監。
初，頤在經筵歸，其問者甚衆，而蘇軾在翰林，亦多附之者，遂有洛黨、蜀黨之
論。二黨道不同，互相非毀，頤竟罷去。及進呈除目，蘇轍遽曰：'頤入朝恐不
肯靜。'太皇太后納其言，故頤不復得召。"

　　《宋史全文》同條下有評論："《講義》曰：嘗謂自古朋黨多矣，未有若元祐
之黨爲難辨也。蓋以小人而攻君子，此其黨易辨也；以君子而攻小人，此其黨
亦易辨也。惟以君子而攻君子，則辨之也難。且我朝寇、丁之黨，爲寇者皆君
子，爲丁者皆小人；呂、范之黨，爲范者皆君子，爲呂者皆小人，其在一時雖未
易辨也，詳觀而熟察之，亦不難辨也。而元祐之所謂黨者何人哉？程曰洛黨，
蘇曰蜀黨，而劉曰朔黨，彼皆君子也，而互相排軋，此小人得以有辭於君子也。
程明道謂'新法之行，吾黨有過。'愚謂紹聖之禍，吾黨亦有過。然熙寧君子之
過小，元祐君子之過大。熙寧之爭新法猶出於公，元祐之自爲黨皆出於私也。"

　　案：據《蘇軾年譜》卷二三元豐七年記載，蘇軾在黃州，程頤斥之，蘇、程結
怨始此。《朱子語類》卷一三〇言及程頤《遺書·賢良》一段，云："繼之以得
志、不得志之說，却恐是説他。坡公在黃州，倡狂放恣，不得志之説，恐指此而
言。道夫問：'坡公苦與伊洛相排，不知何故？'曰：'他好放肆，端人正士以禮
自持，却恐他來檢點，故恁詆訾。'"道夫，朱熹弟子。

程頤改授管勾崇福宮

　　《宋史紀事本末》卷四五《洛蜀黨議》："（元祐）七年（壬申，1092）三月，程頤服
闋，三省擬除館職，判檢院蘇轍進曰：'頤入朝，恐不肯靜。'太后納之。范祖禹言：
'頤經術行義，天下共知，司馬光、呂公著豈欺罔上者耶！但草茅之人，未習朝廷
事體則有之，寧有他故，如言者所指哉！乞召勸講，必有補於聖明。'除頤直秘閣，
判西監，頤再上表辭。御史董敦逸摭其有怨望語，改授管勾崇福宮。"

　　案：程頤上任，在是年五月丙戌，姑系於此。

四月

范祖禹薦呂希哲

《太平治迹統類》卷一九《宣仁保祐哲宗》："(元祐七年)四月己卯,禮部侍郎兼侍講范祖禹奏:'……呂希哲乃呂公著之子,公著嘗言此子不欺暗室,其人經術履行,識者皆謂可備勸講,今已五十四歲。希哲是臣妻兄,久不敢薦,今將去朝廷,竊謂言之可以無嫌,乞陛下詢大臣,參考其人……陛下素知臣不附執政,臣又乞外任,故不自疑,望陛下記其姓名以備選用。'"

案:范祖禹推薦"讀官王存、蘇軾、趙彥若、鄭雍。講官程頤、孔武仲、呂希哲、呂大臨、吳師仁。"(《歷代名臣奏議》卷一三九《用人》)

又案:《宋元學案》爲呂希哲立《榮陽學案》,全祖望云:"榮陽少年,不名一師。初學於焦千之,廬陵之再傳也。已而學於安定,學於泰山,學於康節,亦嘗學於王介甫,而歸宿於程氏。集益之功,至廣且大。然晚年又學佛,則申公家學未醇之害也。要之,榮陽之可以爲後世師者,終得力於儒。述《榮陽學案》。"

五月

王巖叟罷簽書樞密院事

《宋宰輔編年録校補》卷一〇哲宗元祐七年五月丙午條:"王巖叟罷簽書樞密院事……"

六月

蘇頌右僕射,蘇轍門下侍郎,韓忠彥知樞密院事,范百禄中書侍郎,梁燾尚書左丞,鄭雍尚書右丞,劉奉世簽書樞密院事

《宋宰輔編年録校補》卷一〇哲宗元祐七年六月辛酉條:"蘇頌右僕射……同日,蘇轍門下侍郎……韓忠彥知樞密院事……范百禄中書侍郎……梁燾尚書左丞……鄭雍尚書右丞……劉奉世簽書樞密院事……"

吕希哲爲崇政殿説書

《長編》卷四七四哲宗元祐七年六月戊辰條:"天章閣待制、吏部侍郎顧臨、禮部侍郎范祖禹,並爲翰林學士。祖禹以百禄方執政,乞避嫌補外,不許。龍圖閣待制、知青州錢勰權户部尚書,寶文閣直學士、兵部侍郎李之純爲御史中丞,兵部員外郎吕希哲爲崇政殿説書。用范祖禹之言也。"

案:《玉海藝文校證》卷七《孟子·元祐五臣解孟子》中云,范祖禹、孔武仲、吴安詩、豐稷、吕希哲,元祐中同在經筵所進講義,貫串史傳,辭旨精贍。

八月

秘書丞吕希純爲著作郎、充國史院編修官

《長編》卷四七六哲宗元祐七年八月丁巳條:"秘書丞吕希純爲著作郎、充國史院編修官。希純以父名著,及修《國史》,范祖禹乃親妹之夫,辭。詔依舊秘書丞,充編修官。"

吕希純建議太廟復用牙盤食

《長編》卷四七六哲宗元祐七年八月乙丑條:"是日,詔太廟復用牙盤食。先是,每行祀事,並於禮料外設常食一牙盤,元豐中罷之。吕希純爲禮官,嘗建議曰:'竊考《禮經》,先王之於祭祀,皆備上古、中古及今世之食。鄭康成解《禮運》,以薦其血毛,腥其俎,爲薦太古之食;以熟其殽,薦其燔炙,爲薦中古之食;'然後退而合亨,體其犬豕牛羊,實其簠、簋、籩、豆、鉶羹'爲薦今世之食。又曰'今世之食,於人道爲善也'。荀子曰:'饗尚元尊而用醴酒,祭嚌大羹而飽庶羞,貴本而親用也。'宋有天下,距商周之世千有餘年,凡飲食器皿,先帝先後平日之所饗用者,與古皆已不同,則於宗廟之祭,不可專用古制,亦已明矣。故所設古器禮料,即上古、中古之食也,《荀子》所謂貴本者也。牙盤常食,即今世之食也,《荀子》所謂親用者也。而議者乃以爲宗廟牙盤,原於秦漢陵寢上食,殊不知三代以來自備古今之食,而《荀子》有貴本親用之言。竊慮議者又以爲景靈原廟自薦常食,則宗廟之祭,可以專用古禮。臣竊以爲國家既建宗廟,歲時奉祀,必求祖宗顧享,非以爲虚文也。況如僖祖及孝惠等四

后,有但祭於太廟,而不祭於景靈者乎? 國家於宗廟之祭,非不尊且重也。六官百司,奔走承事,然其所薦之饌,乃非今人之所能食。如此,則望祖妣之來享,後嗣之蒙福,不亦難乎? 臣欲乞今後每遇皇帝親祀,及有司攝事,並依祖宗舊制,每室除禮料外,各薦常食一牙盤。庶於禮義人情,咸得允當。'於是始從希純之議云。"

十一月
呂嘉問知襄州

《長編》卷四七八哲宗元祐七年十一月癸卯條:"兵部尚書蘇軾乞越州,不允,改爲端明殿學士、禮部尚書、兼翰林侍讀學士。禮部尚書胡宗愈爲吏部尚書。樞密直學士趙彦若爲翰林侍讀學士,新知襄州、集賢殿修撰楊汲知越州。呂嘉問知襄州。"

元祐八年癸酉(1093),呂希哲五十四歲,
呂好問三十歲,呂本中十歲,呂弸中四歲,呂用中三歲

春正月
英州別駕蔡確卒

《宋史全文》卷一三下《宋哲宗三》元祐八年春正月甲申條:"英州別駕、新州安置蔡確卒。"

二月
兵部員外郎、崇政殿説書呂希哲爲右司諫

《長編》卷四八一哲宗元祐八年二月辛未條:"兵部員外郎、崇政殿説書呂希哲爲右司諫,希哲固辭之。蘇軾在邇英見希哲除命,戲謂希哲曰:'法筵龍象,當觀第一義。'希哲笑而不應,退謂范祖禹曰:'若辭不獲命,當以楊畏爲首。'時畏方在言路,以險詐自任,故希哲云爾。"

吕希哲除右司諫，蘇軾戲之

《蘇軾年譜》卷三二哲宗元祐八年二月條：

本月，吕希哲（原明）除右司諫，蘇軾嘗戲之，希哲言除受命後當首論楊畏。蘇軾嘗爲希哲言食河豚之美，又爲希哲言慶曆三年李京事。《三朝名臣言行録》卷八《崇政殿説書滎陽吕公》引《家傳》："公既除諫官，累辭未獲。蘇公子瞻在邇英，戲謂公曰：'法筵龍象，衆當觀第一義。'公笑而不答，退謂范公淳夫曰：'若辭不獲命，必以楊畏爲首。'時畏方在言路，以險詐自任，頗爲子瞻所厚，公故及之。蘇公名重一時，在邇英直舍，凡寫一字，畫一竹石，必爲同列爭求去，雖吴公安詩方嚴，猶爭取之，公獨未嘗起觀，蘇公亦不樂也。"《宋史全文續資治通鑑》卷十三入此事於二月。《太平治迹統類》卷十八亦載此事。吕公，希哲也。二書謂所除者爲右司諫。法筵龍象乃佛語，喻高僧有大力負荷大法，以度衆生也。希哲乃公著子，《宋史》卷三百三十六有傳。《宋大事記講義》卷二十《小人進而君子退》條，有"蘇公悦於楊畏"之語。此蘇公，乃軾。畏字子安，其先遂寧人，父徙洛陽。《宋史》卷三百五十五有傳。時爲侍御史……《能改齋漫録》卷十《東坡知味李公擇知義》："東坡在資善堂中，盛稱河豚之美。吕原明問其味如何，答曰：'直那一死。'李公擇尚書，江左人，而不食河豚，嘗云：'河豚非忠臣孝子所宜食。'或以二者之言問予，予曰：'由東坡之言，則可謂知味；由李公擇之言，則可謂知義。'"

除吕希哲爲司諫，制詞中高度稱贊其是一個真正的道學家

《童蒙訓》卷上："元祐中，滎陽公在經筵，除司諫，姚舍人輝中適當制，詞云：'道學至於無心，立行至於無愧。心若止水，退然淵静。'當時謂之實録。"

三月

蘇頌罷右僕射，范百禄罷中書侍郎

《宋宰輔編年録校補》卷一〇哲宗元祐八年三月："癸未，蘇頌罷右僕射……辛卯，范百禄罷中書侍郎……"

五月

吕希哲等勸諫哲宗閱讀唐代名相陸贄奏議

《長編》卷四八四哲宗元祐八年五月癸未條："蘇軾同吕希哲、吳安詩、豐稷、趙彦若、范祖禹、顧臨上言：'臣等猥以空疏，備員講讀。聖明天縱，學問日新。臣等才有限而道無窮，心欲言而口不逮，以此自愧，莫知所爲。竊謂人臣之納忠，譬如醫者之用藥，藥雖進於醫手，方多傳於古人，若已經效於世間，不必皆從於己出。伏見唐宰相陸贄，才本王佐，學爲帝師，論深切於事情，言不離於道德，智如子房而文則過，辯如賈誼而術不疏，上以格君心之非，下以通天下之志。但其不幸，仕不遇時。德宗以苛刻爲能，而贄諫之以忠厚；德宗以猜疑爲術，而贄勸之以推誠；德宗好用兵，而贄以消兵爲先；德宗好聚財，而贄以散財爲急。至於用人聽言之法，治邊馭將之方，罪己以收人心，改過以應天道，去小人以除民患，惜名器以待有功，如此之流，未易悉數。可謂進苦口之藥石，針害身之膏肓。使德宗盡用其言，則貞觀可得而復。臣等每退自西閣，即私相告言，以陛下聖明，必喜贄議論，但使聖賢之相契，即如臣主之同時。昔馮唐論頗、牧之賢，則漢文爲之太息；魏相條晁、董之對，則孝宣以致中興。若陛下能自得師，莫若近取諸贄。夫《六經》、三史、諸子百家，非無可觀，皆足爲治。但聖言幽遠，末學支離，譬如山海之崇深，難以一二爲推擇。如贄之論，開卷了然，聚古今之精英，實治亂之龜鑑。臣等欲取其奏議稍加校正，繕寫進呈。願陛下置之坐隅，如見贄面；反復熟讀，如與贄言。必能發聖性之高明，成治功於歲月。臣等不勝區區之意。'"

案：據《蘇軾年譜》卷三二云，五月初七日，蘇軾與吕希哲、吳安詩、豐稷、趙彦若、范祖禹、顧臨上進所校正之陸贄奏議。

六月

秘書丞吕希純爲起居舍人

《長編》卷四八四哲宗元祐八年六月甲寅條："起居郎兼權給事中姚勔、起居舍人吕陶並爲中書舍人。秘書少監王古爲起居郎。秘書丞吕希純爲起居舍人。監察御史來之邵爲殿中侍御史。知潤州、集賢校理崔公度爲秘書少監。公度辭不至,加直龍圖閣,仍知潤州。”

案:《浄德集》卷八,有《秘書丞呂希純可起居舍人制》,制詞云:“敕具官某:先王之設官,慎之至矣。大則疑丞輔弼,必得正人;小則攝僕庶府,其惟吉士。蓋左右前後,皆當其位,則出入起居,罔有不欽。而況立於殿陛,以記言動,則授受之際,可非其人乎? 以爾德義之訓,克承厥家;文史之學,自進以道。儒林推其強博,禮官服其辯論。一代之典,既有撰述之勞;右史之華,是爲褒擢之漸。夫端良之士日侍朕側,則庶乎無過舉而有常德。責任之意,豈特執筆以記哉? 益勉猷爲,以副眷待。”

梁燾罷尚書左丞

《宋宰輔編年録校補》卷一〇哲宗元祐八年六月戊午條:“梁燾罷尚書左丞……”

七月

范純仁右僕射

《宋宰輔編年録校補》卷一〇哲宗元祐八年七月丙子朔:“范純仁右僕射……”

九月

太皇太后高氏崩

《宋史全文》卷一三下《宋哲宗三》元祐八年九月戊寅條:“太皇太后崩。”

十月

哲宗始親政

《御批續資治通鑑綱目》卷八:“冬十月,帝始親政。”

呂希哲上《乞察小人進爲險語以勸上心奏》

《全宋文》卷二〇一四呂希哲《乞察小人進爲險語以勸上心奏》元祐八年十月:“君子小人用心不同。有昔時自以過惡,招致公論,坐法沈廢者,朝思夜度,唯望乘國家變故、朝廷未寧之時,進爲險語,以動上心。其説大約不過有三:一謂神宗所立法度,陛下必宜修復;二謂陛下當獨攬乾綱,不可委信臣下;三謂向來遷謫者當復收用。三者之言,行將至矣,陛下不可以不察。"

案:據《全宋文》卷二三五四,吕希純有《邪正之論不可不察奏》,内容與吕希哲此奏略同,疑誤。

十一月

哲宗親政伊始,首先擢用内臣,中書舍人吕希純封還詞頭

《長編拾補》卷八哲宗元祐八年十一月:"先是,樞密院出劉瑗等以下十人姓名,並换入内供奉官。後數日,樞密院復出内批,以劉惟簡、隨寵除内侍省押班,權入内押班;梁從政内侍省都知。命既下,中書舍人吕希純封還詞頭。戊戌,執政同進呈希純狀,上曰:'只爲京中闕人,兼有近例。'大防曰:'雖如此,衆議頗有未安。'忠彦曰:'此與馮宗道、梁惟簡例正相似。'轍曰:'此事非謂無例,蓋爲親政之初,中外拭目以觀聖德,首先擢用内臣,故衆心驚疑耳。然臣等前者不能仰回聖意,至使宣布於外,以致有司封駁,此皆臣等罪也。'奉世曰:'雖有近例,外人不可户曉,但以卒然施行爲非耳!'大防曰:'致令人言,浼瀆聖聽,此實臣罪。今若不從其言,其除命舍人亦未肯奉行,專益滋章,於體不便。'上釋然曰:'除命且留,俟祔廟取旨可也。'既退,大防等知上從善如流,莫不相慶。"

十二月

范純仁乞罷政,不許

《御批續資治通鑑綱目》卷八:"十二月,范純仁乞罷政,不許。"

復章惇、吕惠卿官,貶樞密都承旨劉安世知成德軍

《御批續資治通鑑綱目》卷八:"復章惇、吕惠卿官,貶樞密都承旨劉安世知成德軍。"

是年,吕希純上《小人必以更改神宗法度爲説奏》

《全宋文》卷二三五四吕希純《小人必以更改神宗法度爲説奏》元祐八年:

"自元祐初年,太皇聽斷,所用之人皆宿有時望,所行之事皆人所願行。唯是過惡得罪之後,日伺變故,捭闔規利,今必以更改神宗法度爲説。臣以爲先帝之功烈,萬世莫掩。間有數事,爲小人所誤,勢雖頗有損益,在於聖德,固無所虧。且英宗、神宗何嘗不改真宗、仁宗之政,亦豈盡用太祖、太宗之法乎? 小人既誤先帝,復欲誤陛下,不可不察。"

下　编

卷二十

元祐九年(紹聖元年)甲戌(1094),呂希哲五十五歲, 呂好問三十一歲,呂本中十一歲,呂弸中五歲,呂用中四歲

春正月
中書舍人呂希純等奉命考察黃河利害

《長編拾補》卷九哲宗紹聖元年春正月辛丑條:"三省言:'大河累年利害未決,又權都水使者吳安持與大名府路安撫使許將及河北轉運副使趙偁議論各不同,雖已令安持、都水監丞鄭佑與本路監司從長相度,慮更有異議,奏請往復,詔差中書舍人呂希純、殿中侍御史井亮采乘驛放朝辭,限三日往北京取索都水監及本路安撫、轉運、提刑司所陳黃河利害文同議。如議論歸一,即依前降指揮施行;如有異議,即仰呂希純、井亮采定奪具圖、狀保明聞奏。'先是,范純仁面奏許將雙行梁村、內黃口,事理稍便,吳安持亦以爲然,即詔安持一面施行。蘇轍曰:'大河之勢東高西下,去年北京留守蒲宗孟以都城危,奏乞於西岸增築馬頭一百步,約水向東。朝廷指揮水官與安撫、提刑司保明,如委得北流、東流,上流別無疏虞,然後施行。逐司遂乞減馬頭一百步。然是秋漲水,爲馬頭所激,轉射東岸,漂蕩德清軍第一埽,爲害最大。及漲水稍落,不能東行,却倒射西岸,恐須令逐司共議,乃得其實。'上曰:'此事不小,當使眾人議之。'然已降指揮,越二日,三省奏事罷,上特宣諭曰:'黃河利害,非小事也,已遣兩制以上官二人按行相度。'范純仁等皆曰:'河上夫役將起,方議遣官,恐猶留後事。'蘇轍曰:'臣去年嘗乞遣官按行,是時太皇太后以爲水官只在河上,猶不能保河之東西,今驟遣人亦難決。'上曰:'此事非細事,但使議論得實,雖遲一年亦何損。'於是專遣呂希純、井亮采往視。"

二月

李清臣爲中書侍郎，鄧温伯爲尚書左丞

《宋宰輔編年録校補》卷一〇哲宗紹聖元年二月丁未條："李清臣中書侍郎……鄧温伯尚書左丞……"

案：《宋史全文》卷一三下《宋哲宗三》與《長編拾補》卷九紹聖元年二月丁未條記載，鄧温伯爲尚書左丞，而《宋史紀事本末》卷四六《紹述》紹聖元年二年記載，鄧温伯爲尚書右丞，待考。

又案：沈松勤先生認爲，哲宗即位後，一直生長在黨同伐異的政治氛圍中，政治性格被嚴重扭曲，親政後強烈的逆反心理，促使他大力懲治元祐時期漠視他的舊黨人士。據《太平治迹統類》記載，楊畏上疏言："神宗皇帝更法立制，以垂萬世，乞賜講求，以成繼之道。"哲宗即召楊畏，詢畏以先朝故臣孰可召用者，畏即薦章惇、安燾、吕惠卿、鄧温伯、李清臣等。

相度黄河利害，議論已得歸一，可以先次興工

《長編拾補》卷九哲宗紹聖元年二月丁巳條：相度定奪黄河利害所言："看詳都水監所奏乞權堰梁村、縷斷張包等河門、閘内黄決口於寶家港，上下多疏口地及開雞爪河等五事，除梁村水口，據大名府路安撫司，河北路都轉運使、提刑司，都水監官北外丞司狀，並稱：'合行堰斷，同議已得歸一，本所相度，可以先次興工。'已牒逐司，一依前降朝旨，一面施行訖。"

吕希純等極言北流爲便，劉奉世乞與河議

《長編拾補》卷九哲宗紹聖元年二月己未條："吕希純、井亮采歸自河上，極以北流爲便。方施行，而簽書樞密院劉奉世援舊例，乞與河議。奉世，文彦博、吴充門下士也，常以北流爲非。"

祔宣仁聖烈皇后神主於太廟

《長編拾補》卷九哲宗紹聖元年二月己未條："祔宣仁聖烈皇后神主於太廟。"

呂希純、井亮采黄河北流之議尋格

《長編拾補》卷九哲宗紹聖元年二月丙寅條:"三省、樞密院同進呈吳安持所畫河圖及利害。范純仁曰:'昨專遣呂希純、井亮采躬親行河,決定利害,宜用其言,不可復從水官之説。'上曰:'希純等行河不及一月而遷,止到大名,未嘗至恩、冀,恐有所不盡也。'韓忠彦等曰:'呂希純等所上河議亦未可施行,又以監察御史郭知章奏乞專委水官任河事。'上曰:'河事固當專付之水官,失職則責之可也。'希純、亮采之議尋格。"

呂希純撰《改定川門請僧看經疏文》

《全宋文》卷二三五四呂希純《改定川門請僧看經疏文》:"伏以川在境内,斯民所依;水由地中,於性爲德。粤維新定之野,適處兩溪之交。爰自比年以來,頗爲潤下之理。顧兹城闕,密控津途。乃涓令辰,載揭嘉號。集禪關之清衆,課華藏之秘文。並集勝緣,庶申善禱。謹於南山廣靈禪寺,請比丘八十一人,就定川門,轉《大方廣佛華嚴經》一部八十卷,並用回向歙婺兩港一切龍神。伏願由斯法供,諒乃誠祈,伏慈力之無邊,運神光於莫測。妥安源流之道,永却驚瀾;保佑空廬之氓,俾諧寧處。伏惟三寶,俯賜澄明。謹疏。"

案:此文載於《嚴陵集》卷八,當是呂希純知嚴州時所作。紹聖元年,呂希純知嚴州,紹聖二年,知亳州。姑系於此。

三月

蔡卞爲中書舍人

《宋史全文》卷一三下《宋哲宗三》紹聖元年三月條:"癸酉,上批新知陳州蔡卞爲中書舍人。"

呂大防罷相,蘇轍罷門下侍郎

《宋宰輔編年録校補》卷一〇哲宗紹聖元年三月:"乙亥,呂大防罷相……丁酉,蘇轍罷門下侍郎……"

紹聖元年試進士策題，已顯哲宗紹述之意

《長編拾補》卷九哲宗紹聖元年三月乙酉條："乙酉，上御集英殿試進士，策曰：'朕惟神宗皇帝躬神明之德，有舜、禹之學，憑几聽斷，十九年之間，凡禮樂法度所以惠遺天下者甚備。朕思述先志，拳拳業業，夙夜不敢忘。今博延豪英於廣殿，策之當世之務，冀獲至言，以有爲也。夫是非得失之迹，設施於政，而效見於時。朕之臨御幾十載矣，復詞賦之選而士不加能，罷常平之官而農不加富，可雇可募之説雜而役法病，或東或北之論異而河患滋，賜土以柔遠也而羌夷之侵未弭，弛利以便民也而商賈之路不通。至於吏員猥多，兵備刓闕，饑饉薦至，寇盜尚蕃，此其故何也？夫可則因，否則革，惟當之爲貴。夫亦何必焉！子大夫其悉陳之無隱。'中書侍郎清臣之言也。"

案：李清臣首倡"紹述"，鄧温伯和之，但這無疑代表了哲宗的心聲。是年，鄧温伯權知貢舉，范祖禹、王覿、虞策同權知貢舉。

又案：據《宋登科記考》，范沖進士及第。范沖，字元長，祖禹子，公著外孫。

策題盡詆元祐時事，蘇轍上奏以爲非便，而罷門下侍郎

《長編拾補》卷九哲宗紹聖元年三月丁酉條："上御集英殿，試進士畢漸以下通禮諸科經律及第、出身總六百人。時，初考官取管策者，多主元祐；楊畏覆考，專取熙寧、元豐者，故漸爲之首。太中大夫、守門下侍郎蘇轍依前官知汝州。先是，轍言：'臣伏見御試策題，歷詆近歲行事，有欲復熙寧、元豐故事之意，臣備位執政，不敢不言。然臣竊料陛下本無此心，其必有人妄意陛下牽於父子之恩，不復深究是非，遠慮安危，故勸陛下復行此事。所謂小人之愛君，取快一時，而非忠臣之愛君，以安社稷爲悦者也……'"

案：蘇轍數次上奏，哲宗怒，罷其門下侍郎。

四月

蔡卞同修國史，盡改《神宗實録》

《宋史全文》卷一三下《宋哲宗三》紹聖元年四月甲辰條："蔡卞同修國史，翟思爲左司諫，上官均爲左正言，張商英爲右正言。"

案：元祐中，史館范祖禹等修《神宗實録》，盡書王安石之過。蔡卞爲王安石女婿，時上疏重行刊定《神宗實録》，盡改正史。

以曾布爲翰林學士

《宋史全文》卷一三下《宋哲宗三》紹聖元年四月條：“庚戌，曾布爲翰林學士。”

貶蘇軾知英州

《御批續資治通鑑綱目》卷八：“貶蘇軾知英州。”

詔改元

《宋史紀事本末》卷四六《紹述》：“（紹聖元年四月）癸丑，白虹貫日。曾布上疏，請復先帝政事，且乞改元以順天意。帝從之，詔改元祐九年爲紹聖元年。於是天下曉然知帝意所向矣。”

罷翰林學士范祖禹

《宋史全文》卷一三下《宋哲宗三》紹聖元年四月條：“范祖禹爲龍圖閣直學士、知陝州。先是，祖禹屢請補外，上曰：‘不須入文字，執政官有缺。’蓋上欲以祖禹代蘇轍也。既而沮之者甚衆，祖禹故求出，乃有是命。”

詔王安石配享神宗

《宋史全文》卷一三下《宋哲宗三》紹聖元年四月條：“詔王安石配享神宗。”

章惇左僕射。范純仁罷相

《宋宰輔編年録校補》卷一〇哲宗紹聖元年四月：“壬戌，章惇左僕射……同日，范純仁罷相……”

召蔡京爲户部尚書，林希爲中書舍人

《御批續資治通鑑綱目》卷八：“召蔡京爲户部尚書，以林希爲中書舍人。”

復免役法

《宋史全文》卷一三下《宋哲宗三》紹聖元年四月條："丁卯,中書省言:'推行差役,民間苦於差擾。'詔府界諸路役色依元豐八年見行條約施行。"

閏四月

復置提舉常平等官

《長編拾補》卷一〇哲宗紹聖元年閏四月壬申條："復置提舉常平等官。"

罷十科舉士法

《宋史全文》卷一三下《宋哲宗三》紹聖元年閏四月條："井亮采請罷十科舉士法,從之。"

安燾門下侍郎

《宋宰輔編年録校補》卷一〇哲宗紹聖元年閏四月甲申條："安燾門下侍郎……"

劉拯以呂公著例子,言編修實録官不能是先朝責降人

《長編拾補》卷一〇哲宗紹聖元年閏四月丙戌條注釋:"《太平治迹統類》云:劉拯言:'宣仁曾謂宰相編修實録官,每任先朝曾責降者,蓋慮謗書一成,不可改追也。是時權臣擅政,雖差鄧温伯、陸佃、范祖禹代之,至於呂公著謂常平法失天下心,若韓琦因人心,如趙鞅舉甲,以除君側之惡人,不知陛下何以待之? 先帝怒其誣忠以脅君也,令詞臣明言其故,黜知潁州。公著提舉實録日,謂無此語,令史官改之,請重審閲,其間書不以實,輒移易增減,情涉誣衊以聞。乞重行黜責,以正國典。'從之。"

五月

詔進士罷試詩賦,專治經義。別立宏詞一科

《宋史全文》卷一三下《宋哲宗三》紹聖元年五月甲辰條:"詔進士罷試詩

賦,專治經術。三省勘會:'今來既純用經術取士,其應用文詞,如詔誥、章表、箴銘、賦頌、赦敕、檄書、露布、戒諭之類,在先朝亦嘗留意,未及詔科。'詔別立宏詞一科,每科場後,許進士登科人經禮部投狀乞試。"

劉奉世罷簽書樞密院事,尚書左丞鄧潤甫卒

《宋宰輔編年録校補》卷一〇哲宗紹聖元年五月:"辛亥,劉奉世罷簽書樞密院事……乙丑,尚書左丞鄧潤甫卒……"

案:鄧潤甫字温伯,建昌人(今江西黎川縣)。哲宗親政,鄧潤甫主張成王能嗣文武之道,以開紹述,拜尚書左丞。不主張重貶呂大防、劉摯,暴卒,謚安惠。

以黄履爲御史中丞

《宋史紀事本末》卷四六《紹述》:"(紹聖元年)五月,以黄履爲御史中丞。元豐末,履爲中丞,與蔡確、章惇、邢恕相交結,每惇、確有所嫌惡,則使恕道風旨於履,履即排擊之,時謂之'四凶',爲劉安世所論而出。至是,惇復引用,俾報復仇怨,元祐舊臣無一得免者矣。"

六月

右正言張商英奏,希嚴懲司馬光呂公著呂大防等

《長編拾補》卷一〇哲宗紹聖元年六月甲戌條:"右正言張商英言:'司馬光、呂公著、呂大防、劉摯等援引朋黨,肆行譏議,至如罷免役法,則曰只有'揭薄定差'四字;下詔求直言,則專賞訕謗之人;置訴理所雪罪犯,則盡自熙寧元年以後;棄渠陽州縣,則甘言猥語,無所不至。凡詳定局之所建明,中書省之所勘會,户部之所行譴,言官之所論列,詞臣之所告命,指摘快剽,鄙薄嗤笑。當垂簾之際,制内臣之得志者,剪除陛下羽翼於内;執政之用事者,擊逐陛下股肱於外,天下之勢殆哉岌岌乎!'"

案:熙、豐新黨人士開始全面報復元祐黨人,呂大防、劉摯、蘇轍、蘇軾等紛紛降職,據《宋史全文》卷一三下《宋哲宗三》紹聖元年六月條記載:"呂大防降授右正議大夫、知隨州,劉摯特落觀文殿學士,降授左朝議大夫、知黄州,蘇

轍特降授左朝議大夫、知袁州，蘇軾責授寧遠軍節度副使、惠州安置。"

曾布同知樞密院事

《宋宰輔編年録校補》卷一〇哲宗紹聖元年六月癸未條："曾布同知樞密院事……"

除《字説》之禁

《宋史全文》卷一三下《宋哲宗三》紹聖元年六月條："甲申，禮部言：太學博士詹文奏乞除去《字説》之禁。從之。"

監察御史劉拯、中書舍人林希大肆攻擊吕希哲。希哲守本官，差知懷州

《長編拾補》卷一〇哲宗紹聖元年六月乙酉條："監察御史劉拯言：'右朝奉大夫，充崇政殿説書吕希哲，學術無聞，出於奏補，豈能爲陛下發明道德之藴？伏望爲官擇人，別與差遣。'中書舍人林希言：'吏部房送到崇政殿説書吕希哲可秘閣校理、知懷州。按希哲故相公著之子，公著父子，世襲行邪，厚貌深情，莫能窺測，結固朋黨，鼓倡虚名，上惑聖聽，罪惡甚大，未經譴責，豈可更冒職名出守便郡！'詔吕希哲守本官，差知懷州。"

案：李之亮《宋河北河東大郡守臣易替考·懷州》考證：吕希哲於紹聖元年六月知懷州，紹聖二年離任。

左司諫翟思奏，希嚴懲司馬光吕公著王巖叟文彦博等大批元祐黨人

《長編拾補》卷一〇哲宗紹聖元年六月乙酉條："左司諫翟思言：'吕大防、劉摯、蘇軾、蘇轍以謗訕先朝，變亂法度，擅作威福，褫職奪官，謫守方州，安置嶺表，中外聞命，舉皆忻快。然司馬光、吕公著首發事端，雖已終牖下，贈官美謚，自可追奪。王巖叟與摯，同惡相濟，若假以年，當竄遠域，則贈官與子孫恩澤亦當追奪。其合志同事有若文彦博、范純仁，其背公死黨有若梁燾、劉安世、吴安詩、韓川、孫升等，乞各正典刑。'"

案：在新黨的打擊報復下，梁燾、劉安世、吴安詩、韓川、孫升、范祖禹、黄

庭堅等元祐黨人亦紛紛降職。

呂希純作詩《寄兄》

《寄兄》:"江南江北來,昨夜同枝宿。平明一聲起,回顧已極目。"(《全宋詩》卷八四三)

案:據呂本中《紫微詩話》云,紹聖初,滎陽公自浙中赴懷州,叔祖赴睦州,邂逅於鎮江,別後叔祖寄絶句。此詩姑系於此。

詔蔡確追復觀文殿學士,贈特進

《宋史全文》卷一三下《宋哲宗三》紹聖元年六月條:"丙戌,詔蔡確特追復觀文殿學士,贈特進。"

翰林學士兼侍講蔡卞充國史院修撰兼知院事

《後編》卷九一紹聖元年六月戊子:"翰林學士兼侍講蔡卞充國史院修撰兼知院事。"

七月
奪呂希純寶文閣待制,知亳州如故

《長編拾補》卷一〇哲宗紹聖元年七月丙辰條:"諫官張商英言呂希純於元祐中當繳駁詞頭不當及附會呂大防、蘇轍事。上曰:'去冬以宫人闕人使令,因召舊臣十數輩,此何系外庭利害?而范祖禹、豐稷、文及甫並有章疏陳古今禍福以動朕聽,希純等猶繳奏爭之何乃爾也!'安燾對曰:'聞文及甫輩上書,亦爲人所使。'上曰:'必蘇轍也。'會中書舍人林希言呂希純嘗草《宣仁聖烈皇后族人遷居誥》,有曰:'昔我祖妣,正位宸極。'其言失當及變亂奉祀禮文、薦牙盤食等數事,乃奪希純寶文閣待制,知亳州如故。"

案:據《宋會要輯稿》職官六七之九記載:"詔奪呂希純寶文閣待制、司農卿。以張商英論於元祐中繳駁詞頭不當,及附會呂大防、蘇轍也。"《蘇軾年譜》哲宗紹聖元年七月丁巳條云:"陳衍白州編管,呂希純奪職,事涉蘇軾兄弟,同日,弟轍筠州居住。"

朝廷追奪司馬光、呂公著等贈官謚號和神道碑,章惇請發光、公著塚,斮棺暴尸,許將以爲不可。元祐大臣呂大防、劉摯、蘇轍、王巖叟、梁燾、劉安世等皆受責降,唯蘇頌免

《長編拾補》卷一〇哲宗紹聖元年七月丁巳條:"御史中丞黄履言:'前宰相司馬光,昨自先帝識拔,進位樞庭。光以不用其言,請歸修史,先帝盛德優容,曲從其欲。書成,仍以資政殿學士榮之,其恩可謂厚矣。迨垂簾初,朝庭起光執政,當時士論翕然稱之,以爲光真能弼成聖德,上報先帝。不謂光深藏禍戾,追忿先朝,凡有所行,皆爲非是。夫法令因革,固緣時宜,豈有一代憲章,俱無可取,歸非於昔,斂譽於身? 此而可容,孰爲咎者?'監察御史周秩言:'司馬光以元祐之政,以母改子,非子改父,失宗廟之計。朝廷之政,必正君臣之義,以定父子之親,豈有廢君臣父子之道而專以母子爲言。'又曰:'遺詔明白,必以嗣君爲主,則光豈不知當循皇家父子之正統?'又曰:'光之謚曰文正。夫謚法之美,極於文正,死而加以極美之謚,所以勸後也。今其所爲乖戾如此,當正其謚號之美惡,庶以懲後世。"又曰:"呂公著親爲先帝輔弼之臣,受國厚恩,又非司馬光之比。當司馬光釋憾於先帝,公著不能救正,又輔導之爲右僕射,歲餘,遂除司空、平章軍國事。切蒙朝廷先以太師文彦博爲光所引,既召而來,諫官言其奸邪,不可輔政,朝廷乃以平章軍國重事處之,止於重事,稍奪其權,公著之所知也。及公著之命,乃去'重'字,事無大小,皆得平章。名雖亞於彦博,權則過之,實兼三省侍中、中書令、尚書令之職。自國朝以來,雖有大功,如趙普、王旦,命以此職,未有敢當之者。況垂簾之時,大臣宜謙畏,而公著但爲子孫計,急於富貴,不避嫌疑而居之。及大防、劉摯、蘇軾、蘇轍,皆公著所引,爲國大奸,陛下若不照其奸罪,以明示天下,則公著所處,皆爲國朝故事,以兆後世大臣僭竊之禍。'又言:'呂大防、劉摯、蘇軾、蘇轍皆落職爲知州,緣臣奏論大防等所爲皆大奸惡,今朝廷但薄責而已。臣愚以爲陛下必欲薄責之,則不當以臣所論事爲罪名;若論其營私不法,則其罪不可勝數。且摯與轍讒斥不減於軾,大防又用軾之所謀、所言得罪,輕於蘇軾,天下必以爲非。'詔司馬光、呂公著各追所贈官並謚告及所賜神道碑額,仍下陝州、鄭州各差官計會本縣於逐官墳所拆去官修碑樓,磨毀奉敕所撰碑文訖奏。王巖叟所

贈官亦行追奪,知隨州、降授右正議大夫呂大防守本官,行秘書監,分司南京,
郢州居住;知廣州、降授左朝議大夫劉摰守本官,試光禄卿,分司南京,蘄州居
住;知袁州、降授左朝議大夫蘇轍守本官,試少府監,分司南京,筠州居住;梁
燾提舉靈仙觀,鄂州居住;劉安世管勾玉隆觀,南安軍居住。初,章惇用蔡卞
議,光及公著皆當發塚斫棺。三省同進呈,許將獨不言;惇去,上留將問曰:
'卿不言何也?'將曰:'發塚斫棺,恐非盛德事。'上曰:'朕亦以爲無益公家。'
遂寢其奏,第令折去碑文。"

　　案:據畢沅《續資治通鑑》云:黃履、周秩、上官均、來之邵、翟思、劉拯、井
亮采,交章言光等叛道逆理,未正典刑,大防等罪大罰輕,未厭公論,凡十九
疏。章惇悉以進呈,遂詔追光、公著贈謚,並毀所立碑。曾布密疏請罷毀碑,
不報。元祐年間,大臣奏事皆取決於宣仁,惟蘇頌奏宣仁必再奏哲宗,哲宗有
宣諭,頌必告諸臣以聽聖語。及紹聖言者劾頌,哲宗曰:"頌知君臣之義,無輕
議也。"又曰:"梁燾每起中正之論,其開陳排擊,盡出公論,朕皆記之。"由是頌
免,而與燾外祠。

曾布乞正所奪司馬光、呂公著贈謚,勿毀墓僕碑

　　《宋史·曾布傳》:"(曾)布贊惇'紹述'甚力,請甄賞元祐臣庶論更役法不
便者,以勸敢言。惇遂興大獄,陷正人,流貶鑴廢,略無虛日,布多陰擠之……
惇以士心不附,詭情飾過,薦引名士彭汝礪、陳瓘、張庭堅等。乞正所奪司馬
光、呂公著贈謚,勿毀墓僕碑,布以爲無益之事。"

　　《宋大事記講義》卷二一《徽宗皇帝》:"《小人變法》……布在熙寧之時,則
附王安石、惠卿之議。至紹聖之時,乃詭請薦陳瓘、黃庭堅輩,又請毋毀呂公
著碑。至建中之時,初知上有消朋黨之意,乃排蔡京而主元祐。及知上有紹
述之意,則排忠彦而主紹述。"

此是責司馬光、呂公著之詔書

　　《長編拾補》卷一〇哲宗紹聖元年七月戊午條:"詔曰:'送往事居,是必責
全於臣子;藏怒宿怨,豈宜上及於君親? 朕繼體之初,宣仁聖烈皇后以太母之
尊,權同聽覽,仁心誠意,專在保祐朕躬。自以簾帷之間,聞見不能周及,故不

次以用大臣，推心以委政事，非獨待任，耆艾所冀，恢明聖躬。司馬光、呂公著，忘累朝之大恩，懷平時之觖望，幸國家之變故，逞朋黨之奸邪。引呂大防、劉摯等，或並立要途，繼司宰事；或迭居言路，代掌訓詞；或封駁東臺，或勸講經筵，顧予左右前後，皆爾所親。於時賞罰威恩，惟其所出。周旋欺蔽，表裏符同。宗廟神靈，恣行訕讟；朝廷號令，輒肆紛更。輕改役法，開訴理之局，使有罪者僥倖；下疾苦之詔，誘群小之謗言。誣橫斂則淫蠲苟免之逋，誣厚藏則妄耗常平之積。崇聲律而薄經術，任穿鑿而紊官儀。棄境土則謬謂和戎，弛兵備則歸過黷武。城隍保民而罷增浚，器械資用而撤繕完。凡屬經綸，一皆廢黜。人材淆混，莫辨於流品。黨與縱橫，迭分於勝負。務快乘時之憤，都忘托國之謀。方利亮陰之不言，殊非慈闈之本意。十年同惡，四海吞聲。虜計得行，邊方受害。昔先王受命，召公惟辟國之間；江左雖微，興宗有易代之歎，天下後世，其謂朕何？臨朝弗怡，視古有愧，況復疏遠賤士昧死而獻言，忠義舊臣交章而抗論，迹著明甚，法安可私？其司馬光、呂公著、呂大防、劉摯等，各已等第行遣責降訖。噫！優禮近司，朕欲曲全於體貌；自奸明憲，爾今復逭於誅夷。至於射利之徒，脅肩成市，蓋從申儆，俾革回邪。惟予不忍之仁，開爾自新之路，除已行遣責降人數外，其餘一切不問，議者亦復勿言。惟有見行取會實錄修撰官已下及廢棄渠陽寨人，自依別敕處分。咨爾群工，明聽朕命。宜令御史臺出榜朝堂，進奏院遍牒。'時司馬光等既貶，上謂刑惟闕中，故有是詔。"

八月

罷廣惠倉，復免行錢

　　《宋史紀事本末》卷四六《紹述》："（紹聖元年）八月，罷廣惠倉，復免行錢。"

九月

黃慶基、董敦逸並爲監察御史

　　《宋史全文》卷一三下《宋哲宗三》紹聖元年九月條："甲辰，黃慶基、董敦逸並爲監察御史。"

罷制舉

《宋史全文》卷一三下《宋哲宗三》紹聖元年九月條："庚戌,三省同進呈考試制科張咸、吳儔、陳昉三人中第五等推恩。上曰:'先朝嘗罷此科,何時復置?'知章等對曰:'元祐二年復置。'上曰:'進士策,文理有過於此者。'因詔罷制科。"

十月

常安民爲監察御史

《宋史全文》卷一三下《宋哲宗三》紹聖元年十月條："庚寅,常安民爲監察御史。安民先召對,言:'元祐中,進言者以熙寧、元豐之政爲非,而當時爲是。今日進言者以元祐之政爲非,而熙寧、元豐爲是,皆爲偏論。願陛下公聽並觀,是者行之,非者改之,無問新舊,惟歸於當。'上深然之,謂執政曰:'安民議論公正,無所阿附。'"

王安石《字説》,國子監雕印,天下傳習

《宋史全文》卷一三下《宋哲宗三》紹聖元年十月條："國子司業龔原奏:'王安石在先朝時嘗進所撰《字説》二十二卷,具書發明至理。欲乞差人就安石家繕寫定本,降付國子監雕印,以便學者傳習。'詔可。"

降呂希純知忻州

《宋史全文》卷一三下《宋哲宗三》紹聖元年十月條："降呂希純知忻州。"

十二月

責范祖禹等修《神宗實録》欺誕,以散官安置

《宋宰輔編年録校補》卷一〇哲宗紹聖元年四月條："(紹聖元年)十二月,責范祖禹、趙彦若、黄庭堅並以散官安置。先是,祖禹等於元祐中同修《神宗實録》。上即位,命蔡卞、曾布、林希同修正史。於是,蔡卞首謂祖禹等所載多無據,依請重加參訂。章惇因言其欺誕,遂有此責。"

是歲,吕嘉問知荆南

《湖北通志》卷一〇一《襄州遷學記》:"今直秘閣、知荆州府吕公嘉問守襄之明年,紹聖元年也。"

案:《宋兩湖大郡守臣易替考·荆南府江陵府》考證:吕嘉問於紹聖元年知荆南,紹聖三年離任。

鄒浩撰《吕望之送行詩敘》

《道鄉集》卷二八《吕望之送行詩敘》:"元祐八年春,光禄卿吕公來帥是邦,曾不數月,政教修明,人以説服。越明年,紹聖改元之初,天子躬覽萬機,追復前烈,顧江陵控扼溪洞,爲荆湖一都會,於是移公鎮撫之,且進直秘閣以寵其行。某竊觀先朝舊臣由丞相而下以次登用,殆無虛日,如公早被識擢,蔚有事功,宜已簡在上心久矣。兩路十四州,又豈留處之地哉,賜環以歸,取道於此,而某等郊迎之期可以前必。則是別也若無足動心。然公尊崇儒術,興建學校,所以賜諸生甚厚,故各以其有感於中者輒形於言,共若干篇,非敢以爲詩也,姑致其區區之意云耳。"

案:鄒浩(1060—1111),字至完,常州晉陵(今江蘇常州)人,學者稱道鄉先生,其與吕嘉問友。元豐五年進士,仕至中書舍人,吏部侍郎等。崇寧元年,遭蔡京陷害,入元祐黨籍。南宋初,追謚忠,著有《道鄉集》,《宋史》卷三四五有傳。

又案:本年進士及第者凡五百十三人。有畢漸、吕頤浩、范沖、洪炎、洪芻、洪擬、孫昭遠、許景衡等。

紹聖二年乙亥(1095)，呂希哲五十六歲，

呂好問三十二歲，呂本中十二歲，呂弸中六歲，呂用中五歲

二月

復保甲法

《御批續資治通鑑綱目》卷八："二年春二月，復保甲法。"

四月

置律學博士

《御批續資治通鑑綱目》卷八："夏四月，置律學博士。"

五月

蔡卞奉命詳定國子監三學及外州州學制

《後編》卷九一哲宗紹聖二年五月乙巳條："命蔡卞詳定國子監三學及外州州學制。"

八月

詔呂大防等永不以恩數敘復

《宋史全文》卷一三下《宋哲宗三》紹聖二年八月條："甲申，詔應呂大防等永不得引用期數及赦恩敘復。"

九月

貶范純仁知隨州

《宋史全文》卷一三下《宋哲宗三》紹聖二年九月條："范純仁在陳州，齋戒上奏曰：'竊見呂大防等竄謫江湖，已更年祀，未蒙恩旨，久困拘囚。仰惟陛下每頒赦令，斬絞重囚，髡黥徒隸，咸蒙赦宥；股肱近臣，簪履舊物，肯忘軫惻，常

俾流離？在漢有黨錮之冤，於唐有牛李之黨，後皆淪胥善類，貽患朝廷，數十年間，未能消弭。’癸卯，上批：‘范純仁立異邀名，沮抑朝廷已行之命，可落觀文殿大學士、知隨州。’上始亦有意從純仁所奏，章惇力主前議，且謂純仁同罪未録，遂並責之。”

監察御史常安民被貶，其云紹述者皆借“紹述”報復私怨

《長編拾補》卷一二哲宗紹聖二年九月壬戌條：“詔：‘監察御史常安民立心兇險，處性頗邪，薦致人言，奸狀甚著，置之要路，誠非所宜。可罷監察御史，送吏部與監當差遣。’繼又詔：‘常安民已降指揮罷監察御史，來日可更不引上殿。’先是，安民上言：‘今大臣爲紹述之説者，其實皆假借此名以報復私怨，一時朋附之流從而和之，遂至已甚。張商英在元祐時，上吕公著詩求進，其言諛佞無恥，士大夫皆傳笑之；及近爲諫官，則上疏乞毁司馬光、吕公著神道碑。周秩在元祐間爲太常博士，親定司馬光謚號爲文正公；及近爲言官，則上疏論司馬光、吕公著，乞斫棺鞭尸。陛下察此輩之言，果出於公論乎？朝廷凡事不用元祐例，至王珪家蔭孫五人，皆珪身後所生；乃引元祐例，許奏薦近日講復官制，職事官不帶職，寄禄官不帶左右，至權尚書侍郎，獨以林希、李琮之故，不復改易。如此等事，謂之公心可乎？故凡勸陛下紹述先帝者，皆欲讬先帝以行奸謀，謂他事難以惑陛下。若聞先帝則易爲感動，故欲快私仇陷良善者，須假此以移陛下之意，不可不察。宣仁聖烈皇后甚得人心，前日陛下駕幸秦、楚國大長公主第澆奠及輟朝，並命襄葬諸費從官給，人人無不歡呼。高遵惠爲侍郎，士論皆以爲當。聞吳居厚向得罪出於宣仁之意，近聞復待制，舍人再繳，而大臣尚欲再下，願陛下主張此事，以順人心。今權臣恣横，朋黨滿朝，言官未嘗一言及之，惟知論元祐舊事，力攻已去臣寮。臣荷陛下獎拔，不敢負恩，摧枯拉朽之事，臣實恥爲之。舉朝廷臣誣陷非一，臣賦性愚直，恐終不能勝朋黨之論，願乞外任以避之。’上開慰而已。及祀明堂，劉美人侍上於齋宫，又至相國寺，用教坊作樂，安民面奏衆所觀瞻，虧損聖德。語直忤旨，章惇從而譖之。曾布初與惇不合，見安民數論惇事，意謂附己，每於上前稱之，謂近來言事官敢言，不阿附無如常安民者。及安民論布在樞密院與惇互用親故，布始怨怒，欲逐安民，乃乘間袖安民舊與吕公著書以進，謂安民在元祐中

上呂公著詩,乞消滅先朝奸黨,欲使援引其類,百世承續。安民因對,上問:'聞卿嘗上宰相書,比朕爲漢靈帝?'安民曰:'臣在元祐初,嘗勸呂公著博求賢才,至引陳蕃、竇武、李膺事以動之,豈有他意?古今議論皆然,何獨臣也。臣以蠢直,觸犯權臣之怒久矣,惡臣之深,求臣之瑕,既巧而悉,終不可得,遂指摘臣言推其世,以文致臣罪,臣雖辨之何益?'初,安民與國子司業安惇、監察御史董敦逸同在國子監考試所折號,對敦逸稱'二蘇,天下文章之士,負天下重望,公不當彈擊',至是敦逸奏訐安民前語,上言'乃軾、轍之黨,平日議論,多主元祐',安民遂責,詔語皆惇批也。上初命與安民知軍,惇乃進擬送吏部,降監當。明年,敦逸論瑤華事,上怒,欲貶之,謂執政曰:'依常安民例與知軍。'惇救之,乃知上初不知安民降監當也。"

十月

鄭雍罷尚書右丞,許將尚書左丞,蔡卞尚書右丞

《宋宰輔編年録校補》卷一〇哲宗紹聖二年十月:"甲子,鄭雍罷尚書右丞……甲戌,許將尚書左丞……蔡卞尚書右丞……"

户部尚書蔡京爲翰林學士

《宋史全文》卷一三下《宋哲宗三》紹聖二年十月條:"丙子,户部尚書蔡京爲翰林學士。"

十一月

安燾罷門下侍郎

《宋宰輔編年録校補》卷一〇哲宗紹聖二年十一月乙未條:"安燾罷門下侍郎……"

是歲,呂希哲知太平州

《太平府志》:"呂希哲,紹聖。"在梁□後一人。

案:《宋兩江郡守易替考·南平軍太平州》考證:呂希哲於紹聖二年知太平州,紹聖三年離任。

紹聖三年丙子(1096)，呂希哲五十七歲，

呂好問三十三歲，呂本中十三歲，呂弸中七歲，呂用中六歲

春正月

韓忠彥罷知樞密院事

《宋宰輔編年録校補》卷一〇哲宗紹聖三年正月：“丙子，韓忠彥罷知樞密院事。自太中大夫除觀文殿學士知真定府。忠彥自元祐四年六月除守尚書左丞，七年五月除知樞密院事，至是年正月罷，執政凡七年。初，紹聖元年七月庚戌，知樞密院事韓忠彥乞罷，不許。後六日復故，上諭執政曰：‘忠彥無他，不須爾。’布曰：‘其爲人頗近厚，在元祐中無過，無可去之理。’又言琦勛業後世罕有其比。是年正月，樞密院奏事畢，忠彥留身請外，徑上馬，仍面諭曾布以欲得河陽，又白章惇句得一善地，遂遷出。時十二月癸未也。翌日，布入對，上遽問，忠彥已遷出，又曰：‘忠彥別無事，亦不至奸險。’布曰：‘然。’已而章惇言忠彥處置邊事多可笑，上甚駭之。忠彥請不已，乃有是命。四年二月，觀文殿學士、太中大夫韓忠彥降充資政殿學士依舊知定州。先是，忠彥自定州改知成都府，中書舍人蹇序辰繳還詞頭。言者又論忠彥在西府時主棄地之議，詔忠彥可特依前太中大夫，降充資政殿學士，差遣如故。《丁未録》”

二月

詔罷富弼配享神宗廟庭

《宋史全文》卷一三下《宋哲宗三》紹聖三年二月條：“詔罷富弼配享神宗廟庭。”

五月

知睦州呂希純知歸州

《宋會要輯稿》職官六七之一四：“(紹聖三年五月)二十五日，知睦州呂希

純知歸州。以隱匿不回避張次元親故也。"

七月

吕嘉問書《與元翰札》

《與元翰札》："嘉問啓：在荆，足疾不可支。易鄧，到方逾月。蘄水先再差去人還，得小子書，方知從者秋方離嶺外。即日。不審跋涉。安否何如？庭惲必時收慶問。此經過襄陽，見至完亦道平安。自蘄水至唐，爲正路十二程。若迂百里見過，不出浹旬，以慰久別，何幸如之！秋氣向清，伏冀厚嗇。謹奉啓，不宣。嘉問再拜元翰。七月廿日"

案：吕嘉問行書《與元翰札》，爲吕嘉問爲數不多的存世作品之一，具有史料價值，1997 年故宫博物院以 71.5 萬購得收藏。楊倩描在《吕嘉問〈與元翰札〉考釋》中認定，此書札爲紹聖三年七月廿日所寫，寫給華申甫。華申甫（1049—1098），字元翰，常州武進人，熙寧九年（1076）登進士第，王安石學生。吕嘉問子吕安中娶王安石孫女，故吕嘉問與華申甫關係親近。

八月

范祖禹和劉安世再受責降

《宋史全文》卷一三下《宋哲宗三》紹聖三年八月條："范祖禹特責授昭州別駕、賀州安置，劉安世特責授新州別駕、英州安置，坐四年十二月同上疏論禁中覓乳母事也。"

九月

葉祖洽請與蔡確優厚賻贈

《長編拾補》卷一三哲宗紹聖三年九月壬寅條："中書舍人葉祖洽言：'臣嘗論前日受遺之臣，朝廷所當崇報。近時司馬光、吕公著皆以安佚殁於府第，恩禮優厚，賻贈降渥。而確以嘗與受遺之列，爲元祐人所嫉，流離貶斥，卒死嶺南。伏望聖心，加隆寵數，特贈確太師，賜本家宅一區。'"

是歲,呂公雅知常州

《毗陵志》:"呂公雅。"在何琬後一人。《彭城集》卷一二有《送呂國博知常
州》詩。

案:據《宋兩浙路郡守年表·常州》考證:紹聖三年呂公雅始知常州,紹聖
四年八月離任。

是歲,呂嘉問知鄆州

據李之亮《北宋京師及東西路大郡守臣考·鄆州東平府》考證:紹聖三年
呂嘉問始知鄆州,紹聖四年正月離任。

紹聖四年丁丑(1097),呂希哲五十八歲,

呂好問三十四歲,呂本中十四歲,呂弸中八歲,呂用中七歲

春正月

呂嘉問除江淮荆浙路發運使

《長編拾補》卷一四哲宗紹聖四年正月甲辰條:"呂嘉問除江淮荆浙路發
運使。"

案:呂嘉問之子娶王安石孫女,即王雱之女。又蔡卞娶王雱之妹,故呂嘉
問與蔡卞關係親厚。

李清臣罷中書侍郎

《宋宰輔編年錄校補》卷一〇哲宗紹聖四年正月庚戌條:"李清臣罷中書
侍郎……"

案:《宋史紀事本末》卷四六《紹述》紹聖四年春正月條下,有史臣評論,
曰:"清臣怙才躁進,陰覬柄用,首發紹述之説,以亂國是。群奸嗣之,衡決莫
障,遂重爲搢紳之禍。"

二月

呂公著追貶爲建武軍節度副使，司馬光、王巖叟、韓維等亦遭追貶

《長編拾補》卷一四哲宗紹聖四年二月己未條："三省言：'司馬光、呂公著倡爲奸謀，詆毀先帝，變更法度，罪惡至深。及當時凶黨同惡、相濟首尾，附會之人，偶緣今已身死，不及明正典刑，而亡歿之後，尚且優以恩數及其子孫親屬與見存者，罪罰未稱，輕重不倫。若謂其已死，一切不問，則使後世亂臣賊子何以創艾？至於告老之人，雖已謝事，亦宜少示懲沮。'制曰：'故司空、同平章軍國事呂公著，資賦陰險，世濟奸回，盜竊虛名，昧冒休寵，可特追貶建武軍節度副使。'又制曰：'故正議大夫、守尚書左僕射兼門下侍郎司馬光，資詭激之行以盜虛聲，挾矯誣之言以惑愚衆，可特追貶清海軍節度副使。'又制曰：'故端明殿學士、左朝奉郎王巖叟，資險狡之智而濟以敢爲，挾凶邪之權而爲之死黨，可追貶雷州別駕。'詔：'趙瞻、傅堯俞奪所贈官，以上除王巖叟已罷遺表恩例外，餘並韓維，並追奪遺表致仕子孫親屬所得蔭補陳乞恩例，孫固、范百祿、胡宗愈遺表子孫親屬蔭補陳乞恩例並各與兩人，餘悉追奪。非奸險凶悖、惡無人臣之義，如光、公著者，不用此例。'"

《宋宰輔編年錄校補》卷一〇哲宗紹聖四年二月乙未條："故左僕射司馬光追貶清海軍節度副使。故正議大夫贈太師、溫國公、謚文正。故司空、平章軍國事呂公著追貶建武軍節度副使。故贈太師、申國公。"

《宋宰輔編年錄校補》卷一〇同條："先是，元豐末，神宗嘗謂輔臣曰：'明年建儲，當以司馬光、呂公著爲師保。'及公著薨，呂大防奉勑爲公著神道一碑，乃首載神宗聖語。上又親題其額曰：'純誠厚德之碑。'其碑曰：'公著始與司馬光同輔政，於是推本先帝之意，蓋欲鞭策四夷，以強中國。阜蕃邦財，以佐其費。有司奉行失其本旨，先帝固嘗患之矣。故欲更而未暇與已更而未定，其詔墨記言具在。可考者如詰青苗之害，則曰：'常平錢穀以禦水旱，而貪散以求利至十之七八。國失拯救之利，而民之責償被笞箠者衆。'責興利之敝，則曰：'大傷鄙細，有損國體。他事類此者亦與指揮。'戒用兵之失，則曰：'安南西師兵，夫死傷皆不下二十萬，有司失一死罪，其責不輕。今無故輒置四十萬人於死地，朝廷不得不任其咎。'救官制之敝，則曰：'更新官制以核正

吏治,至今頒行無緒,有以啓侮四方,貽議後世,可速裁議,無致稽延,令如舊日中書之比。'於是,二公與同志者建請以常平舊法改青苗,以嘉祐差役參改募役,罷保馬以復監牧,損保甲教選以便農作,除市易之令,寬茶鹽之禁,賜邊砦,贖亡民,以和西戎。於是,民呼歡鼓舞以爲便。而沮議者上則大臣,下則用事之小吏,蓋不可勝數。司馬光既卧病於家,公與數人同拯其弊。太皇太后爲去其異議者而後定。自此,先帝之善政施於無窮。其爲下所誤以病民者,删革之而有緒矣。公初與王安石友善,後安石秉政,爲中丞。安石冀其助己,公極論其過失,由此怨公。至以險語中傷,而公不屈也。'至章惇欲起史禍,先於《日曆》《時政記》删去以司馬光、吕公著爲師保聖語,又欲發光、公著墓,取碑銘毁之。上曰:'何益於國!'議累日不決。是時,御史中丞黄履、右正言張商英、監察御史周秩交章論之十數,且請重責大防、摯、轍等。至是,章惇乃以履等章疏進呈,且曰前後臣僚論列司馬光等罪惡未正典刑及吕大防等罪大罰輕未厭公論事可考據者凡十九疏。遂詔司馬光、吕公著各追所贈官並謚告,追所賜神道碑,仍下陝府、鄂州,各差官許,會本縣於逐官墳所拆去碑樓及倒碑磨毁奉敕所撰碑文訖奏,時紹聖元年五月也。且詔今日以前已行遣責降斥外,應其餘一切不問,餘者亦勿復言。仍具録前項臣僚章疏,降下朝堂,出榜曉諭。初,章惇力請發光、公著墓,上不許。惇退,上顧許將曰:'卿獨無言何也?'將對曰:'臣以爲發人之墓非盛德事。'上曰:'朕意正如此。'然至是猶毁碑樓,磨神道,追賜額,俱勉從惇也。曾布密啓請罷毁碑事,疏入不報。《丁未録》"

　　案:《宋宰輔編年録校補》卷一〇同條:王瑞來校證,追貶之事,應是二月己未,因紹聖四年二月無乙未日,故從《長編》。《宋大詔令集》卷二〇八,有《吕公著追貶散官制》,爲葉濤所撰,制詞云:"爲臣不忠,罪不可赦。居下訕上,誅及其朋。矧惟凶慝之尤,當明身没之戒。故司空、同平章軍國事吕公著,資賦陰險,世濟奸回。盗竊虛名,昧冒休寵。擢贊樞府,寔自先朝。迨予纂承,躐持宰柄。而乃協濟元惡,爲之主謀。力引群邪,布列庶位。謗訕前烈,變亂舊章。厥罪貫盈,已死難置。宜從追貶,易以散官。雖竄極不及其生,而懲創可垂於後。是維公議,用告幽明。可特追貶建武軍節度副使。"制詞顛倒黑白,充斥著人身攻擊。吕公著等已去世多年,亦不放過。

曾布言不可追奪司馬光、呂公著等子孫恩澤，章惇以爲不然

　　《長編拾補》卷一四哲宗紹聖四年二月己未條：“初，議再貶光及公著等，曾布謂章惇、蔡卞曰：‘追奪恩澤，此例不可啓，異時奸人施於仇怨，則吾人子孫皆爲人所害。兼光及韓維等家得恩澤已數十年，一旦奪之，於人情未便。’惇曰：‘維數年前方致仕。’布曰：‘亦五七年。兼維在位不久，必欲行，則且施之於光及公著可也。然亦不必及其子孫，惡惡止其身，不若就其身上追奪。’惇曰：‘彼已死，雖鞭尸何益，追削何補！不若奪其恩例乃實事。’布曰：‘此雖快意，然更且詳審。布之意無他，但此例不可啓耳。’惇曰：‘須畫一指揮。’布又曰：‘不若止治其渠魁爲便。’惇曰：‘范百禄、胡宗愈之徒亦無顯惡，且置之不妨。’布曰：‘韓維在政府不久，又與衆不合而去，莫亦無他。’惇曰：‘與光倡和者，正此人也。’布反復甚久，卞曰：‘亦有可議。’惟許將默無一言，布疑將以元祐爲嫌故爾。”

呂大防、劉摯、蘇轍、梁燾等元祐官員各受追貶。亦及呂希哲、呂希純、呂希績等

　　《長編拾補》卷一四哲宗紹聖四年二月庚辰條：“詔趙瞻、傅堯俞謚告並追奪。三省言：‘近降指揮，以司馬光等造爲奸謀，訕毀先帝，變更法度，各加追貶，其首尾附會之人，亦稍奪其所得恩數。謹按呂大防、劉摯、蘇轍、梁燾等，爲臣不忠，罪與光等無異，頃者朝廷雖嘗懲責，而罰不稱愆；内如范純仁又自因別過落職，於本罪未嘗明正典刑，輕重失當，生死異罰，無以垂示萬世臣子之戒。其餘同惡相濟，倖免失刑者尚多，亦當量罪示其懲艾。’制略曰：‘呂大防資性冥頑，心術狠戾，背天地之恩於先帝，失君臣之禮於朕躬，可責授舒州團練副使，循州安置；劉摯趨操回邪，性質險譎，向由言路力附黨魁，倡和奸謀，毁黷先烈，可責授鼎州團練副使，新州安置；蘇轍操傾側孽臣之心，挾縱横策士之計，始與兄軾肆爲抵巇，晚同相光，協濟險惡，可責授化州別駕，雷州安置；梁燾向附凶渠，擢在諫職，陰與子婿構造邪謀，訊誣先朝。可責授雷州別駕，化州安置；范純仁立異以邀名，匿情而趨利，慣用小夫之私智，專爲流俗之願人，可責授武安軍節度副使，永州安置。已上令所在差職官或京職官已上監

當官一員伴送前去,經過州軍交替,仍仰所差官常切照管,不得別致疏虞。劉奉世曩以小官附會奸黨,密布心腹,躐處要途,可落端明殿學士,依前中大夫、光祿少卿,分司南京,郴州居住;韓維挾僞以干名,抱虛而取進,徇俗之意,愚不可移,朋奸之心,老莫能革,可落資政殿學士,特授左朝議大夫致仕;王覿資賦險僞,善於原俗,附會奸黨,毀刺先朝,可落寶文閣直學士,依前朝散郎守少府少監,分司南京,通州居住,韓川、孫升、呂陶,頃者大奸舊惡,相繼擅朝,而爾挾忿徇私,爲之死黨,竊據要路,肆言先朝,造訕興讒,無所忌憚,川可授依前官屯田員外郎,分司南京,隨州居住;升可授依前官水部員外郎,分司南京,峽州居住;陶可授依前官庫部員外郎,分司南京,衡州居住。范純禮、趙君錫、馬默,頃在初政,嘗躋近班,懷藉勢乘時之心,起背公私黨之計,附會邪説,專爲悅諛,挾持陰謀,共濟兇惡,夙負欺君之心,久逃附下之誅,純禮可落天章閣待制,依前官管勾亳州明道宮,蔡州居住;君錫可落天章閣待制,依前官管勾亳州明道宮,本處居住;默可落寶文閣待制,依前官管勾南京鴻慶宮,單州居住。顧臨附會凶黨,力被薦論,屬緣洞察於奸謀,不使超躋於近列,可落天章閣待制,依前官管勾洪州玉隆觀,饒州居住;范純粹傾邪險波,出於天資;反覆導諛,忘其文志,弟兄倡和,協助奸凶,可落寶文閣待制,依前官管勾江州太平觀,均州居住;孔武仲頃由遠官召至臺閣,附會奸黨,躐處要班,逮予親政之初年,敢爲怙終之詭計,失刑既久,衆論未平,可落寶文閣待制,依前官管勾洪州玉隆觀,池州居住;王汾早以凡才濫居儒館,元祐之際,附會訛欺,衆論喧閧,罪狀明白,可落寶文閣待制,依前官致仕。王欽臣、張耒,因緣奸黨,躐處要班,挾持詭謀,鼓扇兇焰,欽臣可落集賢殿修撰,依前官管勾江州太平觀,信州居住;耒可落直龍圖閣,依前官添差監黃州酒稅。呂希哲、呂希純、呂希績,爾父公著,當元祐初竊據宰司,毀瀆先烈,變亂法度,希哲可特降授朝奉郎、虞部員外郎,分司南京,和州居住;希純可特降授朝請郎,差遣依舊;希績光州居住。姚勔向附凶邪,爲出死力,沮害良善,助成奸謀,可依前官守水部員外郎,分司南京,衢州居住;吳安詩,頃者爾以邪朋,竊處諫列,鼓扇兇焰,附會邪謀,可責授濮州團練副使,連州安置;晁補之,爾向以險邪之資,力附奸惡之黨,表裏倡和,阿附導諛,可落秘閣校理,依前官添差監處州鹽酒稅;賈易添差監海州酒稅務;通直郎,尋醫程頤,追毀出身以來文字,放歸田里。已上逐人並錢緦、楊畏,仍並依紹聖二年八月二十一日所降指揮,永不敘復。郴州編管秦觀,移橫州編管。其吳安詩、秦觀所在州郡,差得力州職員押伴前去,經過州軍交割,仍仰所差人常切照管,不得別致疏虞。朱光庭追貶柳州別駕,孫覺追職並兩官及遺表恩例,李之純追職及遺表恩澤,趙卨追職並兩官及遺表恩例,杜純追職遺表恩例,李周追貶唐州團練副使。'大防等責詞,皆葉濤所草也。"

案:《全宋文》卷二二七六,有葉濤所撰制詞《呂希哲呂希純呂希績分司居住制》,寫於紹聖四年二月癸未,《制》曰:"朝奉大夫、權知太平州呂希哲,朝奉大夫、知歸州呂希純,朝請大夫、管勾亳州明道宮呂希績:爾父公著,當元祐初,竊據宰司,毀黷先烈,變亂法度,罪惡貫盈。而爾等方其父時,則假國威靈,爲己門閥。及大防用事,則密投凶黨,賣鬻利權。並以庸材,因致美官。最後希純竊掌詞命,公肆欺誣。每虞正路之開通,務在多方而塗塞。宜悉從於貶秩,或仍俾於分司,庶無輕重失當之刑,及夫倖免失刑之士。希哲可特降授朝奉郎、尚書虞部員外郎分司南京,和州居住。希純可降授朝奉郎、尚書屯田員外郎分司南京,金州居住。希績可降授朝請郎,差遣依舊,光州居住。"呂希哲貶和州居住,《紫微詩話》云:"滎陽公紹聖中謫居歷陽,閉户却掃,不交人物。嘗有詩云:'老讀文書興易闌,須知養病不如閒。竹林瓦枕虛堂上,臥看江南雨外山。'"歷陽即是和州,今安徽和縣。

詔罷春秋科

《長編拾補》卷一四哲宗紹聖四年二月庚辰條:"詔罷《春秋》科。"

文彥博降授太子少保致仕,王珪追貶萬安軍司户

《宋宰輔編年錄校補》卷一〇哲宗紹聖四年二月甲申條:"前太師致仕文彥博降授太子少保致仕……故左僕射王珪追貶萬安軍司户……"

閏二月
詔文彥博諸子並令解官侍養,司馬康追奪贈官

《長編拾補》卷一四哲宗紹聖四年閏二月丙戌條:"詔太師致仕文彥博諸子並令解官侍養,司馬康追奪贈官。"

韓忠彦可依官降充資政殿學士

《長編拾補》卷一四哲宗紹聖四年閏二月丁亥條:"中書舍人蹇序辰言:'觀文殿學士、大中大夫、知定州韓忠彦,本因朝廷以其父琦勛舊,遂蒙先帝擢用,寵遇甚厚,官爲尚書,超躐夷等。元祐之初,遽忘大恩,附會奸惡,同爲毀訾,望早賜黜責。'制曰:'韓忠彦進由世臣,擢自先帝。歷躋禁從,久贊事樞,當體前修,以裨初政。而乃助誣民之浮説,行蠹國之匪謀,可依官降充資政殿學士。'"

曾布知樞密院事,林希同知樞密院事。許將中書侍郎,蔡卞尚書左丞,黄履尚書右丞

《宋宰輔編年録校補》卷一〇哲宗紹聖四年閏二月壬寅條:"曾布知樞密院事……林希同知樞密院事……同日,許將中書侍郎……蔡卞尚書左丞……黄履尚書右丞……"

安燾落觀文殿學士

《長編拾補》卷一四哲宗紹聖四年閏二月壬寅條:"中書舍人蹇序辰言:'安燾被遇先帝,至爲執政,方文彦博、司馬光競爲棄地之論,燾實與其事,内結張茂則與之表裏,外同奸黨爲之借留……'制曰:'安燾持禄保躬,協謀蠹國,依憑奸黨,爲己助惡,誣巇勞臣,隨時擠陷,上辜寄託,久負譴訶,特落觀文殿學士,依前官差遣如故。'"

蘇軾、范祖禹、劉安世等再受責降

《長編拾補》卷一四哲宗紹聖四年閏二月甲辰條:"詔:'寧遠軍節度副使、惠州安置蘇軾責授瓊州别駕,移送昌化軍安置;韶州别駕、賀州安置范祖禹,移送賓州安置;新州别駕、英州安置劉安世,移送高州安置。'"

吕公著復被追貶爲昌化軍司户參軍

《宋大詔令集》卷二〇九《故追貶建武軍節度副使吕公著追貶昌化軍司户

制》紹聖四年二月："敕:量罪加刑,有國常典;爲臣背義,雖死必誅。以爾被遇先朝,擢居樞府,迨予纂服,復任宰司,宜竭忠謀,協贊王室。而乃廢體國之大義,忘事君之小心,陰結奸臣,私懷異意,訕謗先烈,變亂舊章。積惡終身,久益暴露,孽寃自作,刑難幸逃。雖嘗示於小懲,尚未符於衆議,是用追貶嶺表,降秩州掾,庶期幽顯,知有所畏。可追貶昌化軍司户參軍。"

三月

詔中書舍人蹇序辰等編類所謂奸臣司馬光等章疏

《宋史紀事本末》卷四六《紹述》:"(紹聖四年)三月,章惇議遣呂升卿、董必察訪嶺南,將盡殺流人。帝曰:'朕遵祖宗遺志,未嘗殺戮大臣,其釋勿治。'惇志不快,於是中書舍人蹇序辰上疏言:'朝廷前日正司馬光等奸惡,明其罪罰,以告中外。唯變亂典刑,改廢法度,訕讟宗廟,睥睨兩宫,觀事考言,實狀章著。其章疏案牘散在有司,若不匯緝而藏之,歲久必致淪棄。願悉討奸臣所言所行,選官編類,人爲一帙,置之二府,以示天下後世之大戒。'章惇、蔡卞請即命序辰及直學士院徐鐸編類。凡司馬光等一時施行文書,擷拾附著,纖悉不遺,凡一百四十三帙,上之。由是縉紳之士無得脱禍者矣。"

四月

呂安中收到息錢二十萬餘貫

《長編》卷四八五哲宗紹聖四年四月戊戌條:"吏部、户部言:'水磨茶場監官錢景逢,任内收到息錢等一十六萬餘貫,呂安中收到息錢二十萬餘貫。'詔錢景逢與轉一官,呂安中候任滿日,保明以聞。"

呂大防卒

《宋史紀事本末》卷四六《紹述》:"(紹聖四年)四月己亥,呂大防將赴舒州,卒於虔州之信豐。大防爲相,用人各盡其能,不事邊幅,而天下臻於富庶,竟以貶死,天下惜之。上聞之曰:'大防何以至虔州?'及請歸葬,即許之。一時議者謂痛貶元祐黨人皆非上意也。"

《太平治迹統類》卷二四《元祐黨事本末下》:"(紹聖五年)四月己亥,循州安置呂大防卒於虔州。"

案：卒於四年，抑或五年？待考。

吕公著等遺表恩例並依例追奪

《長編》卷四八六哲宗紹聖四年四月壬寅條："詔范純仁元祐四年罷相恩例不追奪，其已追奪並給還；王巖叟依呂大防等例追奪；司馬光、吕公著遺表恩例並依例追奪。"

五月
潞公文彦博卒

《宋史全文》卷一三下《宋哲宗三》紹聖四年五月條："丁巳，降授太子少保、潞國公致仕文彦博卒。"

吕嘉問爲寶文閣待制、知青州

《長編》卷四八七哲宗紹聖四年五月戊辰條："給事中葉祖洽爲吏部侍郎，江、淮、荆、浙路發運使吕嘉問爲寶文閣待制、知青州。"

太子少保致仕韓縝卒

《後編》卷九二哲宗紹聖四年五月辛未條："太子少保致仕韓縝卒，年七十九，贈司空，謚莊敏。縝所至以嚴稱，雖出入將相，而寂無功烈，厚自奉養，世以比晉何曾。"

八月
吕公雅爲少府少監

《長編》卷四九〇哲宗紹聖四年八月丙申條："朝奉大夫許介卿爲刑部員外郎。右朝議大夫、知常州吕公雅爲少府少監。"

九月

李深言呂嘉問與王雱爲親戚關係

《長編》卷四九一哲宗紹聖四年九月己卯條："奉議郎、權通判通遠軍李深上書曰：'……臣比見呂嘉問移發運，未數月，不緣奏計登對，不緣六曹貳卿，遂除待制。天下皆謂，嘉問之子娶王雱之女，蔡卞娶王雱之妹，又嘉問、蔡卞結爲死黨久矣，去年無故出户部郎何婉者，蔡卞爲嘉問報仇也。臣不知嘉問之驟爲兩制，果出陛下聖意乎……'"

十月

呂公雅受陳次升奏彈，知齊州

《長編》卷四九二哲宗紹聖四年十月乙酉條：

詔新江淮等路提點坑冶鑄錢呂公雅與知齊州王奎對易其任。

公雅初除江淮等路提點坑冶鑄錢。殿中侍御史陳次升言："臣竊惟先帝立保馬之法，以寓兵政，以張國威，法意甚良，年限不迫。京東限十年，又以京西民貧，特限十五年。公雅提舉京西路保馬公事，急於功賞，督迫煩擾。先帝聞之，急降御前札子云：'訪聞本路見欠買馬，極苦難得，兼衆既爭買，價遂倍貴，至駑之格，亦不減百緡，深恐本司所責之數過多，民間未悉朝廷取效在遠之意，遂致如此。'公雅又誣奏，以謂民間易爲收買，令每都保先選二十户充主養户，逐都各買馬二十疋。韓絳尋具奏陳，保馬司催督太急，若逐都各買二十疋，是將十五年之數，作二年半買足，顯是違越敕條。朝廷令依元條限，本司猶且督責不已，公雅當時若依元立年限及御前札子指揮，其保馬之法，豈爲民害乎？以是知先帝緣保馬事，負天下之謗者，公雅所致也。今有此進用，則公雅之過不顯，何以彰先帝愛民之深，御前札子丁寧如此其切耶？伏願聖慈追寢公雅新命，以明先帝之德，使四方聞之，不勝幸甚！"不聽。次升又言："公雅敢肆誕謾，使先帝負天下之謗，其罪不容誅。在陛下義不戴天，豈可復用？"卒不聽。於是公雅自言母老，有請於朝，因使與奎易任，尋改江南東路刑獄。

案：據《北宋京師及東西路大郡守臣考·齊州濟南府》考證：紹聖四年十月呂公雅始知齊州，元符元年正月離任。

十一月

梁燾卒於化州

《御批續資治通鑑綱目》卷八："十一月,梁燾卒於化州。"

案:《宋史全文》卷一三下《宋哲宗三》記載,梁燾卒於元符元年夏四月,疑有誤。梁燾先於劉摯卒。

程頤編管於涪州

《宋史全文》卷一三下《宋哲宗三》紹聖四年十一月丁丑條:"詔放歸田里人程頤送涪州編管,坐與司馬光同惡相濟也。先是,上與輔臣語及元祐政事曰:'程頤妄自尊大,至欲於延和講説令太母同聽,在經筵多不遜,可與編管。'頤素與邢恕善,林希意恕必救頤,則因以傾恕。恕語人曰:'便斬頤萬段,恕亦不救。'聞者笑之。"

復立市易務

《御批續資治通鑑綱目》卷八："復立市易務。"

十二月

劉摯卒於新州

《宋史全文》卷一三下《宋哲宗三》紹聖四年十二月條:"鼎州團練副使、新州安置劉摯卒。先是,蔡京、安惇共治文及甫並尚洙等所告事,將大有所誅戮,彗星變,上怒稍怠,然京、惇極力煅練不少置。已而燾先卒於化州,摯亦卒於新州,眾皆疑兩人不得其死。明年五月,獄乃罷。"

案:本年進士及第者凡五百六十九人。有何昌言、胡安國、任諒、汪革、周武仲、胡直孺、陸蘊、陳過庭、葉夢得、葛勝仲、劉汲、魏憲、謝克家等。

紹聖五年(元符元年)戊寅(1098),呂希哲五十九歲, 呂好問三十五歲,呂廣問一歲,呂本中十五歲, 呂弸中九歲,呂用中八歲,呂忱中一歲

春正月

呂公雅提點江南東路刑獄

《長編》卷四九四哲宗紹聖五年正月庚申條:"知齊州呂公雅提點江南東路刑獄。"

寶文閣待制、知青州呂嘉問知永興軍

《長編》卷四九四哲宗紹聖五年正月丙寅條:"寶文閣待制、知青州呂嘉問知永興軍。"

二月

朝廷以呂公著等"罪狀",命官置局,編録成書

《長編》卷四九四哲宗紹聖五年二月戊辰條:

知虔州鐘正甫言:"伏聞朝廷以司馬光、呂公著、蘇軾、蘇轍等悖逆罪狀,命官置局,編録成書,以正邦刑,爲世大戒。臣竊恐朝廷尚有遺隱,未盡編録。今據臣所知,悉具奏陳,以備采擇。臣嘗與劉惟簡商議職事,因臣語及元祐初,先帝陵土未幹,而善政已爲司馬光等變壞更張,造爲謗訕,不復有臣子之義。惟簡遂爲臣言,光等奸黨相濟,逆亂自肆,最不可忍者二事:其一,元祐元年明堂,光等心懷怨懟,建議不以先帝配宗祀,而欲祀仁宗皇帝,先帝幾不得與祭。賴禮官何洵直力爭,以謂嚴父配天,古今之定禮,其事見於《孝經》,雖童稚皆能誦之,且自古無宗祀祖考於明堂者,其議遂寝,而先帝始不廢於宗祀。此皆悖逆無道,非臣子之所宜言。臣與惟簡相對流涕欷歔,憤惋切齒,而

恨其事不得遽聞於上聽，以治光等之罪也。今惟簡既死，竊恐朝廷未及采問，而光等罪惡有所隱脱，臣雖守郡在遠，輒慕古人'見無禮於其君者，如鷹鸇逐鳥雀'之義，拳拳忠憤，不能自已。"詔札與編類奸臣事狀蹇序辰等。

案：《蘇軾年譜》卷三七哲宗元符元年正月條云："朝廷置局編録司馬光、呂公著、蘇軾、蘇轍等'悖逆'罪狀成書。由蹇序辰主其事。"

蔡京等根治同文館獄，謀盡殺元祐黨人

《宋史全文》卷一三下《宋哲宗三》紹聖五年二月條："蔡京等根治同文館獄，卒不得其要領，乃更遣呂升卿、董必使嶺外，謀盡殺元祐黨人。時劉摯、梁燾已前死，朝廷猶未知也。"

三月

同文館獄起，以蔡京爲翰林學士承旨，安惇爲御史中丞

《御批續資治通鑑綱目》卷八："三月，下文彦博子及甫於同文館獄，遂錮劉摯、梁燾子孫於嶺南，以蔡京爲翰林學士承旨，安惇爲御史中丞。"

章惇等恐元祐舊臣復起，陷害連及宣仁聖烈皇后

《宋史全文》卷一三下《宋哲宗三》紹聖五年三月條："初，章惇、蔡卞恐元祐舊臣一旦復起，日夜與邢恕謀所以排陷之計。既再追貶呂公著、司馬光，又責呂大防、劉摯、梁燾、范祖禹、劉安世等過嶺，意猶未慊，仍用黃履疏高士英狀追貶王珪，皆誣以圖危上躬，其言浸及宣仁，上頗亦惑之，最後起同文館獄，將悉誅元祐舊臣，專媒蘗垂簾時事，建言欲追廢宣仁。惇、卞自作詔書，請上詣靈殿宣讀施行。皇太后方寢，聞之遽起，不及納履，號哭謂上曰：'吾日侍崇慶，天日在上，此語曷從出？且上必如此，亦何有於我？'皇太妃同皇太后諫上語極悲切，上感悟，取惇、卞奏就燭焚之，禁中相慶。惇、卞明日再具奏，堅乞施行。上怒曰：'卿等不欲朕入英宗廟乎？'抵其奏於地，宣仁追廢之議由是息，而惇、卞終不肯釋元祐舊臣，京、惇進呈摯等事目，上曰：'摯等已責遠方，朕遵祖宗遺志，未嘗戮大臣。其釋勿治。'"

四月

林希罷同知樞密院事

《宋宰輔編年録校補》卷一〇哲宗紹聖五年四月壬辰條:"林希罷同知樞密院事……"

五月

詔六月朔改元爲元符

《宋史全文》卷一三下《宋哲宗三》元符元年五月條:"丙寅,詔以六月朔改元爲元符。曾布以爲昔天書降,嘗於承天門裏作元符觀,後以火廢,則元符之號亦不甚佳。"

七月

再竄范祖禹等。韓維卒

《宋史全文》卷一三下《宋哲宗三》元符元年七月條:"詔范祖禹移化州安置,劉光世移梅州安置;王巖叟、范祖禹、劉安世、朱光庭諸子並勒停,永不收叙。韓維卒。"

右正言鄒浩認爲,不能以王安石三經義發題試舉人

《後編》卷九二哲宗元符元年七月庚午條:"時有請以王安石三經義發題試舉人者,右正言晉陵鄒浩言:'三經義者,所以訓經而其書非經也,以經造士而以非經之題試之,甚非先帝專任經術之義。'乃止。"

八月

呂嘉問舉鄒浩爲太學教授、臺閣顧問

《宋人年譜叢刊》第六册《道鄉先生年譜》:"元符元年八月辛丑二十三日,户部侍郎呂嘉問舉宣德郎鄒浩太學教授、臺閣顧問,詔令閤門引見。"

案:因呂嘉問薦舉,九月壬子,宣德郎鄒浩爲右正言。

又案:《宋會要輯稿》選舉二八之二七云,元符元年八月十二日,朝廷下

詔:"在京侍從官、職事官中書舍人以上,各舉所知二人,權侍郎以上一人,並指言所堪職任聞奏。"呂嘉問薦舉二人,薦宣德郎鄒浩堪太學教導、臺閣顧問,薦知常州無錫縣李積中堪言事官或監司。時參與薦舉的有翰林學士蔣之奇、權戶部尚書吳居厚、兵部侍郎黃裳,寶文閣待制、權知開封府路昌衡。

呂嘉問以寶文閣直學士權知開封府

《開封府題名記》:"元符元年八月廿七日,(呂嘉問)寶文閣直學士權知。"

《宋史·呂嘉問傳》:"紹聖中,擢寶文閣待制、户部侍郎,加直學士、知開封府。"

九月
詔王珪諸子並勒停,永不收敍等

《宋史全文》卷一三下《宋哲宗三》元符元年九月條:"詔王珪諸子並勒停,永不收敍。庚戌,橫州編管秦觀特除名,永不收敍,移送雷州編管,以附會司馬光等同惡相濟也。"

呂嘉問上《乞許舉通判已上人充本府推官奏》

《全宋文》卷二〇一四呂嘉問《乞許舉通判已上人充本府推官奏》元符元年九月:"乞本府長吏到任舉推官一員,許依舊法舉通判已上人充。"

十月
范祖禹卒

《宋史全文》卷一三下《宋哲宗三》元符元年十月條:"甲午,化州安置范祖禹卒。"

邢恕特降授承議郎、知南安軍

《宋會要輯稿》職官六七之二二:"(元符元年十月)二十六日,邢恕特降授承議郎、知南安軍。以中書省言:'元祐間,恕為起居舍人,上書言王安石之短,呂惠卿之奸,及言韓維端諒名德,乃與司馬光、呂公著一等。'故有是詔。"

是年,呂廣問生

《南澗甲乙稿》卷二〇《左大中大夫充龍圖閣待制致仕贈左正奉大夫呂公墓志銘》:"(乾道)六年十一月七日,終於家……公諱廣問,字仁甫……享年七十有三。"

案:以此上推,呂廣問當生於本年。呂廣問字仁夫,呂夷簡弟宗簡之曾孫,祖公雅,父希樸。

是年,呂忱中生

《呂忱中壙誌》:"(紹興)三十二年,除知饒州,視事几三月,以十月十六日寢疾終於郡治,享年六十五,積官至右朝散郎。"(見《家族墓志》)

案:以此上推,呂忱中當生於本年。呂忱中(1098—1162),字偉信,呂好問第五子,平生篤意學問,沉酣經史,積官至右朝散郎。

元符二年己卯(1099),呂希哲六十歲,呂好問三十六歲,呂廣問二歲,呂本中十六歲,呂弸中十歲,呂用中九歲,呂忱中二歲

二月

章惇與蔡氏兄弟失和

《後編》卷九三哲宗元符二年二月乙未條:"曾布言:'章惇、蔡卞施行元祐人,眾論皆謂過當,然此豈爲詆訾先朝,大抵多報私怨耳。惇、卞初相得,故惇於卞言無不聽,及相失,卞多反其事,人皆笑之。今朝廷政事一出於卞,惇無敢違者。'帝曰:'蔡京尤與惇不足。'布曰:'惇於蔡氏兄弟無不畏者,近頗欲屈意求和於京,而京不爲之屈也。'"

哲宗曰歐陽棐爲"元祐五鬼"之一

《後編》卷九三哲宗元符二年二月乙未條："歐陽棐朝見,帝目之,語曾布曰:'此元祐五鬼。'布曰:'亦聞有此名,元祐附麗,亦必有之,治郡亦常才。然棐歐陽修之子,登進士第,修於英宗定策之際最有功。'帝頷之。"

四月

吕公雅知蘇州

《姑蘇志》："吕公雅,元符二年四月丙戌,自江東提刑改知蘇州。"

六月

吕嘉問上《乞從本府奏舉諸廂使臣奏》

《全宋文》卷二〇一四吕嘉問《乞從本府奏舉諸廂使臣奏》元符二年六月:"諸廂使臣,乞並依熙寧法,從本府奏舉。"

八月

章惇等進新修敕令式,哲宗以爲元祐無有可取者

《後編》卷九三哲宗元符二年八月癸酉條:"章惇等進新修敕令式,惇讀於帝前,其間有元豐所無而用元祐敕令修立者,帝曰:'元祐亦有可取乎?'惇等對曰:'取其善者。'"

九月

竄右正言鄒浩於新州

《宋史全文》卷一三下《宋哲宗三》元符二年九月條:"丁未,詔立賢妃劉氏爲皇后……鄒浩上疏曰:'陛下爲天下擇母,而所立乃賢妃劉氏,一時公議,莫不疑惑,誠以國家自有仁祖故事,不可不遵用之耳。蓋皇后郭氏與美人尚氏爭寵致罪,仁祖既廢后不旋踵,並斥美人,所以示公也。及至立后,則不選於妃嬪,必選於貴族,而立慈聖光獻,所以遠嫌也。所以爲天下萬世法也。陛下以罪廢孟氏,與廢郭氏實無以異。然孟氏之罪未嘗付外雜治,若與賢妃爭寵

以致罪，則並斥美人以示公，固有仁祖故事存焉。若不與賢妃爭寵以致罪，則不立妃嬪以遠嫌，亦有仁祖故事存焉。伏望聖慈追停册禮，別選賢族。'疏奏，詔浩言多狂妄，事實不根，特除名勒停，送新州羈管。浩嘗奏論章惇六罪，謂：'惇在元祐初，實與司馬光同入文字，抵斥先帝保甲之法以爲非是。若以保甲誠不便不可行，即惇在先朝固已爲執政矣，何不爲先帝言而罷之？安忍先帝陵土未乾而遽詆以爲非邪？'"

　　案：鄒浩新州羈管，在甲子日。

吕嘉問特降充寶文閣待制，有謝表

　　《長編》卷五一五哲宗元符二年九月乙丑條："詔寶文閣直學士、權知開封府吕嘉問舉官不當，有誤朝廷任使，可特降充寶文閣待制，更罰銅三十斤。"

　　《老學庵筆記》卷七："（吕嘉問）謝表云：'臣之與浩，實匪素交。以其嘗備學校之選於先朝，能陳詩賦之非於元祐，比緣薦士，遂取充員。豈期螻蟻之微，自速雷霆之譴。'"

閏九月
黄履罷尚書右丞

　　《宋宰輔編年録校補》卷一〇哲宗元符二年閏九月辛巳條："黄履罷尚書右丞……"

蹇序辰、安惇奉命看詳元祐訴理所

　　《宋史紀事本末》卷四六《紹述》："（元符二年閏九月）閏月，置看詳訴理局。安惇言：'陛下未親政時，奸臣置訴理所，凡得罪熙、豐之間者，咸爲除雪，歸怨先朝，收恩私室。乞取公案看詳從初加罪之意，復依元斷施行。'蔡卞勸章惇置局，命中書舍人蹇序辰及安惇看詳。由是重得罪者八百三十家，士大夫或千里會逮，天下怨疾，有'二蔡、二惇'之謡。"

十月

集英殿修撰文及甫落職知單州，依呂大防例不得引用期數赦恩敘復

《後編》卷九三哲宗元符二年十月庚戌條："集英殿修撰文及甫落職知單州，依呂大防例不得引用期數赦恩敘復。"

權殿中侍御史左膚劾呂嘉問

《長編》卷五一七哲宗元符二年十月癸亥條："權殿中侍御史左膚言：'臣昨具彈奏權知開封府呂嘉問贓私不法等事，伏乞特降睿斷推詳前奏，早正典刑。嘉問昨稽違詔命，故縱鄒浩留滯。今訪聞嘉問昨任襄州日，浩為本州學官，於宣仁聖烈樂禁中使妓樂燕集。今浩以狂妄竄逐，即非嘉問不知，而所差公人擅敢縱留在寺。又嘉問額外增置本府散從官等事。又嘉問昨自發運使移至青州日，令客司安彥用船載米往新任糶賣。竊聞權發運使胡宗師見將帶干連人安彥等在京，伏乞就大理寺推究，庶幾不至留滯，及逐人在外亂有供析。又竊聞嘉問受醫人石與齡馬一匹，為與齡舉薦其子何乞試醫學。已而知其不可，遂以己所乘馬佯為貿易。為府尹，職監臨，受馬薦人，欺罔最甚。'詔第四項令大理寺勾追合干人根究。"

呂希純責授舒州團練副使，道州安置

《長編》卷五一七哲宗元符二年十月甲子條："郭知章罷中書舍人，以前官充集賢殿修撰、知和州；吳安持落寶文閣待制，降授朝散大夫、少府監、分司西京，陳州居住。魯君貺罷司農少卿，以前官知均州；王森罷倉部郎中；梁鑄罷工部員外郎；鄭佑追所授恩賞，責授鼎州團練副使，筠州安置；李仲、李偉追所授恩賞，仲添差監永州在城酒稅，偉添差監全州鹽酒稅，並候任滿日，更不差人；俞瑾罷都水監丞；文及甫差知漢陽軍；呂希純責授舒州團練副使，道州安置；王令圖、王宗望並追所授恩賞，其應緣恩賞轉官所得恩例令所屬追奪；黃思等十六員並追所授恩賞，內竇訥仍令吏部與監當差遣：以元祐間主導河東流之議無功也。"

案：據《長編》是條引呂希純《棲畝志》云：先是，元祐末，公與井亮采既持

大河北流之議，後朝廷復委王宗望，而二公之議不行。至紹聖中，東流成，宗望、安持等遂各轉三官。時公已出外，而井尚在京師，自以主北流，乃上章待罪。詔以所議未嘗行，特釋之。至是，東流竟壞而之北，安持等以主東流議，故被罪，而公乃有道州之行。安持，尚書左丞蔡卞妻妹之夫也，故得陳州安置，而公得道州。井爲人直戇，且好辯，時以目疾致仕，乃奏以爲身亡，故不責。井，陳州人。後四年，公知潁州過陳，猶見之。

吕希純爲人謹慎行事

《童蒙訓》卷下："元符末，叔祖待制公坐元祐黨人貶道州，未至先遣人賃屋兩間。時公亦挈家往，既至，屋窄陋甚，更益一間，以公狀申郡守，不敢往見。是時上皇即位，已議褒用矣。韓原伯川先貶道州，公以俱在謫籍，不敢相見。既原伯與公俱復官內徙，原伯先受命，往見公，亦不敢與相見，以爲未受復官命也。前輩慎事如此，其亦能遠禍矣。然且不免，則亦命也。"

十一月

詔諸州行三舍法

《御批續資治通鑑綱目》卷八："（十一月）詔諸州行三舍法。"

權知開封府吕嘉問落職，知懷州

《宋會要輯稿》職官六七《黜降官四》："（元符二年十一月七日）寶文閣待制、權知開封府吕嘉問落職知懷州。"

《全宋文》卷二〇一四吕嘉問《薦鄒浩褫官謝表》："臣之與浩，實非素交。以其嘗備學校之選於先朝，能陳詩賦之非於元祐，比緣薦士，遂取充員。豈期螻蟻之微，自速雷霆之遣。"

案：據《宋會要·職官》六七之二八至二九記載，與吕嘉問同落職的有翰林學士、知制誥、兼侍講蔣之奇，權吏部尚書葉祖洽，還有除名勒停、追一官勒停等二十餘名官員，皆坐與諫官鄒浩語言交通及以錢銀遺浩，且致簡敘別也。

吕希績降分司南京,隨州居住

《太平治迹統類》卷二四《元祐黨事本末下》:"(元符二年十一月乙亥)吕希績降分司南京,隨州居住。"

吕本中作詩嘔血,得終身羸疾

曾季貍《艇齋詩話》:"吕東萊詩:'風聲入樹翻歸鳥,月影浮江倒客帆。'此篇年十六時作也。作此詩曾嘔血,自此遂得羸疾終其身。其始作詩,如是之苦也。"

案:"風聲入樹翻歸鳥"二句,爲《晚步至江上》詩中語,本中自注作於大觀二年,王兆鵬《兩宋詞人年譜·吕本中年譜》以爲,或是曾季貍誤記,俟考。

元符三年庚辰(1100),吕希哲六十一歲,吕好問三十七歲,吕廣問三歲,吕本中十七歲,吕弸中十一歲,吕用中十歲,吕忱中三歲

春正月
哲宗崩於福寧殿

《宋史全文》卷一三下《宋哲宗三》元符三年春正月條:"戊辰朔,不受朝。己卯,上崩於福寧殿。"

徽宗即位,太后權同聽政

《御批續資治通鑑綱目》卷八:"三年春正月,帝崩,端王佶即位,太后權同聽政,赦。"

章惇特進封申國公

《後編》卷九三徽宗元符三年春正月戊子條:"以章惇爲特進封申國公。"

二月

韓忠彦爲門下侍郎,黃履爲尚書左丞

《宋宰輔編年録校補》卷一一徽宗元符三年二月:"庚申,韓忠彦門下侍郎……黃履尚書左丞……給事中劉拯言:'韓忠彦乃駙馬都尉嘉彦之兄,元祐中嘗除尚書右丞,以致人言,遂除樞密府。今乃除門下侍郎,雖忠彦非他外戚比,然不能使他日不援以爲例。'詔韓琦定策元勛,忠彦純厚舊德,豈可以嘉彦之故妨任勛賢,宜依已得指揮。遂書讀行下。忠彦及履初入對,忠彦陳四事以禆新政:一廣仁恩,二辟言路,三去疑似,四謹用兵。忠彦再入三月,而四月拜相。"

呂希純少府少監,居唐州。呂希哲管勾明道宫,呂希績管勾崇福宫

《宋會要輯稿》職官七六之二一至二二:"(元符三年二月)二十六日,詔:'……責授信州團練副使、道州安置呂希純爲朝奉郎、少府少監、分司南京、唐州居住……降授朝奉郎、尚書屯田員外郎、分司南京、和州居住呂希哲爲朝奉郎、管勾亳州明道宫,降授朝散郎、少府少監、分司南京、隨州居住呂希績爲朝請郎、管勾西京嵩山崇福宫……'"

三月

龔夬爲殿中侍御史,陳瓘、鄒浩爲左右正言

《宋史全文》卷一四《宋徽宗》元符三年三月條:"權發遣洺州龔夬爲殿中侍御史,權發遣衛州陳瓘爲左正言,添差袁州酒税鄒浩爲右正言,用曾布、韓忠彦、黃履所薦也。上極稱浩,且謂布曰:'浩擊章惇文字待降出。'布因言:'言路得人,中外孰不鼓舞?唯章惇、蔡卞不樂爾!'"

詔許劉摯、梁燾歸葬,録其子孫

《御批續資治通鑑綱目》卷八:"詔許劉摯、梁燾歸葬,録其子孫。"

四月

韓忠彦爲右僕射,李清臣門下侍郎,蔣之奇同知樞密院事

《宋宰輔編年録校補》卷一一徽宗元符三年四月:"甲辰,韓忠彦右僕射……癸丑,李清臣門下侍郎……同日,蔣之奇同知樞密院事……"

准吏部侍郎徐鐸奏,貶責司馬光等事狀與章疏合一編類

《長編拾補》卷一五哲宗元符三年四月癸亥條:吏部侍郎徐鐸奏:"准紹聖四年三月二十八日朝旨節文,蹇序辰奏:'竊見朝廷前日追正司馬光等奸惡,明其罪罰,以告中外,乞將貶責過奸臣所言所行事狀並取會編類,仍録一本,分置三省、樞密院。'又准紹聖五年四月四日朝旨,蹇序辰奏:'昨准朝旨,編類貶責過司馬光等事狀,俟編類畢,繕寫一本進入,以備省覽。'今勘會編類臣僚章疏局已准朝旨,將前後編類章疏並一宗行遣盡納入内。臣契勘上件事狀,多於章疏内節出文意,類編成書,事體一同。今來合與不合,依編類章疏局已得朝旨,將一宗行遣進入。"詔並進入。

范純仁等十有九人復官有差。吕希純鴻慶宫,任便居住。吕希哲希績並與小郡

《長編拾補》卷一五哲宗元符三年四月乙丑條注釋:"《續宋編年資治通鑑》【又】云:皇長子生。大赦,范純仁二十五人並收敘。純仁宫觀,許歸潁昌;劉奉世宫觀,許歸陳州。王覿、韓川、吕希純、吳安詩、唐義問並宫觀,任便居住。王欽臣知潁昌府;楊畏復官,依舊知襄州。吕陶、張耒、劉當時並與知州。吕希哲希績、賈易並與小郡。劉唐老、黄隱、晁補之、黄庭堅並與堂除。蘇軾、蘇轍、劉安世、秦觀移永、岳、鼎、衡州居住。程頤復官,任便居住。鄭俠放逐便。"

吕希哲起知單州,道過山陽,墮水而不傷。徐積作《我敬詩》贈希哲

《童蒙訓》卷上:"元符三年,滎陽公自和州謫居,起知單州,道過山陽,因

出過市橋,橋壞,墮水而不傷焉。仲車先生年几七十矣,作《我敬詩》贈公云:'我敬呂公,以其德齒。敬之愛之,何時已已。美哉呂公,文在其中。見乎外者,古人之風。惟賢有德,神相其祉。何以祝公,勿藥有喜。'詩後批云:'前日之事,橋梁腐敗,人乘蹉跌,而公晏然無傷,固有神明陰相其德。願爲本朝自重,生民自重。'"

五月

蔡卞罷尚書左丞

《宋宰輔編年錄校補》卷一一徽宗元符三年五月乙酉條:"蔡卞罷尚書左丞……"

追復呂公著等官。司馬光與呂公著並追復太子太保

《長編拾補》卷一五哲宗元符三年五月甲午條注釋:

(《續宋編年資治通鑑》)【又】云:韓忠彥白上:"以元祐生者已被恩,而死者殊未甄復,不有追復,孰慰幽魂?"故文彦博、王珪、呂大防、劉摯、韓維、梁燾、司馬光、呂公著、孫固、傅堯俞、趙瞻、鄭雍、王巖叟、范祖禹、趙彦若、錢勰、顧臨、趙君錫、李之純、呂大忠、鮮于侁、孔武仲、姚勔、盛陶、趙卨、孫覺、杜純、孔文仲、朱光庭、李周、張茂則、高士英、孫升並追復,燾、摯比舊猶降一官。

案:據《宋會要輯稿》職官七六之六〇至六一記載,元符三年五月二十三日,時徽宗即位未改元,朝廷下詔,共追復二十餘位元祐大臣,其中"追貶朱崖軍司户參軍司馬光、追貶昌化軍司户參軍呂公著,並追復太子太保。"

又案:《宋大詔令集》卷二二一,有《司馬光呂公著追復官制》,制詞云:"具官某:出入四朝,望實兼邵。粤自神考,俾贊事樞。逮及先朝,爰立作相。未乾墳土,嘖有煩言。除削寵名,罪均投裔。蒙惡滋久,不能自昭。稽參舊章,蔽自朕志。東朝二品呂云東朝一品,稍還高秩。納書幽壤,流澤後人。死而有知,尚識兹意。光追復太子少保,公著復太子太保。"

六月

邢恕有罪,安置均州

《御批續資治通鑑綱目》卷八:"六月,邢恕有罪,安置均州。"

七月

向太后罷聽政

《御批續資治通鑑綱目》卷八:"秋七月,太后罷聽政。"

御史中丞豐稷揭露章惇謀害元祐忠賢,疏吕公著等無罪

《宋宰輔編年録校補》卷一一徽宗元符三年九月辛未條:"七月,御史中丞豐稷等言:'神宗爲法於天下,新於熙寧,成於元豐。元祐上封事者言法度於民不便,因而更張之。删修法度,務從民便。所以垂簾九年,朝廷無事,華夏乂安。哲宗親政,召章惇爲宰相,用群小合奸謀害元祐忠賢司馬光、吕公著等,變亂神宗法度,謂之不忠,不能紹述,謂之不孝,以此激怒先朝。惇以光等變亂神考法度不足爲深罪,又編類臣僚章疏,擇其切直不諱之言與夫陳亂世以諷今者,謂之指斥。惇又以章疏語言不足爲大惡,又持文及甫、邢恕之私言,輒誣光等謀廢立爲不軌。無狀可案,無迹可尋,無證佐可明,惇一切以意爲之。按惇當國七年,竊持威柄,禍福天下,勇於害賢,敢於殺人,臨大變,計大事。包藏陰謀,發爲異議。陛下尚優容之乎?'"

九月

章惇罷左僕射

《宋宰輔編年録校補》卷一一徽宗元符三年九月辛未條:"章惇罷左僕射……"

吕嘉問爲光禄少卿,分司南京,光州居住

《長編拾補》卷一六哲宗元符三年九月甲申條:"資政殿學士、左諫議大夫、知江寧府蔡卞落職,提舉洞霄宫,太平州居住。寶文閣直學士、左中散大

夫、知成都府路昌衡爲司農少卿,分司南京;寶文閣直學士、中大夫、知鄆州吕
嘉問爲光禄少卿,分司南京,光州居住。二人皆嘗尹京,附會章惇、蔡卞,殺戮
無辜也。朝散大夫、龍圖閣待制、河北都轉運使張商英,朝奉大夫、龍圖閣待
制、知瀛州范鏜,並落職。商英知隨州,鏜知滁州,二人亦坐惇、卞黨,故責。"

十月

復以程頤判西京國子監

《御批續資治通鑑綱目》卷八:"冬十月,復以程頤判西京國子監。"

安惇、蹇序辰有罪除名,放章惇於潭州

《御批續資治通鑑綱目》卷八:"安惇、蹇序辰有罪除名,放章惇於潭州。"

蔡京有罪免,削林希官,徙知揚州

《御批續資治通鑑綱目》卷八:"蔡京有罪免,削林希官,徙知揚州。"

韓忠彦左僕射,曾布右僕射

《宋宰輔編年録校補》卷一一哲宗元符三年十月:"丁酉,韓忠彦左僕
射……壬寅,曾布右僕射……忠彦既爲左相,柔懦,天下事多決於布。議以元
祐、紹聖均爲有失,欲以大公至正消釋朋黨,明年,改元建中靖國,邪正雜用。
忠彦遂罷去。布獨當國,漸進紹述之説。明年,又改元崇寧。"

以豐稷爲工部尚書

《九朝編年備要》卷二五:"以豐稷爲工部尚書。"

豐稷薦吕希哲自代,並評價希哲"心與道潜,湛然淵静"

《童蒙訓》卷上:"建中靖國元年,豐相之稷遷禮部尚書,薦滎陽公自代,詞
云:'心與道潜,湛然淵静,所居則躁人化,聞風則薄夫敦。'"

案:豐稷於元符三年升爲工部尚書,建中靖國元年,並無豐稷升遷爲禮部
尚書的其他史料作證,故此條材料附於此。

十一月

詔改明年爲建中靖國，欲以大公至正消釋朋黨

《宋史紀事本末》卷四八《建中初政》："（元符三年）十一月庚午，詔改明年元，議以元祐、紹聖均有所失，欲以大公至正，消釋朋黨，遂改元爲建中靖國。"

安燾知樞密院事，黃履罷尚書左丞，范純禮守尚書右丞

《宋宰輔編年録校補》卷一一哲宗元符三年十一月："戊寅，安燾知樞密院事……庚辰，黃履罷尚書左丞……辛卯，范純禮守尚書右丞……"

置春秋博士

《御批續資治通鑑綱目》卷八："置春秋博士。"

案：本年進士及第者凡五百六十一人。有李釜、林遹、王安中、王賓、辛炳、孫傅、黃潛善、張邦昌、張勸、曾懋、翟汝文、劉安節、劉昺、劉豫等。

宋代東萊呂氏
家族年譜長編

（下）／

姚　紅◎著

—— 全國高等院校古籍整理研究工作委員會資助項目 ——

浙江工商大學出版社｜杭州

圖書在版編目(CIP)數據

宋代東萊呂氏家族年譜長編 / 姚紅著. —杭州:
浙江工商大學出版社,2021.3
ISBN 978-7-5178-4434-1

Ⅰ.①宋… Ⅱ.①姚… Ⅲ.①家族—年譜—龍口—宋
代 Ⅳ.①K820.9

中國版本圖書館 CIP 數據核字(2021)第 064513 號

宋代東萊呂氏家族年譜長編
SONGDAI DONGLAI LVSHI JIAZU NIANPU CHANGBIAN

姚　紅著

責任編輯	張晶晶
責任校對	熊静文
封面設計	沈　婷
責任印製	包建輝
出版發行	浙江工商大學出版社
	(杭州市教工路 198 號　郵政編碼 310012)
	(E-mail:zjgsupress@163.com)
	(網址:http://www.zjgsupress.com)
	電話:0571 - 88904970,88831806(傳真)
排　版	杭州朝曦圖文設計有限公司
印　刷	杭州宏雅印刷有限公司
開　本	710mm×1000mm　1/16
印　張	53.5
字　數	820 千
版 印 次	2021 年 3 月第 1 版　2021 年 3 月第 1 次印刷
書　號	ISBN 978-7-5178-4434-1
定　價	188.00 元(全三冊)

卷二十一

徽宗建中靖國元年辛巳(1101),呂希哲六十二歲,呂好問三十八歲,呂廣問四歲,呂本中十八歲,呂弸中十二歲,呂用中十一歲,呂忱中四歲

春正月
范純仁卒

《宋宰輔編年録校補》卷一一徽宗建中靖國元年正月癸亥條:"前宰相觀文殿學士、中太一宮使范純仁卒……王稱曰:'純仁忠厚仁恕,不澄不撓,人莫能窺其際。而其愛君憂國之心,凜然有仲淹之風。噫! 使熙寧用其言,則元祐無改更之患;元祐用其説,則紹聖無黨錮之禍矣。'"

皇太后向氏崩

《宋史全文》卷一四《宋徽宗》建中靖國元年春正月條:"甲戌,皇太后崩於慈德殿。丁丑,祔葬永裕陵,諡曰欽聖憲肅皇后。"

二月
貶章惇爲雷州司户參軍

《宋史全文》卷一四《宋徽宗》建中靖國元年二月條:"丁巳,詔潭州安置章惇責授雷州司户參軍、員外置。先是,左正言任伯雨言:'章惇迷國罔上,毒流縉紳。又風聞敵使言:敵主去年吃食次,聞中國貶黜章惇,敵主不覺放匕箸,跳起曰:'甚好,甚好! 南朝錯用此人。'敵使又曰:'何故只如此行遣?'以此觀

之,惇之奸凶,不獨孟子所謂'國人皆曰可殺',雖四海九州、夷狄蠻貊,莫不以爲可殺也。'"

以呂希純知瀛州

《長編拾補》卷一七徽宗建中靖國元年二月丁巳條注釋:"《續宋編年資治通鑑》云:二月,以呂希純知瀛州。時賢士大夫經紹聖貶責者稍稍還朝,曾布忌希純,故出之。【案】《宋史·呂公著傳》:徽宗聞希純名,數稱之。曾布忌希純,因其請覲,未及見,亟以邊,遽趣遣之。俄改潁州。"

案:李之亮《宋河北河東大郡守臣易替考·瀛州河間府》考證:知瀛州范鏜於元符三年九月知滁州,范鏜的下一任是呂希純,那麼,希純知瀛州當在元符三年九月。兩條資料時間不一致,待考。

三月

罷權給事中任伯雨

《宋史全文》卷一四《宋徽宗》建中靖國元年三月條:"任伯雨居言職僅半歲,所上一百八疏,皆系天下治亂,關宗社宮禁者,細故不論也。曾布方用事,伯雨謀擊之,布覺,乃先罷伯雨言職、知虢州。"

六月

范純禮罷尚書右丞

《宋宰輔編年錄校補》卷一一徽宗建中靖國元年六月戊午條:"范純禮罷尚書右丞……"

七月

安燾罷知樞密院事。蔣之奇知樞密院事,陸佃尚書右丞,章楶同知樞密院事

《宋宰輔編年錄校補》卷一一徽宗建中靖國元年七月:"丙寅,安燾罷知樞密院事……丁亥,蔣之奇知樞密院事……陸佃尚書右丞……同日,章楶同知樞密院事……"

蘇軾卒,四方震悼

《蘇軾年譜》卷四〇:"(建中靖國元年七月)丁亥(二十八日)卒。"

案:徽宗繼位後,蘇軾相繼以恩移廉州安置、舒州團練副使、永州居住、復朝奉郎、提舉成都府玉局觀等。然北歸途中,感染重疾,病逝於常州,享年六十六。時四方震悼,《東坡先生墓誌銘》曰:"吳越之民相與哭於市,其君子相弔於家,訃聞四方,無賢愚,皆咨嗟出涕。"宋孝宗乾道六年,追諡文忠,乾道九年,特贈太師。

秋

呂希哲召爲秘書少監,左遷光禄少卿。呂本中隨侍,與呂欽問聚學

《師友雜志》:"建中靖國元年秋,榮陽公在京爲秘書少監,已而左遷光禄少卿。"又云:"予年十八歲,從榮陽公至京師,始與從叔知止聚學,相期甚遠。"

案:呂知止,名欽問,呂公著之孫,呂希績之子。《道鄉集》卷一六,有《呂希哲除光禄少卿制》,制詞云:"勅具官某:寺監之貳,均爲盛選,易地而處,厥有故常。爾既致道潛心以世其所當然者矣,視吾酒醴膳羞之事,猶秘書圖籍也,則何適而不爲忠乎。勉帥官僚,往共厥服。"

呂希哲受到陳次升持續奏彈

《讜論集》卷四《奏彈呂希哲第一狀》:"臣近彈奏新除秘書少監呂希哲系宰臣韓忠彥之親,方離謫籍,進任太峻,未蒙施行者。竊以蘭臺秘省,所以待天下之儒士,爲之貳者,未易其人。每有除授,必學問資任可充其選者,而後人無得而議。今希哲碌碌常材,文學無取,蔭補入仕。元祐間呂大防與其父呂公著相結甚厚,大防當國,引希哲置在經幄,擢爲省郎。當是之時,清議不與。自後希哲既以罪斥,因緣大赦,方行牽復。除郡未几,今又有此差除,何也? 若以人材資任言之,顯屬不當;若以宰臣之親言之,豈盡至公之道哉? 夫爵禄者,人主之操柄,宰臣得以私其所親,人心其能厭服,多士何以激勸? 伏望聖慈特賜改正施行。取進止。"

《讜論集》卷四《奏彈呂希哲第二狀》:"臣近論奏呂希哲系左僕射韓忠彥之

親,除秘書少監太峻,未見施行。竊以名器不可假人,爵賞所以養德,除授至公,則人無間言;若阿所好,則人心不服。今希哲既乏才能,原本闕四字蔭補入官,所至無善狀。論其才能學問,不可任秘省;論其方起謫籍,亦未宜有此峻遷;若論其宰相姻親,則尤不可如此速進。除目既下,士論喧騰,臣不敢畏避,遂具彈奏。朝廷不爲施行,必是進擬之際,三省以忠彥之親,堅執不回,依阿曲徇,遂使陛下官爵不得盡至公,以待天下之賢,而忠彥獨得私其所親。上下之分漸虧,威福之柄倒置。宰臣如此,國家何賴? 伏乞睿斷特降指揮。取進止。"

《讜論集》卷四《奏彈王古呂希哲》:"臣訪聞近日三省大臣竊弄賞罰之柄,專威福之權,不推至公,爲朝廷擇人,乃私所親,不顧公議。王古乃右僕射曾布、右丞范純禮之親也,起自貶所,即除户部侍郎,曾未數日,又除尚書。人言不已,方令補外。呂希哲乃左僕射韓忠彥之親也,方離謫籍,即除秘書少監,進任太峻,職位又崇。如聞除授,皆非陛下之意,出於大臣進擬,以私其所親。朝廷如此,公道安在? 人言藉藉,甚可畏也。伏望聖慈獨奮朝綱,斷自宸衷,特賜施行。仍令今後如系宰執之親,委是人材資任合行遷擢,並取聖選,大臣不得干預,以明君臣之分,以存至公之道。取進止。"

《讜論集》卷四《奏彈呂希哲李祥》:"臣竊以天子居九重之深,不出户而天下治者,以宰執爲之腹心,以臺諫爲之耳目,以相維持,以相補助,二者並用而不可以偏廢,然後朝廷正而萬事理。如以腹心之臣爲可托,耳目之官爲可輕,臣恐天下之士壅於上聞,而天子孤立矣。此不可不察也。臣今論列呂希哲除秘書少監,李祥除太常博士未允公議,不蒙施行。臣竊惟執政之親,人材資任委有可用,若出睿選,猶當引嫌。況呂希哲進任太速,李祥除授太頻,既是大臣之親,止緣三省進擬,未盡至公,清議難屈。臣具論列,朝廷不爲施行,必以臣言爲非,臣不當更居言職。若以臣尚可備員諫省,亦當行臣之言,豈可忽而不用? 伏望聖慈主張言路,以廣耳目之聰明;收還威柄,無使宰執之專權。其呂希哲、李祥等差除,乞檢會臣前奏,早賜指揮寢罷。取進止。"

八月

邢恕申實録院狀,其中涉及和司馬光、呂公著之關係

《長編拾補》卷一八徽宗建中靖國元年八月條:"是月,邢恕申實録院狀

云：'恕爲御史中丞，爲章惇所擠，與同知樞密院事林希皆以本官罷職。恕遂出知汝州，數月，移知南京。時哲宗亦徐知希與恕俱罷，稀有罪名，而恕無明白罪名。惇恐恕復用，即檢尋出恕元祐初因罷中書舍人責知陶州日曾於簾箔有疏自辯，然箔中固未嘗聽，責命遂下。其後再責永州監當，首尾九年，皆在謫籍，並因國事，即不緣私，而惇悉置不論。至元符元年冬，乃取下三年前章疏，抉摘疑似，上欺哲宗聖聽，降恕三官，責知南安軍。章疏中止於自序揚歷本末，未嘗干及朝政，乃具述神宗皇帝追惟遇臣疇昔之言，察臣本末，記其姓名，乃復召還館閣。又云至於神宗皇帝末年，能察知臣，以爲忠信，遂除尚書省官，則於責詞中並削去不言，特著其熙寧初忤旨罷館職之言，以巧相詆誣。恕時以簾箔未相知，恐以爲前此嘗違道干進，故云及臣除尚書職方員外時，司馬光亦除資政殿學士，其月日可考也。惇即見詆云'自謂與司馬光同被收擢'。又恕時有故與韓維相連，所以云韓維素有名德，及與司馬光、呂公著爲一等。惇見詆云'指權臣爲名德'。此皆見於訓詞之言，足爲顯據。而去年六月間，惇尚當國，責恕均州，分司，反以司馬光、呂公著追貶海外之日，由恕所擠。公著之貶海外，責詞具在，罪名可見；與司馬光所坐口語，並無分毫干涉。惇之貶光，已是厚誣，至同貶公著海外，當時之人，尤知其無名。然則公著與恕，累不相干，事理灼然。至貶光海外，則緣光在元豐八年春與范祖禹曾説：'今上皇帝已嗣位，然婁後事猶可慮。'祖禹先到京師，恕因與祖禹間言哲宗方十歲，比至還政，須更十年，中間事亦有可慮，祖禹即道光之言。時司馬光尚未起，不能深知宣仁之用心，故有此言。然其於哲宗之意，則忠也。祖禹與光深相知，所以與恕説者，正以光爲善意，非惡也。恕曾説與蔡確、章惇，亦以光言爲有憂國愛君之意爾。當是時，朝廷方向用光，欲以爲相，又簾箔在上，光言於簾中，乃有形迹。恕特密與確等説，則豈以光意爲不善、有陷光之意哉？及至紹聖間，章惇疑恕，恐其不爲己用，每以光、公著爲言，欲見把持。至云恕是呂公著上客，又云恕昔時常托司馬光在手掌裏。凡紹聖間侍從臣僚，無不聞知。則惇方貶光、公著之日，豈容恕知其謀也？因葉祖洽論王珪事，林希本出珪門下，又是親戚，惇既與希爲黨，以希之故，陰欲庇珪。而祖洽論珪事，乃引光、公著與珪爲比，謂光、公著已貶節度副使，則珪豈可置而不行？時王珪之貶，因祖洽屢有章疏，至光、公著，則已貶節度副使，其後並無人言，又別無事因,特因祖洽之言所激,遂同日與珪皆貶,則惇豈嘗見問,恕亦何嘗聞知?
但既貶光、公著後,恕徐聞惇於哲宗前以光言'婁後事猶可慮',乃以爲幸其如
此,兼觀光責詞,謂其'實藏禍心',則其旨可知也。至於呂公著責詞,則與責
節副詞大節皆相表裏,其後別無罪名,然不知惇當日因何與光並責也? 惇既
貶光,知其別無事因,即於貶光之日,旋畫旨下編類所,應事干臣僚,並仰本所
直行取會,仍備坐;若有隱匿、增減、漏泄,並科除名之罪。貶光後五十二日,
編類所方行牒來,止於取會司馬光語言而已,與呂公著了無相干也。恕即回
牒,具坐元豐八年夏范祖禹與恕說'曾與司馬光同在洛河官船中說及先皇帝
已嗣位,然婁後事猶可慮。'恕尋曾說與左僕射章惇及故左僕射蔡確,委是詣
實。回牒今在編類所案卷中,可以檢照。恕止云光言'猶可慮',則是憂慮恐
有此事,如何惇以可慮之言乃反指爲禍心也? 兼當年二月初,責光爲節度副
使時,責詞中已有'潛懷睥睨之邪計,欲快傾搖之二心',此兩句,固已指光'猶
可慮'之言以爲邪計、二心,但其言不甚別白爾。至貶光海外之日,則云'乃與
凶黨實藏禍心,至引宣訓衰亂不道之謀,借喻寶慈聖烈非意之事。興言及此,
積慮謂何?'止是更注解邪計、二心之詞而已。即知惇再貶光、公著,有激而然
也。其下'積慮'二字,乃惇狡獪,欲該載光言'慮'字在其間爾。然光所謂'猶
可慮'者,直是憂恐之言,固無幸願之意,與惇所謂'慮'者,文義語脈理自不
同。惇雖強欲牽合,不免益見其撰造也。若惇以光言爲明有惡意,則當日責
辭,何不實載光'可慮'之言以爲有幸災之意? 如此,即是著光本語,惇知果爾
則不足以誑惑天下,人必有詞,故匿光本語,飾以己意。然則誣陷光者,特出
於惇,事理甚明。恕牒又云'尋說與惇及蔡確,則顯見非紹聖後語惇也。'其言
出於范祖禹。祖禹與光至相厚,固非談光之惡;恕傳祖禹之言,固非陷光之
意。今聖明方辨光、公著之冤,而惇實陷光,不自執咎,乃反嫁禍於恕。與前
責恕南安辭云'自謂與司馬光同被收擢,指權臣爲名德'者,前後蓋不類也。
況惇將責光之日,恕若與惇符同,則惇必先令恕供析,然後行遣,豈有先貶光
海外,後行取會之理! 蓋惇知恕與己不同,若先來取會,即恐恕或有隱匿,或
爲光解釋,即却難以撰造。所以惇先用己意,織成光罪;既貶光後,更畫聖意,
以除名之罪見脅,方來取會。而恕所答牒辭如前,則不肯傅會章惇,符同責
詞,灼然可見。兼責光海外後半年,恕方除御史中丞,時林希與惇相爲表裏,

謂恕爲公著黨人，欲以此相脅持。恕恐此言必達哲宗之聽，遂曾因事奏陳云：'惇嘗以臣爲素與司馬光、呂公著厚，欲以此制臣。先時，惇嘗云臣常托司馬光在手掌裏。臣答惇云：光素有賢名，方元豐以前，天下之人孰不稱其賢者！固不能逆知光後日爲相，改更太過也。至於神宗皇帝末年，亦嘗特進光資政殿學士，然則神宗豈不賢光哉？惇他日又面折臣，云：臣是呂公著上客。臣答：以臣爲呂公著上客，固不可欺相公。但當元祐間，恕與呂公著進退禍福自不同。方呂在元祐間進，時恕却退；方呂爲簾省，所知得福之日，恕掇簾箔之怒乃得禍，這個却不同。惇云：若不憑他，即郤須廝隨公著過嶺去也。'恕既具爲哲宗道此二事，且云：'恐惇今日以此持臣欲其順己，臣自顧昔者，實曾稱道光、公著，然臣本公言，非有私也。臣欲爲惇所持，則御史臺可廢矣。'哲宗面諭云：'卿既與他進退不同，不妨莫信。'所謂莫信者，令莫信惇也。使恕果先傅會惇，證明光罪，貶光海外，則惇、希寧復以此更見脅持？但乞照驗。恕責南宮，告辭猶云：'自謂與司馬光同被收擢，指權臣爲名德。'則知方恕爲御史中丞日，惇以恕與光等素厚見訕可知矣。程頤貶涪州，亦是林希與章惇以爲恕素師事頤，故遂於哲宗前陷成頤罪；未從貶頤，乃於執政大臣聚會處見訕云：'師既如此，爲弟子者當如何？'恕尋聞其説，亦曾對哲宗皇帝開陳云：'程頤之貶，臣不知以何罪？臣於頤昔者實以師友之間處之，但自元豐三年頤曾到京師與之相見後，至今二十年不曾相會。元祐間與頤又不同進退，然則惇雖罪頤，焉能中臣？但惇緣希故，挾情用刑，則天下安得心服！理當奏知。'哲宗云：'會得。'希之見訕，先朝大臣皆聞其言，則恕對哲宗面辨其事，可知希爲惇謀；猶欲以程頤見中，則其於司馬光、呂公著又可知也。今來《實錄》當具載光、公著之貶，則罪光本末宜得其實，乞賜照會。"

十月

李清臣罷門下侍郎

　　《宋宰輔編年錄校補》卷一一徽宗建中靖國元年十月乙未條："李清臣罷門下侍郎……"

冬

吕希哲出知曹州

《師友雜志》：“建中靖國元年冬，滎陽公出守曹南。”

《宋史·吕公著傳》（《吕希哲附傳》）：“徽宗初……希哲力請外，以直秘閣知曹州。”

案：《道鄉集》卷一八，有《吕希哲直秘閣知曹州制》，制詞云：“秘閣聚天下之圖籍，以崇養豪英，以鑒觀理亂，惟時分直，不輕授人。以爾學知所宗，行與言稱，方從卿寺，出守輔藩，兹用褒嘉，以爲爾寵。夫濟陰患盜久矣，以爾之不欲而表勵之，則雖賞之不竊，將不特見於空言而已。往其懋哉！”

十一月

陸佃尚書左丞，温益尚書右丞

《宋宰輔編年録校補》卷一一徽宗建中靖國元年十一月丙子條：“陸佃尚書左丞……温益尚書右丞……”

復召蔡京爲翰林學士承旨

《御批續資治通鑑綱目》卷九：“復召蔡京爲翰林學士承旨。”

再詔改元

《御批續資治通鑑綱目》卷九：“再詔改元。”

以鄧洵武爲給事中兼侍講

《御批續資治通鑑綱目》卷九：“以鄧洵武爲給事中兼侍講。”

罷禮部尚書豐稷，復蔡卞、邢恕、吕嘉問、安惇、蹇序辰等官

《御批續資治通鑑綱目》卷九：“罷禮部尚書豐稷，復蔡卞、邢恕、吕嘉問、安惇、蹇序辰等官。”

十二月

吕希純由瀛州改知潁州

《長編拾補》卷一八徽宗建中靖國元年十二月庚寅條："朝請大夫、知洪州葉祖洽爲寶文閣待制、知瀛州，知瀛州吕希純知潁州。先是，上以河朔諸帥皆元祐人，欲盡易之，故希純、祖洽有是命。皆曾布爲請也。布又擬蔡京代張舜民，朱紱代劉安世，召商英户部侍郎，祖洽初擬，亦召爲侍郎。上既許之矣，韓忠彦白上：'祖洽等差除，曾布云悉已得聖旨，不審其間有可論者，尚容臣開陳否？'上曰：'不妨。'遂力詆商英、祖洽爲不可。上曰：'商英曾有文字，朕欲召還；祖洽且令外補。'"

《宋史·吕公著傳》（《吕希純附傳》）："建中靖國元年，還爲待制、知瀛州。徽宗聞其名，數稱之。曾布忌希純，因其請覲，未及見，亟以邊，遽趣遣之。俄改潁州，入崇寧黨籍。卒，年六十。"

權尚書户部侍郎吕仲甫爲集賢殿修撰、知應天府

《宋會要輯稿》選舉三三之二二："（建中靖國元年十二月）十一日，權尚書户部侍郎吕仲甫爲集賢殿修撰、知應天府。權尚書刑部侍郎周鼎直龍圖閣、知齊州。"

吕嘉問知蘄州，未赴

《長編拾補》卷一九徽宗建中靖國元年十二月壬寅條："朝奉大夫、知滁州范鏜復集賢修撰、知澶州。朝散郎、少府少監，分司西京邢恕，中大夫、光禄少卿、分司南京吕嘉問，中散大夫、司農少卿、分司南京路昌衡，並落分司，恕知隨州，嘉問知蘄州，昌衡知滁州。除名勒停放歸田里人安惇爲朝奉郎、提舉太平觀，蹇序辰爲朝散郎、提舉明道宫，通議大夫林希追復資政殿學士。"

案：《宋兩淮大郡守臣易替考·蘄州》考證：此次吕嘉問未赴蘄州。

崇寧元年壬午（1102），呂希哲六十三歲，呂好問三十九歲，呂廣問五歲，呂本中十九歲，呂弸中十三歲，呂用中十二歲，呂忱中五歲

春正月

韓忠彥罷左僕射

《宋宰輔編年録校補》卷一一徽宗崇寧元年正月："庚申，韓忠彥罷左僕射……"

《宋宰輔編年録校補》卷一一同條："忠彥自元符三年四月拜相，至是年五月罷，入相凡二年餘。忠彥進左僕射，而曾布爲右相不協。諫官吳材、王能甫助布排忠彥，遂以觀文殿大學士知大名府。初，忠彥爲相，稍復元祐之政，天下翕然望治。至是，論者稱元祐之初，哲宗踐祚之始，大臣變亂神考之法度，斥神考之人材者，忠彥、李清臣爲之首，願示懲戒。乃有是命。未幾，言者復論其變亂紹述之政，復還皋庤之黨，比之元祐，抑又甚焉。乞罷職名，以厭士論。遂罷觀文殿大學士。是月庚午，司馬光而下四十有四人，追奪黜降有差。司馬光降授右正議大夫，呂公著、文彥博、呂大防、劉摯等皆追奪外，韓維、孫固，系神宗潛邸人，已復職名及贈官，免追奪。乙亥，詔三省籍記蘇轍而下五十有四人，不得與在京差遣。仍敕榜朝堂，應元祐並元符末今來責降人，除韓忠彥曾任宰臣，安燾依前任執政官，王覿、豐稷見在侍從外，蘇轍、范純禮、劉奉世、劉安世等，令三省籍記姓名，更不得與在京差遣。詔曰：'昔在元祐，權臣詆誣先烈，肆爲紛更。紹聖親覽政機，灼見群慝。斥逐流竄，具正典刑。肆朕纂承，與之洗滌。悉復收召，寘諸朝廷。而締交彌固，惟以阻壞事功，報復仇怨。爲事必欲一變熙寧、元豐之法度爲元祐之法而後已。凡所論列，深駭朕聽。至其黨與，則遷敍不次，無復舊章。乃擇其尤者，第加裁削，餘一切釋而不問。《丁未録》"

案:徽宗繼位之初,深厭黨人攻擊不已,欲以中道爲衡,消弭其變,故以建中靖國紀年。然施宿以爲,韓忠彦爲相,不能發明上意,闇於事情,慮不及遠,致使曾布作惡,引蔡京自助。(《東坡先生年譜》)

陸佃罷尚書左丞。許將門下侍郎,溫益中書侍郎,蔡京尚書左丞,趙挺之尚書右丞

《宋宰輔編年録校補》卷一一徽宗崇寧元年正月:"己卯,陸佃罷尚書左丞……庚辰,許將門下侍郎……溫益中書侍郎……蔡京尚書左丞……趙挺之尚書右丞……"

溫益奏請削吕希純等職名,徽宗貶斥元祐之人

《長編拾補》卷一九宋徽宗崇寧元年正月癸未條:"曾布奏事訖。先是溫益留對,乞因事削劉奉世、張舜民、劉安世、吕希純、王覿等職名,又言晁補之知河中不當。上指令曾布看過却取進來。益以示布,布答益曰:'因事黜之,自當然也。'至是,布留,上心知爲此,故並留益。布對如前,上曰:'元祐之人訴訾先朝,義不可容。今閭巷之人尚知父子之義,朕豈可已因言罷補之郎官却與河中,似此皆過當。'又言:'謝文瓘與吕公著書,尊公著過於人主而詆先朝。'且語益曰:'書已降出,在曾布處。'又顧布曰:'將與三省看。'布唯唯。"

案:據《宋史·溫益傳》,溫益字禹弼,泉州人,依附蔡卞與蔡京。知潭州時,"鄒浩南遷過潭,暮投宿村寺,益即遣州都監將數卒夜出城,逼使登舟,竟凌風絶江而去。他逐臣在其境内,若范純仁、劉奉世、韓川、吕希純、吕陶,率爲所侵困,用事者悦之。"《宋史》稱其"狡譎傅合,蓋天禀然"。

四月
吕希純等落職

《長編拾補》卷一九宋徽宗崇寧元年四月乙未條:"蔡京入對。先是,溫益留對,乞因事削劉奉世、張舜民、劉安世、吕希純、王覿等職名。至是安世、希純、舜民落職。"

呂公著等人追奪黜降有差。呂希哲落直秘閣，依舊知曹州

　　《長編拾補》卷一九徽宗崇寧元年五月乙亥條："詔：'故追復太子太保司馬光降復右正議大夫，太子太保呂公著降復左光祿大夫，太師、河東節度使、開府儀同三司、太原尹、潞公文彥博降復太保，光祿大夫呂大防降復太中大夫，太中大夫劉摯降復右朝議大夫，右中散大夫梁燾降復朝請大夫，朝奉郎王巖叟降復定遠軍節度行軍司馬，朝奉郎蘇軾降復崇信軍節度行軍司馬，其元追復官告並繳納。贈右銀青光祿大夫王存追所贈官，資政殿學士、太中大夫鄭雍追所復職。贈右銀青光祿大夫、諡獻簡傅堯俞，右銀青光祿大夫、諡懿簡趙瞻，並追所贈官及諡告；贈太中大夫趙卨追所贈官，已上告身並追毀。朝散郎、集賢殿學士孫升追所復職。朝奉郎孔文仲，朝散郎朱光庭、宣德郎秦觀，延福宮使、入內都知、定國軍留後、贈安化軍節度使、諡僖獻張茂則，並追所復贈官。贈開府儀同三司范純仁追例外所推恩數。中大夫劉摯葬事依前宰相例，指揮勿行。資政殿大學士、太子少傅韓維，贈開府儀同三司孫固，爲系神考潛邸人，已復職名及贈官，免追奪。太中大夫蘇轍、朝散大夫范純粹、朝奉大夫吳安詩，更不敘復職名。端明殿學士、太中大夫范純禮落端明殿學士，提舉崇福宮。朝奉大夫、顯謨閣待制、知潁昌府陳次升降集賢殿修撰。朝請郎、集賢殿修撰韓川落集賢殿修撰，管勾崇福宮。朝奉郎、直龍圖閣、知汝州張耒落直龍圖閣，管勾明道宮。直秘閣、朝請大夫、知曹州呂希哲，朝請郎、知相州劉唐老，朝奉大夫、知蔡州歐陽棐，並落直秘閣，差遣依舊。朝奉大夫、提舉永興軍路刑獄孔平仲，朝請大夫、淮南路轉運副使畢仲游，朝奉大夫、提舉河東路常平徐常，朝奉郎、知太平州黃庭堅，朝散郎、知密州晁補之，朝散郎、軍器少監韓跂，朝散郎王鞏劉當時常安民，承議郎王隱，通直郎張保源，並送吏部與合入差遣。朝散郎汪衍，瀛州防禦推官余爽，陳州別駕湯戫，更不收敘。泉州教授鄭俠放罷，通直郎常立追所得一子官，參議郎程頤追所復官，依舊致仕。西上閣門使張巽追所復兩官，依舊差遣。曾經貶責人除遺表及罷政恩例已給還外，其亡歿後所復官職，已待指揮，依遺表條與推恩之人並減半。其三人以上餘數聽從多，仍並與假承務郎。用上件恩例轉官階資者依此。比折磨勘資考年月應送吏部人，並令在外指射差遣，吏部依條差注。承議郎任伯雨

准此。陳祐、張庭堅、商倚等，任滿送吏部，陳瓘管勾沖佑觀，龔夬候服闋准此。'制詞皆右僕射曾布所草定。責光等云：'尊主庇民，大臣之職。其事上則不敬，其謀國則不忠，犯義干刑，孰大於此！爾等遭時艱疚，身處廟堂，垂簾之際，唯淵嘿退託之間，坐肆威福，崇聚黨與，據諸要途，肆爲訛誣，妄議宗廟。已行之法度靡不變更，所進之人才靡不斥逐。以道聽途説施之政事而不恤於民情，以朋比謟諛自謂直諒而不稽於士論。蓋内懷怨望，好勝遂非，而忘事君之義，推原罪慝，何可勝誅！紹聖躬攬萬機，甫加竄逐；朕入纘大服，與物更新，而朋邪之人，適復在位。甄敘眷恤，靡不過優，言路交章，謂宜追改，稍從裁削，姑示至公，尚其有知，庸此陰命！'責大防、純仁云：'迨宣仁寢疾彌留，永泰陵年已及冠，而委政閹寺，莫肯以復辟爲言，不視長君，處之虛器。'責軾云：'嘗以謗訕，詆罪神考，貸而不誅。元祐之間，躐登華近，挾持親黨，鼓動群邪，肆爲訛誣，以逞怨望，紹聖投之荒裔，聊正典刑。昨者乃以誤恩，復還朝著，推原罪慝，在所當誅，追削故官，置之冗散，庶其黨類，知所創懲。'"

呂希純、呂希哲、呂仲甫等五十餘人三省籍記，不得與在京差遣

《長編拾補》卷一九徽宗崇寧元年五月乙亥條："詔：'應元祐並元符末今來責降人除韓忠彦曾任宰臣、安燾系前任執政官、王覿豐稷見任侍從官外，蘇轍、范純禮、劉奉世、范純粹、劉安世、賈易、呂希純、張舜民、陳次升、韓川、呂仲甫、張耒、歐陽棐、呂希哲、劉唐老、吳安詩、黃庭堅、黃隱、畢仲游、常安民、劉當時、孔平仲、徐常、王鞏、張保源、晁補之、商倚、張庭堅、謝良佐、韓跂、馬琮、陳彥默、李祉、陳祐、任伯雨、陳郛、朱光裔、蘇嘉、鄭俠、劉昱、魯君貺、陳瓘、龔夬、汪衍、余爽、湯戫、程頤、朱光庭、張巽、張士良、曾燾、趙約、譚宬、楊俌、陳恂、張琳、裴彥臣凡五十餘人，並令三省籍記，不得與在京差遣。'"

徽宗貶責元祐之人，詔詞曾布所草

《長編拾補》卷一九徽宗崇寧元年五月丙子條："詔曰：'昔在元祐，權臣擅邦，倡率朋邪，詆誣先烈，善政良法，肆爲紛更。紹聖躬攬政機，灼見群慝，斥逐流竄，具正典刑。肆朕纘承，與之洗滌，悉復收召，寘諸朝廷。而締交合謀，彌復膠固，惟以沮壞事功，報復仇怨，爲事翕翕訿訿，必一變熙寧、元豐之法

度,爲元祐之政而後已。凡所論列,深駭朕聽,至其黨與,則遷敍不次,無復舊章。或繇冗散之中登殿閣而滿方面,或既殂謝之後還舊職而加横恩,玩法肆奸,鮮不類此。稍後屏遠,姑務含容。而言路交攻,義不可遏,乃擇其尤者,第加裁削,以適厥中。尚慮中外詿悞之人未免反側,宜詳示訓諭,以慰安群情。應元祐以來及元符末嘗以朋比附黨得罪者,除已施行外,自今以往,一切釋而不問,在言責者亦勿復輒言。朕言不渝,群聽毋惑。宜令御史臺出榜朝堂。'詔詞曾布所草定也。"

六月

呂希哲自知曹州改知相州

《長編拾補》卷二○徽宗崇寧元年十月丙子條注:"(呂希哲)六月六日自曹改相。"

案:據《東萊呂紫微詩話》,呂希哲自曹州改知相州,與原相州太守劉唐老换職,會於滑州,滑州太守陳師錫來會,有詩云:"金馬舊游三學士,玉麟交政兩諸侯。"

呂希哲自知相州改知邢州

《長編拾補》卷二○徽宗崇寧元年十月丙子條注:"(呂希哲)六月六日自曹改相,十一自相改邢。"

案:《宋河北河東大郡守臣易替考·相州》考證:"十一"後當有脱文,希哲十月自邢州管勾沖佑觀,是"十一"後當有"日"字。希哲未赴。

閏六月

呂嘉問知湖州,同月調任知成都府

《吳興志》:"呂嘉問,中大夫。崇寧元年閏六月四日到任,二十三日以寶文閣直學士知成都府。"

曾布罷右僕射

《宋宰輔編年録校補》卷一一徽宗崇寧元年閏六月壬戌條:"曾布罷右僕

射……"

《宋史全文》卷一四《宋徽宗》崇寧元年閏六月條下有評論:"《講義》曰:人皆以建中靖國爲更化之時,而不知紹述之詔已下於元符之末,而禁中之意,曾布、蔡京已知之。布在熙寧之時則附會安石、惠卿之議,至紹聖之時,乃詭請薦陳瓘、張庭堅輩,又請毋毀光、公著碑。至建中之時,初知上有消朋黨之意,乃排蔡京而主元祐。及知上有紹述之意,則排忠彦而主紹述,甚至蔡京者,其奸又過於布,在熙寧則奉行熙寧之法,在元祐則奉行元祐之法,在紹聖則奉行紹聖之法,國論三變,而蔡京亦與之俱變,此小人不足責,而引用小人,自安石始。然安石之心與章子厚不同,章子厚之心與蔡京諸人不同。蓋安石之法猶出於所學,章子厚之法特托安石以報私怨耳。至蔡京,則又托紹述以奉人主之侈心耳。愈變愈下,所以致中原之禍也。"

七月

蔡京右僕射

《宋史紀事本末》卷四九《蔡京擅國》:"(崇寧元年)秋七月戊子,以蔡京爲尚書右僕射兼中書侍郎。制下之日,賜坐延和殿,命之曰:'神宗創法立制,中道未究。先帝繼之,兩遭簾帷變更,國是未定。朕欲上述父兄之志,今特相卿,卿何以教之?'京頓首謝曰:'敢不盡死!'"

《宋宰輔編年錄校補》卷一一徽宗崇寧元年七月戊子條:"蔡京右僕射……"

《宋宰輔編年錄校補》卷一一同條:"先是,元符末,哲宗升遐,上即位,欽聖太后垂簾同聽政。召范純仁於永州,虛宰席以待純仁,純仁病不能朝,乃拜韓忠彦爲左僕射,曾布爲右僕射。明年,改建中靖國,欽聖太后上僊,布爲山陵使,乃密諭中丞趙挺之建議紹述,還朝,與忠彦勢相敵,漸逐忠彦薦引之士,盡復紹聖、元符之政。忠彦怨布,於是曰:'布之自爲計者,紹述耳。吾當用能紹述者勝之。'遂召京。京之用,自韓忠彦始。起居郎鄧洵武又爲《愛莫助之圖》,以獻其說。以爲陛下方紹述先志,群臣無助之者。其圖如司馬遷年表例,爲旁行,分爲左右,自宰相、執政、侍從、臺諫、郎官、館閣、學校,分而爲七。左曰元豐,右曰元祐。左序助紹述者,以温益爲首,其餘不過三四人,如趙挺之、范致虛、王能甫、錢遹也。右序舉朝輔相公卿百執事皆在焉，多至百餘人。又於左序別書一人姓名於宰相下而掩之。徽宗視之，則京也。徽宗謂曾布曰：‘洵武言非相蔡京不可，與卿不同，奈何？’布曰：‘洵武所陳既與臣所見不同，自不當與議。’遂以其圖付温益，益欣然奉行，乞籍記異論之人。於是，上遂決意用京矣。至是，遂以京右僕射。《丁未録》參《事略》”

《宋宰輔編年録校補》卷一一同條：“徽宗初即位，二月，以登極赦恩遷徙竄謫之人，范純仁而下十有八人恩敘有差。四月，范純仁等十有九人復官有差。五月，文彦博而下三十三人，追復有差。先是，上復政，議者以瑤華復位，司馬光等敘官爲所當先。陳瓘時爲左正言，獨以爲幽廢母后追貶故相，彼皆列名，以行非細故也。方今計當先辨明誣罔，昭雪非辜，誅責造意之人，然後發爲號令，以禮行之，庶几可無後患，不然必遺後悔無益也。朝廷以公論久鬱，且欲快悦人心，遂遽施行之。詞命既出，陳瓘益堅前説，乃上疏言司馬光等復官，朝廷昭雪冤枉之惠不可不發於訓詞。三省進呈瓘疏，韓忠彦請改撰司馬光、吕公著告命。上曰：‘但貶邢恕，於恕訓詞中具載此意，則天下皆知之矣。’告命遂不改。其後崇寧間蔡京用事，盡改建中之政，黨禍再作，人始服瓘之先見也。《丁未録》”

《宋宰輔編年録校補》卷一一同條：“自京爲相，即召知揚州蔡卞爲中太一宫使兼侍讀，徙雷州司户章惇爲舒州團練副使、睦州居住。九月乙未，敕中書省開具元符三年臣僚章疏姓名，分爲邪正上中下三等，有邪等尤甚者。丁酉，貶責韓忠彦、曾布、李清臣、黄履、曾肇、豐稷、龔夬等合二十一人，以嘗議元符皇后故也。己亥，敕中書省應系元祐謫籍並元符末敘復過當之人，各具元籍定姓名人數進入，不得與在京差遣。中書開具姓名，文臣曾任宰臣執政官文彦博、吕公著、司馬光、安燾、吕大防、劉摯、梁燾、王巖叟、范純仁、韓忠彦、王珪、王存、鄭雍、傅堯俞、趙瞻、韓維、孫固、范百禄、胡宗愈、李清臣、蘇轍、劉奉世、范純禮、陸佃。曾任待制已上官蘇軾、范祖禹等三十五人。餘官秦觀、張耒等四十八人。十月丙子，廢黜周常等二十有七人，臣僚上言以元符之末，共成黨與，變更法度，復爲元祐等人故也。十一月壬辰，詔黨人子孫不許擅到闕下。甲辰，上書人范柔中等停降有差。詔元符末所上章疏，其間言當於理，又力陳父子兄弟繼述友恭之義者四十一人，悉令旌擢。外附會奸慝誣毀先帝政事者總五百四十一人,然言有淺深,罪有輕重,取其詆謗指斥邪等中尤甚者三十人,系范柔中等,並逐處羈管。十二月癸丑,責韓忠彥、安燾等各居住安置,其罪有差,以棄湟州也。二年正月乙酉,鄒浩、王覿等並居住,任伯雨、陳瓘等並編管,以前上書言涉邪罔故也。先是,役法新舊差募二議俱有弊,王安石主雇役,司馬光主差役。范純仁、蘇軾俱光門下士,亦以差役爲未便。章惇,安石門下士,尚以雇役爲未盡。純仁、軾、惇雖賢否不同,然悉聰明曉吏事,兼知南北風俗。其所論甚公,各不私其所主。元祐初,光復差役改雇役,惇議限止五日太速,後必有弊。光不以爲然,惇爭辯,竟以罪去。蔡京時知開封府,用五日限盡改畿縣雇役之法爲差役,至政事堂白光。光喜曰:'使人人如待制,何患法之不行?'紹聖初,惇入相,復議以雇役改差役,置司講論,以李深爲編敕所看詳利害文字,專一看詳役法。除蔡京爲戶部尚書兼提舉。於是,京欲掩塗元祐迎合之迹,乃白惇曰:'取熙寧、元豐法施行之,爾尚何講?'爲惇信之,遂請人額,雇直一從元豐舊。李深持不可,爭之不能,得出通判通遠軍。建中靖國初,復召深爲司農寺丞,專領戶部役法。於是,取出錢之重者,悉申明蠲減之。至是,蔡京復用事,黨禍再作,李深送吏部與合入差遣。"

禁元祐法

《宋史紀事本末》卷四九《蔡京擅國》:"(崇寧元年七月)己丑,禁元祐法。"

案:是年七月己丑,詔元祐《詳定編敕令式》並行毀棄。

章楶罷同知樞密院事

《宋宰輔編年錄校補》卷一一徽宗崇寧元年七月庚子條:"章楶罷同知樞密院事……"

復罷春秋博士

《御批續資治通鑑綱目》卷九:"復罷春秋博士。"

八月

復左朝議大夫、知應天府吕仲甫爲集賢殿修撰

《宋會要輯稿》選舉三三之二二："（崇寧元年）八月十四日，復左朝議大夫、知應天府吕仲甫爲集賢殿修撰。"

蔡京請興學貢士，行三舍法

《宋史紀事本末》卷三八《學校科舉之制》："徽宗崇寧元年八月甲戌，蔡京請興學貢士，縣學生選考，升諸州學，州學生每三年貢太學，考分三等，入上等補上舍，入中等補上捨下等，入下等補内舍，餘居外舍。諸州、軍解額各以三分之一充貢士。京又請建外學。乃詔即京城南門外營建，賜名辟雍，外圓内方，爲屋千八百七十二楹。太學專處上舍、内舍生，而外學則處外舍生。士初貢至皆入外學，經試補入上舍、内舍，始得進處太學。太學外舍亦令出居外學。於是上舍至二百人，内舍六百人，外舍三千人。"

詔吕公著等子弟不得與在京差遣。吕好問、吕凝問、吕能問等，並於外任合入差遣

《長編拾補》卷二〇徽宗崇寧元年八月丙子條："詔：'司馬光、吕公著、王巖叟、朱光庭、孔平仲、孔文仲、吕大防、劉安世、劉摯、蘇軾、梁燾、李周、范純仁、范祖禹、汪衍、湯戚、李清臣、豐稷、鄒浩、張舜民子弟，並不得與在京差遣；陸傅、吴儲、吕好問、吕凝問、蘇適、吕能問，王摭、張禹，並與外任合入差遣。'"

趙挺之尚書左丞，張商英尚書右丞

《宋宰輔編年録校補》卷一一徽宗崇寧元年八月己卯條："趙挺之尚書左丞……張商英尚書右丞……"

九月

立黨人碑於端禮門。又詔降責人不得同州居住

《宋史紀事本末》卷四九《蔡京擅國》："（崇寧元年）九月己亥，立黨人碑於

端禮門，籍元符末上書人，分邪、正等黜陟之。時元祐、元符末群賢貶竄死徙者略盡，蔡京猶未愜意，乃與其客强浚明、葉夢得，籍宰執司馬光、文彥博、呂公著、呂公亮、呂大防、劉摯、范純仁、韓忠彥、王珪、梁燾、王巖叟、王存、鄭雍、傅堯俞、趙瞻、韓維、孫固、范百禄、胡宗愈、李清臣、蘇轍、劉奉世、范純禮、安燾、陸佃。曾任待制以上官蘇軾、范祖禹、王欽臣、姚勔、顧臨、趙君錫、馬默、王蚡、孔文仲、孔武仲、朱光庭、孫覺、吳安持、錢勰、李之純、趙彥若、趙卨、孫升、李周、劉安世、韓川、呂希純、曾肇、王覿、范純粹、王畏、呂陶、王古、陳次升、豐稷、謝文瓘、鮮于侁、賈易、鄒浩、張舜民。餘官程頤、謝良佐、呂希哲、呂希績、晁補之、黃庭堅、畢仲游、常安民、孔平仲、司馬康、吳安詩、張耒、歐陽棐、陳瓘、鄭俠、秦觀、徐常、湯戭、杜純、宋保國、劉唐老、黃隱、王鞏、張保源、汪衍、余爽、常立、唐義問、余卞、李格非、商倚、張庭堅、李祉、陳佑、任伯雨、朱光裔、陳郛、蘇嘉、龔夬、歐陽中立、吳儔、呂仲甫、劉當時、馬琮、陳彥、劉昱、魯君貺、韓跂。內臣張士良、魯燾、趙約、譚扆、王偁、陳詢、張琳、裴彥臣。武臣王獻可、張巽、李備、胡田，凡百二十人，等其罪狀，謂之奸黨，請御書刻石於端禮門。京等復請下詔……又詔降責人不得同州居住。"

十月

蔣之奇罷知樞密院事，蔡卞知樞密院事

《宋宰輔編年録校補》卷一一徽宗崇寧元年十月癸亥條："蔣之奇罷知樞密院事……同日，蔡卞知樞密院事……"

廢孟後，罷元祐皇后之號。降韓忠彥、曾布官，追貶李清臣等

《宋史紀事本末》卷四七《孟後廢復》："徽宗崇寧元年（壬午，1102）冬十月甲戌，復廢元祐皇后孟氏。時，元符皇后閤宦者郝隨諷蔡京再廢元祐皇后，京未得間。既而昌州判官馮澥上書，論復后爲非。於是御史中丞錢遹、殿中侍御史石豫、左膚連章論：'韓忠彥等乘一布衣何大正狂言，復瑶華之廢后，掠流俗之虚美。當時物議固已洶洶，乃至疎逺小臣詣闕上書，忠義激切，則天下公議從可知矣。望詢考大臣，斷以大義，無牽於流俗非正之論，以累聖朝。'京與許將、温益、趙挺之、張商英皆主臺臣之説，請如紹聖三年九月詔書。帝不得已，

從之。詔罷元祐皇后之號，復出后於瑤華宮，且治元符末議復后號者，降宰臣韓忠彥、曾布官，追貶李清臣雷州司户參軍，黄履祁州團練副使，安置翰林學士曾肇、御史中丞豐稷、諫臣陳瓘、龔夬等十七人於遠州。"

吕希純、吕希哲等各於外州軍居住，仍依陳乞宮觀新格，不得同在一州。知潁州吕希純管勾鴻慶宮，知邢州吕希哲管勾沖佑觀

《長編拾補》卷二○徽宗崇寧元年十月丙子條："臣僚上言：'元祐之初，共成黨與、變壞法度等人，朝廷近已施行。所有元符之末共成黨與、變壞法度復爲元祐等人，伏望詳酌施行。'詔：'奉議郎、寶文閣侍制、知越州周常落職管勾崇禧觀，婺州居住；承議郎、知廬州龔原管勾玉局觀，和州居住；中散大夫、知徐州劉奉世落職提舉崇福宮，光州居住；朝奉大夫、知潁州吕希純管勾鴻慶宮，汝州居住。降授承議郎王觀管勾太沖觀，朝散大夫王古管勾崇道觀，降授承議郎、知濮州謝文瓘管勾玉隆觀，並本處居住。朝請郎、知滑州陳師錫管勾靈仙觀，朝奉大夫、知蔡州歐陽棐管勾崇道宮，朝請大夫、知邢州吕希哲管勾沖佑觀，朝請郎、知曹州劉唐老管勾鴻慶宮，朝散郎晁補之管勾太平觀，朝散郎黄庭堅管勾玉隆觀，承議郎黄隱管勾靈仙觀，朝奉大夫畢仲游管勾崇禧觀，朝散郎常安民管勾玉局觀，朝奉大夫孔平仲管勾太極觀，王鞏管勾太平觀，張保源監西嶽廟，朝奉大夫陳郛管勾洞霄宮，朝散郎朱光裔管勾仙都觀，蘇嘉管勾雲臺觀，余卞監中嶽廟，鄭俠監南嶽廟，胡田管勾仙都觀，並外州軍任便居住，仍依陳乞宮觀新格，餘遵守不得同在一州指揮。'"

案：《宋會要輯稿》職官六七之四○記載，吕希純管勾鴻慶宮、汝州居住以及吕希哲管勾建州武夷山沖佑觀等在崇寧元年八月，待考。

吕希哲攜吕好問、吕本中等客居宿州

吕祖謙《東萊公家傳》："崇寧初，權臣修元祐之怨，治黨錮甚急，群譴輩黜，廷中爲空。於是滎陽公廢居宿州，公亦以元祐子弟例不得至京師，兩監東嶽廟，客於宿者七年。"（見《吕祖謙全集》第一册《東萊吕太史文集》卷一四）

案：時吕希哲廢居宿州，一家人生活清貧，然安貧樂道，勤於學問，真所謂"忍窮有味知詩進，處事無心覺累輕。"（引自《能改齋漫録》卷八《沿襲·處事

無心覺累輕》中呂本中詩句）

呂希哲一家結識汪革、黎確、饒節，並受到他們的敬重

《師友雜志》："崇寧初，予家宿州。汪信民爲州教授，黎確介然初登科，依妻家孫氏居。饒德操亦客孫氏，每從予家游。三人者，嘗與予及亡弟揆中由義會課，每旬作雜文一篇、四六表啓一篇、古律詩一篇，旬終會課。不如期者，罰錢二百。"

《童蒙訓》卷中："崇寧初，滎陽公謫居符離，趙公仲長諱演，公之長婿也，時時自汝陰來省公。公之外弟楊公諱環寶，亦以上書謫監符離酒稅，楊公事公如親兄，趙公事公如嚴父，兩人日夕在公側。公疾病，趙公執藥床下，屏氣問疾，未嘗不移時也。公命之去然後去。楊公慷慨，獨立於當世，未嘗少屈。趙公謹厚篤實，動法古人，兩人皆一時之英也。饒德操節、黎介然確、汪信民革時皆在符離，每公疾病少間，則必來見公而退，從楊公趙公及公之子孫游焉。亦一時之盛也。趙公每與公子弟及外賓客語，但稱滎陽公曰公，其尊之如此。楊公與他人語，稱滎陽公但曰內兄，或曰侍講，未嘗敢字稱也。蓋滎陽公中表，惟楊氏兄弟盡事親事長之道，可爲後生法。"

案：汪革字信民，臨川人，紹聖四年禮部試第一。饒節字德操，祝髮名如璧。兩位是江西詩派的重要成員。

十二月

議予呂公著等惡謚，以訓萬世

《長編拾補》卷二〇徽宗崇寧元年十二月庚申條："臣僚上言：'臣聞謚以易名，所以昭其美惡，而寵辱之宜不可以忽也。夫慮國忘家之謂忠，美聞周達之謂宣。爲范純仁者，以'忠宣'命之，可乎？當時定議之博士，覆議之郎官，承順風旨，不恤國是，謚其美而上之，其謚議具存，而議之者固在也。其世濟忠直，既不得名其碑，則前日未當之謚，理所應論，不特純仁而已。有如司馬光之謚文正，呂公著之謚正獻，其類不一，顧於此時，皆當奪本議，各謚其惡，以訓萬世。'詔：'范純仁謚定議、覆議官各罰銅十斤，其范純仁神道碑如已鐫立，令潁昌府毀磨。'"

禁元祐學術

《長編拾補》卷二〇徽宗崇寧元年十二月丁丑條:"詔:'諸邪説詖行,非先聖之書,並元祐學術、政事,不得教授學生,犯者屏出。'"

竄鄒浩於昭州

《御批續資治通鑑綱目》卷九:"竄鄒浩於昭州。"

是歲,呂嘉問再次權知開封府

《開封府題名記》:"崇寧□□□□□□,寶文閣直學士□□□。正月七日。"(下泐)

案:《北宋京師及東西路大郡守臣考·開封府》考證:呂嘉問崇寧元年始權知開封府,崇寧二年離任。

崇寧二年癸未(1103),呂希哲六十四歲,呂好問四十歲,呂廣問六歲,呂本中二十歲,呂弸中十四歲,呂用中十三歲,呂忱中六歲

春正月
任伯雨、陳瓘、鄒浩、王覿等除名勒停,或編管,或居住

《長編拾補》卷二一徽宗崇寧二年正月乙酉條:"中書檢會任伯雨等上言云云。詔:'任伯雨除名勒停,編管昌化軍;陳瓘除名勒停,編管廉州;龔夬除名勒停,編管象州;馬涓除名勒停,編管澧州;陳祐除名勒停,編管歸州;李深除名勒停,編管復州;張庭堅除名勒停,編管鼎州。江公望責授衡州司馬,永州安置;鄒浩除名勒停,昭州居住,以上並永不得收敍。王覿除名勒停,臨江軍居住;責授道州別駕、台州安置豐稷除名勒停,建州居住;奉議郎、監中嶽廟

陳次升除名勒停，建昌軍居住；降授承議郎、管勾玉隆觀謝文瓘除名勒停，邵武軍居住；責授楚州團練副使張舜民除名勒停，房州居住。'"

蔡京爲左僕射

《宋宰輔編年録校補》卷一一徽宗崇寧二年正月丁亥條："蔡京左僕射……"

三月
詔黨人子弟在外居住，毋得至闕下

《長編拾補》卷二一徽宗崇寧二年三月乙酉條："詔：'應元祐及元符之末黨人親子弟，不論有官無官，並令在外居住，不得擅到闕下。令開封府界各據地分覺察。如當職官知而不糾，或不用心探緝，遂致容隱，別因事敗露者，並重行黜責。其應緣趨附黨人罷任在外、指射差遣及得罪停替臣僚，並依黨人子弟施行。'"

四月
詔毀吕公著等景靈宮繪像

《宋史紀事本末》卷四九《蔡京擅國》："(崇寧二年)夏四月丁卯，詔毀司馬光、吕公著、吕大防、范純仁、劉摯、范百禄、梁燾、鄭雍、趙瞻、王巖叟十人景靈宮繪像。"

詔焚毀三蘇集及范祖禹《唐鑑》等印板

《長編拾補》卷二一徽宗崇寧二年四月乙亥條：："詔：'三蘇集及蘇門學士黃庭堅、張耒、晁補之、秦觀及馬涓文集，范祖禹《唐鑑》、范鎮《東齋記事》、劉攽《詩話》、僧文瑩《湘山野録》等印板，悉行焚毀。'"

趙挺之中書侍郎，張商英尚書左丞，吴居厚尚書右丞，安惇同知樞密院事

《宋宰輔編年録校補》卷一一徽宗崇寧二年四月戊寅條："趙挺之中書侍

郎……張商英尚書左丞……吴居厚尚書右丞……安惇同知樞密院事……"

除故直秘閣程頤名

《長編拾補》卷二一徽宗崇寧二年四月戊寅條:"臣僚上言:'謹案通直郎致仕程頤學術頗僻,素行譎怪,專以詭異聾瞽愚俗。頃在元祐中因奸黨薦引,朝廷遂命以官,勸講經筵,則進迂闊不經之論,有輕視人主之意;議法太學,則專出私見,以變亂神考成憲爲事。'詔:'程頤追毀出身以來文字,除名,其入山所著書,令本路監司常切覺察。'"

五月
楊環寶等並受責降

《長編拾補》卷二一徽宗崇寧二年五月甲午條:"詔:'寶文閣直學士、左中散大夫、知應天府路昌衡落職,提舉明道宮;朝散大夫、直秘閣、管勾太極觀張恕落直秘閣,降授朝奉大夫,添差監高郵軍酒務;朝請郎、管勾鴻慶宮楊環寶降授朝奉郎,添差監宿州鹽茶酒稅;降授朝奉議郎、權發遣華州陳並降授承事郎,添差監漣水軍鹽茶酒稅;降授宣德郎、新差僉書秀州判官事周鍔降授承務郎,添差監泉州茶鹽稅;朝散郎、管勾崇禧觀蕭刊降授承議郎,添差監漳州鹽稅;右朝散大夫、管勾崇福宮趙越降授朝散大夫,添差監無爲軍鹽酒稅;丁憂人前承議郎倪直孺降授宣德郎,添差監南劍州鹽稅;朝奉郎滕友特降授奉議郎,添差監泗州鹽稅。梁安國、何大受、蘇迥、檀固、王篋,並勒停,永不收敘。安國,齊州;大受,襄州;迥,華州;固,湖州;篋,通州,並羈管。鄧允中、梁俊民、江恂、陸表民、方适,並特沖替,私罪事理重,永不得改官。葉世英追奪元授假承務郎,劉經國前死,故不及責。'"

八月
韓忠彦等遭進一步追貶

《長編拾補》卷二二徽宗崇寧二年八月丁未條:"詔:'湟州近已收復,其元行廢棄及迎合議論、沮壞先烈之人,理當更加降黜。除許將已放罪,曾布已責廉州司户參軍、衡州安置外,龔夬移送化州,張庭堅送象州,並編管。責授崇信軍節度副使韓忠彦責授磁州團練副使，依舊濟州安置；責授寧國節度副使、漢陽軍安置安燾責授祁州團練副使，依舊漢陽安置；右正議大夫、知杭州蔣之奇降授中大夫，依舊知杭州；降授朝請大夫、少府少監，分司南京、徐州居住范純禮責授靜江軍節度副使，徐州安置；除名勒停人陳次升移送循州居住；降授承議郎、權發遣坊州都皝降授宣議郎，添差監撫州鹽礬酒稅務；任滿更不差人錢景祥、秦希甫，並勒停；李清臣身死，其男祉當時用事，移送英州編管；降授復州防禦使姚雄特勒停，光州居住。'"

張商英罷尚書左丞

《宋宰輔編年録校補》卷一一徽宗崇寧二年八月戊申條："張商英罷尚書左丞……"

九月
詔宗室不得與元祐奸黨子孫及有服親爲婚姻

《長編拾補》卷二二徽宗崇寧二年九月壬午條："詔：'宗室不得與元祐奸黨人子孫及有服親爲婚姻，内已定未過禮者，並改正。'"

詔責降人子弟，如參選到闕，需提供父親兄弟是否籍記之人；上書邪等人，不得注縣令

《長編拾補》卷二二徽宗崇寧二年九月庚寅條："吏部狀：'勘會責降官已有碑石、籍定姓名外，其子弟系選人者，即未有指揮；今欲將降官子弟選人令所屬開具，申部籍記，不許注在京及府界差遣。'"

《長編拾補》同條："詔：'吏部應系今來狀内責降人子弟，告示候參選及到闕日，並於家狀内供父親兄弟系與不係籍記之人，及後來續添王珪、張商英、李格非、商倚、吳儔、鄧志臣、陳琥、朱紱、姚雄，亦仰照會施行。'"

《長編拾補》同條："詔：'應上書邪等人，知縣已上資序並與宮觀嶽廟，選人不得改官及不得注縣令。'"

詔元祐籍記姓名人子弟,在外指射差遣指揮,需添入"親兄"二字

《長編拾補》卷二二徽宗崇寧二年九月癸巳條:"詔:'於元祐籍記姓名人子弟在外指射差遣指揮内添入'親兄'二字。'"

詔建中靖國元年及元符末奸黨並合焚毀文字等,並依元祐

《長編拾補》卷二二徽宗崇寧二年九月丙申條:"詔:'建中靖國元年及元符末奸黨並合焚毀文字等,並依元祐。'"

令籍記端禮門黨人姓名,州縣立黨人碑,禁止黨人及子弟入都

《長編拾補》卷二二徽宗崇寧二年九月辛丑條:

臣僚上言:"近出使府界,陳州士人有以端禮門石刻元祐奸黨姓名問臣者,其姓名朝廷雖嘗行下,至於御筆刻石,則未盡知也。陛下孚明賞罰,奸臣異黨,無問存没,皆第其罪惡,親灑宸翰,紀名刊石,以爲天下臣子不忠之戒。而近在畿内輔郡猶有不知者,況四遠乎! 欲乞特降睿旨,具列奸黨,以御書刻石端禮門姓名下;外路州軍,於監司長吏廳立石刊記,以示萬世。"從之。御史臺鈔録到下項:

元祐奸黨曾任宰臣:

文彦博【原注】故、呂公著【原注】故、司馬光【原注】故、呂大防【原注】故、劉摯【原注】故、范純仁【原注】故、韓忠彦、王珪【原注】故。

曾任執政官:

梁燾【原注】故、王巖叟【原注】故、王存【原注】故、鄭雍【原注】故、傅堯俞【原注】故、趙瞻【原注】故、韓維【原注】故、孫固【原注】故、范百禄、胡宗愈【原注】故、李清臣【原注】故、蘇轍、劉奉世、范純禮、陸佃【原注】故、安燾。

曾任待制以上官:

蘇軾【原注】故、范祖禹【原注】故、王欽臣【原注】故、姚勔【原注】故、顧臨【原注】故、趙君錫【原注】故、馬默【原注】故、孔武仲【原注】故、王汾【原注】故、孔文仲【原注】故、朱光庭【原注】故、吳安持【原注】故、錢勰【原注】故、李之純【原注】故、孫覺【原注】故、鮮于侁【原注】故、趙彦若【原注】故、趙离【原注】故、孫升【原注】故、李

周、劉安世、韓川、賈易、呂希純、曾肇、王覿、范純粹、楊畏、呂陶、王古、陳次升、豐稷、謝文瓘、鄒浩、張舜民。

餘官：

秦觀【原注】故、湯戭、杜純【原注】故、司馬康、宋保國、吳安詩、張耒、歐陽棐、呂希哲、劉唐老、晁補之、黃庭堅、黃隱、畢仲游、常安民、孔平仲、王鞏、張保源、汪衍、余爽、鄭俠、常立、程頤、唐義問、余卞、李格非、商倚【原注】故、張庭堅、李祉、陳祐、任伯雨、陳郛、朱光裔、蘇嘉、陳瓘、龔夬、呂希績【原注】故、歐陽中立、吳儔。

《長編拾補》同條詔：“緣奸黨入籍並子弟等除曾任監司罷任指定與知州人外，將其餘不得到闕合授差遣人，今後並令於所在州依條審量，具官吏保明堪與不堪；釐務內初出官，仍驗付身，令召保二人，依條式聲說委保事因，各連家狀，一統繳申吏部。”從吏部尚書何執中奏請也。

十月

集賢殿修撰、知鄧州呂仲甫落職，知海州

《宋會要輯稿》食貨一四之一三至一四：“（崇寧）二年十月二日，臣僚言：‘神宗皇帝稽古制法，以常平、免役所繫尤重。紹聖纂承，推原美意，以謂常平之息，歲取二分，則五年有一倍之數；免役剩錢歲取一分，則十年有一年之備。閱歲愈久，其積愈多，遂立一倍、三料取旨躅減之法。則凡取於民者有限，而止於為民而已，非利其入也。而集賢殿修撰、知鄧州呂仲甫前為戶部侍郎，詔事奸黨，助為紛更，輒率其屬以狀申都省，言乞刪去上條。伏望明示黜責。’詔仲甫落職，知海州。”

元祐係籍人及子弟，止與宮觀嶽廟差遣

《長編拾補》卷二二徽宗崇寧二年十月庚戌條：“詔：‘應元祐係籍人並依寄祿官與請給，更不注差遣；見有差遣人並罷其子並親兄弟，並與宮觀嶽廟差遣；內係選人者，與監當差遣，不得與改官。’”

十一月

重申元祐學術不得傳授

《後編》卷九五徽宗崇寧二年十一月庚辰條:"詔以元祐學術、政事聚徒傳授者,委監司舉察,必罰無赦。"

限制元祐係籍人官職

《長編拾補》卷二二徽宗崇寧二年十一月辛巳條:"詔:'元祐係籍人通判資序以上,依新條與管勾宮觀;知縣以下資序,與注監獄廟,並令在外投狀指射差注。'"

呂嘉問知真定府

《永樂大典》卷八〇七六引《曲洧舊聞》:"崇寧二年十一月二十二日,新知真定府呂嘉問奏天下建崇寧禪院。"(引自李之亮《宋河北河東大郡守臣易替考·鎮州真定府》)

案:據李之亮考證:崇寧二年呂嘉問知真定府,崇寧四年離任。

呂嘉問撰《蒙恩帖》

《全宋文》卷二〇一四呂嘉問《蒙恩帖》:"嘉問衰晚無堪,蒙恩進職易郡,悉出交游延譽之賜,將何補報? 有愧而已。辱誨示副以慶函,禮意之厚,益重慚畏。嘉問至青社累月,乍脫東南之劇,就一州之安,良以爲幸。但未知晤語之日,馳情悁悁,嘉問再拜。"

案:姑系於此。

十二月

限制元祐係籍人官職,即使因功受賞,亦不得實任知令

《長編拾補》卷二二徽宗崇寧二年十二月己未條:"詔:'元祐係籍人子並親兄弟,若因功賞,各該酬獎改官,循移知令,只於階下官上循移,仍不得實任知令差遣。'"

責降人不得擅到闕下，如合差遣，由吏部送姓名至開封府覺察

《長編拾補》卷二二徽宗崇寧二年十二月庚申條："詔：'應責降不注在京差遣及緣黨與停替未該敘復之人，並令在外居住，不得擅到闕下；其合注差遣，令在外指射，吏部檢會姓名，關送開封府覺察。'"

細化元祐係籍人子弟各類差遣限制

《長編拾補》卷二二徽宗崇寧二年十二月壬戌條："詔：'元祐係籍人子並親兄弟系大使臣、路分都監已上資序，與諸路宮觀嶽廟差遣；係親民資序，與外路監廟差遣；係監當資序並小使臣，與外路監當差遣；差使借差，與外路合入差遣。'"

籍記人子弟選人，與監當差遣，不得改官

《長編拾補》卷二二徽宗崇寧二年十二月己巳條："准都省批：應籍記人子孫並親兄弟選人，與監當差遣，不得改官，自不合舉，送吏部照會。"

案：本年進士及第者凡五百三十八人。有霍端友、蔡佃、張守、汪伯彥、汪藻、胡交修、孫近、薛良顯等。

崇寧三年甲申（1104），呂希哲六十五歲，呂好問四十一歲，呂廣問七歲，呂本中二十一歲，呂弸中十五歲，呂用中十四歲，呂忱中七歲

春正月
詔上書邪等人不得擅到闕下

《宋史全文》卷一四《宋徽宗》崇寧三年春正月辛巳條："詔上書邪等人不許朝見、擅到闕下，仍不得在京居住。見任在京差遣人並放罷。"

《宋史全文》同條下有評論:"《講義》曰:此安石'人言不足恤'之遺患也。夫祖宗所恃以立國者,通下情、伸士氣耳,而忍戕其根乎?當元符末年,許人上書矣,未及一年,則籍元符上書班名。當崇寧五年,因彗星而求直言矣,未及一年,則論崇寧五年上書人罪。其迷國誤朝,一至於此!韓忠彥以一君子而對眾小人,雖柔懦不能大有所爲,然觀其乞罷編類局,使其志得行,亦不至於召靖康之禍也。"

二月

詔翰林學士張康國編類元祐臣僚章疏

《長編拾補》卷二三徽宗崇寧三年二月條:"是月,詔翰林學士張康國編類元祐臣僚章疏。"

案:張康國,字賓老,揚州人,元豐二年進士。依附蔡京,遷翰林學士,編類元祐大臣章疏,後與蔡京異志,卒諡文簡。

四月

限制黨人子弟,不得擅到闕下

《後編》卷九五徽宗崇寧三年四月甲辰條:"尚書省勘會黨人子弟,不問有官無官,並令在外居住,不得擅到闕下。因具逐路責降、安置、編管等臣僚姓名以進,凡一百四十四人。"

五月

封蔡京爲嘉國公

《宋史全文》卷一四《宋徽宗》崇寧三年五月己卯條:"守尚書左僕射兼門下侍郎蔡京爲守司空、行尚書左僕射兼門下侍郎,封嘉國公,以撫定鄜、廓推賞也。"

六月

圖熙寧、元豐功臣於顯謨閣

《宋史全文》卷一四《宋徽宗》崇寧三年六月條:"壬寅朔,詔熙寧、元豐功臣圖形於顯謨閣。"

詔王安石配享孔子廟庭

《宋史全文》卷一四《宋徽宗》崇寧三年六月條:"癸卯,詔荆國公王安石配享孔子廟庭。"

《宋史全文》同條下有評論:"朱勝非曰:陳瓘上疏言:王安石塑像於學殿,方至尊拜謁先聖,本朝功臣坐視拜伏,傲慢不恭。自有天地以來,庠序規制,未有如此。安石自崇寧間配享孔子,列坐孟軻之次。靖康初論其非,自瓘始。"

詔復元祐元符黨人及上書邪等者,合爲一籍,通三百九人

《後編》卷九六徽宗崇寧三年六月戊午條:"詔復元祐、元符黨人及上書邪等者,合爲一籍,通三百九人,刻石朝堂,餘並出籍,自今毋得復彈奏。元祐奸黨:文臣曾任宰臣執政官,司馬光等二十七人……待制以上官蘇軾等四十九人……餘官秦觀等一百七十六人……武臣張巽等二十五人;内臣梁惟簡等二十九人……爲臣不忠曾任宰臣王珪、章惇。"

案:此三百九人中,有吕公著、吕希純、吕希哲、吕希績等。

置書畫算學

《御批續資治通鑑綱目》卷九:"置書畫算學。"

由蔡京書寫元祐黨籍姓名

《長編拾補》卷二四徽宗崇寧三年六月壬戌條:"蔡京奏:'奉詔,令臣書元祐黨籍姓名。恭惟皇帝嗣位之五年,旌別淑慝,明信賞罰,黜元祐害政之臣,靡有佚罰。乃命有司,夷考罪狀,第其首惡 與其附麗者以聞,得三百九人。皇帝書而刊之石,置於文德殿門之東壁,永爲萬世子孫之戒。又詔臣京書之,將以頒之天下。臣竊惟陛下仁聖英武,遵制定功,彰善癉惡,以昭先烈。臣敢不對揚休命,仰承陛下孝悌繼述之志,謹書元祐奸黨姓名,仍連元書本進呈。'"

七月

詔應入籍人父並不得任在京差遣

《長編拾補》卷二四徽宗崇寧三年七月壬申條："詔應入籍人父並不得任在京差遣。"

復行方田法

《御批續資治通鑑綱目》卷九："秋七月，復行方田法。"

再次下詔入籍人及其子弟問題

《長編拾補》卷二四徽宗崇寧三年七月丙申條："詔：'除第一次立石入籍元祐奸黨及今年六月十七日降指揮章惇等十一人子並親兄弟逐次已降指揮外，其續入籍人，並合依今年六月二十六日指揮。'"

八月

許將罷門下侍郎

《宋宰輔編年錄校補》卷一一徽宗崇寧三年八月丙午條："許將罷門下侍郎……"

九月

趙挺之門下侍郎，吳居厚中書侍郎，張康國尚書左丞，鄧洵武尚書右丞

《宋宰輔編年錄校補》卷一一徽宗崇寧三年九月乙亥條："趙挺之門下侍郎……吳居厚中書侍郎……張康國尚書左丞……鄧洵武尚書右丞……"

罷科舉法

《宋史紀事本末》卷三八《學校科舉之制》："（崇寧）三年九月，罷科舉法。時雖設辟雍太學以待士之升貢者，然州縣猶以科舉貢士。蔡京以為言，遂詔天下取士悉由學校升貢。其州郡發解，凡試禮部法皆罷，而每歲試上舍生，則

差知舉如禮部法云。"

十一月
規定上書邪等人選官條目

《長編拾補》卷二四徽宗崇寧三年十一月條："丙子,詔:'上書邪等人今後內外官司並不得薦舉改官,及縣令已舉到人更不收使,仍令吏部將上書邪等姓名遍牒行下。'"

《長編拾補》同條："庚辰,詔:'上書邪等選人除不得注知縣、令、丞外,其職官錄、參、判、司、簿、尉並許差注。'"

十二月
安惇卒

《御批續資治通鑑綱目》卷九:"(十二月)安惇卒。"

崇寧四年乙酉(1105),呂希哲六十六歲,
呂好問四十二歲,呂廣問八歲,呂本中二十二歲,
呂弸中十六歲,呂用中十五歲,呂忱中八歲

春正月
蔡卞罷知樞密院事

《宋宰輔編年錄校補》卷一一徽宗崇寧四年正月丙申條:"蔡卞罷知樞密院事……"

二月
詔元祐黨人五服內親屬不得保充三衛官,知同保而不告者處斬

《長編拾補》卷二五徽宗崇寧四年二月乙酉條:"詔:'元祐奸黨五服內親

屬不許保明充三衛官,親、勳、翊衛郎。知同保係籍元祐奸黨五服内親屬而不告者,處斬。'"

案:查《二十史朔閏表》,徽宗崇寧四年二月無乙酉日,疑是"己酉"之誤。《長編拾補》是條下有案語:"《紀事本末》卷百二十二,又卷百二十八。[案]卷百二十八作己酉日,誤。卷百二十二作乙酉,爲是。"未知黄以周等的依據,疑《長編拾補》誤。

張康國知樞密院事,劉逵同知樞密院事,何執中尚書左丞

《宋宰輔編年録校補》卷一一徽宗崇寧四年二月甲寅條:"張康國知樞密院事……劉逵同知樞密院事……何執中尚書左丞……"

三月
趙挺之右僕射

《宋宰輔編年録校補》卷一一徽宗崇寧四年三月甲辰條:"趙挺之右僕射……"

五月
詔元祐黨人五服内親屬保與同保,並在"五服"字上添入"本宗"二字

《長編拾補》卷二五徽宗崇寧四年五月戊申條:"詔:'前降元祐奸黨五服内親屬不許保充三衛官,及知同保有犯不告條内'五服'字上各添入'本宗'二字。'"

除黨人父子兄弟之禁

《長編拾補》卷二五徽宗崇寧四年五月戊申條:"又詔:'元祐奸黨係籍除情罪人子不得到京師及不注知州、知縣差遣外,父子孫兄弟並餘指揮並罷。'"

六月
趙挺之罷右僕射

《宋宰輔編年録校補》卷一一徽宗崇寧四年六月戊子條:"趙挺之罷右僕

射……"

七月

罷元祐黨人墳寺,改賜敕額爲壽寧禪寺,别召僧住持

《長編拾補》卷二五徽宗崇寧四年七月甲寅條:"御批:'元祐奸惡即今皆有墳寺,歲度僧行及紫衣師號等尚如故,未曾降指揮沖改,可令從今並住罷,更不施行,以戒爲臣之不忠者。禮部勘會吕大防、韓維、司馬光、韓忠彦、傅堯俞、孫固、鄭雍、曾布、胡宗愈、黄履、蔣之奇、陸佃、文彦博、吕公著、李清臣、王巖叟、蘇轍、張商英、劉摯十九人所管墳寺,詔本身所乞寺額特免毁拆,不得充本家功德院,並改賜敕額爲壽寧禪院,别召僧住持。'"

九月

詔徙元祐黨人於近地

《長編拾補》卷二五徽宗崇寧四年九月己亥條:"御筆手詔:'元祐奸黨,詆誣先帝,罪在不赦,曩屈常憲,貸與之生,屏之遠方,固無還理,棄死貶所,豈不爲宜! 今先烈紹興,年穀豐稔,鑄鼎以安廟社,作樂以協神明。嘉祥薦臻,和氣浹洽;肆頒赦宥,覃及萬方。興造邦誣,久責遐裔;一夫失所,朕尚惻然。用示至仁,稍從内徙;服我寬德,其革爾心。應嶺南移荆湖,荆湖移江淮,江淮移近地,惟不得至四輔畿甸。除上書已經量移及近鄉人外,依下項州軍:一今來朝廷寬恩,所移州軍不見得地里遠近,切慮所移却有遠近、妨礙去處不同,限指揮到五日内許經州自陳乞去處;本州人急遞申尚書省,即不得陳乞,非合移路分及拘礙去處,如願依舊者,亦聽之。一今來係特降詔許量移,今後有司不得用例檢舉;量移違者,以違制論罪。一量移諸州人離州日並免伴送,具起離及到日申尚書省:鄒浩昭州移漢陽軍……吕希純汝州移河陽……'"

十一月

章惇卒

《宋宰輔編年録校補》卷一一徽宗元符三年九月辛未條:"崇寧四年十一月,舒州團練副使、湖州居住章惇卒。夫人張氏甚賢,惇在蘇州時,將赴召,會

夫人病且死,謂惇曰:'公行作相,唯不可報怨。'惇既拜相,薦蔡卞爲右丞,林希爲中書舍人,張商英爲諫官。蔡卞爲王荊公復仇,又以元祐中除知廣州爲置己於死地。林希在元祐間以修撰出知蘇州,不除待制。張商英在元祐初爲開封府推官,欲作言官,簡蘇内翰子瞻云:'老僧欲住烏寺,呵佛罵祖一巡如何?'偶館職孫抃過子瞻,竊得其簡,示吕申公之子希純,白申公,申公不悦,出商英爲河東路提刑。三人皆怨元祐宰輔者。故惇爲蔡卞所劫,大肆羅織竄逐元祐諸公過海。張商英力詆元祐諸公,尤詆申公及文靖公。林希行元祐諸公謫詞,遂至毁罵。其追貶司馬温公制曰'元祐之初,老奸擅國'者,蓋以詆宣仁后也。惇本出文潞公門下,卞劫之,貶潞公。吕相微仲與惇爲甥舅,卞劫之,貶微仲。惇與蘇子瞻故相善,卞劫之,貶子瞻。如誣謗宣仁與廢立皇后,皆得罪天下後世者。惇至遷謫,方悔用卞,亦無及矣。惇追貶司馬温公爲崖州司户,吕申公爲昌化軍司户,王珪爲崖州司户,皆誣罔。惇後於欽聖后簾前論立上皇,實有異意,亦貶雷州司户以死,蓋天之道也。惇既作相,屬張夫人小祥,謂太學博士陳瑩中曰:'悼亡不堪,奈何?'瑩中曰:'與其悲傷無益,曷若念臨終之言。'蓋譏其報怨也。瑩中本用惇薦,自此疏之。惇之議論,不與時輩同。雖爲王荊公門下士,見蔡卞以荊公爲聖人,乃曰某不敢以王介甫作聖人。元祐司馬温公秉政,惇猶在二府。温公復差役舊法於天下,限五日施行。雖范丞相、韓少師、蘇端明亦與公論不同。蔡確在相位,不出一言。蔡京知開封府,用五日内行差役於諸邑。惇言:'如保甲、保馬,一日不罷,有一日害。若役法,則熙寧初以遽改免役後有弊,今改差役,當議論盡善,然後施行,遽改恐後亦有弊。'議者以惇言爲有理。惇聰明過人,若不用蔡卞等小人,不誣罔宣仁,不廢立皇后,不與元祐黨役,不起兵禍,亦有可稱者矣。王荊公既行新法,凡有德行老成之人,皆指爲流俗下才,專用吕惠卿、曾布及惇三人。布爲翰林學士、三司使,與荊公論市易不合,出之。惠卿爲參知政事,荊公罷相,發荊公無使上知私書。荊公復相,絶之。惟惇不肯背荊公,爲三司使、參知政事、門下侍郎以至拜相。惇與惠卿外相善,呼之爲兄,心實忌之。故惇作相,惠卿不得入朝。帥延安累年,止於建節也。初,神宗用王荊公之言,始有熙河之役。蓋師行十餘年不息。迨聞永樂之失,神宗當宁慟哭,大臣不敢仰視。自此思吕申公之言,乃厭用兵,而帝亦因此感疾。故元祐宰輔推本聖意不賞邊功,專務懷柔夷狄，西夏請故地，以環慶、延安府非要害城寨，還之。至惇作相，以爲蹙國棄地，罪其帥臣。諸路皆進築新寨，收復故地，邊事復興，關中之民大困。上皇登極初，棄湟鄯等州。曾布、蔡京爲相，復取之。貶熙河帥臣前日議棄者，樞密安公燾主棄河外地，亦貶。蔡京又取東西川藥峽唐之地，故三路之民亦困。蔡京、王黼又結女真以攻遼，卒致天下大亂。推其禍端，自王安石與章惇始，以此爲罪其大者。悲夫，用兵之禍，可勝諱哉！大觀四年六月，追復通議大夫、申國公章惇追復特進，子孫並依例與差遣。紹興中，太上皇帝因覽任伯雨前章，具言惇、卞所以誣詆宣仁狀，於是，追貶惇爲昭化軍節度副使，卞爲單州團練副使。”

案：本年上舍釋褐凡三十五人。有朱勝非、俞栗等。

崇寧五年丙戌(1106)，呂希哲六十七歲，呂好問四十三歲，呂廣問九歲，呂本中二十三歲，呂弸中十七歲，呂用中十六歲，呂忱中九歲

春正月
吳居厚門下侍郎，劉逵中書侍郎

《宋宰輔編年錄校補》卷一一徽宗崇寧五年正月甲辰條：“吳居厚門下侍郎……劉逵中書侍郎……”

詔求直言，毀元祐黨人碑，復謫者仕籍

《長編拾補》卷二六徽宗崇寧五年正月乙巳條：“詔以星文變見，避正殿，捐常膳。中外臣僚等並許直言朝廷闕失。又詔：‘應元祐及元符末係籍人等，今既遷謫累年，已足懲戒，可復仕籍，許其自新。朝堂刻石，已令除毀，如外處有奸黨石刻，亦令除毀，今後更不許以前事彈糾，常令御史臺覺察，違者劾奏。’”

大赦天下,但詔仍紹述熙豐善政

《長編拾補》卷二六徽宗崇寧五年正月丁未條:"大赦天下……詔:'已降指揮除毀元祐黨石刻,及與係籍人敘復注擬差遣,深慮鄙賤愚人妄意臆度,窺伺間隙,馳騖抵巇,覬欲更張熙豐善政,苟害繼述,必寘典刑,宜諭遐邇,咸知朕意。'中書省勘會崇寧二年三月六日已後所降元祐黨籍指揮共二十二項,詔除沖罷外,其逐項指揮並罷。"

三省同奉聖旨敘復部分元祐黨人

《長編拾補》卷二六徽宗崇寧五年正月庚戌條:"三省同奉聖旨依下項敘復……呂希純敘復朝請郎、管勾太極觀,楊畏敘復朝散郎、管勾崇禧觀……"

元祐係籍人印板並名籍册,並令除毀

《長編拾補》卷二六徽宗崇寧五年正月癸丑條:"詔:'元祐係籍人等石本,已令除毀訖,所有省部元鏤印板並頒降出外名籍册,並令所在除毀,付刑部疾速施行。'"

詔不忍終棄元祐、元符邪臣,禁奸朋私議。仍稱邪臣

《長編拾補》卷二六徽宗崇寧五年正月丁巳條:"詔曰:'日者符、祐邪臣,乘間擅權,變亂政事,奸朋並興,肆為誣讆,誣詆宗廟,乖父子之恩,隳君臣之義,推原用心,罪在不赦。朕既承祖宗,用德為治,明示好惡,止從竄斥,以為天下萬世臣子之戒。累年於茲,不忍終棄,是用差次蠲敘,復畀祿秩,惟以示恩,顧豈復用。尚慮奸朋妄意,私議害國,士大夫狃於邪説,胥淪溺以敗類,朕甚悼焉。佈告天下,明諭朕意毋惑。'"

御筆:速立法寬釋元祐係籍人子弟

《長編拾補》卷二六徽宗崇寧五年正月戊午條:"御筆:'元祐係籍人石本,已令毀除訖,所有從初降黜子孫親屬職名、拘礙差注薦舉、並腳色保狀、立項聲説及不得取應者,並量等第與寬釋,可速立法聞奏。'"

詔落職及曾任京職事官、監察御史已上、開封推舉官及監司人，其公罪並復舊官

《長編拾補》卷二六徽宗崇寧五年正月己未條："中書省言：'近降恩霈，除石刻責降人已別降指揮外。餘未經檢舉，敘復人數不少。'詔：'落職及曾任京職事官、監察御史已上、開封推舉官及監司人，令刑部限半月類聚，一並申尚書省取旨外，其未復官並未復舊差遣人，並令刑、吏部不候投狀，各限兩月。内贓罪及私罪情重人，與依條敘復；其公罪不以輕重私罪情輕人，並復舊官，及與未責降已前本等差遣，如敘至兩官以上者，取旨。'"

二月

蔡京罷左僕射，趙挺之爲右僕射

《宋宰輔編年錄校補》卷一一徽宗崇寧五年二月丙寅條："蔡京罷左僕射……同日，趙挺之右僕射……"

三月

罷求直言，尋復方田諸法及諸州歲貢供奉物

《御批續資治通鑑綱目》卷九："三月，罷求直言，尋復方田諸法及諸州歲貢供奉物。"

詔石刻人，除第三等外，其餘不得到闕下

《長編拾補》卷二六徽宗崇寧五年三月戊戌條：

詔："應舊係石刻人除第三等許到闕外，餘並不得到闕下。其前到降重者，不得至四輔，輕者不得至畿縣，指揮更不施行。勘會除第二等張士良今年二月十六日奉御寶批爲系哲宗皇帝隨龍人，特許任便居住外。

曾任宰臣執政等官：

第一等：司馬光、呂公著、呂大防、劉摯、梁燾、王巖叟、蘇轍、李清臣。第二等：文彥博、章惇、范純仁、王珪、韓忠彥、曾布、王存、鄭雍、傅堯俞、趙瞻、韓維、孫固、范百禄、胡宗愈、范純禮、劉奉世、安燾。第三等：張商英、蔣之奇、黃

履、陸佃。

曾任待制以上官：

第一等：蘇軾、劉安世、范祖禹、孫升、曾肇、鄒浩、朱光庭。第二等：姚勔、趙君錫、馬默、孔武仲、孔文仲、吳安持、錢勰、李之純、孫覺、鮮于侁、趙彦若、趙卨、王欽臣、李周、王汾、韓川、顧臨、賈易、吕希純、王覿、范純粹、吕陶、王古、豐稷、張問、楊畏、謝文瓘、岑象求、上官均、葉濤、楊康國、朱師服。第三等：陳次升、周鼎、徐勣、路昌衡、董敦逸、郭知章、龔原、朱紱、葉祖洽。

餘官：

第一等：孔平仲、任伯雨、尹材、陳瓘、范柔中、鄧考甫、封覺民、張庭堅、龔夬、湯戫、馬涓。第二等：黃庭堅、歐陽棐、劉唐老、秦觀、王鞏、吕希哲、杜純、吳安詩、張保源、司馬康、張耒、宋保國、王隱、畢仲游、常安民、余度、鄭俠、晁補之、常立、程頤、唐義問、余卞、李格非、孫諤、陳孚、朱光裔、蘇嘉、王回、吕希績、歐陽中立、吕僔、葉伸、李茂直、吳處厚、李積中、商倚、陳祐、虞防、李祉、李深、李之儀、范正平、曹蓋、楊琳、蘇昺、葛茂宗、劉渭、柴袞、洪羽、趙天佑、李新、衡鈞、袞公適、馮百藥、周誼、孫琮、王察、汪衍、趙峋、胡端修、李傑、李賁、趙令時、郭執中、石芳、金極、高公應、安信之、張集、黃策、吳安遜、周永徽、高漸、張夙、鮮于綽、吕諒卿、王貫、朱紘、吳明、梁安國、王古、蘇迥、檀固、何大受、王篪、鹿敏求、江公望、曾紆、高士育、鄧忠臣、种師極、錢景祥、周綍、何大正、吕彦祖、梁寬、沈千、曹興宗、羅鼎臣、劉勃、王極、黃安期、陳師錫、于肇、黃遷、万俟正、許堯輔、楊朏、胡良、梅君俞、寇宗顔、張居、李修、逢純熙、高遵裕、黃才、曹盥、侯顯道、周遵道、林膚、葛輝、宋壽岳、王公彦、王交、張溥、許安修、劉吉甫、胡潛、董祥、楊環寶、倪直孺、蔣津、王守、鄧允中、梁俊民、王陽、張裕、陵表民、葉世英、謝潛、陳唐、劉經國、扈充、張恕、陳並、洪芻、周諤、蕭刌、趙越、滕友、江洄、方適、李昭玘、陳察、高茂華、楊彦章、廖正一、李夷行、彭醇、梁士能。第三等：韓治、都覯、秦希甫、許端卿、向訓、鍾正甫。

内臣：

第一等：張茂則、梁惟簡、陳衍、王化基。第二等：梁知新、裴彦臣、李倬、譚扆、竇鉞、王道、趙約、黃卿從、馮説、曾燾、蘇舜民、楊偁、梁弼、陳珦、張琳、李偶、閻守勤、王紱、李穆、蔡克明、鄧世昌、鄭居簡、王化臣。第三等：張祐。

武臣：

第一等：郭子旂、馬諗、王長民。第二等：王履、任濬、李永、張巽、李備、王獻可、胡田、趙希德、王庭臣、吉師雄、錢盛、吳休復、高士權、李遇、潘滋、李琥、崔昌符、李嘉亮、劉延肇、李基。第三等：姚雄。

十二月
劉逵罷中書侍郎

《宋宰輔編年録校補》卷一一徽宗崇寧五年十二月己未條："劉逵罷中書侍郎……"

案：本年進士及第者凡六百七十一人。有蔡嶷、王绹、李光、李邴、李彌大、胡世將、胡唐老、梅執禮、章誼、馮熙載、趙鼎、廖剛等。

大觀元年丁亥(1107)，呂希哲六十八歲，
呂好問四十四歲，呂廣問十歲，呂本中二十四歲，
呂弸中十八歲，呂用中十七歲，呂忱中十歲

春正月
蔡京左僕射。吳居厚罷門下侍郎。何執中中書侍郎，鄧洵武尚書左丞，梁子美尚書右丞

《宋宰輔編年録校補》卷一二徽宗大觀元年正月："甲午，蔡京左僕射……壬寅，吳居厚罷門下侍郎……壬子，何執中中書侍郎……鄧洵武尚書左丞……梁子美尚書右丞……"

張耒撰《跋呂居仁所藏秦少游投卷》

《柯山集》卷四五《跋呂居仁所藏秦少游投卷》："予見少游投卷多矣，《黃樓賦》《哀鑄鐘文》卷卷有之，豈其得意之文歟？少游平生爲文不多，而一一精

好可傳。在嶺外亦時爲文。臨歿自爲挽詩一章,殊可悲也。此卷是投正獻公者,今藏居仁處。居仁好其文,出予覽之,令人愴恨。大觀丁亥仲春,張耒書。"

案:據王兆鵬《呂本中年譜》考證,張耒此跋當作於大觀元年春正月。

又案:投卷於唐代極盛。宋代由於糊名謄録制度的實行和完備,投卷之風不再。但事實上,仍有少量舉子投卷給有地位的人士,以期科舉及第。錢建狀的《糊名謄録制度下的宋代進士行卷》即持此論。秦觀是其中可作佐證的一例。

三月

趙挺之罷右僕射。何執中爲門下侍郎,鄧洵武爲中書侍郎,梁子美爲尚書左丞,朱諤爲尚書右丞

《宋宰輔編年録校補》卷一二徽宗大觀元年三月:"丁酉,趙挺之罷右僕射……同日,何執中門下侍郎……鄧洵武中書侍郎……梁子美尚書左丞……朱諤尚書右丞……"

以蔡攸爲龍圖閣學士兼侍讀

《御批續資治通鑑綱目》卷九:"以蔡攸爲龍圖閣學士兼侍讀。"

立八行取士科

《御批續資治通鑑綱目》卷九:"立八行取士科。"

案:所謂八行者,即孝、悌、睦、婣、任、恤、忠、和。善父母爲孝,善兄弟爲悌,善内親爲睦,善外親爲婣,信於朋友爲任,仁於州裏爲恤,知君臣之義爲忠,達義利之分爲和。具備這八種品行的人,可以免試升入太學。這種免試入學的制度,弊端明顯。馬端臨在《文獻通考》卷三一批評曰:"自元祐倣古創立經明行修科,主德行而略藝文,間取禮部試黜之士,附實恩科。其時,禦史既已咎其無甄別矣。及八行科立,專以八行全偏爲三舍高下,不問内外,皆不試而補,則往往設爲形迹,以求入於八行,固已可厭。至於請託徇私,尤難防禁。"

五月

詔諸路監司勿任元祐學術者

《御批續資治通鑑綱目》卷九:"詔諸路監司勿任元祐學術者。"

鄧洵武罷中書侍郎

《宋宰輔編年録校補》卷一二徽宗大觀元年五月庚寅條:"鄧洵武罷中書侍郎……"

皇第九子趙構生

《宋史·高宗本紀一》:"大觀元年五月乙巳,生東京之大内,赤光照室。"八月丁丑,賜名,授定武軍節度使、檢校太尉,封蜀國公。二年正月庚申,封廣平郡王。宣和三年十二月壬子,進封康王。資性朗悟,博學强記,讀書日誦千餘言,挽弓至一石五斗。宣和四年,始冠,出就外第。"

案:宋高宗出生於是年,其母親爲顯仁皇后韋氏。高宗資性朗悟,博學强記,《宋史》稱其"讀書日誦千餘言,挽弓至一石五斗"。

六月

梁子美中書侍郎

《宋宰輔編年録校補》卷一二徽宗大觀元年六月己未條:"梁子美中書侍郎……"

龍圖閣學士、中大夫吕嘉問爲安化軍節度副使、郢州安置

《宋會要輯稿》職官六八之一五:"(大觀元年)六月二十六日,詔責龍圖閣學士、中大夫吕嘉問爲安化軍節度副使,郢州安置。坐知成都府不能律身奉法故也。"

八月

曾布卒

《後編》卷九七徽宗大觀元年八月乙卯條:"太中大夫、提舉崇福宫曾布卒於潤州。"

徐處仁爲尚書右丞,林攄同知樞密院事

《宋宰輔編年録校補》卷一二徽宗大觀元年八月庚申條:"徐處仁尚書右丞……同日,林攄同知樞密院事……"

皇第九子趙構封蜀國公

《宋史·高宗本紀一》:"(大觀元年)八月丁丑,賜名,授定武軍節度使、檢校太尉,封蜀國公。"

九月

程頤卒

《後編》卷九七徽宗大觀元年九月辛亥條:"宣義郎致仕程頤卒,年七十五。頤於書無所不讀,其學本於誠,以《大學》《論語》《孟子》《中庸》爲標指,而達於六經,動止語默,一以聖人爲師。嘗言:'今農夫祁寒暑雨,深耕易耨,播種五穀,吾得而食之;百工技藝,作爲器物,吾得而用之;介胄之士,被堅執鋭,以守土宇,吾得而安之。無功澤及人,而浪度歲月,晏然爲天地間一蠹,唯綴緝聖人遺書,庶几有補耳。'於是著《易春秋傳》,平生誨人不倦,故學者出其門最多,淵源所漸,皆爲名士,而劉絢、李籲、謝良佐、游酢、張繹、蘇昞、吕大臨、吕大鈞、尹焞、楊時,德望尤著,世稱頤爲伊川先生。"

閏十月

林攄尚書左丞,鄭居中同知樞密院事

《宋宰輔編年録校補》卷一二徽宗大觀元年閏十月丙戌條:"林攄尚書左丞……鄭居中同知樞密院事……"

大觀二年戊子(1108)，吕希哲六十九歲，

吕好問四十五歲，吕廣問十一歲，吕本中二十五歲，

吕弸中十九歲，吕用中十八歲，吕忱中十一歲

春正月

太尉蔡京進太師，加童貫節度史

《後編》卷九七徽宗大觀二年春正月己未條："太尉蔡京進太師，加童貫節度使，仍宣撫。"

蜀國公趙構封廣平郡王

《宋史·高宗本紀一》："(大觀)二年正月庚申，封廣平郡王。

二月

以葉夢得爲翰林學士

《御批續資治通鑑綱目》卷九："二月，以葉夢得爲翰林學士。"

三月

吕希哲、吕希績等落罪籍

《長編拾補》卷二八徽宗大觀二年三月戊辰條：

門下中書後省左右司言："檢會今年正月一日赦書，'元祐之初，奸臣乘間得罪放廢，言念歲月之久，屢更赦宥，懷奸睥睨，報怨不已，公肆詆誣，罪在宗廟者，朕不敢貸。其尚及貶所，或情輕法重，例被放棄；或非身自犯，因人得罪，止緣貪冒，附會朋比；或志匪誣謗，言有近似；或緣辨理，語涉譏訕；或止因職事，偶涉更改，凡此之類，可據原貶責罪犯，審量其情，分輕重等第，取情理輕者，與落罪籍，特予甄敘差遣。'今將原編類册内依詳赦文，先次看詳到孫

固、陸佃、王存、蔣之奇、趙瞻、安燾、顧臨、張問、朱師服、錢勰、王欽臣、楊畏、
李之純、王汾、馬默、周鼎、向級、李昭玘、歐陽棐、陳察、梁士能、楊彥章、李貴、
鍾正甫、許端卿、趙彥若、賈易、姚勔、呂希績、歐陽中立、葉伸、陳郛、朱光裔、
蘇嘉、吳儔、常立、李茂直、司馬康、都毣、鄧忠臣、廖正一、呂希哲、秦希甫、張
耒、杜純四十五人。"詔除孫固、安燾、賈易外,餘並出籍。尋又看詳到葉祖洽、
郭知章、上官均、朱紱、种師極、錢景祥等六人,詔並出籍。

六月

詔呂希純等出籍

　　《長編拾補》卷二八徽宗大觀二年六月戊戌條:"門下中書後省左右司除
節次看詳中納孫固等六十人外,今依敕看詳到韓維、楊康國、趙卨、鮮于侁、龔
原、董敦逸、呂希純、岑象求、孔武仲、葉濤、唐義問、余卞、宋保國、李深、陳祐、
商倚、李之儀、范正平、李祉、韓治、曾紆、黃隱、馬諗、王履、任濬、趙希德、郭子
旂、劉延肇、錢盛、吳休復、崔昌符、李遇、李玩、吉師雄、趙希夷、王庭臣、高士
權、李永、王獻可、李嘉亮、姚雄、潘滋、高茂華、滕友、張溥、梅君俞、楊環寶、林
膚、彭醇、呂彥祖、陳唐盥、王守、曹興宗、高公應、黃才、江公望、黃安期、梁俊
民、王貫、張集、鹿敏求、李貴、高士育、逢純熙、趙令畤、倪直孺、沈千、宋壽岳、
侯顯道、趙越、周鍔、蕭刓、高遵裕、劉渭、楊琳、鄧允中、董祥、王交、楊胐、于
肇、劉勃、許堯輔、謝潛、張夙、何大正、張裕、洪芻、鮮于綽、李積中、馮百藥、袞
公適、李新、許安修等九十五人。詔並出籍。"

呂希純有《呂子進集》

　　《文定集》卷一〇《題呂子進集》:"頃從中書舍人呂公居仁游,公嘗言叔祖
待制才高識遠。徽宗即位初,元祐諸公竄逐流落之餘,蓋存者無幾,獨待制與
曾子開尤為時望所屬。有欲求官而訊於世所謂紫姑神者,神大書云:'待曾、
呂作相方發。'其言雖戲,可以見當時人情所向。待制聞之,有詩云:'夢寐西
山結草廬,逝將臨水玩游魚。何人見卵求時夜,更著閑言問貌姑。'毗陵張子
厚先生早登第,以侍親不出仕,既終養,遂家居。元祐間,近臣屢薦,雖除官亦
不就也。於待制特厚善,待制知睦州,子厚追送累日,別後寄詩云:'籬鷗雲鵬

各有程,暫時相別未忘情。恨君不在篷窗底,共聽蕭蕭夜雨聲。'此詩亦可想
見其人。待制之孫金部員外出示家集,始得拭目,償所願焉,因記所嘗聞於集
後。張先生名舉,字子厚。"

元祐黨人不以存亡及在籍,特與敍官勘會,呂公著等追復有差

《長編拾補》卷二八徽宗大觀二年六月戊申條:"三省檢會大觀二年正月
一日赦書內一項:'應元祐黨人不以存亡及在籍,可特與敍官。'勘會前任宰臣
執政官見存人韓忠彥、蘇轍、安燾,身亡人文彥博、呂公著、呂大防、劉摯、曾
布、章惇、梁燾、王巖叟、李清臣、范純禮、黃履。詔見存人與復一官,太中大
夫、提舉崇福宮韓忠彥可特授通直大夫,降授朝散大夫;蘇轍可特授朝散大
夫、中奉大夫、提舉鴻慶宮;安燾可特授中大夫。故降授太子太保、潞國公文
彥博可追復太子太保;故追復左光祿大夫呂公著可追復右銀青光祿大夫;故
追復太中大夫呂大防可追復通議大夫;故追復朝請大夫劉摯可追復朝議大
夫;故太中大夫曾布可追復通議大夫;故追復左中大夫章惇可追復通議大夫;
故追復朝散大夫梁燾可追復朝請大夫;故追復宣義郎王巖叟可追復宣德郎;
故追復左中散大夫李清臣可追復中大夫;故追復左朝議大夫范純禮可追復左
中散大夫;故追復中大夫黃履可追復太中大夫。"

八月
梁子美罷中書侍郎

《宋宰輔編年錄校補》卷一二徽宗大觀二年八月丙申條:"梁子美罷中書
侍郎……"

九月
林攄中書侍郎,余深尚書左丞

《宋宰輔編年錄校補》卷一二徽宗大觀二年九月辛亥條:"林攄中書侍
郎……余深尚書左丞……"

是年,呂好問任真州春料船場官

呂祖謙《東萊公家傳》:"(呂好問)復調真州春料船場,司揚州儀曹事。"(見《呂祖謙全集》第一册《東萊呂太史文集》卷一四)

案:王兆鵬以爲,呂好問本年任真州春料船場官,并迎呂希哲至真州居住,呂本中陪祖至真州。途徑楚州,遇汪革、洪炎。洪炎字玉父,南昌人,黄庭堅外甥,江西詩派重要成員。呂好問居真州時,范文甫兄弟等日來相聚,《師友雜誌》曰:"范之才文甫、之翰申甫兄弟,富公外孫,皆師事伊川先生。大觀間,被省檄至真州,時東萊公迎侍滎陽公在真州船場官舍,文甫日來見公,頗盡師事之禮。"

大觀三年己丑(1109),呂希哲七十歲,呂好問四十六歲,呂廣問十二歲,呂本中二十六歲,呂弸中二十歲,呂用中十九歲,呂忱中十二歲

二月

韓忠彦復宣奉大夫儀國公致仕

《宋史全文》卷一四《宋徽宗》大觀三年二月條:"丁丑,韓忠彦復宣奉大夫、儀國公致仕。"

案:韓忠彦於是年八月卒。後諡文定,配享徽宗廟庭,爲昭勳閣二十四功臣之一。忠彦娶吕公弼長女和三女,爲吕公弼女婿。

四月

林攄罷中書侍郎。鄭居中知樞密院事,管師仁同知樞密院事。余深中書侍郎,薛昂尚書左丞,劉正夫尚書右丞

《宋宰輔編年録校補》卷一二徽宗大觀三年四月:"戊寅,林攄罷中書侍

郎……癸巳,鄭居中知樞密院事……管師仁同知樞密院事……癸卯,余深中書侍郎……薛昂尚書左丞……劉正夫尚書右丞……"

六月

管師仁罷同知樞密院事。蔡京罷左僕射,何執中左僕射

《宋宰輔編年録校補》卷一二徽宗大觀三年六月:"甲戌朔,管師仁罷同知樞密院事……丁丑,蔡京罷左僕射……辛巳,何執中左僕射……"

七月

仍稱元祐奸黨

《後編》卷九七徽宗大觀三年七月丁未條:"詔謫籍人,除元祐奸黨及得罪宗廟外,餘並録用。"

十一月

蔡京進封楚國公致仕

《後編》卷九七徽宗大觀三年十一月己巳條:"蔡京進封楚國公致仕,仍提舉編修《哲宗實録》,朝朔望。長子提舉醴泉觀攸除樞密直學士,次子宣義郎儵除直秘閣。"

是年,呂昌齡知慶元府

此據羅濬《寶慶四明志》卷一載。

案:本年進士及第者凡七百三十一人。有賈安宅、宇文虛中、吳敏、胡舜陟、孫覿、梁師成等。

大觀四年庚寅(1110),呂希哲七十一歲,
呂好問四十七歲,呂廣問十三歲,呂本中二十七歲,
呂弸中二十一歲,呂用中二十歲,呂忱中十三歲

二月
余深爲門下侍郎,張商英爲中書侍郎,侯蒙同知樞密院事

《宋宰輔編年録校補》卷一二徽宗大觀四年二月己丑條:"余深門下侍郎……張商英中書侍郎……侯蒙同知樞密院事……"

五月
立詞學兼茂科

《御批續資治通鑑綱目》卷九:"夏五月,立詞學兼茂科。"

詔直言闕失,貶蔡京爲太子少保,出居杭州

《御批續資治通鑑綱目》卷九:"彗出奎婁,詔直言闕失,貶蔡京爲太子少保,出居杭州。"

余深罷門下侍郎

《宋宰輔編年録校補》卷一二徽宗大觀四年五月戊午條:"余深罷門下侍郎……"

六月
張商英右僕射。薛昂罷尚書左丞

《宋宰輔編年録校補》卷一二徽宗大觀四年六月:"乙亥,張商英右僕射……丙申,薛昂罷尚書左丞……"

七月

罷方田

《御批續資治通鑑綱目》卷九："秋七月,罷方田。"

八月

劉正夫中書侍郎,侯蒙尚書左丞,鄧洵仁尚書右丞。吳居厚門下侍郎

《宋宰輔編年録校補》卷一二徽宗大觀四年八月:"乙亥,劉正夫中書侍郎……侯蒙尚書左丞……鄧洵仁尚書右丞……庚辰,吳居厚門下侍郎……"

十月

鄭居中罷知樞密院事。吳居厚知樞密院事

《宋宰輔編年録校補》卷一二徽宗大觀四年十月:"丁酉,鄭居中罷知樞密院事……庚申,吳居厚知樞密院事……"

是年,吕本中等問詩法於徐俯,結社唱和

張元幹《蘆川歸來集》卷九《蘇養直詩帖跋尾六篇》:"往在豫章,問句法於東湖先生徐師川。是時洪芻駒父、弟炎玉父、蘇堅伯固、子庠養直、潘淳子真、吕本中居仁、汪藻彦章、向子諲伯恭,爲同社詩酒之樂。予既冠矣,亦獲攘臂其間,大觀庚寅辛卯歲也。"

案:徐俯乃江西詩派重要成員,黃庭堅外甥。黃庭堅作爲江西詩派之宗,主張化用前人詩句,無一字無來處。吕本中等問學於徐俯,即深得黃庭堅作詩要領。吕本中善於化用前人詩句,如《能改齋漫録》卷七《事實・無底籃》云,吕本中贈僧詩:"莫言衲子籃無底,盛得山南骨董歸。"此即化用佛教《廣燈録》裏的禪宗偈語:"古言路逢死蛇莫打殺,無底籃子盛將歸。"

吕本中同晁貫之、李綱訪沈宗師

《東萊先生詩集》卷四《同晁季一李天紀過沈宗師北莊因成長韻》:"今晨

籃輿來,握手相勞苦。勝游有佳士,洗耳聽妙語。"

案:據王兆鵬研究,呂本中與晁貫之、李綱訪沈宗師,當在本年前後,姑繫於此。

政和元年辛卯(1111),呂希哲七十二歲,呂好問四十八歲,呂廣問十四歲,呂本中二十八歲,呂弸中二十二歲,呂用中二十一歲,呂忱中十四歲

正月

詔明州取陳瓘《尊堯集》送編修政典局

《長編拾補》卷三〇徽宗政和元年正月壬辰:"詔明州取陳瓘《尊堯集》送編修政典局。從張商英建請也。"

案:陳瓘字瑩中,號了翁,南劍州沙縣人,元豐二年進士甲科。撰《尊堯集》,謂紹聖史館專據王安石《實錄》改修《神宗史》,變亂是非,不可傳信。據岳珂《桯史》記載,陳瓘先著《合浦尊堯集》,當時並未以荊公爲非,後著《四明尊堯集》,爲八門,曰聖訓、曰論道、曰獻替、曰理財、曰邊機、曰論兵、曰處己、曰寓言,始條分而件析之,無婉辭矣。

三月

王襄同知樞密院事

《宋宰輔編年錄校補》卷一二徽宗政和元年三月癸酉條:"王襄同知樞密院事……"

八月

蔡京復爲太子太師

《宋史紀事本末》卷四九《蔡京擅國》:"政和元年(辛卯,1111)八月乙未,復

以蔡京爲太子太師。"

張商英罷右僕射

《宋宰輔編年録校補》卷一二徽宗政和元年八月丁巳條:"張商英罷右僕射。……"

九月

王襄罷同知樞密院事

《宋宰輔編年録校補》卷一二徽宗政和元年九月戊寅條:"王襄罷同知樞密院事……"

羈管陳瓘於台州

《長編拾補》卷三〇徽宗政和元年九月辛巳條:"詔:'陳瓘自撰《尊堯集》,語言無緒,並係詆誣,合行毀棄;送與張商英,意要行用,特勒停,送台州羈管,令本州當職官常切覺察,不得放出州城,月具存在申尚書省。'"

十月

知鄧州張商英衡州安置

《長編拾補》卷三〇徽宗政和元年十月辛亥條:"太中大夫、知鄧州張商英責授崇信軍節度副使,衡州安置。"

是年,吕本中至京師,與晁氏兄弟從游

《師友雜志》:"晁沖之叔用,文元之後。少穎悟絶人,其爲詩文,悉有法度。大觀後,予至京師,始與游,相與如兄弟也。叔用從兄貫之季一、謂之季此,皆能文博學,皆與友善。若說之以道,則予尊事焉。以道弟詠之之道,叔用之兄載之伯禹,予皆與之游。大觀、政和間,予客京師,叔用日來相招,如不能往,即再遣人問訊。時劉義仲壯輿在京師守官,亦日相問訊。"

案:據王兆鵬考,本中至京師當是本年冬。

政和二年壬辰（1112），呂希哲七十三歲，呂好問四十九歲，呂廣問十五歲，呂本中二十九歲，呂弸中二十三歲，呂用中二十二歲，呂忱中十五歲

春正月
詔元符上書邪等人不得除監司

《御批續資治通鑑綱目》卷九："（政和）二年春正月，詔元符上書邪等人不得除監司。"

二月
復蔡京太師，賜第京師

《宋史全文》卷一四《宋徽宗》政和二年二月條："戊子朔，詔：'太子太師致仕蔡京兩居上宰，輔政八年，首建紹述，勤勞百爲。可特復太師，仍舊楚國公致仕，於在京賜第居住。'"

四月
復行方田

《御批續資治通鑑綱目》卷九："夏四月，復行方田。"

禁史學

《御批續資治通鑑綱目》卷九："禁史學。"詔士毋得兼習史學，從監察御史李彦章之請也。

五月
蔡京以太師、楚國公三日一至都堂議事

《宋宰輔編年録校補》卷一二徽宗政和二年五月己巳條："蔡京以太師、楚

國公三日一至都堂議事。"

六月

余深門下侍郎

《宋宰輔編年録校補》卷一二徽宗政和二年六月己丑條:"余深門下侍郎。"

九月

更定官名

《御批續資治通鑑綱目》卷九:"秋九月,更定官名。"

案:據《宋史·職官制一》記載,蔡京當國,率意自用。然動以繼志爲言,首更開封守臣爲尹、牧,由是府分六曹,縣分六案。又内侍省職,悉倣機廷之號。已而修六尚局,建三衛郎,又更兩省之長爲左輔、右弼,易端揆之稱爲太宰、少宰。是時員既濫冗,名且紊雜。甚者走馬承受,升擁使華;黄冠道流,亦濫朝品。元豐之制,至此大壞。

十月

蘇轍卒

《宋史全文》卷一四《宋徽宗》政和二年十月條:"戊子,蘇轍卒。"

十一月

以何執中爲少傅

《御批續資治通鑑綱目》卷九:"(十一月)以何執中爲少傅。"

十二月

加童貫太尉

《御批續資治通鑑綱目》卷九:"十二月,加童貫太尉。"

是年,吕本中客居京師,被謝無逸推爲詩壇盟主

《師友雜志》:"謝無逸因汪信民獻書滎陽公,致師事之禮,且與予父子交。

政和初,無逸至京師省試,嘗寄予書,極相推重,以爲'當今之世,主海内文盟者,惟吾弟一人而已。'又語外弟趙才仲云:'以居仁詩似老杜、山谷,非也,杜詩自是杜詩,黃詩自是黃詩,居仁詩自是居仁詩也。'"

案:據《宋會要輯稿》選舉七之三二,政和初省試在政和二年,政和元年無省試。因此是條疑在政和二年。

又案:本年進士及第者凡七百十三人。有莫儔、李正民、李綱、辛次膺、万俟卨、薛弼、羅汝楫等。

政和三年癸巳(1113),呂希哲七十四歲,呂好問五十歲,呂廣問十六歲,呂本中三十歲,呂弸中二十四歲,呂用中二十三歲,呂忱中十六歲,呂大器一歲

春正月
王安石被追封爲舒王,子雱爲臨川伯,從祀孔子廟廷

《宋史紀事本末》卷四九《蔡京擅國》:"(政和)三年(癸巳,1113)春正月癸酉,追封王安石爲舒王,子雱爲臨川伯,從祀孔子廟廷。"

三月
監都鹽務呂仲隨等上札子,議福建路茶法需修改之處,朝廷從之

《宋會要輯稿》食貨三二之四:"(政和三年三月)二十五日,監都鹽務呂仲隨等札子:'檢會崇寧三年二月内講議司修立到福建路茶法,内一項:'諸園户五家爲保,内有私相交易者互相覺察,告賞如法。即知而不告,論如五保不糾,律加一等。'契勘新修茶法,並許客人請引徑赴園户處私下任便興販,即不得與無引交易。看詳上條内有文意與新法相妨去處,若不修正,竊慮園户别致疑惑。今相度,欲乞於上條内删去'内有'二字,却添入'若與無引人'五字。如允所請,亦乞依此施行。'從之。"

案：疑呂仲隨爲呂仲甫兄弟或從兄弟，待考。

四月

呂大器生

《呂大器壙誌》："公政和三年四月二十三日生。"（見《家族墓志》）

案：呂大器字治先，祖呂好問，父呂彌中，子呂祖謙。兄弟四人，曰大倫，字時敘；大猷，字允升；大同，字逢吉。（《宋元學案》卷三六《紫微學案》）

五月

何執中改太宰。吳居厚罷知樞密院事。鄭居中知樞密院事

《宋宰輔編年録校補》卷一二徽宗政和三年五月："辛巳，何執中改太宰……丁丑，吳居厚罷知樞密院事……同日，鄭居中知樞密院事……"

十一月

蔡京進封魯國公

《長編拾補》卷三二徽宗政和三年十一月辛巳條："太師、楚國公蔡京進封魯國公。"

政和四年甲午(1114)，呂希哲七十五歲，呂好問五十一歲，呂廣問十七歲，呂本中三十一歲，呂彌中二十五歲，呂用中二十四歲，呂忱中十七歲，呂大器二歲

呂本中撰《六子哀詞並序》

余行天下，得友五人焉，曰餘杭關止叔沼、臨川汪信民革、謝無逸逸、大梁夏侯節夫旄、王立之直方。予之與五人者友，惟五子之爲信。洛陽張思叔繹則予願交之而未得也。然今皆不幸死矣，予哀之如骨肉也。初止叔没，予曰：

"關子吾友也,今死,吾其可以無一言半詞以盡予哀,以見於世乎!"然予業之
未精也,業未精而作,辱吾友也,吾不可辱吾友。其後信民又没,無逸又没,立
之又没,思叔又没,節夫又没,余念之如止叔也。甲午歲,余來維揚,深居無
事,遍考古今之文人騷詞之爲,而後識其大概,則並頌六子之德,以見余平昔
之志焉。其詞曰:

余結髮以從學兮,歷四方而取友。立前聖以折衷兮,考衆議之當否。既
試之以厄艱兮,又要之以歲月之久。夫惟六子之不可及兮,煥若衆星之望北
斗。奈何天不假之年兮,曰吾獨付之以不朽之壽。惟關氏之獨立兮,識衆人
之未然。泂江河之東下兮,久睥睨而不前。斥異端而遠游兮,攬衆芳而佩之。
問其才之如何兮,蓋無施而不宜。山嶽高則自頹兮,歎斯人而不久長。吾嘗
期之以可大之業兮,乃首塗而絕糧。張子出於微眇兮,得千載不傳之學。續
微言之已墜兮,子爲之玉而夫子與之雕琢。推吾智以窮萬物之理兮,反之於
吾身而安。用吾心以逆聖人之志兮,蓋甚易而不難。同天人而一本末兮,兼
精粗而合內外。夫何多端而異貫兮,謂去此而有良貴。子獨釋夫昧糠兮,初
不知天地之易位也。謝子文江南之望兮,吾嘗以饒、汪與子爲臨川之三傑。
處下流而不汙兮,蓋百撓而不折。吾蓋嘗書其母夫人之墓碑兮,信斯言之可
傳。人之生孰不爲土地以易其氣質兮,長又不爲風俗之所遷,少壯則又徇於
氣血兮,蓋其居之使然。惟知其所止而不自失兮,夫然後得全於天。此蓋衆
人之所甚難兮,而謝子之所易。其文章黼黻足以焜耀一世兮,又謝子之餘棄。
凜凜乎其不可犯干兮,恢恢乎其有餘地也。知謝子莫若汪子兮,知汪子又莫
如吾久。請言汪子之爲學兮,曰以明善爲本、知言爲右。邪說紛吾前而不變
兮,曰吾蓋識之未言之前。貫萬物於一理兮,衆日用而不知其所以然。能此
則聖兮,弗知則顛。世有拂亂反覆,聘其辭以信其妄兮,蓋舍此而謬傳。嗟此
言之不復聽兮,於今五年。王子之學得於見賢兮,合衆善而一之。見一善如
不及兮,蓋真意而不疑。奔走乎仁義之途兮,沉涵乎大正之域。終其身而不
困兮,笑世人之自賊。知學之必始於尚志兮,志定矣則何求而不得? 沉痼在
躬而弗替兮,曰吾視此得疾如九鼎之珍。捐平昔之所好以遺朋友故舊兮,曰
吾惟子之親。惟夏侯氏之力行兮,蓋有類乎古者之剛。以剛直內兮,則守此
而自強。其取與則甚嚴兮,蓋其自處者如此。達吾之志以一四海兮,吾且繼

之以死。死且弗改兮，其何物之能使？志士不忘在溝壑兮，又何有夫祿仕？嗟此六子之爲學兮，其入雖異，其歸則一。如行乎四通八達之衢兮，卒同會於一室。傷六子之不可見兮，吾遭回而日窮。張子雖吾不識兮，實疇昔之願從。惟此六子或識或不識，或久或近兮，皆視予猶弟兄。夫豈内交以自重兮，是皆一之以至誠。嗚呼哀哉！傷此六子之不可復見兮，霜已墜而草枯。狐狸奮於千仞兮，日熒熒而望予。歲宴日晚兮，吾誰與居？念子之儀容兮，想子之聲音。千秋萬祀之下兮，其有得於語言文字之表而識予之用心。（引自《東萊集注類編觀瀾文集》甲集卷一六）

案：據本中所言：甲午歲，余來維揚等，此文大概作於甲午（1114）年，是年，吕好問在揚州司漕任上，本中隨父居揚州。文中悼念的六位摯友，汪革、謝逸、王直方爲江西詩派重要成員，分別卒於大觀四年（1110）、政和二年（1112）、大觀三年（1109），張繹卒於大觀二年（1108），關沼和夏侯旆的卒年不可考。文中有"請言汪子之爲學兮……嗟此言之不復聽兮，於今五年。"汪革去世五年以後，正是甲午年。

政和五年乙未（1115），吕希哲七十六歲，吕好問五十二歲，吕廣問十八歲，吕本中三十二歲，吕弸中二十六歲，吕用中二十五歲，吕忱中十八歲，吕大器三歲

正月

完顏阿骨打建立金

《宋史紀事本末》卷五二《金滅遼》："（政和）五年春正月壬申朔，女真完顏阿骨打稱帝，國號金。"

是年，吕好問司揚州儀曹事，家居揚州

《東萊公家傳》："復調真州春料船場，司揚州儀曹事。揚據南北衝，賢士

大夫舟車上下,必過公而拜滎陽公於堂。楊侍郎時中立、陳右司瓘瑩中,每過揚與公語,連日夜不厭,所言皆經世大略。揚州帥蔡卞自知不爲公論所右,欲扳善類自解,待公特異。拜疏薦公於朝,公以禮自持,卞終不得而親。久之,卞自揚得政,同府掾屬拔擢略盡,獨公滯於故官。"

案:王兆鵬以爲,蔡卞政和四年至五年七月知揚州,是時呂好問爲其掾屬,可知呂好問本年在揚州。

是年,曾幾賜上舍出身

據《宋登科記考》,曾幾於宋徽宗政和五年賜上舍出身。

案:曾幾爲呂大器岳父,仕至敷文閣待制、左通奉大夫,卒謚文清。其上承呂本中詩學理論,下啓中興四大詩人陸游、楊萬里等,是江西詩派承前啓後的關鍵詩人之一,對外孫呂祖謙亦有較大影響。

是年,呂本中任濟陰主簿

《宋名臣言行録》別集上卷七:"政和五年調興仁濟陰簿。"

案:本年進士及第者凡六百七十人。有何栗、郭孝友、呂大受、沈興求、范同、洪皓、秦檜、賀允中、詹大方、樓炤等。

政和六年丙申(1116),呂希哲七十七歲,呂好問五十三歲,呂廣問十九歲,呂本中三十三歲,呂弸中二十七歲,呂用中二十六歲,呂忱中十九歲,呂大器四歲

春正月閏月
立道學

《御批續資治通鑑綱目》卷一一:"(政和六年)閏月,立道學。"

案:據《宋史紀事本末》卷五一《道教之崇》記載,徽宗從林靈素之言,立道

學,自元士至志士,凡十三品,歲大比,許襴樸就試。又用蔡京言,集古今道教事爲紀、志,賜名《道史》。林靈素,温州人,徽宗賜號通真達靈先生。

二月

童貫簽書樞密院事

《宋宰輔編年録校補》卷一二徽宗政和六年二月條:"童貫簽書樞密院事……"

四月

何執中以太傅致仕

《宋宰輔編年録校補》卷一二徽宗政和六年四月辛未條:"何執中以太傅致仕。……"

五月

鄭居中太宰,劉正夫少宰。鄧洵武知樞密院事

《宋宰輔編年録校補》卷一二徽宗政和六年五月:"庚子,鄭居中太宰……劉正夫少宰……壬寅,鄧洵武知樞密院事……"

八月

侯蒙中書侍郎,薛昂尚書左丞

《宋宰輔編年録校補》卷一二徽宗政和六年八月己巳條:"侯蒙中書侍郎……薛昂尚書左丞……"

十一月

白時中尚書右丞

《宋宰輔編年録校補》卷一二徽宗政和六年十一月庚子條:"白時中尚書右丞……"

命蔡京五日一赴都堂治事

《御批續資治通鑑綱目》卷一一：“(政和六年)十一月,命蔡京五日一赴都堂治事。”

十二月

以薛昂爲門下侍郎

《御批續資治通鑑綱目》卷一一：“(政和六年)十二月,以薛昂爲門下侍郎。”

少宰劉正夫致仕

《宋宰輔編年録校補》卷一二徽宗政和六年十二月乙酉條：“少宰劉正夫致仕。……”

以童貫領樞密院事

《御批續資治通鑑綱目》卷一一：“以童貫領樞密院事。”

政和七年丁酉(1117),吕希哲七十八歲,吕好問五十四歲,吕廣問二十歲,吕本中三十四歲,吕弸中二十八歲,吕用中二十七歲,吕忱中二十歲,吕大器五歲

七月

置提舉禦前人船所

《宋史紀事本末》卷五〇《花石綱之役》：“(政和)七年秋七月,置提舉禦前人船所。時東南監司、郡官、二廣市舶率有應奉,又有不待旨但送物至都,計會宦者以獻。大率靈壁、太湖、慈谿、武康諸石,二浙奇竹、異花、海錯,福建荔

枝、橄欖、龍眼，南海椰實，登、萊文石，湖、湘文竹，四川佳果木，皆越海渡江，毀橋梁，鑿城郭而至，植之皆生；而異味珍苞，則以健步捷走，雖甚遠，數日即達，色香未變也。”

案：各地競獻珍寶之物至京師，至政和末年，此風愈演愈烈，置提舉禦前人船所，名爲便民，而實擾害如故。

八月

鄭居中罷太宰

《宋宰輔編年録校補》卷一二徽宗政和七年八月條：“鄭居中罷太宰。以母憂罷。”

十月

侯蒙罷中書侍郎

《宋宰輔編年録校補》卷一二徽宗政和七年十月戊寅條：“侯蒙罷中書侍郎……”

十一月

余深少宰，白時中中書侍郎

《宋宰輔編年録校補》卷一二徽宗政和七年十一月條：“余深少宰……同日，白時中中書侍郎……”

十二月

薛昂爲門下侍郎

《宋宰輔編年録校補》卷一二徽宗政和七年十二月丁巳條：“薛昂門下侍郎……”

是年，吕希哲卒

民國十五年修《吕氏宗譜》記載，吕希哲：“政和七年卒，享壽七十八。”

案：據《中華吕氏通譜》卷二《世系篇·聯宗第五宗支》：吕希哲，政和七年

(1117)二月廿九日卒於揚州,年七十八。妣張氏,天章閣待制張昷之女,生三子:好問,疑問,切問。

楊時撰《祭呂侍講文》

《龜山集》卷二八《祭呂侍講文》:"宋興百年,世秉國鈞。篤生異人,惟兹世臣。時逢清明,與國休戚。身雖竄流,心在王室。伊昔師門,實傳聖學。道隆德尊,爲時先覺。嗟予晚進,鼠目麋頭。公不鄙予,進與之儔。吾道之窮,公其已矣。河流混混,貫以清濟。胡不慭遺,以佑斯文。下民其咨,昊天不聞。臨風一慟,心志俱摧。公乎若存,其知我哀!"

呂希哲夫人張氏,系魯宗道外孫女,每事有法度

《童蒙訓》卷上:"滎陽公張夫人,待制諱昷之之女也,自少每事有法,亦魯簡肅公外孫也。張公性嚴毅不屈,全類簡肅,簡肅深愛之,家事一委張公。夫人,張公幼女,最鍾愛,然居常至微細事,教之必有法度,如飲食之類,飯羹許更益,魚肉不更進也。時張公已爲待制、河北都轉運使矣。及夫人嫁呂氏,夫人之母,申國夫人姊也,一日來視女,見舍後有鍋釜之類,大不樂,謂申國夫人曰:'豈可使小兒輩私作飲食,壞家法耶?'其嚴如此。"

呂希哲之交游

《童蒙訓》卷上:"滎陽公交游,則二程、二張、孫莘老、李公擇、王正仲、顧子敦、楊應之、范醇夫、黃安中、邢和叔、王聖美也。"

呂希哲有《發明義理》《酬酢事變》二書

《文定集》卷一〇《讀呂滎陽公發明義理酬酢事變二書》:"世之自謂得道者,以前言往行爲糟粕、芻狗,以治天下國家爲緒餘、土苴。汔之放棄典刑,闊略世務,至於爲西晉之禍。或者出而矯之,曰吾之道固所以經世也,然而天人異觀,物我殊歸,高明中庸,析爲二致。迹其行事,則私智之鑿而已,道果如是乎?龜山楊先生嘗謂滎陽呂公昔在師門,實傳聖學,道隆德尊,爲時先覺。今得公之遺書,有曰《發明義理》,有曰《酬酢事變》,蓋其言雖若有二,而道則

一也。"

吕希哲《論養心》

《全宋文》卷二〇一四吕希哲《論養心》："養心莫善於寡欲。天下之難持者莫如心,天下之易染者莫如欲。善養心者正其思而已矣。目欲紛麗之色視,思明則色欲寡矣;耳欲鄭衛之聲聽,思聰則聲欲寡矣;口欲天下之美味,思夏禹之菲飲食,則口欲寡矣;身欲天下之文秀,思文王之卑服,則身欲寡矣。寡欲如此而心不治,未之有也。"

吕希哲論自省

《童蒙訓》卷中："滎陽公嘗説攻其惡,無攻人之惡。蓋自攻其已惡。日夜且自點檢,絲毫不盡不慊於心矣。豈有工夫點檢他人耶?"

吕希哲論尊卑長幼之序

《童蒙訓》卷中："本中嘗問滎陽公曰:'兄弟之生相去或數日,或月十日,其爲尊卑也微矣。而聖人直如是分别長幼,何也?'公曰:'不特聖人直重先後之序,如天之四時,分毫頃刻皆有次序,此是物理自然,不可易也。'"

吕希哲論氣象

《童蒙訓》卷中："滎陽公嘗言:'後生初學且須理會氣象。氣象好時百事是當。氣象者辭令容止輕重疾徐足以見之矣。不唯君子小人於此焉分,亦貴賤壽夭之所由定也。'"

吕希哲論納善言

《童蒙訓》卷中："滎陽公嘗言:朝廷獎用言者,固是美意,然聽言之際,亦不可不審。若事事聽從不加考核,則是信讒用譖,非納善言也。如歐陽叔弼最爲静默,自正獻當國,常患不來,而劉器之乃攻叔弼以爲奔競權門。器之號當世賢者,猶差誤如此,況他人乎? 以此知聽言之道,不可不審也。'"

吕希哲論孝順

《童蒙訓》卷下："滎陽公嘗言孝子事親，須事事躬親，不可委之使令也。嘗説穀梁言天子親耕以共粢盛，王后親蠶以共祭服，國非無良農工女也，以爲人之盡事其祖禰，不若以己所自親者也。此説最盡事親之道。又説爲人子者視於無形，聽於無聲，心未嘗頃刻離親也。事親如天，頃刻離親則有時而違天，天不可得而違也。"

吕希哲論如何對待小人侮辱

《童蒙訓》卷中："或問滎陽公爲小人所詈辱，當何以處之？公曰：'上焉者知人與己本一，何者爲詈，何者爲辱，自無忿怒心也；下焉者且自思曰：我是何等人，彼爲何等人，若是答他，却與此人等也。如此自處，忿心必自消也。'"

吕希哲批駁世人喜言無好人者

《童蒙訓》卷上："滎陽公嘗言：'世人喜言'無好人'三字者，可謂自賊者也。'包孝蕭公尹京時，民有自言：'有以白金百兩寄我者，死矣。予其子，其子不肯受。願召其子予之。'尹召其子，其子辭曰：'亡父未嘗以白金委人也。'兩人相讓久之。公因言：'觀此事而言無好人者，亦可以少愧矣。人皆可以爲堯舜，蓋觀於此而知之。'"

吕希哲教讀書要字字分明

《能改齋漫録》卷一二《記事·吕公教讀書要字字分明》："滎陽吕公教學者讀書，須要字字分明。仍每句最下一字，要令聲重，聲重則記牢。"

吕希哲論讀書的方法

《童蒙訓》卷中："滎陽公嘗言少年爲學，唯揀書最有益。才揀便記得精，便理會得子細。又嘗言讀書編類，語言相似者，事做一處，便見優劣是非。"

吕希哲論王安石解經

《童蒙訓》卷中："滎陽公嘗説王介甫解經皆隨文生義,更無含蓄。學者讀之更無可以消詳處,更無可以致思量處。"

吕希哲尊重生命,以乾貨招待客人

《童蒙訓》卷中："滎陽公爲郡處令,公帑多蓄鰒魚諸乾物及筍乾蕈乾以待賓客,以減雞鴨等生命也。"

吕希哲爲人處事求方便之道

《童蒙訓》卷中："滎陽公爲人處事皆有久長之計,求方便之道,只如病中風人,口不能言手不能書而養疾者,乃問所欲,病者既不能答,適足增苦。故公嘗教人每事作一牌子,如飲食衣裳寒熱之類,及常所服藥常所作事,常所服藥如理中圓之類,常所作事如梳頭洗手之類及作某親等書,病者取牌子以示人,則可減大半之苦。凡公爲人處事每如是也。"

政和八年(重和元年)戊戌(1118),吕好問五十五歲,吕廣問二十一歲,吕本中三十五歲,吕弸中二十九歲,吕用中二十八歲,吕忱中二十一歲,吕大器六歲

正月
王黼尚書左丞

《宋宰輔編年録校補》卷一二徽宗政和八年正月庚戌條:"王黼尚書左丞……"

四月

吕本中任泰州獄掾

《兩宋詞人年譜·吕本中年譜》重和元年:"任泰州獄掾。四月底,自京城赴泰州掾任,有詩。"

九月

薛昂罷門下侍郎,白時中門下侍郎,王黼中書侍郎,馮熙載尚書左丞,范致虚尚書右丞

《宋宰輔編年録校補》卷一二徽宗政和八年九月庚寅條:"薛昂罷門下侍郎……同日,白時中門下侍郎……王黼中書侍郎……馮熙載尚書左丞……范致虚尚書右丞……"

十一月

改元重和

《長編拾補》卷三八徽宗重和元年十一月丁丑條注釋:《十朝綱要》:"十一月己酉朔,且冬至,大赦。是歲,改元。"

案:本年進士及第者凡七百八十三人。有王昂、趙楷、張燾、朱松、史才、宋之才、張浚、湯鵬舉等。

宣和元年己亥(1119),吕好問五十六歲,吕廣問二十二歲,吕本中三十六歲,吕弸中三十歲,吕用中二十九歲,吕忱中二十二歲,吕大器七歲

正月

余深太宰,王黼少宰

《宋宰輔編年録校補》卷一二徽宗宣和元年正月丁巳條:"余深太宰……

王黼少宰……"

二月

改元宣和

《長編拾補》卷三九徽宗宣和元年正月壬申條注釋："〔又〕二月朔,改元。"

案:據陳垣《二十史朔閏表》,重和二年二月丁丑朔。又《宋史·本紀》《東都事略·本紀》《十朝綱要》俱云庚辰改元,庚辰則初四日。然《宋朝事實》:二月三日,改宣和元年。己卯抑或庚辰,當考。

三月

馮熙載中書侍郎,范致虛尚書左丞,張邦昌尚書右丞

《宋宰輔編年錄校補》卷一二徽宗宣和元年三月己未條:"馮熙載中書侍郎……范致虛尚書左丞……張邦昌尚書右丞……"

十一月

張邦昌尚書左丞,王安中尚書右丞

《宋宰輔編年錄校補》卷一二徽宗宣和元年十一月戊辰條:"張邦昌尚書左丞……王安中尚書右丞……"

宣和二年庚子(1120),吕好問五十七歲,吕廣問二十三歲,吕本中三十七歲,吕弸中三十一歲,吕用中三十歲,吕忱中二十三歲,吕大器八歲

六月

蔡京以太師、魯國公致仕

《宋宰輔編年錄校補》卷一二徽宗宣和二年六月戊寅條:"蔡京以太師、魯

國公致仕。"

八月

宋金結盟,共同攻打遼

《宋史紀事本末》卷五三《復燕雲》:"八月,金人來議攻遼及歲幣,遣馬政報之。初,趙良嗣謂金主曰:'燕本漢地,欲夾攻遼,使金取中京大定府,宋取燕京析津府。'金主許之,遂議歲幣。金主因以手札付良嗣,約金兵自平地松林趨古北口,宋兵自白溝夾攻,不然,不能從。因遣勃董偕良嗣還,以致其言。帝使馬政報聘,書曰:'大宋皇帝致書於大金皇帝,遠承信介,特示函書。致討契丹,當如來約,已差童貫勒兵相應。彼此兵不得過關,歲幣之數同於遼。'仍約毋聽契丹講和。"

十月

方臘起義

《宋史·童貫傳》(《方臘附傳》):"宣和二年十月,起爲亂。"

十一月

方臘建永樂政權

《長編拾補》卷四二徽宗宣和二年十一月戊戌條:"方臘僭號。方臘改元號永樂。"

余深罷太宰,王黼太宰

《宋宰輔編年録校補》卷一二徽宗宣和二年十一月:"己亥,余深罷太宰……庚戌,王黼太宰……"

是年,呂本中在京師爲官

《師友雜志》:"宣和間,江公民表避方寇至京師,本中調官京師,常得見之。"

案:王兆鵬考,呂本中調官京師,當在本年。

宣和三年辛丑(1121)，吕好問五十八歲，吕廣問二十四歲，吕本中三十八歲，吕弸中三十二歲，吕用中三十一歲，吕忱中二十四歲，吕大器九歲

正月
遣童貫率兵移江浙，攻打方臘

《長編拾補》卷四三徽宗宣和三年正月癸卯條："領樞密院事童貫爲江浙、淮南等路宣撫使，殿前副都指揮使劉延慶充宣撫司都統制諸路軍馬。"

四月
方臘起義失敗

《宋史紀事本末》卷五四《方臘之亂》："夏四月，童貫合兵擊方臘，破之，執臘以歸。"

五月
鄭居中領樞密院事

《宋宰輔編年録校補》卷一二徽宗宣和三年五月戊戌條："鄭居中領樞密院事。"

十一月
馮熙載罷中書侍郎。張邦昌中書侍郎，王安中尚書左丞，李邦彦尚書右丞

《宋宰輔編年録校補》卷一二徽宗宣和三年十一月丁丑條："馮熙載罷中書侍郎……同日，張邦昌中書侍郎……王安中尚書左丞……李邦彦尚書右丞……"

十二月

廣平郡王趙構進封康王

《宋史·高宗本紀一》:"宣和三年十二月壬子,進封康王。資性朗悟,博學強記,讀書日誦千餘言,挽弓至一石五斗。宣和四年,始冠,出就外第。"

宣和五年癸卯(1123),吕好問六十歲,吕廣問二十六歲,吕本中四十歲,吕弸中三十四歲,吕用中三十三歲,吕忱中二十六歲,吕大器十一歲

正月

王安中罷尚書左丞

《宋宰輔編年録校補》卷一二徽宗宣和五年正月條:"王安中罷尚書左丞……"

二月

李邦彦尚書左丞,趙野尚書右丞。蔡攸領樞密院事

《宋宰輔編年録校補》卷一二徽宗宣和五年二月:"乙酉,李邦彦尚書左丞……趙野尚書右丞……辛亥,蔡攸領樞密院事……"

五月

金國主阿骨打卒,改元

《長編拾補》卷四七徽宗宣和五年五月條:"是月,金國主阿骨打卒,弟吴乞買立,改天輔六年爲天會元年。"

六月

吕本中撰《蘆川老隱幽巖尊祖事實跋》

《全宋文》卷三七九七吕本中《蘆川老隱幽巖尊祖事實跋》:"世之人處父

子兄弟間，有厚有薄者。其有厚者，非真能孝友，施報不一，意慮爲變，出於有激云爾。然則如之何而可？曰惟無所薄者，爲能有厚也。觀仲宗之所立，則古人之意得矣。宣和五年六月二日，呂本中書。”

　　案：張元幹（1091—1161），字仲宗，號蘆川居士，又號真隱山人，福州永福人（今福建永泰），王兆鵬撰有《張元幹年譜》。據王譜：大觀四年，張元幹在豫章，問句法於徐俯，並與呂本中、汪藻、向子諲等結社唱和。宣和五年六月，呂本中與張元幹、陳與義等在汴京資聖閣避暑，呂本中爲張元幹題跋。資聖閣在汴京相國寺內，據周城《宋東京考》卷一一：“資聖閣，在府治東北相國寺內。唐天寶四載建，閣上有銅羅漢五百尊及佛牙等。凡有齋供，取旨方開。都人夏月於此納涼，所謂‘資聖熏風’是也。”（又引自王兆鵬《呂本中年譜》）

七月

領樞密院事童貫致仕

　　《宋宰輔編年錄校補》卷一二徽宗宣和五年七月己未條：“領樞密院事童貫致仕……”

詔毀蘇軾、司馬光文集板，舉人習元祐學術者，以違詔論

　　《長編拾補》卷四七徽宗宣和五年七月己未條注釋：“《續宋編年資治通鑑》：詔毀蘇軾、司馬光文集板，已後舉人習元祐學術者，以違詔論。明年，又申禁之。”

宣和六年甲辰(1124),呂好問六十一歲,
呂廣問二十七歲,呂本中四十一歲,呂弸中三十五歲,
呂用中三十四歲,呂忱中二十七歲,呂大器十二歲

二月
承事郎、楚州居住陳瓘卒

《宋史全文》卷一四《宋徽宗》宣和六年二月條:"辛丑,承事郎、楚州居住陳瓘卒。"

《宋史全文》同條下有評論:"史臣曰:范純仁晚年留意人才。或問其所儲蓄人才可爲今日用者,答曰:'陳瓘。'又問其次,曰:'陳瓘自好也。'宣和末,或問游酢以當今可以濟世之人,酢曰:'陳了翁,其人也。'劉安世亦嘗因瓘病,使人勉瓘以醫藥自輔,云:'天下將有賴於公,當力加保養,以待將用也。'瓘通易數,自謂與邵雍之數合。至如國家中興之事,往往嘗預言之。其彈蔡京之疏云:'絕滅史學,一似王衍,重南輕北,分裂有萌。'驗其言於今也,悲夫!"

四月
呂廣問登進士第

《南宋館閣録》卷八:"呂廣問,字仁甫,符離人,沈晦榜進士及第。"
案:據《宋登科記考》,呂廣問於宣和六年登進士第。

呂應中登進士第

據《宋登科記考》,呂應中於宣和六年登進士第。

八月
童貫落致仕領樞密院事

《宋宰輔編年録校補》卷一二徽宗宣和六年八月乙卯條:"童貫落致仕領

樞密院事……"

九月

白時中太宰,李邦彥少宰。趙野尚書左丞,宇文粹中尚書右丞,蔡懋同知樞密院事

《宋宰輔編年録校補》卷一二徽宗宣和六年九月:"乙亥,白時中太宰……李邦彥少宰……丁亥,趙野尚書左丞……宇文粹中尚書右丞……蔡懋同知樞密院事……"

十一月

太宰王黼致仕

《宋宰輔編年録校補》卷一二徽宗宣和六年十一月丙子條:"太宰王黼致仕……"

十二月

蔡京落致仕領三省事

《宋宰輔編年録校補》卷一二徽宗宣和六年十二月癸丑條:"蔡京落致仕領三省事……"

是年,吕本中除樞密院編修官

《宋史·吕本中傳》:"宣和六年,除樞密院編修官。"

案:本年進士及第者凡八百五人。有沈晦、周執羔、吕廣問、吕應中、朱倬、李誼、周葵、黄祖舜、程克俊等。

宣和七年乙巳(1125),呂好問六十二歲,
呂廣問二十八歲,呂本中四十二歲,呂弸中三十六歲,
呂用中三十五歲,呂忱中二十八歲,呂大器十三歲

正月

遼天祚帝爲金人所擒,遼亡

《長編拾補》卷四九徽宗宣和七年正月條:"是月,故遼國主天祚爲金人所擒。"

四月

蔡京復致仕

《宋宰輔編年録校補》卷一二徽宗宣和七年四月庚申條:"蔡京復致仕……"

六月

劉安世卒

《宋史全文》卷一四《宋徽宗》宣和七年六月條:"六月戊午,劉安世卒。"

《宋史全文》同條下有評論:"呂本中《雜説》:崇寧間,蔡京每謂人:'如劉安世,使搗碓磨磨,亦只説元祐是也。'京執政久,亦時有長者之言。嘗有乞將元祐臣僚編置遠惡州郡者,京曰:'元祐人本無大罪,止是不合改先帝法度耳。'"

十二月

徽宗退位爲太上皇,欽宗即位

《靖康要録箋注》卷一:"宣和七年十二月二十三日庚申,皇帝即位。"

金人圍太原府。太學生陳東等伏闕上書,乞誅蔡京等

《長編拾補》卷五一徽宗宣和七年十二月甲子條:"金人圍太原府……太學生陳東等伏闕上書,乞誅蔡京、王黼、童貫、梁師成、李彥、朱勔六賊"。

李綱除兵部侍郎

《長編拾補》卷五一徽宗宣和七年十二月乙丑條:"召太常少卿李綱對於延和殿,翌日,除兵部侍郎。"

詔改元

《長編拾補》卷五一徽宗宣和七年十二月丙寅條:"詔改來年元曰靖康。"

卷二十二

欽宗靖康元年丙午(1126)，呂好問六十三歲，呂廣問二十九歲，呂本中四十三歲，呂弸中三十七歲，呂用中三十六歲，呂忱中二十九歲，呂大器十四歲

正月

金人逼京師，欽宗以李綱爲尚書右丞，東京留守。邊戰邊合議，勤王師漸至

《長編拾補》卷五二欽宗靖康元年正月條："金人作筏渡河逼京城。庚午，以尚書兵部侍郎李綱爲尚書右丞、東京留守……癸酉，斡離不軍至京城西北……是夕，金人攻宣澤門……時肅王及康王居京師，上退朝，康王入，毅然請行，曰：'虜必欲親王，自爲宗社大計，豈應辭避！'即以爲軍前計議使，令張邦昌、高世則副之……辛巳，虜陷陽武縣，知縣事蔣興祖死之。壬午，統制官馬忠以京西募兵至，遇金人於順天門外……丁亥，檢校少保、靜難軍節度使、河北河東路制置使種師道，武安軍承宣使姚平仲，以涇原、秦鳳兵至闕下。"

二月

詔褒贈故宰執范仲淹、司馬光、張商英

《宋宰輔編年錄校補》卷一三欽宗靖康元年二月："壬寅，詔褒贈故宰執范仲淹、司馬光、張商英。六日。"

案：《宋宰輔編年錄校補》中，"褒贈故宰執范仲淹、司馬光、張商英"在"蔡懋罷尚書左丞，徐處仁中書侍郎，宇文虛中簽書樞密院事"後。然而，靖康元

年二月六日是壬寅日,二月七日是癸卯日,故壬寅條應在前,癸卯條在後,《宋宰輔編年録校補》似有誤。

金人退師,以李綱知樞密院事

《長編拾補》卷五三欽宗靖康元年二月條:"丙午,制授康王太傅、靜江奉寧軍節度使、桂州牧兼鄭州牧、康王。是日,金人退師……庚戌,以中大夫、尚書右丞李綱知樞密院事。"

貶責前宰執蔡京、童貫、蔡攸

《宋宰輔編年録校補》卷一三欽宗靖康元年二月:"甲寅,貶責前宰執蔡京、童貫、蔡攸。蔡京自太師、魯國公致仕,責授中奉大夫、秘書監、分司南京。"

除元祐黨籍學術禁

《九朝編年備要》卷三〇:"(二月)除元祐黨籍學術禁。"

《長編拾補》卷五三欽宗靖康元年二月甲寅條注釋:"《續宋編年資治通鑑》:除元祐黨籍學術禁。追封范仲淹,贈司馬光、張商英官。"

案:《十朝綱要》和《靖康要録》都在壬寅日。

詔遵祖宗舊制

《九朝編年備要》卷三〇:"(二月)《詔遵祖宗舊制》:詔自今並遵祖宗舊制,選用大臣,裁抑內侍,不崇假恩幸,不聽用奸人,不輕爵禄,不濫賜予,不奪爾居以營燕游之地,不竭爾力以廣浮用之費,凡蠹國害民之事,一切寢罷。"

三月

吕好問除左司諫,楊時舉薦

《靖康要録箋注》卷四:"(靖康元年三月)十七日,徐秉哲除殿中侍御史,吕好問左司諫,崔鷗左正言,李擢、李會、師驥並與外任。"

楊時《龜山集》卷二《舉吕好問自代》:"右,臣伏見朝奉大夫吕好問,勛德之後,蔚有典刑,篤實而多聞,疏通而守正,論議氣節,凜然有古諍臣之風。非特臣所不如,亦當代難得之士,舉以代臣,實允公議。”

　　案:吕好問亦是著名的道學家,與楊時齊名,時稱“南有楊中立,北有吕舜徒”。

蔡京責授崇信軍節度副使、德安府安置。童貫責授左衛上將軍致仕、池州居住。蔡攸責授太中大夫、提舉亳州明道宫,任便居住

　　《宋宰輔編年録校補》卷一三欽宗靖康元年三月丙申條:“蔡京責授崇信軍節度副使、德安府安置……童貫自太師、廣陽郡王、徐豫國公責授左衛上將軍致仕、池州居住……蔡攸自太保領樞密院事、燕國公責授太中大夫、提舉亳州明道宫,任便居住……”

吕本中遷職方員外郎

　　《宋史·吕本中傳》:“靖康改元,遷職方員外郎。”

　　案:未知吕本中遷職月份,姑系於此。

四月
以太宰徐處仁薦,吕本中爲詳議司吏房檢討官

　　《靖康要録箋注》卷五:“(靖康元年四月)九日,少宰吴敏奏:‘皇天眷佑有宋,以開中興之業。《詩》曰:‘周雖舊邦,其命維新。’今日之謂也。方今民未懷德,敵未畏威,謂宜大更革以承天休,而玩歲愒日,何以有成? 臣不勝大懼。伏望明詔宰執,置司辟屬,遵上皇詔旨,取祖宗舊法,悉加討論,復其宜於今者,以幸天下。成王酌先祖之道,宣王復古,庶幾在此。’奉聖旨:‘依奏,置司討論。’既而詔少宰吴敏、太宰徐處仁各薦舊官十員,仍差宰臣充詳議提舉官。徐處仁踏逐到吕本中、范宗尹爲吏房,趙柟、李互爲户房,劉寧止、張先幹爲兵房,安元、方若爲禮房,莫儔爲刑房,劉彦適爲工房。吴敏踏逐到梅執禮、晁説之爲吏房,張懋、向子諲爲户房,折彦質爲兵房,孫傅爲禮房,胡安國、李樸爲刑房,李彌大、江端友爲工房。於尚書省令廳置司。以侍從官爲參議,餘官爲檢討,分六房,使各討論,限半年結局。奉聖旨依奏。提舉官差李綱、吴敏、徐處仁。”

案:據《靖康要録箋注》卷七記載,詳議司未嘗開局討論,五月十九日,詳議司罷。王智勇箋注曰:張先幹,不詳,疑是張元幹之誤。

科舉復用詩賦,禁用王安石《字説》

《九朝編年備要》卷三○:"(四月)科舉復用詩賦。"

《御批歷代通鑑輯覽》卷八二:"(靖康元年四月)復以詩賦取士,禁用王安石《字説》。"

追復吕公著等官

《九朝編年備要》卷三○:"(四月)追復吕公著等官。"

詔親擢臺諫

《九朝編年備要》卷三○:"(四月)詔親擢臺諫。"

五月

罷王安石配享孔子,仍從祀廟庭

《九朝編年備要》卷三○:"(五月)罷王安石配享孔子。"

《御批歷代通鑑輯覽》卷八二:"(靖康元年)五月,罷王安石配享孔子,仍從祀廟庭。"

六月

左司諫吕好問試左諫議大夫

《靖康要録箋注》卷八:"(靖康元年六月十六日)左司諫吕好問試左諫議大夫,右司諫徐秉哲試右諫議大夫;李擢除左司諫,李會除右司諫。"

案:《宋史·吕好問傳》:"靖康元年,以薦召爲左司諫、諫議大夫,擢御史中丞。欽宗諭之曰:'卿元祐子孫,朕特用卿,令天下知朕意所向。'"

七月

除元符上書邪等禁

《九朝編年備要》卷三〇:"秋七月,除元符上書邪等禁。"

詔改宣仁皇后謗史

《九朝編年備要》卷三〇:"(七月)詔改宣仁皇后謗史。"

竄蔡京於儋州,道死。童貫、趙良嗣伏誅

《御批歷代通鑑輯覽》卷八二:"(靖康元年七月)竄蔡京於儋州,道死。童貫、趙良嗣伏誅。"

呂好問上《論雜科監司不可不盡罷奏》

《全宋文》卷二九一二呂好問《論雜科監司不可不盡罷奏》靖康元年七月:"臣竊見比年以來,諸路雜科監司猥多,司分既異,所行不復相照,各執己見,意在必行。事相牽連,首尾相戾,文移如雨,督責如火。官吏書紙尾之不暇,矧能及民事乎?所巡歷處州縣,爲之鼎沸,又況所任用之人,率多闒冗常才,非以賄賂及諂佞得之,即宰執、宦官親戚及堂吏子弟。其間以才選者,未有一二也。此等豈能奉行朝廷寬大之政?徒能騷擾天下,蠹弊民力,實無益於事。臣愚欲望陛下詔三省、樞密院,應雜科監司不必專置司者,一切盡罷,令轉運司、提點刑獄司分領,如弓箭、刀弩手之類,令帥臣兼管,市舶司之類令轉運司兼管。所有存留司分及轉運使、提點刑獄等官,伏望朝廷選擇人才,使稱其職,庶幾上不蠹國,下不害民。"

《全宋文》同條:"〔貼黃〕臣竊謂諸路監司在於得人,不在增員。且如弓箭手之類,舊屬帥司而藝能精熟。自置提舉官以來,多有冒濫之人及武藝生疏。發運使自來止二員,綱運未嘗闕悞。止緣近來用非其人,遂致住滯,非緣官少也。近添一員,而住滯損壞愈甚,以此見增員之無益也。"

《全宋文》同條:"〔貼黃〕臣伏見近日發運、轉運等司,時有添差去處,深爲害事。員多則事理商議不合,若各以己見行遣文移,則州縣何以奉行?實悞

國事。欲望盡罷添差官,其不職者自可改易,庶几事皆歸一,易責成功。"

吕好問上《乞褒贈江公望等奏》

《全宋文》卷二九一二吕好問《乞褒贈江公望等奏》靖康元年七月:"臣聞之孔子曰:'示之以好惡而民知禁。'《書》曰:'王播告之修,不匿厥旨。'夫惟不匿厥旨,則莫若明示好惡,使民知禁而自從也。所謂好惡者,賞善而罰惡,勿任己之私意而已矣。臣竊見朝廷近日用人,賢不肖雜進,所以好惡不分,是非不別。臣謂陛下宜先推明以示四方,潛德隱惡,各有所處,以定民志,有不可緩者。元符之末,多士盈朝,故司諫陳瓘、江公望,正言張廷堅、任伯雨,殿中侍御史龔夬等,皆以忠直自奮,知無不言,捐軀徇國,不顧妻子。其後蔡京、趙挺之等得志,首加擠陷,意欲使之必死,不遺餘力,巧發奇中,衆爲寒心。賴太上皇仁恕,力爲保全,得免誅戮。死亡之後,妻子窮困,至今未復。今京略正典刑,而此數人尚在責籍,子孫凍餒,人皆憐憫。獨陳瓘已贈諫議大夫、任伯雨一子得官外,江公望、張廷堅、龔夬等並未昭敘,非所以示好惡而不匿厥旨也。伏望陛下特降睿旨,將公望等並行褒贈,仍各官其子孫,周恤其家,使天下後世爲善報國者,知所勸勉,而奸雄巨惡常有畏懲,此誠所宜先也。"

案:正言張廷堅當是張庭堅之誤。

八月
諫議大夫吕好問除御史中丞

《靖康要録箋注》卷一〇:"(靖康元年八月二十四日)諫議大夫吕好問除御史中丞,侍御史曹輔除諫議大夫。"

吕好問上《論彗星奏》《乞擇監司郡守按察贓吏奏》

《全宋文》卷二九一二吕好問《論彗星奏》靖康元年八月:"臣聞民間多言近日彗出寅位。臣雖未嘗親睹,要之天垂象所以示警戒於下也。彗者除舊布新之謂,若能恐懼修德,改革弊政,退斥小人,引用君子,不惟可以彌災變,轉禍爲福,亦在於此矣。昨崇寧、大觀間,彗星兩見。太上皇恐懼改革之意,見於當時詔令、赦文,可覆視也。然而群小滿朝,閹宦内助,正人終不得用,政事終不得改。蔡京大惡也，逐之未久而復召，況肯逐小惡者乎？張商英未爲甚賢也，用之未久而已貶，況肯用大賢乎？黨籍雖毀而禁錮益牢，言路雖開而箝塞益急，罷諫官，虛講筵，使太上皇不聞身之過差，不念古之治亂。是以天意震怒，犬戎深寇，黎庶驚惶，遂傳位陛下，陛下亦念之乎？臣竊思之，陛下即位以來，躬行節儉，視民如傷，非有過咎形於多方。而天變復見者，陛下欲行善政，多爲左右鐫改。蓋今所用之人，乃昔日之人也；所施之政，猶昔日之政也。名爲進用賢者，而賢者之言未得盡行；名爲疏遠小人，而小人之欲率皆如志。又況陰害正道，顯倡邪論？欲復祖宗百年之成法，而至今未能復；欲去蔡京紹述之奸説，而至今未能去。致使陛下仁政不得施於朝廷，仁澤不得流於寰宇。故上天昭告如是，以此見天之愛陛下之深也。《書》曰：‘惟先格王，正厥事。’幸陛下體天之意，除舊布新，以正其事，則天下之願。望陛下留意。”

《全宋文》卷二九一二呂好問《乞擇監司郡守按察贓吏奏》靖康元年八月：“臣竊以比年以來，贓吏爲害遍於天下，自小至大，習以成風，株連蔓衍，不可復治。臣請詳言其事。自内及外言之，爲監司郡守者，其初必奔走於權倖之門，朝夕請謁，貨賂公行，計其所納與所得官相當，然後得之。不然，則賂其親戚子弟。如此欲激濁揚清，何可得也？其到官也，督責州縣，以償其費。州縣因重取於民以爲獻，上則求保明恩賞，奏辟差遣；下則求薦章，免罪責。自外及内言之，每朝廷抛降科配於民，且如一縣當一分之數，一分之外，則吏人取其八九，縣官取其六七，又以四五入於監司州郡之公庫，監司州郡復以賂京師貴近。上下相蒙，事不得發。然則朝廷之取民也至寡，害民也至輕；而贓吏之取民也至重，害民也至酷。民不知怨贓吏，獨歸怨朝廷者，蓋贓吏以朝廷科率爲名爾。豈可不爲朝廷惜之！今陛下既罷科率，不取於民，亦可以戢奸吏矣。欲望陛下審擇監司郡守，應官吏奸贓，不因按發而自敗露者，本路監司並本州按察官皆與等第科罪。庶几各知畏懼，不害良民，苟有奸贓，必能按發。”

九月

李綱罷知樞密院事

《宋宰輔編年錄校補》卷一三欽宗靖康元年九月戊寅條：“李綱罷知樞密院事。”

十一月

諫議大夫吕好問爲吏部侍郎

《靖康要録箋注》卷一二:"(靖康元年)十一月一日,諫議大夫徐秉哲爲御史中丞,諫議大夫吕好問爲吏部侍郎。"

時金人索要三鎮,惟有吕好問等三十六人堅持不可放棄三鎮

《長編拾補》卷五七欽宗靖康元年十一月己巳條:"集百官議三鎮於延和殿,各執筆札,文武分列廊廡,凡百餘人。惟梅執禮、孫傅、吕好問、洪芻、秦檜、陳國材等三十六人言不可與,自范宗尹以下七十人,皆欲與之。不與者曰:'朝廷經三世得河東,陵寢在焉;河北,天下之四支,四支苟去,吾不知其爲人,人民貢賦,皆其末也。況天下者,太祖之天下,非陛下之天下,石敬塘故事,豈可遵乎?'與者曰:'朝廷嘗許三鎮,今反不與,是中國失信於夷狄;若姑且與之,縱復猖獗,則人怨神怒,師出無名,可不戰而敗也。'宗尹言最切,至伏地流涕,乞與之以紓禍。已而黄門持宗尹章疏示衆曰:'朝廷有定議,不得異論。'會李若水歸自粘罕所,慟哭於庭,必欲從其請。"

案:《三朝北盟會編》卷六二記載爲十一月八日。

康王構使斡離不軍許割三鎮

《九朝編年備要》卷三〇:"(十一月)康王構使斡離不軍許割三鎮。"

閏十一月

吕好問除兵部尚書

《靖康要録箋注》卷一三:"(靖康元年閏十一月一日)吕好問除兵部尚書。張叔夜首先勤王,除延康殿學士。"

吕本中以父嫌奉祠

《宋史•吕本中傳》:"靖康改元,遷職方員外郎,以父嫌奉祠。"

《宋名臣言行録》別集上卷七:"靖康初,遷職方員外郎,引嫌除直秘閣主

管明道官。"

案:據王兆鵬考,呂本中以父嫌奉祠在本月。

兵部尚書呂好問奏防河須用宿將以衛京城

《三朝北盟會編》卷六三:"九日庚午,兵部尚書呂好問奏《集諸路兵札》:連珠寨以衛京城,防河須用宿將。好問奏乞集諸路兵就糧於尉氏、咸平、陳留、東明,若敵越河,以四邑之兵列寨如連珠,或五十里,或三十里,則置一寨以護都城,使敵有衆不能遽往。又言防河須用宿將,若外戚宰執親舊、省院吏族之屬皆不用。又言防河之兵暴露日久,慮其困乏,不能對敵,令沿河設堡障,宰執堅不從。"

召李綱,尋除開封府尹

《九朝編年備要》卷三〇:"(閏十一月)召李綱,尋除開封府尹。"

以康王構爲天下兵馬大元帥

《九朝編年備要》卷三〇:"(閏十一月)以康王構爲天下兵馬大元帥。"

京城失守,呂本中直録戰爭現狀,描繪戰鬥場面

《三朝北盟會編》卷六九:"閏十一月二十五日丙辰,金人登城,京城失守,金人先縱火焚諸樓櫓及陣州門,東水門,火光互天,照城中盡赤。時大雪二十餘日未止,風勢迴旋,飄雪響晝夜,如雷霆聲。上聞城破,慟哭曰:'悔不用種師道言,以至於此。'……軍兵乘時劫掠,橫尸滿道,或持器甲如裹巷民家脅取柴米酒食。是夜火光達旦不息,雪深數尺。有旨告報百姓,請甲守裏城,哭泣之聲震天動地。"

呂本中《兵亂寓小巷中作》:"城北殺人聲徹天,城南放火夜燒船。江湖夢斷不得往,問君此住何因緣。裹身窮巷米如玉,翁尋濕薪媼炊粥。明日開門雪到簷,隔牆更聽鄰家哭。"

案:自靖康元年閏十一月,至靖康二年初,呂本中寫下了《守城士》《聞軍士求戰甚力作詩勉之》《兵亂寓小巷中作》《城中紀事》《丁未二月上旬四首》等

詩篇,對殘酷的戰爭場面和城中百姓慘狀作了真實的再現和生動的描繪。

十二月

欽宗投降

《靖康要録箋注》卷一四:"(靖康元年十二月二日)是日午時,稍晴,頃之微雪,乃受降時也。"

是年,吕好問上《論紹述奏》

《全宋文》卷二九一二吕好問《論紹述奏》靖康元年:"臣聞之古人有言:'好惡不愆,民知所適,事無不濟。'又曰:'示之以好惡而民知禁。'夫所謂好惡者,求合夫聖人之道,不使邪説诐行害夫至當之理,此用人之難,未若聽言之難也。陛下即位以來,躬行節儉,視朝至於日旰,求言甚切,不問高下,屈己聽納,此堯舜三王之用心也。然而群臣趨向非一,識有淺深。或有包藏私意,務行其説;或有遂其前非,一逞怨忿,此不可不察也。本朝開基垂統一百六十餘年,聖聖相承,天下寧治,可因否革,未嘗拘執。自章惇、蔡卞首建紹述之説,後蔡京得志,專用此術,以濟其奸。建隆以來,凡所施爲,皆棄而不講,獨指熙寧、元豐,號爲'紹述'。及其所行有顯然違於熙寧、元豐之法者,則又曰此神宗皇帝之志也。若以志言之,何所考據,何往而不可爲哉?此蓋妄假國論,實爲身謀。已成之效,灼然可知。至於擠排善類,箝塞忠言,以正爲邪,以是爲非,行之數十年間,遂使朝廷無可用之才,有司無可久之法,公私空竭,戎狄侵侮。當是時也,在廷之臣,無有爲朝廷施一嘉謀,出一奇策者。陵遲之弊,一至於此,其爲蠹害,見於今日。伏自陛下受天明命,表正萬邦,首去邪匿,招延善人,天下之士解蒙釋弊,如醉醒寐覺,四方稱快,若出一口。陛下前日手詔有云:'必求實是。'此乃爲政之大體也。然邪正難辨,是非難分,正者固自以己爲正矣,而邪者亦自以己爲是也。既自以爲正,既自以爲是,真僞相雜,實未易分,此乃用人之難,未若聽言之難也。陛下天資聖明,理無不燭,然衆言淆亂,亦安得而遽辨之哉?然臣有一説,請試言之。夫所謂實是者,行之而朝廷尊安,四民樂業,乃爲實是;行之而朝廷困弱,四民失業,則非是。陛下若驗之於已行之事、已用之説,則成敗可見,不必遠求也。臣前日面陳,未盡委曲,今輒敢再申其説，溷瀆聖聽。伏望陛下燕閑之餘，一賜省覽。臣不勝拳拳之至。"

《全宋文》同條："〔貼黃〕蔡京專以紹述劫持上下，然拆尚書省，改左右僕射爲太宰、少宰，修殿中省官制等，公然違背神宗皇帝聖恩，其他不可一二數也。伏乞鑒察。"

是年，呂好問上《乞罷青苗奏》

《全宋文》卷二九一二呂好問《乞罷青苗奏》靖康元年："臣竊見陛下嗣位之初，民心仰戴，中外胥悦。雖寇敵深入，人無異意，何者？天下之人知有休息之日，凡所舉動皆順其意，所下詔令皆以從祖宗之法爲言也。今既日久矣，陛下圖治之意，雖未少改於前，而德澤不能下究，民心歡悦漸不如初，何也？蓋由軍旅未戢，祖宗之法未行，議論之臣藉以爲詞，而奉法之吏倚以爲奸也。祖宗之法，今雖未得盡行，其間有可行之以順民心者，何爲而不爲哉？臣請舉其大者。青苗斂散之法，於民爲害最甚，於官都無利益。方今州縣常平錢等率無見在，每年俵散之時，多以虚券科率逐都保正長等。其實請錢者多是州縣官户公人，違法冒名，無所不至。及送納時，只送息錢，逐年登帶。縣道吏人又因斂散之際，恣行乞覓，此實無窮之患也。民間病此數十年矣，今春陛下既降詔旨，從祖宗之法，用事之臣，如此等事自當即罷。今乃遷延却避，例不敢言。其意不過恐異日天下平定，復行紹述之説，則己受黜責爾。遂使朝廷冒虚數，斂實怨，可爲痛心疾首。臣願陛下出自聖意，將青苗斂法先次改罷，明告天下，以固民心。其他非祖宗之法，逐漸改正行下，以息異議。無疆之業，不勝幸甚。"

《全宋文》同條："〔貼黃〕臣切詳當今法度固須參詳處置，然後施行。唯青苗斂散之法，有害無利，灼然可見，不須更行討論。伏望聖慈特賜主張施行。"

是年，呂好問上《願一一施行徽宗詔旨奏》

《全宋文》卷二九一二呂好問《願一一施行徽宗詔旨奏》靖康元年："時之利害，政之闕失，太上皇詔旨備矣。雖使直言之士抗疏論列，無以過此。願一一施行之而已。"

是年,呂好問上《請革蔡京童貫所爲奏》

《全宋文》卷二九一二呂好問《請革蔡京童貫所爲奏》靖康元年:"陛下宵衣旰食,有求治之意;發號施令,有求治之言。逮今半載,治效逾邈。良田左右前後不能推廣德意,而陛下過於容養。臣恐惇厚之德,變爲頹靡。且今不盡革京、貫等所爲,太平無由可致。"

是年,呂好問上《禦敵之備當速講求奏》

《全宋文》卷二九一二呂好問《禦敵之備當速講求奏》靖康元年:"金人得志,益輕中國,秋冬必傾國復來。禦敵之備,當速講求。今邊事經畫旬月,不見施設。臣僚奏請,皆不行下。此臣所深懼也。"

是年,呂好問上《請進兵遣將以衛京城奏》

《全宋文》卷二九一二呂好問《請進兵遣將以衛京城奏》靖康元年:"彼名和而實攻,朝廷不謀進兵遣將,何也? 請亟集滄、滑、邢、相之戍,以遏奔衝。而列勤王之師於京畿,以衛京城。"

是年,呂稽中撰《靈寶惠民堂記》

《永樂大典》卷七二三八《靈寶惠民堂記》靖康元年:"宣和六年春三月,錢君致道令陝之靈寶,冬十月新縣門,命其佐孫錞紀其事於石。七年冬十月作惠民堂,以書走京師請文於呂稽中。上即位之元年,稽中西游靈寶,則訪令之治於道路者,對曰:'令也,談笑而事濟,指顧而成政,奸日益屏,善日益興,令簡而役均。'凡其蒞事,無一不可者。布於政,小者近者,或見於營造土木之功。先是縣舍火隘,弊陋墮毀,門卑狹不容車蓋,庭除逼亥傾欹。囹圄居西廡之外,簷隙牖圮,可躡而踰,攀而登,劣容囚十數。郵亭次其北,並正寢西序,糞壤瓦礫不治,祠廟並列。令則即舊而修飾之,廢者起之,弊者新之,不便於事者更之,闕者增之。乃大門宇,正廊庭除,煥然一新。遷郵亭於縣之北,輦其瓦礫糞壤。崇其高蔓,以新囹圄,撤其故而更擴之,森嚴固密。辟前園地之隙以滋花卉,以宴以息。鑿池於南,汲井而貯之水,構亭池上,名之曰寒泉。

作庵於西,軒牖環啓,蔭以修竹,名之曰翠筦。斬大木,礱密石,作夏屋於其北,合而言之曰惠民。若節春秋,會僚佐,延賓客,擊鐘考鼓,升歌下舞。縱邑人而游觀焉。黃髮耆艾,兒童婦女,至於獵夫漁老,皂隸胥徒,舉欣欣然,謳歌而相慶曰:'此令尹休息斯民而嬉樂之者也。'稽中曰善,志其語而西,館於令,酌酒而賀之曰:'今之縣邑,古公侯國也。大丈夫神游仕南面,有社有民,有威有德,善我勸,惡我抑,攄其蘊而施布之,亦榮矣哉!上而爲宰相,佐天子調和,中而爲郡太守,其下則爲縣令尹。仕宦得行其志,獨是三者而已。觀其施設去取,而畢知其舉。譴禍是虞,陸陸而餔啜者有之;逸游廢務,作無益而害有益者有之,吾得謂乎過。治簿書,勤奔走,窮日之力而不少息,苟外乎是,堂豈曰不暇爲,蓋力有所不足爾。令尹者談笑指顧,而三境以治,視人力之不足者綽綽然,愈於世所謂賢者又遠矣。則甚有大惠於民也,斯焉信之。'"(引自《全宋文》卷三八一七)

案:呂稽中字德元,公著四世孫,祖希績,父欽問,爲呂本中族兄弟。

卷二十三

靖康二年(高宗建炎元年)丁未(1127),吕好問六十四歲, 吕廣問三十歲,吕本中四十四歲,吕弸中三十八歲, 吕用中三十七歲,吕忱中三十歲,吕大器十五歲

二月

金人議立異姓,吕好問能以權宜之機維護趙宋皇室

　　李心傳《建炎以來繫年要録》卷二欽宗靖康二年二月丙寅條:"時執政侍從集内東門,見敵書讀之,皆號哭。兵部尚書吕好問曰:'今計無所出,但當率衆懇告耳,若其不從,上皇出城,亦未遲也。'入内,内侍省都知李石出帝手札,好問曰:'此乃不得已而書也。'夜半不能決。"(全稱《建炎以來繫年要録》,以下簡稱《繫年要録》)

吕好問乞致仕,後感動止

　　《繫年要録》卷二欽宗靖康二年二月庚午條:"(孫傳)遂會百官議,侍從已下乞致仕者四十人。時兵部尚書吕好問在禁中,亦乞致仕,孫傳謂好問曰:'尚書畏死耶?傳以執政留守,當死軍前。尚書世受國恩,當任興復之責。'好問乃止。"

統制官吳革謀起兵,吕好問等與謀,並欲募人持書詣康王趙構

　　《繫年要録》卷二欽宗靖康二年二月乙亥條:"(統制官吳革)欲奉九廟神主以從軍,先誅范瓊等數十人,乃分兵突出十八門,期用三月八日舉事。與謀

者惟兵部尚書呂好問、監察御史馬伸、張所、奉議郎致仕吳給等數人。好問欲遣人持書詣王,訪得邢煥女弟之夫閤門宣贊舍人蔣師愈,又與門下省錄事張思聰謀,募效用李進縋城,以蠟書來上。"

三月

呂好問撰《開具謝克家分析因依狀》

《全宋文》卷二九一二呂好問《開具謝克家分析因依狀》:"三月一日,邦昌入居尚書省,臣爲言:'相公曾察今日人情所向乎？ 今日人情畏金人兵威耳。金人去後,公保人心如今日乎？'邦昌曰:'誠如是。'臣曰:'今康王在外,元祐皇后在內,天意亦可見。'邦昌曰:'是邦昌之心也。'"

金人以兵部尚書呂好問等爲事務官,限三日立張邦昌

《繫年要錄》卷三欽宗靖康二年三月壬辰條:"金人以兵部尚書呂好問、工部侍郎何昌言、給事中韋壽隆、顯謨閣待制提舉醴泉觀李熙靖、左諫議大夫洪芻、光祿卿黃唐傅、軍器監王紹、工部員外郎李士觀、刑部員外郎呂勤、倉部員外郎曾慥、秘書省著作郎顏博文爲事務官,限三日立邦昌,不然,下城盡行焚戮。都人震恐,有自殺者,邦昌亦欲自裁,或曰:'相公城外不死,今欲以死塗炭一城耶？'衆人泣勸再三,乃止。"

統制官吳革被范瓊誘殺

《繫年要錄》卷三欽宗靖康二年三月丙申條:"統制官閤門宣贊舍人吳革爲范瓊所殺。革將起兵,其參謀吳銖等曰:'事急矣,緩則有不測之禍。'夜漏未盡,班直甲士崔廣等數百人排闥至革寢所曰:'邦昌以翌日受冊,請舉事。'革以衆不可奪,被甲上馬,時已黎明。比行至咸豐門,四面皆瓊兵,瓊以權主管前殿司公事左言謀,紿革至帳下議事,遂斬之,其徒百餘人,並戮河上。革至死,顏色不變。革資忠勇,天文地理人事兵機無不通。死之日,知與不知,皆爲泣下。"

金人欲以五千騎取康王，吕好問即遣人持書告康王

《繫年要録》卷三欽宗靖康二年三月丙申條：“時金人在南薰門，謂吕好問曰：‘康王我眼中物，當以五千騎取之。’好問即遣人持書獻王，言大王所領之兵，度可當則邀擊之，不然則宜遠避。又言：‘大王若不自立，恐有不當立而立者。’”

金人册張邦昌爲皇帝，建僞楚政權

《繫年要録》卷三欽宗靖康二年三月丁酉條：“金人册張邦昌爲皇帝。”
《九朝編年備要》卷三〇：“丁酉，金以張邦昌僭位，僞號楚。”

兵部尚書吕好問權領門下省

《繫年要録》卷三欽宗靖康二年三月丁酉條：“吏部尚書王時雍乞差官分管職事。以時雍權樞密院事，兼權領尚書省，兵部尚書吕好問權領門下省，開封尹徐秉哲領中書省……”

時吕好問未就職，王時雍權領尚書門下省事

《繫年要録》卷三欽宗靖康二年三月己亥條：“王時雍領尚書門下省事。時吕好問未就職，故時雍兼之。”

獨吕好問出入頗形憂愧

《三朝北盟會編》卷八四：“《僞楚録》曰：王時雍領尚書省，吳開、莫儔皆權樞密院，吕好問權門下侍郎，徐秉哲權中書侍郎，左言范瓊以斬吳革功，范瓊爲正任觀察使權殿帥，左言遷兩官。大抵往來議事者，開、儔也；逼逐上皇以下，時雍、秉哲也；脅懼都人者，范瓊也，遂皆擢用。時雍等皆繡韉張蓋，獨吕好問出入頗形憂愧。”

吕好問權領門下省職事。吕好問雖繫新銜，仍涖舊職

《繫年要録》卷三欽宗靖康二年三月癸丑條：“吕好問權領門下省職事。

好問雖繫新銜,仍蒞舊職。"

呂好問護趙宋皇家財産

《繫年要録》卷三欽宗靖康二年三月甲辰條:"金人遣高慶裔入内藏庫,又命歸德軍節度使王汭與慶裔偕來。汭,燕人也。是日,領門下省呂好問以私財即永慶院啓建聖壽節道場。慶裔適入城,衆皆恐懼,好問獨不顧。"

張邦昌嗣位之初,欲廣推恩霈,呂好問建議先赦城中

《繫年要録》卷三欽宗靖康二年三月丁未條:"邦昌下令曰:'嗣位之初,宜廣推恩霈……'初,金人欲令邦昌肆赦,呂好問曰:'赦書日行五百里,今四郊皆敵,相公尚誰赦耶?'遂先赦城中。"

張邦昌"僞楚"朝廷檔必去"靖康"年號,獨呂好問所行文書稱靖康二年

《繫年要録》卷三欽宗靖康二年三月庚戌條:"是時邦昌雖不改元,而百司行移,必去年號。獨呂好問所行文書,稱靖康二年。"

呂好問巧言游説金人高慶裔,欲以此退却金兵

《繫年要録》卷三欽宗靖康二年三月辛亥條:"金人以貝勒明珠爲河北路統軍,屯浚,阿里爲河東路統軍,屯河陽,諸軍有不服,並令處斬。初,金人欲留兵爲邦昌衛,邦昌辭之。呂好問謂高慶裔曰:'南北異道,恐北人不習南朝法令,或致驚擾,奈何?'慶裔曰:'留一貝勒在此節制可也。'好問曰:'貝勒貴人,南方暑熱,即有病恙,則南朝負罪益深。'慶裔然之。於是命二人分屯兩河,以爲邦昌聲援。"

四月

徽欽二帝被虜北遷

《繫年要録》卷四欽宗靖康二年四月庚申條:"金左副元帥宗維退兵,淵聖皇帝北遷。"

吕好問勸張邦昌，即刻請元祐皇后入居延福宮

《繫年要録》卷四欽宗靖康二年四月癸亥條："邦昌請元祐皇后入居延福宮，敵之始退也。權領門下省吕好問謂邦昌曰：'盍舉欽聖故事乎？'邦昌曰：'敵去未遠，請俟踰境。'好問曰：'何可緩也！'邦昌乃集百官赴文德殿，降手書曰……"

吕好問勸張邦昌推戴康王

《繫年要録》卷四欽宗靖康二年四月癸亥條："元帥府檄至京師，邦昌命開封府榜諭士民，都人讀之，莫不感動。遣權吏部尚書謝克家往山東迎大元帥。先是，吕好問謂邦昌曰：'公宜遣使推戴康邸，則城中便爲功臣，若先爲諸道所推，則城中即叛臣矣。爲功臣、爲叛臣，在此一舉，豈可少緩？'邦昌以爲然。王時雍謂邦昌曰：'今如騎虎，勢不得下，後日噬臍無悔也，宜熟慮之。'徐秉哲亦贊其言，邦昌不從，乃止。"

門下侍郎吕好問封蠟書請康王趙構自立爲帝

《宋史·本紀高宗一》："（建炎元年四月）門下侍郎吕好問亦以蠟書來，言帝不自立，恐有不當立而立者。"

《繫年要録》卷四欽宗靖康二年四月甲子條："簽書樞密院事曹輔遣太學録楊願上書帥府，太學生汪若海、陳抃等繼至，權領門下省吕好問、監察御史張所亦遣人以蠟書來上，書中有言士大夫趨向者，王悉焚之，以安反側。而命願等爲元帥府屬官。"

吕好問告誡元祐皇后不當謙遜，以濟大計

《繫年要録》卷四欽宗靖康二年四月戊辰條："權門下侍郎吕好問步自紫宸殿，趨延福宮，白元祐皇后，言不當謙遜以濟大計。有司以儀衛進后入宮，邦昌率從官迎拜於道，元祐皇后以尚書左丞馮澥爲奉迎使，權右丞李回副之，又遣兄子權、衛尉卿忠厚持手書遺王。"

權門下侍郎呂好問等各還舊職

《繫年要録》卷四欽宗靖康二年四月己巳:"權知樞密院事兼權領尚書省王時雍、權門下侍郎呂好問、權中書侍郎徐秉哲、權尚書右丞李回、權同知樞密院事吳升、權簽書樞密院事莫儔,奏乞各還舊職,奉面旨,依仍且兼權見領職事。"

元祐皇后告天下手書,呂好問功不可没

《繫年要録》卷四欽宗靖康二年四月甲戌條:"元祐皇后告天下手書曰……先是御史胡舜陟上疏,請后降詔諸路,使知中國有主,康王即位有日,以破亂臣賊子之心。呂好問言:'今日布告之書,當令明白易曉,不必須詞臣。'遂命太常少卿汪藻草書,御封付御史臺看詳,然後行下。"

五月

高宗於南京即位,改元建炎

《繫年要録》卷五高宗建炎元年五月庚寅條:"兵馬大元帥康王即皇帝位於南京,改元建炎。"

以兵部尚書呂好問爲尚書右丞

《繫年要録》卷五高宗建炎元年五月乙未條:"恭謝鴻慶宮。上大慟,群臣皆哭……兵部尚書呂好問守尚書右丞,好問持元祐太后手書來賀。此據好問《辯受僞命札子》上勞之曰:'宗廟獲全,皆卿之力。'遂有是命。"

《宋宰輔編年録校補》卷一四高宗建炎元年五月己未條:"同日,呂好問爲尚書右丞。自試兵部尚書遷中大夫除。"

《宋宰輔編年録校補》卷一四同條《制》曰:"貴富不足解憂,方極慕親之志;孝弟施於有政,莫先同德之求。朕以眇躬,嗣承大統。遭家不造,凜若淵冰。雖三軍舉同左袒之心,而二聖未返北轅之役。棠棣之華,韡韡敢忘原隰之求;大隧之樂,融融有待封人之薦。具官呂好問儒術之茂,闇然日章。信厚之資,老而彌篤。偏踐甘泉法從之列,實自靖康總攬之初。從容片言,綽有回天

之力；險夷一致，益有衛上之忠。肆圖邦命之新，建總文昌之轄。倚老成於典刑之重，登世臣於故國之遺。朕之股肱，諒同休戚。其念兩宮戴天之義，體予一人仄席之思。儻能遣侯公而說之，必有御趙王而歸者。亶惟乃辟是祐，則於永世有辭。"

《宋宰輔編年録校補》卷一四同條："好問，字舜徒，開封人。張邦昌僭立，以好問爲門下侍郎。上即位，以爲尚書右丞。《遺史》《好問家傳》曰：時賜對，上勞之曰：'宗廟獲全，皆卿之力。'遂除右丞。"

案：制詞亦見汪藻《浮溪集》卷一一，亦見孫覿《鴻慶居士文集》卷二六，未知作者爲誰，待考。《全宋文》卷三三六七和卷三四二一都載録此文，顯然有誤。

以吕好問兼門下侍郎

《宋史·高宗本紀一》："（建炎元年五月）丙申，以吕好問兼門下侍郎。"

詔以司馬光配饗哲宗廟庭

《宋會要輯稿》禮一一之四："（高宗皇帝建炎元年五月十七日）尋有詔，以司馬光配饗哲宗廟庭。"

吕好問述李若水事迹，高宗大爲感動，詔賜其家

《繫年要録》卷五高宗建炎元年五月戊戌條："詔曰：'故尚書吏部侍郎李若水，忘身爲國，知死不懼，忠義之節，無與比倫。達於朕聞，爲之涕泣，可贈觀文殿學士，賜其家銀帛五百匹兩，官子孫五人。'時尚書右丞吕好問爲上言若水之忠，故有是命。"

吕好問諫止立潘氏爲高宗皇后，潘氏乃封賢妃，邢氏爲皇后

《宋史·后妃傳》："潘賢妃，開封人，元懿太子母也。父永壽，直翰林醫局官。高宗居康邸時納之，邢后北遷，妃未有位號，帝即位，將立爲后，吕好問諫止之，立爲賢妃。太子薨，從隆祐太后於江西，踰年還。紹興十八年薨。"

案：《繫年要録》卷五記載，此事在五月壬寅。

六月

李綱拜相，至行在

《繫年要錄》卷六高宗建炎元年六月己未條："新除尚書右僕射李綱至行在。"

呂好問、黃潛善、汪伯彥與李綱廷辯，李綱要求嚴懲張邦昌，而呂好問等認爲宜寬恕張邦昌

《繫年要錄》卷六高宗建炎元年六月壬戌條："李綱同執政進呈《議國是札子》……執政退，綱留身奏張邦昌僭逆，及受僞命臣僚二事，皆今日政刑之大者，乞早賜施行。上曰：'執政中有與卿論不同者，少遲議之。'綱曰：'邦昌僭逆明白，若都人則謂因邦昌立而得生，且免括金帛而德之。若元帥府則謂邦昌不待征討，遣使奉迎而恕之。若天下則謂邦昌建號易姓，其奉迎特出於不得已而憤疾之，德之恕之者私也；憤疾之者公也。執政中有論不同者，臣請與之廷辨。'上乃遣小黃門召黃潛善、呂好問、汪伯彥再對。上語之故，潛善猶力辯之，綱詰難再三，乃言在遠不若在近。好問亦曰：'唐德宗幸奉天，不挾朱泚行，後以爲悔。'綱曰：'邦昌當正典刑，何遠近之有？借使在近，當幽繫，而反尊崇之如此，何也？況其已僭逆，豈可留之在朝廷？道路指目曰：'此亦一天子哉？'因泣拜曰：'臣不可與邦昌同列，正當以笏擊之，陛下必欲用邦昌，第罷臣勿以爲相，無不可者。'伯彥曰：'李綱氣直，臣等不及。'上曰：'卿欲如何措置？'綱曰：'邦昌之罪，理當誅夷，陛下以其嘗自歸，貸其死而遠竄之，受僞命者，等第謫降可也。'上乃出綱奏。"

李綱欲深罪所有在圍城中者，呂好問認爲王業艱難，不應繩之以峻法

《繫年要錄》卷六高宗建炎元年六月癸亥條："中書侍郎黃潛善爲門下侍郎兼權中書侍郎。太傅同安郡王張邦昌責授昭化軍節度副使，潭州安置。李綱同執政進呈《議僭逆札子》，黃潛善猶左右之，退奉御筆：'邦昌僭逆，理合誅夷，原其初心，出於迫脅，可特與免貸。於是潭州安置，所過巡尉伴送，仍令監

司守臣常切覺察,月具存在申尚書省,次議僞命臣僚。'綱言:'責授安化軍節度副使王時雍等四人,與金人傳導指意,議廢趙氏,迫道君已下出郊,又授僞命爲執政,此四人實爲罪首。'上顧呂好問,好問曰:'誠有之。'時徐秉哲已先竄,於是移時雍高州,責龍圖閣學士吴开永州,述古殿直學士莫儔於全州,並安置。時在圍城中者,綱皆欲深罪之。好問曰:'王業艱難,正納汙含垢之時,遽繩以峻法,懼者衆矣。'綱不納。"

呂好問撰《辨事僞楚奏札一》

《全宋文》卷二九一二呂好問《辨事僞楚奏札一》建炎元年六月二十五日:"臣輒有誠懇,仰干天聽。伏念臣世受朝廷厚恩,義同休戚。多事之際,理不當自退自進,然事有不得已者,豈免喋喋? 伏念臣賦性迂疏,分甘退縮。自淵聖皇帝召臣畎畝之中,擢至言路,超踰等輩,遍歷要近。屬胡虜猖獗,都城失守,淵聖皇帝再幸軍中,因而不返。臣憤痛切骨,屢欲自裁,蓋嘗投狀,乞守本官致仕。而孫傅、張叔夜責臣以世臣之義,當死社稷,不可止爲身謀,求自免而已。臣實感其忠讜,許以身任其事。苟事不成,繼之以死。於是執手泣別,相勉盡節。臣念變故至此,難以力爭,思在天下當立之人,唯陛下而已。百端經畫,求所以通誠懇、導迎立之意,並是夜間,方敢諸處訪聞,書寫文字。既而張邦昌入城,臣首勸邦昌當應天順人,迎立陛下。時張思聰、蔡安中、傅楫、吳革、李進皆預臣謀,孟忠厚、蔣師愈、韋淵皆知其事。後趙子昉輩,宗室戚里,亦多知之。則臣之心迹,不爲不顯。以天地宗廟之靈,陛下即位於南都,則臣已獲初心,故自信不疑。既而奉元祐皇太后聖旨,差臣齎手書慶賀陛下,才一登對,即被簡在位,居丞轄,參預大政。陛下於臣,可謂厚矣。若不察臣之心,何以至此? 今人言滋彰,深爲可畏,既不究其事實,則是意必有在。臣非不欲竭誠盡力,少裨萬一。竊慮上負付倚之重,下違進退之意。伏望聖慈,特賜睿旨,察臣誠悃,除一在外宮觀差遣,庶幾垂老之年,有以生觀太平之化。干冒宸嚴,臣無任惶恐戰慄之至,取進止。"

呂好問再上《辨事僞楚奏札二》

《全宋文》卷二九一二呂好問《辨事僞楚奏札二》建炎元年六月:"臣近者屢

求罷退,蒙陛下察臣心迹,令諸處不得收接文字。又特降御札,稱臣邦昌僭號之初,即募人齎帛書,具道京城內外之事。金人甫退,又復勸進,臣僚所不知,付尚書省行下照會。臣一介之微,而陛下左右保全,雖天地造化之恩,無以過此。然臣竊自謀之於心,勢有不可不去者。昨金人圍閉,邦昌僭號之時,臣若閉門避事以潔其身,實爲不難。況臣於邦昌未入城之際,曾乞致仕。重念臣世受國恩,異於衆人,親受賢者之責,身任宗社之重,不敢保身全家,坐視朝廷岾危。故臣忍恥含垢,逭死朝夕,不避金人滅族之禍,遣人沖圍,齎書於陛下,而又畫謀奉迎。幸而天相神助,得睹陛下今日中興之業,則臣之志願足矣。向若金人網羅得臣所遣之書,而臣之謀畫萬一洩露,臣之一身當如何,臣之家族當如何? 然則臣果愛死耶,果不敢愛死耶? 區區之心,臣自知之,皇天后土知之,宗廟社稷知之,陛下又知之矣。臣之心迹顯然明白,臣今求退,乃其時也,乃初心也。臣猶自以爲當去,況他人乎,況言者乎? 方今國步艱難,當惜寸陰,而當路之人未暇及他,而唯臣是攻,則臣之罪大矣,是言者必欲去臣而後已也。臣若不速自引退,使言者專意於臣,而忘朝廷之急,臣亦避嫌而不敢謀國,則兩失其宜。伏望察臣顚躋之危,憫臣求退之切,罷以宮祠,許之自便。既以杜言路之口,亦以安螻蟻之誠。臣無任祈天俟命、激切之至,取進止。”

李綱崇尚名節和君臣之義

《宋史全文》卷一六上《宋高宗一》建炎元年六月條:“故知懷州霍安國以死節顯著,贈延康殿學士。李綱言:‘自崇、觀以來,朝廷不復崇尚名節,故士大夫寡廉鮮恥,不知君臣之義。靖康之禍,視兩宮播遷如路人,然罕有能仗節死義者。在內惟李若水,在外惟霍安國死節顯著,餘未有聞。願詔諸路詢訪,優加贈恤。’始上知若水之忠,首賜詔書褒贈,至是綱有請,遂自安國及劉韐已下次第褒錄之。李綱留身奏事,上曰:‘卿昨日內殿爭邦昌事,內侍皆涕泣。卿今可受命矣。’綱因論:‘自古創業中興之主如漢高光、唐太宗,皆有英明之資,寬誠之德,仁厚而有容,果斷而不惑,故能戡定禍難,身致太平。’因請以所編《三君行事紀要錄》以進,上可之。”

還元祐黨籍人官爵

《通鑑續編》卷一三:"(建炎元年六月)還元祐黨籍人官爵。"

七月

鄧肅撰《乞正叛臣呂好問李會之罪札子》

《栟櫚集》卷一二《乞正叛臣呂好問李會之罪札子》:"臣竊觀前日臣僚上言,有論僞楚之臣,止論王時雍、徐秉哲等,未嘗輒論呂好問。且王時雍等僞執政也,呂好問亦僞執政也,論時雍而舍好問,豈非以好問今爲右丞乎? 右丞之職,天子命之也,雖賢與否不得以盡知,然僞楚之朝,始爲册立使,俄爲門下侍郎,此好問之迹亦昭昭矣,論事之臣亦安得漏網,以罔天子之聽乎? 謹按好問本非奸雄,但怯懦耳。從王時雍游,致有叛臣之迹,皆怯懦所致也。今雖居宰職,亦不能爲朝廷患,然國家艱難,急於求賢,豈容有怯懦無立之士廁迹於二府乎? 好問在朝,則僞楚奸臣必不盡責,蓋有以蔽之也。臣又聞中書舍人李會,至今嘗語人曰:'張邦昌有伊、周之志,非逆謀者。'其推戴僞楚之心猶昔也。謹按李會嘗拜僞楚之庭,甘爲禁從;今日復廁朝班,有愧同列,遂爲巧語,以蔽邦昌。嗚呼! 衣天子之衣,而坐天子之殿,降敕令以朝百官,擁殿班以稱陛下,邦昌反狀,雖三尺之童亦知之矣,其臣李會不知何辭,尚敢爲之游説乎? 且以邦昌爲是,則陛下責之爲非,是邦昌而非陛下,信乎桀之犬可使吠堯也。臣所論叛臣,乞陛下定罪,章疏再上,未蒙陛下一正典刑。臣竊考叛臣在朝,今居二府者呂好問也,今作從官者李會也,臣愚欲乞先正此二人之罪,以去其大者,然後乞檢會臣所校者叛臣八種、定罪二格,一網而盡,俾無遺漏,庶几可以少釋二聖之怒,以慰天下之望也。惟陛下斷而行之,毋惑群聽。取進止。"

呂好問罷尚書右丞,充資政殿學士、知宣州

《繫年要録》卷七高宗建炎元年七月癸卯條:"尚書右丞呂好問充資政殿學士、知宣州。初,好問與李綱論事不合,會鄧肅奏僞命臣僚,其言事務官,頗及好問。侍御史王賓亦上疏極論好問在圍城中,方淵聖拘於敵營,宜以蠟書至元帥府取兵,而反勸進,懷貳挾奸,無大臣節,況嘗汙僞命,不可以立新朝。

上手札賜綱曰：'好問心迹與餘人不同，言者所不知，仰尚書省行下。'好問慚，力求去，且上疏自理曰：'昨金人圍閉，邦昌僭號之時，臣若閉門避事，以潔其身，實不爲難，況臣於邦昌未入城之際，曾乞致仕。重念臣世受國恩，異於衆人，親受賢者之責，身任宗社之重，故忍恥含垢，迨死朝夕，不避金人滅族之禍，遣人衝圍齎書於陛下，而又畫謀奉迎。幸而天祐神助，得睹今日中興之業，則臣之志願畢矣。向若金人羅網得臣之書，而臣之謀畫萬一洩露，則臣之一身，與臣之家族，當如之何？區區之忠，皇天后土知之，宗廟社稷知之，陛下又知之。臣之心迹，顯然明白。今若不速自引退，使言者專意於臣，而忘朝廷之急，則兩失其宜。'疏入，乃有是命。"

《宋宰輔編年録校補》卷一四高宗建炎元年七月："癸卯，呂好問罷尚書右丞。授資政殿學士知宣州。好問自建炎元年五月除尚書右丞，是年七月罷，執政兩月。自乞罷政，遂有是命。"

《宋宰輔編年録校補》卷一四同條："《好問家傳》曰：時臺諫官多李綱所厚，因論圍城事，並以中好問。上出手札付尚書省曰：'昨張邦昌僭號之初，呂好問即募人齎帛書，具道京城內外事。金人甫退，又遣人勸進。考其心迹，與餘人不同。言官所不知，仰尚書省行下。'於是好問力求去，乃除職知宣州。時七月己酉也。"

《太倉稊米集》卷六七《書呂舍人帖後》："建炎間，西洛呂公以尚書右丞作鎮宛陵，門下客數輩皆一時名流，又訪鄉里之士，得四人，而僕預焉。今亡其二人矣。公飲食教誨之無倦色，間數日一見，未嘗不以人物爲念，問之諄諄不離口。自是而公且閑矣，某亦陸沈於世無所可用。其後二十餘年，公之子舍人遺余書，且云：'先君子平生無所嗜好，獨於當世賢士大夫見之唯恐不及。雖在嶺表倉皇避寇，亦未嘗不以宣城諸賢爲言也。'吁，亦異矣哉！以公之盛德至善，雖蒙陋如鄙人猶不忍棄，況於士君子之賢者乎！使公一日立朝，其進退天下士當必有可觀者矣。"

案：周紫芝（1082—1155），字少隱，號竹坡居士，宣城（今安徽宣城市）人，宋高宗紹興十二年進士。歷任樞密院編修官、右司員外郎等，其詩知名於當世。周紫芝爲呂好問門人，文中盛讚呂好問重視當世賢士大夫，網羅諸多人才。

八月

召布衣譙定赴行在。呂好問曾向高宗薦楊時，首言楊時之賢

　　《繫年要録》卷八高宗建炎元年八月壬申條："召布衣譙定赴行在。定，涪陵人，學於伊川、程頤。靖康中，召爲崇政殿説書，定以言不用，辭不受，至是猶在東都。尚書右丞許翰薦於朝，詔宗澤津遣赴行在。自熙豐間，程顥、程頤以道學爲天下倡，其高第門人，有故監察御史建陽游酢，監西京竹木務上蔡謝良佐，今徽猷閣待制提舉西京嵩山崇福宫將樂楊時。其後黨禍作，頤屏居伊闕山，學者往從之，而定與尹焞爲首。至大觀以後，時名望益重，陳瓘、鄒浩皆以師禮事時，而胡安國諸人實傳其學。宣和末，或説蔡攸以時事必敗，乃召時至經筵，淵聖皇帝擢爲諫官，以論事不合去。呂好問在政府，首言時之賢於上，復召還朝，未至而又召定。是時給事中許景衡、左司員外郎吳給、殿中侍御史馬伸皆號得頤之學，已而傳之浸廣。好名之士多從之，亦有托以是售於時，而誠真者寡矣。焞，漸孫也。"

建炎二年戊申（1128），呂好問六十五歲，
呂廣問三十一歲，呂本中四十五歲，呂弸中三十九歲，
呂用中三十八歲，呂忱中三十一歲，呂大器十六歲

七月

呂好問證謝克家當年圍城中功績，謝克家得以復用

　　《繫年要録》卷一六高宗建炎二年七月："（乙未）朝請郎提舉杭州洞霄宫謝克家上疏，自辨不受張邦昌僞命，且嘗奉國寶至濟州，其言引資政殿學士呂好問爲證。大略謂：'圍城士大夫恃陛下在外，共爲後圖。好問不能獨任其責，遣人起諸退人，臣始見邦昌，面決行日，則臣之復出，爲陛下出也。'疏入，遂召克家及顯謨閣待制知平江府孫覿赴行在。丁酉，殿中侍御史馬伸言：'克

家、觀取操不正,奸佞相濟,小人之雄者也。在靖康間,與李擢、李會、王及之、王時雍、劉觀七人者結爲死黨,附耿南仲,倡爲和議之説,助成賊謀。有不主和議者,群起而辱罵之,欲執送金營,人皆畏其險而不敢校也。陛下即位之初,照見情狀,逐之是矣。近者不知誰爲之援,皆得被召,將復進用,人情危駭,莫之所謂。望賜寢罷,竄之遠方。'戊戌,詔好問開具當時因依聞奏,其後好問又自陳反正之功,由是二人復用。"

八月

章甫卒

《龜山集》卷三五《章端叔墓志銘》:"建炎二年八月二十五日,以疾終於正寝,享年七十有四。"

案:據墓志銘,呂弸中爲章甫女婿。"女四人:長適宣教郎、知舒州宿松縣事孫寔,次適朝散郎、直秘閣、廣東路提舉常平等事王舜舉,次適奉議郎、主管亳州明道宮呂弸中。"

又案:本年進士及第者凡五百五十四人。有王大寶、李文會、李公懋、林安宅、胡銓等。

建炎三年己酉(1129),呂好問六十六歲,呂廣問三十二歲,呂本中四十六歲,呂弸中四十歲,呂用中三十九歲,呂忱中三十二歲,呂大器十七歲

三月

苗劉兵變

此據《繫年要録》卷二一建炎三年三月癸未條。

建炎四年庚戌(1130)，吕好問六十七歲，

吕廣問三十三歲，吕本中四十七歲，吕彌中四十一歲，

吕用中四十歲，吕忱中三十三歲，吕大器十八歲

九月

吕求中撰《藏璽書於璩源寺記》

同治《江山縣志》卷五《藏璽書於璩源寺記》建炎四年九月："慶曆中，臣高祖秦國公諡文靖臣夷簡病不能朝，仁宗皇帝剪髭封以璽書賜之。文靖力疾，手表西北機事及薦范仲淹、富弼、韓琦等人，以次召用。璽書舊刻石在鄭州管城縣先塋懷忠薦福禪院，南渡以來沈没盜區，止存墨本。追念先世遭遇昭陵，盡瘁圖報，感歎泣下。謹以模刻，珱以堅瑉，藏之江山縣璩源善政禪院，庶圖不朽。建炎四年九月甲子，從事郎、特差衢州江山縣令、主管勸農公事臣吕求中謹記。"

案：吕求中爲吕夷簡玄孫。

十一月

詔追贈元祐故相吕公著等

《宋宰輔編年録校補》卷一四高宗建炎四年十一月癸卯條："詔追封贈元祐故宰相吕公著、吕大防、范純仁。建炎元年五月，詔以司馬光配饗哲宗廟庭。是年十一月，詔司馬光已詔録用其子孫，其餘黨籍，令有司具名取旨褒贈。詔：'吕公著、吕大防、范純仁皆盛德元老，同居廟堂，國勢奠安，四夷順服。而遭罷貶斥，久歷歲時，尚拘微文，未獲昭雪。朕經此時巡之久，益知致治之難。念兹老臣，歷險夷而匪石不轉。追其深畫，更艱危而其道彌彰。是宜褒稱，以勵風俗。'先是，手詔褒贈公著等，宰執進呈，上曰：'時方艱難，雖似不急，實可以收人心而召和氣。'於是，故司空、同平章軍國事吕公著特贈太

師,追封晉國公,謚正獻。故觀文殿大學士、左正議大夫范純仁特贈太師,追封許國公,謚忠宣。觀文殿大學士、左正議大夫呂大防特贈太師,追封宣國公,謚忠愍。應合得恩例,並各依元任官職給還,令逐家俱名陳奏。"

卷二十四

紹興元年辛亥(1131)，呂好問六十八歲，呂廣問三十四歲，呂本中四十八歲，呂弸中四十二歲，呂用中四十一歲，呂忱中三十四歲，呂大器十九歲

正月

李成游寇集團攻滅九江，趙士隆鈐轄死節，呂本中撰《趙鈐轄墓表》

《江西通志》卷六四:"趙士隆，字景瞻，太宗之後。爲郡縣吏，累遷至淮南西路兵馬鈐轄，駐壽春。劇賊丁一箭衆，號十萬來攻城，擊走之，以功授江東路鈐轄。李成叛，遣其黨馬進圍九江，九江守臣姚舜明與士隆及副鈐轄劉紹先禦之時……賊入城大掠，成素服士隆之義，欲以爲僞安撫使，士隆怒罵曰:'賊欲屈我耶!'陰裂帛以書，使示諸子曰:'賊不殺我，義不苟活，汝輩得出，爲我雪恥。'遂仰藥而卒。賊怒，並害其宗數十口。事聞，上嘉悼，贈武功大夫，官其孫二人。"

《南宋全史》:"紹興元年正月，前往救援江州的呂頤浩、建武軍節度使楊惟忠和統制官巨師古所率領的援軍，皆爲馬進的軍隊所打敗……堅持保衛戰已達三個月之久的江州城，終因糧食斷絕，人皆饑困無鬥志而被攻破。馬進入城後，大肆殺掠。"(引自第一册第二章第三節《南宋政府平定游寇的鬥爭》)

案:紹興元年正月，九江被攻没，趙士隆死節。呂本中撰《趙鈐轄墓表》，樓鑰書呂本中所作墓表，並爲之作跋，其《跋東萊舍人所作趙鈐轄墓表》云:"趙侯死節，九江三子相從於難。父死於君，子死於父，忠孝之道萃於一門，殆有東晉卞氏之風。劉公嘗任從班，丞相沆之孫也，爲之墓碑甚詳。東萊紫微

呂公有文章重名,又爲之墓表,足以傳不朽矣。侯之元孫吳興使君崇規先以墓碑示惠,朱晦庵跋語謂東萊碑銘今不復存,當爲求之其家。吳興之父道州亦自言未入石而家多故,因亡其本。吳興一日又過鑰曰:'近從臨川宗族家遂得墓表録本,且得東萊所答簽判書真迹,欲俾書墓表,以補先世之遺。'慨然爲書,且勉其並刻東萊之帖以信後世。鑰何幸,乃得以鄙札托名於斯!"惜墓表已佚,姑系於此。

二月

呂希純追復寶文閣待制

《宋會要輯稿》職官七六之六四:"紹興元年二月六日,詔呂希純與追復寶文閣待制,仍給還依條合得恩澤。希純舊爲朝奉大夫、中書舍人,與今職名,告命不存,以元祐黨籍,其子能問召保自陳,故有是命。"

五月

呂安中上《乞令起發催納二稅雇錢奏》

《全宋文》卷二九一一呂安中《乞令起發催納二稅雇錢奏》紹興元年五月二十三日:"契勘催納二稅,依法每料逐都雇募户長或大保長二名,系是官給雇錢。自建炎四年秋料爲頭催稅,每三十家一甲,責差甲頭催納。其雇募户、保長更不復用,所有雇錢,只在縣椿管,此錢既非率斂,又不干預省計。乞督責諸縣每年別項起發,以助經費。"

案:呂安中爲夷簡曾孫,公綽孫,嘉問子,王雱女婿,時爲朝散郎。《宋會要輯稿》食貨一四之一八云,呂安中上《乞令起發催納二稅雇錢奏》,朝廷詔依,令諸路提刑司依經制錢條例拘收起發。

七月

呂好問卒,官給葬事。録其弟言問通判桂州

《呂好問壙誌》:

資政殿學士、大中大夫、提舉臨安府洞霄宮呂公諱好問,字舜徒,世爲東萊人,後徙居京師。紹興元年四月,避地南走桂州,得疾寖劇,薨七月丁酉,享

年六十八。臨終自力誦佛陀號，發大誓願，願法界衆生永斷殺盜淫三業，高聲自警，凡十餘過不輟，徐起，面西端坐，手結彌陀印，怡然而逝。其八月壬申，孤子本中、彌中、用中、忱中奉喪槁葬城南龍泉寺。始，公在宣和□□居不仕者十五年，及靖康初始大召用。建炎初，遂預機政，旋又罷去，來往轉徙江湖嶺海之間，困亦益甚，而未始俄頃而忘國家之急也。

自公之考侍講滎陽公、祖正獻晉公、曾祖文靖豫公以上，與公夫人王氏，皆前葬鄭州新鄭。今公之喪未克歸葬，諸孤號哭即事，懼不得濟而亦不敢謀久安，於是將視四方少定而改葡焉。

孤子本中泣血謹志。

《繫年要録》卷四六高宗紹興元年七月丁酉條：“資政殿學士提舉臨安府洞霄宮呂好問薨於桂州。訃聞，例外賜帛五百，録其弟朝散郎言問通判桂州，官給葬事。言者論靖康之變，好問身爲執政，不能死節，先拜僞楚於庭，褒郵過厚，尤爲不可。上不聽，第損賜帛之數而已。”

案：據《東萊公家傳》，呂好問有男五人：長本中，嘗任中書舍人、直學士院，終於左朝奉郎、提舉江州太平觀；次揆中，終於郊社齋郎；次彌中，嘗任駕部員外郎，終於右朝請郎、主管台州崇道觀；次用中，嘗任兵部員外郎，終於右朝奉大夫、主管台州崇道觀；次忱中，嘗任提舉江南東路常平茶鹽公事，終於右朝奉郎、知饒州。女一人，適右朝奉郎蔡興宗。孫九人，曰大器、大倫、大猷、大鳳、大陽、大同、大麟、大虬、大興。曾孫十六人，曰祖謙、祖仁、祖儉、祖恕、祖重、祖寬、祖愨、祖平、祖新、祖節、祖憲、祖永、祖志、祖慈、祖義、祖忞。而大鳳、大陽、大同、大興，皆早夭。

呂好問撰《南充覽秀亭記》

《全宋文》卷二九一二呂好問《南充覽秀亭記》：“思史謙恕、竇泌之遺風，弔譙周、陳子昂之舊迹。想陳練師、謝自然之仙蹤，慕張嶷、陸績之英躅。”

案：姑系於此。

呂好問與弟切問之交游

《童蒙訓》卷上：“虔州人李潛君行先生，篤行自守，不交當世……右丞范公彞叟爲發運使,始深知之,力薦於朝,除太學博士、校書郎……君行之學,專以經書,《論語》《孟子》爲正……東萊公與叔父舜從皆與之游。"

《童蒙訓》卷上:"田腴誠伯,篤實士,東萊公與叔父舜從之交游也。嘗從横渠學,後從君行游。誠伯每三年治一經,學問通貫,當時無及之者。"

《童蒙訓》卷上:"東萊公交游,則李君行、田明之、田誠伯、吴坦求、陳端誠、田承君、陳瑩中、張才叔、龔彦和及彦和之弟大壯也。"

案:據《宋元學案》卷二三《滎陽學案》,呂切問字舜從,東萊公好問之弟。

十月

吕好問追贈宣奉大夫

《宋會要輯稿》儀制一一之五:"資政殿學士、大中大夫吕好問,(紹興元年)十月贈宣奉大夫。"

十一月

宋高宗詔移蹕臨安,命兩浙轉運副使徐康國等先營公室

《繋年要録》卷四九高宗紹興元年十一月戊戌條:"詔以會稽漕運不繼,移蹕臨安,命兩浙轉運副使徐康國兼權臨安府,與内侍楊公弼先營公室。"

吕行中撰《澹山岩題名》

道光《永州府志》卷一八下《澹山巖題名》:"英游勝迹,與山谷先生相望而兼徽。自有此山以來,不知有此一段奇否? 行中得以職從邁,掛名左方,以托不腐,非幸歟! 右從□郎、零陵縣令吕行中謹書。"(引自《全宋文》卷四〇〇九)

案:據《全宋文》,吕行中於紹興初爲零陵縣令,此題名姑系於此。

紹興二年壬子(1132)，吕廣問三十五歲，

吕本中四十九歲，吕弸中四十三歲，

吕用中四十二歲，吕忱中三十五歲，吕大器二十歲

正月
高宗進駐臨安

《繫年要録》卷五一高宗紹興二年正月丙午條:"上至臨安。"

十月
吕廷問上《請造斗秤升尺出賣奏》

《繫年要録》卷五九高宗紹興二年十月丙辰條:"尚書金部員外郎吕廷問請令文思院造斗秤升尺出賣，以助經費，私造者抵罪，從之。"

案:紹興初，吕廷問爲尚書金部員外郎。

十二月
吕廷問上《乞除放上供錢物奏》

《宋會要輯稿》食貨六三之三:"(紹興二年十二月)二十五日，金部郎官吕廷問言:'荆湖南、北路建炎四年分未起上供米，已降指揮蠲免。其上供錢物，乞(依)例除放。'從之。"

紹興三年癸丑(1133),呂廣問三十六歲,

呂本中五十歲,呂弸中四十四歲,

呂用中四十三歲,呂忱中三十六歲,呂大器二十一歲

夏

呂本中作《江西詩社宗派圖》及序

吳曾《能改齋漫録》卷一〇《議論·江西宗派》:"蘄州人夏均父,名倪,能詩,與呂居仁相善。既没六年,當紹興癸丑二月一日,其子見居仁嶺南,出均父所爲詩,屬居仁序之。序言其本末尤詳。已而居仁自嶺外寄居臨川,乃紹興癸丑之夏。因取近世以詩知名者二十五人,謂皆本於山谷,圖爲江西宗派,均父其一也。然則居仁作宗派圖時,均父没已六年矣。予近覽贛州所刊百家詩選,其序均父詩,因及宗派之次第。且云:'夏均父自言,以在下列爲恥。'殊不知均父没已六年,不及見圖。斯言之妄,蓋可知矣。"

《全宋文》卷三七九七呂本中《江西詩社宗派圖序》:"古文衰於漢末,先秦古書存者,爲學士大夫剽竊之資,五言之妙,與《三百篇》《離騷》爭烈可也。自李、杜之出,後莫能及。韓、柳、孟郊、張籍諸人,自出機杼,別成一家。元和之末,無足論者。衰至唐末極矣,然樂府、長短句,有一唱三歎之音。至國朝文物大備,穆伯長、尹師魯始爲古文,成於歐陽氏。歌詩至於豫章,始大出而力振之,後學者同作並和,盡發千古之秘,亡餘蘊矣。録其名字曰江西宗派,其原流皆出豫章也。宗派之祖曰山谷,其次陳師道無己、潘大臨邠老、謝逸無逸、洪朋龜父、洪芻駒父、饒節德操,乃如璧也。祖可正平、徐俯師川、林修子仁、洪炎玉父、汪革信民、李錞希聲、韓駒子蒼、李彭商老、晁沖之叔用、江端本子之、楊符信祖、謝邁幼槃、夏倪均父、林敏功、潘大觀、王直方立之、善權巽中、高荷子勉,凡二十五人。"

案:《江西詩社宗派圖》之作年,各家説法不一。莫礪鋒《呂本中〈江西詩社宗派圖〉考辨》認爲,此作於崇寧元年左右。

紹興四年甲寅(1134)，吕廣問三十七歲，吕本中五十一歲，吕弸中四十五歲，吕用中四十四歲，吕忱中三十七歲，吕大器二十二歲

正月

吕用中除樞密院計議官

《吕用中壙誌》:"紹興四年,東萊公之喪,外除踰年矣,詔以公爲樞密院計議官,公力辭不可,遂起。"(見《家族墓志》)

案:據《繫年要録》卷七一高宗紹興三年十二月辛丑條記載:"樞密院計議官沈昭遠守尚書户部員外郎。先是昭遠以左從事郎與左迪功郎錢圻並爲計議官。簽書樞密院徐俯薦於上,皆召對,改京秩。俯以九月癸西薦二人,已卯引對,庚辰改合入官,今並附此。前一日,俯被旨以圻、昭遠並爲尚書郎,俟有闕乃授。而以右承務郎簽書保寧軍節度判官廳公事陳正同、右迪功郎監華州西嶽廟吕用中代之。昭遠,歸安人,父千,左朝奉大夫。圻,景祥子。正同,正匯弟。用中,好問子也。"此條下有注:"此爲明年正月丙子劉大中乞申敕三省密院差除事祖。"故吕用中除樞密院計議官當爲紹興四年正月。吕用中,吕好問第四子,字惇智,官終右朝奉大夫主管台州崇道觀。

三月

趙鼎參知政事,薦吕本中等人才

《宋宰輔編年録校補》卷一五高宗紹興四年三月:"戊午,趙鼎參知政事……上令鼎薦人才,鼎即以朱震、范沖、吕祉、陳橐、吕本中、林季仲、董棻上之。"

吕本中除祠部員外郎

《繫年要録》卷七四高宗紹興四年三月甲戌條:"尚書祠部員外郎趙霈改

行吏部員外郎,直秘閣主管台州崇道觀呂本中爲祠部員外郎。"

　　案:張綱《華陽集》卷六《呂本中除祠部郎官制》,制詞云:"朕方舉群策,以收中興之功,顧天下士有一善可取,猶將簡拔任用,而況已試之才,爲朕所知者乎!以爾富於藝文,能嗣家世,考其事業,譽在郎曹。今典祠缺員,肆以命爾。夫冰廳素號無事,固有餘力,足以講論古今,往其勉之,以待上用。"

四月

呂聰問由宗正少卿改吏部員外郎。辛炳上奏"論蘇攜呂聰問職任"

　　《繫年要録》卷七五高宗紹興四年四月癸未條:"宗正少卿蘇攜爲中書門下省檢正諸房公事,右朝散大夫呂聰問爲宗正少卿。後二日,御史中丞辛炳言:'二人皆名臣之後,攜老成,頗知典故,然檢正之任,非精力有餘不能。聰問止曾任通判差遣,祖宗以來,未有不歷内任,直除卿監者。'詔攜依舊職,聰問行吏部員外郎。聰問除卿,在此月辛卯。聰問,希純子,自蜀中召還,而有是命。"

　　案:據《全宋文》卷四〇八五云:呂聰問是壽州人,呂公著孫子。紹興四年四月爲右朝散大夫、吏部員外郎,八月爲福建路提點刑獄公事。紹興六年九月爲廣南西路提點刑獄、直秘閣。張綱《華陽集》卷七有《呂聰問除宗正少卿制》與《呂聰問除吏部郎官張銖除考功郎官李元瀹除度支郎官制》。《呂聰問除宗正少卿制》:"堯慎九族,周尚同姓,千載之後,協和輯睦之風,可以想見,朕甚慕之。肆求時髦,參典屬籍,庶幾糾合之義,無愧於古。以爾名德之後,儒學自將,越在外服,蔚有休譽。比嘗召對便坐,觀其論奏,有合朕心。擢亞伯臣,公議惟允。惟昔宗寺圖牒,於今僅存,裒集闕遺,以正昭穆親疏之序,則爲爾職。尚其勉之。"《呂聰問除吏部郎官張銖除考功郎官李元瀹除度支郎官制》:"朕拔舉群材,以備官使,惟時郎位,其選甚高,凡列職於其間,必考實於公論。惟爾聰問,名德之後,文雅自將;銖才術兼優,能治邦計;元瀹爲屬憲府,藹然有稱。皆宜進陟顯途,是用各加褒擢。往踐厥服,益茂爾猷。"

五月

范沖守宗正少卿

《繫年要録》卷七六高宗紹興四年五月癸丑條:"左朝奉大夫范沖守宗正少卿,兼直史館。"

案:范沖爲范祖禹長子,呂公著外孫,與時任參知政事的趙鼎爲姻家。

六月

呂聰問撰《上呂大防所撰呂公著神道碑奏》

《繫年要録》卷七七高宗紹興四年六月庚子條:"吏部員外郎呂聰問上故相呂大防所撰其祖公著神道碑。且言:'臣猶記憶少時,親見大防取索當時詔本、日曆、時政記,以爲案據,撰成此文。由是觀之,先皇與子之志,蓋已定於一年之前,豈容中間更有異議? 其所以召臣祖輔嗣君,欲更革之意,亦皆出於神宗皇帝之本心。後來臣祖與司馬光乃是推原美意,尊奉初詔,即非輒詆先帝,輕變舊章。當時若使更俟年歲,神宗皇帝當自更之,豈待元祐? 臣竊聞聖詔欲改修二史,所系之大者,無出於此。或恐有補遺闕,謹以投進,乞俟御覽畢,宣付三省,史館録白,以爲案底。'從之。"

八月

范沖入對論熙寧元祐兩朝史事

《繫年要録》卷七九高宗紹興四年八月戊寅條:"宗正少卿兼直史館范沖入見。沖立未定,上云:'以史事召卿,兩朝大典,皆爲奸臣所壞,若此時更不修定,異時何以得本末。'沖因論:'熙寧創制,元祐復古,紹聖以降,弛張不一,本末先後,各有所因,不可不深究而詳論。'讀畢,上顧沖云:'如何?'對曰:'臣聞萬世無弊者道也,隨時損益者事也。仁宗皇帝之時,祖宗之法誠有弊處,但當補緝,不可變更。當時大臣,如呂夷簡之徒,持之甚堅。范仲淹等初不然之,議論不合,遂攻夷簡,仲淹坐此遷謫。其後,夷簡知仲淹之賢,卒擢用之。及仲淹執政,猶欲伸前志,久之自知其不可行,遂已。王安石自任己見,非毀前人,盡變祖宗法度,上誤神宗皇帝。天下之亂,實兆於安石。此皆非神祖之意。'上曰：'極是，朕最愛元祐。'上又論史事。沖對：'先臣修《神宗實錄》，首尾在院，用功頗多，大意止是盡書王安石過失，以明非神宗之意。其後，安石壻蔡卞怨先臣書其妻父事，遂言哲宗皇帝紹述神宗，其實乃蔡卞紹述王安石。惟是直書安石之罪，則神宗成功盛德，煥然明白。《哲宗皇帝實錄》，臣未嘗見，但聞盡出奸臣私意。'上曰：'皆是私意。'沖對：'未論其他，當先明宣仁聖烈誣謗。'上曰：'正要辨此事。'上又曰：'本朝母后皆賢，前世莫及。道君皇帝聖性高明，乃爲蔡京等所誤，當時蔡京外引小人，內結閹宦，作奇技淫巧，以惑上心，所謂逢君之惡。'沖對：'道君皇帝止緣京等以紹述二字劫持，不得已而從之。'上曰：'人君之孝，不在如此，當以安社稷爲孝。'沖對：'臣頃在政和間，常聞道君皇帝《六鶴詩》一聯云：'網羅今不密，回首不須驚。'宣示蔡京等云：'此兩句，專爲元祐人設。'以此知道君皇帝非惡元祐臣僚。'上曰：'題跋小詩，雖可以見意，何如當時便下一詔，用數舊臣，則其事遂正，惜乎不爲此！'沖對：'若如聖諭，天下無事矣。'上又論王安石之奸，曰：'至今猶有説安石是者，近日有人要行安石法度，不知人情何故直至如此。'沖對：'昔程頤嘗問臣：'安石爲害於天下者何事？'臣對以新法。頤曰：'不然，新法之爲害未爲甚，有一人能改之，即已矣。安石心術不正，爲害最大，蓋已壞了天下人心術，將不可變。'臣初未以爲然，其後乃知安石順其利欲之心，使人迷其常性，久而不自知。且如詩人多作《明妃曲》，以失身爲無窮之恨。至於安石爲《明妃曲》，則曰：'漢恩自淺胡自深，人生樂在相知心'，然則劉豫不足罪過也。今之背君父之恩，投拜而爲盜賊者，皆合於安石之意，此所謂壞天下人心術。'上曰：'安石至今猶封王，豈可尚存王爵。'"

呂聰問上《請追奪王安石諡號奏》，時任福建路提點刑獄公事

《繫年要錄》卷七九高宗紹興四年八月丙申條："詔追王安石舒王告毀抹。時右朝請大夫福建路提點刑獄公事呂聰問辭行，上疏曰：'臣聞《書》曰'除惡務本'，又曰'政事惟醇'。今國家舉事，未能大有爲者，豈非政事未醇，豈非惡未除本？安石之不利趙氏，其實迹可見，乃陛下世仇，天下所共知。然其人行偽而堅，言偽而辯，足以深惑群衆。中人以下，鮮有不爲安石壞其心術。陛下若以其嘗被任遇，不欲痛加懲艾，至如傳習安石之學問者，謂宜深加屛遠，過

於防寇。蓋彼之邪説，易以動人。爲之地者，則必曰：'政事雖有不善，學術過人。'若謂讀書爲文過人，則誠有之，豈有學術善而政事不善，學術不善而政事善之理？但乞陛下因對臣下，訪安石之爲人，有意向稍佐之者，便可見其用心之邪正。仍願陛下赫然發憤，從中下明詔，具言神宗皇帝終棄安石不用，以慰在天之靈。所有謚議，乃以文爲言，若並王爵稱之，則爲文王，實爲僭越。蓋當時太常博士許彦，一意謟事蔡卞，侈大安石，輕蔑祖宗。此來若不追寢謚議，恐無以示天下，曉群聽，鼓群動，立政事。況方命重修二史，甚盛舉也。若此論不定，徒令天下後世終得以議。宣聖曰：'舉直錯諸枉，則民服。'今若追奪安石之謚，雖若不急，其實舉直錯枉之要道。"

九月

右奉議郎呂應問貸死除名、化州編管

《宋史全文》卷一九上《宋高宗七》紹興四年九月條："丁未朔，右奉議郎呂應問貸死除名、化州編管。先是，朝議取宣諭官所劾贓吏擇最重者一人，用祖宗故事決之。應問前知華亭縣，與池州貴池縣丞黄大本皆繫獄。刑部言應問犯自盜贓六十三匹，大本犯枉法贓一百四十五匹，比之應問數多，乃令應問先次依法擬斷。"

是年，呂大器大婚

《呂大器妻曾氏壙誌》："（曾氏）以政和乙未六月十五日生，紹興甲寅歲除日歸呂氏。"

案：曾氏小大器兩歲，爲敷文閣待制致仕曾幾女。

是年，張忠文公夫人呂氏卒

道光《廣豐縣志》卷三《張忠文公夫人呂氏墓表》："惟夫人正獻申國公之孫女……夫人生治平三年丙午，卒紹興四年乙卯。"

案：張叔夜在靖康之難中，浴血勤王，被俘以後，堅持民族大義，以身殉國。夫人爲呂公著孫女。

紹興五年乙卯(1135),呂廣問三十八歲,

呂本中五十二歲,呂弸中四十六歲,

呂用中四十五歲,呂忱中三十八歲,呂大器二十三歲

正月

關於官舍官田出賣事宜,福建呂聰問等逐路提刑總領措置

《宋會要輯稿》食貨五之二三:"(紹興)五年正月三日,臣僚言:'諸路州縣七色依條限合賣官舍,及不係出賣田舍,並委逐路提刑司措置出賣。州委知州,縣委知縣,令取見元管數目,比仿鄰近田畝所取租課及屋宇價直,量度適中錢數出榜,限一月召人實封投狀承買。限滿拆封,給著價最高之人,其價錢並限一月送納。候納足日,交割田舍,依舊起納稅賦。仍具最高錢數,先次取問見佃賃人願與不願依價承買,限五日供具回報。若係佃賃及三十年已上,即於價錢上以十分爲率,與減二分價錢,限六十日送納。其賣到價錢,仰逐路提刑司總領起發赴行在送納。內不通水路,變轉輕齎,專充贍軍支用。如官司輒敢截撥、借兌、移易,伏乞朝廷重立斷罪。'詔依,仍逐路專委監司一員,江東路轉運范振、江西逢汝霖、廣東劉仿、廣西趙子嚴、兩浙提刑向宗厚、福建呂聰問總領措置。"

閏二月

宗正少卿直史館范沖兼侍講

《宋史全文》卷一九中《宋高宗八》紹興五年閏二月條:"乙巳朔,宗正少卿直史館范沖、秘書少監朱震並兼侍講。"

三月

呂用中等奉命催促江、浙四路折帛經總制上供等錢

《繫年要録》卷八七高宗紹興五年三月丙子條:"命樞密院計議官呂用中、

徐康、右宣教郎新國子監丞權都督府幹辦公事范伯倫,催促江、浙四路折帛經總制上供等錢,用户部尚書章誼等請也。用中、康先被旨促造戰艦,伯倫以行府之命督江西糧解,故就用焉。"

兩浙西路呂用中等委通判將役錢送赴行在

《宋會要輯稿》食貨一四之二四:"(紹興五年)三月十日,户部尚書章誼言:'官户役錢更不減半,而民户量增三分,專充贍養新置弓手支用。續准指揮住罷,更不增敷。其未罷已前,州縣有敷納在官之數,見行椿管,別無支用。今欲乞福建、二廣就委章傑,兩浙東路委霍蠡,西路委呂用中,江東委徐康,江西路委范伯倫,湖南、北委逐路常平司,將管下州縣據見椿前項役錢根刷見數,專委諸州通判盡數起發,赴行在送納。不通水路去處,變轉輕齎,仍具根刷到數目申户部拘催。'從之。"

高宗召見呂用中等

《繫年要録》卷八七高宗紹興五年三月戊戌條:"詔樞密院計議官呂用中、徐康、編修官霍蠡並以檢察逐路經費財用爲名,用中浙西、康江東、蠡浙東路,仍借奉使印。上皆召見,賜裝錢而遣之。"

寄居、待闕官可收買没官等田産,從福建路提刑呂聰問奏請

《宋會要輯稿》食貨五之二三:"(紹興五年)三月二十九日,詔:'出賣没官等田,今年二月二十四日已降指揮,監司、州縣官吏、公人並不許收買外,其寄居、待闕官願買者聽。'從福建路提刑呂聰問之請也。"

四月

楊時卒。呂本中撰《楊時行狀》

《伊洛淵源録》卷一〇《楊文靖公·行狀略》:

"虔守楚潛議法平允,而通判楊增多刻深,先生每從潛議,增以先生爲附太守輕己。及潛去後,守林某議不持平,先生力與之爭,方知先生能有守也。

知潭州瀏陽縣,安撫使張公舜民雅敬重先生,每見必設拜席與均禮。知

杭州餘杭縣,簡易不爲煩苛,遠近悦服。蔡京方相貴盛,母前葬餘杭,用日者之言,欲浚湖漭水爲形勢便利,托言欲以便民。事下餘杭縣,先生詢問父老,人人以爲不便,即條上其事,得不行。知越州蕭山縣,蕭山之人聞先生名,不治自化,人人圖畫先生形像,就家祠焉。

　　或説當世貴人以爲事至此必敗,宜力引耆德老成,置上左右,開導上意,庶几猶可及也。會路允迪、傅墨卿使高麗,高麗王問兩人龜山先生今在何處?兩人對方召赴闕矣。及還,遂以名聞,因勸政府宜及此時力引先生。政府然之,遂以秘書郎召。及對,陳儆戒之言,上嘉納焉。

　　太原被圍,朝廷遣姚古救援,古逗留不進。先生上言,乞誅古以肅軍政。又率同列上疏,論蔡京、王黼、童貫等罪惡,或死或貶。乞罷宦者典修京城事。且録《五代史傳》以進。朝廷置詳議司,議天下利病。先生以爲三省政事所出,六曹分治,各有攸司,今乃别辟官屬,新進小生未必賢於六曹長貳也。朝廷從其議。又乞襃復元祐名臣凡在黨籍者,力辯宣仁誣謗,乞復元祐皇后位號。凡所論,皆切當時要務。

　　大學諸生詣闕上書,議者疑其生事徼亂。先生即見上,言諸生欲忠於朝廷耳,本無他意,但擇老成有行義者爲之長貳,即自定矣。淵聖喜曰:'此無逾卿者矣。'即命先生兼國子祭酒。

　　今上即位,本中之先君子初在政府,首爲上言先生之賢,於是除工部侍郎。

　　先生天資仁厚,寬大能容物,又不見其涯涘,不爲崖異絶俗之行,以求世俗名譽。與人交,終始如一。性至孝,幼喪母,哀毁如成人,事繼母尤謹。熙寧中,既舉進士得官,聞河南兩程先生之道,即往從之學。是時從兩先生學者甚衆,而先生獨歸,閒居累年,沉浸經書,推廣師説,窮探力索,務極其趣,涵蓄廣大而不敢輕自肆也。

　　本中嘗聞於前輩長者,以爲明道先生温然純粹,終身無疾言遽色,先生實似之。"(見《朱子全書》第十二册)

七月

謝祖信上《乞吕應問不應敘赦量移奏》

　　《繫年要録》卷八八高宗紹興五年四月丙午條:"先是右奉議郎吕應問知

華亭縣,亦坐贓抵死,編管化州。未數日,引赦量移,言者以爲'應問國之巨蠹,肆諸市朝,猶未足以快吳人之忿。止緣應問平時厚以所得賕賂遺權要,故案發之日,大臣及侍從中有陰爲之主者,是以有司觀望,不敢盡法勘鞫。然所上奏牘,蔽罪至絞者,猶有二焉,是豈可以常法論哉。臣竊聞前此朝廷之議,以宣州勘黃大本及秀州勘應問二人所犯,候其獄具,中取一人尤甚者,用祖宗舊制,真決刺配,以警贓吏。今大本既依法論決,而應問贓罪貫盈,止從編置,雖道途之人,皆謂失刑。朝廷縱不追治,亦宜投畀遐荒,永不放還,少謝百姓。而自去年九月十二日在秀州,准敕編管化州,十七日至平江府,即作在道會赦,便與量移。用刑如此,何以威貪暴而成政治哉!況應問贓罪,百倍大本,吳中士大夫至民庶皆能言之,何應問之幸,而大本之不幸也?伏望特降指揮,不許敘赦量移,日下差人押赴化州編管,庶几貪贓之吏咸少懲艾。'從之。"

案:應問爲呂公著族子,趙鼎因故家後裔,屈法貸之,亦實非用刑之公,時朝中諸臺諫亦無一言論列。

八月

呂丕問行工部員外郎,知處州

《繫年要錄》卷九二高宗紹興五年八月癸丑條:"尚書工部員外郎程克俊守兵部員外郎,左朝請大夫樞密院計議官呂丕問行工部員外郎,左朝請郎主管台州崇道觀陶愷爲金部員外郎。愷,悦弟也,與丕問皆召對而有是命。丕問乞補外,乃除知處州。"

案:《斐然集》卷一三,有《程克俊兵部呂丕問工部陶愷金部並郎官制》,制詞云:"六曹郎選,各有司存。而眾建材能以待進用,皆異時卿相之儲也,其任豈不重哉!以爾克俊器業端良,以爾丕問見聞遠大,以爾愷操守堅正,或就加於陞擢,或初預於柬除,勉罄猷爲,稱予光命。"

十一月

知平江府長州縣丞呂希常陳請,改用甲頭催科

《宋會要輯稿》食貨一四之二四至二五:"(紹興五年)十一月二十八日,廣東轉運、常平司言:'近據知平江府長州縣丞呂希常陳請:'大保長催科,一保

之内,豈能親至？逮其過限,催促不前,則枷錮箠拷,監繫破産。乞改用甲頭,以形勢户催形勢户,平户催平户。'已承朝旨:户長與甲頭催科税租,其風俗利害各有不同去處,令諸路相度以聞。今欲依所請,改用甲頭。專責縣令佐將形勢户、平户隨税高下,各分作三等編排,籍定姓名,每三十户爲一甲,依次攢造成薄。然後按籍,周而復始輪差,委是久遠利便。'從之。"

紹興六年丙辰(1136),吕廣問三十九歲, 吕本中五十三歲,吕弸中四十七歲, 吕用中四十六歲,吕忱中三十九歲,吕大器二十四歲

四月

吕本中因召赴行在臨安,范沖推薦

《繫年要録》卷一〇〇高宗紹興六年四月壬寅條:"詔左朝請大夫主管台州崇道觀陳公輔、右朝奉郎直秘閣主管台州崇道觀吕本中、左從政郎監福州嶺口鹽倉梁習、左宣教郎黄鍰並召赴行在所。用史館修撰范沖薦也。沖奏:'公輔學術高明,可居議論之地。本中文章典雅,長於史學,習學有淵源,敏於爲政,恬退之節,人所難能,以其不求聞達,故世罕有知者。鍰學問純明,吏能精敏,抱才未試,風節甚高,閑廢之久,衆論惜之。伏望特賜召對,察其人才可否而進退之。'故有是命。"

七月

吕本中文采聲譽,絶於縉紳,特賜進士出身

《南宋館閣録》卷八:"吕本中,字居仁,開封人,六年七月賜進士出身。"

《繫年要録》卷一〇三高宗紹興六年七月癸酉條:"右朝奉郎直秘閣主管台州崇道觀吕本中守起居舍人。本中以范沖薦召還,未入見,詔曰:'本中學術淵源,本乎前哲,文采聲譽,絶於縉紳。更歷險夷,遂爲耆舊。可特賜進士

出身。'遂有是命。"

案:與吕本中同年特賜進士出身者有折彦質、胡憲,特賜同進士出身者張解、趙衛。

九月

吕聰問在閩中抓捕海賊鄭廣等有功,除直秘閣

《繫年要録》卷一〇五高宗紹興六年九月辛巳條:"右朝請大夫新廣南西路提點刑獄公事吕聰問直秘閣,以樞密院言,聰問在閩中抓捕海賊鄭廣宣力故也。"

知處州吕丕問進一官

《繫年要録》卷一〇五高宗紹興六年九月己丑條:"有學行,累召不至,右朝請大夫知處州吕丕問、直秘閣徽猷閣待制知明州仇悆、直徽猷閣知衢州吳革各進一官,以三省言,丕問等究心郡政,吏戢民安故也。"

案:吕丕問字季升。

十一月

吕本中謂定都和建親兵乃根本之事

《繫年要録》卷一〇六高宗紹興六年十一月戊辰條:"詔應轉對官,如有疾故,許實封投進文字,更不引對。起居舍人吕本中引疾再請奉祠,不許。本中言:'自古中興,必有根本之地,以制四方之地;必有根本之兵,以制四方之兵。今都邑未定,禁衛單弱,望諭大臣,先求二者之要而力行之。'"

吕本中除兼權中書舍人,上疏請慎用黥罪之刑

《繫年要録》卷一〇六高宗紹興六年十一月丙戌條:"起居舍人吕本中兼權中書舍人。時有監階州倉草場苗互者,以贓獲罪黥之,本中奏曰:'近歲官吏犯贓,多抵黥罪。且既名士人,行法之際,宜有所避。況四方之遠,或有枉濫,何由盡知? 若遽施此刑,異時察其非辜,雖欲深悔,亦無所及矣。論者皆以嚴刑上法祖宗,夫祖宗之時,臨機制變,事有不得已也。然自仁宗而降,寬

大之政久已成風,累聖相承,不敢輕易。今一旦盡改成法,欲用祖宗權宜之制,將重失人心,臣未見其可也。又此刑既用,臣恐後世不幸,奸臣弄權,必且借之以及無罪,直言私議,亦不能免。何者?用之已熟,彼得藉口,不以爲異也。使國家此刑不絕,則紹聖以來憸人盜柄,縉紳遭此,殆無遺類矣。願酌處常罰,以稱陛下仁厚之意。'疏再上,從之。"

呂弸中除將作監丞

《呂弸中壙誌》:"紹興六年,召赴行在所,除將作監丞。"(見《家族墓志》)

呂用中授右宣義郎

《呂用中壙誌》:"(紹興)六年,以通五考改秩,授右宣義郎。"

紹興七年丁巳(1137),呂廣問四十歲,

呂本中五十四歲,呂弸中四十八歲,呂用中四十七歲,

呂忱中四十歲,呂大器二十五歲,呂祖謙一歲

三月

呂祖謙生

《東萊呂太史文集》附錄卷一《壙記》:"宋故朝請郎、直秘閣、主管亳州明道宮呂公諱祖謙,字伯恭……公紹興七年三月十七日生。"(見《呂祖謙全集》第一冊)

呂祖儉《東萊呂太史年譜》:"是歲,公外王父曾文清公几爲廣西轉運使。公皇考倉部,時在桂林甥館。三月十七日亥時公生。"(見《呂祖謙全集》第一冊《東萊呂太史文集》附錄卷一)

案:呂祖謙(1137—1181),字伯恭,世稱"東萊先生",爲與伯祖呂本中相區別,亦稱"小東萊先生",是呂夷簡六世孫,呂大器之子。創立"婺學",開浙

東學派之先聲，與朱熹、張栻並稱爲"東南三賢"。謚"成"，後改謚"忠亮"，配享孔子廟庭。曾幾爲吕祖謙外祖父，官至敷文閣大學士，以通奉大夫致仕。從胡安國、吕本中游，宣導程氏之學。

吕本中上《請强國本以圖恢復奏》

《全宋文》卷三七九七吕本中《請强國本以圖恢復奏》紹興七年三月："當今之計，必先爲恢復事業，乃可觀釁而動。若但有其志而無其業，國本未强，恐益他患。今江南二浙科須實繁，閭里告病，尤當戒謹。倘有水旱乏絶之虞，奸宄竊發，未審朝廷何以待之？臣近看詳臣庶所上封章，勸爲興師問罪者，不可勝數。觀其辭似爲有理，考其實即不可行。大抵獻言之人與朝廷利害絶不相侔，言不酬，事不濟，則脱身而去耳，彼亦何害之有？朝廷施設失當，禍患之至，誰任其咎哉？"

吕本中上《朝廷任人當别邪正奏》

《全宋文》卷三七九七吕本中《朝廷任人當别邪正奏》紹興七年三月："朝廷任人，當别邪正。邇來建言用事之臣，稍稍各徇私見，不主正説，元祐、紹聖混爲一途，其意皆有所在。若不早察，必害政體。宜堅守聖志、不匱厥指，銷邪説之患於未然，天下幸甚。"

四月

吕本中落職奉祠

《繫年要録》卷一一〇高宗紹興七年四月癸巳條："起居舍人吕本中直龍圖閣，知台州。本中引疾求去，疏再上，乃命出守，本中辭，乃以本中主管江州太平觀。"

閏十月

吕本中除太常少卿

《繫年要録》卷一一六高宗紹興七年閏十月庚申條："直龍圖閣主管台州崇道觀吕本中試太常少卿。"

　　案：此次呂本中除太常少卿，爲新任宰相趙鼎所薦，據《宋宰輔編年録校補》卷一五高宗紹興七年九月丙子條記載："丙子，以（趙）鼎爲左僕射兼樞密使。鼎至，奏今之清議所與，如劉大中、胡寅、呂本中、常同、林季仲之徒，陛下能用之乎？時，鼎所薦者，皆以次用之。召徽猷閣待制、提舉太平觀常同爲禮部侍郎。"《呂本中太常少卿制》，收録在李彌遜《筠溪集》卷四内，制詞云："禮樂政化之所自出，後世文勝道隱，浸失聖人之旨。朕欲息邪距詖而反之正，思得好古博雅之士以辨明之。爾操履之正，克世其家，問學之醇，不悖於道。發爲詞章，炳然其華。頃由柱史，遽起丘園之興，真祠均逸，亦既踰年，今予命爾以秩宗之事。昔魯不棄禮，而齊親之，治亂一軌，百世可循。益尊所聞，追還邃古之風，以成予治。朕之所以望爾，顧豈鐘鼓玉帛云乎哉？"

十一月

高宗高度評價呂本中詩

　　《建炎筆録》卷三："（紹興七年）十一月初四日，宣麻，右相轉左光禄大夫，以進書也。呂本中乞宮觀，上曰：'本中詩極佳，不減徐俯少時所作，俯晚年學李白，稍放肆矣。'"

是年，呂本中上奏請精擇江左守帥

　　《宋史·呂本中傳》："又奏：'江左形勢如九江、鄂渚、荆南諸路，當宿重兵，臨以重臣。吳時謂西陵、建平，國之藩表，願精擇守帥，以待緩急，則江南自守之計備矣。'"

是年，呂本中直諫内侍鄭諶統兵之事

　　《宋史·呂本中傳》："内侍鄭諶落致仕，得兵官。本中言：'陛下進臨江滸，將以有爲，今賢士大夫未能顯用，巖穴幽隱未能招致，乃起諶以統兵之任，何邪？'命遂寢。"

紹興八年戊午(1138)，呂廣問四十一歲，
呂本中五十五歲，呂弸中四十九歲，呂用中四十八歲，
呂忱中四十一歲，呂大器二十六歲，呂祖謙二歲

二月
呂本中遷中書舍人

《宋史·呂本中傳》："八年二月，遷中書舍人。"

案：李彌遜《筠溪集》卷五，有《呂本中中書舍人制》。《全宋文》以爲，此制引自《竹溪先生文集》，疑是舊本傳寫之誤，李彌遜作品似爲《筠溪集》一種。制詞云："朕寤寐中興，焦勞庶事，惟中書之地，一日萬機，而內史之職，於命令之將行，皆得以可否而獻替之。苟非其人，則安能杜漸防微，救過於未然哉？具官某襲芳名冑，濟以多聞。粲然泉湧之文，粹矣玉温之質。侍嚴香案，議禮曲臺，人物之優，允符僉論。其輟九卿之列，來聯四户之班。夫事固有一言之非而駟馬弗及，一日之失而終身爲憂。於號令出納之微，係社稷安危之重。其體兹訓，知無不言。毋使政事之行，人得以議，而朝廷有渙汗之譏，所以望於爾者。"

三月
呂本中中書舍人兼侍講

《宋史·呂本中傳》："(八年)三月，兼侍講。"

五月
呂弸中以將作監丞爲駕部員外郎，提舉福建茶事

《繫年要録》卷一一九高宗紹興八年五月丙戌條："秘書郎錢秉之、錢觀復並爲尚書户部員外郎，樞密院編修官鄭剛中爲考功員外郎，將作監丞呂弸中

爲駕部員外郎。彌中，好問子；觀復，平江人，趙鼎所薦也。後旬日，以彌中提舉福建茶事。"

　　案：據《家族墓誌》記載，呂彌中除提舉福建路茶事常平公事兼市舶，並未赴任，而是得請主管臺州崇道觀。

六月

呂本中以趙鼎薦，兼權直學士院

　　《宋史·呂本中傳》："（八年）六月，兼權直學士院。"

　　《繫年要錄》卷一二〇高宗紹興八年六月壬午條："壬午，中書舍人呂本中兼權直學士院。時將遣金使，禮部侍郎兼直學士院曾開當草國書，乃言遲暮廢學，志力俱衰，凡有撰述，動繫國體，乞免兼權直職事。上欲用勾龍如淵，趙鼎力薦本中，乃有是命。"

八月

呂本中以中書舍人兼史館修撰

　　《南宋館閣錄》卷八："呂本中，字居仁，開封人……八年八月以中書舍人兼。"

　　案：呂本中奏請避嫌，據《繫年要錄》卷一二一高宗紹興八年八月甲戌條："甲戌，中書舍人兼直學士院呂本中兼史館修撰……本中奏：'曾祖公著、祖希哲皆係元祐黨籍，若記錄當時舊事，實有妨嫌，且使後來生事之人，得以藉口。'不從。"

九月

呂本中撰《趙鼎遷特進制》

　　《全宋文》卷三七九七呂本中《趙鼎遷特進制》紹興八年九月丁未："謂合晉、楚之成，不若尊王而賤霸；謂散牛、李之黨，未如明是而去非。惟爾一心，與予同德。"

十月

趙鼎罷相，因受秦檜排擠

《繫年要錄》卷一二二高宗紹興八年十月甲戌條："特進尚書左僕射同中書門下平章事兼樞密使趙鼎罷爲檢校少傅奉國軍節度使兩浙東路安撫制置大使，兼知紹興府。初，侍御史蕭振既擊劉大中，謂人曰：'如趙丞相不必論，蓋欲其自爲去就也。'時傳語紛紛。今日曰：'趙丞相乞去矣。'明日曰：'趙丞相搬上船矣。'蓋秦檜之屬，以此撼之，鼎猶未深覺。其客敕令所删定官方疇以書勸之曰：'見機而作，大《易》格言，當斷不斷，古人深戒。'鼎乃引疾乞免。殿中侍御史張戒上疏乞留鼎，不則置之經筵。時檜力勸上屈己議和，鼎持不可，由是卒罷。"

勾龍如淵上《論吕本中張致遠奏》

《繫年要錄》卷一二二高宗紹興八年十月乙亥條："如淵因奏：'臣向聞陛下言，本中與張致遠蓋專爲附離計者。今觀本中，真小人也，致遠似不然。如近日喻樗除著作佐郎，臣親見其與宰相辨久之。樗，鼎腹心士也。臣恐陛下過聽，以致遠與本中同科，則實不然，願陛下察之。'"

是年，吕本中上《金使來當示儉約奏》

《全宋文》卷三七九七吕本中《金使來當示儉約奏》紹興八年："使人之來，正當示以儉約，客館芻粟若務充悦，適啓戎心。且成敗大計，初不在此，在吾治政得失，兵財強弱，願詔有司令無乏可也。"

案：十月，金國派出張通古出使南宋，吕本中此奏姑系於此。

十一月

吕本中落職提舉太平觀，秦檜之黨蕭振言吕好問受張邦昌僞命

《南宋館閣錄》卷八："吕本中……（紹興八年）十一月提舉太平觀。"

《繫年要錄》卷一二二高宗紹興八年十月辛巳條："中書舍人兼史館修撰兼直學士院吕本中罷。侍御史蕭振言：'本中外示樸野，中藏險巇。父好問，

受張邦昌僞命,本中有詩云:'受禪碑中無姓名。'其意蓋欲證父自明爾。趙鼎以解《易》薦李授之除秘閣,本中初不知授之鼎所薦,遂怒形於色,欲繳還詞頭。已而知出於鼎,乃更爲授之命美詞。其朋比大臣,無所守如此。望罷本中,以清朝列。'詔本中提舉江州太平觀。"

案:趙鼎深受秦檜排擠,鼎罷相,呂本中不願與秦檜同流合污,乃落職。《宋史·呂本中傳》:"初,本中與秦檜同爲郎,相得甚歡。檜既相,私有引用,本中封還除目,檜勉其書行,卒不從。趙鼎素主元祐之學,謂本中公著後,又范沖所薦,故深相知。會《哲宗實錄》成,鼎遷僕射,本中草制,有曰:'合晉、楚之成,不若尊王而賤霸;散牛、李之黨,未如明是以去非。'檜大怒,言於上曰:'本中受鼎風旨,伺和議不成,爲脱身之計。'風御史蕭振劾罷之。提舉太平觀。"

呂用中被召賜對,除尚書駕部員外郎,遷兵部員外郎

《呂用中壙誌》:"(紹興)八年,復被召賜對,除尚書駕部員外郎,遷兵部員外郎。"(見《家族墓志》)

兵部員外郎呂用中爲父親好問辯護

《繫年要録》卷一二三高宗紹興八年十一月戊子條:"兵部員外郎呂用中上疏辯父好問受僞命之謗。且言:'金人僞立邦昌,好問陰募遣使臣李進,冒重圍齎帛書往河北,求今上所在,若使事少敗露,則必闔家盡遭屠戮。與夫自經溝瀆,身享美名,子孫獲厚禄,校量利害,孰重孰輕? 乞録送史館。'從之。"

《全宋文》卷四〇八九呂用中《辨父好問受僞命之謗狀》紹興八年十一月:"伏念先父好問昨於靖康元年閏十一月初金人欲圍城之際,方除兵部尚書,即值國家禍變。二聖出幸虜營,先父投檄致仕。時孫樞密傅謂先父曰:'尚書怕死耶? 傅以職任留守,當死軍前。公世受國恩,須承當興復之責。'張叔夜在傍,謂先父曰:'尚書若不怕死,何不了此事? 叔夜則須去軍前效死也。'先父不得已而許之。繼聞金人欲僞立張邦昌,先父本欲閉門不出,眾皆責以不出何補? 不若勉強一出,以患禍動之。先父遂至省中,以禍福喻邦昌,勸一面令迎康王,及請元祐皇后權聽政事,及勸却回金人所欲留兵,以明順逆。是時城

外消息斷絕，於是罄竭家貲，加以假貸，陰募李進，冒犯重圍，齎帛書往河北，求訪問今上皇帝所在。李進屢遭金人捶打，幸無敗露。至開德府，知州王棣考其事，進因以實告。棣大驚，即差人伴送至大元帥府投下。其後金人欲退，先父痛念二聖鑾輿不返，又遣人詣大元帥府勸進。此皆上下之所共知，豈敢少有詐誕，以欺罔天下也？先父當時又於大雪中夜間密遣子弟，陰與孟郡王忠厚相約，請昭慈聖獻皇后入禁中，正母后之位，以安宗社。金人方退，先父即以兵部呂尚書貼子召百官入內，以邦昌手書請昭慈聖獻皇后聽政，大事遂定。主上既登寶位，先父即至南京，主上嘉其忠義艱難，首擢尚書右丞。遭言者詆訾，主上灼見底蘊，出親札付尚書省，其間有'呂好問昨邦昌僭號之初，即募人齎帛書具道京城內外之事。金人甫退，又遣人勸進，臣僚所不知'之語，此可驗也。當時金人據城失守，城外虜騎連數十州，殺人蔽野。城中達官被殺者甚眾，而先父遣人齎帛書，犯重圍而出。若使少敗露，則必盡遭屠戮。與夫自經溝瀆，身享美名，子孫獲厚祿，校量利害，孰重孰輕？何必區區遣人犯圍，自爲殺身滅族之禍也？先父向若金人退後，方遣人齎帛書，旋謀入請昭慈聖獻皇后，則豈敢逃天下之責？蓋緣十餘年來，未有爲先父發明此事者，故士大夫亦不知本末，使先父時遭謗議，久不獲伸。用中今者竊觀臣僚章疏，尚以先父爲言，則是先父事迹終未辨明，人子之義不可強顏立朝，亦不可默默而去。用中已於十一月一日以後在假，更不敢赴部供職，伏望特賜敷奏。如用中所言稍涉虛誕，即乞將用中重行斥責；或先父事迹有實，亦望朝廷暴白先父勞效，仍乞降注。用中乞在外宮觀差遣，候指揮。"

案：本年進士及第者凡三百九十五人。有黃公度、陳俊卿、王之望、王鎡、李燾、汪澈、沈介、葛立方、龔茂良等。

紹興九年己未(1139),呂廣問四十二歲,

呂本中五十六歲,呂弸中五十歲,呂用中四十九歲,

呂忱中四十二歲,呂大器二十七歲,呂祖謙三歲

三月

呂用中守祠部員外郎,同月,出知建州

《繫年要録》卷一二七高宗紹興九年三月己丑條:"兵部員外郎呂用中守祠部員外郎。既而言者以珵、用中爲趙鼎之黨,乃以珵知嚴州,用中知建州。"

呂用中福建提舉茶事

《茗溪集》卷四六《曾幾廣西運副呂用中福建提舉茶事制》:"敕具官某:閩嶠去朝廷遠,郡縣之吏,玩治病民,視部使者能不能以爲廉貪勤惰,其來久矣。爾几文學志節,出入數等。爾用中識慮敏審,達於事情。兹錫賚書,分行一道。耳目所及,靡有逸遺,使彼遠民,不病於吏,則爲爾能。轉之勤,摘山之秩,爾等所能習聞也。成法在焉,勉之而已。可。"

案:據《呂用中壙誌》,紹興九年,呂用中出守建州,未赴,自請奉祠居數月,除提舉福建路茶事兼市舶。(見《家族墓志》)

劉一止舉呂廣問徐康

《茗溪集》卷一四《舉呂廣問徐康狀》:"具位臣劉某。准尚書省札子,奉聖旨,令行在侍從官各舉所知二人。臣恭依聖旨選舉到官,具列於左,須至奏聞者:一、左宣教郎呂廣問文行粹美,論議高明,胸有所存,實有治具。流寓歲久,守道安貧,鮮見其比者。嘗蒙朝廷召試館職,不報,尋出補外。前後歷任,職業甚修。一、右奉議郎、提舉兩浙西路茶鹽公事徐康性行沖粹,學識淹通,論辨古今,悉有依據。雖以蒙朝廷擢爲使者,用建所長,未究施設。右件二

人,實臣所知,兼采興議,倘蒙録用,必有可觀。伏望聖慈詳酌,付外施行。謹録奏聞,伏候勅旨。"

案:按《宋四家詞人年譜》,劉一止於紹興九年"舉吕廣問徐康狀"。

紹興十年庚申(1140),吕廣問四十三歲,吕本中五十七歲,吕弸中五十一歲,吕用中五十歲,吕忞中四十三歲,吕大器二十八歲,吕祖謙四歲

十二月

吕本中復秘閣修撰,旋罷

《繫年要録》卷一三八高宗紹興十年十二月戊子條:"左朝請郎勾龍如淵復敷文閣待制,左朝奉郎劉一止、吕本中復秘閣修撰,並仍舊提舉江州太平觀。"同月辛卯條:"言者奏:'本中阿附趙鼎,無異陪臣。'又奏庭臣失尊君之禮,於是二人(吕本中、施庭臣)復職之命皆罷。"

案:張嵲《紫微集》卷一七,有《吕本中元是中書舍人爲臣僚上言執掌外制率寓己私奉聖旨與宮觀遇明堂大禮合行檢舉復秘閣修撰制》,制詞云:"敕具官某:以爾文詞華國,篤厚褆身。頃以彙征,遂儀從列。"王兆鵬《吕本中年譜》中云,秦檜黨羽迫害吕本中實不遺餘力。

周葵復直秘閣,曾因私薦吕廣問落職

張嵲《紫微集》卷一七《周葵元是起居郎爲臣僚上言挾私薦吕廣問奉聖旨落職與宮祠遇明堂大禮合行檢舉復直秘閣制》:"敕:以爾文行之美,精於搢紳;稱績之休,著於臺省。日干清議,用致煩言。既閱歲時,省愆茲久,寓直中秘,稍示甄收。往服恩章,毋忘愻慎。可。"

劉一止復秘閣修撰,曾因私薦吕廣問落職

張嵲《紫微集》卷一八《劉一止元是給事中爲臣僚上言挾私薦吕廣問奉聖

旨落職與官祠該遇明堂大禮赦合檢舉復秘閣修撰制》："敕具官某：以爾操行堅正,文詞深純,爰以修能,遂躋從列。自干物議,用致煩言。顧閱歲之已多,諒思愆之既久。茲因需宥,爰舉彝章,稍還論撰之華,庸示甄收之渥。"

呂用中除兩浙東路提點刑獄公事

《呂用中壙誌》："（紹興）十年,除兩浙東路提點刑獄公事。"（見《家族墓志》）

呂忱中主管台州崇道觀

《呂忱中壙誌》："明年,官復置,還公故官,秩滿,授主管台州崇道觀,是歲紹興十年也。"（見《家族墓志》）

紹興十一年辛酉(1141),呂廣問四十四歲,呂本中五十八歲,呂弸中五十二歲,呂用中五十一歲,呂忱中四十四歲,呂大器二十九歲,呂祖謙五歲,呂祖儉一歲

是年,呂祖儉生

依據《宋史·呂祖儉傳》與《中國歷史大辭典·宋史》《宋代文學家大辭典》及東陽《呂氏宗譜》等,呂祖儉生於 1141 年。

案：呂祖儉字子約,呂祖謙之弟,受業於祖謙,爲人忠義,著有《大愚集》,諡忠,入《宋史》忠義傳。

是歲,呂稽中知連州

《廣東通志》："知連州呂稽中。"

案：《宋兩廣大郡守臣易替考·連州》考證：呂稽中紹興十一年始知連州,紹興十三年離任。

紹興十二年壬戌(1142)，呂廣問四十五歲，呂本中五十九歲，呂弸中五十三歲，呂用中五十二歲，呂忱中四十五歲，呂大器三十歲，呂祖謙六歲，呂祖儉二歲

十月

呂用中由右宣教郎兩浙東路提點刑獄公事擢直秘閣

《繫年要錄》卷一四七高宗紹興十二年十月壬辰條："直敷文閣兩浙路轉運副使張匯、直秘閣兩浙西路提點刑獄公事張叔獻各進職一等。右宣教郎兩浙東路提點刑獄公事呂用中、左朝請郎提舉兩浙東路茶鹽公事王鈇並直秘閣。以孟忠厚言應辦無闕故也。"

案：《東窗集》卷七有《張匯進直徽猷閣張叔獻進直敷文閣呂用中王鈇並除直秘閣制》，制詞云："敕具官某等：朕念裕陵，克備送終之禮；近瞻東越，爰興卜宅之工。庀衆聚材，旁資諸郡，提綱挈領，在得其人。爾等咸以才猷，各將使指。緩急中節，民靡告勞；劇易隨宜，事無愆素。嘉其協濟之效，宜從第賞之科。或內閣陞華，或中秘寓直，是爲高選，益勵爾忠。"

十二月

呂用中知泉州

《會稽續志》卷二："呂用中，紹興十二年十二月改知泉州。"《泉州志》："呂用中，(紹興)十三年任，講鄉飲酒禮。"

《呂用中壙誌》："(紹興)十二年，除直秘閣，旋除知泉州。"(見《家族墓志》)

是年，呂忱中主管永祐陵攢宮，遷右宣義郎

《呂忱中壙誌》："(紹興)十二年，差主管永祐陵攢宮，頓以勞遷右宣義郎。"(見《家族墓志》)

是年，尹焞卒。呂稽中撰《尹侍講墓志銘》《挽和靖先生詩三首》

《伊洛淵源録》卷一一《尹侍講·墓志銘》：

先生洛人也，姓尹氏。曾祖諱仲宣，娶張氏，生七子，而二子有名。長子諱源，字子漸，是謂河內先生；次子諱洙，字師魯，是謂河南先生。河內娶何氏，生四子，其長子諱林，官至尚書虞部員外郎，娶劉氏，萬年縣君；劉氏卒，陳氏福昌縣君，是生先生。

先生諱焞，字德充。少孤，奉母陳氏以居，爲進士業。年二十，師事伊川程夫子。先生應進士舉，答策問議誅元祐貴人，先生曰："噫，尚可以干禄乎哉！"不對而出。告於程夫子曰："吾不復應進士舉矣。"子曰："子有母在。"先生歸，告其母，母曰："吾知汝以爲善養，不知汝以禄養。"於是先生退不復就舉。程夫子聞之曰："賢哉母也。"

大觀中，新學日興，有言者曰："程頤倡爲異端，尹焞、張繹爲之左右。"先生遂不欲仕，而聲聞益盛，德益成，同門之士皆尊畏之。程夫子曰："我死而不失其正者，尹氏子也。"

靖康元年，朝廷初辨忠邪，召用四方才德之士，以布衣召先生，先生謝不用。既往，又謝不欲朝。大臣知不能留也，授以和靖處士而歸。明年，金人陷洛陽，先生之家死於賊，先生既死而復蘇，竄於長安山中，轉徙四五年，而長安陷。劉豫僭位於京師，思有以繫天下之望，則使其偽帥趙斌卑詞厚禮來召先生，具供帳衛從於山中甚盛。先生逃去，夜徒步渡渭，匿炎水谷中，崎嶇走山間，遂至閬中。久之，往來巴中，止於涪。

紹興五年，有從臣言先生之道，上召先生於涪，曰："昔者之召程頤，蓋自布衣除崇政殿說書。"遂以左宣教郎、崇政殿說書召先生。先生力辭十數，上敕有司加禮，敦遣不已。六年，先生辭官而赴召，蜀之學者爲先生立祠於涪。七年，至九江，有言者攻毀程氏，先生復辭曰："學程氏者焞也，生事之二十年，今又二十年矣，請就斥。"朝廷恥之。於是大臣顯言先生拒劉豫之節、學問之正。上又思見先生，召之愈急，禮益至。先生辭避已數十，迫上命，布衣至行在所而病。上賜之金帛，使大臣存問慰勞，須其病癒，必受命而後朝。

病癒，先生朝，又辭於上前。上曰："卿尚可辭邪！朕渴卿久矣，知卿之從

伊川也,俟卿以講學,不敢以有它。"先生遂就職。又除秘書郎,先生年六十七
矣。八年二月,除秘書少監,月餘,以病求去,不許。四月,賜緋衣銀魚象笏,
與御府珍玩之物。先生益衰且病,益求去,改除直徽猷閣主管萬壽觀、崇政殿
説書。九月,除太常少卿兼説書。十一月,除權禮部侍郎兼侍講,進官左通直
郎。而先生病日作,不能朝,告病甚於朝廷。十二月,除徽猷閣待制、提舉萬
壽觀兼侍講。先生曰:"病不能朝矣,而寵禄日至,何功德以當之。"上章十餘
不已。朝廷哀其病且老,九年二月,使以待制提舉江州太平觀而去。

先生去,之平江虎丘。十年正月,先生年七十,曰:"七十而老,尚矣。"遂
致仕,進官左奉議郎,而從其請。十二月,先生如紹興,居二年而没,年七十有
二矣。上命越制以賻之,贈官四等。

先生娶張氏,追封令人。生子均,仕爲將仕郎,洛陽之陷,與張令人皆死,
惟諸女在。立孫鎮爲均子。

稽中聞之先生之學,學聖人者也,曰:"聖人必可以學而至也,而不可以爲
也。玩味以索之,踐履以身之,涵養以成之有敘,於是乎下學上達,窮理盡性,
而無贅無外者,學之正也。"故先生莊敬仁實,不過於心,不欺暗室,自誠而明,
以之開物成務,推而放諸四海而准。其於聖人《六經》之言,耳順心得,如出諸
己,見於容貌聲音之間。望之儼然也,即之則温,言則屬。天下知道者必宗
之,不知者必慕之,小人見之必革面,後有聖人,不易先生之道矣。然而先生
進不得施之天下,退未嘗筆之於書,與群弟子言,據《六經》發明問答,不爲講
解文書。獨嘗奉詔撰《論語解》,今行於世。(見《朱子全書》第十二册)

吕稽中《挽和靖先生詩三首》

往在伊川學,他時洙泗傳。從來有高第,未覺喪前賢。繆列三千士,於今
二十年。山頹與梁壞,涙盡會稽前。

四海尊師席,斯文特未衰。何其兩楹夢,遽使哲人萎。閩水從容意,稽山
疾病時。勤勤付斯道,矢死奉成規。

垂老朝三聘,生平食一簞。絶知斯道在,遺恨得時難。廟謹先師祀,書傳
後代看。形容銘墓石,三發喟然歎。(《全宋詩》卷二〇一四,引自宋陳思《兩
宋名賢小集》卷一四〇)

案:據《宋元學案》卷二七《和靖學案》,呂稽中字德元,本中族兄弟。張浚宣撫川、陝,稽中爲計議官。和靖入蜀,稽中乃得意門生。和靖卒,稽中志其墓。

門人呂堅中撰《祭尹焞文》

《伊洛淵源録》卷一一《尹侍講·遺事十條》:"先生卒,門人呂堅中以文致祭,其略曰:恭惟善誘,循循不倦,俾沉若醑,培殖聞見。曰敬以直內,是乃持守,維窮維格,理則昭剖。由是致知,上達誠明,知而罔覺,匪致之精。養不以厚,行不以力,雖曰有見,乃德之賊。厚養力行,必踐必久,勝己之私,馴以固有。略則易詐,拘則易窮,才意所惻,鮮克有終。喜怒哀樂,聖愚同然,發欲中節,時然後言。猗與吾道,易簡以求,如霽則行,如潦則休。或謂無心,先生曰否,何以知覺,惟私是丑。或謂勿思,先生曰豈,我亦有思,思無邪爾。先生之言,測遠窮深,其未傳者,匪言實心。嗚呼哀哉!"

案:據《宋元學案》卷二七《和靖學案》,呂堅中字景實,本中族兄弟,官祁陽令。胡致堂曾作《學宮記》,稱堅中服勤和靖左右有年。堅中和馮忠恕、祁寬同記和靖語。

又案:本年進士及第者凡三百九十七人。有陳誠之、秦熺、李浩、林栗、周紫芝、程叔達、劉珙、魏杞、顔師魯等。

紹興十四年甲子(1144),呂廣問四十七歲,呂本中六十一歲,呂弸中五十五歲,呂用中五十四歲,呂忱中四十七歲,呂大器三十二歲,呂祖謙八歲,呂祖儉四歲

是年,呂用中與浙東憲吳序賓易地

《呂用中壙誌》:"(紹興)十四年,詔與浙東憲吳序賓易地。"(見《家族墓志》)

紹興十五年乙丑(1145)，呂廣問四十八歲，

呂本中六十二歲，呂弸中五十六歲，呂用中五十五歲，

呂忱中四十八歲，呂大器三十三歲，呂祖謙九歲，呂祖儉五歲

七月，呂本中卒

《繫年要録》卷一五四高宗紹興十五年七月甲寅條："左朝奉郎提舉江州太平觀呂本中卒。"

案：據《能改齋漫録》卷七《事實·前路資糧》云，呂本中有臨終詩云："病知前路資糧少，老覺平生事業非。"此詩句化用了藏經俱舍論中的頌："欲往前路無資糧，來往中間無所止。"

葬於信州德源山

韓淲《澗泉日記》卷中："呂本中字居仁，正獻之後，原明侍講之孫。評論詩文，必歸醇雅，葬信州德源山，號東萊先生。"

呂本中以儒學爲本，轉益多師

《宋元學案》卷三六《紫微學案》："自少講學，即聞父祖至論，又與諸君子晨夕相接薰陶。嘗言德無常師，主善爲師，此論最要。又謂學者當熟究《孝經》《論語》《中庸》《大學》，然後遍求諸書，必有得矣。從游、楊、尹叩微旨，復造劉安世、陳瓘之門請益。公之學問，端緒深遠蓋如此。"

呂本中實呂氏家學承上啓下者

《宋元學案》卷三六《紫微學案》："祖望謹案：先生歷從楊、游、尹之門，而在尹氏爲最久，故梨洲先生歸之尹氏《學案》。愚以爲先生之家學，在多識前言往行以畜德，蓋自正獻以來所傳如此。原明再傳而爲先生，雖歷登楊、游、

尹之門,而所守者世傳也。先生再傳而爲伯恭,其所守者亦世傳也。故中原文獻之傳獨歸呂氏,其餘大儒弗及也。故愚別爲先生立一《學案》,以上紹原明,下啓伯恭焉。"

張九成撰《祭吕居仁舍人文》

《橫浦先生文集》卷二○《祭吕居仁舍人文》:"嗚呼!聖學不傳,何啻千載。吟哦風月,組織文字,轉相祖述,謂此極致,正心修身,不復掛齒。孰如我公,師友淵源,文以宣之,詩以詠之。天下之士,誦公之文、服公之詩者多矣,而得公之意者,蓋未見其一二也。若乃勸講露門,直筆太史,代言西掖,視草北門,即公之忠正恭儉,躬行履歷,至死不亂者,粲之於英華,而注之於筆削爾。我之識公最晚,而公之知我最深。同處於朝而不相往來,同好此學而未嘗談論,神交默契,不欺不愧,其亦庶几焉。嗚呼!萬事已矣,夫復何言!觴酒豆肉,千里寓哀,惟英靈其享之。"

案:張九成(1092—1159),字子韶,號無垢,汴京(今河南省開封)人,少時以楊時爲師。紹興二年進士第一人,歷權禮部侍郎兼侍講,兼權刑部侍郎。終秘閣修撰、知温州,卒謚文忠。他積極主張抗金,反對和議。與呂本中友,致力於經學,雜以佛學,著有《橫浦集》等多種,後形成"橫浦學派"。

呂本中部分作品

《官箴》

當官之法,唯有三事:曰清、曰慎、曰勤。知此三者,可以保祿位,可以遠恥辱,可以得上之知,可以得下之援。然世之仕者,臨財當事,不能自克,常自以爲不必敗。持不必敗之意,則無所不爲矣。然事常至於敗而不能自己,故設心處事,戒之在初,不可不察。借使役用權智,百端補治,幸而得免,所損已多。不若初不爲之爲愈也。司馬子微《坐忘論》云:"與其巧持於末,孰若拙戒於初?"此天下之要言,當官處事之大法,用力簡而見功多,無如此言者,人能思之,豈復有悔吝耶?

事君如事親，事官長如事兄，與同僚如家人，待群吏如奴僕，愛百姓如妻子，處官事如家事，然後爲能盡吾之心。如有毫末不至，皆吾心有所未盡也。故事親孝，故忠可移於君；事兄弟，故順可移於長；居家理，故事可移於官。豈有二理哉？

當官處事，常思有以及人。如科率之行，既不能免，便就其間求其所以使民省力，不使重爲民害，其益多矣。不與人爭者，常得利多；退一步者，常進百步；取之廉者，得之常過其初；約於今者，必有垂報於後，不可不思也。惟不能少自忍者必敗，此實未知利害之分，賢愚之別也。

予嘗爲泰州獄掾，顏歧夷仲以書勸予治獄次第，每一事寫一幅相戒。如夏月取罪人，早間在西廊，晚間在東廊，以辟日色之類。又如獄中遣人勾追之類，必使之畢此事，不可更別遣人，恐其受賂已足，不肯畢事也。又如監司郡守嚴刻過當者，須平心定氣，與之委曲詳盡，使之相從而後已。如未肯從，再當如此詳盡，其不聽者少矣。

當官之法，直道爲先。其有未可一向直前，或直前反敗大事者，須用馮宣徽惠穆秤停之説。此非特小官然也，爲天下國家當知之。

黃兑剛中嘗爲予言：“頃爲縣尉，每遇檢尸，雖盛暑亦先飲少酒，捉鼻親視。人命至重，不可避少臭穢，使人橫死無所申訴也。”

范侍郎育作庫務官，隨人箱籠，只置廳上，以防疑謗。凡若此類，皆守臣所宜詳知也。

當官既自廉潔，又須關防小人，如文字曆引之類，皆須明白，以防中傷，不可不至慎，不可不詳知也。

當官者，難事勿辭而深避嫌疑，以至誠遇人而深避文法，如此則可以免。

前輩常言，小人之性，專務苟且，明日有事，今日得休且休。當官者不可徇其私意，忽而不治。諺有之曰：“勞心不如勞力。”此實要言也。

徐丞相擇之嘗言：“前輩盡心職事。仁廟朝，有爲京西轉運使者，一日見監窯官，問日所燒柴凡几灶？曰：‘十八九灶。’曰：‘吾所見者十一灶，何也？’窯官愕然，蓋轉運使者晨起望窯中所出煙几道知之。其盡心如此。”

前輩嘗言：“吏人不怕嚴，只怕讀。”蓋當官者詳讀公案，則情僞自見，不待嚴明也。

當官者，凡異色人皆不宜與之相接，巫祝尼媼之類，尤宜疏絶。要以清心省事爲本。

後生少年，乍到官守，多爲猾吏所餌，不自省察。所得毫末，而一任之間，不復敢舉動。大抵作官嗜利，所得甚少，而吏人所盜不貲矣。以此被重譴，良可惜也。

當官者先以暴怒爲戒，事有不可，當詳處之，必無不中。若先暴怒，只能自害，豈能害人？前輩嘗言，凡事只怕待，待者詳處之謂也。蓋詳處之，則思慮自出，人不能中傷也。

嘗見前輩作州縣或獄官，每一公事難決者，必沉思静慮累日。忽然若有得者，則是非判矣。是道也，惟不苟者能之。

處事者不以聰明爲先，而以盡心爲急。不以集事爲急，而以方便爲上。

孫思邈嘗言："憂於身者不拘於人，畏於己者不制於彼，慎於小者不懼於大，戒於近者不侈於遠。"如此則人事畢矣，實當官之要也。

同僚之契，交承之分，有兄弟之義。至其子孫，亦世講之。前輩專以爲務，今人知之者蓋少矣。又如舊舉將及舊嘗爲舊任按察官者，後己官雖在上，前輩皆避坐下坐，風俗如此，安得不厚乎？

叔曾祖尚書當官至爲廉潔，蓋嘗市縑帛欲製造衣服，召當行者取縑帛，使縫匠就坐裁取之，並還所直錢與所剩帛，就坐中還之。滎陽公爲單州，凡每月所用雜物，悉書之庫門，買民間未嘗過此數，民皆悦服。

關沼止叔獲盜，法當改官，曰："不以人命易官。"終不就賞，可謂清矣。然恐非通道，或當時所獲盜有情輕法重者，止叔不忍以此被賞也。

當官取傭錢、般家錢之類，多爲之程而過受其直。所得至微，所喪多矣，亦殊不知此數亦吾分外物也。

當官者，前輩多不敢就上位求薦章，但盡心職事，所以求知也。心誠盡職求之，雖不中不遠矣，未有學養子而後嫁者也。當官遇事，以此爲心，鮮不濟矣。

畏辟文法，固是常情。然世人自私者，常以文法難任，委之於人。殊不知人之自私，亦猶己之自私也。以此處事，其能有濟乎？其能有後福乎？其能使子孫昌盛乎？

當官處事,務合人情。忠恕違道不遠,觀於己而得之,未有舍此二字而能有濟者也。嘗有人作郡守,延一術士同處書室。後術士以公事干之,大怒叱下,竟致之理,杖背編置。招延此人,已是犯義,既與之稔熟,而干以公事,亦人常情也,不從之,足矣,而治之如此之峻,殆似絕滅人理。

嘗謂仁人所處,能變虎狼如人類,如虎不入境不害物,蝗不傷稼之類是也。如其不然,則變人類如虎狼。凡若此類及告訐中傷謗人,欲置於死地是也。

唐充之廣仁,賢者也,深爲陳、鄒二公所知。大觀、政和間,守官蘇州,朱氏方盛,充之數刺譏之。朱氏深以爲怨,傅致之罪。劉器之以爲充之爲善,欲人之見知,故不免自異,以致禍患,非明哲保身之謂。

當官大要,直不犯禍,和不害義,在人消詳斟酌之爾。然求合於道理,本非私心專爲己也。

當官處事,但務著實。如塗擦文書,追改日月,重易押字,萬一敗露,得罪反重,亦非所以養誠心,事君不欺之道也。百種奸僞,不如一實;反覆變詐,不如慎始;防人疑衆,不如自慎;智數周密,不如省事。不易之道,事有當死不死,其訽有甚於死者,後亦未免死;當去不去,其禍有甚於去者,後亦未必得安。世人至此,多惑亂失常,皆不知輕重,義之分也。此理非平居熟講,臨事必不能自立,不可不預思。古之欲委質事人,其父兄日夜先以此教之矣。中材以下,豈臨事一朝一夕所能至哉?教之有素,其心安焉,所謂有所養也。

忍之一事,衆妙之門。當官處事,尤是先務。若能清慎勤之外,更行一忍,何事不辦?《書》曰:"必有忍,其乃有濟。"此處事之本也。諺曰:"忍事敵災星。"少陵詩云:"忍過事堪喜。"此皆切於事理,爲世大法,非空言也。王沂公常說吃得三斗釅醋,方做得宰相,蓋言忍受得事。

劉器之,建中、崇寧初知潞州,部使者觀望治郡中事,無巨細皆詳考,然竟不得毫髮過,雖過往驛券,亦無違法予者,部使者亦歎伏之。後居南京,有府尹取兵官白直點磨,他寓居無有不借禁軍者,獨器之未嘗借一人,其廉慎如此。

故人龔節亨彦承嘗爲予言:"後生當官,其使令人無乞丐錢物處,即此職事可爲;有乞丐錢物處,則此職事不可爲。"蓋言有乞丐錢物處,人多陷主人以利,或致嫌疑也。

前輩嘗言:"公罪不可無,私罪不可有。"此亦要言。私罪固不可有,若無公罪,則自保太過,無任事之意。

范忠宣公鎮西京日,嘗戒屬官受納租稅,不要令兩頭探。或問何謂,公曰:"賢問是也。不要令人户探官員等候受納,官員不要探納者多少,然後入場,此謂兩頭探。但自絶早入場等人户,則自無人户稽留之弊。"(見《全宋文》卷三七九七)

陸游評價呂本中詩

《老學庵筆記》卷八:"唐人詩中有曰無題者,率杯酒狎邪之語,以其不可指言,故謂之'無題',非真無題也。近歲呂居仁、陳去非亦有曰'無題'者,乃與唐人不類,或真亡其題,或有所避,其實失於不深考耳。"

呂本中以風節爲己任

《宋元學案》卷三六《紫微學案》:"本中往年每侍前輩先生長者,論當世邪正善惡,是是非非,無不精盡。至於前輩行事得失,文字工拙,及漢、唐先儒解釋經義或有未至,後生敢置議及之者,必作色痛裁折之曰:'先儒得失,前輩是非,豈後生所知!'蓋前輩專以風節爲己任,其於褒貶取予甚嚴,故其所立實有過人者。近年以來,風節不立,士大夫節操一日不如一日。"

是年,呂用中以疾丐祠,寓居金華

《呂用中壙誌》:"(紹興)十五年,以疾丐祠,既得請寓居金華。"(見《家族墓志》)

是歲,呂大器與兄弟呂大倫、呂大猷、呂大同在武義共建豹隱堂講習,汪應辰撰《豹隱堂記》,論君子之文章,呂氏之學術

汪應辰《文定集》卷九《豹隱堂記》:"東萊呂君時敘,紹興十五年丞於武義縣。冬十二月,因農之暇日,取官之棄材,築堂於廳之西,未旬月而成。公事之退,以與兄弟講習道義於其間。縣人有請者曰:澤其衣毛,以成文章者,豹也。蓋君子豹變,盍以豹隱名是堂乎?時敘以爲然,而屬某爲之記。所謂君

子之文章者何也？其惟優游厭飫，閱天下之義理，而極其要歸，存於心而安，措於身而宜，發爲英華，流爲潤澤，而有不可掩者也，非外此而又有所謂文也。自孔子之前，聖賢之説可知也，而未嘗有以文與質兩立而並言者。單襄公曰文去質，文去質也而曰文，此後世所疑也，蓋古之遺言如此矣。世衰道微，乃始有文似而質非者，凌雜於君子之間而莫能辨也。於是孔子始別白而言之，曰：‘文勝質則史，質勝文則野，文質彬彬，然後君子。’夫質猶文也，文猶質也，實一而名二。又或至偏勝焉者，疑非聖人之言，蓋言之不如是則無以辨彼之不然，而明此之非有二也。使文與質而果異也，則夫‘敏而好學，不恥下問’，自後世觀之，是爲質耶文耶？蓋聖人之時，道之難明，辭之煩悉，則已如此矣。況又至於後世，習其名不察其實，物我異觀，體用殊致，其亦無足怪也已。惟呂氏之學，遠有端緒，粹然一出於正，爲世師表者相繼也。而時敘兄弟實謹守其所聞，凡衆言之是非，若觀火矣。持是而往，所謂孰能禦之者歟？故予因斯堂之爲是名也，而歷道學術之所以然以告方來，使知呂氏所謂文章者蓋如此。時敘名大倫，治先名大器者，其兄也；允升名大猷，逢吉名大同者，其弟也。”

案：本年進士及第者凡三百七十三人。有劉章、王剛中、王淮、史浩、沈樞、周麟之、張大經、楊倓、鄭丙、鄭伯熊等。

紹興十六年丙寅(1146)，呂廣問四十九歲，呂弸中五十七歲，呂用中五十六歲，呂忱中四十九歲，呂大器三十四歲，呂祖謙十歲，呂祖儉六歲

十二月

呂弸中卒

《呂弸中壙誌》：

宋故右朝請郎、主管臺州崇道觀、賜緋魚袋呂公諱弸中，字隆禮，世爲東萊人。自高祖文靖公相仁宗，遂居京師。曾祖公著相哲宗，終司空、同平章軍

國事、贈太師、晉國公，謚正獻。祖希哲，元祐間嘗勸講經筵，終奉直大夫、直秘閣、贈太子太保。父好問，建炎初任尚書右丞，終資政殿學士、太中大夫、贈太保。曾祖妣晉國夫人魯氏，祖妣文安郡夫人張氏，妣越國夫人王氏。

公初以祖蔭授假將仕郎，歷拱州寧陵縣主簿、宿州司戶曹事。丁母憂，服除，淮寧府司儀曹事、大元帥府參議東南道都總管司主管機宜文字。靖康末，勸進大元帥府，改通直郎，繼以父當柄任自求閑退，差主管亳州明道宮，任滿，再請。尋丁父憂，服除，主管江州太平觀、臺州崇道觀。紹興六年，召赴行在所，除將作監丞，改樞密院計議官，遷尚書駕部員外郎，以疾丐去。除提舉福建路茶事常平公事兼市舶，不赴，得請主管臺州崇道觀，再食祠祿者凡八年。以十年明堂赦恩賜六品服，官至右朝請郎。十六年十二月癸卯，感疾終於男大倫婺州武義縣丞廨舍正寢，享年五十有七。

娶章氏，都官郎中甫之女，再娶文氏，西京留司御史臺永世之女，先公卒。子男三人：大器，右承事郎、添差江南東路提舉茶鹽司幹辦公事；大倫，右承事郎、知婺州武義縣丞；大陽，通仕郎，早亡。女一人，在室。孫男二人：祖謙、祖儉。

以十七年正月癸酉，諸孤奉喪槁葬於武義縣明招山。自公之妣、祖考妣、曾祖考妣以上及公之夫人章氏皆葬鄭州新鄭縣。公之考右丞公及公之夫人文氏皆槁葬靜江府。今公之喪既未克歸祔先塋，又不能從葬桂林。諸孤流離異鄉，懼不得濟，於是銜哀茹苦權宜即事，以俟它日改蔔焉。孤子大倫泣血記。（引自《家族墓誌》）

案：呂弸中卒於紹興十六年十二月八日，享年五十有七。明堂恩賜六品服，官至右朝請郎。在東萊呂氏家族中，他第一個入葬明招山家族墓地。據《家族墓誌》記載，考古挖掘出的《呂弸中壙誌》，石高八十公分，寬六十三公分，厚十二公分。弸中從其兄本中游於和靖之門，入《和靖學案》。

又案：據《長編》卷四二二哲宗元祐四年二月甲辰條、《宋宰輔編年錄校補》卷九哲宗元祐四年正月甲辰條、《宋史·呂公著傳》《東都事略·呂公著傳》等皆云，呂公著卒，贈太師、申國公，謚正獻。《宋大詔令集》卷二二一中收有《呂公著贈太師追封申國公制》。據本人現有文獻資料，呂公著追封的是"申國公"，未見"晉國公"字樣。《呂弸中壙誌》云，呂公著追封爲晉國公，呂公著夫人爲晉國夫人魯氏,疑有誤,待考。

是歲,吕大器爲江東提舉司幹官

吕祖儉《東萊吕太史年譜》:"是歲,年十歲。倉部爲江東提舉司幹官,公隨侍於池陽。"(見《吕祖謙全集》第一册《東萊吕太史文集》附録卷一)

紹興十七年丁卯(1147),吕廣問五十歲,
吕用中五十七歲,吕忱中五十歲,
吕大器三十五歲,吕祖謙十一歲,吕祖儉七歲

吕忱中添差通判婺州軍州事

《吕忱中壙誌》:"(紹興)十七年,添差通判婺州軍州事。"(見《家族墓志》)

紹興十八年戊辰(1148),吕廣問五十一歲,
吕用中五十八歲,吕忱中五十一歲,
吕大器三十六歲,吕祖謙十二歲,吕祖儉八歲

三月

吕大麟大婚

《吕大麟妻薛氏壙誌》:"夫人薛氏,名南英,右宣教郎吕大麟之室也……紹興十八年三月十八日歸於我。"(見《家族墓志》)

案:根據"薛氏壙誌",薛氏祖倉舒,終於朝議大夫、直龍圖閣。父諱鎡,終於右通直郎。薛氏生四子:長曰祖恕,次曰祖愙,皆以祖蔭授將仕郎。次曰祖憲,幼曰祖志。祖志爲大蚪之後。薛氏聰慧警敏,動有禮法。

樞密院計議錢受之夫人呂氏卒

《文定集》卷二三《樞密院計議錢君嬪夫人呂氏墓志銘》:"夫人其先東萊人,至高祖文靖公三相仁宗,始賜第京師。曾祖諱公著,以司空平章軍國事。祖諱希純,嘗任中書舍人,追復寶文閣待制。父諱聰問,右朝請大夫,直秘閣。夫人十有八而嫁爲右朝奉郎錢受之之妻。呂氏仍世相家,而錢、呂世姻也。夫人不以貴與故自挾,所以承上接下惟謹。既而天下未定,轉徙道路數千里,崎嶇山谷間,人不堪其憂。錢君流落於下位,嘗一爲樞密院計議官,不旬歲而罷,自是閒居且十年,生理日落,而夫人躬服儉勤,經紀家事,無不自得之色。觀其所以處生死者如此,則貧富通塞之際,固其所優者歟? 累封至安人,以紹興十八年三月二日卒於袁州,享年四十九。"

案:呂氏爲呂希純之孫女,呂聰問女。錢呂爲世姻。

四月

呂祖謙以祖蔭補將仕郎

呂祖儉《東萊呂太史年譜》:"(紹興十八年)四月,以祖駕部致仕,恩補將仕郎。"(見《呂祖謙全集》第一冊《東萊呂太史文集》附録卷一)

五月

呂夷簡等配饗功臣肖像畫於景靈宫庭之壁

《文獻通考》卷一〇三《宗廟考一三》:"(紹興十八年)禮部討論,欲下諸路轉運司委所管州軍尋訪配享功臣之家,韓王趙普,周王曹彬、太師薛居正、石熙載,鄭王潘美,太師李沆、王旦、李繼隆、王曾、呂夷簡,侍中曹瑋,司徒韓琦,太師曾公亮、富弼、司馬光、韓忠彦,各令摹寫貌像投納,繪畫於景靈宫庭壁。從之"

案:據《宋會要輯稿》禮一一之五至六與《玉海藝文校證》卷二三《圖繪名臣》記載,是年二月,監登聞鼓院徐璉言,朝廷對於輔弼勛勞之臣,宜繪像於廟庭,以示不忘崇德報功之意。是年五月甲子,朝廷命有司圖配享功臣像於景靈宫庭之壁。

六月

呂廣問知江州

《宋史翼》卷一〇《呂廣問傳》:"知江州、德安。招輯流亡,建學舍以教其子弟,獄訟几息,邑人相與祠於學。檜死,始召爲禮部員外郎。"

案:李之亮《宋兩江郡守易替考·江州》考證:呂廣問紹興十八年六月始知江州,紹興十九年離任。

七月

張九成撰《書呂居仁與范秀才詩簡》

《橫浦先生文集》卷一九《書呂居仁與范秀才詩簡》:"余與居仁相別十年,遂成永訣,今覽其遺迹,如對面語,追思宿昔,爲之流涕。戊辰七月九日,范陽張某書。"

案:本年進士及第者凡三百五十三人。有王佐、董德元、尤袤、朱熹、李彦穎、葉衡等。

紹興十九年己巳(1149),呂廣問五十二歲,
呂用中五十九歲,呂忱中五十二歲,
呂大器三十七歲,呂祖謙十三歲,呂祖儉九歲

五月

知婺州錢端禮與通判呂忱中皆罷

《繫年要錄》卷一五九高宗紹興十九年五月甲午條:"直龍圖閣知婺州錢端禮罷,端禮與右奉議郎通判州事呂忱中互訴,故皆黜之。"

十月

前任湖南總管、邵州駐札辛永宗特勒停,送肇慶府編管,以知邵州呂稽中言其違法事

《宋會要輯稿》職官七〇之三四:"(紹興十九年)十月十一日,前任湖南總管、邵州駐札辛永宗特勒停,送肇慶府編管。以知邵州呂稽中言:'永宗自到任至任滿,尚在本州居住,攘奪官員居止;罷任占留將兵,違法差破使臣、兵梢,宣借兵級等。其本身違法請過添支等計一萬兩千五百餘貫。欲望徙之他處。'故有是命。"

紹興二十年庚午(1150),呂廣問五十三歲,
呂用中六十歲,呂忱中五十三歲,
呂大器三十八歲,呂祖謙十四歲,呂祖儉十歲

是歲,呂廣問知德安

《宋史翼》卷一〇《呂廣問傳》:"知江州、德安。招輯流亡,建學舍以教其子弟,獄訟几息,邑人相與祠於學。檜死,始召爲禮部員外郎。"

案:李之亮《宋兩湖大郡守臣易替考·安州德安府》考證:呂廣問紹興二十年始知德安,紹興二十一年離任。

紹興二十一年辛末(1151)，吕廣問五十四歲，吕用中六十一歲，吕忱中五十四歲，吕大器三十九歲，吕祖謙十五歲，吕祖儉十一歲

二月

高宗與秦檜言趙鼎所引用多非其人，語涉范沖

《宋史全文》卷二二上《宋高宗一六》紹興二十一年二月條：“上謂秦檜曰：‘趙鼎所引用多非其人。’檜曰：‘范沖中間修《哲宗皇帝實録》委有妨嫌。’上曰：‘祖宗時不委當時遷謫官修史，恐有謗言，以欺後世也。’”

九月

吕稽中上《廣召百姓耕佃寬閑之田奏》

《全宋文》卷三八一七吕稽中《廣召百姓耕佃寬閑之田奏》紹興二十一年九月：“近取天下係官之田盡付常平官措置，此養民之本。然湖南沿邊連接廣西一帶閑田甚多，或爲兼并之家占據阡陌，而其租税終不入官，田野小民未必蒙被恩惠。若令輕立租米，廣召百姓耕佃，每夫止給五十畝。或有輕赦罪人，無家可歸，亦許依數承佃。寬閑之田，遂可開闢。收其所輸，糴其贏餘，可以寬州縣之用。”

案：時吕稽中爲右朝請郎知邵州。

是歲，吕願中始知復州

李之亮《宋兩湖大郡守臣易替考·復州》考證：吕願中紹興二十一年始知復州，二十三年離任。

是歲，吕大倫續娶程氏

《吕大倫繼室程氏壙誌》：“先妣安人程氏，伊川先生之曾孫，祖諱端中，父

諱易。生二十年歸於我先君,初以郊恩封孺人,進封安人。後十六年,先君即世,先妣撫育諸孤劬瘁,十年未充就一日之養,以淳熙丁酉十一月十五日終於正寢,享年四十六。"(見《家族墓志》)

案:據這段文字,程氏卒於淳熙丁酉年(1177),逆推,呂大倫卒於乾道三年(1167),呂大倫續娶程氏當在紹興二十一年。

是歲,陸游初識呂祖謙,以爲"卓然穎異"

《渭南文集》卷三一《跋呂伯共書後》:"紹興中,某從曾文清公游。公方館甥呂治先,日相與講學。治先有子未成童,卓然穎異,蓋吾伯共也。後數年,伯共有盛名,從之學者以百數。"(見《陸放翁全集》)

案:邱鳴皋在《陸游、呂祖謙、韓元吉關係考述》中考證,陸游初識呂祖謙,在紹興二十一年。呂祖謙繼承家學,主要是伯祖呂本中的學問,同時受到外祖父曾幾的薰陶;陸游詩學淵源於呂本中,同時師從曾幾,故其詩學與呂祖謙同源。

又案:本年進士及第者凡四百二十二人。有趙逵、蔣芾、沈复、林之奇、周必大、陳居仁、程大昌、鄭聞等。

紹興二十三年癸酉(1153),呂廣問五十六歲,
呂用中六十三歲,呂忱中五十六歲,
呂大器四十一歲,呂祖謙十七歲,呂祖儉十三歲

九月

呂願中始知静江府兼經略

《廣西通志》卷一九:"呂願中,紹興二十三年知静江府兼經略。"

案:李之亮《宋兩湖大郡守臣易替考·復州》考證:呂願中帥桂林在紹興二十三年九月。

閏十二月

呂好問自桂州改葬於婺州明招山

《呂好問壙誌·補刻文字》:"先公槁葬桂林,□二十有二年,紹興癸酉秋,乃克扶護度嶺,以其年閏十二月己酉改葬於婺州武義縣明招山之塘塢。當改葬之歲,本中、弸中皆先没,用中、忱中,孫大器、大倫、大猷、大同、大麟、大虯、大興,曾孫祖謙、祖仁、祖儉、祖恕、祖重、祖寬。先公累贈太師、東萊郡開國公,凡前志已載者不復書。孤子用中疾病號泣謹誌。"(《家族墓誌》)

案:關於呂好問改葬時間,王柏在《跋敕額(代明招作)》中云:"二十三年奉右丞之柩窆焉,自是子孫悉祔於左右。"王柏乃婺州人,慶元年間生,呂氏後學者,曾主麗澤書院。王柏記載同《呂好問壙志》中的補刻文字。然呂祖謙在《東萊公家傳》云:"公之薨也,寇難未平,葬故有闕。後二十四年,乃克改葬公於婺州武義縣之明招山,實紹興二十四年閏十二月己酉也。"改葬時間待考,姑系於此。

又案:據《家族墓誌》記載,壙誌石高八十一公分,寬六十五公分,厚十公分,2014年出土於明招山。爲紅砂岩質,與明招山出土的其他墓誌材質不同,武義縣當地並無此種石料。紹興二十三年改葬之時,志石隨同呂好問的靈柩自桂林遷入明招山。志石前半截,爲呂本中撰寫,後半截爲呂用中執筆,字體風格、大小行距,迥然不同。呂好問改葬之時,呂本中、呂弸中已經去世,改葬事務由呂用中負責。

呂弸中妻文氏亦一並由桂州改葬於婺州明招山

《呂弸中妻文氏壙誌》:

奉議郎、主管亳州明道宮呂弸中妻孺人文氏,河南河南人,太師潞公之曾孫,朝議大夫恭祖之孫,西京留司御史臺永世之女也。以靖康丙午歸於呂氏。紹興辛亥四月避地適嶺表,甲戌暴終於桂之興安驛中,享年□十二。

呂氏世葬鄭州新鄭縣懷忠鄉神崧里。今□□□然未可北歸,遂蒻是月甲申槁葬桂州□□□山隆教寺之後,以待兵革小定,歸祔先塋。子男三人:大器、大倫、大陽。女一人,尚幼。(《家族墓誌》)

《呂弸中妻文氏壙誌·補刻文字》：

先考駕部既葬於婺州武義縣之明招山，紹興癸酉奉先妣安人文氏至自桂林，以是年閏十二月己酉□舉先考之柩合葬於舊穴之南六十三步。大器，右宣義郎、浙東提刑司幹辦公事；大倫，右宣義郎、福建提舉常平司幹辦公事。女適右□□郎王復。孫：祖謙，將仕郎；祖儉。凡前志已□者茲不書。孤子大器號泣謹志。（《家族墓誌》）

案：據《家族墓誌》記載，此志石高六十二公分，寬六十三公分，厚十一公分，紅砂岩質，石面多處剝落，武義明招山並無此類石料，當是與《呂好問壙誌》一道自桂林遷入。文氏爲北宋名相文彦博之曾孫，父親文永世曾提舉三門白波輦運公事。

是歲，呂稽中知筠州

《瑞州府志》："呂稽中，紹興二十三年任。"《江西通志》："左朝請郎。"

案：李之亮《宋兩江郡守易替考·筠州瑞州》考證：呂稽中於紹興二十三年始知筠州，紹興二十五年離任。

是歲，呂忱中通判信州軍州事

《呂忱中壙誌》："（紹興）二十三年，通判信州軍州事。"（見《家族墓誌》）

紹興二十四年甲戌(1154)，呂廣問五十七歲，
呂用中六十四歲，呂忱中五十七歲，
呂大器四十二歲，呂祖謙十八歲，呂祖儉十四歲

三月
呂願中《西山寺題刻》

《廣西通志》卷二二二《西山寺題刻》："假守洛陽呂願中叔恭、機宜祥符劉

襄子思、通守鄱陽朱良弼國輔、經屬建安陳廷傑朝彦，因祈晴，設伊蒲塞饌於四山寺，飯已，乘興游中隱巖，不期而集。歎巖寶之奇，怳然別是一山川，留題以紀勝游。叔恭之子大鈞侍，紹興甲戌季春七日。"

案：此《廣西通志》爲嘉慶二十五年刻本。

七月

直秘閣、知静江府兼主管廣西經略司公事呂願中言事

《繫年要録》卷一六七高宗紹興二十四年七月乙亥："上謂大臣曰：'莫公晟以丹州歸順，及進馬，可檢擬取旨施行。'先是，公晟自宣和以來，屢爲邊患，歲調官軍防守。至是直秘閣知静江府兼主管廣西經略司公事呂願中言：'公晟獻馬三十匹，且遣其部落七百餘人至静江府，與經略司屬官歃血而盟，諸蠻願以二十七州一百三十五縣爲本路羈縻，實爲熙朝盛事。'"

案：本年進士及第者凡四百十九人。有張孝祥、秦塤、陳騤、范成大、楊萬里、虞允文、趙粹中、錢良臣等。

紹興二十五年乙亥(1155)，呂廣問五十八歲，

呂用中六十五歲，呂忱中五十八歲，

呂大器四十三歲，呂祖謙十九歲，呂祖儉十五歲

正月

呂忱中由通判信州爲提舉江南東路常平茶鹽公事

《繫年要録》卷一六八高宗紹興二十五年四月庚子條："右通直郎添差通判信州呂忱中提舉江南東路常平茶鹽公事。忱中，稽中族兄弟也。訐守臣林機陰事以告秦檜，故就用之。"

春

吕大器爲福建提刑司幹官

吕祖儉《東萊吕太史年譜》："是年春(紹興二十五年),倉部爲福建提刑司幹官,公隨侍於福唐。"(見《吕祖謙全集》第一册)

三月

吕祖謙從學於林之奇

吕祖儉《東萊吕太史年譜》："(紹興二十五年)三月,從三山林先生少穎之奇游。"

案:林之奇,字少穎,自稱拙齋,福州侯官人。紹興四年吕本中入閩,林之奇從吕本中學。紹興二十一年進士及第,入《宋史》儒林傳。吕大器到福建任職,吕祖謙從林之奇學。

七月

直徽猷閣、知静江府吕願中悖逆害民,與宮觀

《繫年要録》卷一六九高宗紹興二十五年七月辛酉條:"殿中侍御史徐嚞言:'直徽猷閣知静江府吕願中悖逆害民。'時已召願中赴行在。上覽疏謂大臣曰:'聞諸蠻之來,盡令於帥司歃血,此乃亂世諸侯事,其妄作如此。'乃與願中宮觀,令漳州居住,其隨行人馬官物,差官前去交割。"

《宋會要輯稿》職官七〇之四〇:"(紹興二十五年七月)十六日,前知静江府、廣西經略安撫吕願忠與宮觀,漳州居住。以臣僚言於額外買馬,增千餘匹,不知初欲何爲,及有召命,方以進獻爲名,故有是命。"

案:吕願中字叔恭,曾任知静江府兼主管廣西經略司公事,疑《宋會要輯稿》中"吕願忠"有誤。

十一月

曾幾起爲提點兩浙東路刑獄

《渭南文集》卷三二《曾文清公墓志銘》:"紹興二十五年,檜卒。太上皇帝

當寧,慨然盡斥其子孫姻黨,而收用耆舊與一時名士。十一月,起公提點兩浙東路刑獄。"(見《陸放翁全集》)

紹興二十六年丙子(1156),吕廣問五十九歲,

吕用中六十六歲,吕忱中五十九歲,

吕大器四十四歲,吕祖謙二十歲,吕祖儉十六歲

正月

吕本中特與恩澤一名

《宋會要輯稿》職官七六之六七至六八:"(紹興)二十六年正月九日,右正言凌哲言……遂詔趙鼎特與致仕恩澤四名……李朝正、高閌、游藻、吕本中並特與恩澤一名。"

二月

吕願中責授果州團練副使、封州安置

《繫年要録》卷一七一高宗紹興二十六年二月庚子條:"左朝散大夫王曉送建昌軍居住,直徽猷閣主管台州崇道觀吕願中責授果州團練副使、封州安置。殿中侍御史周方崇論曉以宰輔親黨妄作,而願中知復州日,強買部民玩好古器,納於大臣,遂得進擢。其帥靜江,肆行貪虐,軍兵几至生變。言者論其跋扈之狀,願中乃以寶貨納於大臣及曹泳,致刑罰不加,故並謫之。"

三月

曾幾知台州

《寶慶會稽續志》卷二:"曾幾,(紹興)二十六年三月改知台州。"

吕廣問罷知信州

《宋會要輯稿》職官七〇之四四:"(紹興二十六年三月)十八日,權禮部侍

郎周葵差知信州,禮部郎官呂廣問放罷。皆以臣僚論其懷私故也。”

九月

林之奇入爲秘書省正字

《南宋館閣録》卷八《官聯》下:“林之奇(紹興)二十六年九月除。”

十一月

呂祖謙應福建轉運司進士舉,爲首選。是月,如臨安

呂祖儉《東萊呂太史年譜》:“是年,年二十歲,應福建轉運司進士舉,爲首選。十一月九日,如臨安。”(見《呂祖謙全集》第一册)

是歲,呂游問始知均州

李之亮《宋兩湖大郡守臣易替考·均州》考證:呂游問於紹興二十六年始知均州,紹興三十年離任。

案:據《全宋文》卷四七○二《呂游問》記載,其於紹興二十七年知均州。《全宋文》此表述不甚確切,類似表述在各家履歷中多見,當注明始於某年,某年離任,或表述明確,不使産生歧義。

是歲,呂忱中恩賜五品服

《呂忱中壙誌》:“(紹興)二十六年,以郊祀恩賜五品服。”(見《家族墓志》)

紹興二十七年丁丑(1157)，吕廣問六十歲，吕用中六十七歲，吕忱中六十歲，吕大器四十五歲，吕祖謙二十一歲，吕祖儉十七歲

春

吕祖謙赴禮部試，不中。赴銓試，得下等第三人

吕祖儉《東萊吕太史年譜》："是春，試禮部不中。赴銓試，下等第三人。"（見《吕祖謙全集》第一册）

四月

吕祖謙授迪功郎，監潭州南嶽廟

吕祖儉《東萊吕太史年譜》："四月七日，授迪功郎，監潭州南嶽廟。"

九月

吕游問《乞毁均州魚枋奏》

《全宋文》卷四七〇二吕游問《乞毁均州魚枋奏》紹興二十七年九月二十七日："城下迫接漢水，乃是放生去處。公使庫歲收魚利錢補助收賣天申節進銀，自金州以來密布魚枋，上下數百里，竭澤而漁，無一脱者。乞將本州魚枋盡行毁拆，除免公使庫魚利錢窠名，嚴立法禁，後來不得復置。仍禁止應干沿流不得采捕。"

案：此奏文引自《宋會要輯稿》刑法二之一六一，時吕游問知均州。宰執進呈吕游問奏章，高宗云："均州所貢銀數不多，而經營至此，必是别無窠名錢物可以應辦。且放生雖有法禁，亦細民衣食所資，姑大爲之防，豈能盡絶？"高宗以爲竭澤采捕，其不仁甚矣，因此准吕游問奏請。

十月

曾幾除秘書少監

《南宋館閣録》卷七《官聯》上:"曾幾……(紹興)二十七年十月除。"

十二月

呂祖謙娶韓元吉長女韓氏

呂祖儉《東萊呂太史年譜》:"(紹興二十七年十二月)二十九日,親迎於韓氏,新知建州建安縣元吉之女。"(見《呂祖謙全集》第一册)

案:韓元吉(1118—1187),字無咎,北宋門下侍郎韓維玄孫,官至吏部尚書,少受業於尹焞,詩文聞於時。呂韓兩家世代契誼,呂夷簡和韓億同事仁宗,呂公著和韓維共輔元祐。兩族之間的姻親,淵源有自。據《呂祖謙妻前韓氏墓志》,呂祖謙娶韓氏,韓維一系,呂用中亦娶韓氏,爲韓維之弟韓緬一系。

又案:本年進士及第者凡四百四十五人。有王十朋、閻安中、吳儔、余端禮、京鏜、施師點、趙不憂、謝諤等。

紹興二十八年戊寅(1158),呂廣問六十一歲,呂用中六十八歲,呂忱中六十一歲,呂大器四十六歲,呂祖謙二十二歲,呂祖儉十八歲

七月

曾幾權禮部侍郎

《南宋館閣録》卷七《官聯》上:"曾幾……(紹興)二十八年七月,爲權禮部侍郎。"

紹興二十九年己卯(1159)，吕廣問六十二歲，吕用中六十九歲，吕忱中六十二歲，吕大器四十七歲，吕祖謙二十三歲，吕祖儉十九歲

四月

吕忱中知泰州不果，殿中侍御史任古上疏論其除授不當

《繫年要録》卷一八一高宗紹興二十九年四月己酉條：“承議郎吕忱中知泰州。既而殿中侍御史任古言：‘忱中天資陰險，所至貪墨。前此特以其父嘗薦秦檜，檜報私恩，連倅婺、信；後以告訐林機，得江東提監。逮檜之死，迹不自安，欲欺罔朝廷，以掩前過，遂按王煦常平米事，興起大獄，連逮甚衆。朝廷差官考實，並無事迹，緣此降罷。泰爲淮東望都，任匪其人，且將害及一方。’疏入，命遂寢。”

六月

林之奇除校書郎

《南宋館閣録》卷八：“林之奇……(紹興)二十九年六月除。”

吕廣問上《望遣官提舉檢察常平義倉奏》

《全宋文》卷四三四七吕廣問《望遣官提舉檢察常平義倉奏》紹興二十九年六月：“常平義倉之法，廣儲蓄以待不時之須。事久廢弛，名在實亡，縱有見存，類多陳腐。主藏之吏，不過指廩固局，執虚券以相授受，蓋緣法禁至重，干連猥多。間有州縣，稍有便文去處時暫受納，省米入倉，充填元數。假託以新易陳之法，隨手復支，常將一歲米斛抵擬兩司名色。設有支遣，豈不誤事？欲望每路遣官一員，同提舉遍行檢察，若干係積久欠折，驗實除豁；若干係近新借兑，責限補還；自餘實若干，嚴切椿管。今後依條對兑，先交新米入倉，方得支

撥陳米。又常平錢物，兵火以來，前後因循，至失稽考。今若一旦便付所司，州縣之間輾轉干係，總計諸路何啻數千人。又況有逃亡貧乏，無可理償，獄事繁興，徒傷和氣。"

案:《全宋文》此奏文引自《宋會要輯稿》食貨五三之二七至二八，時呂廣問提舉浙西常平茶鹽公事。因呂廣問此奏，是年六月十九日，高宗下詔:"浙西差司農寺丞韓元龍，江東差平江府通判任盡言，日下前去遍詣州縣，同主管官覆實的確見在常平、義倉米、錢物數，除程限一月，開具以聞。如州縣違慢隱蔽，並許劾奏。仍將侵支、借兌、失陷數目，報提舉常平官措置以聞。諸路並委漕臣准此。"

八月

林之奇知大宗正丞

《南宋館閣録》卷八:"林之奇……（紹興）二十九年六月除，八月知大宗正丞。"

詔徐度、呂廣問、朱熹赴行在。何溥"乞令徐度呂廣問終任奏"

《繫年要録》卷一八三紹興二十九年八月甲子條:"詔左朝請郎兩浙東路提點刑獄公事徐度、左朝請郎兩浙西路提點刑獄公事呂廣問、左迪功郎朱熹並召赴行在，右通直郎知建州建安縣韓元吉令任滿日赴行在，皆用輔臣薦也。既而左司諫何溥言:'仰度聖意，必以百里之民，方安元吉之政，不欲遽奪其去。然度、廣問近除提刑方及數月，使果得人，則爲陛下平反庶獄，刺舉百吏，兩路受賜，所繫非輕。今遽令造朝，高不過爲郎，而使兩路失賢監司，視一邑之令反不重耶? 近者朝廷屢擇郎吏以爲監司，每患才難。今既知其可用，而復不使少安厥職，兼恐來者未知如舊，重爲勞擾。望須其終更，特加召擢。'詔度、廣問並俟任滿日與在內升等差遣。"

是歲，呂廣問遷本路提點刑獄兼權湖州

《宋史翼》卷一〇《呂廣問傳》:"除提舉江南東路常平移浙西路。入對，言:'常平錢穀自軍興多用之，以法嚴故不上聞。今虛數未除，恐緩急誤指

揮。'上爲遣使核其實,遷本路提點刑獄兼權湖州,除直秘閣、兩浙路轉運副使。"

案:李之亮《宋兩浙路郡守年表·湖州安吉州》考證:紹興二十九年吕廣問兼權湖州,紹興三十年離任。

是歲,張九成卒

陳傅良《止齋先生文集》卷四二《跋陳求仁所藏張無垢帖》:"……余嘗聞吕伯恭父云:'某從無垢學最久,見知愛最深,至今亡矣。'……"

案:張九成爲吕祖謙師。

紹興三十年庚辰(1160),吕廣問六十三歲,吕用中七十歲,吕忱中六十三歲,吕大器四十八歲,吕祖謙二十四歲,吕祖儉二十歲

正月

汪應辰權秘書少監

《南宋館閣録》卷七《官聯》上:"汪應辰……(紹興)三十年正月除。"

春,吕祖謙科第占卜

《齊東野語》卷八《韓惜奇卜》:"紹興末,有韓惜者,賣卜於臨安之三橋,多奇中。庚辰春,曾侍郎仲躬、吕太史伯恭至其肆,則先一人在焉。問其姓,宗子也。次第談命;首言趙可至郡守,却多貴子,不達者亦卿郎。次及曾,則曰:'命甚佳,有家世,有文學,有政事,亦有官職。只欠一事,終身無科第。'次至吕,問何干至此? 吕曰:'赴試。'曰:'去年不合發解,今安得省試?'曰:'赴詞科。'曰:'却是詞科人,但不在今年詞科,別有人矣。後三年,兩試皆得之,且不失甲科。'復扣其何所至? 沉吟久之曰:'名滿天下,可惜無福。'已而其言皆

驗。趙名善待,仕至岳州守。其子汝述爲尚書,适、逵、遇皆卿監郎。曾仲躬名逮吉,父文清公之子,能世其家。舉進士不第,至從官以没。呂太史,隆興癸未諒陰榜南宮第七人,又中宏詞科,爲儒宗。不幸得末疾,甫四十六歲而終。術之神驗如此。”

四月

呂祖謙赴臨安銓試,中上等第二人。呂祖謙師事胡憲、汪應辰

呂祖儉《東萊呂太史年譜》:“四月,嶽祠滿。六日,赴銓。上等第二人……於是籍溪胡先生原仲憲爲秘書省正字,汪公聖錫應辰爲秘書少監,公皆嘗從游。”(見《呂祖謙全集》第一册)

案:胡憲(1085—1162),字原仲,崇安籍溪人,學界稱之籍溪先生,紹興六年詔賜進士,學問淵博,誨人不倦,爲朱熹與呂祖謙之師。汪應辰(1118—1176),初名洋,高宗賜今名,字聖錫,信州玉山人,人稱玉山先生。紹興五年舉進士第一,累官至吏部尚書。少從呂本中、胡安國等游,與呂祖謙、張栻等爲友,爲朱熹從表叔,精於義理,樂於修身講學。卒謚文定,呂祖謙在祭文中寫道:“四海膺門峻,親承二紀中。論交從父祖,受教自兒童。”(《東萊呂太史文集》卷一《端明汪公挽章二首》其二)

八月

呂廣問上《契勘湖州安吉被災民户事奏》

《全宋文》卷四三四七呂廣問《契勘湖州安吉被災民户事奏》紹興三十年八月十一日:‘被旨,契勘湖州安吉縣向被災最甚民户實數具奏。今抄札到闕食合賑濟第五等主户共一百八十户,望許依臨安府已得指揮,將被災人户等第與免本户應干苗税、科敷及丁身、役錢等,最甚者免四科,其次免三科,餘免兩科。及第五等曾經賑濟之人,尚慮第五等以上,雖不經賑濟,或有田桑屋宇被水沖損,亦合隨等第輕重減放税賦。”

案:此奏文引自《宋會要輯稿》食貨五九之三六,時呂廣問直秘閣、權發遣兩浙路計度轉運副使,高宗准奏。

吕大器以祠滿赴闕,授岳州通判

吕祖儉《東萊吕太史年譜》:"(紹興三十年)倉部亦以祠滿赴闕,授岳州通判。"(見《吕祖謙全集》第一册)

案:本年進士及第者凡四百二十八人。有梁克家、林大中、留正等。

紹興三十一年辛巳(1161),吕廣問六十四歲,
吕用中七十一歲,吕忱中六十四歲,
吕大器四十九歲,吕祖謙二十五歲,吕祖儉二十一歲

正月

吕祖謙授嚴州桐廬縣尉

吕祖儉《東萊吕太史年譜》:"(紹興三十一年)正月十三日,授嚴州桐廬縣尉。"(見《吕祖謙全集》第一册)

吕廣問上《望明降指揮身丁紬絹止依舊額催理奏》

《全宋文》卷四三四七吕廣問《望明降指揮身丁紬絹止依舊額催理奏》紹興三十一年正月十四日:"昨任兩浙運副日,被旨措置改正湖州丁絹不均等事。今照得朝廷未行鈔鹽以前,歲計丁口,官散蠶鹽,丁給鹽一斗,納錢一百六十六文,謂之丁鹽錢。自行鈔鹽之後,官不給鹽,依舊錢每丁增至三百六十文,謂之身丁錢。至大觀中,湖州申明令三丁折絹一疋。當時絹賤,未有倍費,其後絹價增長,倍費漸多。宣和中唯武康知縣姓朱人將本縣保甲依法編排,見得丁數增添,遂申朝廷,將所增丁口均入絹數,趂成四丁納絹一疋。其餘五縣後來丁口雖增,不曾均趂,至今三丁猶當一絹。蓋緣逐縣例將寬剩人丁不行注籍,暗收丁錢以資他用。籍既不明,無以稽考。所增錢數不盡歸官,凡公吏保正長皆得侵隱。而又丁籍歲終既不開收,年額所催止憑舊籍,遂致老病死亡

更不除減。民間既苦絹價倍費，而又虛抱合消之數，由是民力日困。本司相度，若令逐縣差人巡門根刷，徒有搔擾。遂措置申明印給甲狀，從本州每縣差官一員，責付逐鄉保長俵散。每三十戶結為一甲，自書本戶的實丁口，結罪遞相委保，所有以前隱落更不坐罪，唯今來狀內隱落不實，許人陳告，斷罪追賞。其甲狀付所委官拘類，取見逐縣增添丁口，趲入舊額，依仿武康體例，增丁減絹，以寬民力。除行下本州縣，並散給印榜，鄉村曉諭，及於所給印榜申狀前朱印聲說。今來正緣人戶送納身丁錢絹太重，措置括責要見所增丁數，趲入舊額，均減丁絹。即非要添丁額以增絹數，使人戶通知，不致疑惑。今諸縣推排稍已就緒，且舉長興一縣論之。元管丁五萬一千有零，今排出八萬三千，比舊約增十分之四。舊額理絹一萬七千，每丁納絹一丈三尺，合折錢二貫三百有零。今據排出人丁均減外，每丁止納絹八尺有零，合折錢一貫四百，委是民力稍寬。訪聞昨來作弊欺隱丁口之人，今既改正，奸計不行，却乃扇搖人戶，稱是官司排出丁口比舊增益，謂要增添上供歲額，非是欲於逐一名下遞相均減。仍聞逐縣事體不同，亦有排出人丁所增數目不多去處，妄說官司欲以增數最多縣分與諸縣衮同，通一州絹額均攤。以此民間不免疑惑，兼慮有僥望希求之人，不知朝廷措置本意恤民，却將增出人丁陳獻利便，妄乞別項拘攉，以為額外羨餘之數。如此則一州民力愈困，必致逃移。照得湖州申到歲額身丁紬絹八萬一十六匹二丈七尺三寸四分，遞年別無增減。欲望明降指揮，上件身丁紬絹止依舊額催理，所有今來排出丁口，逐縣各將元額均敷，不得輒增舊額。先次行下戶部、運司、湖州照會約束，仍有妄獻利便擾民之人，亦乞重作施行。"

案：按《全宋文》，此奏文引自《宋會要輯稿》食貨一二之一三，時呂廣問為尚書右司郎中、兼權中書門下省檢正諸房公事。

呂用中奏請：惠安禪院（明招寺）為父好問功德墳寺

《宋會要輯稿》道釋二之一二："婺州惠安禪院。紹興三十一年正月二十二日，右朝奉大夫、直秘閣、主管台州崇道觀呂用中言：'父好問昨為尚書右丞，除資政殿大學士，累贈太師，今葬婺州武義縣惠安院之側，乞充功德院。'賜是額。"

案：《全宋文》以爲吕用中此奏是紹興三十一年五月二十二日，似有誤。

七月

吕令問上《乞蠲免高郵積欠等奏》，時知高郵軍

《全宋文》卷四八七八吕令問《乞蠲免高郵積欠等奏》紹興三十一年七月二十六日："高郵縣稅户訴霖雨連綿，沖决堤岸。乞將人户殘零積欠並今夏折帛、當限稅役、酒店官錢，權行蠲免。"

案：此奏文引自《宋會要輯稿》食貨六三之一八，時吕令問知高郵軍。

八月

芮燁除秘書省正字

《南宋館閣録》卷八："芮燁……（紹興）三十一年八月除。"

案：芮燁（1115—1172），紹興進士，曾與吕祖謙共修學政，後其女嫁於吕祖謙爲繼室。

紹興三十二年壬午(1162)，吕廣問六十五歲，

吕用中七十二歲，吕忱中六十五歲，

吕大器五十歲，吕祖謙二十六歲，吕祖儉二十二歲

四月

吕令問知江陰軍

《江陰志》："紹興三十二年吕令問，右承議郎。"

《繫年要録》卷一九九紹興三十二年四月癸酉條："詔左朝奉大夫知江陰軍楊師中與右奉議郎知高郵軍吕令問兩易。"

案：李之亮《宋兩浙路郡守年表·江陰軍》考證：紹興三十二年吕令問知江陰軍，孝宗隆興元年離任。

右通直郎呂大器知黄州

《繫年要録》卷一九九高宗紹興三十二年四月己卯條:"右通直郎呂大器知黄州。"

五月

芮燁以秘書省正字兼國史院編修官

《南宋館閣録》卷八:"芮燁,(紹興)三十二年五月以正字兼。"

六月

高宗内禪,嗣子趙昚登基,是爲孝宗

《繫年要録》卷二〇〇高宗紹興三十二年六月丙子條:"上行内禪之禮……"

呂祖謙妻韓氏卒

呂祖儉《東萊呂太史年譜》:"(紹興三十二年)六月二十三日,韓夫人卒於臨安,是日,公自越如臨安。"(見《呂祖謙全集》第一册)

案:"韓夫人墓誌"由其父韓元吉撰,其謂"吾女幼時,姑見而愛之,謂宜歸呂氏,而祖謙行適等,故以歸焉。"墓誌敘韓呂兩家世代契誼。

呂用中卒

《呂用中壙誌》:

宋故右朝奉大夫、直秘閣、主管臺州崇道觀呂公諱用中,字敦智,世爲東萊人。自高祖文靖公相仁宗,占籍於京師,因家焉。曾祖諱公著,元祐初實相哲宗,以司空、同平章軍國事終於位,贈太師、晉國公,謚正獻。祖諱希哲,嘗擢崇政殿説書、秘書少監,終於奉直大夫、直秘閣,累贈太子太保。父諱好問,建炎之元擢尚書右丞,後以資政殿學士、太中大夫終,累贈太師。曾祖妣曰晉國夫人魯氏,祖妣曰文安郡夫人張氏,妣曰秦國夫人王氏。

公蚤以父任授將仕郎,深居不出,蓋一嘗奉祠華嶽,家食者幾十載。紹興四年東萊公之喪,外除踰年矣,詔以公爲樞密院計議官,公力辭不可,遂起。

六年，以通五考改秩，授右宣義郎，繼除軍器監丞，不就，得請主管臺州崇道觀。八年，復被召賜對，除尚書駕部員外郎，遷兵部員外郎。會伯兄以臺章罷中書舍人，語有及東萊公者，公條其本末辨於朝，因力丐祠，詔以公疏送史館，而不允求去之請。九年，更除祠部，公請去益堅，遂出守建州，未赴，自請奉祠居數月，除提舉福建路茶事兼市舶。十年，除兩浙東路提點刑獄公事。十二年，除直秘閣，旋除知泉州。十四年，詔與浙東憲吳序賓易地。十五年，以疾丐祠，既得請寓居金華，凡食祠禄者閲七任。以三十二年六月二十八日，終於男大麟常州武進令治所。

始，公生於元祐辛未九月二十六日，自辛未至壬午，享年實七十有二，累官至右朝奉大夫。娶韓氏，朝奉大夫諱璹之女，今封宜人。男四人：長大鳳，右從事郎、監潭州南嶽廟，未授室而卒；次大原，蚤夭；次大麟，右宣教郎、知常州武進縣；次大虯，右從政郎，充措置兩淮節制軍馬準備差遣。女四人皆蚤夭。孫男四人：祖恕、祖愨，並將仕郎，次祖憲、祖志。孫女五人尚幼。

繇公之六世祖代國公而下暨秦國夫人皆葬於鄭州，公之考東萊公先葬桂林，後改窆婺州武義縣之明招山。諸孤奉公之喪，以是歲九月二十六日葬於明招，邇東萊公之兆，成公志也。若公之道□行治，諸孤累然在苫塊之中，悼心失圖，未能具載，他日將請於世之君子，論次紀述，俾子孫有考焉。孤子大麟等泣血謹記。（《家族墓誌》）

案：據《家族墓誌》記載，此志石高九十二公分，寬七十一公分，厚九公分。呂用中生於元祐六年，卒於紹興三十二年，享年七十二。娶韓氏，北宋名臣韓億五世孫。在呂氏家族明招山墓地的建設中，呂用中是關鍵人物，呂好問遷葬事宜，皆是呂用中負責。

十月

呂廣問以權禮部侍郎兼同修國史

《南宋館閣錄》卷八："呂廣問……（紹興）三十二年十月，以權禮部侍郎兼。"

呂忱中卒

《呂忱中壙誌》:

宋故右朝散郎、權知饒州軍州事呂公諱忱中,字偉信,世爲東萊人,至高祖文靖公始占名數於京師。曾祖諱公著,司空、同平章軍國事、贈太師、晉國公、諡正獻。祖諱希哲,奉直大夫、直秘閣、贈太子少保。父諱好問,資政殿學士、贈太師。贈祖妣曰晉國夫人魯氏,祖妣曰文安郡夫人張氏,妣曰秦國夫人王氏。

公少以父任授承事郎,紹興元年始奉祠衡嶽,繼丁東萊公憂,服除,授主管大宗正司宗室財用,在職及期而官廢,尋得嶽祠。明年,官復置,還公故官,秩滿,授主管臺州崇道觀,是歲紹興十年也。十二年,差主管永祐陵攢宮,頓以勞遷右宣義郎。再食祠祿,家居者閱七載。十七年,添差通判婺州軍州事。十九年,與郡守不協偕罷,旋復奉祠崇道。二十三年,通判信州軍州事。二十五年,就除提舉江南東路常平茶鹽公事。二十六年,以郊祀恩賜五品服。二十七年,坐按吏鐫秩一等報罷。二十九年,除知泰州,繼而中寢。三十年,復奉祠崇道。三十二年,除知饒州,視事幾三月,以十月十六日寢疾終於郡治,享年六十五,積官至右朝散郎。

娶李氏,權刑部侍郎與權之女,今封安人。男二人:大原、大興,將仕郎,蚤世。公遺言以姪大猷之第四子祖新更名祖信爲後。一女,適右迪功郎、新福州閩縣尉陳伯駉。

公剛介寡合,故屢起屢僕,雖小試而不盡。平生篤意學問,沉酣經史,精博該洽,作書數百卷藏於家。

惟呂氏自代國公而下皆葬新鄭,自東萊公之喪不克歸祔,蒿葬婺州武義縣之明招山。而公之仲兄駕部、叔兄秘閣皆從葬焉。隆興元年正月十八日,奉公之喪於東萊公兆域之右,遵治命也。公之葬也遽,未暇請銘於名世之君子,姑掇歷官之歲月以志諸壙云。

姪右奉議郎、權知黃州軍州事大器泣血謹記。(《家族墓誌》)

案:據《家族墓誌》,此志石高八十一點五公分,寬九十五公分,厚十三公分。呂忱中曾遺言,過繼呂本中的孫子呂祖新,但似乎未果。從《呂忱中妻李

氏壙誌》和吕祖謙《立鄱陽府君後告廟文(代倉部作)》(淳熙元年),過繼給吕
忱中的當是吕欽問孫、吕堅中次子吕大信(原名吕大彭)。

十一月

權尚書禮部侍郎吕廣問除集英殿修撰、知池州

《宋會要輯稿》選舉三四之一一一:"(紹興三十二年十一月十四日)詔權尚
書禮部侍郎吕廣問除集英殿修撰、知池州。"

《南澗甲乙稿》卷二○《左大中大夫充龍圖閣待制致仕贈左正奉大夫吕公
墓志銘》:"除集英殿修撰、知池州。以病移徽州。"

十二月

吕游問上《本州三瑞合宣付史館奏》

《全宋文》卷四七○二吕游問《本州三瑞合宣付史館奏》紹興三十二年十二月
二十五日:"今年二月十七日到任後,本州新井縣麥秀三岐,閬中縣牛産二犢。
已遵近降指揮,畫圖繳申尚書禮部。繼於六月初十日有五色雲,見於州城之
南,錦屏山之西,若煙非煙,若霧非霧,浮空映日,自未及申。傾城士庶觀之,
莫不歡仰,皆謂與前二瑞不同。兼西南地望正屬普安郡,雲見其上,又在皇帝
即位一日,允合陛下受命之符。竊謂合宣付史館,以彰陛下聖德。"

案:此奏文引自《宋會要輯稿》瑞異一之二七,時吕游問爲權發遣閬州。
吕游問上奏之時,孝宗已繼位,尚未改元,牛生二犢,五色祥雲等,正是符合帝
王即位之祥瑞,因此孝宗有旨付聖政所。

是歲,吕大同知瑞州

《瑞州府志》:"吕大同,紹興二十八年任。"《江西通志》:"吕大同,右朝請
大夫。"

案:李之亮《宋兩江郡守易替考・筠州瑞州》考證:吕大同始知瑞州當在
紹興三十二年,孝宗隆興二年離任。

卷二十五

孝宗隆興元年癸未（1163），吕廣問六十六歲，吕大器五十一歲，吕祖謙二十七歲，吕祖儉二十三歲

四月

吕祖謙登進士第

《南宋館閣録》卷七《官聯上》："吕祖謙字伯恭，開封人，木待問榜進士及第。"

《宋登科記考》卷一〇孝宗隆興元年吕祖謙條："吕祖謙，字伯恭，學者稱東萊先生。婺州金華縣人。吕好問孫。"

吕祖儉《東萊吕太史年譜》："（隆興元年）春，試禮部。奏名第六人。四月十二日，賜進士及第。"（見《吕祖謙全集》第一册）

案：本年考試官，據《宋會要輯稿》選舉二〇之一五："壽皇聖帝隆興元年正月九日，命翰林學士承旨、知制誥洪遵知貢舉，試兵部侍郎周葵，試中書舍人張震同知貢舉。秘書少監胡銓，吏部郎中楊民望，司勳郎中宋似孫，都官郎中錢豫，吏部員外郎吳龜年，工部員外郎魏杞，監察御史陳良翰、芮燁參詳官。秘書丞唐閱，太府寺丞陳天麟，樞密院編修官尹穡，著作佐郎龔茂良，國子監丞王悦，諸王宫大小學教授吳祗若，大理司直惠迪，將作監丞鄒檽，軍器監丞張之剛，秘書省正字王東里、方燾、張宋卿，御史臺檢法官鄭丙，司農寺主簿陶去秦，武學博士劉敦義，國子録高通，臨安府府學教授陳禾，監登聞檢院單時，監太平惠民和劑局范成大，權行朝權貨物都茶塲潘慈明，主管吏部架閣文字俞曄，主管刑部架閣文字劉大辯，臨安府府學教授莫沖點檢試卷。"

五月

呂祖謙中博學宏詞科

呂祖儉《東萊呂太史年譜》:"四月十二日,賜進士及第,改左迪功郎,又中博學宏詞科。"(見《呂祖謙全集》第一册)

《宋會要輯稿》選舉一二之一五:"(隆興元年)五月一日,禮部貢院言:試博學宏詞科右迪功郎、新嚴州桐廬縣尉、主管學事呂祖謙,考入下等,上所試文六篇。《皇兄保大軍節度使檢校少保河陽三城節度使權主奉吳王祭祀進封加食邑實封制》《周師氏箴》《代提舉編類聖政所進建炎紹興詔旨表》《漢興地圖序》《太祖皇帝開便殿頌》《晉征虜將軍征討大都督破苻堅露布》。詔減二年磨勘,堂除差遣。祖謙既中選,賜同進士出身,相繼放進士榜,又登上第,故有是命。"

六月

呂祖謙特授左從政郎改差南外敦宗院宗學教授

呂祖儉《東萊呂太史年譜》:"(隆興元年)六月七日,特授左從政郎,改差南外敦宗院宗學教授。《制詞》曰:"敕左迪功郎、新差南外敦宗院宗學教授呂某,唐之科目雖多而輕,故有食餌小魚之譏。然連中者亦寡矣,此青銅錢所以取譽於當世也。爾兩科皆優選,宜有以旌其能,資敘超升,是亦常典。可特授左從政郎差遣如故。"(見《呂祖謙全集》第一册)

十月

呂廣問知徽州

《新安志》:"呂廣問,左朝請大夫、集賢殿修撰。隆興元年十月七日到任,二年十一月二十七日召。"

案:李之亮《宋兩江郡守易替考·歙州徽州》考證:孝宗隆興元年呂廣問知徽州,乾道元年正月離任。

十二月
朱熹與呂祖謙會面,講論學問不絶

　　杜海軍《呂祖謙年譜》:"十二月,呂祖謙在婺。朱熹除武學博士,因與時論不合,南歸。經婺相見。呂祖謙陪同朱熹游歷諸山,訪申大度、申太康墓。講論學問不絶。"

　　案:此次朱熹專程到婺與呂祖謙會面,講論學問不絶,杜海軍根據《續資治通鑑》卷一三八、康熙《金華縣志》卷一一以及兩人書信等材料考證得出。

　　又案:本年進士及第者凡五百三十八人。除呂祖謙,尚有木待問、黃洽、朱晞顏、宇文价、林光朝、袁説友、黃度、傅伯成、傅伯壽、趙雄、袁樞、樓鑰等。

隆興二年甲申(1164),呂廣問六十七歲,
呂大器五十二歲,呂祖謙二十八歲,呂祖儉二十四歲

八月
呂本中追復敷文閣待制

　　《宋會要輯稿》職官七六之七〇:"(隆興)二年八月二十七日,詔故中書舍人呂本中特追復敷文閣待制,與一子恩澤。以臣僚言本中問學淳正,行義修明,太上皇帝擢爲中書舍人,因忤秦檜罷黜,流落至死,迄無職名,故有是命。"

閏十一月
集英殿修撰呂廣問除敷文閣待制、兼侍講

　　《宋會要輯稿》選舉三四之一五:"(隆興二年閏十一月)九日,詔:'集英殿修撰呂廣問除敷文閣待制、兼侍講,其請給、人從,並依權侍郎例支給。'"

乾道元年乙酉(1165)，吕廣問六十八歲，
吕大器五十三歲，吕祖謙二十九歲，吕祖儉二十五歲

春正月
知徽州吕廣問上《條農田水塘堨奏》

《全宋文》卷四三四七吕廣問《條農田水塘堨奏》乾道元年正月十四日："農田水利諸塘堨，合輪知首之人充。雖田少不該，亦均給水利，不得阻障。若鄉例私約，輪充於官，部内開説，充知首人盡賣田業，新得産家，雖合充，止輪當末名，不得越次。仍批官簿照會，諸塘堨係衆水利，蓄水救田。本縣於農隙之時告示知首及同食水利人，均備人夫並力修作。塘堨下合承水利田産，遇人户典賣，並依資次承水。如係買稅户塘堨水，亦申官注籍。塘堨水上流既足，如障塞，公然占奪，不從州縣約束者，取旨。形勢之家，將新置田産，却在舊堨之上占截水利，似此去處，縣官即特除拆。若舊堨不容修築，衆定利害，務從民便。若兩堨用水已足，不放流者，亦仰官司禁約。刪堨兩岸，或被水沖陷，隔岸漲出沙田，止許被水人承佃，不得田鄰争占。刪堨所在合留水門，方不妨阻舟船，或擅毁拆，並追勘斷。約束未盡，如別有私約，並仰知首自陳添入。若舊例已定，不得創改。有合增事件，並聞官，始許行用。"

案：此奏文引自《宋會要輯稿》食貨八之六，時吕廣問知徽州。孝宗准奏。

八月
吕大器知池州

吕祖儉《東萊吕太史年譜》："（乾道元年）八月，倉部之官池州。"（見《吕祖謙全集》第一册）

乾道二年丙戌(1166)，呂廣問六十九歲，
呂大器五十四歲，呂祖謙三十歲，呂祖儉二十六歲

三月
呂祖謙門人趙燁中進士第三名

《宋登科記考》："趙燁，字景明。本開封府人，徙福州閩縣人。乾道二年中進士第三名，授左承事郎、簽書奉國軍節度判官廳公事。終朝奉郎、提點江南東路刑獄公事。呂祖謙門人。"

四月
曾幾撰《東萊先生詩集後序》，高度評價呂本中之詩

《東萊先生詩集》卷首《東萊詩集序》乾道二年四月："文集莫盛於唐，亦莫盛於本朝。唐則韓退之、柳子厚，本朝則歐陽文忠公實爲之冠。是數公固出類拔萃，巍巍乎不可尚已。編次而行於世，退之則李漢，子厚則夢得，文忠公則東坡先生。或其門人，或其故舊，又皆與數公深相知。蓋知之不深，則歲月先後，是非去取，往往顛倒錯亂，不可以傳。近世張文潛、秦少游之流，其遺文例遭此患，知與不知之異也。東萊呂公居仁以詩名一世。使山谷老人在，其推稱宜不在陳無己下，然即世多歷年所，而編次者竟無人焉。墨客詞人相視太息，曰：'居仁所謂知我者希，則我者貴歟！'儀真沈公宗師，名卿之子，少卓犖有奇志，方黨禁未解時，不顧流俗，專與元祐故家厚。居仁尤知之，往來酬唱最多。沈公之子公雅，以通家子弟從居仁游，居仁稱之甚。乾道初元，几就養吳郡，時公雅自尚書郎擢守是邦，暇日裒集居仁詩略無遺者，次第歲月，爲二十通，鋟板置之郡齋。蓋居仁之知沈氏父子也深，故公雅編次之也備。几亦受知於居仁者也，公雅用是屬几題其後。竊自伏念，與居仁皆生於元豐甲子，又相與有連雅相好也。紹興辛亥，几避地柳州，居仁在桂林，是時年皆未五十，居仁之詩固已獨步海內，几亦妄意學作詩。居仁一日寄近詩來，几次其

韻,因作書請問句律。居仁察我至誠,教我甚至,且曰:'和章固佳,本中猶竊以爲少新意。'又曰:'詩卷熟讀,治擇工夫已勝,而波瀾尚未闊。欲波瀾之闊,須令規模宏放以涵養吾氣而後可。規模既大,波瀾自闊,少加治擇,功已倍於古矣。'几受而書諸紳,今三十有六年。顧視少作,多可愧悔。既老且病,無復新功,而居仁之墓木拱矣!觀遺文爲之絶歎,因記居仁教我之言於篇末,使後生知前輩相與情實如此。且以見几於居仁之言,雖老不忘也。乾道二年四月六日,贛川曾幾題。"(引自《全宋文》卷三八〇〇)

五月

知嘉州吕游問等並放罷,永不得知州軍差遣

《宋會要輯稿》職官七一之一四至一五:"(乾道二年五月)十八日,詔:'知嘉州吕游問、新知劍州何榘、新知眉州康俊明並放罷,永不得知州軍差遣。'以侍御史王伯庠論:'游問貪殘不法,千里被害;榘,何直之弟,素無行檢,知渠州,盜官錢以數萬緡;俊明昨知渠州,荒放燕飲,百事弛廢。'故有是命。"

曾幾卒

《渭南文集》卷三二《曾文清公墓志銘》:"乾道二年五月戊辰,(曾幾)卒於平江府逮之官舍,享年八十三。"(見《陸放翁全集》)

七月

吕令問坐縱贓吏,降官鄂州居住

《宋會要輯稿》職官七一之一六:"(乾道二年七月)十八日,詔知峽州吕令問降兩官,鄂州居住。坐夷陵知縣韓贊胄贓汙不法,令問不能舉劾,縱其尋醫而去,故有是命。"

案:據《宋史》卷三三《孝宗本紀一》記載,吕令問降官鄂州居住在乾道二年十月,待考。

十月

呂大器自池州召歸

　　呂祖儉《東萊呂太史年譜》:"(乾道元年)八月,倉部之官池州……(二年)十月,倉部自池州召歸爲郎。"(見《呂祖謙全集》第一册)

十一月

呂大器妻曾氏卒

　　《呂大器妻曾氏壙誌》:

　　右朝奉郎、尚書倉部員外郎呂大器妻孺人曾氏,其先贛人,後河南,爲河南人,故通議大夫、敷文閣待制致仕曾幾女也。母曰淑人□氏。以政和乙未六月十五日生,紹興甲寅歲除日歸呂氏。生三男:長祖謙,左從政郎、新南外宗學教授;次祖儉;次祖節,尚幼。

　　孺人性至孝,父没,哀毀成疾,以乾道二年十□月一日終於建業舟中,享年□□□。呂氏世葬鄭州新鄭縣懷忠鄉,今既未克歸葬,姑以明年正月二十二日祔於婺州武義縣明招山先公駕部塚次。

　　右朝奉郎、尚書倉部員外郎呂大器記。(《家族墓誌》)

　　案:據《家族墓誌》記載,此志石高六十九點五公分,寬九十八公分,厚十二公分。碑石雖多有剥落,但據文獻可補正。陸游《渭南文集》卷三二《曾文清公(幾)墓誌銘》:"娶故翰林學士錢勰之孫,朝奉郎東美之女。"知曾氏母爲錢氏。又據呂祖儉《東萊呂太史年譜》,曾氏卒於乾道二年十一月一日。曾氏生於政和乙未年(1115),卒於乾道二年(1166),享年五十二。

　　案:本年進士及第者凡四百九十四人。有蕭國梁、趙汝愚、趙燁、倪思、鄭湜等。

乾道三年丁亥(1167)，呂廣問七十歲，

呂大器五十五歲，呂祖謙三十一歲，呂祖儉二十七歲

二月

呂企中知盱眙軍

李之亮《宋兩淮大郡守臣易替考·盱眙軍招信軍》考證：呂企中始知盱眙軍時間爲乾道三年二月。乾道五年離任。

七月

呂企中上《乞許實封奏陳奏》

《全宋文》卷五〇一〇呂企中《乞許實封奏陳奏》乾道三年七月："臣誤蒙使令，即與其他路分不同。欲望許臣到本路，事干機密及臣有建明，並乞依乾道三年七月四日已降聖旨，用札子實封奏陳，直達宸扆之前。"

案：此奏文引自《宋會要輯稿》儀制七之三一，時呂企中爲淮南路轉運判官。七月四日，朝廷下詔："自今沿邊州軍並監司、帥臣、主兵官並許用札子奏陳。"呂企中希望實封奏陳，直達宸扆，朝廷亦下詔准奏。

十一月

右通直郎、知盱眙軍呂企中除直秘閣

《宋會要輯稿》選舉三四之二〇："(乾道三年十一月)十六日，詔右通直郎、權知盱眙軍呂企中除直秘閣。"

是年，呂大倫卒

《呂大倫繼室程氏壙誌》："先姚安人程氏，伊川先生之曾孫，祖諱端中，父諱易。生二十年歸於我先君，初以郊恩封孺人，進封安人。後十六年，先君即世，先姚撫育諸孤劬瘁，十年未充就一日之養，以淳熙丁酉十一月十五日終於

正寝,享年四十六。"(見《家族墓志》)

　　案:據《家族墓志》,呂大倫與妻許氏、繼室程氏,三穴並列,大倫與許氏墓被盜,墓志無存。"程氏壙誌"於 2014 年出土,根據墓志,程氏卒於淳熙丁酉年(1177),逆推,呂大倫當卒於乾道三年。程氏有子二人:長祖永,將仕郎;次祖慈。女二人。

乾道四年戊子(1168),呂廣問七十一歲,
呂大器五十六歲,呂祖謙三十二歲,呂祖儉二十八歲

是歲,呂大器出知江州,待次,尋改知吉州

　　呂祖儉《東萊呂太史年譜》:"(乾道四年)秋,自明招歸城。於是倉部出知江州,待次,尋改知吉州。"(見《呂祖謙全集》第一册)

是歲,呂祖謙修《東萊公家傳》,爲呂好問雪恥

　　呂祖儉《東萊呂太史年譜》:"是歲,修《東萊公家傳》。"(見《呂祖謙全集》第一册)

　　《東萊公家傳》節選:"五代之際,始號其族爲三院:言河南者,本後唐户部侍郎夢奇;言幽州者,本晉兵部侍郎琦;言汲郡者,本周户部侍郎咸休。其昭穆疏戚,世遠軼其譜,而河南者祖爲最盛。河南之呂,入國朝有爲起居郎、知泗州者,曰龜圖。生蒙正,相太宗、真宗,謚文穆。起居之弟曰龜祥,嘗爲殿中丞、知壽州。壽州生蒙亨,終大理寺丞。寺丞生夷簡,三相仁宗,與文穆仍以公開號於許,册拜太尉,就第薨,謚文靖,配享仁宗廟庭。文靖公有子五,而二至相輔。公弼事英宗、神宗,爲樞密使,謚惠穆。公著事神宗、哲宗,爲樞密副使、門下侍郎、尚書左僕射、司空、平章軍國事、申國公,謚正獻。蓋其自正獻公而上,勛德行治皆在太史氏。正獻公三子,伯曰希哲,以經入侍哲宗崇政殿,封滎陽子。是實生公,用公貴贈太子太保。公諱好問,字舜徒,滎陽公之冢子也……靖康之難,公含垢忍恥,以就大計。晚進後出,不知前輩本末,或

以病公。給事中胡公安國每爲公辯。且録其語曰：‘河間劉長歷，丞相莘老之孫也，來見曰：‘諸人事邦昌者，固不足論，獨吕舜徒可惜。’余曰：‘舜徒固自不同，在圍城中遣人以蠟彈致元帥。蓋累朝輔相，身爲世臣，同國休戚，必欲復趙氏社稷，故偷生忍死僞楚之朝。幹正大事，誘導邦昌，使之歸宰相班，勸進元帥，皆其力也。微斯人，則邦昌外倚金賊爲重，内有范瓊之兵，王時雍、馮澥、李回等已爲之用。京師人不知世間有三綱，但云得邦昌救其死命，莫不德之。佔據都城，呼吸群小，亦大索處置。使舜徒死節，第潔一身耳。以此易彼，故寧受污辱，以救大事。’四方士大夫聞公之薨，以文致奠紀公忠節者甚衆。如御史中丞常公同則曰：‘京師之禍，廟社傾隳。公以一身扶顛持危，安劉之業，平、勃難之。’丞相吕公頤浩、丞相秦公檜則曰：‘二聖未歸，公不敢死，竭力戴上以爲天子。’胡公世大儒，常公以風節聞，其言皆世所取信；吕、秦二相，亦身在兵間，熟當時事者也。紹興八年，公長子舍人以臺劾罷，語猶及公。第四子兵部疏其誣辨於朝，詔録送史館，於是公之大節始明於世。”

乾道五年己丑（1169），吕廣問七十二歲，吕大器五十七歲，吕祖謙三十三歲，吕祖儉二十九歲

四月

汪應辰以吏部尚書監修國史

《南宋館閣録》卷八：“汪應辰（乾道）五年四月以吏部尚書兼。”

五月

吕祖謙亲迎继室韩氏

吕祖儉《東萊吕太史年譜》：“（乾道五年五月）二十日，親迎於韓氏，實元妃之女弟。”（見《吕祖謙全集》第一册）

案：杜海軍《吕祖謙年譜》以爲，此韓氏爲韓元吉季女，名螺。《家族墓誌》記載韓元吉所撰《吕祖謙妻前韓氏墓誌》，其云：“蓋享年二十有三，女曰復，男

曰康年。”又呂祖謙撰《祔韓氏志》：“乾道七年夏六月庚申，左從政郎太學博士、兼國史院編修官、兼實錄院檢討官呂某，祔其繼室於元配之兆……二女：長曰復，幼曰螺。”可知螺爲呂祖謙女兒，非呂祖謙夫人，疑杜海軍有誤。

六月

呂祖謙除太學博士，待闕

呂祖儉《東萊呂太史年譜》：“（乾道五年）六月初六日，除太學博士，待闕。《制詞》：‘敕左從政郎呂某，首善自京師，而教化原於太學博士員，又所以駕其説以誨諸生也。惟選既重，宜擇其人。以爾讀書業文，無它嗜好，由門蔭得官，而二日連中兩科，聲華籍甚，士論稱之。兹用擢爾重席上庠，爲之誦説，使夫博古通經之士輩見於時，則爲稱職。可特授依前左從政郎、太學博士，替王信年滿闕。中書舍人胡沂行。”（見《呂祖謙全集》第一册）

八月

呂祖謙以太學博士補外，添差嚴州學教授

呂祖儉《東萊呂太史年譜》：“（乾道五年八月）二十五日，改添差嚴州州學教授，以近旨中都官待次者補外故也。”（見《呂祖謙全集》第一册）

案：本年進士及第者凡三百九十一人。有鄭僑、王蘭、史彌大、陸九齡、黃裳、彭龜年、楊簡、雷孝友、劉光祖等。

乾道六年庚寅（1170），呂廣問七十三歲，呂大器五十八歲，呂祖謙三十四歲，呂祖儉三十歲

二月

呂企中上《條具召人耕種淮西屯田事奏》

《全宋文》卷五○一○呂企中《條具召人耕種淮西屯田事奏》乾道六年二月：“一、今來建康府都統司退下和州管下並無爲軍柘皋鎮屯田，數内柘皋鎮莊依

已降指揮，委郭振招召沿淮歸正人耕作外，有和州屯田元係五百頃，諸軍耕種。今召人耕種，欲多出文榜，勸諭召募。一、屯田元是軍人開墾，官給種子等，所收花利，主客中半分受。今召人耕種，即與向來軍人耕種不同。竊緣當來營田係是四六分，官收四分，客戶六分，蓋欲優異人戶。今來欲乞除種子外，依營田例四六分數，官私分受。欲乞令知縣、縣尉依營田法，階銜上各帶‘主管屯田’。每遇支種子，委自知縣躬親到地頭當面支散，知、通、令、尉，仍乞依營田例添支職田。一、今來屯田雖是成熟，竊緣創事之初，合行優恤。將來收成，欲合免第一年花利，次年爲頭，方行分數，官私收受。一、遇有人户前來承認耕種，乞就逐縣實封投狀請佃，畫時出給公據。一、今來屯田，不許見任官及僧寺道觀公吏等人詭名冒占，許諸色人告論，如有違犯，申取朝廷指揮外，自餘不拘西北流寓及兩淮居民，以至江、浙等處客户，並許不以多少量力踏逐承佃，仍令實封齎狀，赴逐縣投陳，別置簿籍，立定字型大小，畫時給據，付人户收執耕作。一、見椿管原係屯田牛具犁把莊屋，遇有人户前來耕種，欲乞一面給散。一、所召到人户並不得州縣差使搔擾，仍乞令逐州軍守臣常加覺察。一、給田之後，若遇水旱，委自令尉躬親到地頭依實檢覆。一、據許子中先踏逐，差到進義副尉袁亨、忠翊郎李彦忠，説諭到歸正林本等一行八十二人，各情願受田種蒔。乞依許子中申獲指揮，每種佃人一名，借種糧錢一十貫文省。一、許子中已申差李彦忠、袁亨充措置兩淮官田所聽候差使，今欲乞存留逐人措置屯田，使復仍以措置屯田所準備差遣人爲名。”

案：此奏文引自《宋會要輯稿》食貨六三之一四九，二月二十八日，朝廷詔建康府都統司退下淮西屯田，專委淮南轉運判官吕企中措置召人耕種，吕企中即上奏。又據《宋會要輯稿》選舉三四之二三：“（乾道）六年二月二十九日，詔：‘尚書金部員外郎吕企中除直敷文閣、淮南轉運判官、兼淮西提刑、提點常平茶鹽兼措置屯田，填見闕。’”

五月

吕祖謙除太學博士，命下

吕祖儉《東萊吕太史年譜》：“（乾道六年）五月初七日，除太學博士。《制詞》曰：‘敕左從政郎吕某：朕追懷故老，慨想遺風，惟累葉之相門，有一時之才子。爾學優多士,名擢兩科。准《易》草經,獨守揚雄之志;下帷授業,共尊董相之風。茲召自於泮宮,俾入躋於學省,以慰諸儒之望,庶几師道之明。尚副予知,益推所學。可特授依前左從政郎、太學博士。權中書舍人王秬行。'"(見《呂祖謙全集》第一冊)

閏五月

江東往淮西耕田之人,呂企中標撥田段,借給種糧及屋宇、牛具

《宋會要輯稿》食貨一之四五:"(乾道六年)閏五月二十五日,中書門下省言:'江東諸州圩田,近因雨水沖損圩岸,若候修築,動經歲月,圩上人戶既無田可耕,竊慮失所。其淮西未耕墾田甚多,見行召募人戶請佃,理宜措置。'詔令張松多方勸諭,如有願往淮西耕田之人,津發前去。候到,令呂企中標撥田段,借給種糧及屋宇、牛具。"

呂大器官吉州

呂祖儉《東萊呂太史年譜》:"(乾道六年閏五月)是月,倉部之官吉州。"(見《呂祖謙全集》第一冊)

十一月

呂廣問卒

《南澗甲乙稿》卷二〇《左大中大夫充龍圖閣待制致仕贈左正奉大夫呂公墓志銘》:"(乾道)六年十一月七日,終於家……公諱廣問,字仁甫……享年七十有三。"

案:呂廣問曾祖呂宗簡,為呂夷簡兄弟,仕至尚書刑部員外郎,賜金紫光祿大夫,曾祖母魯氏。祖呂公雅,仕至徽猷閣待制,贈少師,祖母安氏。父親呂希樸,仕至承議郎,贈右正議大夫,母親張氏。據《宋元學案》卷二七《和靖學案》,呂廣問有兄和問,字节夫,同游和靖門下。《全宋文》卷四三四七有廣問《賀執政啓》斷句:"屈己以講和,而和未決;傾國以養兵,而兵愈驕。"以及其他斷句:"四方屬意,固異於前後碌碌無聞之人;百辟承風,尤在於朝夕赫赫有為之際",可見其文采。

吕用中妻韓氏卒

《吕用中妻韓氏壙誌》：

夫人韓氏，開封人，高祖億，仁宗朝參知政事；曾祖緬，光禄寺丞，曾祖妣王氏；祖宗迪，朝奉郎，祖妣王氏、宋氏；父璹，右朝奉大夫，妣宜人魏氏。

夫人以建中靖國元年七月二十五日，生於京師里第。年十八歸我先君子。男四人：長大鳳，從事郎，次大原，皆蚤世；次大麟，右承議郎、江南東路轉運司主管文字；次大蚖，右文林郎、總領淮西江東軍馬錢糧所準備差遣。女四人，皆幼亡。孫男五人：祖恕、祖愨、祖憲、祖志、祖恙。祖恕、祖愨、祖志，並將仕郎。孫女七人，皆在室。

先君官至朝奉大夫，夫人敘封宜人。先君没，大麟升朝，加封太恭人。乾道六年十一月二十一日以疾終於建康府江東轉運司主管文字官舍，享年七十。明年二月十三日，大麟、大蚖奉夫人之喪合先君之葬於婺州武義縣明招山。若乃淑德懿範，當求銘於當世之名君子而納諸邃。姑此以紀歲月云爾。大麟泣血謹記。

童義刊(《家族墓誌》)

案：據《家族墓誌》記載，此志石高九十七點五公分，寬七十六點五公分，厚十公分。吕用中夫人韓氏是北宋仁宗朝名臣韓億五世孫。

十二月

吕祖謙以太學博士召試爲國史院編修官，實録院檢討官

吕祖儉《東萊吕太史年譜》："(乾道六年)十二月十九日，兼國史院編修官、實録院檢討官。"(見《吕祖謙全集》第一册)

《南宋館閣録》卷八《官聯下》："實録院檢討官……乾道以後十九人……吕祖謙六年十二月以太學博士兼。"

《南宋館閣録》卷八《官聯下》："國史院編修官……乾道以後二十三人……吕祖謙六年十二月以太學博士兼。"

是歲,呂大猷知南安軍

李之亮《宋兩江郡守易替考·南安軍》考證:呂大猷於乾道六年始知南安軍,乾道七年離任。

乾道七年辛卯(1171),呂大器五十九歲,
呂祖謙三十五歲,呂祖儉三十一歲

二月
知南安軍呂大猷奏"乞以時支給告捕盜賊賞錢"事

《宋會要輯稿》兵一三之二八:"(乾道七年)二月六日,知南安軍呂大猷言:'盜賊敗獲,在法雖有告捕之賞,而今之官司多不以時支給。爲盜者入獄,均贓往往多指告事之人,遂致監索禁繫,反爲己累。欲望申詔郡邑,應告捕賞錢並以時支給,其盜賊已系贓滿,止據贓定罪,雖有(供)通隱匿贓物之人,並免追理。[庶几]告捕者爭相效命,奸盜不能存迹矣。'從之。"

四月
楊萬里撰《書呂聖與零陵事序》

《誠齋集》卷七八楊萬里《書呂聖與零陵事序》:"上愛民急治,夙瘵太息,洿隆根株,是在爾吏。吏最近民,不在縣令?百年以還,流俗習傳,羞薄厥官,爲苴爲庫,乃簡其良,差擇具嚴,功實白者,許以薦言。風揮雷行,丕變故常。於是江西提舉胡公首以知江州德安縣呂侯應書,有詔政事堂書其功狀,秩滿將選用焉。或曰:'邑固未易作,作邑亦未易,蓋治其賦與治其民,有以獲乎彼,必無以獲乎此矣。今呂侯兼焉,難乎哉!'予曰:是未足爲侯之難也。侯嘗爲零陵宰,予嘗爲丞。全州兵執其守臣以叛,全距永不百里,永之攝守懼,告潭帥,請討之。持書者前矣,侯夜叩州門謁守曰:'討之是濟其亂,且震湖南,獨全州乎?謂宜白於使家,亟下教咎其守臣,鎮撫猘徒,亂庶可已。姑徐圖

之,曷云其遲?'侯策既行,一路静嘉,是侯之難也,一邑難乎哉! 且無事患有事,有事患無人,有人患無功。全卒之静而叛,自無事而之有事也;叛而静,自有事而之無事也。自有事而之無事,有人故也,吕侯是已。然是役也,有人矣,而無功焉,是所患也,非吕侯之患也,天下之患也。使全卒叛而不静,不静而及於湖南,不知命几將,遣几兵,費糧几何,閲几日而後湖南無事耶? 如是而後無事,則謂之有功矣。謂彼爲有功,則吕侯爲無功宜也。自古有事未有無人,有人未有無功。有事而無人則難焉,有人而無功則不難焉,獨吕侯歟! 予因書之,以私告夫好善之君子,並嘉胡公之能薦士也。吕侯名行中,字聖與云。乾道辛卯四月二十六日,廬陵楊萬里書。"

案:吕行中有吏才,迅速平定全州叛亂。

五月

湖北、京西委吕游問,於元降赴鄂州兑換不盡第三界新會子内截留一十五萬貫,收糴大麥十萬碩

《宋會要輯稿》食貨四〇之五二:"(乾道七年五月)十三日,中書門下言:'江、淮、兩浙、湖南北、京西州軍,今歲二麥豐熟,倍於常年,理合措置收糴大麥,樁充馬料支遣。欲依下項:淮東委徐子寅、浙西委胡堅常,鎮江府於樁管朝廷會子内各支一十萬五千貫,收糴大麥各七萬碩。浙東委沈复,提領南庫所支降會子一十萬九千貫,收糴大麥七萬碩。淮西委趙善俊,建康府於樁管朝廷會子内支一十萬五千貫,收糴大麥七萬碩。江東委張松元,降付淮西總領所兑換不盡第三界新會子内截留一十萬五千貫,收糴七萬碩。湖北、京西委吕游問,於元降赴鄂州兑換不盡第三界新會子内截留一十五萬貫,收糴大麥十萬碩。湖南委司馬倬,於元降付鄂州兑換不盡第三界新會子内截留一十二萬貫,收糴大麥八萬碩。'詔並依擬定,仍令依市價收糴。"

吕祖謙继室韩夫人卒

吕祖儉《東萊吕太史年譜》:"(乾道七年)五月十三日,韓夫人卒。"(見《吕祖謙全集》第一册)

七月

詔右宣教郎呂祖謙、左宣教郎蔡戡並召試館職

《宋會要輯稿》選舉三一之二三："（乾道）七年七月十九日，詔右宣教郎呂祖謙、左宣教郎蔡戡並召試館職。"

九月

呂游問上《乞召百姓承佃營田屯田奏》

《全宋文》卷四七〇二呂游問《乞召百姓承佃營田屯田奏》乾道七年九月十一日："本所所收管營田屯田内，官兵闕人耕種之處，乞依元舊頃畝，出榜召百姓依元額承佃。"

案：《全宋文》此奏文引自《宋會要輯稿》食貨六三之一五〇，時呂游問爲户部郎中、總領湖北京西軍馬錢糧、兼提領措置屯田，朝廷准奏，並租課令本所拘收。

呂游問上《鄂州都統司差撥官兵收捕盜賊事奏》

《全宋文》卷四七〇二《鄂州都統司差撥官兵收捕盜賊事奏》乾道七年九月十二日："鄂州都統司差撥官兵一百三十九人，前去江州，措置收捕盜賊，一季一替。而近年以來，江湖間有群盜，其都統司所差官兵，元無捉到人數。"《宋會要輯稿》兵七之二七

案：時呂游問爲總領湖廣、江西、京西財賦。此奏文在《宋會要輯稿》兵五，非兵七，《全宋文》有誤。

呂祖謙除秘書省正字，兼國史院編修官、實録院檢討官

呂祖儉《東萊呂太史年譜》："（乾道七年）九月十六日，除秘書省正字，兼職如故。"（見《呂祖謙全集》第一册）

案：此《年譜》中有趙雄所撰《呂祖謙除秘書省正字制》乾道七年九月十六日："敕左宣教郎呂某等：册府地秘職清，英俊之林，卿相之儲也。博采時名，復試焉而後授。選任如此，不已精乎！爾某連中儒科，有窺古之學；爾戡世濟名

德,有康時之心。其往觀未見之書,沈浸涵泳,以就遠器,朕將收其用焉。可依前件。中書舍人趙雄行。"

呂游問上《諸屯人馬抽回教閱事奏》

《全宋文》卷四七〇二呂游問《諸屯人馬抽回教閱事奏》乾道七年九月十七日:"得旨:將諸屯人馬,斟酌緊慢,抽回教閱。今鄂州軍差出,見屯德安府欲留一千人,郢州欲留三千人,隨州欲留五百人,常德府欲留二百人。信陽軍三百人,棗陽縣六十五人,漢陽軍馬監九百六十人,應城縣孳生馬監二百七十人,欲並存留。潭州九百九十二人,復州一百人,應城縣四百九十五人,武昌縣五十人,漢陽軍四人,永興縣八人,欲並抽回。荆南軍差出襄陽一萬五千五百七十二人,均州一百人,光化軍一百九十八人,欲並存留。江州差出,光化軍欲留三百人,黃州欲留五百人,大冶縣欲留三十人,麻城縣五十一人,欲抽回。棗陽縣人並抽回,却於隨州存留人内,每季輪差五十人,於本縣屯戍。漢陽、應城縣兩監養馬人,發回本軍入隊教閱。却於本軍減半請給人内對數摘差,赴逐監使喚。仍令將帶老小前去,一處居住。黃州並大冶縣人並盡數抽回歸軍。"

案:此奏文引自《宋會要輯稿》兵五之二八,按《宋會要輯稿》:"(乾道七年九月)十七日,呂游問言:'得旨,將諸屯人馬,斟酌緊慢,抽回教閱。今鄂州軍差出,見屯德安府欲留一千人……麻城縣五十一人,欲抽回。'〔詔〕棗陽縣人並抽回,却於隨州存留人内,每季輪差五十人於本縣屯戍。漢陽、應城縣兩監養馬人發回本軍,入隊教閱,却於本軍減半請給人内對數摘差赴逐監使喚,仍令將帶老小前去一處居住。黃州並大冶縣人並盡數抽回歸軍,令安撫司於係將,不係將人内差撥三千人赴大冶縣。餘從之。""棗陽縣人並抽回"等語,爲詔書内語,非呂游問奏章所言,《全宋文》中有誤。

呂游問上《請添置撥發船運官一員奏》

《全宋文》卷四七〇二呂游問《請添置撥發船運官一員奏》乾道七年九月二十四日:"襄陽在今日爲必守之地,務要廣積糧斛。緣鄂、郢州溯流至襄陽,悉皆灘磧,以致綱運留滯,押綱與舟人相通爲奸,侵匿官物,利害至重。今措置欲於鄂州添置撥發船運官一員，如任内職事修舉，與磨勘三年。"

　　案：《全宋文》此奏文引自《宋會要輯稿》職官一一之五一，時呂游問總領湖廣江西京西財賦，朝廷准予其奏。《宋會要輯稿》食貨四四之一一亦有相關内容，其云："（乾道七年）九月二十二日，户部郎中、總領湖廣江西京西財賦呂游問言：'鄂州至襄陽盡是灘磧，尋常綱運有三兩月以至半年不到者，致押綱與舟人通同作奸。欲於鄂州要處添置撥發船運官一員，專一撥發綱運，不令失欠。職事修舉，與減磨勘三年。'從之。"

十一月

尚書户部郎中、總領湖廣江西京西財賦呂游問除直秘閣、知襄陽府

　　《宋會要輯稿》選舉三四之二六："（乾道七年）十一月二十一日，詔尚書户部郎中、總領湖廣江西京西財賦、湖北京西軍馬錢糧、專一報發御前軍馬文字呂游問除直顯謨閣、知襄陽府。"

　　周必大《户部郎官、湖廣總領呂游問除直顯謨閣、知襄陽府，填見闕，所委點檢閲軍器不得滅裂。候事畢，李安國到日，方將前去之任，任滿前來奏事》十一月二十一日：

　　敕具官某：襄爲古郡，今號邊藩，有兵有民，實藉綏撫久矣。擇選牧帥，庶其在兹。爾食德相門，宣勞臞仕，材猷之美，中外具宜。寓直貽謨，往膺閫寄。昔之良守多矣，而羊祜之名獨傳。蓋綏懷得江漢之心，墾田積十年之勞。與我共理，不當如是乎？勉悉乃心，毋曰前人之不可及。可。

　　案：李之亮《宋兩湖大郡守臣易替考·襄州襄陽府》考證：呂游問於乾道七年始知襄陽府，乾道九年離任。《呂游問除知襄陽制》，原標題甚長，收録於周必大《掖垣類稿》卷七，見《全宋文》卷五〇二二。

乾道八年壬辰（1172），呂大器六十歲，
呂祖謙三十六歲，呂祖儉三十二歲

正月

呂祖謙爲省試點檢試卷官

呂祖儉《東萊呂太史年譜》：“春，爲省試考官。在試院，聞倉部屬疾，請告歸娶。”（見《呂祖謙全集》第一册）

《宋會要輯稿》選舉二〇之二二：“（乾道）八年正月九日，命翰林學士、知制誥、兼侍讀王曮知貢舉，中書舍人趙雄、侍御史李衡同知貢舉。太常少卿黄鈞，將作監劉季裴，監察御史顔度，太常丞趙思，司農寺丞留正，著作郎林光朝、楊興宗，著作佐郎趙汝愚參詳。秘書丞尤袤，秘書郎蕭國梁，樞密編修官崔淵，敕令所删定官楊恂、王質、王公衮，國子博士木待問，秘書省校書郎丁時發，正字呂祖謙、唐仲友、蔡戡，御史臺主簿柴衛，宗正寺主簿王卿月，國子監主簿邵説，太學博士姚宗之，太學正陳自修，國子録沈瀛，主管吏部架閣文字曾植，主管禮部架閣文字俞光凝，監軍器所門李嘉言點檢試卷。”

呂祖謙賞識陸九淵才華

《宋史·呂祖謙傳》：“（祖謙）嘗讀陸九淵文喜之，而未識其人。考試禮部，得一卷，曰：‘此必江西小陸之文也。’揭示，果九淵，人服其精鑒。”

呂企中由福建路轉運判官移本路提點刑獄

《淳熙三山志》卷二五《秩官類六·提刑司官》：“左朝奉郎、直敷文閣，自本路轉運判官就移，乾道八年二月二十三日到任，九年三月除直寶文閣、知揚州。”

周必大《直敷文閣、福建運判呂企中除福建路提點刑獄公事，填趙子英召赴行在闕，候任滿前來奏事》正月二十五日

敕具官某：七閩地狹人衆，爲生甚艱，故其民亦重犯法。然東際海，南接炎嶠，西入贛境，風潮出没之奸，山谷走集之盗，控御失所，或害吾治，按刑之任，非人可乎？爾才具恢閎，不隕世美。兹由漕挽，就寄平反。即舊部則吏士相安，假繡斧則使華增重。往因其俗，體我好生。可。

案：吕企中除福建路提點刑獄公事在正月二十五日，其於二月二十三日到任。

二月

吕大器卒

《吕大器壙誌》：

宋故右朝散郎、主管臺州崇道觀、賜緋魚袋，吕公諱大器，字治先，開封府開封縣人。曾祖諱希哲，奉直大夫、直秘閣、贈太子太保，妣張氏，贈文安郡夫人。祖諱好問，資政殿學士、太中大夫、贈太師，妣王氏，贈秦國夫人。考諱弸中，右朝請郎、贈右通奉大夫，妣章氏、文氏，皆贈碩人。

公政和三年四月二十三日生，以祖致仕恩補右承務郎，歷監潭州南嶽廟、知宣州宣城縣丞、江南東路提舉茶鹽司幹辦公事、兩浙東路提點刑獄司幹辦公事、福建路提點刑獄司幹辦公事、主管臺州崇道觀、通判岳州，未上，改知黄州，終更，復知池州。召對，除尚書倉部員外郎，踰歲升郎中，以仲弟之喪請外出，知吉州，尋奉祠以歸。乾道八年二月七日，以疾終於家，享年六十。是年五月十六日，葬於婺州武義縣明招山祖塋之次。娶曾氏，故尚書禮部侍郎幾之女，前公七年卒，贈宜人，實合祔焉。

子男四人：長祖謙，左宣教郎、秘書省正字兼國史院編修官、實錄院檢討官；次祖儉；次祖節；次祖烈。女二人，尚幼。

弟、右朝奉郎、新知南安軍大猷書。

案：此志石高六十五公分，寬八十二點五公分，厚十四點五公分。吕大器卒於乾道八年二月，《南宋館閣録》卷八亦有記載。吕大器丈母爲錢氏，《曾文清公（幾）墓誌銘》云：“（曾幾）娶故翰林學士錢勰之孫，朝奉郎東美之女。”（《渭南文集》卷三二）

又案：薛季宣有《祭吕郎中文大器》，見《浪語集》卷三四。陳亮有《祭吕治先郎中文》,其祭文云:"公以東北世家之賢,來寓吾邦,是生賢子,以淑一邦之人。位不究其所蘊,而奄焉以没,使其賢子號天叫地,如不欲生……亮以晚生,不及拜公於堂,間獲從公之子以游,誘之披之,蓋公之教。"(見《陳亮集》卷三〇)。

又案:本年進士及第者凡三百八十九人。有黄定、汪逵、范之柔、徐誼、陸九淵、陳傅良、蔡幼學、劉爛、潘叔似等。

乾道九年癸巳(1173),吕祖謙三十七歲,吕祖儉三十三歲

三月
直敷文閣、福建路提點刑獄公事吕企中除直寶文閣

《宋會要輯稿》選舉三四之二九:"(乾道九年)三月八日,詔直敷文閣、福建路提點刑獄公事吕企中除直寶文閣。以企中兼權帥司揀發本路弓弩手有勞,故有是命。"

六月
吕大虬卒

《東萊吕太史別集》卷一〇《與陳同甫》其八:"某哀苦固無生意,而私門不幸。八家叔竟不起疾,追痛摧傷,肝肺潰裂。家叔平生志氣材具,百未一試,而遽奪之,此痛不特爲門户惜也。涕淚未收,而永嘉復報士龍之訃,海内遂失此人……前月末略到山間,爲家叔料理葬事,以冗甚,故不奉報。"

案:薛季宣卒於乾道九年七月,杜海軍斷定,吕大虬當卒於乾道九年六月(《吕祖謙年譜》)。辛棄疾曾作一詞《太常引·建康中秋夜爲吕叔潛賦》,此詞云:"一輪秋影轉金波,飛鏡又重磨。把酒問姮娥:被白髮、欺人奈何?乘風好去,長空万里,直下看山河。斫去桂婆娑,人道是,清光更多。"吕叔潛即吕大虬。鄧廣銘在《稼軒詞編年箋注》中云:"[編年]淳熙元年(1174)。——吕叔潛始末既未得詳,右詞作年因亦難得的知。但據'白髮欺人'句推之,似以作於二次官建康時爲較合。"鄧先生作了實事求是地推斷和分析。淳熙元年吕

大蚓已卒,此詞或亦可能作於辛棄疾第一次官建康時的乾道六年左右。

十二月

吕企中知揚州

《吴郡志》卷七:"吕企中,右朝散郎、直寶文閣。乾道九年十二月二十七日,改知揚州。"

案:李之亮《宋兩淮大郡守臣易替考·揚州》考證:吕企中於乾道九年十二月始知揚州,淳熙二年離任。《淳熙三山志》卷二五《秩官類六·提刑司官》吕企中條云,其於九年三月除直寶文閣、知楊州。

淳熙元年甲午(1174),吕祖謙三十八歲,吕祖儉三十四歲

五月

前湖廣總領吕游問特降兩官

《宋會要輯稿》職官七二之一一:"(淳熙元年五月)二十九日,前湖廣總領吕游問特降兩官,權京西提刑陳從古特降一官。先是,游問在任將官屋虧價賣與族姪昭中,又令兑换會子,取受錢物,已落職放罷,委官體究。至是,刑部言游問判狀兑錢事理明白,而京西提刑司體究違慢,故並罪之。"

六月

吕祖謙主管台州崇道觀

吕祖儉《東萊吕太史年譜》:"(淳熙元年六月)是月二十三日,主管台州崇道觀。"(見《吕祖謙全集》第一册)

淳熙二年乙未(1175),呂祖謙三十九歲,呂祖儉三十五歲

五月

呂祖謙邀陸九齡與九淵兄弟等同至鵝湖,與朱熹相會論學

　　呂祖儉《東萊呂太史年譜》:"(淳熙二年)四月二十一日,如武夷,訪朱編修元晦,潘叔昌從。留月餘,同觀關、洛書,輯《近思録》。朱編修送公於信州鵝湖,陸子壽、子静、劉子澄及江、浙諸友皆會,留止旬日。"(見《呂祖謙全集》第一册)

　　案:鵝湖會議在中國哲學史上具有重要意義,呂祖謙作爲南宋著名理學家,邀請雙方並主持會議,功不可没。據《黄氏日抄》卷四〇《讀本朝諸儒理學書八·東萊先生文集·雜説》云:"先生以理學,與朱、張鼎立爲世師,其精辭奥義豈後學所能窺其萬分一? 然嘗觀之,晦翁與先生同心者,先生辨詰之不少恕;象山與晦翁異論者,先生容下之不少忤。鵝湖之會,先生謂元晦英邁剛明,而功夫就實入細,殊未易量。謂子静亦堅實有力,但欠開闊。其後象山祭先生文,亦自悔鵝湖之會集,粗心浮氣。然則先生忠厚之至,一時調娱其間,有功於斯道何如耶!"

七月

呂企中以直龍圖閣知隆興府

　　《江西通志》:"呂企中,淳熙二年以直龍圖閣任,復以秘閣修撰再任。"
　　案:李之亮《宋兩江郡守易替考·洪州隆興府》考證:呂企中於淳熙二年七月始知隆興府,淳熙四年十月離任。

九月

周必大撰《跋司馬温公吕申公同除内翰告》

　　《省齋文稿》卷一六周必大《跋司馬温公吕申公同除内翰告》:"神宗皇帝天縱將聖,焕乎其有文章。即位之三月,首擢司馬文正、吕正獻爲翰林學士,

此當時贊書也。惟二公道德文學冠映本朝,故其進用大同者三:在仁宗時,力辭知制誥,並改次對,入侍帷幄,同乎初也;右文初政,並升翰苑,同乎中也;泰陵嗣服,俱在揆路,同乎終也。追觀前世名公卿同時被遇者固多,至於更歷累朝、名位均一如二公者鮮矣。今文正曾孫伋、正獻曾孫企中適爲司農長貳,相論述先契,感歎不已。於是摹綸言刻之石,以某寓直鼇禁,俾題其後。昔唐文宗問魏文正公五世孫謨曰:'卿家書詔頗有存者乎?'謨對:'惟故笏在。'詔令上送。今司馬氏保有此書,過魏氏矣。與國咸休,永世無窮,惟後之人實圖之。淳熙二年九月一日。"(引自《全宋文》卷五一二五)

案:本年進士及第者凡四百二十六人。有詹騤、羅點、任希夷、徐應龍、陳宗召、章穎、項安世、游仲鴻、劉崇之等。

淳熙三年丙申(1176),呂祖謙四十歲,呂祖儉三十六歲

正月

呂祖謙磨勘轉奉議郎

呂祖儉《東萊呂太史年譜》:"(淳熙三年正月)是月二十五日,磨勘轉奉議郎。"(見《呂祖謙全集》第一冊)

四月

恢復之議,張栻、黃中、劉珙、朱熹、呂祖謙最爲持大義

《宋史全文》卷二六上《宋孝宗五》淳熙三年四月條:"初,湯邦彥敢爲大言,虞允文深器之。允文出爲四川宣撫也,辟邦彥以行。允文沒,邦彥還朝爲右司諫,奉詔充申議使,使敵求陵寢地。邦彥至燕,敵人拒不納,既旬餘,乃命引見,夾道皆控弦露刃之士,邦彥大怖,不能措一詞而出。上大怒,詔流新州。上諭輔臣:'敵既不受本朝禮物,邦彥乃受敵中所賜,辭受之際,理亦易曉。乃不顧名節,辱命如此!'邦彥既一斥不復,自是河南之議始息,不復遣泛使矣。"

《宋史全文》同條下有評論:"《大事記》曰:恢復之機既失,雖虞允文始相,建議遣使,以陵寢故地爲請,然識者以爲當爭之於未講和之初,而不當爭於和

議已定數年之後。彼雖仁義不足而凶狡有餘，反以大義責我，故當時端人正士如張栻、黃中、劉珙、朱熹、呂祖謙最爲持大義者也。而乾道五年張栻入對，則謂‘欲復中原之地，必先收中原百姓之心；欲得中原百姓之心，必先固吾境內百姓之心。’六年黃中入對，則謂‘言和者忘不共戴天之仇，固非久安之計；言戰者復爲無顧忌之大言，無必勝之術，內修政理、外觀時變而已。’張栻再入對，亦謂‘敵中之事臣雖不知，而境內之事知之詳矣。比年諸道歲饑民貧，國家兵弱財匱，正使彼實可圖，臣懼我之未足以圖彼也’。七年劉珙手疏，則謂‘我所以自治者大抵闊略，而乃外招歸正之人，內移禁衛之卒，手足先露，吾恐恢復之功未易可圖，而意外兵至之憂將有不可勝言者’。呂祖謙輪對，則謂‘恢復，大事也，規模當定，方略當審，始終本末當具舉，緩急難易當預議’。而朱熹戊申封事亦曰：‘此事之失，已在隆興之初，不合遽然罷兵講和，遂使宴安鴆毒之害日滋月長，坐薪嘗膽之志日遠月忘。區區東南，事猶有不勝慮者，何恢復之可圖乎？蓋炎興之敵，奉辭以討之可也；隆興之敵，正名以絕之可也；乾道之敵，積實以圖之可也。’惟隆興有恢復之志而無恢復之機，此孝宗之志所以未盡遂也。”

五月

權知隆興府呂企中奏錢卓事

《宋史全文》卷二六上《宋孝宗五》淳熙三年五月條：“戊申，進呈權知隆興府呂企中奏：本路鈐轄錢卓初到官，權借印記，慍怒形於公移。上問：‘如何？’龔茂良、李彥穎奏：‘祖宗朝分道置帥，以任一面之寄，事權至重，平時分守，嚴則緩急號令，得行一路。兵官於帥臣自有階級，豈容如此？’上曰：‘祖宗立法有深意。錢卓可降一官。’”

十月

呂祖謙除秘書省秘書郎，兼國史院編修官，實録院檢討官

呂祖儉《東萊呂太史年譜》：“（淳熙三年）十月一日，如越。二十六日，由明招歸。是日，除秘書省秘書郎、兼國史院編修官、實録院檢討官。以重修《徽宗皇帝實録》，用禮部侍郎、兼同修國史實録院同修撰李燾之薦也。”（見

《呂祖謙全集》第一册）

　　案：此《年譜》中有陳騤撰寫的《呂祖謙除秘書省秘書郎兼國史院編修官實錄院檢討官制》淳熙三年十月：“敕奉議郎呂某：士君子之所履，觀《易》之《履》盡矣。安素分而守正，館閣儲才，所期在此。以爾守有宮廷，學有矩矱，醇静樸茂，亦聞於時。爲郎司編，仍贊筆削，必有可觀。更思履道，當知制行之爲難，養名之不易也。可特授依前奉議郎、秘書省秘書郎、兼國史院編修官、實録院檢討官。權中書舍人陳騤行。”

　　又案：呂祖謙參與編撰《徽宗實録》，《東萊呂太史别集》卷八《與朱侍講》九亦提到：“某到都輦已將兩旬，一番酬酢粗定。但《徽録》已逼進書，而其間當整頓處甚多。自此即屏置它事，專意料理。”

冬

呂企中撰《跋米元章墨迹》

　　《全宋文》卷五〇一〇呂企中《跋米元章墨迹》：“自天粟晝零之後，灑染翰墨，代不乏人。必其不蹈故常，始可以永其傳。襄陽米禮部，生平無他嗜好，獨游神心晝。始學顔書，已而厭其俗，聞有李邕法，又惡之，遂學沈傳師。自後數改，遂成名家。麻紙十萬，散失多矣。故知八法之妙者，請於是觀焉。淳熙丙申暮冬申呂企中書。”

　　案：呂企中鍾情於米芾墨迹，他又撰文云：“米氏心晝之妙，得於家傳，父作子述，識者謂宋之有元章、元暉，猶晉之有羲之、獻之。”（引自《全宋文》卷五〇一〇呂企中《跋豫章所刻法帖》）

是歲，呂大同夫人方氏卒

　　《呂從事夫人方氏墓志銘》：“維申國吕氏，自五代至宋，歷十二聖，常有顯人。忠孝文武，克肖先世，婚姻多大家名冑，婦姑相傳以德，先後相勉以義，富貴不驕汰，雖甚貧，喪祭猶守其舊，養上撫下，恩意曲盡，雖寓陋巷環堵之屋，鄰里敬化服之，猶在京師故第時……從事郎諱大同之夫人方氏……四十有九而卒於淳熙三年。”（《渭南文集》卷三六）

　　案：根據陸游“墓志銘”，方氏父親元矩，爲朝散郎、知建州。吕大同有一男一女,男祖平,爲承議郎,知興化軍仙游縣事;女嫁朝請郎添差通判鎮江府曾棐。孫男樗年,孫女萊孫。吕大同卒後,方氏重視子女培養,能"篤禮孝義,哀死字孤,爲子求師擇友日夜進其業,而教其女以婦事,皆訖於成。"(《渭南文集》卷三六《吕從事夫人方氏墓志銘》)

淳熙四年丁酉(1177),吕祖謙四十一歲,吕祖儉三十七歲

三月

實録院進《徽宗皇帝實録》二百卷

吕祖儉《東萊吕太史年譜》:"(淳熙四年)三月九日,實録院進《徽宗皇帝實録》二百卷。"(見《吕祖謙全集》第一册)

四月

吕祖謙轉承議郎,仍兼史職

吕祖儉《東萊吕太史年譜》:"(淳熙四年)四月二十九日,以與修《實録》有勞,轉承議郎,罷檢討,仍兼史職。"(見《吕祖謙全集》第一册)

案:此《年譜》中,有《制詞》曰:"奉議郎、秘書省秘書郎、兼國史院編修官、實録院檢討官吕某:右可特授承議郎、試秘書省秘書郎、兼國史院編修官。敕奉議郎、守秘書省著作郎、兼國史院編修官、實録院檢討官、兼權司封郎官傅伯壽等:昔唐《開元實録》厄於興慶,殆無存者。其後搜得一二,雖相繼有以家藏來上,亦豈無遺事邪! 惟我徽祖臨御寓内二十有六載,禮樂庶事罔不備具。記注所載,中更散逸,故紹興間裒集成書,尚多闕略。朕下明詔,復加纂修。爾等皆以奥學良才,博聞強識,緒業其間,豈特文直事核,而比舊增多百卷,斯亦勤矣。恭閲奏篇,爲之歡嘉。咸進文階,以示褒勸。可依前件。權中書舍人劉孝韙行。"

十月

令臨安府校正開雕《聖宋文海》,專委秘書郎呂祖謙

《宋會要輯稿》崇儒五之一八:"淳熙四年十月五日,詔臨安府校正開雕《聖宋文海》,專委秘書郎呂祖謙。既而祖謙言:'《文海》元是書坊一時刊行,去取未精,名賢高文大册尚多遺落。今乞一就增損,仍斷自中興以前銓次,庶几可以行遠。'從之。"

知隆興府呂企中放罷

《宋會要·職官》七二之一九:"(淳熙四年十月)十七日,知隆興府呂企中放罷。以臣僚言企中在任一意掊剋,侵奪民利以歸私帑故也。"

十一月

吕祖谦娶芮烨季女为继室,甚觉勉强

呂祖儉《東萊呂太史年譜》:"(淳熙四年)十一月二日,娶芮氏故國子祭酒燁之季女。"(見《呂祖謙全集》第一册)

《東萊呂太史別集》卷八《與朱侍講》一九:"某冗食館下,行矣及期……芮氏姻期在歲暮,長年甚覺勉強,但理不容已也。"(見《呂祖謙全集》第一册)

案:芮燁女小呂祖謙二十五歲,時年十六,杜海軍認爲,可能年齡差距太大,故甚覺勉強。

吕祖谦承詔編寫《聖宋文海》

《東萊呂太史文集》卷三《進編次〈文海〉劄子》:"右某先於淳熙四年十一月,内承尚書省劄子勘會已降指揮,令臨安府校正開雕《聖宋文海》。十一月九日,三省同奉聖旨,委呂某專一精加校正。"(見《呂祖謙全集》第一册)

吕大倫繼室程氏(程頤曾孫)卒

《呂大倫繼室程氏壙誌》:

先妣安人程氏,伊川先生之曾孫,祖諱端中,父諱易。生二十年歸於我先

君,初以郊恩封孺人,進封安人。後十六年,先君即世,先妣撫育諸孤劬瘁,十年未充就一日之養,以淳熙丁酉十一月十五日終於正寢,享年四十六。

男二人:長祖永,將仕郎;次祖慈。女二人……以明年二月初二日祔於婺州武義縣明招山先君之兆。先君諱大倫,終右朝奉郎。

孤哀子呂祖永泣血書。

金華戚如圭書諱。

金華盧璿刊。(《家族墓誌》)

案:據《家族墓誌》記載,此志石高六十八點五公分,寬六十六點五公分,厚九點五公分。墓葬三穴並列,中穴葬呂大倫,左穴葬許氏,右穴葬程氏。寧波天一閣博物館藏有民國《木阜呂氏宗譜》,其中卷四有呂大麟《明招山墳圖序》,記載了呂大倫墓葬的情況。

又案:程氏曾祖父是北宋著名理學家程頤。祖父是南宋民族英雄程端中,建炎中知六安,與入侵的金兵殊死搏鬥,殺身成仁,高宗十分哀痛,謚忠烈。父親程易,爲洪州分寧縣令。

淳熙五年戊戌(1178),呂祖謙四十二歲,呂祖儉三十八歲

春
呂祖謙爲殿試考官

呂祖儉《東萊呂太史年譜》:"(淳熙五年)春,爲殿試考官。"(見《呂祖謙全集》第一册)

三月
呂祖謙磨勘轉朝奉郎

呂祖儉《東萊呂太史年譜》:"(淳熙五年)三月十三日,磨勘轉朝奉郎。"(見《呂祖謙全集》第一册)

是月，史浩拜相，薦呂祖謙等

《四朝聞見録》丙集《史文惠薦士》："淳熙五年三月，史文惠浩既再相，急於進賢如初。朱文公熹、呂公祖謙、張公栻、曾氏逢輩，皆薦召之。"

四月
呂祖謙除著作佐郎，仍兼史職

呂祖儉《東萊呂太史年譜》："（淳熙五年）四月二十三日，除著作佐郎、兼史職。《制詞》：'朝奉郎行秘書省秘書郎、兼國史院編修官呂某，右可特授，依前朝奉郎、行秘書省著作佐郎、兼國史院編修官。敕承事郎、試秘書省著作佐郎、兼國史院編修官、兼權太子侍講鄭鑒等：中秘圖書之府，承明著作之廷，爲郎其間，厥選惟重。以爾鑒有志於世，持論不阿。爾某積學於身，通道甚篤。靜重而敏於事，若晉臣西蜀之英；諒直而濟以文，若郼者三吳之秀。或褒序於在位，或簡擢於它官，持載筆之三長，典異書之四部。惟兹成命，既叶於公言；副我虛懷，更恢於遠業。可依前件。權中書舍人劉孝韙行。'"

六月
呂祖謙兼權禮部郎官，以與修《中興館閣書目》，書成，減二年磨勘

呂祖儉《東萊呂太史年譜》："（淳熙五年）六月十三日，兼權禮部郎官，以與修《中興館閣書目》。書成，進御，減二年磨勘。"（見《呂祖謙全集》第一冊）

九月
呂祖謙轉朝散郎

呂祖儉《東萊呂太史年譜》："（淳熙五年九月）二十七日，以幸省恩轉朝散郎。《制詞》：'朝奉郎、行秘書省著作佐郎、兼國史院編修官、兼權禮部郎官呂某，右可特授朝散郎，依前行秘書省著作佐郎、兼國史院編修官、兼權禮部郎官；敕承議郎、秘書丞、兼權吏部郎官黃洽等：列職圖書之府，參聯史氏之官，皆極一時之選，儲爲異日之用也。朕仰尊太上皇帝之睿謨，舉行紹興甲子之縟典，載臨秘閣，欽閱寶儲，延見群士，賜宴賦詩，以侈榮寵。居官其間，進秩一等，稽之彝章，允爲異數。朕之所以稽古右文，禮賢下士之意於此見矣。爾其精白一心，圖厥報稱，以永有辭。可依前件。權中書舍人鄭丙行。'"（見《呂祖

謙全集》第一册）

吕祖謙主持測驗淳熙曆法

《宋史·律曆一五》：“（淳熙）五年，金遣使來朝賀會慶節，妄稱其國曆九月庚寅晦爲己丑晦。接伴使、檢詳丘崈辨之，使者辭窮，於是朝廷益重曆事……詔遣禮部郎官吕祖謙。祖謙言：‘本朝十月小盡，一日辛卯朔，夜昏度太陰躔在尾宿七度七十分。以太陰一晝夜平行十三度三十一分，至八日上弦日，太陰計行九十一度餘。按曆法，朔至上弦，太陰平行九十一度三十一分，當在室宿一度太。金國十月大盡，一日庚寅朔，夜昏度太陰約在心宿初度三十一分。太陰一晝夜亦平行十三度三十一分，自朔至本朝八日爲金國九日，太陰已行一百四度六十二分，比之本朝十月八日上弦，太陰多行一晝夜之數。今測見太陰在室宿二度，計行九十二度餘，始知本朝十月八日上弦，密於天道。詔祖謙復測驗。是夜，邦傑用渾天儀法物測驗，太陰在室宿四度，其八日上弦夜所測太陰在室宿二度。按曆法，太陰平行十三度餘，行遲行十二度。今所測太陰，比之八日夜又東行十二度，信合天道。”

十月
吕祖謙除著作郎

吕祖儉《東萊吕太史年譜》：“（淳熙五年）十月十七日，除著作郎，兼職如故。《制詞》：‘朝散郎、行秘書省著作佐郎、兼國史院編修官、兼權禮部郎官吕某，右可特授，依前朝散秘書省著作郎、兼國史院編修官、兼權禮部郎官。敕具官吕某等：朕聞隆興以來著記，近稱整齊，尚慮未盡直筆。建炎以後秘藏，近成輯録，尚慮不無逸編。士之相語於朝，咸謂爾某、爾郕、爾价者，粹美有藴，淵源有學，正而不矯，通而不流，有用之器也。朕聞之亦喜焉，或以次遷，或以它擢，各修乃職，尚何慮哉！朕一朝而除館閣之士三，其在《大雅》曰‘藹藹王多吉士’，乃今見之。咸副所望，可依前件。中書舍人陳騤行。’”（見《吕祖謙全集》第一册）

案：本年進士及第者凡四百十七人，有姚穎、葉適、安丙、陳自强、黄疇若、戴溪等。

淳熙六年己亥(1179),呂祖謙四十三歲,呂祖儉三十九歲

正月

詔呂祖謙與州郡差遣,復詔添差參議官差遣

　　呂祖儉《東萊呂太史年譜》:"(淳熙六年)正月十一日,詔與州郡差遣。十六日,又詔與添差參議官差遣,免謝辭。"(見《呂祖謙全集》第一冊)

呂祖謙進呈一百五十卷《聖宋文海》,孝宗賜名《皇朝文鑒》

　　《玉海藝文校證》卷二○《總集文章》:"《淳熙皇朝文鑒》。孝宗命著作郎呂祖謙發三館四庫之所藏,裒掇紳故家之所録,所得文集凡八百家……賜名曰《皇朝文鑒》……六年正月癸未,上對大臣問之,祖謙乃以書進。二月壬辰,除祖謙直秘閣。丙午,命必大撰序……孝宗謂採取精詳,有益治道。朱文公謂此書編次篇篇有意。"

　　《東萊呂太史文集》卷三《進編次文海札子》:"右某先於淳熙四年十一月內承尚書省札子,勘會已降指揮,令臨安府校正開雕《聖宋文海》。十一月九日,三省同奉聖旨,委呂某專一精加校正。某竊見《文海》元系書坊一時刊行,名賢高文大册尚多遺落,遂具札子,乞一就增損,仍斷自中興以前詮次,庶幾可以行遠。十一月十五日,三省同奉聖旨,依某尋將秘書省集庫所藏本朝諸家文集,及於士大夫家宛轉假借,旁采傳記他書,雖不知名氏,而其文可録者,用《文選》《古詩十九首》例,並行編類。凡六十一門,爲百五十卷,目録四卷。某竊伏自念本朝文字之盛,衆作相望,誠宜采掇英華,仰副聖意。而某學問荒淺,知識卑陋,不足以知前輩作述之指,黽勉承命。今已經年,簡牘浩繁,纂緝繆戾,加以繕寫才畢,偶嬰末疾,尚恐疏略牴牾,未敢遽以投進。今月二十四日,伏蒙輔臣具宣聖諭,緣某已除外任,俯詢所編次第,自惟稽緩,不勝震懼。所有編次到《聖宋文海》一部,共一百五十四册,並臨安府元牒到御前降下《聖宋文海》舊本一部,計二十册,並用黃羅夾復,封作七復,欲望特與敷奏繳進。某不勝惶懼,俟罪之至。"(見《呂祖謙全集》第一冊)

　　案:據《全宋文》卷六〇六八,有崔敦禮撰《進重刪定呂祖謙所編文鑒札子》,中有注釋,引《四庫全書總目提要》卷一五九《宮教集》,疑此文非崔敦禮所作。又考李心傳《朝野雜記》,謂呂祖謙《文鑒》既成,近臣密啓其失當,乃命直院崔大雅更定,增損去留凡數十篇。大雅者,敦禮弟敦詩字也。疑此文崔敦詩所作。又呂祖謙《皇朝文鑒》,似經崔敦詩增損去留重新編輯。

二月

孝宗評價《文鑒》采摭精詳,有益治道,呂祖謙除直秘閣

　　《建炎以來朝野雜記》乙集卷五《文鑒》:“《文鑒》者,呂伯恭被旨所編也……二月四日壬辰,上又諭輔臣曰:‘祖謙編類《文海》,采摭精詳,可與除直秘閣。’”

　　呂祖儉《東萊呂太史年譜》:“(淳熙六年)二月三日,得旨:‘呂某編類《文海》,采摭精詳,與除直秘閣。’四日,又遣中使李裕文宣賜銀絹三百疋兩。公具表謝,且辭免除職。時中書舍人陳騤繳公直閣之命,以爲推賞太優。尋奉聖旨:‘館閣之職,文史爲先,今所編次,採取精詳,觀其用意,有益治道,故以寵之,可即命詞。’《制詞》:‘敕朝散郎呂某,館閣之職,文史爲先。以爾編類《文海》,用意甚深,采摭精詳,有益治道。寓直中秘,酬寵良多。爾當知思之有自,省行之不誣,用竭報焉。人斯無議,可特授依前朝散郎、直秘閣。中書舍人陳騤行。’”(見《呂祖謙全集》第一册)

　　案:呂祖謙除直秘閣,其辭云:“某先奉聖旨編類《文海》,近因宣諭繕寫投進。今月四日承尚書省札子,三省同奉聖旨,呂某編類《文海》,采摭精詳,可與除直秘閣。又蒙聖恩,賜銀絹三百疋兩。某竊自揆度,問學淺陋,知識卑凡,實不足以稱討論之選,黽勉承命,冒昧奏篇,疏略舛差,無所逃罪。敢謂上恩隆厚,寵數過宜,蚤夜以思,不遑寧處。人心初不相遠,竊聞果有駁章。誠以編次此書,止是將前人文集略從其類,徒淹歲月,何有勤勞? 又況去取之問,豈能允當? 方聖上責實之日,尤重職名,非有顯功,未嘗除授。兼某已拜金繒厚賜。至於寓直中祕,實爲太優,豈宜貪冒寵私,重煩公論? 欲望朝廷矜憐,特與敷奏,將所除直秘閣恩命速賜寢罷。干瀆朝聽,某下情無任悚栗之至。”

六月

呂祖謙主管建寧府武夷山沖佑觀

呂祖儉《東萊呂太史年譜》：“（淳熙六年）六月七日，主管建寧府武夷山沖佑觀。”（見《呂祖謙全集》第一册）

是秋

呂祖儉以父蔭奏補，呂喬年生

《東萊呂太史別集》卷九《與周丞相子充》其一四：“今秋，舍弟又得一子，遂了得立後及幼弟奏補兩事。樂天詩云‘我是人間事了人’，僥倖殆類此語也。”

案：據杜海軍考證，此信作於淳熙六年十一月。呂喬年字巽伯，爲祖儉長子，袁燮在《居士阮君墓志銘》中云：“東萊呂君子約，某之畏友也。長子喬年巽伯，克肖厥父，議論勁正不阿。”

呂祖謙繼夫人芮氏卒

《東萊呂太史文集》卷一三《祔芮氏志》：“夫人芮氏，吴興先生之季女，東萊呂某之繼室也……曾祖寧，祖彦輔，贈朝議大夫。先生諱燁，終右文殿修撰。夫人生以紹興三十二年九月五日，卒以淳熙六年七月二十八日。是年九月十五日，祔於婺州武義縣明招山先君兆域之左。”（見《呂祖謙全集》第一册）

十一月

朱熹撰《跋曾呂二公寄許吏部詩》

《晦庵先生朱文公文集》卷八一《跋曾呂二公寄許吏部詩》：“……先君子之執友吏部許公，熹不及見也。然而竊聞其學，蓋以修己治人爲一致，要之事實，而不爲空言者。今頌二公之詩，可見當日衆賢注心高仰之意矣。至於前輩交游之際，所以觀考德業，相期於無窮者，與夫中興一時人物之盛，覽者亦當慨然有感於斯焉。淳熙己亥十一月辛巳新安朱熹謹書。”（見《朱子全書》第二十四册）

案：張栻也有《跋呂東萊與許吏部詩》，其云：“許吏部以直道不容於時宰，而其典州持使者節,所至懇懇然,推其學道愛人之心唯恐不及。東萊寄詩,蓋公護漕廣右時也。'豈不在行路,自遠霜露濕。百川貫河來,砥柱乃中立。'誦詠斯言,尚可想味公平生也。"(見《南軒集》卷三四)

是年,吕延年生

《東萊吕太史文集》附録卷一《壙記》:"(淳熙)八年七月二十九日,以疾終於家,享年四十有五……子男三人:岳孫、齊孫早夭,延年甫三歲。"(見《吕祖謙全集》第一册)

《宋元學案》卷五一《東萊學案》:"寺丞吕先生延年:吕延年字伯愚,成公之子。緇雲羊哲師之。"

案:淳熙八年吕祖謙卒時,延年三歲,其當生於淳熙六年,杜海軍以爲生於淳熙五年,疑誤。

淳熙七年庚子(1180),吕祖謙四十四歲,吕祖儉四十歲

正月
吕祖謙始建家廟,修《宗法》及《祭禮》,始作《日記》《大事記》

吕祖儉《東萊吕太史年譜》:"淳熙七年庚子,始有《日記》,初作《大事記》,建家廟,修《宗法》及《祭禮》。"(見《吕祖謙全集》第一册)

二月
韓元吉撰《跋吕居仁韓子蒼曾吉甫詩》

《全宋文》卷四七九四韓元吉《跋吕居仁韓子蒼曾吉甫詩》淳熙七年二月:"廣教仁老,既爲吕、曾二公立兩賢堂矣。又得公所書數詩及韓子蒼舍人酬唱,刻石置堂上,可與好事者言也。前輩文采風流,零落殆盡。其交友情誼,尚因其詩筆往來見之。淳熙七年二月丁酉,潁川韓某題。"

四月

呂祖謙磨勘,轉朝請郎

呂祖儉《東萊呂太史年譜》:"(淳熙七年四月)十七日,磨勘轉朝請郎。"(見《呂祖謙全集》第一册)

九月

呂祖謙再除著作郎兼國史院編修官,辭

呂祖儉《東萊呂太史年譜》:"(淳熙七年)九月二十五日,除著作郎、兼國史院編修官,公辭。"(見《呂祖謙全集》第一册)

案:呂祖謙右支風痹,再除著作郎史館時,辭云:"伏念某頃者備數著庭,以病自免。聖上録其鉛槧之微勤,畀之貼職,以寵其歸,綏獎覆護,寔無近比。卧家以來,未及兩載,公朝記識不替,除目已頒,既還舊職,復隸史觀。深惟尪殘小臣,至愚極陋,仍歲所蒙被者,雖糜捐九死無以仰酬,使筋骸僅可自比於人,所當奔走就列,勉思稱塞。實以右支風痹,久成廢疾,戴大恩而莫報,顧薄命而自憐。冒昧控陳,誠非得已。伏望特賜敷奏,收還新命,依舊差注宮觀,庶霑微禄,以養餘齒。候指揮。"(引自《東萊呂太史文集》卷三《再除著作郎史官辭免札子》)

十月

呂祖謙除兩浙東路安撫司參議官,以病辭

呂祖儉《東萊呂太史年譜》:"(淳熙七年)十月十二日,添差兩浙東路安撫司參議官,又辭。"(見《呂祖謙全集》第一册)

案:呂祖謙添差兩浙東路安撫司參議官,他再辭,云:"右某近以病控免恩命,十月二十九日准敕特添差兩浙東路安撫司參議官,仍厘務。某竊自惟念某竊自惟念一介妄庸,無所取似,疾病沈痼,已爲廢人。公朝記識不忘,始則欲加袚飾,俾之廁於東觀圖書之間,終則憐其病貧,又復寘於職優俸厚之地。人微恩重,感極涕零,豈不欲興疾之官,以拜大賜? 實以抱病之久,驅馳道路,力所不能。欲望特賜陶鑄一宮觀差遣。候指揮。"(引自《東萊呂太史文集》卷

三《除參議官辭免札子》)

十一月
呂祖謙主管亳州明道宮

呂祖儉《東萊呂太史年譜》:"(淳熙七年)十一月二十二日,主管亳州明道宮。"(見《呂祖謙全集》第一冊)

呂祖謙建成家廟,行時祭

《東萊呂太史文集》卷一五《庚子辛丑日記》:"(淳熙七年十一月)冬至二十六日甲戌,家廟成,時祭。"(見《呂祖謙全集》第一冊)

淳熙八年辛丑(1181),呂祖謙四十五歲,呂祖儉四十一歲

六月
呂大猷知汀州

《臨汀志》:"呂大猷,淳熙八年六月三日,以朝奉大夫知。"

七月
呂祖謙卒

《東萊呂太史文集》附錄卷一《壙記》:"(淳熙)八年七月二十九日,以疾終於家,享年四十有五。"(見《呂祖謙全集》第一冊)

《宋史全文》卷二七上《宋孝宗七》淳熙八年七月條:"呂祖謙卒。祖謙自五年冬,以著作郎兼權禮部郎官以疾奉祠,至是終於家。祖謙稟資特異,聞道甚早。其學本於累世家庭之所傳,博諸四方師友之所講,參貫融液,無所偏滯。與張栻、朱熹更唱迭和,其道復大彰明,天下之士翕然歸之。祖謙六世祖夷簡,五世祖公著皆以勛德著聞,四世祖希哲首從程頤游,復以儒學名世,淵源所漸,尤爲深遠。上賞令祖謙編次《文鑒》一書,稱其用意,有輔治道。平生著書至多,皆以繼絕表微,扶正息邪。晚年所輯《大事記》雖未及就,其經世之

意亦可概見。其他所著《經説》,海内往往家傳人誦,與伊洛之書並行於世云。"

呂祖謙祭文

《晦庵先生朱文公文集》卷八七《祭呂伯恭著作文》:

"嗚呼哀哉! 天降割於斯文,何其酷耶! 往歲已奪吾敬夫,今者伯恭胡爲又至於不淑耶! 道學將誰使之振? 君德將誰使之復? 後生將誰使之誨? 斯民將誰使之福耶! 經説將誰使之繼? 事記將誰使之續耶! 若我之愚,則病將孰爲之箴? 而過將誰爲之督耶! 然則伯恭之亡,曷爲而不使我失聲而驚呼,號天而慟哭耶! 嗚呼!

伯恭有菑畬之智,而處之若愚;有河漢之辯,而守之若訥。胸有雲夢之富,而不以自多;詞有黼黻之華,而不易其出。此固今之所難,而未足以議兄之仿佛也。若乃孝友絶人,而勉勵如弗及;恬淡寡欲,而持守不少懈。盡言以納忠而羞爲訐,秉義以飭躬而恥爲介。是則古之君子,尚或難之,而吾伯恭,猶焰然而未肯以自大也。蓋其德宇寬洪,識量宏廓。既海納而川停,豈澄清而撓濁? 矧涵濡於先訓,紹文獻於厥家。又隆師而親友,極探討之幽遐。所以稟之既厚而養之深,取之既博而成之粹。宜所立之甚高,亦無求而不備……"(見《朱子全書》第二十四册)(朱熹祭文)

《陸九淵集》卷二六《祭呂伯恭文》:"玉在山輝,珠存川媚,邦家之光,繄人是寄。惟公之生,度越流輩,前作見之,靡不異待。外樸如愚,中敏鮮儷。晦嘗致侮,彰或招忌。纖芥不懷,惟以自治。侮者終敬,忌者終愧。遠識宏量,英才偉器,孤騫無朋,獨立誰配? 屬思紆徐,摛辭綺麗,少日文章,固其餘事。顔、曾其學,伊、呂其志,久而益專,窮而益屬。約偏持平,棄疵養粹。玩心黄中,處身白賁,停澄衍溢,不見涯涘。豈伊人豪,無乃國瑞。往年之疾,人已愕眙,逮其向痊,全安是冀。《詩傳》之集,大事之記,先儒是裨,麟經是嗣。杜門養痾,素業不廢。訃音一馳,聞者隕涕! 主盟斯文,在數君子,纍纍奪之,天乎何意? 荆州云亡,吾兄既逝,曾未期年,公又棄世。死者何限,人有巨細,斯人之亡,匪躬之瘁。嗚呼天乎,胡不是計! 竭川夷陵,忍不少俟。辛卯之冬,行都幸會,僅一往復,揖讓而退。既而以公,將與考試,不獲朝夕,以吐肝肺。公素與我,不交一字,糊名謄書,几千萬紙。一見吾文,知非他士,公之藻鏡,斯

已奇矣。公遭大故，余忝末第，迫歸覲親，徒以書慰。甲午之夏，公尚居里，余
自錢塘，遡江以詣。值公適衢，浹日至止，一見歡然，如獲大利。我坐狂愚，幅
尺殊侈，言不知權，或以取戾。雖訟其非，每不自製，公賜良箴，始痛懲艾。問
我如傾，告我如秘，教之以身，抑又有此。惟其不肖，往往失墜，竟勤公憂，抱
以没地。鵝湖之集，已後一歲，輒復妄發，宛爾故態。公雖未言，意已獨至，方
將優游，以受砭劑。潢池之兵，警及郡界，亟還親庭，志不克遂。先兄復齋，比
一二歲，兩獲從欸，言符心契。冉疾顏夭，古有是比，嗚呼天乎，胡嗇於是！復
齋之葬，不可無紀，幽鐫之重，豈敢它委？道同志合，惟公不二，拜書乞銘，公
即揮賜。琅琅之音，河奔嶽峙，嗚呼斯文，何千萬祀。我固罷駑，重以奔蹙，惟
不自休，強勉希驥。比年以來，日覺少異，更嘗差多，觀省加細。追惟曩昔，粗
心浮氣，徒致參辰，豈足酬義？期此秋冬，以親講肄，庶几十駕，可以近理。有
疑未決，有懷未既，訃音東來，心裂神碎。與二三子，慟哭蕭寺，即拜一書，以
慰令弟。惟是宅兆，祈廁未肄，繼聞其期，不後日至。躡屬擔簦，宵不能寐。
所痛其來，棺藏幃蔽。誰謂及門，緋翠已邁，足趼塗泥，追之不逮。矯首蒼茫，
涕零如霂，不敏不武，將以誰罪？及其既虞，几筵進拜，觴酒豆肉，哀辭以載。
聞乎不聞，神其如在！"（陸九淵祭文）

《陳亮集》卷三二《祭呂東萊文》："維淳熙八年歲次辛丑秋七月二十九日
癸卯，東萊先生以疾卒於家。越四日丙午，從表弟永康陳亮奔哭其柩。越九
月甲戌朔，始西向陳薄幣於庭，再拜遣香燭茶酒之酹。嗚呼！孔氏之家法，儒
者世守之，得其粗而遺其精，則流而爲度數刑名；聖人之妙用，英豪竊聞之，徇
其流而忘其源，則變而爲權謫縱橫。故孝悌忠信常不足以趨天下之變，而材
術辯智常不足以定天下之經。在人道無一事之可少，而人心有萬變之難明。
雖高明之獨見，猶小智之自營；雖篤厚而守正，猶孤壘之易傾。蓋嘗欲整兩漢
而下，庶几及見三代之英。豈曰自我，成之在兄。方半夜之劇論，歎古來之未
曾。講觀象之妙理，得應時之成能。謂人物之間出，非天意之徒生。兄獨疑
其未通，我引數而力爭。豈其於無事之時，而已懷厭世之情？俄遂罹於末疾，
喜未替於儀刑。何所遭之太慘，曾不假於餘齡！將博學多識，使人無自立之
地；而本末具舉，雖天亦有所未平耶！兄嘗誦子皮之言曰：'虎帥以聽，孰敢違
子！'人之云亡，舉者莫勝。假設有聖人之宏才，又將待几年而後成；孰知夫一

觴之慟,徒以拂千古之膺!伯牙之琴已分其不可復鼓,而洞山之燈忍使其遂無所承耶?眇方來之難侍,尚既往之有靈。嗚呼哀哉!尚享!"(陳亮祭文)

《陳亮集》卷三二《又祭呂東萊文》:"惟兄天資之高,地望之最,學力之深,心事之偉,無一不具,其來未已。群賢凋謝,屹然山崎。兄又棄去,我存曷以!一代人物,風流盡矣。生也何爲?莫解此理。彼豈無人,懼非書耳。昔兄之存,眾慕如蟻。我獨縱橫,無所統紀:如彼扁舟,亂流而濟,觀者聳然,我行如砥。事固多變,中江乃爾。三日新婦,請從今始。念此哽咽,淚落如洗。厄酒豆肉,非以爲禮。"(陳亮祭文)

案:呂祖謙卒,其同道、故友、門生紛紛撰寫祭文,以表悲痛及哀思。今附朱熹、陸九淵、陳亮祭文。

呂祖謙曾作《題伯祖紫微翁與曾通道手簡後》,陳述呂氏家族與江西學者之間的密切關係

《東萊呂太史文集》卷七《題伯祖紫微翁與曾通道手簡後》:"先君子嘗誨某曰:'吾家全盛時,與江西諸賢特厚。文靖公與晏公戮力王室。正獻公靜默自守,名實加於上下,蓋自歐陽公發之。平生交友如王荆公、劉侍讀、曾舍人,屈指不滿十。雖中間以國論與荆公異同,元豐末守廣陵鍾山,猶有書來,甚惓惓;且有絕江款郡齋之約,會公召歸乃止。已而自講筵還政路,遂相元祐。二劉、三孔、曾子開、黃魯直諸公,皆公所甄敘也。侍講於荆公,乃通家子弟。李泰伯入汴,亦嘗講繹焉。紹聖後,始與李君行游。晚節居黨籍,右丞以筦庫之祿養親。雖門可設爵羅,然四方有志之士,多不遠千里從公。謝無逸、汪信民、饒德操自臨川至,奉几杖侍左右,如子侄。退見右丞,亦卑抑嚴事,不敢用鈞敵之禮。舍人以長孫應接賓客,三君一見,折輩行爲忘年交,談賞篇什,聞於天下……'"(見《呂祖謙全集》第一冊)

後人對呂祖謙的評價

乾、淳之際,婺學最盛,呂祖謙相容並包

《晦庵先生朱文公文集》卷八五《呂伯恭畫像贊》:"括蒼潘君叔度畫其先師東萊呂氏伯恭父之像於可庵退老堂之上,曰:'使西河之民毋疑我於夫子

也。'屬其友朱熹贊之。爲作詞曰：以一身而備四氣之和，以一心而涵千古之秘。推其有，足以尊主而庇民；出其餘，足以范俗而垂世。然而狀貌不逾於中人，友冠不詭於流俗，迎之而不見其來，隨之而莫睹其躅。矧是丹青，孰形心曲？惟嘗見之者於此而復見之焉，則不但遺編之可續而已也。"（見《朱子全書》第二十四册）

《宋元學案》卷六〇《説齋學案》："祖望謹案：乾、淳之際，婺學最盛。東萊兄弟以性命之學起，同甫以事功之學起，而説齋則爲經制之學。考當時之爲經制者，無若永嘉諸子，其於東萊、同甫，皆互相討論，臭味契合，東萊尤能並包一切。"

吕祖謙於理學自成一家

謝山《同谷三先生書院記》曰："宋乾、淳以後，學派分而爲三：朱學也，吕學也，陸學也。三家同時，皆不甚合。朱學以格物致知，陸學以明心，吕學則兼取其長，而復以中原文獻之統潤色之。門庭徑路雖别，要其歸宿於聖人，則一也。"

《齊東野語》卷一一《道學》："伊洛之學行於世，至乾道、淳熙間盛矣。其能發明先賢旨意，溯流祖源，論著講解卓然自爲一家者，惟廣漢張氏敬夫、東萊吕氏伯恭、新安朱氏元晦而已。"

朱熹云吕祖謙天資高却微有尖巧之病

《四朝聞見録》甲集《東萊南軒書説》："考亭先生嘗觀《書説》，語門人曰：'伯恭直是説得《書》好。但《周誥》中有解説不通處，只須闕疑，熹亦不敢強解，伯恭却一向解去，故微有尖巧之病也。是伯恭天資高處，却是太高，所以不肯闕疑。'又謂：'南軒《酒誥》一段解天降命、天降威處，誠千百年儒者所不及。'"

韓元吉贊吕祖謙"澹然其容，淵乎其止"

《南澗甲乙稿》卷一八《吕伯恭真贊》："噫嘻伯恭，不可見矣。尚懷師生，彷像於此。澹然其容，淵乎其止。有風扶摇，可九萬里。"

八月

朱熹撰《跋鄭景望書呂正獻公四事》

《晦庵先生朱文公文集》卷八一《跋鄭景望書呂正獻公四事》:

"右申國呂正獻公四事,見其《家傳》,而故建寧太守鄭侯書之齋壁以自警者也。侯書此時已屬疾,間不兩月而終。啓手足時,清明安定,執禮不懈,如常日。是足以驗其平生學力,果能踐斯言者,非一時偶書屋壁而已也。夫呂公之行高矣,其可師者不止此,鄭侯亦無不學,顧豈舍其大而規規於其細如此哉?誠以理無巨細精粗之間,大者既立,則雖毫髮之間,亦不欲其少有遺恨,以病夫道體之全也。侯之莫府趙君彥能將模刻置府學,以視學者,而屬熹書其本末,熹不得辭也。

侯名伯熊,字景望,永嘉人。其爲此邦,號令條教,必本於孝弟忠信,學者傳之。淳熙辛丑秋八月乙巳朔旦州民宣教郎、新提舉江南西路常平茶鹽公事朱熹謹書。"(見《朱子全書》第二十四冊)

十一月

呂大猷撰《蒼玉洞題名》

《全宋文》卷五四二三呂大猷《蒼玉洞題名》淳熙八年十一月:"太守東萊呂大猷允升、路鈐臨洮馬顯祖炳先,同按本郡秋教,已而從小隊游東禪,觀群石,小駐而歸。淳熙辛丑仲冬中浣題。"

案:本年進士及第者凡三百八十人。有黃由、王允初、袁燮、陳希點、曹彥約、吳柔勝等。

卷二十六

淳熙九年壬寅（1182），呂祖儉四十二歲

正月
朱熹撰《題伯恭所抹荊公日録》

《晦庵先生朱文公文集》卷八二《題伯恭所抹荊公日録》："伯恭病中讀書，漏刻不去手。既定《詩》説，記古今大事，而其餘力又及此。然皆未及終篇而卒，讀者恨之。此書經楊、陳二公掊擊，不遺餘力，而其肺腑之際，猶有未盡白者。今觀伯恭於書首四卷乃不加一詞，而其幾微毛髮之間，皆不得有所遁。學者於此，不唯可以究觀前事，而極夫治亂之源，抑亦可以反求諸心，而審其得失之端矣。淳熙壬寅正月十七日，來哭伯恭之墓，而叔度出此編視予，感歎之餘，爲書其左。朱熹仲晦父。"（見《朱子全書》第二十四册）

二月
朱熹撰《吕氏祭儀跋》

朱熹《吕氏祭儀跋》："右吕氏《祭儀》一篇，吾友伯恭父晚所定也。聞之潘叔度，伯恭成此書時已屬疾，自力起奉祭事惟謹。既又病其飲福受胙之禮猶有未備者，將附益之，而不幸遽不起矣。使其未死，意所厘正，殆不止此。惜哉！淳熙壬寅二月既望，朱熹書。"

案：此文收録於《東萊吕太史別集》卷四《家范四·祭禮》，在末尾，無題目，題目爲編者加。

七月

知汀州呂大猷差主管建寧府武夷山沖佑觀

《宋會要輯稿》職官七二之三五："（淳熙九年七月）十六日，知汀州呂大猷差主管建寧府武夷山沖佑觀，理作自陳。以漕臣按其昏耄，權歸掾吏，獄訟淹延故也。"

案：據《臨汀志》記載，呂大猷於淳熙八年六月三日以朝奉大夫知臨汀，九年八月十六日任宮祠。

九月

尤袤撰《呂氏家塾讀詩記序》

尤袤《呂氏家塾讀詩記序》淳熙九年九月："六經遭秦火，多斷缺，惟三百篇幸而獲全。漢興，言《詩》者三家，毛氏最著。後世求詩人之意於千百載之下，異論紛紜，莫知折衷。東萊呂伯恭病之，因取諸儒之説，擇其善者萃爲一書，間或斷以己意，於是學者始知所歸一。今東州士子家寶其書，而編帙既多，傳寫易誤。建寧所刻，蓋又脱遺。其友邱漕宗卿惜其傳之未廣，始鋟木於江西漕臺。噫！伯恭自少年嚅嚌道真，涵泳聖涯，至以此得疾且死。六經皆有論著，未就，獨此書粗備，誠不可使其無傳。雖伯恭之學不止於是，然使學者因是書以求先王所以厚人倫、美教化，君子之所以事君事父，則於聖學之門户，豈小補哉！淳熙壬寅重陽後一日，錫山尤袤書。"（見《全宋文》卷五〇〇〇，以下簡稱《讀詩記》）

朱熹撰《呂氏家塾讀詩記後序》

《晦庵先生朱文公文集》卷七六《呂氏家塾讀詩記後序》：

"《詩》自齊、魯、韓氏之説不得傳，而天下之學者盡宗毛氏。毛氏之學，傳者亦衆，而王述之類，今皆不存，則推衍毛説者，又獨鄭氏之箋而已。唐初，諸儒爲作疏義，因訛踵陋，百千萬言而不能有以出乎二氏之區域。至於本朝劉侍讀、歐陽公、王丞相、蘇黄門、河南程氏、横渠張氏，始用己意，有所發明，雖其淺深得失有不能同，然自是之後，三百五篇之微詞奥義，乃可得而尋繹，蓋不待講於齊、魯、韓氏之傳，而學者已知《詩》之不專於毛、鄭矣。及其既久，求者益衆，説者愈多，同異紛紜，爭立門户，無復推讓祖述之意，則學者無所適從，而或反以爲病。今觀吕氏《家塾》之書，兼總衆説，巨細不遺，挈領提綱，首尾該貫。既足以息夫同異之爭，而其述作之體，則雖融會通徹，渾然若出於一家之言。而一字之訓，一事之義，亦未嘗不謹其説之所自。及其斷以己意，雖或超然出於前人意慮之表，而謙讓退托，未嘗敢有輕議前人之心也。

嗚呼！如伯恭父者，真可謂有意乎温柔敦厚之教矣。學者以是讀之，則於可群可怨之旨其庶几乎。雖然，此書所謂朱氏者，實熹少時淺陋之説，而伯恭父誤有取焉。其後歷時既久，自知其説有所未安，如《雅》《鄭》邪正之云者，或不免有所更定，則伯恭父反不能不置疑於其間，熹竊惑之。方將相與反復其説，以求真是之歸，而伯恭父已下世矣。嗚呼，伯恭父已矣！若熹之衰頹汩没，其勢又安能復有所進，以獨決此論之是非乎？伯恭父之弟子約既以是書授其兄之友邱侯宗卿，而宗卿將爲板本，以傳永久，且以書來屬熹序之。熹不得辭也，乃略爲之説，因並附其所疑者，以與四方同志之士共之，而又以識予之悲恨云爾。淳熙壬寅九月己卯新安朱熹序。"（見《朱子全書》第二十四册）

魏了翁撰《吕氏讀詩記後序》

《鶴山先生大全文集》卷五一《吕氏讀詩記後序》："余昔東游，聞諸友朋曰，東萊吕公嘗讀書至'躬自厚而薄責於人'，若凝然以思，由是雖於僮僕間亦未嘗有屬聲疾呼。是知前輩講學大要，惟在切己省察以克其偏，非以資口耳也。蓋不寧惟是，今觀其所編《讀詩記》，於其處人道之常者，固有以得其性情之正。其言天下之事，美盛德之形容，則又不待言而知。至於處乎人之不幸者，其言發於憂思怨哀之中，則必有以考其情性。參總衆説，凡以厚於美化者尤切切致意焉。姑以一義言之。《考槃》《小宛》，臣之不得於其君者也，曰'獨寐寤言，永矢弗諼'，曰'明發不寐，有懷二人'。《小弁》《凱風》，子之不得於其親也，曰'何辜於天，我罪伊何'，曰'母氏聖善，我無令人'。《燕燕》《谷風》，婦之不得於其夫也，曰'先君之思，以勖寡人'，曰'不念昔者，伊余來塈'。《終風》之子，'謔浪笑傲'，而母曰'莫往莫來，悠悠我思'。《柏舟》之兄弟'不可以據'，而不遇者則曰'静言思之，不能奮飛'。《何人斯》之友'其心孔艱'，而遭讒者則曰‘及爾如貫，諒不我知’。嗚呼！其忠厚和平、優柔肫切、怨而不怒也，其待人輕約、責己重周、仁而不忮也。蓋不曰是亦不可以已也，是不殆於棄言也，凡以天理民彝自有不可者，吾知盡吾分焉耳矣。使其由此悔悟，幡然惟善道之歸，則固我所欲也。不我以也，我固若是，小丈夫哉，悻悻然忿恔鄙恪發於詞色，去之惟恐不亟也。雖然，是特《詩》中一義耳，而是義也，觸類而長之，又不止是。今東萊於此皆已反復究圖，所以爲學者求端用力之要深切著明已矣。誠能味其所以言而有以反求諸己，如荀卿氏所謂‘爲其人以思之，除其害以持養之’者，殆將怡然泮然，以盡得於興觀群怨之旨，而歆動鼓舞有不能自己者矣。某非能之，方將願學，因眉山賀春卿欲刊此書以廣其傳，而屬余敘之，姑以所聞見識諸末。自今或有進焉，則斯序也，猶在所削。”

案：魏了翁撰“呂氏讀詩記後序”，未知何時，姑系於此。

是年，朱熹撰《跋呂伯恭日記》

《晦庵先生朱文公文集》卷八二《跋呂伯恭日記》：“觀呂伯恭病中日記，其翻閱論著，固不以一日懈。至於氣候之暄涼，草木之榮悴，亦必謹焉。則其察物內省，蓋有非血氣所能移者矣。此來不得復見伯恭父，固爲深恨。然於此得窺其學力之所至，以自警省，則吾伯恭之不亡者，其誨我亦諄諄矣。三復流涕，敬書其後。淳熙壬寅新安朱熹書。”（見《朱子全書》第二十四册）

淳熙十二年乙巳(1185)，呂祖儉四十五歲

十二月
韓元吉撰《跋呂居仁與魏邦達昆仲詩》

《全宋文》卷四七九四韓元吉《跋呂居仁與魏邦達昆仲詩》淳熙十二年十二月：“呂舍人久寓上饒，後葬於德源山。故其晚年詩章，多見於此。今辰州魏使君所藏五篇，蓋與其尊公侍郎及其季父邦傑、叔祖父元章者也。龍圖則張殿中彥素爾。一時文士相從之適，氣韻風流，爲可概見。雖無老成人，尚有典刑。長嘯宇宙間，高才日陵替。古之詩人類有歎耶。淳熙乙巳歲十二月，潁

川韓某題。"

是年,呂祖儉撰《四明甬江樓記》

《全宋文》卷六四○二呂祖儉《四明甬江樓記》:"舶務東負郡城,乾道之元,監務事楊苐仲章建樓於其上,距今二十年,而樓名未立、且蕪穢弗治。通守丹陽蘇公實臨舶事,暇日登城而望,慨然覽其山川之勝而一新之,因命名以甬江,謂其屬陳景度曰:甬江之名舊矣,景迂晁公爲船官時,蓋嘗以是名其亭於江東也,其記具在。今超然遺址,意其是歟! 兹樓與超然相望,以是而名,庶几表賢存舊之意,後來者猶有考焉。謹再拜受言,敘其始末而刻諸石。"(又見《至正四明續志》卷一一,咸豐刻本)

案:據呂祖儉文中所記,乾道之元,楊仲章建樓,距今二十年,故是文似寫於淳熙十二年,姑系此。

光宗紹熙元年庚戌(1190),呂祖儉五十歲

正月
周必大撰《跋呂居仁帖》

《省齋文稿》卷一八周必大《跋呂居仁帖》:"紫微舍人呂十一丈在政和初春秋鼎盛,且方崇尚王氏學,以蘇、黃爲異端,而手書立身、爲學、作文之法乃如此,其師友淵源固有所自,而特立獨行之操誰能及之? 近世謂以詩名家,是殆見其善者機耶! 嗣孫祖平力紹家學,遠示此軸,歎仰之餘,輒附名於後。充之老人姓唐,諱廣仁,真宗朝參政安仁之後,仲長之子也。紹熙元年正月二十五日。"(引自《全宋文》卷五一二七)

紹熙二年辛亥(1191),呂祖儉五十一歲

七月

呂祖儉撰《少儀外傳跋》

　　呂祖儉《少儀外傳跋》紹熙二年七月:"右《少儀外傳》一編,先兄太史暇日,手自次輯者也。首命其名曰《帥初》,次更其名曰《辨志》,而其終則定以是名焉。祖儉嘗獲侍坐,與聞所以爲此編之意。蓋以始學之士,徒玩乎見聞,汩乎思慮,輕自大而卒無據,故指其前言往行所當知而易見者,登之於策,使之不待考索而自有得於日用之間。其於未易遽知而非可卒見,則皆略而不載。苟讀是編而無所厭忽,各因其所得而有自立之地,則先兄之心庶乎其不泯矣。丹陽郡文學譚元猷,祖儉之同舍生也,欲刊其書於學宮,因識所聞於卷末。紹熙二年七月十五日,東萊呂祖儉書。"(引自《少儀外傳》附,叢書集成初編本)

九月

朱熹撰《跋呂舍人帖》

　　《晦庵先生朱文公文集》卷八二《跋呂舍人帖》:"呂公之言,所以發明講道修身之法詳矣。學者審其先後緩急之序而用力焉,其入聖賢之域也孰禦?紹熙辛亥九月癸酉新安朱熹敬書。"(見《朱子全書》第二十四册)

是年,呂祖儉上《承天奏》

　　《歷代名臣奏議》卷一三呂祖儉《承天奏》紹熙二年:"臣聞天人相與之際未嘗相遠,而人君舉動實與天通。《詩》曰:'敬之敬之,天維顯思,命不易哉!無曰高高在上,陟降厥士,日監在兹。'此言天道之流行,人君舉動莫不與之俱也。是故禮曰天秩,典曰天敘,賞曰天命,刑曰天討,動必以天爲言,而不敢有貳其心。即是心而嚴乎假廟,則禮文之見於假廟者不敢廢也;即是心而盡乎事親,則禮文之見於事親者不敢廢也。至於有大典禮、大休慶之事,則舉之以告,亦不敢略其禮文。所以承天意而答天休者固如此。若乃一用一舍必明乎

好惡之公,一賞一罰必察乎僭差之失,則又蘄合乎天,而靡有所易也。典禮賞罰悉本諸天,動靜陟降罔不在是。堯、舜、禹、湯、文、武之爲君,皆同乎此心而已矣。恭惟陛下受天明命,性與天合,誠自有以深得乎天心,然臣之愚猶有不能自己者。竊嘗惟念,辛亥之春雷雪交作,郊禋之夕風雨驟至,已而聖躬怠豫,中外寒心。今茲清明在御,如日方升,展慶慈闈,祗款原廟,天宇開霽,神人欣歡。而況比年以來,夏令雖寒,然蔑聞霜雹之爲異;冬氣雖燠,然幸有時雪之應期。災害漸銷,和氣浸洽,對越之敬,政在斯時。欲望陛下觀天道之甚邇,而益思所以戒懼;因天心之昭假,益思所以奉承。擴乎正大之情,以致謹乎德刑;極乎感通之理,以致嚴乎典禮。即諸念慮,驗諸事爲,咸加聖心,以承天意,則往歲之災害可以常弭,難諶之命可以常保,而聖德隆盛,將與天同休矣。臣不勝惓惓。"(引自《全宋文》卷六四〇一)

是年,呂祖儉上《獎拔忠直作新斯人奏》

《歷代名臣奏議》卷一一七呂祖儉《獎拔忠直作新斯人奏》紹熙二年:"臣聞天下未嘗無事也,然其所恃以爲安者,蓋有忠藎徇國之臣扶持正救於其間。苟人才壞而習俗偷,則所恃以爲安者既失之矣,將何以防其微漸而支其變故耶?惟我本朝作成封殖,治極隆平,縣景德迄於治平,豈爲無事?然皆有其人以當之,故天下無變容動色之虞。自王安石惡異好同,創爲一道德、同風俗之説,於是人才始壞,而直諒消亡。逮至崇、觀間,蔡京用事,又倡爲豐亨豫大之説,於是人才愈壞,而俗益驕靡。當是時也,孰不自謂天下廓然無事?然靖康之變,曾不旋踵,三綱几於墜地。如吳开、莫儔首與虜通,傳道意旨,助成僭竊。王時雍、徐秉哲追捕宗室戚里,係累送虜,迫逐出郊。凡若此比,難以悉數。臣每念及此,常切痛心,推原禍本,是皆狃於熙寧以來邪説之所致也。恭惟陛下紹承高宗、壽皇之休緒,虛心無我,察納雅言,有合乎君人之大德。是宜四方万里,惟動丕應,不應復有熙寧餘論以壞人心。然驗之風聲氣習,則猶未能無疑。拱默成風,頹靡成俗,精鋭銷兑,氣節益衰。有所覆護,則立一説以自寬;有所遷就,則求一説以自解。間有務爲修潔自好者,則相與指爲詭異。其欲發憤懣、陳忠讜者,則相與指爲矯激。不幸而少有差忒,則又從而媒蘗之,必使之甘爲庸人而後已。人材習俗既至於此,稍有事變,憂在國家。陛下亦嘗深察其所以然之故乎？蓋比年以來，邇列近臣，立爲皇極之言，申以安静和平之説。始觀其名，外則甚美；徐究其實，中乃不然。不惟偷合取容者得以假是而務雷同，懷苟且，以爲全軀保妻子之計；而斯説之熾，將使朝廷之上無復有面折廷爭之風矣。仗義守正，志存忠愛者，議論既不能雷同，則必罪之以不協於極；舉動既不能苟且，則必罪之以不務和平。苟被之以是名而不可辭，則加之以是罪而不可避。風俗頽壞，袛務自營，倘復浸淫，國將何恃？是斯説者乃誣害一世，君之陷穽，而爲實禍，蔽塞之根本也。伏望陛下慨然深念，力救此風，獎拔忠直，以作新斯人；拒辟邪説，以恢洪正論。發爲明詔，風示多方，使忠藎徇國者有以自立，而不爲習俗之所袛誣；而中材常士有以自奮，而不爲習俗之所移奪。夫如是，習俗之論可破，而不諱之路可開，人材作興，治道自舉，而我之所恃以爲安者，將益堅固而不可拔矣。"（引自《全宋文》卷六四○一）

紹熙三年壬子（1192），呂祖儉五十二歲

十一月

呂祖儉上《請進書日過宫行禮奏》

　　《歷代名臣奏議》卷一一呂祖儉《請進書日過宫行禮奏》紹熙三年十一月："臣聞臣之事君，猶子之事父也。子則受氣於父，臣則制命於君，是臣子之身非可私爲己有也。故君父安則家國安，家國安則此身始得而安。否則天地雖大，四海雖廣，將無所安其身矣。自昔以來，仁人孝子、忠臣義士所以竭誠盡言，視家國之事如己事，而不避死亡之誅，其心豈有他哉？蓋以家國之安危實相關繫，有不可得而解者。固非沽名要譽，訐以爲直，以自私其身也。矧臣世受國恩，粗明兹義，先臣蒙正輔太宗、真宗，夷簡輔仁宗，公弼輔英宗、神宗，公著輔神宗、哲宗，好問復輔高宗。於即政之始，事體之艱難，時勢之變故，是皆身歷其間，調娛維持，均休共戚，不敢有二。臣之父兄又蒙朝廷記録，亦皆有位於朝。臣從州縣小官，復蒙陛下拔擢，使之備數班列，得非皇慈興念舊族，俾其扶植嗣續，或能不私其身耶？自惟位下言微，止當退循分守，豈應狂妄僭貢封章？實以區區愚衷，有所感激。雖欲緘默，不能自制，不得不昧死爲陛下

言之。恭惟國家聖聖相承，受天明命，紀綱法度，賞罰政刑，是豈盡過於漢唐？獨仁孝之行既本諸内心，而大過人之德業，夐超千古，故能祈天永命，雖經變故，而終不傾搖。高宗皇帝匹馬渡江，再造區夏，不謀不筮，挈提大寶，付之壽皇聖帝，以對越藝祖在天之靈。惟我壽皇翼翼孜孜，躬致二十七年之孝養，鑾車往來，萬姓瞻仰，豈惟天下愛戴，而夷狄異類亦能詠歎欣慕，莫知其然。於斯之時，雖有水旱之災，盜賊之虞，人心既固，旋即消弭。盛德格天，其應自爾，此非以幸而得也。仰惟皇帝陛下春宫毓德，仁孝升聞，日就月將，閱天下之義理已多。獄訟謳歌，罔不歸仰壽皇。顧天位之有托，睠萬機之憂勤，雖春秋未高，而精一之傳，復見之於陛下。三聖授受，赫奕焜煌，慈孝偕極，是誠簡册之所未嘗有也。夫貴爲天子，富有天下，而得以天子之貴，天下之富，奉事其親，此古今之難值，君父之至榮。自三代以還，歷千餘載，惟唐之數君爲然。太宗之於高祖，明皇之於睿宗，肅宗之於明皇，遜禪之際，皆匪由衷，嫌隙疑阻，禍亂隨至。而肅宗因臣庶之言，抱玩弱女，感懷顧復，至於歔欷，載之史册，至今讀之，可以使人流涕。肆我本朝，禪代之美，固始見於靖康。然是時戎馬在郊，事出倉猝，相與之際，有不忍言者。夫以古今人主難逢之盛事，既有其時，復乖所願，而有害夫養志之至樂，此仁人君子所以痛心疾首也。今陛下躬承休運，所以事壽皇者，一遵壽皇所以事高宗，若《記禮》所載文王之事王季，武王帥而從之，真無間然。家法懿范，休聲巨美，陛下既皆得之，是誠足以教天下之孝，而垂法於萬世。兹蓋我國家仁孝之所積，故非常之慶錫之於天，而尤當極其培植保養之功也。去冬郊禋之夕，風雨暴至，聖心祗懼，遂愆天和。然陛下思念慈闈之心，不爲疾輟。藥餌甫除，不憚風雪，遂御乘輿，都人夾道聳瞻，莫不鼓舞聖孝。其所以培植保養乎？天之錫我國家者，亦可謂至矣。旋聞聖躬復少違豫，壽皇愛念切至，於是屢頒免過宫之旨。今閱日久矣，清明在御，臣下悅喜。比者會慶節前期十日，奉香致敬，群疑冰釋，歡意周流。逮至流虹之旦，天氣和暢，百官敘立重華宫外，皆自以爲必得瞻睹親奉玉卮之禮。大明浸升，踵企目斷，拜表竣事，眾心皇皇，抑不知聖心以壽皇慈訓難於重違，故不欲數蹕煩民耶？或聖體有甚不能勉強者，而非外庭所能知邪？孟子曰：‘孰不爲事？事親，事之本也。孰不爲守？守身，守之本也。’陛下仁孝得於生知，豈容復有擬議？然臣下猶有不能忘其憂者，誠恐玉體猶有未康，而

無以釋海內之至情也。尋聆御朝臨講之制,不踰常式,雖有以知陛下已集和
平之福,而道路籍籍,愈以為疑。蓋事親之禮,衆所共知,倘有少愆,自難户
曉。在庭之臣,庶几長至在即。陛下既受群臣之朝,必將祗款北宫,以展未申
之誠。及期天仗入陳,百辟就列,顧瞻蕭辰,不啻渴饑。傍徨徘徊,嚴辦未奏,
離立庭中,蹙頞闐淚,人情憂迫,若癡若狂,咫尺天閽,無路可扣。逡巡退却,
相顧黯然,流言紛紛,有不忍聽。方當有道之朝,加之陽剛漸長,政是陛下膺
受多福,庶邦丕享之時,胡為而使人心至於此極? 臣竊自妄測聖意,必以為父
子至情,當盡慈孝。歲時之慶,止屬禮文。既慈孝之兩隆,雖禮文而可略。臣
則以為不然。士庶人之家,父子同室,動息與俱。至於人主,有庶政之繁,問
安視膳,不容朝夕之必躬。則五日一朝,節序稱慶。蓋將達人子之情,所謂禮
文,乃是實事。況人主者,華夏蠻貊之所觀瞻,凡見於節物儀典,皆所以感化
天下,起其忠君親上之心。詎宜於疑似之間,謂因循為無傷,而使人心解弛,
妄有測度乎? 夫君心所感,隨動輒應。陛下試反而思之,陛下親舉重華之禮,
則天心底豫,兩宫喜悅,群臣觀感,軍民歡呼。萬方儀刑,四夷敬服。洋洋然
有太平之象,樂莫大焉,尊榮莫大焉。陛下暫輟重華之禮,則天心必不孚格,
兩宫必形思念,群臣憂懼,罔知所依。軍民怨誹,無復忌諱。萬方有泮渙之
勢,四夷有輕侮之謀。宛然有衰殘危悴之態,辱莫大焉,不祥莫大焉。此二
者,其利害榮辱至易知,至易見,陛下將何擇哉? 竊聞壽皇巨典已成,進書有
日,恭想陛下躬率群臣,必欲行此縟禮,以慰神人之望。雖壽皇復有免到宫之
命,不可遂已。蓋免到宫者,壽皇愛子之心;而必到宫者,陛下事親之實。擴
天性之固有,如水勢之必東,不必以屢出欲止為嫌,不必以人言既多為厭。或
萬一有援引繳進之説者,茲乃為導諛竊寵之計,非所以愛陛下也。天意之從
違,人心之離合,政在今日,惟陛下念之。然臣之愚所以拳拳於此者,非為陛
下愛惜此名也。國家南渡以來,版籍半淪於沙漠,而仇恥未能遽雪。言乎民
力,則困於養兵,而焦熬憔悴,類不聊生。言乎軍政,則墮於和議,而驕脆窮
怨,緩急難倚。言乎人才,則務為沈默,即有患難,孰同其憂? 静言思之,誠可
寒心。所恃以維持億萬年之基者,蓋祖宗既有仁孝慈愛不可及之盛德,而比
年三聖授受,孝愛交孚,又足以祈天永命。故他雖未至,猶可漸而為也。倘聖
孝於形迹之間,稍有所虧,四方傳聞,愈遠愈異,人心揺動,根本必傷。竊慮奮

害自此而生,禍變自此而萌,無以恃之爲固。事實在於目睫,不可謂爲迂談。而轉移之機,則在陛下一念之頃耳。臣於此而不言,是愛其身而負國家累世養育之恩也。《詩》云:'心之憂矣,不遑假寐。'臣不勝拳拳冒犯天威,臣無任瞻天望聖、懇祈激切、惶懼俟命之至。"(引自《全宋文》卷六四〇一)

十二月
朱熹撰《跋呂伯恭書説》

《晦庵先生朱文公文集》卷八三《跋呂伯恭書説》:"予往年送伯恭父於鵝湖,知其有此書而未及見也。因問其間得無亦有闕文疑義者乎,而伯恭父曰無有,予心固竊怪之。後數年,再會於衢州,伯恭父始謂予曰:'《書》之文,誠有不可解者,甚悔前日之不能闕所疑也。'予乃歎伯恭父之學已精,而其進猶未已。然其後竟未及有所刊訂,而遽不起疾,則其微詞奧義,無所更索,而此書不可廢矣。今伯恭父之内弟曾侯致虚鋟木南康,而屬予記其後。予惟伯恭父所以告者,雖其徒或未必知,因具論其本末如此,使讀者知求伯恭父晚所欲闕者而闕之,則庶几乎得其所以書矣。紹熙壬子歲除日新安朱熹書。"(見《朱子全書》第二十四册)

紹熙四年癸丑(1193),呂祖儉五十三歲

呂大麟知常德府

樓鑰《呂大麟知常德府制》:"敕具官某:本朝衣冠之族,爵位相望,文獻不墜,未有盛於呂氏者也。至於今日,仕者寖寡,慨然念之,起爾於家。以爾素守家法,好學不衰,宰郡有循良之稱,在朝謹靖共之守。去國既久,退然自安。武陵湖右奧區,外控五溪之徼,思得賢牧以撫安之,故舉以命爾。爾尚勉哉!能大其家,則爲報國。"

案:此制詞出自於樓鑰《攻媿集》卷三五。據李之亮《宋兩湖大郡守臣易替考·朗州鼎州常德府》考證,呂大麟於紹熙四年知常德府。另李之亮書中此條誤寫爲呂天麟。

呂祖儉上《乞謹事壽皇之禮奏》

　　《歷代名臣奏議》卷一一呂祖儉《乞謹事壽皇之禮奏》紹熙四年："臣世受國恩,茲又備數朝列,近因輪對,得望清光。天容穆穆,極其粹温,不遺微賤之言,曲加獎納。至論天人感通之際,有及於事親之禮,聖謨洋洋,窮極根柢,謂事親如事天,當務誠實,有以仰見陛下聖念所存,真與天通。凡禮文所寓,或未甚周,初非有虧,天性之至愛,誠有非外廷所能知者。然事因適爾,觀聽浸隳,誠實之德曖昧而不彰,禮文之實因循而失信,國勢人心,岌岌搖動,蓋凜然有不保朝夕之憂。以陛下之明聖,照臨宇内,方將登延俊良,以興治功。今爲於此屢有虧闕,既非陛下之本心,而猶爾優游,視爲常事,使道路流言,浸不忍聽,臣實痛心。若執政大臣、侍從臺諫,不以今日事理之實告之陛下,則是群臣有負陛下也。若有所論奏,不得即以上聞,則是左右閹宦畏威遠罪,壅蔽陛下之聰明也。夫天下之心有萬不同,至於事親之實,則本於孩提之良知,不待家至而户曉。自天子至於庶人,壹是皆以此爲本。而人主者,華夏蠻貊之所觀瞻,兹事實爲三綱之首。苟舉措乖違,則天意人心隨即涣散。臣不敢避萬死,爲陛下極言之。非是敢爲危言苦論,蓋以聖性本不如此,而不忍陛下負此不美之名也。且過宫之密疏,初何疑間,獨以自去冬以來,乘輿屢駕,皆成中輟,皆是舉行盛禮之日。粤若會慶之旦,臣所目睹,百官序立重華宫外,以望翠華之來。大明浸升,踵企目斷,拜表竣事,衆心皇皇。當是時陛下雖自以爲誠實無他,而人情固已不能不愕疑矣。至於長至之辰,臣所目睹者,天仗入陳,百辟就列,彷徨徘徊,嚴辦未奏,離立庭中,靡頮閣淚。人心憂迫,若癡若狂,咫尺天閣,無路可扣。逡巡退却,相顧黯然。當是時,陛下雖又自以爲誠實無他,然流言籍籍,尤有非辭説所能解者矣。臣於十一月十二日冒死投匭,以自通於陛下之前,蓋恐於中外之情,或有所未知也。所幸邇來進書成禮,過宫如儀,天宇開霽,都人歡欣,中外疑惑,方得消釋。陛下誠實之意始昭於四方,而此月兩旬之間,過宫之日則復兩皆放仗。十七日之事又復甚於往時,自旦至暮,竟無傳旨,侍臣在庭,衛士在列,經過官司,伺候起居,捉巷軍兵,次第排立,終日守次,莫不皇皇。逮夫殿門將閉,始各散歸,宰輔章奏,間阻隔絶。宫闈殿陛,有同万里。呼吸之際,關念實深。夫偶未過宫,亦非大失。第以屢不加察，因是而可生禍亂之階。蓋因循失信，閑燕自如，固已深失人心。而外庭内朝，關節脈理，不相貫通，譬若咽喉之間，須臾閉塞，便成危疾。此乃陛下切身之利害，而宗社安危之所分也。若乃四方之觀聽，夷狄之窺伺，奸雄之生心，聲聞流傳，愈遠愈異，則猶爲後日事耳。臣在闕門之外，聖意所以適爾未出之故，非所敢知。但此事至大至重，人所共曉。合四方之心，以此爲莫大之憂，更不暇語及他事。陛下聖性高明，靜而思之，其可復以爲常邪？今壽皇生朝進香之禮，降旨過宮，陛下寓誠意於禮文，不敢有忽。凡曰臣民孰不鼓舞聖德，而適以陰雨有所未果。但自兹以往，衆心愈覺顒顒。政在陛下益加聖心，謹此常禮，疑情滯念，不可復存。感動轉移，難以少緩。每遇過宮日分，前期敬戒，養此誠心。或恐左右便嬖之臣妄測意旨，但務逢迎，否則覆藏奸慝，潛行離間。時當過宮，往往進酒排當，留連夜刻，無以全陛下平旦清明之氣，遂使鸞車鳳駕，多失期度。此等情狀，未必有之。然臣私憂過計，則願陛下更致察焉。古人有言，所不可得而久者，事親之日也。壽皇躬致二十七年之養於高宗，雖殊方異類，亦皆感化。今壽皇春秋寖高，陛下問安侍膳，不容朝夕之不親，則五日一朝，節序展慶，式循儀制，猶爲闊疏。陛下聖孝自天，可不深念？若或聖體適於斯時少有未怡，謂宜預降指揮，改作他日。清燕高拱，以養和平之福，雖一時小小排當，亦當暫輟。如此則始能還天意於既睽之後，收人心於既失之餘。大本充立，有以發天下孝敬之心，則事或未理，皆可支吾。而陛下事親如事天之實德，殆若日月之食，更也，人皆仰之。豈惟纖塵浮翳，有如冰釋，不足爲累，而孝德感召，和氣致祥，又有以開萬世無疆之休矣。臣拳拳之志，止在愛君，發言狂愚，憂心如醉，惟陛下裁赦。臣冒犯天威，俯伏待罪之至。"（引自《全宋文》卷六四〇一）

吕祖儉上《王業終難偏安奏》

《歷代名臣奏議》卷九七吕祖儉《王業終難偏安奏》紹熙四年："臣聞天下之勢，未有久安而不動之理，而治忽安危之几，每伏於暇豫無事之時。此繇昔及今，事理之必然，人主不可不加察者。恭惟藝祖皇帝肇造區夏以來，累聖相承，嚴恭寅畏，不敢自暇自逸，有以極夫祈天永命之功，故天下晏然，百年無事。自王安石用事，變亂祖宗法度，天下几於動搖。元祐諸臣，戮力扶持，而天命人心,始復安固。章惇、蔡京,又傅會安石之説,窮極奸慝,蠹國害民,稔成靖康莫大之禍。陽九所遭,至是蓋百有六十年矣。高宗皇帝一馬渡江,中興大業,雖易動難安之勢於是乎復平,然勢有所屈,而大義未伸,舉是憂責,以畀付壽皇聖帝。壽皇憤仇恥之未報,宵旰圖治,思欲昭答天人之心,而倦於憂勤,復以是憂責屬之陛下。此正昔人所謂憂責在身,不暇盡樂之時。然臣究觀當今之世,上下耽於逸豫,以晏安江沱爲當然。而謂仇虜聘問往來,我得多算,浸忘事理之真實。曾不思夫六飛駐蹕行都,將七十載,我之於虜,終難兩立,而王業恐終難偏安。執政任事之臣,玩歲愒日,習矣不察,浮論日勝而實理不明,彌文日增而實事不治,國勢弗壯,人心易揺。近者如瀘南之報,士卒賊殺帥臣,几成禍變。四方傳聞,殊駭觀聽,陵夷之漸,可爲寒心。陛下日視昕朝,詳延兼聽,豈不加察乎此? 然事理真實,則爲久安之勢所推移;虛美熏心,易忘儆懼。至於憂責所在,反以爲迂緩不切而安於不爲,臣恐天下之勢,未必能常。然倘或事變稍加於前,則陛下之焦勞,將有不容釋者矣。此臣所以夙夜憂歎,願陛下遠覽獨觀,思有以持其勢而毋有所易也。夫靖康之事,人神之憤未解,蓋當今憂責之大者也。臣嘗竊因父兄耆舊之所傳説,以推斯時之變故,蓋憯於西晉永嘉之時。二聖北狩之禍,誠臣子所不忍言。乃若宗室貴戚,六宮嬪御,死亡係累,其冤憤之氣,則未易遽弭。中原赤子,肝腦塗地,而存者復陷於腥膻,輿地之圖,不登職方之籍者,又三分而有其二。雖我高宗再造丕基,然航海避敵於越、於明、於台、於温,險阻艱難,莫不備嘗,則蓋曠古之所未有也。陛下聖性高明,静而思之,是果可以一朝居乎? 是果可以遠而忘之乎? 苟聖念真及乎此,積其精誠,罔有所間,自強不息,與天同功,則志向定而大義明,所謂憂責在身,若緩而不切者,誠吾家事,豈容安於不爲? 明詔二三大臣,同其憂責,必灼知屈己交虜之爲權計,蹔駐東南之非永圖。益求忠實明智之士列於庶位,以圖維内修外攘之實事,共致祈天永命之極功,俾内外上下革心易慮,皆知不共戴天之義。舍夫頽惰舊習,爲所當爲,而無暇乎其他,則百志皆熙,事業自著,而更化善治之規模,惟陛下所以詔之。倘惟不然,歲推月移,大義昏蔽,彌文浮論,浸失本真,祇見其可喜,而不慮其可憂,乃欲以江左一偏之地與虜持久,則區區之深憂,蓋未易知其所終矣。臣世受國恩,莫能補報,發言狂瞽,罪當萬死,惟陛下裁赦。"(引自《全宋文》卷六四〇一)

紹熙五年甲寅(1194)，吕祖儉五十四歲

四月

朱熹撰《跋吕舍人與薛元亮帖》

《晦庵先生朱文公文集》卷八三《跋吕舍人與薛元亮帖》："薛公安貧守賤之節，吕公好賢尚德之心，覽此卷者，可以得師矣。紹熙甲寅孟夏既望新安朱熹書。"(見《朱子全書》第二十四册)

朱熹撰《跋吕舍人青溪類稿》

《晦庵先生朱文公文集》卷八三《跋吕舍人青溪類稿》："紹興紫微吕公名德之重，一言一動，皆有法戒，固非後學可得而贊也。其論汪、謝諸賢高志清節，皆足以傳信後世，孰敢改評？獨饒節者，一旦毁削膚髮，殄絶天倫，而諸公環視，無一人能止而救之者，或乃從臾嗟歎，以是爲不可及，亦獨何哉？因觀此卷，竊有感焉，輒太息而志其後。紹熙甲寅夏四月既望朱熹仲晦父書。"(見《朱子全書》第二十四册)

朱熹撰《題吕舍人帖》

《晦庵先生朱文公文集》卷八三《題吕舍人帖》："人之大倫有五，而朋友居其一，然世人鮮克知之，獨吕公於此爲拳拳焉。觀於此帖，可以見矣。至於其間多以詩文爲教，則公晚歲蓋深悔之，覽者又不可以不知也。紹熙甲寅四月二十四日新安朱熹書。"(見《朱子全書》第二十四册)

寧宗慶元元年乙卯(1195),呂祖儉五十五歲

三月

呂祖儉上《乞以講學爲急奏》

《歷代名臣奏議》卷八呂祖儉《乞以講學爲急奏》慶元元年三月:"臣聞自王者迹熄,時君世主之爲天下國家者,鮮有知講學之爲急。間有崇尚經術者矣,非優游文義,則務爲觀美,未必知帝王所謂學者,果爲何事也。恭惟陛下踐阼之始,懍乎有蹈淵冰之懼,亟下詔書,舉邁英之典,延舊學之臣,首詔儒宗,增重經幄,多爲書史之目,倍增講讀之員,而訓辭丁寧,復在於救正闕違,務圖實政,德意志慮,極其休美。此固有以見聖心務實學而守家法,知夫爲天下國家之本務,誠有在此而不在彼者也。然臣竊有深疑而未解者。陛下初念初政既已知講學之要,是宜聖學有加無已。今未數月,所謂儒宗者曾不淹時,中旨徑下,俾之亟去,惟恐或後。雖深閔耆艾之意形於親翰,將以昭示厚恩,然天下之心不能無疑也。臣區區之言,夫豈以一二人之去留,一二事之當否,過有所論。蓋以講學重事也,執經之臣精選也,昔也何爲尊向愛信之如彼,今也何爲棄置忽忘之如此。深恐於初政詔旨,歲推月移,名存實亡,徒爲觀美,而果謂問學真無補於成敗之數矣。矧今國勢甫定,人情猶暌,親心未怡,天意弗順,歲事有饑饉之慮,夷狄有窺伺之形。陛下與學士大夫講論經理,政是救正闕違,務圖實政之時,尤不可使初意浸違,徒爲觀美。伏望陛下每御講筵必求諸己。觀夫事親如事天之說,則夔夔齋栗,猶懼不至,而號泣旻天之心,誠難自已;觀夫得民在得其心之說,則栗栗危懼,猶恐難保,而朽索馭馬之喻,誠非我欺。六事自責,固陛下所已講也。若恐懼修省之念稍衰,豈以此意爲實?然十愆示戒,固陛下所已講也。若燕游逸豫之念稍縱,豈以斯言爲可信?歲事有饑饉之慮,要當深思夫方懋厥德之要;夷狄有窺伺之形,要當躬行無怠無荒之實。若夫親學士儒生以廣聞見,遠宦官女子以戒驕奢,雖明詔之所已言,然有言逆於吾心,而求諸道,則忠直始能親;有言遜於吾志,而求諸非道,則讒諂始能遠。誠能如是,則朝夕之所講習者始爲實學,朝夕之所履踐者始爲實用。

聖德罔愆,民心胥悅,而初政詔旨可以信諸萬世矣。"(引自《全宋文》卷六四〇一)

吕祖儉上《乞展定省之禮奏》

《歷代名臣奏議》卷一二吕祖儉《乞展定省之禮奏》慶元元年三月:"臣聞天下之勢,久於無事之爲可畏。本朝立國規模最爲長久,然治忽消息百六十載,而猶有靖康莫大之禍。國家中興,駐蹕江左,揖遜授受,使斯民得以奠居者,將七十年,亦可謂之久於無事矣。然於可喜之中而遽有深憂,無虞之中而遽生多故。事體疑阻,人心睽乖,皆發於綱常根本之地,有非意料所能及。朔復乖氣致異,可駭可畏,是豈可不深察其故,而思所以爲轉移之方也? 自紹熙二載初郊之夕,風雨暴至,禮不克成,太上皇帝聖體違豫,中外惴恐。由是而後,問安視膳,浸闕常儀,臣民之心,固已不遑寧處。天降大禍,孝宗皇帝奄棄萬國,侍疾臨喪之志,竟莫能伸於斯之時。軍民恐讋,訛言浸興,衆心皇皇,人思逃難。流傳駭異,邊鄙生心,國勢阽危,至是亦云極矣。太上皇後因上皇詔旨,順人心,定大策,爰命陛下以元子而承大統,主孝宗之喪。蓋天祚我宋,變不失正,故天下無改容動色之虞。然遭變居憂,寧親爲急。陛下嗣位已閱三時,天性至情,固莫能間,而躬致色養,猶未有期。雖貴爲天子,富有四海,將何以解此憂乎? 此憂未解,根本愈虧。苟因循度日,而祗付之無可奈何,則臣恐天人之心,必愈咈戾而弗順矣。何以言之? 陛下初政非有愆闕,然自去秋以來,大風震電,殊爲駭常,而天目諸山水湧石裂,其變尤甚。畿內千里,非旱則澇,春霖爲害,二麥復傷。上辛祈穀行禮之際,狂飈忽起,不克升壇,重以雷雪相繼,祗在一二日之內,天之示戒,必有所以。孟軻氏有言:'不得乎親,不可以爲人,不順乎親,不可以爲子。'必至於親心底豫,而天下之爲父子者定。上皇既以感疾不得見孝宗,抱終天之痛,陛下又以事勢齟齬,未得見上皇,以少慰聖心。累年之間,綱常根本,隳壞如此,則在今日戒懼齋栗,感悟親心,以和召和,轉災爲福,實難少緩。伏願陛下深惟天下之勢久於無事之爲可畏,重念綱常根本未能植立之爲可憂。親心未豫,則天意未和;天意未和,則人心弗順。一有災變,便難支持。寢食起居,誠不可以自安;燕游逸豫,誠不可以自縱。一念一慮,一舉一措,皆以未得乎親爲深憂。有如親心未怡,未得承歡膝

下,則庶几遙望顏色,以通此情。徘徊徬徨,不忍遽去,左右前後,必皆感孚,
真積力久,聖父慈懷,又必自有不能已者。或上皇氣體猶未和豫,陛下未得遂
嘗藥之念,則起敬起孝,尤難自同於常時。儻上皇氣體日就康寧,既得時展定
省之禮,以慰天人之心;復得同過重華,以弭萬世之議。臣雖至愚,必知天災
可息於上,外患可銷於下,自成祈天永命之功也。苟或歲推月移,竟成否隔,
使綱常根本終於淪斁,則天下久安之勢難保而易危,蓄害之生未知所極。臣
世受國恩,情迫意切,發言狂瞽,不識忌諱,惟陛下財幸。"(引自《全宋文》卷六
四〇一)

四月

呂祖儉因奏言趙汝愚之忠而被貶,送韶州安置

　　《宋史全文》卷二九上《宋寧宗一》慶元元年四月條:"丁巳,太府寺丞呂祖
儉上疏留趙汝愚,並論朱熹、彭龜年等不當逐,語侵韓侂胄。戊午,詔呂祖儉
朋比罔上,送韶州安置,中書舍人鄧驛封還錄黃。己未,知樞密院事兼參知政
事余端禮爲右丞相,簽書樞密院事京鏜知樞密院事,同知樞密院事鄭僑參知
政事,御史中丞謝深甫簽書樞密院事。庚申,詔中書舍人鄧驛以呂祖儉志在
無君,其罪當誅,姑從竄斥,以示寬容,自合書行。於是太學上舍生楊宏中、周
端朝、張道、林仲麟、蔣博、徐范六人伏闕上書,其略曰:'臣聞自古國家禍亂之
由,初非一道,而小人傷君子,其禍尤慘。君子登庸,杜絕邪枉,要其處心,實
在於愛君憂國。群小得志,仇視正人,必欲盡去其朋類,然後可以肆行而無
忌,於是人主孤立而社稷危矣。黨錮斃漢,朋黨亂唐,大率由此。元祐以後,
邪正交攻,卒成靖康之變。我宋不競,貽禍至今,此臣子所不忍言,陛下所不
忍聞也。臣竊見近者諫官李沐論前相趙汝愚所爲乖戾,隨即罷去。若慮陛下
父子之際,懷不自安,故黜汝愚,以謝天下,亦未爲過。如沐所言,則亦爲汝愚
自居同姓,數談夢兆,專政擅權,欺君植黨,殆將不利於陛下。以此加詆,其實
不然。汝愚之去,中外咨憤,而以爲父老歡呼,蒙蔽天聽,一至於此。道路譁
然,以爲李沐內結權幸,陰有指授,率爾肆言,全無忌憚。廟堂屏息,不敢異
議,天下扼腕,氣將奚伸? 其氣已足以熏灼朝路,撼搖國勢。陛下若不亟悟,
漸成孤立,後雖悔之,亦無及矣! 陛下獨不念去歲之事乎? 人情驚疑,變在朝

夕。當是時，假非汝愚出死力定大議，使陛下得以成壽康皇帝揖遜之志，行孝宗皇帝未舉之喪，雖百李沐，罔知攸濟。當國家多難，汝愚方位樞府，本兵柄，指揮操縱，何向不可？尚不於此時為利，上下安妥，乃有異意乎？李沐輒以危言悚脅陛下，巧於中傷君子，立威取名，情狀敗露。願陛下鑒漢、唐之禍，懲靖康之變，精加宸慮，特奮睿斷。念汝愚之忠勤，灼李沐之回邪，明示好惡，精別淑慝，竄李沐以謝天下。'庚申，詔宏中等妄亂上書，扇搖國是，各送五百里外編管。中書舍人鄧馹言：'仰惟國家開設學校，教養士類，德至渥也。自建太學以來，上書言事者無時無之。累朝仁聖相繼，天覆海涵，不加之罪，甚者押歸本貫或他州，聽讀而已。紹興間，有布衣俞古上書狂悖，若以指斥之罪坐之，誠不為過。太上皇帝始者震怒，降旨編管，已而臣僚論奏，竟從寬典。陛下今日編管楊宏中等六名，若以扇搖國是罪之，則未若指斥乘輿之罪大。以六輩言之，則一夫為至寡。聖明初政，仁厚播聞。睿斷過嚴，人情震駭。所有錄黃，臣未敢書行。'詔馹依已面諭書行，未几，馹罷知泉州。工部侍郎兼知臨安府錢象祖遣人逮捕諸生，押送貶所。宏中、道、林仲麟皆福州人，端朝溫州人，博信州人。博久居學校，忠鯁有聞，同上諫書，皆其屬稿。右正言李沐除右諫議大夫，監察御史劉德秀除右正言。時知名之士罷斥相繼，人情洶洶，韓侂胄患之。侍御史楊大法、右正言劉德秀乃乞降詔，以國是、尊君、中道等事訓飭在廷，有不如詔者，重置典憲。"

五月

呂祖儉改送吉州安置

《宋史全文》卷二九上《宋寧宗一》慶元元年五月條："戊子，呂祖儉改送吉州安置。丁酉，命直學士院傅伯壽草詔，如楊大法、劉德秀之請。伯壽，自得之子，自得乾道間以不受曾覿之招名聞四方，至伯壽，則奴事韓侂胄隸人蘇師旦，致身通顯。其弟伯成非其所為，每切責之。至是，伯壽始草詔，以詆善類。戊戌，詔曰：'朕惟風俗者治忽之樞機，士大夫者風俗之權輿。昔周文武之隆，在位皆節儉正直，小大之臣，咸懷忠良，下至庶民，無有淫朋比德。今也不然，懷背公死黨之心，蔑尊君親上之義，佞諛側媚，以奉權強；詭僻險傲，以釣聲譽。鼓唱橫議，貪利逞私，使毀譽是非混然淆亂。於乎！朕之所托，顧乃如此？自今至於後日，灑濯厥衷，存公去私，可否從違，各當於理，則予汝嘉。其有不吉不迪，習非怙終，邦有常刑，朕不敢貸。'"

六月

呂祖謙浙學與朱熹閩學、張栻湖學，爲三足鼎立之一

《宋史全文》卷二九上《宋寧宗一》慶元元年六月條下有議論："《講義》曰：我朝自王安石以《新經》破舊説，凡學校科舉之間，皆以王氏之經從事，士用新進，國尊新法，而天下自是多事矣。孝宗皇帝崇尚伊洛之學，一時明師大儒相繼而起，張栻在湖，朱熹在閩，呂祖謙在浙，皆推明是學，以續孔、孟正脈之傳，天下學者翕然從之，得其説者互以傳授，凡岩谷草野之間，皆出一轍。學校科舉取人、士大夫立身事君，無不源流於是學之中，涵養陶成，士習醇美。自小人用事，摧靡道學，而名之以僞，海内之士，瀾倒風從，不惟禮義廉恥有所不顧，而學士大夫之衣冠亦更變以趨時，未几異説横興，兵端驟起，非朝廷決然鋤去大奸，以復正學，几爲東南不可解之禍。師道不立，其流弊乃在此哉！曩者紹熙之前，一時風俗之好尚，爲士者喜言時政，爲吏者喜立功名，誠不能無所偏，而執事懲之甚，遂一舉而厭薄之，稍自好者名以僞學，欲自立者號以私黨，於是世俗毀方爲圓，變真爲佞，而流風之弊，有不可勝言者矣。"

十一月

朱熹撰《跋呂仁甫諸公帖》

《晦庵先生朱文公文集》卷八三《跋呂仁甫諸公帖》："靖康之亂，中原塗炭，衣冠人物萃於東南。呂公廣問仁父來主婺源簿，而奉其兄和問節夫以俱。又有維揚羅公靖仲共、竦叔共亦來客焉，於是李氏父子得從之游，而滕户曹愷南夫亦受其學。觀於此卷，可見一時問學源流之盛矣。然惟仁父晚歲宦達，其他諸公多没不顯，滕尤以雋才早逝，鄉人至今嗟惜之。而李丈參仲獨以老壽終，爲後進所高仰，雖亦不得施其所有於當世，而諸公者乃反賴之以傳。其所著《滕君傳簿廳記》可考也。末有建人魏元履與參仲之弟元質書，魏時名挺之，後改掞之，以特起爲官，數直諫，不得久居中，既没，而天子思之，詔褒郵焉。元質亦有美才，好學，不幸亦不壽，又可見李氏之多賢也。慶元乙卯仲冬

甲辰朱熹題。"(見《朱子全書》第二十四册)

是年，吕祖儉上《乞還國子祭酒李祥職任奏》

　　《歷代名臣奏議》卷二〇六吕祖儉《乞還國子祭酒李祥職任奏》慶元元年："臣近者蒙恩輪對，不度狂愚，嘗僭論奏：陛下聖孝純篤，猶未得一見上皇，將何以慰聖心而修人紀；又嘗以敵情難測，欲得備豫不虞；貴倖市權，欲得防制有節；及御筆施行，傷於快易；且進退臣下，復多匆匆，莫不展竭懇款，以致願忠之義。聖度隆寬，温詞慰納。臣退而感泣，莫知圖報。指心誓日，以爲他日或有事繫國體，義所當言，可以仰裨聖明者，苟得竭盡，則雖退就黜責，靡敢自愛。竊聞國子祭酒李祥，比因宰相趙汝愚論罷，心有所懷，不能自己，嘗有封事，上徹宸聰。自以所見與諫臣不同，居家待罪。陛下既予之以寬告，又復寵之以職名，畀之以使節，使以禮而去。中外之論，莫不以陛下博盡群議，不貴苟同。此蓋治世盛德之事，而明主之所取以爲先務者也。臣竊嘗妄論本朝治體，蓋以崇養議論氣節爲立國之根本。自王安石用事，好同惡異，天下從風而靡逮。至崇觀間，復倡爲豐亨豫大之説，虛美熏心，實禍蔽塞，遂使習俗日變。馴致靖康之禍，如吴开、莫儔之徒與虜爲市，痛在人心。其始固止於順從，其終乃至於此極。爲人上者，詎可不知所崇養，而以好同惡異爲深戒哉？今諫臣抗疏，論罷李祥新任，仍褫其職。顧惟諫臣所言，陛下自應聽納。其在庶僚，亦豈容妄有條陳？第以陛下含弘之美意，因是不能無虧，而人有懼心，精鋭銷耎，議論氣節，必愈陵夷。凡事理利害之真實，顧望愛惜，多爲身謀，誰肯爲陛下明言之？其所關係，蓋治忽所從分，非一目一事之可比也。仰惟陛下初政清明，收召人望，登用忠直，天下之士，莫不忻忻然精白以承休德。然曾未踰時，朱熹，老儒也，有所論列，則亟使之去；彭龜年，舊學也，有所論列，亦亟許之去；其他侍從臺諫之臣，以言事而去者，尚多有之。夫人才固未易得，而盡節竭忠之士，寧復有几？長育獎勵，猶懼其有所畏縮。今士氣似少沮矣。如李祥老成篤實，非有偏比，蓋衆聽之所共孚者。今又終於斥遂，臣恐自是而後，天下或有當言之事，必多相視以爲戒，鉗口結舌之風一成而未易反，是豈國家之利邪？矧今國勢甫定，人心猶摇，歲事可慮，未可保其無害。邊報屢警，未可保其無他。又自去秋以來，災異相繼，殊爲駭常，而天象昭昭，尤爲可畏,白虹貫日,陽精示變,皆適當淫雨之開霽。近者太白經天,金木失次,立夏之日,風起艮方,此爲何景,胡可少安?政是陛下厲精爲治、明目達聰之時,今能言之士,指陳災變,所以助成陛下抑畏之心者,亦不爲少。然終未克致消弭之實,而於其所甚當言者,雖陛下以聰明臨照之,未必皆得而聞,是安可不思其故哉?蓋天下之事,所宜指陳者,固非一端。然言有淺深,勢有難易。今之所難,非在於得罪於君父,而在於忤意於權勢。姑以臣所知者言之,難莫難於論災異,然言之不諱,猶未以爲難者,以陛下有容受之德,而其事不關於權勢也。難莫難於論綱常,然言之不諱,猶未以爲難者,以陛下有誠孝之心,而其事亦不關於權勢也。若乃御筆之降,初豈盡却僉謀?然廟堂不敢重違,臺諫不敢深論,給舍不敢固執,蓋以號令出於獨斷,而事體多關貴倖。深慮左右乘間,過有激發,而重得罪也。臣蓋嘗面奏,從昔而來,凡勸導人主事從中出者,夫豈意在尊君?蓋欲假人主之聲行之於外,使莫敢爭執,而可以漸竊威權,所當深加省察。旬日而來,復聞有一二中批指揮,給舍繳駁,僅得一再而止。其自爲謀則善矣,倘事有當論,而又切於此者,望其致閉邪之敬,盡面折庭爭之節,未必有也。子思有言:'群下同聲,則善安從生?'今士大夫之習俗,蓋近於是,不知陛下亦何便於此?臣比日又竊聞之道路,左右贄御於黜陟廢置之際,間得與聞者,車馬輻湊,其門如市。恃權怙寵,搖撼外庭,聲焰所及,類莫敢言。所賴素有望實,不畏強禦者,正色朝端,盡言宸衷,有以折其鋒而殺其勢。苟惟不然,歲月荏苒,事勢浸淫,腹心耳目愈失,委寄政權,將歸倖門而不在公室。凡所薦達皆其所私,凡所傾陷皆其所惡,豈特側目畏憚,莫敢指言,而阿比順從,內外表裏之患,必將形見。前史所載,其鑒甚明。親愛之道,全之爲上。若或不加抑損,是乃所以害之,惟在陛下加念而已。臣所以因李祥獲罪而深及此者,是豈病狂喪心,欲爲矯激而自取罪戾也哉?實以士氣頹墮之中,稍有所言,與諫臣忤意,則去不旋踵。而邇者尊君之論,播於朝行,皆欲習爲謹畏,而不知盡責難之恭。雖知貴倖市權,無由敢言於陛下之前,或有志在忠愛,能言其難者,皆將目之以出位犯分,不恭不遜之罪。臣之私憂過計,豈獨以搢紳之士遭罹讒謗而已?其所深慮者,陛下之勢孤,而相與維持宗社者浸寡也。伏望陛下深惟天下之勢,在於以言爲諱、渙命重申,復還李祥職名新任。雖若稍咈諫臣之說,然可以通壅蔽之情。朝廷美意,既得因此開明,而天下有難言之事，在朝在野，必將聞風欣慰，願竭忠藎於王朝。陛下躬受四海之圖籍，兼聽臣庶之邪言、開公正之門，絕私倖之路，委信大臣以正朝綱，容納忠直以強國勢，中心無為，銷平偏論，以涵養天下和平之福，則宗社幸甚，生靈幸甚！臣世受國恩，不遑他恤，發言狂瞽，罪在不赦，惟陛下財幸。"（引自《全宋文》卷六四〇一）

是年，呂祖儉上《請養忠直以壯士氣奏》

《歷代名臣奏議》卷二八六呂祖儉《請養忠直以壯士氣奏》慶元元年："臣恭惟國家禍變固在靖康，而亂所從生實自宣和之御筆。夫黜陟廢置，驟從中出，而不從外庭，是誠可以快意自便，然宣和因是而成禍本者，蓋始因奸臣藉此以鎮壓群議，復因左右假此以盜竊威權。由是忠直者獲罪，順從者得親，言莫予違，而一言喪邦之禍，至不旋踵矣。若吳开、莫儔之徒與虜為市，痛在人心，則又靖康覆轍也。陛下始政清明，講學不倦，登用忠直，天下蓋將日望維新之政。今日月曾幾何，人之觀聽奚為浸異也？首相之去，豈為無罪？中旨直下，無復體貌，固非所以重股肱。講席之臣，所謂耆艾者，片紙罷遣，視為常事；所謂舊學者，論及近倖，去之靡疑。至或臺諫之官，或一旦而並遷，或以闕守而補外。御筆行下，復覺匆匆。近者次相嘔罷，雖因論列，然其陳竭忠力不為不多，而從臣微有開陳者，則與郡之旨曾無留難。仰惟陛下始欲威福操柄不假諸人，庶可昭示總攬之意。然宣和深弊，則已莫不懷憂。蓋以陛下既疑外庭，則腹心之謀，耳目之用，不容無所寄託。左右前後，地近情親，巧伺意指，固皆以順從為正。然其間豈無其人，所說偶合聖心，黜陟廢置因而時得關預？怙恃恩寵，招勢弄權，旁若無人，浸無顧忌。若使其氣焰增長，而威福集於私門，則觀望趨附者浸多，向公盡忠者浸寡。臣深恐陛下不得盡聞事理之真實，將孰與維持宗社哉？伏望陛下鑒觀治體，戒在宣和，黜陟廢置，益務審重，體貌大臣以尊朝廷，容養忠直以壯士氣。有言逆於聖心，未宜遽罪，有言遜於聖志，未宜遽褒。凡左右前後過有將順，過有激發，則又願推原初念初政，尤未易遽從。法仁祖之規模，用公議為予奪，庶幾忠直者獲用，順從者自疏。而左右前後守其常分，亦得保全寵祿，將見國勢日以尊強，實政日以修舉。雖有變

故菑害,亦有所恃而不危矣。臣志在愛君,不遑他恤,唯陛下財赦。"(引自《全宋文》卷六四〇一)

是年,呂祖儉上《議論氣節足以培根本支變故奏》

《歷代名臣奏議》卷二九三呂祖儉《議論氣節足以培根本支變故奏》慶元元年:"臣恭惟本朝立國之規模,所以上接乎唐虞三代之統紀,而遠過漢唐者,非假夫強大威力也,非資夫權謀術數也,獨恃夫君子以爲固而已。然君子之能爲固,豈有他哉? 亦以其議論氣節可以培根本而支變故也。國家中興,通追慶曆、元祐之言論風旨,固有以開紹興之正論。然自秦檜用事,導諛成俗,近歲安靜和平之説,復壞人心。議論氣節,或几乎息。而立國規模,終不可忘。紹熙五載夏秋之交,海內皇皇,天未悔禍,小大之臣,盡誠勠力,大明繼照,危而復安,則陛下固已親見。所恃以爲固者,而下改元之詔矣。始政清明,登用忠直,天下之心,蓋將日望維新之政。今日月曾幾何,而人之觀聽則有異焉。講席之臣,或閔其耆艾而使之歸,或因其論事而許之去;臺諫之官,或以舊學有勞而優遷,或以繁難闕守而補外。中批屢下,旨意難明,想謂陛下之心,祇欲昭示獨斷,以防蔽欺,而不知我之操柄,則已潛有所移矣。夫外廷與內廷之勢殊,而君子與小人之情異。左右前後之人,地近情親,巧於伺候,外示畏謹,陽若無他,黜陟廢置,間得關預。時獻微益,或可施行。雖威福權柄,如自上出,而盜竊賣弄,則益難知。彼外廷之欲盡言者,則共指爲矯激;外廷之欲論事者,則共指爲過當。由是列於庶位者,類多遠嫌避事,鮮克分明斟酌。調娛務爲得體,議論氣節日就消衰。常時既難盡其心,緩急必將失所恃。天下,大物也,設官分職,所以維持也。聽外朝以爲公,恃君子以爲固,然後能守而無失。若乃嬖近蟄御,所知不遠,寧免循私? 非使人主不信外廷,則無由可以擅寵。矧今國勢甫定,人心猶搖,歲事有饑饉之憂,夷狄有窺伺之迹。信任君子,猶懼弗濟;倘或失職,又將疇依? 伏望陛下監觀本朝立國之規模,惟念總攬權綱之要道,外廷情實固宜致察,內廷奸欺尤當深防。絕去私邪之門,使得自保寵祿;辟開公正之路,使得展布腹心。夫然後朝廷尊安,君子遂志,議論氣節,足以圖回實政,強壯本朝,而可馴致慶曆、元祐之治矣。臣志在愛君,不遑他恤,惟陛下裁赦。"(引自《全宋文》卷六四〇一)

是年，呂祖儉上《乞和輯士心深嚴邊備奏》

《歷代名臣奏議》卷三三七呂祖儉《乞和輯士心深嚴邊備奏》慶元元年："臣恭惟國家遭靖康之禍，至慘至痛，所不忍言，凡在臣子，皆同不共戴天之責。高宗中興大業，屈己和戎，終未克伸大義於天下。孝宗思雪仇恥，務圖規恢。雖倦於憂勤，不得少遂，然天地大分，於是稍正，亦足以慰列聖在天之靈。陛下承太上之付託，洪濟艱難，與時屈伸，不殄厥愠，祇宜懋德，修政蓄銳，養力以俟時几，誠不可妄挑兵端，趣其變動。然臣竊揣事勢，虜情難知，備豫不虞，始能無悔。自紹熙變故，有輕我心。彼之來者，陳幣在館，辭語不恭。我之去者，摧辱逼脅，不顧常禮。傳聞駭常，孰不悲憤？夫其所以敢於藐玩，是豈無故而然？而又邊邊所傳，其事非一，括馬簽軍，近淮積粟，治戰艦於海道，遣大酋於汴京，固難盡謂實然，第人情已覺動搖。今使命之歸，乃以其所知盡寬衆聽。既曰無他憂也，彼自防內難爾；又曰無他事也，彼自興河役爾。形迹事實，莫得而掩，辭説解釋，過爲自文。設使彼之計慮祇爲虛聲，未必有實，則隋文平陳之策，所謂量彼收穫之際，徵集士馬，聲言掩襲，彼既聚兵，我便解甲。再三若此，彼以爲常。後更集兵，彼必不信。猶豫之頃，我乃濟師。萬一虜情或出於斯，則亦必深勞宵旰之慮矣。兵家常言，無恃敵之不來，恃吾有以待之。今交爲無他之説者，是乃恃其不來，徒覬幸其如我所料而已。倘或是説浸淫不已，而弗圖所以待之之具，他日邊烽有警，虜使扣關，若有無厭之求，難塞之請，事出卒遽，莫知所應，從之則國威愈損，拒之則國勢難支。至於此時，而後知其言之誤國，亦何及哉！伏望陛下痛念仇恥之未報，深察戎心之難知，夙夜之間，基命宥密，固不可以爲無他而自寬，尤不可徒爲張惶而自擾。明詔二三大臣，堅彊志意，審定規模，相與盡誠，勠力圖回實政，布置實材，以爲待敵之方。內而宿衛諸將，訓飭其和輯士心；外而被邊諸屯，申嚴其周視邊備。復於重鎮圖任舊臣老將，俾爲固圉之謀。彼若求覺生辭，則在幃幄運籌者折之以正理，出之以遜辭，盡其在我。毋爲兵首，神天助順，軍聲自強，宋德在人，必無厭斁。"（引自《全宋文》卷六四〇一）

慶元二年丙辰（1196），呂祖儉五十六歲

八月

周必大撰《跋呂伯恭日記》

　　周必大《平園續稿》卷七《跋呂伯恭日記》："黃太史晚謫宜州，自崇寧四年歲旦，凡風雨寒暑，親舊往復，以致日用飲食之類，皆系日書之，名曰《乙酉家乘》。止八月晦，九月則易簀矣。呂太史抱病東陽，亦有日記，起淳熙庚子春，盡辛丑七月壬寅，其明日遂卒，蓋絕筆也。方病時，出入起居雖不逮山谷，而編《大事記》首周敬王，修《讀詩記》自《唐·無衣》，孜孜課程，所謂造次顛沛必於是者。兩賢相去七十餘載，何其相似也！意長日短，悲夫！慶元二年八月二十六日。"（引自《全宋文》卷五一三二）

九月

陸游爲《呂居仁集》作序，高度評價呂本中

　　《渭南文集》卷一四《呂居仁集序》："天下大川，莫如河江，其源皆來自蠻夷荒忽遼絕之域，累數万里而後至中國，以注於海。今禹之遺書，所謂岷積石者，特記禹治水之迹耳。非其源果止於是也，故《爾雅》謂河出昆侖虛，而傳記又謂河上通天漢。某至蜀，窮江源，則自蜀岷山以西皆岷山也。地斷壞絕，不復可窮，河江之源，豈易知哉！古之學者，蓋亦若是。惟其上探伏羲、唐虞以來，有源有委，不以遠絕，不以難止，故能卓然布之天下後世而無愧。凡古之言者皆莫不然。自漢以下，雖不能如三代盛時，亦庶幾焉。宋興，諸儒相望，有出漢唐之上者。迨建炎、紹興間，承喪亂之餘，學術文辭，猶不愧前輩，如故紫微舍人東萊呂公者，又其傑出者也。公自少時，既承家學，心體而身履之，几三十年。仕愈躓，學愈進，因以其暇，盡交天下名士。其講習探討，磨礱浸灌，不極其源不止，故其詩文汪洋閎肆，兼備衆體，間出新意，愈奇而愈渾厚，震耀耳目，而不失高古，一時學士宗焉。晚節稍用於時，在西掖嘗兼直內庭，草趙丞相鼎制，力排和戎之議，忤秦丞相檜。秦公自草日曆，載公制辭以爲

罪,而天下益推公之正。公平生所爲詩,既已孤行於世,嗣孫祖平又盡袠他文凡若干首,爲若干卷,而屬某爲序。某自童子時,讀公詩文,願學焉。稍長,未能遠游,而公捐館舍。晚見曾文清公,文清謂某:'君之詩,淵源殆自吕紫微,恨不一識面',某於是尤以爲恨。則今得托名公集之首,豈非幸歟!慶元二年九月既望,中大夫提舉建寧府武夷山冲佑觀,山陰陸某謹序。"(引自《陸放翁全集》)

十月

周必大撰《與吕子約寺丞書》

《全宋文》卷五〇九九周必大《與吕子約寺丞書》慶元二年十月:"某拜啓:臨江轉致九月三日書,不勝感謝。不聞問復月餘,想惟德履超勝。令似痁疾,必已無事。賢閤安人少睡,必是多慮。會稽曲折,豈應知也。某老病杜門,交游殊稀,蓋季章痔未全愈耳。今秋渴雨,芙蓉大段稀疏,小車按行之樂亦豈易得耶?汪時法計時通問。錢文季寓金華縣,俟來春趁班注邑,可謂良圖。近附倉司便遣報,因書試詢,達否?劉公度得耿漕文字申明,詣曹改官,張帥語客云爾,未知果何如。考亭間得書,孜孜范碑,殊可敬歎,然亦有疑。慶曆諸賢黑白太明,致此紛紜。六一壯年氣盛,切於愛士,不知文靖渾涵精深,期於成務,未免責備。正獻兄弟方含章不耀,人所未知,故語言多失中,後來大段自悔。所謂君子之過,不必曲爲説道理。如《仁宗實録》皆經名公筆削,仍親聞當時議論,其於西事本末略不及二公,意亦可想。今觀《自記》首云:'學道三十餘年',却似後學説話,至以忠宣比堯朱,亦太過。本朝諸公心平如忠宣者几希,設有真迹,尚未敢必,況居仁所傳耶!張續帖在誰家?如'修性多病'之句良可疑,'殊不喜居京'亦非六一語。蘇明允帖若果有之,則黄門《龍川志》説碑處自當具言,何必引張安道爲證也!陳無己《談叢》尤乖疏,如説幸澶淵,謂寇公不容章聖起還内,逕自御坐登車,是何識見?故説文正過文靖一段絶鄙野。今於集本並列衆論,以俟識者。蓋小説極難信,其來相告有好惡,有差誤,秉筆則當決擇耳。鄙意如此,未知當否?更望批誨,以代劇談。餘惟厚愛,不宣。"

案:由周必大此書信,可知此時吕祖儉已得病,似瘧疾,故吕祖儉卒應在十月後。周必大高度評價吕夷簡,並謂歐陽修等壯年氣盛,語言多偏激。

慶元三年丁巳 (1197)

二月

陸游跋呂希哲《歲時雜記》

《渭南文集》卷二八《跋呂侍講歲時雜記》:"承平無事之日,故都節物及中州風俗,人人知之,若不必記。自喪亂來七十年,遺老凋落無在者,然後知此書之不可闕。呂公論著,實崇寧大觀間,豈前輩達識,固已知有後日耶。然年運而往,士大夫安於江左,求新亭對泣者,正未易得,撫卷累欷。慶元三年二月乙卯,笠澤陸某書。"(引自《陸放翁全集》)

呂祖儉撰《書東坡訪子由倡酬詩送子長弟行題其後》

《全宋文》卷六四〇二呂祖儉《書東坡訪子由倡酬詩送子長弟行題其後》慶元三年二月:"欒城謫居此邦,東坡自黃移汝,由興國迂道來訪欒城,爲十日留。兄弟叔姪倡和之詩,具皆可考。今相距百餘年,父老猶相傳以爲盛事。固以人爲重,亦以至情所感,自有所不能忘也。予自廬陵蒙恩徙筠,子長弟南康秩滿,疋馬相過,適會予遷居大愚,相與周覽二蘇墨刻。顧予之兄弟,雖未能仰企前修,然當中和佳時,無官事以相縈,得以攜手近郊,而其所留之日,復踰兩旬,則其幸會,視昔人益有過焉。其返也,既不能作爲詩章以追前作,姑手書東坡來途《自興國歸途至奉新》及子由所賦以送之,子由送東坡詩有云:'此行千里隔江河,何人更問維摩疾。'自念衰病,寄迹江鄉,生還之期,未敢有覬。弟歸先廬,灑掃松楸,扶持門户,時以尺書訪予死生,庶篤一時相見之情,且慰別後相思之意云。慶元三年二月二十一日,東萊呂子約父書於大愚僧舍。"(又見《永樂大典》卷九〇七)

七月

朱熹撰《跋呂范二公帖》

《晦庵先生朱文公文集》卷八四《跋呂范二公帖》:"《後山談叢》記蘇端明

當國恤時，與人書疏，疑於當慰與否而罷，乃載前輩往還慰狀以正之。今觀呂正獻公帖，乃知當時此禮固已通行，亦臣子之心不能已者，不審蘇公何所疑也。仁宗皇帝慈儉之德冠冕百王，而因山之奉煩費若此，豈其心哉？宜乎老蘇先生有'華元樂舉'之譏，而忠獻韓公不敢辭其責也。然此帖所云置司裁損，仍是韓公當國時事，亦足以驗其悔悟之實矣。此其所以爲韓公者耶！呂公幅紙之間，愛君及民，拳拳不舍，其於劉公心期所會，必有不約而同者，覽之令人感歎不能已。范忠宣公平淡忠恕，雅不欲以智名勇功自見，故熙豐間授鉞臨邊，數被譖讓，觀第二帖可概見矣。然迹其平生，排濮議、爭新法、干忤君相，無少顧避，最後論救元祐諸賢，卒與同貶。蓋終身無所屈，則又豈非所謂仁者之勇哉！其於劉氏姻好綢繆，蓋亦聲氣之同，非苟然者。子夷得其家學之傳，不卑小官，直道自信，東萊呂舍人亟稱之，覽者其亦考焉。慶元丁巳中元節前二日朱熹敬書。"(見《朱子全書》第二十四冊)

十月

周必大撰《題呂紫薇與晁仲石詩》

周必大《平園續稿》卷七《題呂紫薇與晁仲石詩》："晁氏一姓文獻相續，殆無它揚，號本朝盛族。仲石諱公慶，紹興初與范顧言、曾裘父同學詩於呂紫薇，故得是詩。乾道元年，平江守沈公雅刻《紫薇集》二十卷，以歲月爲先後，此篇在末卷中，蓋暮年所作也。仲石之子子毅以示周某，敬書其後。慶元丁巳十月丁丑。"(引自《全宋文》卷五一三二)

十一月

韶州安置呂祖儉等復官量移指揮更不施行

《宋會要輯稿》職官七三之二三："慶元三年十一月二十五日，責授中大夫光禄卿留正、責授寧遠軍節度副使趙汝愚、責授惠州團練副使徐誼、韶州安置呂祖儉復官量移指揮更不施行。以臣僚言此四人負罪深重，不應用赦。"

慶元四年戊午(1198)

是秋,周必大撰《題呂侍講希哲歲時雜記後》

周必大《平園續稿》卷八《題呂侍講希哲歲時雜記後》:"本朝承平歲久,斯人安生樂業,凡遇節物,隨時制宜。雖有古有今,或雅或鄙,所在不同,然上而朝廷,次而郡國,下逮民庶,歡娛熙洽,未嘗虛度則一也。侍講呂公當全盛時食相門之德,既目擊舊禮,又身歷外官,四方風俗皆得周知,追記於册,殆無遺者。惟上元一門多至五十餘條,百年積累之盛,故家文獻之餘,兹可推矣。慶元戊午秋,公之玄孫仙游邑大夫祖平以示平園老叟周某,竊有生晚不及見之歎云。"(引自《全宋文》卷五一三三)

是年,呂祖儉卒

明萬曆《金華府志》卷一六"人物":"呂祖儉,字子約,金華人。受業其兄祖謙,博通經史,通道甚篤。用父陰入官……召爲太府丞,時韓侂胄用事。以內批罷侍講朱熹、彭龜年,引李沐爲正言,劾罷丞相趙汝愚、祭酒李祥,中外側目莫敢言。祖儉抗章殿陛,直指其失,安置韶州。中書舍人鄧馹繳奏,不聽。後侂胄悟,改送吉州……明年遇赦,量移筠州,寓居大愚寺,自號大愚叟,越四年卒,詔令歸葬。所著有《大愚叟集》。嘉定初贈朝奉郎、直秘閣,官其一子。嘉熙二年賜謚曰'忠'。"

案:《宋史·呂祖儉傳》:"祖儉至廬陵,將趨嶺,得旨改送吉州。遇赦,量移高安。二年卒,詔令歸葬。"《全宋詩》《全宋文》《中國文學家大辭典》等,有關呂祖儉小傳中,卒年同《宋史》。王嬌、王可喜撰文《南宋呂祖儉等三家詩人生卒年考》,經過考證,呂祖儉當卒於慶元四年,《宋史》等相關記載疑有誤。

又案:呂祖儉曾官甬,講學既久,受民愛戴。全祖望撰《呂忠公祠堂碑文》曰:"忠公之官吾鄉,爲司庾,故不得有所設施,但傳其屏去倉中淫祠一事,深寧志之《四明七觀》。而是時正甬上奎婁光聚,正學大昌。忠公以明招山中父兄中原文獻之傳,左右其間,其功無所見於官守,而見之講學。忠公之《集》雖不傳，然猶散見於《永樂大典》中，予欲鈔其與諸先生論學之文而未得。顧讀忠公《吾鄉》之詩，弔景迂之祠，式清敏之里，求了翁寓齋之遺，想見其一往情深。乃自元訖明，以至於今，竟無有以溪苴薦及忠公者，是則甬上文獻之衰，可爲長太息者矣。禮於釋奠之制，必求之其鄉之先師，不然者，則有合也。有合者，謂其鄉無足以當先師之享，則合之他鄉之近而可溯者。今甬上之先師楊、袁、舒、沈，其人可謂盛矣。而愚謂當以忠公合之，以其同講學於鄞久，並列於先師之座無歉也。"（《宋元學案》卷五一《東萊學案》）

慶元五年己未（1199）

二月

朱熹撰《跋呂氏歲時雜記》

　　《晦庵先生朱文公文集》卷八四《跋呂氏歲時雜記》："右呂公《歲時雜記》，熹得而伏讀之。既於周退傳、陸放翁之所欺竊亦深有感焉，又意公之爲此，亦前賢集録方書之遺意也。然則後之君子，又將有感於余言也夫！慶元己未二月辛巳新安朱熹書。"（引自《朱子全書》第二十四册）

慶元六年庚申（1200）

九月

呂祖泰不顧自身安危，抨擊韓侂胄

　　《宋史全文》卷二九上《宋寧宗一》慶元六年九月條："乙卯，祔慈懿皇后神主於太廟。己未，雷。甲子，婺州進士呂祖泰投匭上書，略曰：'道與學，自古所恃以爲國也。丞相汝愚，今之有大勳勞者也。立僞學之禁，逐汝愚之黨，是將空陛下之國，而陛下不悟耶？陳自強何人也，徒以侂胄童孺之師而躐致禁從。陛下舊學之臣若龜年等，今安在哉？蘇師旦平江之胥吏，周筠韓氏之廝役，人盡知之。今師旦以潛邸隨龍，周筠以皇后親屬，俱至大官，不知陛下在

潛邸時,果識所謂蘇師旦者乎? 椒房之親,果有廝役之周筠者乎? 其自尊大
而卑陵朝廷,一至於此也! 願陛下亟誅侂胄及蘇師旦、周筠,及罷逐陳自強之
徒,故大臣在者,獨周必大可用,宜以代其任。不然,事將不測。'書出,中外大
駭。侂胄雖甚怒,恐違人心,會方行明堂禮,故未及問。己巳,命右丞相謝深
甫朝獻景靈宮。庚午,命嗣濮王不儔朝享太廟。先是紹熙五年明堂,孝宗求
卒哭。時趙汝愚爲政,始奏遣汝愚朝獻景靈宮,嗣秀王伯圭朝享太廟,而上獨
祀明堂。是年,上執光宗之喪,甫逾月而當行大禮,乃命右丞相謝深甫款天興
之祠,嗣濮王不儔攝宗廟之祭,蓋用紹熙禮云。辛未,合祭天地於明堂,赦天
下。丙子,吏部郎中丁常任爲金主遺留國信使,左驍衛郎將郭倓副之。有旨:
呂祖泰挾私上書,語言狂妄,送連州拘管。於是右諫議大夫程松、殿中侍御史
陳讜皆言祖泰有當誅之罪,今縱不殺,猶宜杖脊黥面,竄之遠方。是日得旨,
令臨安府從杖一百,免刺面,配欽州牢城。祖泰字泰然,元祐戶部尚書公孺之
五世孫也,寓居無錫縣。性疏達,尚氣義。既得罪,士大夫勞之者無悔色,韓
侂胄猶憐之。祖泰始自分必死,獨冀以身悟朝廷,就道無懼色。京尹趙善堅
受侂胄計,爲好語誘之曰:'誰教汝? 亦有共爲章者乎? 汝第言之,吾且寬
汝。'祖泰笑曰:'何問之愚也? 吾固自知必死,而可受教於人,且與人議乎?'
善堅曰:'汝病風喪心邪?'祖泰曰:'以吾觀,若今之附韓氏得美官者,乃病風
喪心耳。'廷中聞之悚然,有歎息者。"

　　《宋史全文》卷二九上同條下有評論:"《講義》曰:言路之通塞,不特係於
人君之用否,而尤係於貴臣之好惡。苟貴臣無隱蔽之私,無妒忌之情,則誰不
揚眉吐氣,願爲吾君告哉? 故趙高用事於中,則鹿馬肆欺於朝;李林甫內懷意
忌,則立仗下者皆不鳴之馬,事勢然也。嗟夫,人患不能言耳,苟能宣之,莫或
壅之,則無一言不聞於上矣。天門九關,極其幽險,猛虎當之而踞,使天下屏
息而處,重足而立,則懷抱何以展布? 才猷何以自見哉? 今慶元間貴戚縱橫,
群憸根據。呂祖泰以布衣之賤慷慨敢言,此祖宗涵養士氣之餘澤也,爲權臣
者,固當惕然自省,奉身而退,庶可以保全首領而死於牖下矣。不知出此,顧
且嚴刑峻法,加之疏賤之布衣,將欲箝議者之口,他日東市之誅,安能逃乎?"

嘉泰二年壬戌(1202)

十二月

太傅韓侂胄爲太師

《宋史全文》卷二九下《宋寧宗二》嘉泰二年十二月條："太傅韓侂胄爲太師。"

《宋史全文》同條下有評論："《講義》曰：外戚不得預政，此祖宗家法也。自建隆至紹熙，列聖相承，不敢失墜，雖以曹佾之賢，處帝舅之重，神宗皇帝欲除佾爲中書令，而呂申公力言其不可，聖君賢相所以防微杜漸之意，蓋可見矣。惟政和六年，鄭居中由顯肅皇后之親拜爲太寧，此以往之失，不可效尤也。侂胄何人，夤緣戚里，干預朝政，且躐處帝師之任，是祖宗三百年之家法，至侂胄而盡壞之矣。他日兩觀之誅，其能免乎！"

嘉泰三年癸亥(1203)

十月

詔呂祖泰任便居住

《宋史全文》卷二九下《宋寧宗二》嘉泰三年十月條："庚子，詔呂祖泰任便居住。"

嘉泰四年甲子(1204)

六月

陸游跋呂本中《九經堂詩》

《渭南文集》卷二九《跋呂舍人九經堂詩》："前輩以文章名世者，名愈高，則求者愈衆。故其間亦有徇人情而作者,有識之士,多以爲恨。如呂公《九經堂詩》,蓋自少時與昭德尊老諸公,師友淵源,講習漸漬所得,又爲其子孫而發。故雄筆大論如此。於戲!凜乎其可敬畏也哉。嘉泰四年六月庚子陸某書。"(引自《陸放翁全集》)

　　案:樓鑰《攻媿集》卷七四,有《跋晁深甫所藏東萊呂舍人九經堂詩》:"伯父揚州家有錢内翰希白《三經堂歌》,其迹甚偉,初不知爲誰氏作。後閱宋諫議所著《東京志》,始知爲崇慶坊李司空家。三經,乃《孝經》《道經》《德經》也。末章云:'三經不滅堂不壞,君家世世爲好官。'兹見東萊紫微公題晁氏《九經堂詩》,益知大家文獻相承,未始不以經術爲本也。"呂本中以經術爲本,文獻相承。

是年,呂喬年首刊《呂祖謙文集》

　　《東萊呂太史文集·序》:"右《太史文集》十五卷,先君太府寺丞所次輯也……喬年追惟先緒之不可墜,因遂刊補是正,以定此本。凡家范、尺牘、讀書雜記之類,皆總之《別集》;策問、宏辭之類爲世所傳者,皆總之《外集》;《年譜》、遺事,與凡可參考者,皆總之《附録》……嘉泰四年秋,從子喬年謹記。"(見《呂祖謙全集》第一册)

開禧三年丁卯(1207)

十二月

陸游跋呂祖謙書後

　　《渭南文集》卷三一《跋呂伯共書後》:"紹興中,某從曾文清公游。公方館甥呂治先,日相與講學。治先有子未成童,卓然穎異,蓋吾伯共也。後數年,伯共有盛名,從之學者以百數,不幸中道奄忽。而予几九十尚未死,攬其遺墨,大抵忠信篤敬之言也,爲之涕下。開禧丁卯歲十二月乙巳,山陰陸某書。"(引自《陸放翁文集》)

嘉定元年戊辰(1208)

七月

吕祖泰特補上州文學

《後編》卷一三三宋寧宗嘉定元年七月辛丑條:"詔吕祖泰特補上州文學。"

是年,樓鑰撰《東萊吕太史祠堂記》

《攻媿集》卷五五《東萊吕太史祠堂記》:"乾道、淳熙間,儒風日盛。晦庵朱公在閩,南軒張公在楚,而東萊吕公講道婺女。是時以學問著述爲人師表者相望,惟三先生天下共尊仰之。而婺人被東萊之教尤深,至今名士班班,其傳蓋未艾也。先生爲文靖公之七世孫,自正獻公而下,名德繼起。又爲文清曾公之外孫,淵源固已甚遠。而天資絶人,讀書五行俱下。少從三山林公之奇游,學徒百數,卓然出其上。博極群書,究通千古興亡治亂之變,而耽嗜經學,至忘寢食。年二十有七,禮闈既擢前列,又中博學宏詞科,聲名震於都城。鑰既忝同登,復愧齊年,意其爲豪俊之士。一日相遇,則頹然似不能言者,殊不稱其名。與之坐而敬焉,不惟使人意消,欽歎擊服。雖定交於是日,終不敢以友友也。公入館學,鑰在敕局,又鄰居於百官宅,聽教爲多。亦嘗造婺之寓居,留連夜話,几至達旦。又六年而再造焉,則公已病矣。嘗爲之歎息曰:'少爲國器,長爲人師,使居大位,則必稱物平施,庶几直道之行也。'而公已矣。世間萬物自書之外,無一可動其心者。推明道德性命之説,而不流於迂;盡排佛老異端之論,而不至於甚;愛惜士友,如待子姓,而持論不阿;別白是否,如持水鏡,而不事於察。著書立言粹然一出於正,而克勤小物,雖使之仕於州縣,亦甘心焉。蓋其造詣精深,本末具舉,用志不分,必欲至於聖賢閫域,沛乎不見其止也。其教人則以孝弟忠信爲先,以窮經躬行爲務,故登其門者隨其性質,咸有得焉。自建炎南渡,父祖始寓於婺,假官屋以居,其地在光孝觀之側。入仕雖久,而在官之日僅四年,故在婺之日最多。四方學者几於雲集,横經受業,皆在於此。晚始買屋於城之北隅,以舊居歸之官。公之亡既二十有七載,是爲開禧之三年,邦之士夫及其門人請於郡,欲以舊居之半爲堂,以祀先生。郡侯諫議李公大異慨然從之,又出錢五十萬,屬掌書記宣君繪經理其事。前增城主簿潘君頤孫實董斯役,郡僚及其門人合力以佐費。庀工之初,相率持牛酒以犒焉。嘉定改元之秋,爲屋才十餘楹,外門五間,祠室及前軒各三間,又欲前爲一堂,扁以'麗澤書院',以存公之舊,且爲後來講習之地。後爲遺書閣,以庋平日所著如《大事記》《讀詩記》《閫范》《近思録》《春秋》《尚書》講義、《家法》《祭禮》及他書之未成者,皆可以傳遠垂後,而工費猶未備。國子司業王公介與其同門友生謁記於鑰,感念疇昔,自以宦游不得日陪函丈,亦不謂公之夐殁也。老矣,公之墓木拱矣,雖欲一拜祠下而不可得,遂不復辭,而書其始末。將使吾黨之士自今瞻先生之像,如在左右,毋忘先生之淑諸人者以自勉,且思有以稱賢使君所以風屬振起之意,則先生之傳,寧有既乎?先生諱祖謙,字伯恭。其季曰祖儉,字子約,確守素業,能世其家,頃以忠憤上書,貶死江右。主上更化,念其困於權倖之手,贈直祕閣,澤一子,學術操行亞於先生。恐久而泯没,敢牽聯書之。"

案:在"祠堂記"中,樓鑰高度評價呂祖謙的道德文章。

嘉定三年庚午(1210)

二月

大理寺丞吕祖平等並放罷

《宋會要輯稿》職官七三之四三:"(嘉定三年二月)七日,大理寺丞吕祖平、軍器監主簿王中純、監登聞鼓院張攀並放罷。以臣僚言祖平居官無譽,中純學蘊空疏,攀職業惰弛。"

嘉定七年甲戌(1214)

五月

吕大亨進士及第

《宋登科記考》:"吕大亨,字聲之。紹興府新昌縣人。嘉定七年登進士第,授靖海縣主簿,擢南康軍簽書判官廳公事。"《萬曆新昌縣志》卷一〇《選舉志·宋科甲》,《萬曆新昌縣志》卷一一《鄉賢志·文學》,《萬曆紹興府志》卷三三《選舉志四·進士·宋》,《光緒浙江通志》卷一二七《選舉·宋進士》。

案:《宋元學案》卷五三《止齋學案》:"推官吕先生聲之:吕聲之,字大亨,新昌人。以能詩名。師陳止齋,而友蔡行之。同升太學,壁記題名,先生在止齋之下,行之上。是年,止齋、行之皆登進士,而先生不第。或戲之曰:'所謂厄於陳、蔡之間者也。'嘉定間,累官昭信節度推官。有《沃洲雜詠》。從弟沖之,亦師止齋。簽判南康軍,講道白鹿書院,有《壁經宗旨》。"疑推官吕先生聲之爲嘉定七年進士及第之吕大亨。

據《中華吕氏通譜》卷二《世系篇·聯宗第五宗支》,吕大亨爲吕希哲曾孫,吕疑問孫子,吕嶟中子。

吕康年登進士第,諸學子孫惟吕氏未墜

《宋登科記考》:"吕康年,徽州婺源縣人。嘉定七年登進士第。"《宋元學案》卷五一《進士吕先生康年》

案:《四朝聞見錄》乙集《洛學》:"諸學子孫惟吕氏未墜。成公猶子康年,甲戌廷對,真文忠欲置之狀頭。同列以其言中書之務未清,恐觸時政,文忠固爭不從,遂自甲置乙。"據該文記載,程頤之孫與朱熹兒子皆不向學,斯文掃地,諸學子孫惟吕氏未墜。

又案:《四朝聞見錄》乙集《甲戌進士》中言"又欲置吕永年甲科",疑是吕康年之誤。

嘉定八年乙亥(1215)

十月

丁端祖撰寫《東萊先生呂成公覆謚議》

　　《全宋文》卷六八六一《東萊先生呂成公覆謚議》:"斯文之脈既絶而復續,儒者之功也。蓋自吾夫子文教盛行之時,異瑞漸不可遏,賴吾夫子主之。至孟軻氏而楊朱、墨翟之徒百氏蠭起,非孟子障百川而東之,則吾道其喪矣。自時厥後,殆且千載,斯文不斷如髮。逮我本朝,濂溪、二程倡義理之學,續孔孟之傳,而天下學者始知所適從。群邪丑正,衆僞嫉真,而濂溪、二程之學浸晦浸微。又得晦庵朱氏、南軒張氏、東萊呂氏復闡六經之旨,續濂溪、二程之傳,而大道以明,人心以正。然三儒同功一體,天下均所宗師,而晦庵朱氏、南軒張氏朝廷既嘗賜謚矣,而東萊之宜謚,夫誰曰不然? 奉常按《謚法》"開物濟務曰成,通達強立曰成",以"成"一字易公之名。公之學誠足以經綸天下之大經,立天下之大本,建諸天地而不悖,質諸鬼神而無疑,百世以俟聖人而不惑。惜乎天奪之年,孝宗方屬意向用,而公病矣。公雖不能盡見之行事,而公之遺書,實與六經相爲表裏。斯文賴以不泯者,公之力居多也。謚之曰"成",夫何歉焉? 博士議是。謹議。"

嘉定九年丙子(1216)

正月

寧宗賜呂祖謙謚號成

　　《兩朝綱目備要》卷一五:"嘉定九年丙子春正月乙丑,賜呂祖謙謚曰成。"

　　《全宋文》卷六八七四《東萊先生呂成公謚議》:"議曰:皇上更化之元年,收召故老,襃表名節,開衆正之路,發潛德之光。凡有關於人心風化者,次第修舉。先是,侍講朱公、張公及公,俱以一代儒宗,扶掖道統,經生學士,糜然響風，然皆不至大位，弗獲盡宣其用，論者惜之。會有以朱公易名爲請，上心惻焉，亟命有司定議。好尚既明，聞者興起。於後連帥邦侯，欽承德意，相繼條奏，故張公尋亦得謚。猗歟偉哉！真足以表揭民極，敷賁人文，垂萬世無疆之福也。丕視功載，維彼二公蔚乎相望，矧並時同道、碩大光明有如公者，可無褒典，以詔來世乎？竊常謂儒者之道，貫乎三極，續絕起墜，必待其人。周衰，孔孟没，而斯道無傳。宋興，二程作，而微言復闡。南渡以來，儒先凋落，學者不見前輩典型，漫失其真。公河嶽間氣，文獻故家。自正獻公修踐相業，汲川諸賢遣子滎陽公親受業於河南之門，獨得宗旨。公承休濟美，遠有源流。擢進士高第、博學宏詞科，公自視欿然，思欲會理成身，化今傳後，以上接聖賢之緒。嘗觀其《讀書記》有曰：“寧學聖人而未至，不欲以一善成名。”則公之所自期，人固莫窺其際矣。由是益極群書，尚論千古，凡天地之運化，萬物之糾紛，世故之推移，人事之終始，悉加尋繹，夙宵靡皇。時朱公、張公與有志斯事，互相劘切，不爲苟同，必求至於一是而止。文教宣昭，朋從簪盍，公翕受樂與，如海斯納。操偏矯曲，如繩斯設；指迷迪昏，如斗斯揭，莫不隨其氣質，俾之成就。蓋有自負其能、高視一世、壁立倚天者，及見公，降心屛氣，斂鋒藏鍔，脫去故習，若未嘗有挟者焉。此豈聲音笑貌所能感動哉！乾道、淳熙間，孝廟銳意致理，登延英雋。公以儒官召。嘗因輪對，勸帝求實學，用真儒。居亡何，以憂去。及起公史館，猶舉獨運萬機一説，反覆爲帝言之。帝諫聞高論，深加器異，善類注目，待公施設，而公疾矣。沈痼累歲，人爲興戚。公左圖右書，講貫不輟，曾不以死生憂患累其心。自非學底於成，篤於通道，孰能與此？噫！學之難成久矣。細行之不矜，小者之或遺，皆未足以言成。惟公器可大受，力足超詣，而又虛己受人，博取約守，故其降才爲成才，進德爲成德，養性爲成性。內之成己，外之成物，皆是學也。考之遺編，其學以孝弟忠信爲本，收斂持養爲要。其著書立言，無非明民至理。經世大法，曰《家范》，曰《家箴》，本末具舉。讀《詩》有記，大事有記，或參取毛、鄭衆氏之説，或昭明《春秋》絕筆之旨。其他纂述尚多，雖未論次，而人誦家藏，見者珍重。兹所以暢群儒之異同，示衆言之折衷，卓然爲世師表者歟。天而未喪斯文，少假公年，上之得君行道，使天下蒙被休澤；次之盡言明道，使後學及見全書，則公之初志，或有傳乎。九原如可作也，微公其誰與歸！謹按《諡法》：“開物濟務、通達強立曰成。"公學探几先，道昌天下，體立用具，言皆可行，非"開物濟務"乎？充類知至，日著月明，任重道遠，死而後已，非"通達強立"乎？謚曰成，於議爲稱。謹議。"

嘉定十年丁丑(1217)

秋，呂祖謙移入嚴陵七賢祠

陳淳《嚴陵學徙張呂合五賢祠說》："嚴陵學，舊有嚴、宋、田、范、趙五賢祠，在明倫堂之東偏。近世又祠張、呂二先生於別室。嘉定丁丑秋，鄭侯徙二先生像，合諸五賢，而更其扁曰"七賢祠"。時某自中都歸，爲鄭侯留，在學與諸生講磨。諸生有扣其說者，義不容默。因考子陵，里之高士，其清風孤操，有以起人主尊敬之誠，而成一代節義之俗。廣平之危言峻行，不少屈撓，與諫議之勁直，文正之忠誠，清獻之清白，又皆郡之賢刺史。載在史籍，昭昭不待言也。至如乾道庚寅中，南軒以道學名德守是邦，而東萊爲郡文學。是時南軒之學已遠造矣，思昔猶專門固滯，及晦翁痛與反覆辨論，始翻然爲之一變，無復異趣。其親仁之篤，徙義之勇，克己之嚴，任道之勁，卓卓乎不可及。東萊筮仕方初，以少年豪才博覽，藐視斯世，無足與偶，何暇窺聖賢門户？及聞南軒一語之折，則愕然回，釋然解，乃屏去故習，歛躬屈節，爲終身鑽仰之歸。且道紫陽，沿濂洛以達鄒魯，俛焉日有孜孜，斃而後已。雖於南軒所造有不齊，要之，不失爲吾名教中人，而斯文與有賴焉。視世儒之竊佛學以自高，屹立一家門户，且文聖賢之言以蓋之，以爲真有得乎千古心傳之妙，不自覺其與聖人殊宗背馳，反誤學者於詖淫邪遁之域，而卒不免爲吾道之賊者，是豈不大相萬萬！而鄭侯今日所以示邦人合祠之意者，亦豈徒云乎爾哉！昔子路問'成人'，夫子告以若臧武仲之智，公綽之不欲，卞莊子之勇，冉求之藝，而文之以禮樂，則可以爲成人矣。蓋舉近世之賢者以爲之質，以復加之磨礱潤澤之功，然後可以責其有成。今嚴之學子，誠能起敬五賢之高躅，而實致其希慕之功，以爲受道之質，然後講明二先生之學問，以參玫夫師友淵源之全，求其所謂大中至正之統者，博學審問，謹思明辨而篤行之，則體全用周，文質相副，其

於至道成德之君子也,又執禦焉?《詩》不云乎:'高山仰止,景行行止。'嚴之學子,其勉之!"(陳淳《北溪大全集》卷一二)

嘉定十一年戊寅(1218)

六月

新改知處州呂祖平與祠禄

《宋會要輯稿》職官七五之一八:"(嘉定十一年)六月五日,新改知處州呂祖平與祠禄。以監察御史盛章言其屢試郡符,益無善狀。"

理宗寶慶元年乙酉(1225)

十二月

呂延年到任建德

《淳熙嚴州圖經》二:"寶慶元年十二月十七日,以通直郎到任。二年正月十七日到旨,與職事官差遣,二月十四日除軍器監主簿離任。"

案:呂延年於寶慶元年十二月十七日到任,寶慶二年正月知建德,二月除軍器監主簿離任,《景定嚴州續志》卷二《賢牧》亦有類似記載。

理宗寶慶二年丙戌(1226)

正月

呂祖謙子孫以蔭獲贈官

《宋史·理宗本紀一》:"(寶慶)二年春正月癸亥,詔贈沈焕、陸九齡官,焕謚端憲,九齡謚文達。録張九成、呂祖謙、張栻、陸九淵子孫官各有差。"

三月

呂夷簡作爲一代名臣進入昭勛崇德閣

《吳興備志》卷一二："寶慶二年三月戊寅,建昭勛崇德閣,趙普、曹彬、薛居正、石熙載、潘美、李沆、王旦、李繼隆、王曾、呂夷簡、曹瑋、韓琦、曾公亮、富弼、司馬光、韓忠彥、呂頤浩、趙鼎、韓世忠、張浚、陳康伯、史浩、葛邲,後益以趙汝愚,凡二十四人,皆圖形其上。"(《通鑑》)

嘉熙二年戊戌(1238)

是年,呂祖謙改謚忠亮

《浙江通志》卷一七六："《續文獻通考》:呂祖謙,理宗嘉熙二年,改謚忠亮。"

景定二年辛酉(1261)

春正月,呂祖謙追封開封伯,從祀孔廟

《宋史·理宗本紀五》:"(景定二年春正月)乙酉,詔封張栻爲華陽伯,呂祖謙開封伯,從祀孔子廟庭。"

附録 1：

東萊呂氏家族宋代世系表

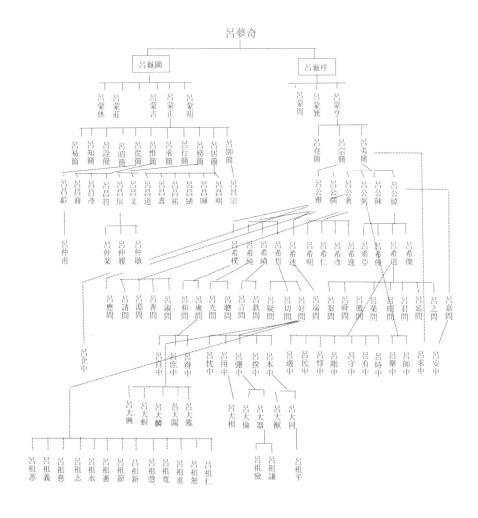

附錄 2：

宋代東萊呂氏姻親關係表

呂氏姓名	姻親姓名	姻親家族	姻親及第時間及情況	姻親社會影響	資料來源	備註
呂蒙正	岳父宋溫舒	長安京兆宋氏	進士及第	仕至職方員外郎，有時名。宋溫舒有三子：沆、灝、濤。沆：太宗太平興國五年(980)進士及第，仕至京西提點刑獄等；灝：有清節，居長安不仕，與种放、魏野游，多篇什酬唱；濤：太宗端拱二年(989)進士及第，仕至監察御史、知虢州，治理地方有政績。溫舒有兄溫故，晉天福進士及第，仕至左補闕，有時名。溫故二子：湜、泌。湜：太宗太平興國五年(980)進士及第，仕至樞密副使，卒贈吏部侍郎加贈刑部尚書，謚忠定，有"文集"二十卷；泌：太平興國二年(977)進士及第，仕至起居郎、直史館、越王府記室參軍。	《宋史·宋湜傳》	

吕氏姓名	姻親姓名	姻親家族	姻親及第時間及情況	姻親社會影響	資料來源	備註
吕蒙正	長婿孫暨	河南汝州孫氏	真宗咸平二年(999)狀元	仕至光禄寺丞,直集賢院	《宋會要輯稿》選舉二之三;明朱希召《宋歷科狀元録》卷二《咸平二年己亥狀元孫暨》	
	二婿趙安仁	河南洛陽趙氏	太宗雍熙二年(985)進士及第	仕至尚書右丞,卒贈吏部尚書,謚文定。嗜讀書,家藏豐富,善爲文,有集五十卷。安仁曾祖武唐,虢州刺史。父親孚,周顯德初舉進士,宋太宗時,仕至殿中侍御史,太宗呼其"名士也"。	《宋史·趙安仁傳》;宋彭百川《太平治迹統類》卷二八《祖宗科舉取人·太宗》	
	三婿周漸	周氏	進士	太常博士,周湜之兄	富弼《吕文穆公蒙正神道碑》	
	四婿丁度	恩州清河丁氏	真宗大中祥符四年(1011)服勤詞學經明行修進士第二	仕至尚書右丞,卒贈吏部尚書,謚文簡。善爲文,著有《邇英聖覽》十卷、《高抬貴手精義》三卷等多種著述。祖顗,家富藏書,寇准、馮拯游於門。父親逢吉,以醫術事真宗藩邸。吕氏是丁度的二娶夫人,初娶夫人蔚州刺史陳贊之孫,三娶夫人參知政事張洎之孫。	《宋史·丁度傳》、《太平治迹統類》卷二八《祖宗科舉取人·真宗》	
	五婿楊巽	楊氏	不詳	永州推官	富弼《吕文穆公蒙正神道碑》	

呂氏姓名	姻親姓名	姻親家族	姻親及第時間及情況	姻親社會影響	資料來源	備註
呂蒙巽	三婿王覃	華陽王氏	未進士及第	早卒。其父贊,歷侍御史、三司判官,九爲轉運使,更領十州,所至有能名。侄兒王珪,神宗時宰相,華陽王氏是北宋著名的科宦世家,登科人數多,且多有中進士高第者,其勢力盤根錯節。	王珪《華陽集》卷五三《壽安縣太君呂氏墓志銘》,李清臣《王太師珪神道碑》,王善軍《宋代華陽王氏家族科舉論略》	
呂夷簡	岳父馬亮	彭城馬氏	太宗太平興國五年(980)進士及第	仕至工部尚書、知江寧府,以太子少保致仕,卒贈尚書右僕射,謚忠肅。父親澤,仕至西頭供奉官。初娶尚書省校書郎劉誨之女,繼娶工部侍郎朱昂之女。	晏殊《馬忠肅公亮墓志銘》、《江南通志》卷一一九《選舉志·進士·宋》	呂居簡岳父亦是馬亮
	連襟陳堯叟	閬中陳氏	太宗端拱二年(989)進士第一人	累拜同中書門下平章事、樞密使,終右僕射,謚文忠。娶馬亮之女。	晏殊《馬忠肅公亮墓志銘》	

续 表

吕氏姓名	姻親姓名	姻親家族	姻親及第時間及情況	姻親社會影響	資料來源	備註
吕夷簡	親家王旦	三槐王氏	太宗太平興國五年（980）進士及第	吕夷簡女嫁王旦長子王雍，是繼娶夫人，王雍初娶夫人是大理卿李湘之女。王旦，北宋著名賢相，卒贈太師、尚书令、魏国公，謚文正。其岳父是樞密副使趙昌言。王旦四婿：長婿參知政事韓億，二婿工部郎中蘇耆是翰林學士承旨蘇易簡之子，三婿右正言范令孫係宋初宰相范質之孫，四婿樞密使吕公弼是宰相吕夷簡之子。王雍有二子，長王恪娶宰相向敏中之孫、龍圖閣直學士向傳式之女，次王整娶慕憲王趙元佐之孫、筠州團練使安陸侯宗訥之女。	蘇舜卿《兩浙路轉運使司封郎中王公墓表》，李貴録《三槐王氏家族研究》	李貴録研究認爲，吕夷簡與王旦聯姻，既有報恩的成分，也是攀王氏高門，而王家也是看中吕家的根基與吕夷簡的才能與發展，兩家互相吸引，相信後來吕夷簡爲相，王旦的影響和推薦，起了重要作用。
吕公綽	岳父上官泌	上官氏	不詳	官至兵部員外郎	王珪《吕諫議公綽墓志銘》	
	親家程琳	河南程氏	真宗大中祥符四年（1011）服勤詞學進士高第	公綽第二女嫁於程琳第三子程嗣恭。程琳官至鎮安軍節度使，同平章事，卒贈太師中書令，封魏國公，謚文簡。程氏是科宦大族。程琳長子嗣隆，於皇祐二年（1050）賜同進士出身，娶仁宗朝宰相龐籍第三女，二子嗣弼娶仁宗朝宰相賈昌朝長女，一女嫁於參知政事韓億之子縝。	歐陽修《程文簡公琳旌勞之碑》，王珪《華陽集》卷四八"龐公神道碑銘"，《華陽集》卷五六《賈昌朝墓志銘》，楊恒平《宋代桐木韓氏家族研究》	

呂氏姓名	姻親姓名	姻親家族	姻親及第時間及情況	姻親社會影響	資料來源	備註
呂公綽	長婿李中師	博平李氏	景祐元年(1034)進士第	初仕集賢校理、提點開封府界,終至權發遣開封府,有很強的管理能力,然爲政刻薄,厚結中人,爲人垢病。早年得到宰相陳執中的提攜,後把女兒嫁與其子陳世儒。	強至《祠部集》卷三四"李中師行狀",《宋史·李中師傳》	
呂公弼	岳父王旦	三槐王氏	太宗太平興國五年(980)進士及第	見前述	范鎮《呂惠穆公公弼神道碑》	
	親家韓琦	安陽韓氏	仁宗天聖五年(1027)進士甲科	呂公弼長女和三女嫁韓琦長子韓忠彦。韓琦,北宋名相,兩朝顧命定策元勳功臣,追贈魏郡王。父親韓國華,仕至諫議大夫,母親是蜀士人覺之女。韓琦娶工部侍郎崔立之女。	宋神宗《韓忠獻公琦兩朝顧命定策元勳之碑》	
	親家趙概	虞城趙氏	仁宗天聖五年(1027)進士第三人	仕至吏部尚書,以太子少師致仕,卒贈太子太師,謚康靖。公弼幼女嫁趙概第三子元緒。	蘇軾《趙康靖公概神道碑》,范鎮《呂惠穆公公弼神道碑》	
	長婿韓忠彦	安陽韓氏	仁宗嘉祐六年(1061)進士及第	北宋名相韓琦長子,官至宰相,封儀國公。娶公弼長女,繼娶第三女。	《太平治迹統類》卷二八《祖宗科舉取人·仁宗》,畢仲游《韓儀公丞相忠彦行狀》	

吕氏姓名	姻親姓名	姻親家族	姻親及第時間及情況	姻親社會影響	資料來源	備註
吕公弼	二婚向紀	河内向氏	不詳	宰相向敏中之孫。向敏中是太平興國五年進士,官至宰相,四位夫人除元配梁氏以外,都出身於官宦家族,尤其張氏是太祖建隆二年(961)的狀元張去華之女,王氏乃開國元勳王審琦之女。向紀有一位侄女嫁給了宋神宗,是神宗皇后,哲宗、徽宗時期的皇太后,因策立徽宗有功,得到徽宗的敬愛。	范鎮《吕惠穆公公弼神道碑》,卞永譽《書畫匯考》卷四一,任立輕《宋代河内向氏家族研究》	
吕公著	岳父魯宗道	亳州魯氏	真宗咸平二年(999)登進士第	仕至參知政事,贈兵部尚書,諡肅簡。	曾鞏《魯肅簡公宗道》	
	長婿范祖禹	華陽范氏	仁宗嘉祐八年(1063)進士第四人	從司馬光編修《資治通鑑》,歷著作郎兼侍講、禮部侍郎等職。父親范百之,進士及第,太常博士。伯父范百祿,皇祐元年進士及第,又舉才識兼茂科,仕至翰林學士兼侍讀等。祖禹幼孤,由叔祖范鎮撫育。范鎮於仁宗寶元元年舉進士,禮部試第一,仕至翰林學士兼侍讀等,卒贈金紫光禄大夫,諡忠文,為一代名臣。	《宋會要輯稿》選舉二之一〇,《范直講祖禹傳》,蘇軾《范忠文公鎮墓志銘》	

呂氏姓名	姻親姓名	姻親家族	姻親及第時間及情況	姻親社會影響	資料來源	備註
呂公孺	岳父張士遜	乾德張氏	太宗淳化三年（992）中乙科	張士遜三女嫁於呂公孺，四女嫁於王旦子王素。士遜歷仕數縣，薦爲監察御史，累遷太子詹事兼知審刑院、判史館。天禧末，除樞密副使。天聖六年，拜同中書門下平章事。明道初再入相。寶元元年復入相。後封鄧國公致仕，卒謚文懿	宋祁《張文懿公士遜舊德之碑》，鄧廣銘等《中國歷史大辭典·宋史卷》	
呂昌齡	岳父王世昌	王氏	太宗端拱元年（988）登進士第	仕至三品都官郎中知絳州	宋歐陽修《歐陽修全集·居士外集》卷一一《都官郎中王公墓志銘》	
呂昌暉	岳父趙宗道	開封趙氏	以父蔭，未進士及第	以父蔭任將作監主簿，仕至大理寺丞。宗道父親是給事中趙賀，是仁宗朝名臣。夫人崔氏，是尚書工部侍郎立之女。崔氏另一女嫁於韓琦，宗道與韓琦是連襟。	韓琦《故尚書祠部郎中集賢校理致仕趙君墓志銘》	
呂昌緒	岳父蘇紳	晉江蘇氏	真宗天禧三年（1019）進士及第	以文學知名當世。仁宗景祐元年，以太學博士應賢良方正能直言極諫科，策入第四等。歷官知制誥、翰林學士、尚書禮部郎中、權判尚書省等。	《宋史·蘇紳傳》	

呂氏姓名	姻親姓名	姻親家族	姻親及第時間及情況	姻親社會影響	資料來源	備註
呂昌緒	舅子蘇頌	晉江蘇氏	仁宗慶曆二年(1042)進士及第，別試第一人	歷任各地方官，很有治理能力，受到歐陽修、杜衍的稱贊。元祐年間拜相，是元祐大臣中唯一得到哲宗信任的人，卒贈司空。	曾肇《蘇丞相頌墓志銘》	
呂昌文	岳父張仲莊	毗陵張氏	不詳	尚書職方員外郎，贈左正議大夫，是祁國文孝公張觀之子。張觀系南唐進士，歸宋後，於太平興國五年賜進士及第，官至廣南西路轉運使，有善政，《宋史》有傳。呂昌文岳母是沂國文正公王曾的侄女。王曾是真宗咸平五年的省元、狀元，仁宗朝的名相。	范祖禹《壽昌縣太君王氏墓志銘》	呂務簡與張家、王家俱是姻親關係。
呂希傑	岳父王雍	三槐王氏	以父蔭，非科舉及第	官至兩浙路轉運使，是宰相王旦之子。呂夷簡與王旦是兒女親家，夷簡女兒嫁與王旦之子雍，兒子公弼又娶王旦女兒。現在夷簡孫子娶王旦孫女，這是典型的世婚。	蘇舜卿《兩浙路轉運使司封郎中王公墓表》	

呂氏姓名	姻親姓名	姻親家族	姻親及第時間及情況	姻親社會影響	資料來源	備註
呂希道	岳父王珣瑜	王氏	不詳	曾任太子右贊善大夫、虞部郎中等職。	范祖禹《左中散大夫守少府監呂公墓志銘》，宋庠《元憲集》卷二四《大理寺丞監南劍州商稅張鑒可殿中丞簽書西京留守判官廳公事王珣瑜可太子右贊善大夫制》	
呂希俊	岳父傅求	考城傅氏	登進士甲科	任户部副使、龍圖閣學士權開封等職。	張方平《樂全集》卷三六"傅公神道碑銘"	
呂希亞	岳父王拱辰	咸平王氏	仁宗天聖八年(1030)狀元	岳父王拱辰仕至吏部尚書，哲宗立，加檢校太師，卒贈開府儀同三司，諡懿恪。岳母是薛簡肅公奎之女，薛奎是太宗淳化三年進士，扶佐仁宗爲參知政事，爲世名臣，另一女嫁於歐陽修，王拱辰與歐陽修是連襟。	劉敞《公是集》卷五一《王開府行狀》，《宋會要輯稿》選舉二之七	薛奎有五女，第三女嫁王拱辰，不幸去世，薛奎又把幼女嫁於王。歐陽修曾有打油詩："舊女婿爲新女婿，大姨夫作小姨夫"即指此。

呂氏姓名	姻親姓名	姻親家族	姻親及第時間及情況	姻親社會影響	資料來源	備註
呂希哲	岳父張晷之	廣陵張氏	真宗大中祥符八年（1015）進士及第	仕至光禄卿。	蔡襄《端明集》卷四〇《光禄卿致仕張公墓志銘》。	呂本中《童蒙訓》卷上："滎陽公張夫人，待制諱晷之女也。自少每事有法，亦魯簡肅公外孫也……及夫人嫁呂氏，夫人之母，申國夫人姊也。"這是典型的世婚，夫妻倆有血緣關係，未知是否影響子女智商。
呂希績	岳父錢暄	兩浙錢氏	未進士及第，以父蔭	以父蔭累官駕部郎中知撫州、移台州，拜寶文閣待制。錢暄父親惟演，是吳越王錢俶之子，博學能文，辭章清麗，受到真宗的贊揚。仁宗時，惟演把妹妹嫁於劉美，與劉太后家聯姻，官至樞密使。錢暄一子景臻娶仁宗女周國大長公主。	范祖禹《范太史集》卷四二《安康郡太夫人胡氏墓志銘》	

续　表

呂氏姓名	姻親姓名	姻親家族	姻親及第時間及情況	姻親社會影響	資料來源	備註
呂希績	岳父吳充	建安吳氏	仁宗寶元元年(1038)進士及第	仕至樞密使,代王安石爲宰相。兄吳育,參知政事。①吳氏系呂希績續娶。吳充有四個女兒,除二女兒嫁於呂希績外,大女兒嫁與歐陽修之子歐陽發,三女兒嫁於光禄寺丞夏伯卿,小女兒嫁於文彦博之子文及甫,故呂希績和歐陽發、文及甫是連襟。吳充有一子娶王安石長女。	《琬琰集》中卷二七《吳正憲公充墓志銘》,《太平治迹統類》卷二八《祖宗科舉取人·仁宗》	按《太平治迹統類》卷二八《祖宗科舉取人·仁宗》,吳充於仁宗寶元元年進士及第。又王安石《酬沖卿見別》詩云:"同官同齒復同科,朋友昏姻分最多。"根據詩意,吳充與王安石是同年,王安石是慶曆二年進士,吳充亦應是,此與《太平治迹統類》的記載相異,待考。

----

① (宋)吳曾《能改齋漫録》卷一二雲:"吳侍郎待問,建安人。其父曰長者,平生惟訓童稚以自晦,里人以其長厚,目爲吳觀音。所生四子:參政育,樞密充,又京、方,並登進士爲朝臣。諸孫十,皆京秩。"

呂氏姓名	姻親姓名	姻親家族	姻親及第時間及情況	姻親社會影響	資料來源	備註
呂希純	岳父宋敏求	趙州宋氏	仁宗寶元二年(1039)賜進士及第	宋氏是呂希純初娶夫人。宋敏求仕至知制誥、史館修撰等,卒贈禮部侍郎。敏求祖父宋皋,官至尚書度支員外郎、直集賢院,祖母是楊徽之之女,楊氏系華陰著姓。敏求父親宋綬,仕至參知政事,知樞密院事,母親是宰相畢士安孫女。呂希純岳母是畢士安曾孫女。	蘇頌《蘇魏公文集》卷五一《龍圖閣直學士修國史宋公神道碑》、《宋會要輯稿》選舉九之九	
	岳父程嗣弼	河南程氏	以父蔭	程氏是呂希純續娶妻子,程嗣弼是仁宗朝重臣程琳之子。見上。呂希純岳母是仁宗朝宰相賈昌朝長女。賈昌朝夫人是陳堯咨女兒,陳氏也被時人推爲盛族。	范祖禹《范太史集》卷三八《朝議大夫致仕程公墓志銘》	
呂嘉問	岳父王恪	三槐王氏	以蔭	王恪第二女嫁於呂嘉問。王恪是名相王旦孫子,王雍兒子。以蔭補將作監主簿,歷司門郎中。呂嘉問岳母是丞相文簡公向敏中之孫,龍圖閣直學士傅式之女。	李貴録《三槐王氏家族研究》	
	親家王雱	臨川王氏	英宗治平四年(1067)進士及第	呂嘉問子安中娶王雱女。王雱,太子中允、崇政殿説書,早卒,是北宋名相王安石之子,變法派中的激進人物。	湯江浩《北宋臨川王氏家族及文學考論》	

呂氏姓名	姻親姓名	姻親家族	姻親及第時間及情況	姻親社會影響	資料來源	備註
呂嘉問	女婿蹇序辰	蹇氏	不詳	紹聖中,編類司馬光等章疏,構成縉紳之禍。	《宋史·呂嘉問傳》	
呂延問	岳父梁彥回	東平梁氏	仁宗慶曆六年(1046)進士及第	官至屯田郎中知博州,早卒,娶吏部尚書宋白之曾孫女。梁彥回祖父梁顥,太宗雍熙二年狀元及第,歷知開封府、翰林學士等職,卒贈刑部尚書。伯父固,真宗大中祥符二年(1009)狀元及第,官至三司戶部判官,早卒,娶禮部尚書任康懿公中正之女。父親適,仁宗景祐元年(1034)進士及第,官拜宰相,娶樞密副使任中師之女爲妻,親上加親,任氏是山東曹州有名的官宦之家,任中師兄弟倆都位列宰輔。梁氏是科舉盛族。	蘇頌《蘇魏公文集》卷五八《屯田郎中知博州梁君墓志銘》,朱玉周等《宋代東平梁顥家族興盛原因析論》(《泰山學院學報》2006年3月)	晁補之《雞肋集》卷六五《右朝議大夫梁公墓志銘》:"閥閱冠於山東。"蘇頌:"昆弟聯踵取世科,名聲暴揚天下,於時論士大夫世俗之美而文譽之顯者,以梁氏爲盛焉。"
呂昭問	岳父郭逵	洛陽郭氏	以父蔭	官至同簽書樞密院事,封文水郡開國公,賜推忠佐理功臣,是北宋的重要將軍。	《琬琰集》中卷一三《郭將軍逵墓志銘》	

呂氏姓名	姻親姓名	姻親家族	姻親及第時間及情況	姻親社會影響	資料來源	備註
呂切問	岳父張次元	廣陵張氏	以蔭	張昷之之子,官至江淮荆浙福建廣南路提點坑冶鑄錢事。娶参知政事魯宗道之孫女,繼娶直秘閣嚴穎之孫女。	鄒浩《道鄉集》卷四○《故朝請郎張公行狀》	呂公著與張昷之是連襟,又是親家,呂希哲娶表妹張夫人,乃昷之之女,現呂切問又娶張昷之孫女,是親上加親,未知影響子女智商否。
呂聰問	女婿錢受之	兩浙錢氏	不詳	仕至樞密院計議。	汪應辰《文定集》卷二三《樞密院計議錢君嬪夫人呂氏墓志銘》	
呂廣問	岳父王有	王氏	不詳	太府寺丞	韓元吉《左大中大夫充龍圖閣待制致仕贈左正奉大夫呂公墓志銘》	
呂廣問	女婿胡璉	胡氏	不詳	從事郎	韓元吉《左大中大夫充龍圖閣待制致仕贈左正奉大夫呂公墓志銘》	

吕氏姓名	姻親姓名	姻親家族	姻親及第時間及情況	姻親社會影響	資料來源	備註
吕之間	岳父李中師	博平李氏	中景祐元年（1034 年）進士第	李中師仕履已見上。李中師是吕公綽女婿，一女嫁於宰執陳執中子陳世儒，另一女嫁於吕公綽孫子之間。這也是親上加親。	強至《祠部集》卷三四"李中師行狀"	
吕弸中	岳父章甫	蒲城章氏	神宗熙寧三年(1070)進士及第	官太府寺丞等,反對禁錮元祐子弟。甫善爲文,重視儒學,有《文集》二十卷、《孟子解義》十四卷,先從龜山先生楊時游,後從紫微先生本中游,入《宋元學案》。	宋楊時《龜山集》卷三五《章端叔墓誌銘》	
吕大器	岳父曾幾	河南曾氏	徽宗政和五年(1115)賜上舍出身	仕至敷文閣待制,卒封河南公,謚文清。上承吕本中的詩學理論,下啓中興四大詩人陸游、楊萬里等,是江西詩派承前啓後的關鍵作家之一,對外孫吕祖謙亦有較大影響。	宋陳騤《南宋館閣錄》卷七	曾幾父親,名准,嘉祐間進士,朝請郎贈少師。舅父孔文仲,嘉祐六年進士,孔武仲,嘉祐八年進士,孔平仲,治平二年進士,號稱臨江三孔,在北宋俱有聲名,《宋史》有傳。兄弼、弟開、班同爲崇寧二年進士,開官至禮部侍郎,兄懋官至吏部尚書。

吕氏姓名	姻親姓名	姻親家族	姻親及第時間及情況	姻親社會影響	資料來源	備註
吕祖謙	岳父韓元吉	桐木韓氏	以蔭	吕祖謙娶韓元吉長女,續娶次女。韓元吉,韓維的四世孫,少受業於尹和靖,詩文皆有名於時。仕至吏部尚書,爵潁川郡公。	杜海軍《吕祖謙年譜》	
	岳父芮燁	湖州芮氏	不詳	吕祖謙三娶芮燁女。芮燁,仕至國子祭酒。	杜海軍《吕祖謙年譜》	

附錄 3：

參考文獻

A

《安陽集編年箋注》，(宋)韓琦撰，李之亮、徐玉英箋注，巴蜀書社 2000 年版。

《安徽通志》，(清)沈葆楨、何紹基等修，江蘇廣陵古籍刻印社 1986 年影印本。

B

《北宋京師及東西路大郡守臣考》，李之亮撰，巴蜀書社 2001 年版。

《北宋經撫年表南宋制撫年表》，吳延燮撰，中華書局 1984 年版。

《北山小集》，(宋)程俱撰，《四部叢刊續編》本。

《北溪大全集》，(宋)陳淳撰，影印文淵閣《四庫全書》本。

《栟櫚集》，(宋)鄧肅撰，影印文淵閣《四庫全書》本。

《避暑錄話》，(宋)葉夢得撰，徐時儀整理，大象出版社 2006 年版。

《却掃編》，(宋)徐度撰，朱凱、姜漢椿整理，大象出版社 2008 年版。

《泊宅編》，(宋)方勺撰，許沛藻、楊立揚點校，中華書局 1983 年版。

《北宋臨川王氏家族及文學考論——以王安石爲中心》，湯江浩撰，福建師范
    大學 2002 年博士論文，人民文學出版社 2005 年版。

《北宋士族家族·婚姻·生活》，陶晉生撰，臺灣“中央”研究院歷史語言研究
    所 2001 年。

《北宋文化史述論》，陳植鍔撰，中國社會科學出版社 1992 年版。

C

《傳家集》,(宋)司馬光撰,《四部叢刊初編》本。

《祠部集》,(宋)強至撰,《叢書集成初編》本。

《蔡襄集》,(宋)蔡襄撰,吴以寧點校,上海古籍出版社 1996 年版。

《茶山集》,(宋)曾幾撰,影印文淵閣《四庫全書》本。

《誠齋集》,(宋)楊萬里撰,《四部叢刊初編》本。

《陳亮集》,(宋)陳亮撰,鄧廣銘點校,中華書局 1987 年版。

《恥堂存稿》,(宋)高斯得撰,《叢書集成初編》本。

《春明退朝錄》,(宋)宋敏求撰,誠剛點校,中華書局 1980 年版。

《滄浪詩校箋》,(宋)嚴羽撰,郭紹虞校箋,人民文學出版社 1983 年版。

《淳熙三山志》,(宋)梁克家撰,影印文淵閣《四庫全書》本。

D

《東萊吕紫微師友雜志》,(宋)吕本中撰,《叢書集成初編》本。

《東萊吕紫微詩話》,(宋)吕本中撰,《筆記小説大觀》本。

《東萊先生詩集》,(宋)吕本中撰,《四部叢刊續編》本。

《東萊集注類編觀瀾文集》,林之奇編,江蘇古籍出版社 1988 年版。

《東都事略》,(宋)王稱撰,孫言誠、崔國光點校,齊魯書社 2000 年版。

《讜論集》,(宋)陳次升撰,影印文淵閣《四庫全書》本。

《道鄉集》,(宋)鄒浩撰,影印文淵閣《四庫全書》本。

《大隱集》,(宋)李正民撰,影印文淵閣《四庫全書》本。

《東窗集》,(宋)張擴撰,影印文淵閣《四庫全書》本。

《東軒筆録》,(宋)魏泰撰,李裕民點校,中華書局 1983 年版。

《東齋記事》,(宋)范鎮撰,汝沛點校,中華書局 1980 年版。

《東原録》,(宋)龔鼎臣撰,黄寶華整理,大象出版社 2017 年版。

E

《二程集》,(宋)程顥、程頤著,王孝魚點校,中華書局 1981 年版。

F

《范仲淹全集》,(宋)范仲淹撰,李勇先、王蓉貴校點,四川大學出版社 2002
　　年版。

《范忠宣公文集》,(宋)范純仁撰,北京圖書館出版社 2005 年版。

《范太史集》,(宋)范祖禹撰,影印文淵閣《四庫全書》本。

《浮溪集》,(宋)汪藻撰,《四部叢刊初編》本。

《斐然集》,(宋)胡寅撰,影印文淵閣《四庫全書》本。

《風月堂詩話》,(宋)朱弁撰,陳新點校,中華書局 1988 年版。

《撫州府志》,(清)許應鑅、謝煌等修,清光緒丙子重修本。

《福建通志》,(清)謝道承等修,影印文淵閣《四庫全書》本。

G

《古今源流至論》,(宋)林駧等撰,上海古籍出版社 1992 年版。

《歸田錄》,(宋)歐陽修撰,李偉國點校,中華書局 1997 年版。

《公是集》,(宋)劉敞撰,《叢書集成初編》本。

《古靈先生文集》,(宋)陳襄撰,北京圖書館出版社 1998 年版。

《龜山集》,(宋)楊時撰,《叢書集成初編》本。

《灌園集》,(宋)呂南公撰,《四庫珍本初集》本。

《攻媿集》,(宋)樓鑰撰,《叢書集成初編》本。

《癸辛雜識》,(宋)周密撰,吳企明點校,中華書局 1988 年版。

《光緒江西通志》,(清)劉坤一等修,《續修四庫全書》本。

《光緒畿輔通志》,(清)李鴻章修,黃彭年纂,《續修四庫全書》本。

《廣東通志》,(清)郝玉麟等修,影印文淵閣《四庫全書》本。

《廣西通志》,(清)金鉷等修,影印文淵閣《四庫全書》本。

H

《皇宋通鑑長編紀事本末》,(宋)楊仲良撰,李之亮校點,黑龍江人民出版社
　　2006 年版。

《皇宋十朝綱要校正》,(宋)李埴撰,燕永成校正,中華書局 2013 年版。

《皇朝文鑒》,(宋)吕祖謙輯,北京圖書館出版社 2006 年版。

《華陽集》,(宋)王珪撰,《叢書集成初編》本。

《河南先生文集》,(宋)尹洙撰,《四部叢刊初編》本。

《後山居士文集》,(宋)陳師道撰,上海古籍出版社 1984 年影印宋刻本。

《横浦先生文集》,(宋)張九成撰,北京圖書館出版社 2004 年版。

《後村先生大全集》,(宋)劉克莊撰,王蓉貴等校點,四川大學出版社 2008
　　年版。

《鶴山先生大全文集》,(宋)魏了翁撰,《四部叢刊初編》本。

《黄氏日抄》,(宋)黄震撰,徐時儀、邢怒海整理,大象出版社 2018 年版。

《華陽集》,(宋)王珪撰,影印文淵閣《四庫全書》本。

《漢濱集》,(宋)王之望撰,影印文淵閣《四庫全書》本。

《揮麈前録》,(宋)王明清撰,燕永成整理,大象出版社 2013 年版。

《鶴林玉露》,(宋)羅大經撰,王瑞來點校,中華書局 1983 年版。

《古典文學研究資料彙編·黄庭堅與江西詩派卷》,傅璇琮編撰,中華書局
　　1978 年版。

《河南通志》,(清)王士俊、田文鏡等修,影印文淵閣《四庫全書》本。

J

《舊五代史》,(宋)薛居正等撰,中華書局 1976 年版。

《記纂淵海》,(宋)潘自牧撰,影印文淵閣《四庫全書》本。

《經筵管見》,(宋)曹彦約撰,影印文淵閣《四庫全書》本。

《建炎以來朝野雜記》,(宋)李心傳撰,徐規點校,中華書局 2000 年版。

《建炎以來繫年要録》,(宋)李心傳撰,辛更儒點校,上海古籍出版社 2018
　　年版。

《九朝編年備要》,(宋)陳均撰,影印文淵閣《四庫全書》本。

《靖康要録箋注》,(宋)汪藻原撰,王智勇箋注,四川大學出版社 2008 年版。

《建炎筆録》,(宋)趙鼎撰,吳晶、周膺校,當代中國出版社 2014 年版。

《救荒活民書》,(宋)董煟撰,影印文淵閣《四庫全書》本。

《錦繡萬花谷》,(宋)佚名編,廣陵書社 2008 年版。

《景文集》,(宋)宋祁撰,《叢書集成初編》本。

《嘉祐集》,(宋)蘇洵撰,上海古籍出版社 1993 年箋注本。

《雞肋集》,(宋)晁補之撰,《四部叢刊初編》本。

《浄德集》,(宋)呂陶撰,《叢書集成初編》本。

《盡言集》,(宋)劉安世撰,《四部叢刊續編》本。

《簡齋集陵陽集》,(宋)陳與義、(宋)牟巘撰,吉林出版集團 2005 年版。

《潔齋集》,(宋)袁燮撰,影印文淵閣《四庫全書》本。

《敬鄉録》,(元)吳師道輯,臺北商務印書館 1969 年版。

《舊聞證誤》,(宋)李心傳撰,崔文印點校,中華書局 1981 年版。

《澗泉日記西塘集耆舊續聞》,(宋)韓淲、陳鵠撰,孫菊園、鄭世剛點校,上海古
　　籍出版社 1993 年版。

《稼軒長短句》,(宋)辛棄疾撰,上海人民出版社 1997 年版。

《嘉靖壽州志》,《天一閣藏明代方志選刊》本,上海古籍書店 1963 年版。

《江南通志》,(清)趙宏恩等修,影印文淵閣《四庫全書》本。

K

《柯山集》,(宋)張耒撰,《叢書集成初編》本。

《愧郯録》,(宋)岳珂撰,朗潤點校,中華書局 2016 年版。

《科舉與宋代社會》,何忠禮撰,商務印書館 2006 年版。

L

《呂氏雜記》,(宋)呂希哲撰,《叢書集成初編》本。

《呂氏春秋集解》,(宋)呂本中撰,影印文淵閣《四庫全書》本。

《呂本中詩集校注》,韓酉山撰,中華書局 2017 年版。

《呂氏家塾讀詩記》,(宋)呂祖謙撰,《四部叢刊續編》本。

《呂祖謙全集》,(宋)呂祖謙撰,浙江古籍出版社 2008 年版。

《麗澤論説集録》,(宋)呂喬年編,宋刻元明遞修本。

《兩宋詞人年譜》,王兆鵬撰,文津出版社“民國”八十三年版。

《吕祖謙年譜》，杜海軍撰，中華書局 2007 年版。

《吕祖謙文學研究》，杜海軍撰，學苑出版社 2003 年版。

《歷代名臣奏議》，(明)黄淮、楊士奇編，上海古籍出版社 1989 年版。

《兩朝綱目備要》，不著撰人，文海出版社 1967 年版。

《隆平集校證》，(宋)曾鞏撰，王瑞來校證，中華書局 2012 年版。

《樂全集》，(宋)張方平撰，影印文淵閣《四庫全書》本。

《臨川先生文集》，(宋)王安石撰，《四部叢刊初編》本。

《龍川文集》，(宋)陳亮撰，商務印書館 1936 年版。

《魯齋集附録補遺》，(宋)王柏撰，《叢書集成初編》本。

《陸放翁全集》，(宋)陸游撰，中國書店出版社 1986 年版。

《陸九淵集》，(宋)陸九淵撰，鍾哲點校，中華書局 2008 年版。

《浪語集》，(宋)薛季宣撰，影印文淵閣《四庫全書》本。

《洛陽名園記》，(宋)李格非撰，影印文淵閣《四庫全書》本。

《類説》，(宋)曾慥撰，影印文淵閣《四庫全書》本。

《龍川略志龍川別志》，(宋)蘇轍撰，俞宗憲點校，中華書局 1982 年版。

《麟臺故事校證》，(宋)程俱撰，張富祥校證，中華書局 2000 年版。

《冷齋夜話》，(宋)惠洪撰，陳新點校，中華書局 1988 年版。

《老學庵筆記》，(宋)陸游撰，李劍雄、劉德權點校，中華書局 1979 年版。

《兩宋名賢小集》，(宋)陳思輯，(元)陳世隆補輯，影印文淵閣《四庫全書》本。

《兩宋壽州吕氏家族著述研究》，楊松水撰，黄山書社 2012 年版。

M

《明招山出土的南宋吕祖謙家族墓志》，鄭嘉勵撰，《唐宋歷史評論》第一輯，社
　　會科學文獻出版社 2015 年版。

《名臣碑傳琬琰之集》，(宋)杜大珪編，影印文淵閣《四庫全書》本。

《名賢氏族言行類稿》，(宋)章定撰，上海古籍出版社 1994 年版。

《勉齋集》，(宋)黄幹撰，影印文淵閣《四庫全書》本。

《蒙齋集》，(宋)袁甫撰，《叢書集成初編》本。

《夢梁録》，(宋)吳自牧撰，浙江人民出版社 1980 年版。

《默記》,(宋)王銍撰,朱傑人點校,中華書局 1981 年版。

《夢溪筆談》,(宋)沈括撰,金良年校注,中華書局 2015 年版。

《澠水燕談錄》,(宋)王辟之撰,呂友仁點校,中華書局 1981 年版。

《墨莊漫錄》,(宋)張邦基撰,孔凡禮點校,中華書局 2002 年版。

《明一統志》,(明)李賢等撰,影印文淵閣《四庫全書》本。

N

《南宋館閣錄續錄》,(宋)陳騤撰,佚名撰,張富祥點校,中華書局 1998 年版。

《廿二史札記校證》,(清)趙翼撰,王樹民校證,中華書局 1984 年版。

《南陽集》,(宋)韓維撰,臺北商務印書館 1983 年影印四庫本。

《南澗甲乙稿》,(宋)韓元吉撰,《叢書集成初編》本。

《南軒集》,(宋)張栻撰,影印文淵閣《四庫全書》本。

《能改齋漫錄》,(宋)吳曾撰,中華書局 1960 年版。

《嬾真子》,(宋)馬永卿撰,查清華、顧曉雯整理,大象出版社 2008 年版。

《南窗紀談》,(宋)佚名撰,黃寶華整理,大象出版社 2012 年版。

《南宋文人與黨爭》,沈松勤撰,人民出版社 2005 年版。

O

《歐陽修全集》,(宋)歐陽修撰,李逸安點校,中華書局 2001 年版。

P

《彭城集》,(宋)劉攽撰,《叢書集成初編》本。

Q

《全宋文》,曾棗莊、劉琳主編,上海辭書出版社、安徽教育出版社 2006 年版。

《全宋詩》,北京大學古文獻研究所編,北京大學出版社 1991 年版。

《群書考索》,(宋)章如愚撰,廣陵書社 2008 年版。

《曲阜集》,(宋)曾肇撰,影印文淵閣《四庫全書》本。

《齊東野語》,(宋)周密撰,張茂鵬點校,中華書局 1983 年版。

《青箱雜記》,(宋)吳處厚撰,李裕民點校,中華書局 1985 年版。

《清波雜志校注》,(宋)周輝撰,劉永翔校注,中華書局 1994 年版。

《曲洧舊聞》,(宋)朱弁撰,孔凡禮點校,中華書局 2002 年版。

《欽定續通典》,(清)稽璜撰,影印文淵閣《四庫全書》本。

R

《容齋隨筆》,(宋)洪邁撰,孔凡禮點校,中華書局 2005 年版。

《儒林公議》,(宋)田況撰,儲玲玲整理,大象出版社 2003 年版。

S

《四庫全書總目》,(清)永瑢撰,中華書局 1965 年影印本。

《宋史》,(元)脫脫等撰,中華書局 1985 年版。

《宋史紀事本末》,(明)陳邦瞻撰,中華書局 1977 年版。

《宋史全文》(三冊),(元)佚名撰,李之亮校點,黑龍江人民出版社 2005 年版。

《宋史翼》,(清)陸心源撰,吳伯雄校,浙江古籍出版社 2016 年版。

《三朝北盟會編》,(宋)徐夢莘編,上海古籍出版社 1987 年影印本。

《十國春秋》,(清)吳任臣撰,徐敏霞等校,中華書局 2010 年版。

《宋會要輯稿》,(清)徐松輯,劉琳、刁忠民、舒大剛、尹波等校點,上海古籍出
　　版社 2014 年版。

《宋名臣言行録》,(宋)朱熹、李幼武編,影印文淵閣《四庫全書》本。

《宋名臣奏議》,(宋)趙汝愚編,影印文淵閣《四庫全書》本。

《宋朝諸臣奏議》,(宋)趙汝愚編,上海古籍出版社 1999 年版。

《宋宰輔編年録校補》,(宋)徐自明撰,王瑞來校補,中華書局 1986 年版。

《宋大詔令集》,司義祖整理,中華書局 1962 年版。

《宋元學案》,(清)黃宗羲原著、全祖望補修,陳金生、梁運華點校,中華書局
　　1986 年版。

《宋人傳記資料索引》,昌彼得等編、王德毅增訂,臺灣鼎文書局 1977 年增
　　訂版。

《宋人傳記資料索引補編》,李國玲撰,四川大學出版社 1994 年版。

《宋人年譜叢刊》,吳洪澤、尹波主編,四川大學出版社 2003 年版。

《上海圖書館館藏家譜提要》,王鶴鳴主編,上海古籍出版社 2000 年版。

《宋四家詞人年譜》,方星移撰,黑龍江人民出版社 2008 年版。

《宋歷科狀元録》,(明)朱希召撰,臺灣文海出版社 1981 年版。

《宋登科記考》,傅璇琮主編,龔延明、祖慧編撰,江蘇教育出版社 2009 年版。

《宋兩淮大郡守臣易替考》,李之亮撰,巴蜀書社 2001 年版。

《宋兩江郡守易替考》,李之亮撰,巴蜀書社 2001 年版。

《宋兩浙路郡守年表》,李之亮撰,巴蜀書社 2001 年版。

《宋川陝大郡守臣易替考》,李之亮撰,巴蜀書社 2001 年版。

《宋河北河東大郡守臣易替考》,李之亮撰,巴蜀書社 2001 年版。

《宋兩湖大郡守臣易替考》,李之亮撰,巴蜀書社 2001 年版。

《宋兩廣大郡守臣易替考》,李之亮撰,巴蜀書社 2001 年版。

《宋大事記講義》,(宋)呂中撰,影印文淵閣《四庫全書》本。

《宋論》,(清)王夫之撰,舒士彦點校,中華書局 2011 年版。

《司馬温公文集》,(宋)司馬光撰,《叢書集成初編》本。

《嵩山文集》,(宋)晁説之撰,《四部叢刊續編》本。

《蘇軾文集》,(宋)蘇軾撰,孔凡禮點校,中華書局 1986 年版。

《蘇軾詩集》,(宋)蘇軾撰,王文誥輯注,孔凡禮點校,中華書局 1982 年版。

《蘇軾研究資料彙編》,四川大學中文系編,中華書局 1994 年版。

《蘇轍集》,(宋)蘇轍撰,陳宏天、高秀芳點校,中華書局 1990 年版。

《蘇軾年譜》,孔凡禮撰,中華書局 1998 年版。

《蘇學士集》,(宋)蘇舜欽撰,中華書局 1961 年排印本。

《蘇魏公文集》,(宋)蘇頌撰,王同策等點校,中華書局 1988 年版。

《山堂肆考》,(明)彭大翼編撰,影印文淵閣《四庫全書》本。

《史傳三編》,(清)朱軾撰,影印文淵閣《四庫全書》本。

《説郛》,(明)陶宗儀撰,商務印書館 1927 年版。

《宋詩紀事》,(清)厲鶚輯撰,上海古籍出版社 2008 年版。

《宋詩紀事補遺》,(清)陸心源編撰,徐旭、李建國點校,山西古籍出版社 1997
　　年版。

《宋詩鈔》,(清)吴之振編,上海古籍出版社 1993 年版。

《詩話總龜》,(宋)阮閲撰,人民文學出版社 1987 年版。

《石林詩話》,(宋)葉夢得撰,《歷代詩話》本,中華書局 1982 年版。

《邵氏聞見録》,(宋)邵伯温撰,李劍雄、劉德權點校,中華書局 1983 年版。

《邵氏聞見後録》,(宋)邵博撰,劉德權、李劍雄點校,中華書局 1983 年版。

《涑水記聞》,(宋)司馬光撰,鄧廣銘、張希清點校,中華書局 1989 年版。

《宋朝事實》(宋)李攸編,影印文淵閣《四庫全書》本。

《事實類苑》,(宋)江少虞撰,影印文淵閣《四庫全書》本。

《四朝聞見録》,(宋)葉紹翁撰,沈錫麟、馮惠民點校,中華書局 1989 年版。

《石林燕語》,(宋)葉夢得撰,宇文紹奕考異,侯忠義點校,中華書局 1984 年版。

《士翼》,(明)崔銑撰,影印文淵閣《四庫全書》本。

《孫公談圃》,(宋)孫升撰,趙維國整理,大象出版社 2006 年版。

《雙橋隨筆》,(清)周召撰,影印文淵閣《四庫全書》本。

《山堂肆考》,(明)彭大翼撰,影印文淵閣《四庫全書》本。

《宋代東萊吕氏之族望及其貢獻》,孔東撰,臺灣商務印書館 1977 年發行。

《宋代東萊吕氏家族研究》,羅瑩撰,人民出版社 2011 年版。

《宋代家族與文學——以澶州晁氏爲中心》,張劍撰,北京出版社 2006 年版。

《宋代家族與文學研究》,張劍、吕肖奂、周揚波撰,中國社會科學出版社 2009
　　年版。

《宋代晁氏家族及其文獻研究》,劉焕陽撰,齊魯書社 2005 年版。

《三槐王氏家族研究》,李貴録撰,齊魯書社 2004 年版。

《宋代的家族與社會》,黄寬重撰,東大圖書股份有限公司 2006 年版。

《宋代宗族和宗族制度研究》,王善軍撰,河北教育出版社 2000 年版。

《宋代婚姻家族史論》,張邦煒撰,人民出版社 2003 年版。

《宋學的發展與演變》,漆俠撰,河北人民出版社 2004 年版。

《宋代政治史》,何忠禮撰,浙江大學出版社 2007 年版。

《宋代文官選任制度諸層面》,鄧小南撰,河北教育出版社 1993 年版。

《宋代科舉與文學考論》,祝尚書撰,大象出版社 2003 年版。

《宋詩話考》,郭紹虞撰,中華書局 1985 年版。

《山東通志》,(明)陸釴等修,(清)張鳳儀等重修,影印文淵閣《四庫全書》本。

《山西通志》,(清)覺羅石麟等修,影印文淵閣《四庫全書》本。

T

《童蒙訓》,(宋)呂本中撰,影印文淵閣《四庫全書》本。

《太平治迹統類》,(宋)彭百川撰,影印文淵閣《四庫全書》本。

《太平寰宇記》,(宋)樂史撰,中華書局 2000 年版。

《陶山集》,(宋)陸佃撰,《叢書集成初編》本。

《苕溪集》,(宋)劉一止撰,影印文淵閣《四庫全書》本。

《苕溪漁隱叢話》,(宋)胡仔編撰,《四部備要》本。

《太倉稊米集》,(宋)周紫芝撰,影印文淵閣《四庫全書》本。

《談苑》,(宋)孔平仲撰,池潔整理,大象出版社 2006 年版。

《鐵圍山叢談》,(宋)蔡絛撰,馮惠民、沈錫麟點校,中華書局 1983 年版。

《天中記》,(明)陳耀文撰,廣陵書社 2007 年版。

W

《文獻通考》,(宋)馬端臨著,上海師范大學古籍研究所、華東師范大學古籍研
　　究所聯合點校,中華書局 2011 年版。

《五代會要》,(宋)王溥撰,上海古籍出版社 2006 年版。

《温國文正司馬公文集》,(宋)司馬光撰,《四部叢刊初編》本。

《王文公文集》,(宋)王安石撰,中華書局上海編輯所 1962 年影印本。

《王荆文公詩箋注》,(宋)王安石撰,李壁注,上海古籍出版社 2010 年版。

《王荆公年譜考略》,(清)蔡上翔撰,中華書局 1973 年版。

《王安石年譜長編》,劉成國著,中華書局 2018 年版。

《王魏公集》,(宋)王安禮撰,影印文淵閣《四庫全書》本。

《武溪集》,(宋)余靖撰,影印文淵閣《四庫全書》本。

《武夷新集楊仲弘集》,(宋)楊億、楊載撰,福建人民出版社 2007 年版。

《文莊集》,(宋)夏竦撰,影印文淵閣《四庫全書》本。

《文恭集》,(宋)胡宿撰,《叢書集成初編》本。

《文定集》,(宋)汪應辰撰,學林出版社 2009 年版。

《渭南文集》,(宋)陸游撰,《宋集珍本叢刊》(第 47 册),北京線裝書局 2004
　　年版。

《武林舊事》,(宋)周密撰,浙江人民出版社 1984 年版。

《武林梵志》,(明)吳之鯨撰,趙一新主編,杭州出版社 2006 年版。

《聞見近録》,(宋)王鞏撰,戴建國整理,大象出版社 2006 年版。

《萬姓統譜》,(明)凌迪知撰,影印文淵閣《四庫全書》本。

X

《續資治通鑑長編》,(宋)李燾撰,上海師范大學古籍整理研究所、華東師范大
　　學古籍整理研究所點校,中華書局 2004 年版。

《續資治通鑑長編拾補》,(清)黄以周等輯注,顧吉辰點校,中華書局 2004
　　年版。

《續資治通鑑》,(清)畢沅撰,上海古籍出版社 1988 年影印本。

《新五代史》,(宋)歐陽修撰,(宋)徐無黨注,中華書局 1974 年版。

《小畜集》,(宋)王禹偁撰,吉林出版集團 2005 年版。

《西臺集》,(宋)畢仲游撰,《叢書集成初編》本。

《雪坡集》,(宋)姚勉撰,影印文淵閣《四庫全書》本。

《葉適集》,(宋)葉適撰,中華書局 1961 年版。

《湘山野録》,(宋)文瑩撰,鄭世剛、楊立揚點校,中華書局 1984 年版。

《香祖筆記》,(清)王士禛撰,《筆記小説大觀》臺北新興書局影印本。

《新安文獻志》,(明)程敏政撰,影印文淵閣《四庫全書》本。

Y

《玉海》,(宋)王應麟撰,影印文淵閣《四庫全書》本。

《玉海藝文校證》,(宋)王應麟撰,武秀成、趙庶洋校證,鳳凰出版社 2013 年版。

《豫章黄先生文集》,(宋)黄庭堅撰,《四部叢刊初編》本。

《豫章文集》,(宋)羅從彦撰,影印文淵閣《四庫全書》本。

《元憲集》,(宋)宋庠撰,《叢書集成初編》本。

《葉適集》,(宋)葉適撰,劉公純、王孝魚、李哲夫點校,中華書局1961年版。

《郋溪集》,(宋)鄭獬撰,國家圖書館出版社中國古籍珍本叢刊2015年版。

《筠溪集》,(宋)李彌遜撰,影印文淵閣《四庫全書》本。

《燕翼詒謀錄》,(宋)王栐撰,誠剛點校,中華書局1981年版。

《夷堅志》,(宋)洪邁撰,何卓點校,中華書局1981年版。

《韻語陽秋》,(宋)葛立方撰,上海古籍出版社1984年影印本。

《玉壺清話》,(宋)文瑩撰,楊立揚點校,中華書局1984年版。

《雲麓漫鈔》,(宋)趙彥衛撰,傅根清點校,中華書局1996年版。

《御批續資治通鑑綱目》,(清)商輅編,吉林出版社2005年版。

《御選歷代詩餘》,(清)沈辰垣編,吉林出版社2005年版。

Z

《紫薇詩話》,(宋)呂本中撰,(清)何文煥輯,《歷代詩話》,中華書局1981年版。

《紫微雜説》,(宋)呂本中撰,《叢書集成初編》本。

《紫微集》,(宋)張嵲撰,影印文淵閣《四庫全書》本。

《中國歷史大辭典》,上海辭書出版社1984年版。

《資治通鑑》,(宋)司馬光編著,(元)胡三省音注,"標點資治通鑑小組"校點,中華書局1956年版。

《資治通鑑後編》,(清)徐乾學撰,影印文淵閣《四庫全書》本。

《直齋書錄解題》,(宋)陳振孫撰,徐小蠻、顧美華點校,上海古籍出版社1987年版。

《朱子全書》,(宋)朱熹撰,上海古籍出版社、安徽教育出版社2002年版。

《張載集》,(宋)張載撰,章錫琛點校,中華書局1978年版。

《麈史》,(宋)王得臣撰,黃純艷整理,大象出版社2003年版。

《自警編》,(宋)趙善璙撰,程郁整理,大象出版社2015年版。

《中興小紀》,(宋)熊克編,《叢書集成初編》本。

《徂徠石先生文集》,(宋)石介撰,陳植鍔點校,中華書局1984年版。

《曾鞏集》,(宋)曾鞏撰,陳杏珍、晁繼周點校,中華書局1984年版。

《忠肅集》,(宋)劉摯撰,陳曉平、裴汝誠點校,中華書局2002年版。

《忠正德文集》,(宋)趙鼎撰,影印文淵閣《四庫全書》本。

《廬陵周益國文忠公集》,(宋)周必大撰,傅增湘校並跋,道光刊本。

《止齋先生文集》,(宋)陳傅良撰,《四部叢刊初編》本。

《拙齋文集》,(宋)林之奇撰,國家圖書館出版社 2013 年版。

《浙江通志》,(明)薛應旂等修,(清)嵇曾筠等重修,影印文淵閣《四庫全書》本。

《中華呂氏通譜》,中華呂氏通譜編撰委員會編,中華書局 2014 年版。